중국철학과 종교의 탐구

A New Research on Chinese
Philosophy and Religion

중국철학과 종교의 탐구

A New Research on Chinese Philosophy and Religion

황 준 연 (Hwang, Joon-yon) 지음

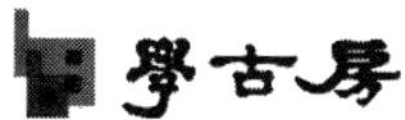

이 책은 2010년도 전북대학교 저술장려 연구비 지원에 의하여 연구되었음

머리말

일찍이 저자는 『한국사상과 종교 15강』(2007)을 저술한 일이 있다. 책의 머리말에서 미국 하버드대학의 2007년 교과개편을 언급하였고, 동시에 뻬이징(北京)대학의 《명가통식강좌서계(名家通識講座書系)》 -"전문분야에서 반드시 알아야 할 강좌 계열"이라는 뜻임 -에 대하여 언급한 사실이 있다. 다시 말하면 뻬이징대학은 중국 대학에 고품위(高品位) 독서물을 제공하려는 노력으로 위원회를 구성하고, 각 방면에 걸쳐서 <15강>에 해당하는 저술을 권장·지원하였던 것이다. 그와 같은 일련의 작업을 통하여 중국학계에는 다양한 분야에 걸쳐서 <15강 시리즈>가 탄생하였다. 현재 한국의 대학에서는 그러한 종합적 노력이 진행되고 있지 않다. 저자는 개인적으로 <15강 시리즈>에 상당한 의미를 부여하고 있으며, 이 책은 그 노력의 연장선에 놓여 있다.

독일의 철학자 헤겔(G.W.F. Hegel)은 일찍이 이렇게 쓴 일이 있다. "유럽의 지성인(知性人) 중에서 특히 우리 독일인은 희랍이라는 말만 들어도 어떤 향수를 느끼게 된다.... 그것도 그럴 것이 우리의 정신생활을 흡족하게 하거나 가치 있게 하며 겉보기에도 훌륭하게 하는 학문과 예술은 모두가 희랍을 발상지로 하고 있기 때문이다."*

헤겔의 이야기는 그리스[희랍]를 하나의 국가가 아니라, 문명의

* H. J. 슈퇴릭히, 『세계철학사』下, 임석진 역 (분도출판사, 1980), p. 222.

단위로 인식하고 있다는 뜻이다. 전통사회에 있어서, 한국 및 일본 그리고 비에트남[월남]의 지식인이 중국에 대하여 느끼는 감정도 이와 비슷한 것이 아닐까 한다. 중국은 오랜 기간 동아시아 문명의 중심지였고, 동아시아인의 정신생활을 풍족하게 하거나 가치 있게 만들었다. 아시아 모든 나라의 역사는 중국과의 관계사라고 말할 수 있다.*

중국철학과 종교는 중화민족이 창조한 유산(遺産)이다. 이 유산은 역사적으로 동아시아의 정신생활에 깊은 영향을 미쳤다. 한국과 일본, 비에트남은 중국문명의 전통을 벗어버릴 수 없는 과거를 지니고 있다. 전통은 역사 속에서 숨을 쉬고 있으며, '뉴턴의 제1법칙'(관성의 법칙 ; law of inertia)처럼 우리를 지배한다. 우리는 전통을 완전히 벗어날 수 없다. 시인(詩人) 김수영(1921~1968)은 다음과 같이 노래하고 있다.**

> 전통은 아무리 더러운 전통이라도 좋다 나는 光化門
> 네거리 시구문의 진창을 연상하고 寅煥네
> 처갓집 옆의 지금은 매립(埋立)한 개울에서 아낙네들이
> 양잿물 솥에 불을 지피며 빨래하던 시절을 생각하고
> 이 우울한 시대를 파라다이스처럼 생각한다
> 버드 비숍 女史를 안 뒤부터는 썩어빠진 대한민국이
> 괴롭지 않다. 오히려 황송하다. 역사는 아무리
> 더러운 역사라도 좋다....(이하 생략)

---

* 이와 같은 관점에서 본다면, 조선시대 사대부의 '모화'(慕華) 관념은 단순히 국가(중국)에 대한 사모의 감정이라고 할 수만은 없다. '모화' 사상은 문명의 측면을 담고 있다.

** 김수영, 『거대한 뿌리』, 1974.

이처럼 우리는 전통의 굴레에서 완전히 벗어날 수 없다. 사실 현재는 전통의 기반위에 형성된 것이며, 미래에 나타날 일은 현재의 연장성이라는 점에서, 우리는 전통과는 끊을 수 없는 인연의 고리에서 살아가는 셈이다.

오늘날 여러 가지 차원에서 중국에 대한 이해의 필요성이 증대되었다. 미래에는 '중국의 세기(世紀)'가 올 것이라는 이야기가 돌고 있다. 사람들은 경제적 측면에만 관심을 보이는데, 경제는 문화와 깊은 관련을 맺고 있다. 철학과 종교는 문화현상의 하나이다. 중국은 독립된 문명국가이고 찬란한 문화를 이룩한 경력을 가지고 있다.

저자는 책의 이름을 『중국철학과 종교의 탐구』라고 이름 짓는다. 이 책에서는 기왕에 같은 종류의 서적들이 포함하지 않고 있는 새로운 자료를 많이 포함한다. 중국은 20세기 시작이후 그 이전에 볼 수 없었던 지하 자료가 많이 출토되었다. 1899년 허난성(河南省) 인쉬(殷墟)의 갑골문 발견, 1900년대 초기 깐수성(甘肅省) 뚠후앙(敦煌) 문서의 발굴은 세계를 놀라게 한 사건이다. 이와 같은 현상은 1970년대 중국의 개혁·개방이후 괄목할 만한 것으로 나타났다. 1973년 후난성(湖南省) 츠앙사(長沙) 마왕뛔이(馬王堆) 무덤의 백서(帛書), 1993년 후뻬이성(湖北省) 징먼(荊門) 꾸어띠엔(郭店)의 초나라 죽간(竹簡), 1994년 상하이(上海)박물관의 죽간 입수 등은 그 대표적인 예이다.

이와 같은 출토 자료들을 놓고 사람들은 중국철학·종교에 대하여 새롭게 써야 하는가에 대한 의문을 제기하였다. 이 책은 그러한 문제에 대답하기 위한 결과물이다. 최근에도 계속 새로운 자료가 출토 중에 있으므로,* 이 책은 과도기의 저술이 될 것이다.

저자는 한국의 대학에서 25년 이상 <중국철학사>를 강의하면서 먹고 살고 있다. 그동안 학생들에게 소개할 만한 마땅한 연구 서적이 부족하다는 현실에 늘 불만이 많았다. 훵여우란(馮友蘭) 교수의 『중국철학사』** 번역본을 오랫동안 활용하였고, 기타 몇 권의 한국어 번역서를 가르친 경험이 있다.*** 이것으로 충분하지 못하였으므로, 불만의 화살이 선배 학자들을 향하여 날아갔다. 그러나 저자의 나이 이순(耳順)을 넘고 보니, 이제는 저자가 후학의 화살을 피할 수 없게 되었다.

돌이켜 보건대 <중국철학과 종교>의 기술에 있어 가장 큰 문제점은 '철학' 내지 '종교'에 대한 합의점을 찾는 일이다. 이 두 개념은 사람마다 사용하는 내용이 다르기 때문에 혼선(混線)을 피할 수 없다. 저자는 이 책에서 '철학'을 넓은 의미로 우주와 인생에 관한 체계적인 사유(思惟)로 이해한다. 이는 '사상' 보다는 더욱 논리적이고 체계적이며 인간의 존재(Being ; 존재론), 인식(Knowing ; 인식론), 가치(Value ; 가치론)의 문제를 포함한다. 또한 이 책에서 신앙대상으로 다루어지는 '신'(神)의 개념은 유일신(唯一神)이 아니라, 범신론적(汎神論的)인 것임을 처음부터 밝힌다.

---

* 최근에 발굴된 자료의 하나로 1996년 후난성 츠앙사(長沙) 중심가에서 발굴된 쩌우마러우(走馬樓)의 오(吳)나라 죽간을 들 수 있다. 이 자료는 10만 점이 넘는 것으로 밝혀졌다. 현재 연구가 진행 중이다.

** Fung Yu-Lan, *A Short History of Chinese Philosophy* (『中國哲學小史』), ed. Derk Bodde, Macmillan Company, 1948. cf. 훵여우란, 『간명한 중국철학사』, 정인재 옮김 (형설출판사, 2007).

*** 개인적으로 훵여우란(馮友蘭) 교수의 책은 매우 뛰어난 철학서로 생각한다. 그러나 1948년 탄생한 훵 교수의 책은 새로 출토된 자료를 소개하지 못하였다. 그러므로 훵 교수의 책은 이제 시효(時效)가 다되었다고 생각한다.

철학의 세계는 언어로 표현되며, 설명 가능한 논리를 지닌다. 중국철학도 '철학'의 범주(카테고리)에 속하는 이상 예외가 아니다. 종교는 설명 가능한 세계와 설명이 불가능한 세계를 포함한다. 저자는 설명이 불가능한 문제를 다룰 수 없다. 예를 들면, 천당과 지옥이 존재하느냐 존재하지 않느냐, 혹은 기적(奇蹟)이 있느냐 없느냐 등의 문제는 이 책에서 취급할 수 없다. 그러므로 언어로 전달이 불가능한 개인적인 신념 혹은 경험 등은 이 책에서 큰 비중을 갖지 않는다. 이 책에서는 중국 종교의 현상에 대하여만 이야기하고 종교 자체의 본질, 목적 혹은 역할 등의 문제 등은 언급하지 않는다.

본문에서 설명하겠지만, 중국철학은 서양철학에 비하여 종교적 성격이 매우 강하다. '유교' 혹은 '도교'를 철학적 측면과 종교적 측면으로 나누어서 고찰할 수 있다. 실제로는 이 두 가지 요소가 뒤섞여서 뭉툭한 상태로 이해되고 있다. 이 책은 비록 중국철학과 종교의 두 영역에 대하여 관심을 지니고 있지만, 서술의 무게는 철학의 영역에 놓인다. 그러므로 개인적 체험을 강조하는 개개 철학자들의 수양론(修養論)을 자세하게 서술하지 않았다.* 수양 이론의 대부분이 언어로 표현되는 철학의 범주를 넘어서서 언어 밖의 체험의 세계를 다루고 있기 때문이다. 또한 종교 영역 중에서 이 책은 도교와 불교를 중심구조로 언급하였다. 이는 중국문화의 질량(質量)을 고려할 때에 불가피한 선택이었다.**

이 책에서 지향하는 질서는 비유적으로 말하면, 헤겔(G.W.F.

---

* 중국철학사에 큰 비중을 차지하는 주시(朱熹)의 경우는 예외적으로 '수양론'을 설명하였다.

** 중국철학의 서술에 있어서 어떤 연구가라도 불교와 도교의 영역을 피해 갈 수는 없다고 생각한다. 불교와 도교는 종교적 측면과 철학적 측면이 혼재(混在)되어 있으므로, 이 책은 『중국종교 · 철학사』라고 이름할 수도 있다.

Hegel ; 1770~1831)의 이성적 · 진보적 역사관에 따른 것이다. 니체(F.W. Nietzsche ; 1844~1900)의 비이성적 · 디오니소스적인 세계관을 쫓은 것이 아니다. 저자는 세계가 간혹 낭떠러지 상태[奈落]로 추락하는 경우가 있을 수 있지만, 궁극적으로 '절대정신'(absolute Geist)에 의하여 모종의 질서를 유지한다고 믿는다.*

중국철학의 입장에서 보면 헤겔의 철학은 유가(儒家)에서 말하는 '인문주의'의 정신과 연결된다. 이에 대하여 니체의 비이성적인 니힐리즘(nihilism ; 허무주의) 철학은 도가(道家)의 '자연주의' 철학과 근접한다. 그러므로 중국철학 및 종교는 헤겔적인 요소와 니체적인 요소를 함께 포함하고 있다고 말할 수 있다. 전자가 문명의 건설과 유지에 중점을 둔다면, 후자는 문명의 '해체주의적' 성격이 강하다. 건설과 파괴는 인간 본능의 두 가지 요소이다.

중국철학이 서양철학에 비하여 덜 논리적이라고 말해서는 안 된다. 반대로 중국에는 중국만의 특수한 논리가 있다고 고집을 부려도 안 된다. 형이상학적 명제는 언제나 자의적(恣意的) 해석의 위험성이 있다. 우리는 기준을 설정하는 데 있어서 조심해야 하며, 합의점을 찾기 위한 노력을 기울여야 한다. 일정부분의 보편성을 찾는 일은 모든 철학자가 해야 할 일이다.

중국은 이제 여러 분야에서 세계의 관심대상이 되고 있다. 저자가 이 책을 저술하고 있는 2008년 가을, 중국은 자체 기술로 신주(神舟) 7호를 우주에 쏘아 보내어 우주인의 우주 유영(遊泳)을 성공시키고 귀환하였다. 2008년 여름 뻬이징 올림픽을 치른 지 불과 두 달만의 일이다. 중국은 이해하기 힘든 나라이다. 그렇더라도 우리는

* 이는 '보이지 않는 손'(Invisible hand)이라고 표현해도 무방하다. 경제학자들은 '시장'(市場)의 형성에 어떤 '보이지 않는 손'이 있다고 말한다.

중국을 이해하지 않으면 안 된다. 이제 세계의 그 어떤 나라도 중국의 운명을 비켜갈 수 없다. 사실 어떤 대상을 제대로 이해한다는 것은 매우 힘든 일이라고 생각한다. 금세기 오스트리아가 낳은 천재 철학자 루트비히 비트겐슈타인(Ludwig Wittgenstein ; 1889~1951)은 다음과 같이 말하고 있다.

> 어떤 한 대상을 알기 위해서 내가 그 대상의 외적 속성들(properties)을 반드시 알아야 할 필요는 없다. 그러나 나는 그 대상의 내적 속성들은 모두 알아야 한다.*

중국을 진정으로 알려고 하는 사람은 그 내적 특성인 철학 내지 종교에 관심을 가져야 한다. 인문학에 종사하는 학자들은 물론이고 외교관, 언론인, 정치가, 기업체의 간부, 교육자 그리고 자연과학자들도 중국을 내부적인 측면에서 이해할 필요가 있다.

이 책을 저자의 독창적인 창조물이라고 말하지는 않겠다. 창조란 말처럼 쉬운 일이 아니다. 그러나 누군가 길을 열면, 그 길을 따라가기는 그렇게 어렵지 않다. 이미 열린 길을 잘 따라가면, 중국고대의 『예기禮記』에서 말하는 배부르고 등 따뜻한 '샤오캉'(小康)의 상태는 유지할 수 있다.** 또한 계속 걸음을 재촉하면 남에게 보이지 않던 다른 길도 보이는 법이라고 믿는다. 『주역』건괘 상전(象傳)에서 말하는 이른바 "스스로 힘쓰고 쉬지 않는다."(自彊不息)***라는

---

* 루트비히 비트겐슈타인, 『논리·철학 논고』-이 책은 원서의 이름을 차용하여 『트락타투스』라고도 호칭된다.-2.01231, 이영철 옮김 (책세상, 2006), p. 21.

** 이는 『예기禮記』예운편에 등장하는 개념으로, '따퉁'(大同)과 대립적(對立的)으로 쓰이고 있다. '大同'의 상태는 사실상 '유토피아'로 현실에서는 실현 불가능하다. 여기에서 '샤오캉'이란 그저 그럭저럭 만족할만한 상태로 받아들인다.

*** 『주역周易』乾卦. "象曰. 天行建. 君子以自彊不息."(하늘의 운행은 굳세다. 군자

표현이 그것이다. 이것을 일러서 하나의 창조라고 말할 수 있을 것으로 생각한다.

이 책의 출판을 위하여 불철주야 노력한 학고방 출판사의 하운근 사장 및 편집부의 직원들에게 고마움을 전한다.

2010년 맹하(孟夏)

전북대학교 연구실에서

황준연

가 보고서 스스로 힘쓰고 쉬지 않는다.) 여기에서 '彊'은 '强'으로 표기되기도 한다.

일러두기

가. 장절(章節)의 번호

① 1.1은 제1장의 제1절과 같다.

② 1.1.1은 제1장 제1절 제1항과 같다. (이하 동)

③ 항(項) 이하의 단위는 ① ② ③ 등의 숫자로 표시한다.

나. 부호의 용례

①『 』독립된 문헌(저술)

②「 」독립된 문헌 속의 편명 혹은 분량이 작은 논문류의 저술

③ “ ” 인용문

④ ‘ ’ 강조어 또는 인용문속의 인용

⑤ -- 혹은 ( ) 보충 설명문

⑥ [ ] 한자어와 한글 발음이 일치하지 않는 경우

다. 책에 대한 표시

① 본문에서는 저자와 책 이름만 언급한다.

② 서지(書誌) 사항은 각주(脚註)에서 밝힌다.

③ 출처 페이지는 원칙적으로 언급하되, 내용을 일괄적으로 정리할 때에 생략한 경우가 있다.

④ 한글로 번역되지 않은 외국문헌의 저자와 서명도 한글 표기를 한다. 예 지엔뽀짠(翦伯贊),『선진사先秦史』, 2001.

⑤ 참고문헌은 국내학자, 중국, 일본, 서구의 순서로 배치한다. 외국서적의 한글번역본의 경우는 원본에 붙여서 소개하되, 괄호 ( ) 속에 넣는다.

라. 한어(漢語 ; 중국어) 발음 표기

① 서명(書名)은 한글발음으로 적고, 한글에 이어서 한어(漢語) 표기를 한다. 예 쓰마치엔(司馬遷), 『사기史記』

② 인명(人名) 및 지명(地名)은 한어(중국어) 발음을 따른다. 이 경우 한글표기는 '최영애 · 김용옥 한어병음 표기법'(C.K. System)을 적용한다.

③ 인명의 표기중 일가(一家)를 나타내는 '子'의 사용을 피하고 본명을 사용한다. 일반 호칭에 있어서 호(號)의 표기를 지양한다. 이는 선현(先賢)을 관습적으로 무조건 존경하기보다는 한 사람으로서 개성을 중시하는 차원의 배려이다. 예 공자 → 콩치우(孔丘), 맹자 → 멍커(孟軻), 순자 → 쉰쿠앙(荀況), 노자 → 라오딴(老聃), 장자 → 주앙저우(莊周), 주자 → 주시(朱熹)

④ 지명(地名)에서 성(省)과 도시 이름은 중국어 발음을 따른다. 소수민족의 이름과 시(市), 현(縣), 자치구(自治區)의 행정 단위는 한글 발음으로 표기한다.

예 山東省 → 산똥성, 濟南市 → 지난시
廣西壯族自治區 → 꾸앙시 장족 자치구

⑤ 산(山) 이름은 한글 발음으로 표기한다. 산 이름과 사람 이름이 중복 사용될 경우, 사람은 중국어 발음으로 적는다.

예1 廬山(lu2 shan) → 여산, 지앙시성(江西省) 지우지앙시(九江市)에 있는 산

예2 藥山(yao4 shan) → 약산, 후난성(湖南省) 훵저우(澧州)에 있는 산
藥山(yao4 shan) → 야오산 웨이옌(惟儼) ; 사람이름

예3 南岳(nan2 yue) → 남악 형산(衡山) ; 후난성(湖南省)에 있는 산
南岳(nan2 yue) → 난위에 화이르앙(懷讓) ; 사람이름

⑥ 강하(江河)의 이름은 한글발음으로 표기한다. 강하의 이름과 사람 이름이 중복 사용될 경우, 사람은 중국어 발음으로 적는다.

예 伊川(yi chuan) → 이천, 허난성 루어양시(洛陽市) 주변을 흐르는 강

伊川(yi chuan) → 이츠우안, 송대 유학자 츠엉이(程頤)의 호칭

⑦ 인명 및 지명이 관용어로 사용될 때, 중국어와 한글 발음이 혼용되는 경우가 있다.

예1 떠산(德山)의 방망이 → '덕산방'(德山棒)과 혼용

린지(臨濟)의 고함 → '임제할'(臨濟喝)과 혼용

예2 롱츠앙에서의 깨우침 → '용장오도'(龍場悟道)와 혼용

⑧ 인명에서 왕(王) 혹은 공(公)의 호칭이 붙어있을 경우, 한글 발음으로 표기한다. 도교의 신(神)은 한글 발음으로 표기하되, 본명은 중국어 발음으로 적는다.

예1 文王(wen2 wang2) → '원왕'이 아니고 '문왕'으로

周公(zhou gong) → '저우꽁'이 아니고 '주공'으로

예2 문창제군(文昌帝君) → 본명은 후에이(揮)

종산신(鐘山神) → 한말(漢末)의 장수 쯔원(子文)

⑨ 국제적으로 공인된 지명 혹은 민족명은 이를 따른다.

예 香港(xiang gang3) → 홍콩(hong kong)

新疆維吾爾自治區(xin jiang wei2 wu2 er3) → 신지앙 위구르(Uighur) 자치구

西藏自治區(xi zang4) → 시짱 자치구 혹은 티베트(Tibet) 자치구

⑩ 광동어(廣東語)의 현지발음을 존중한 경우가 있다.(예외)

예 陳榮捷(chen2 rong2 jie2) → 윙-칱 찬(Wing-Tsit Chan)

周潤發(zhou run4 fa) → 윈-팥 처우(Yun-Fat Chow)

중국사 연표(年表)

❖**하(夏** ; Xia Dynasty) 21세기 BC～16 세기 BC ca. 전설의 왕국

❖**상(商** ; Shang Dynasty) 16세기 BC～1066 BC

❖**서주(西周** ; Western Zhou) 1066 BC～771 BC

❖**춘추(春秋** : Spring and Autumn) & **전국(戰國** ; Warring States)
770 BC～221 BC -동주(東周 ; Eastern Zhou)-

❖**진(秦** ; Ch'in or Qin Dynasty) 221 BC～207 BC

❖**한(漢** ; Han Dynasty)
서한(西漢 ; Western Han Dynasty) 206 BC～8 AD
동한(東漢 ; Eastern Han Dynasty) 25～220

❖**삼국(三國** ; The Three Kingdoms)
위(魏 : Wei) 220～265
촉한(蜀漢 ; Shu Han) 221～263
오(吳 : Wu) 222～280

❖**서진(西晉** ; Western Jin) 265～316

❖**동진(東晉** ; Eastern Jin) 317～420

❖**십육조(十六朝** ; The Sixteen Kingdoms)
남조(南朝 ; Southern Dynasty) 420～589
북조(北朝 ; Northern Dynasty) 386～581

❖**수(隋** ; Sui Dynasty) 581～618

❖**당(唐** ; Tang Dynasty) 618～907

❖**오대(五代** ; The Five Dynasties) 907～960

❖**송(宋** ; Sung or Song Dynasty)
북송(北宋 ; Northern Sung) 960～1127

남송(南宋 ; Southern Sung) 1127～1279

❖**요(遼** ; Liao Dynasty) 907～1125

❖**서하(西夏** ; Western Xia Dynasty) 1031～1227

❖**금(金** ; Jin Dynasty) 1115～1234

❖**원(元** ; Yuan Dynasty) 1271～1368

❖**명(明** ; Ming Dynasty) 1368～1644

❖**청(清** ; Ch'ing or Qing Dynasty) 1644～1911

❖**중화민국(中華民國** ; The Republic of China) 1911～1949

❖**중화인민공화국(中華人民共和國** ; The People's Republic of China) 1949～현재

목 차

제 1 장

철학 · 종교 그리고 과학

"나는 철학이란 신학(神學)과 과학 사이의 중간 영역에 있는 그 무엇이라고 생각한다."
(Philosophy, as I shall understand the word, is something intermediate between theology and science.)

-버트런드 럿셀(Bertrand Russel ; 1872~1970)

1.1 철학을 이해하는 방식

철학은 문명의 창조물이다. 세계의 역사에는 여러 문명들이 존재하였다. 대표적인 문명으로 고대 그리스와 고대 중국을 들 수 있다. 철학을 의미하는 '필로소피아'는 그리스어의 '필로스'(philos ; 사랑)와 '소피아'(sophia ; 지혜)의 합성어로 알려져 있다. '필로소피아'는 그리스인의 용어이지만, 그들만이 지혜를 사랑한 것은 아니다. 고대 중국인들도 지혜를 사랑하였고, 철학적인 사색을 전개하여 많은 저술을 남겼다.

철학을 이해하는 데는 많은 견해가 있다. 금세기 영국의 철학자 버트런드 럿셀(Bertrand Russel ; 1872~1970)은 자신의 저술 『서양철학사』 서론에서 다음과 같이 말하고 있다.

> 인생과 세계에 관한 관념으로서 우리가 '철학적'(philosophical)이라고 부르는 것들은 두 가지 요소의 산물이다. 하나는 전승적인 종교적 및 윤리적 관념이요, 다른 하나는 넓은 의미로 '과학적'이라고 부를 수 있는 종류의 탐구이다. 이 두 가지 요소가 철학자들의 체계 속에 얼마만한 비율로 들어있는가 하는 것은 그들 개개인에 따라 크게 달랐지만, 그러나 이 두 가지 요소가 어느 정도는 들어있다는 것이 철학의 특징이다. '철학'이란 넓은 의미로도 쓰이고 혹은 좁은 의미로도 쓰이는 용어이다.... 나는 철학이란 신학(神學)과 과학 사이의 중간 영역에 있는 그 무엇이라고 생각한다.[1)]

---

1) Bertrand Russel, *History of Western Philosophy*, George Allen & Unwin Ltd, 1961, p. 13. 인용부분의 마지막 문장을 원문으로 소개하면 다음과 같다. "Philosophy, as I shall understand the word, is something intermediate between theology and science."

럿셀의 이 말은 철학의 성격을 이해하는데 길잡이가 된다. 그는 인간의 인식을 명확한(definite) 지식과 독단적인(dogma) 주장으로 나누고, 과학을 전자에 속하는 것으로 신학(종교)을 후자에 속하는 것으로 보았다. 그 중간에 '무인도'(無人島 ; No Man's Land)가 있다. 럿셀은 이처럼 철학이란 과학과 신학의 중간 지역에 있는 그 무엇으로 파악하였다.

럿셀의 견해를 그림으로 표시하면 다음과 같다.

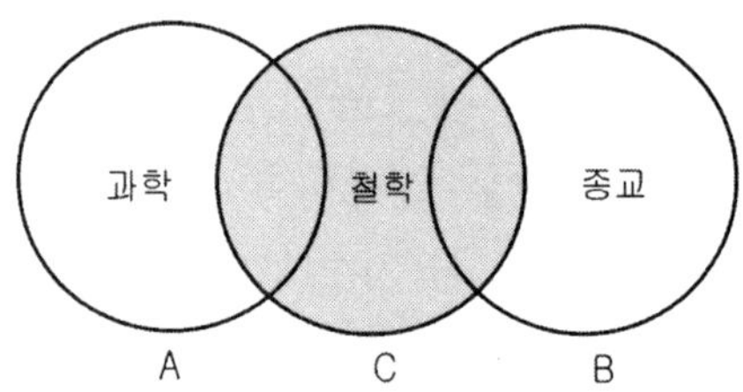

위의 그림은 저자(황준연)가 이해하는 버트런드 럿셀의 견해이고, 저자가 생각하는 '철학'이란 C의 영역에 해당한다. 다시 말하여 A의 영역은 과학에 속하며, B의 영역은 신학(종교)에 속하고, 그 중간의 빗금친 겹친 부분이 철학의 영역이다.

과학은 검증이론(verification theory)에 의지하는 사유체계이다. 진리라고 말할 수 있는 것은 검증되어야 한다. 검증되지 않은 것은 의미가 없다. 명확한 지식이란 수치(數値) 혹은 실험을 통하여 검증될 수 있는 지식이다. 이 경우 과학이란 개별과학으로서 자연과학을 의미한다. 만일 어떤 지식을 가리켜 'definite'한 것이라고 말하려면, 그것은 증명할 수(define) 있는 것이라야 한다.

과학의 기준에 의하면 검증될 수 없는 "예술, 종교, 윤리, 철학,

형이상학은 다 헛소리이다. 그런 것들은 도대체 참되다, 거짓이다 라고 말할 수 없는 것들이다."[2] 과학의 세계는 건조하다. 이 세계는 계량화가 가능하다. 그러므로 수치(數値)만이 활개 친다. 여기에서는 시(詩) 한 편을 읽어도 의미가 없다. 그러나 우리들의 인생은 과학 밖의 영역도 포함한다. 과학의 세계에서 의미가 없는 것이라도 과학 밖의 다른 세계에서는 의미가 있다. 한국인들이 토종 시인 미당(未堂) 서정주의 <국화 옆에서>를 읽고 눈물을 흘릴지라도 비난할 일이 아니다. 다만 그와 같은 행위는 과학의 세계가 아니라는 말이다.

신학(종교)은 도그마에 의지하는 사유체계이다. 'dogma'는 교의(教義), 정론(定論), 독단(獨斷)의 뜻을 지니는 단어이다. 모든 종교의 교리는 일정 부분 독단에 의지하고 있다. 집단 합의 체계에 의하여 내려진 결론도 마찬가지이다. 종교는 믿음을 바탕으로 한다. '천국과 지옥이 있다 혹은 없다.'라는 주장은 검증될 수 없다. 그와 같은 주장이 개인의 차원에 머무는 한, 위험한 것이 아니다. 그러나 집단에 의한 권력(행동)이 동원될 때, 종교는 매우 위험할 수 있다. 종교가 위험하게 되는 경우의 보기를 미국의 인민사원(Peoples Temple)[3]의 경우, 혹은 일본의 옴진리교(オウム眞理教)[4] 등에서

---

2) 이기상, 『철학노트』(까치, 2002), p. 170. 이기상 교수의 이와 같은 주장은 독일 철학자 루돌프 카르납(Rudolf Carnap ; 1891~1970)의 '논리실증주의'를 반영한다. 이기상의 용어는 독일어를 번역하고 있다. 의미에 해당하는 독일어는 'Sinn' 인데, 의미가 없다는 것은 'sinnlos'이고, 의미가 있다는 말은 'sinnlich'이다. 그는 예술 등을 '헛소리'라고 말할 때는, 이 두 가지 단어에 해당하는 것이 아니라 'Unsinn'(미침, 제정신이 아님, 넌센스 ; 의미 기준을 벗어나 있는 것)이라고 표현한다. 용어의 이해에 조심할 일이다.

3) '인민사원'(Peoples Temple)은 1955년 미국의 목사(牧師) 짐 존스(Jim Jones)에 의해서 설립된 신흥종교이다. 존스의 교회는 백인 중심의 교회를 비판했고, 흑인을 차별 없이 받아들여 유명해졌다. 캘리포니아의 샌프란시스코, 로스앤젤레스

찾아볼 수 있다.

철학은 인간 이성(理性 ; reason)에 기반을 둔 정신활동이다. 그것은 과학과 종교의 중간지역에 속하는 그 무엇이다. 과학이 지니는 몰가치성, 몰인격성, 몰미성(沒美性)[5]을 보완 혹은 치료하는데 철학이 공헌한다. 철학은 과학적 지식의 의미를 묻는다. 동시에 철학은 종교적 지식의 의미를 묻는다.

철학은 의미를 묻는 학문이다. 자연과학의 발전이 상당한 경지에 이르러 인간을 복제할 수 있는 시대에 이르렀지만, 그렇다고 인간

등지에서 흑인, 마약중독자, 노숙자 등의 구호 활동으로 평판을 쌓았다. 또한 무료 식당, 탁아소, 노인 병원을 설립하였다. 존스는 신도들에게 파시즘, 인종간 전쟁, 핵전쟁이 올 것이라고 경고하고, 약 1,000명을 이끌고 남아메리카 가이아나(Guyana)의 정글 속으로 거점을 옮겼다. 신도들에게는 열대의 낙원이라고 속였고, 그들은 존스의 명령 하에 강제노동을 하며 존스타운을 건설했다. 1978년 미국 하원의원 리오 라이언(Leo Ryan)이 신도학대 사건 신고를 받고 조사차 존스타운을 방문하였다. 인민사원의 경비들은 이들 일행에게 총격을 퍼부었다. 그 결과 리오 의원, 3명의 NBC방송국 기자 등이 살해당했다. 진실을 은폐하기 위해, 짐 존스는 1978년 11월 18일 신도들에게 억지로 집단자살을 명했고, 신도들은 청산가리를 탄 주스를 마셨다. -존스는 머리에 총을 맞은 채 발견되었다. 그가 살해당했는지 자살했는지는 정확하게 알 수 없다.- 이 집단자살로 총 918명이 죽었다. 자살의 원인 분석에는 여러 가지 이론들이 있다. 자살의 이유는 짐 존스의 강요였다는 사실이 밝혀졌다. 이 사건은 신도들이 스스로 죽은 사건이 아니라, 짐 존스 교주의 강요에 의해 일어난 살인사건이었다.

4) 1995년 3월 20일 日本 도쿄의 지하철에서 테러사건이 발생하였다. 지하철 차내에서 화학 병기로 사용되는 신경가스 '사린'(Sarin ; 액체와 기체 상태로 존재하는 독성이 매우 강한 화합물로 중추신경계를 손상시킴)이 살포되어 승객과 역무원 12명이 사망하고, 한국인 등 외국인을 포함한 5,500명이 중경상을 입었다. 사건의 배후에 종교단체 옴진리교(オウム眞理敎 ; Aum Shinrikyo)가 있었다. 옴진리교는 1984년 아사하라 쇼코(麻原彰晃)가 설립한 신흥종교이다. 아사하라는 1995년 5월 야마나시 현의 시골에서 체포되었다. 그는 테러사건의 주범으로, 2006년 9월 일본의 최고재판소에서 사형판결이 확정되었다.

5) '미'(美)는 인간의 커다란 관심 영역이다. 여기에서 말하는 '몰미성'(沒美性)이란 과학의 검증원리에 의하면, 가치의 영역인 '미'(美)의 세계도 의미가 없다는 뜻이다.

존재의 궁극적 목적을 밝힐 수는 없다. L. 비트겐슈타인은 말한다.

> 비록 모든 가능한 과학적 물음들이 대답되어 있다 해도, 우리는 우리의 삶의 (본질의) 문제들이 여전히 조금도 건드려지지 않은 채로 남아 있다고 느낀다.[6]

세계의 위대한 종교는 모두 철학을 바탕으로 성립된다. 철학이 약한 종교는 오래 지속되지 못한다. 그리스도교, 이슬람교, 불교 등은 철학의 탄탄한 기반위에 자리 잡고 있다. 철학의 기반이 약한 종교는 일시적인 바람잡이로 끝나기 쉽다. 중국 후한(後漢) 시대 태평도(太平道) 및 오두미도(五斗米道)는 한때 회오리바람처럼 일어났으나 곧 소멸되었다.[7]

다시 한 번 그림을 쳐다보자. 빗금 친 영역을 보면 철학 부분의 일부가 과학과 겹쳐있고, 동시에 그 일부가 종교와 겹쳐 있다. 이 부분이 철학의 성격을 반영한다. 대체로 서양철학은 과학부분의 빗금의 폭이 넓고, 중국철학은 종교부분의 폭이 넓다. 중국철학이 종교적 측면이 강하다는 것은 인식(知識 ; knowledge)의 측면을 넘어서 수양(修養 ; cultivation) 내지 깨침(覺 ; enlightment)의 세계를

---

6) 루트비히 비트겐슈타인, 『논리 · 철학 논고』6.52, 앞의 책, p. 116. "We feel that even when all possible scientific questions have been answered, the problems of life remain completely untouched." -Rudwig Wittgenstein, 『Tractatus』, 6.52.

7) 이들 종교는 직접적으로는 정부의 탄압으로 사라졌지만, 소멸의 원인(遠因)으로 미신(迷信) 숭배 등 취약한 철학을 지적할 수 있다. 이들 교단의 사상 일부는 도교(道敎)에 흡수되어 살아남았다. 미신적인 요소(예 : 부적符籍을 불에 살라서 물에 타서 마시는 행위)가 제거된 건전한 부분을 말한다. 조선왕조 후기에 일어난 민족종교, 즉 동학(천도교), 증산교 등이 한 때 들불처럼 번졌으나 그 생명력이 약해진 것은 철학적 기반이 취약한 때문이라고 생각한다.

강조하는 점에서 들어난다. 서양철학은 종교와 그 영역을 차별하는 점에서 과학에 가깝다. 중국철학은 종교의 영역을 내포하는 점에서 종교에 가깝다.

철학은 물음을 던지는 학문이다. 물음에 대한 해답을 얻지 못한다고 해서 철학자들을 비난하지 말라. 물음은 그 자체로 의미가 있다. 철학자들은 '없음'(無)에 대하여 물음을 던지며, '있음'(有)에 대하여도 물음을 던진다. -내가 여기에 지금 있다는 것(being)은 무슨 의미를 지니는가? 내가 우주 속에 없더라도(non-being) 우주는 과연 의미가 있는가?- 철학자는 '생각'이 무엇인지에 대하여 생각한다. 그들은 또 '아름다움'[美]이 무엇인지에 대하여 생각한다. 인간은 본능적으로 무엇인가를 알려고 한다. 물음은 인간의 특권이며 지식 추구의 욕망을 반영한다. 동물은 질문을 던지지 않는다. 우주의 존재에 대하여 질문을 던지는 동물이 있다고 생각할 수 없다. 인간을 제외한 동물이 과연 우주의 존재를 인식하고 있을까?

전통적으로 철학이 대상으로 삼고 있는 인간의 물음가운데 중요한 것들은 다음과 같다.

① 나의 존재는 무엇인가? 나는 어디에서 와서 어디로 갈까?
② 우리는 무엇을 아는가? 안다는 것은 무엇을 말하는가?
③ 우리의 생애는 살아갈 만한 가치가 있는가? 도덕적 인간이란 어떠한 인간인가? 어떤 정부(政府)가 가장 바람직한 정부일까? 아름다움이란 무엇인가?

첫 번째 영역은 존재(being)에 관한 문제이다. 학자들은 이를 '존재론'(ontology) 혹은 '우주론'(cosmology) 또는 '본체론'이라고 부른다. 철학자들이 말하는 '우주'는 천문학자들이 말하는 가시적(可視的)인 우주를 의미하지 않는다. 철학자들이 말하는 우주는 '있음'(有)과 '없음'(無)에 관한 것이다. 이 영역을 '형이상학'(metaphysics)라고 부르는 학자도 있다.

두 번째 영역은 지식(knowledge) 혹은 인식(認識)에 관한 문제이다. 이는 '앎'의 세계에 관한 내용이다. 학자들은 이를 '인식론'(epistemology)이라고 부른다.

세 번째 영역은 가치(value)에 관한 문제를 다룬다. 이 영역은 삶의 과정에서 바람직한(desirable) 것이 무엇인지를 묻는다. 학자들은 이를 '가치론'(theory of value)이라고 부른다. 이 영역은 도덕 혹은 윤리학(ethics)과 중첩되며, 정치철학(political philosophy) 혹은 미학(美學 ; aesthetics)의 영역을 포함한다.

철학의 영역을 놓고 현대 미국의 철학자 로버트 노지크(Robert Nozick ; 1938~2002)의 분류를 소개한다. 그는 다음과 같이 세 가지 분야로 철학을 나누었다.

① 형이상학 (Metaphysics)
② 인식론 (Epistemology)
③ 가치론 (Value)[8)]

첫 번째 항목에서 노지크는 자아(self) 혹은 자아의 주체성에 대하여 묻는다. '나는 누구인가'(What am I?) 혹은 '자아란 무엇인

8) Robert Nozick, *Philosophical Explanations*, Harvard University Press Cambridge, Massachusetts, 1981, pp. ix-x.

가'(What is a self?) 그는 더 나아가 결코 대답을 기대할 수 없는 질문을 던진다. '없는 것에 비하여 있다는 것은 왜인가'(Why is there something rather than nothing?) 노지크의 이와 같은 질문은 존재 혹은 근원에 대한 물음이며, 전통적인 측면에서 우주론(cosmology)에 속한다.

두 번째 항목에서 노지크는 지식(knowledge) 그리고 회의주의(skepticism)에 대하여 기술하고 있다. 그는 동시에 지식을 취급함에 있어서 증명(evidence)과 정당화(justification)에 대하여도 언급한다.

세 번째의 항목에서 노지크는 자유의지(free will)와 결정론(determinism), 윤리학, 생(生)의 가치에 대하여 논술한다. 이 항목의 중심은 윤리학에 있다. 이상과 같은 로버트 노지크의 '철학 3분법'은 위에서 말한 전통적인 구분과 일치한다.

철학의 성격을 놓고 말하면 동양과 서양에 있어서 질적(質的)인 차이가 존재한다. 가령 서양철학과 중국철학에서 '우주론' 분야는 비슷하다. '인식론'은 서양철학이 많이 발달하였다. 그 중에서도 논리학, 언어철학, 과학철학 분야는 서양철학의 이론이 크게 발달하였다. '가치론' 분야는 중국철학에 장점이 있다고 말할 수 있다.

중국철학에 국한하여 말한다면 '3분법'은 불충분하게 느껴진다. 저자는 이에 한 가지를 추가하여 '4분법'의 틀(프레임)을 반영한다. 저자가 주장하는 틀은 다음과 같다.

a. 우주론(宇宙論 ; cosmology) -존재와 생성의 문제
b. 인식론(認識論 ; epistemology) -앎의 문제

c. 심성론(心性論 ; theory of mind and nature) -마음과 본성 및 감정의 문제

d. 가치론(價値論 ; theory of value) -윤리 및 정치철학, 미학(美學)

전통적인 철학의 '3분법'에 추가되는 분야는 '심성론'(心性論)이다. -이는 더욱 세밀하게 말하면 '심성정론'(心性情論)이다.- 중국철학은 서양철학에 비하여 b 항의 영역이 약하다. 그러나 c 항은 상대적으로 중요하다. 중국철학에 있어서 '심성론'의 발달은 '수양(방법)론'을 충족시키는 필요조건이다. 인간의 심성정(心性情)에 대한 구조적 분석이 없이 정신의 수양(修養)을 달성할 수는 없기 때문이다.[9]

'수양론'은 중국철학사에 있어서 하나의 난제(難題 ; 아포리아)이다. 전통사회의 학자들은 말끝마다 '성인'(聖人) 운운하는 것을 본다. 그들은 보통의 인간도 일정한 수양 방법을 통하여 '성인'이 될 수 있다고 말한다. 멍커(孟軻)는 입만 열면 야오·순(堯·舜)을 말하였다고 전한다.[10] 그러나 솔직히 말해서 저자는 '성인'(the saint)이 부담스럽다. 철학을 공부하고 있지만 차마 '성인'까지는 되고 싶지 않다. 그러므로 '주경'(主敬), '거경'(居敬) 혹은 '주정'(主靜) 등의 실천을 강조하는 용어들이 저자에게는 달성할 수 없는 무게로 느껴진다. 이 책에서는 '수양론'의 영역이 가볍게 취급된다. 9만 리를 날아서 하늘을 덮는 새[鵬]처럼 '성인'이 되고자 하는 사람들에게는

---

9) '수양론'과 함께 '공부론'(工夫論)이라는 용어가 사용되고 있다. 저자(황준연)는 개인적으로 후자의 용어는 합당하지 않다고 생각한다. 서양문화에 있어서 '수양'의 문제는 종교의 영역에서 취급한다.

10) 『맹자』 등문공 上. "孟子道性善, 言必稱堯舜."

불만이 있을 수 있겠다.[11)]

중국철학의 기술에 있어서 또 다른 난제는 '행복'(happiness)의 문제이다. 현대어의 '행복'이란 '락'(樂)의 번역어인데 그 의미가 다르다. '즐거움'으로 번역되고 있는 이 말은 안분지족(安分知足)의 가치를 동반한다. 중국철학에 있어서 진정한 행복이란 도덕적 영역에 속한다. 그러므로 '락'(樂) 혹은 '안락'(安樂)의 문제는 가치의 영역이다. 상당한 인격을 갖추지 않고는 행복의 상태를 지향할 수 없다는 말이다.[12)] 철학자들도 물론 행복을 소망한다. 그러므로 행복의 추구는 철학의 마땅한 관심대상이다. 이 책에서는 중국인 철학자들의 행복 추구의 태도가 무게를 가지고 언급된다.

---

11) 『장자莊子』 소요유(逍遙遊)편에 다음과 같은 글이 있다. "북녘 바다에 물고기가 있다. 그 이름을 쿤(鯤곤)이라 한다. 쿤의 크기는 몇 천리나 되는지 알 수 없다. (물고기가) 변하여 새가 되면 그 이름을 펑(鵬붕)이라 한다. 펑의 등 넓이는 몇 천리가 되는지 알 수 없다. 힘차게 날아오르면 그 날개는 하늘을 드리운 구름과 같다.... 펑이 남녘 바다로 날아갈 때, 파도를 일으킴은 3천 리, 회오리 바람을 일으킴은 9만 리까지 올라간다. 그리하여 북쪽 바다 상공을 떠나서 6개월을 날아간 뒤에 비로소 한 번 크게 숨을 내쉰다.... 매미[蜩조]와 작은 비둘기[鷽鳩학구]가 (펑을 비웃으며) 말하기를, 우리는 있는 힘을 다해 후닥닥 느릅나무나 다목나무 가지위에 머무르되, 때로는 거기에 이르지 못하고 땅바닥에 내동댕이쳐지는 때도 있다. 하필 9만 리를 날아서 남쪽 바다로 갈 것이 무엇이냐?"(北冥有魚, 其名爲鯤. 鯤之大, 不知其千里也. 化而爲鳥, 其名爲鵬. 鵬之背, 不知其千里也.... 鵬之徙於南冥也, 水擊三千里, 摶扶搖而上者九萬里, 去以六月息者也.... 蜩與鷽鳩笑之曰. 我決起而飛, 槍(搶)楡枋, 時則不至而控於地而已矣. 奚以之九萬里而南爲?) cf. 『역주 장자』1, 안병주 · 전호근 공역 (전통문화연구회, 2002), pp. 26-32. 저자(황준연)는 9만 리를 날아서 聖人이 되려는 사람을 비웃을 자격은 없다. 그러나 저자는 매미나 비둘기처럼 느릅나무 정도에 머물고 싶다.

12) 『송사宋史』 권427, 주돈이전(周敦頤傳), 중화서국본, p. 12712. 송유(宋儒)는 "콩치우[孔子]와 옌후에이(顔回)의 행복이 어디에 있었는지를 찾아보라"(孔顔樂處, 所樂何事)라는 말을 불가(佛家)의 화두처럼 사용하였다.

1.2 중국철학의 정신

중국철학은 철학이다. 그것은 '필로소피아'라고 부르는 사유체계를 포함하는 어떤 것이다. 중국철학은 하나의 철학사상이다. 이는 중국문명에 기반을 두고 성장 발전한 사유체계이다.

아놀드 토인비(Arnold Toynbee ; 1889~1975) 교수의 진단에 의하면, 중국문명은 개화(開花)한 문명의 하나이며 또한 독립문명에 속한다.[13] 중국철학은 독립문명인 중국문명 속에서 탄생한 것이다.

현대 중국철학자 훵여우란(馮友蘭 ; 1895~1990) 교수는 중국철학은 실증적 지식(positive knowledge)의 증가를 위한 사유체계가 아니고 정신(mind)을 드높이는 것이라고 주장한다. 훵 교수에 의하면 철학의 기능, 특히 형이상학의 기능은 실증적 지식의 증가가 아니라고 한다.[14]

훵여우란 교수는 중국철학의 전통에 의하면 철학의 기능은 '정신을 드높이는 것'(elevation of the mind)으로 이해한다. 정신을 드높인다는 것은 무엇을 말하는가? 그것은 인격을 닦음을 말하는 듯하다. 만일 그렇다면 이는 서양철학의 성격과는 질적(質的)인 차이가 존재한다.

중국철학은 과학적 성격보다는 종교적 성격이 강하다. 과학이 정신을 드높이는 기능을 수행하는 것은 아니다. -두뇌(brain) 연구의

13) 아놀드 토인비 교수의 문명론은 저자(황준연)의 다른 저서, 『한국사상과 종교 15강』(박영사, 2007)의 제1강을 참고하기 바란다.

14) Fung Yu-Lan, ibid., 1976(renewed), p. 5. "According to the tradition of Chinese philosophy, its function is not the increase of positive knowledge (by positive knowledge I mean information regarding matters of fact), but the elevation of the mind."

전문가들이 인격을 향상시키는 특수한 방법 혹은 약(藥)의 개발에 성공하면 이야기는 다르다. 만일 이와 같은 일이 가능해진다면, 산중의 절간에서 좌선(坐禪)에 몰두하고 있는 많은 승려들이 병원을 찾아 문전시장을 이룰 것이다.- 반면 종교는 구구절절이 인격 수양을 목표로 내세우고 있다. 중국철학이 종교적 성격이 강하지만, 종교와 일치하는 것은 아니다. 철학을 통한 '고차원적 가치'는 종교가 포함하고 있는 상상 혹은 미신을 벗어나게 할 것이다.

중국철학이 과학적 성격보다는 종교적 성격이 강하다는 점은 명대(明代) 철학자 왕서우르언(王守仁 ; 1472～1528)의 '룽츠앙(龍場)에서 도를 깨쳤다'(龍場悟道)라는 기록에서 들어난다. 이는 일종의 신비체험인데, 서양문화의 전통에서는 철학자들이 '도를 깨쳤다'라고 말하는 경우를 들어본 일이 없다.

중국철학은 서양철학에 비하여 신비주의적 색채가 강하다. 멍커(孟軻 ; BC 371～BC 289)는 "나는 말을 알고 나의 '호연지기'(浩然之氣)를 잘 기른다."[15]라고 말한 적이 있는데, 이는 신비주의적 경향을 가리킨다. 훵여우란 교수는 멍커의 철학을 설명하면서 신비주의(mysticism)라고 표현하였다. 왕서우르언의 '룽츠앙(龍場)에서 도를 깨쳤다'라는 사실도 신비주의적이다. 칭후아(淸華)대학의 츠언라이(陳來 ; 1952～) 교수는 왕서우르언의 내면에는 늘 신비주의적 일면이 자리 잡고 있었다고 말한다.[16]

북송(北宋)의 철학자 사오용(邵雍 ; 1011～1077)이 루어양(洛陽)의 천진교 위에서 두견새 울음소리를 듣고 왕안스(王安石)가 출현

15) 『孟子』 공손추 上. "敢問, 夫子惡乎長? 曰, 我知言, 我善養吾浩然之氣."
16) 츠언라이(陳來), 『양명철학』(原題 ; 有無之境), 전병욱 옮김 (예문서원, 2004), p. 22.

하여 세상이 시끄러워질 것을 예언하였다고 한다. 이러한 신비주의는 철학의 영역으로 취급할 수 없다. 신비가 존재하지 않는다는 말이 아니다. 또한 신비가 무의미하다는 뜻도 아니다. 루트비히 비트겐슈타인은 "실로 언표할 수 없는 것이 있다. 이것은 드러난다. 그것이 신비스러운 것이다."라고 말하였다.[17] 다만 언어로써 표현할 수 없는 세계는 철학이 아니라 종교의 영역이라는 뜻이다.

세상에는 세상일에만 몰두하는 사람들이 있고, 반대로 세상일과는 담을 쌓고 사회를 등지고 초월적인 태도로 살아가는 사람이 있다. 전자를 가리켜 세간적(世間的 ; this-worldly) 입장이라고 부를 수 있으며, 후자를 가리켜 출세간적(出世間的 ; other-worldly)이라고 표현할 수 있다.[18] '세간적' 의미의 철학은 서양철학사에 있어서 실재론(實在論 ; Realism)에[19] 가깝고, '출세간적' 철학은 관념론(觀念論 ; Idealism)에[20] 비유될 수 있다.

중국철학은 세간적이면서 동시에 출세간적이다.[21] 『중용』에 다음과 같은 구절이 있다.

> 군자의 도는 구체적[費]이면서 동시에 은밀하다[隱].[22]

---

17) 루트비히 비트겐슈타인, 『논리 · 철학 논고』6.522, 앞의 책, p. 116.
18) 이 용어는 세상에서 성공의 뜻으로 사용하는 '출세'(出世)와는 정반대의 의미이다. 조심할 필요가 있다.
19) 인식의 대상(object)이 인식작용의 의식(意識)이나 주관에서 독립하여 존재한다고 보는 견해.
20) 표상 배후의 현실 즉 외적(外的) 세계의 실재성(實在性)을 부정하는 견해.
21) Fung Yu-Lan, ibid., p. 8. "So far as the main tenet of its tradition is concerned, if we understand it aright, it cannot be said to be wholly this-worldly, just as, of course, it cannot be said to be wholly other-worldly. It is both of this world *and* of the other world."
22) 『중용』제12장. "君子之道, 費而隱."

위의 구절의 원문을 주시(朱熹)는 "군자의 도는 사용함이 넓고, 본체가 은미하다"라고 주해하였다.[23] 그러나 이 주석만으로 주시의 의미를 자세히 알기 어렵다. 저자(황준연)는 이 구절의 '비'(費)는 세간의 구체적인(concrete) 세계를 말하며, '은'(隱)은 출세간의 추상적인(abstract) 세계를 말한다고 풀이한다. 말하자면 위의 문장처럼 "군자의 도는 구체적이면서 동시에 은밀하다."라는 뜻이다. 중국철학은 이처럼 세간적 성격과 출세간적 성격을 동시에 지녔으며, 그런 의미에서 실재론(Realism)과 관념론(Idealism)의 종합이야말로 중국철학이 추구하는 바이다.

중국철학은 서양철학에 비하여 정치철학의 성격이 짙다. 이는 앞에서 설명한 철학의 영역을 놓고 보면, 중국철학은 '가치론' 분야에 비중이 높다는 말이 된다. 사회의 구성 원리와 윤리적 규범을 강조하는 유교는 물론, 사회를 부정하고 자연으로 돌아가자는 해체주의(解體主義) 성격이 강한 도교도 그 궁극을 들여다보면, 정치사상에 상당한 비중이 놓여진다.[24] 중국철학의 이상(理想)은 내성외왕(內聖

---

23) 주시(朱熹), 『中庸章句』제12장 注. "費, 用之廣也 ; 隱, 體之微也."

24) 도교에 이론적 기반을 제공한 라오딴(老聃)의 『도덕경』을 정치적 술수(術數)의 측면에서만 고찰한 저술이 있다. cf. 강신주, 『노자(老子) : 국가의 발견과 제국의 형이상학』(태학사, 2004). 이 책은 『도덕경』판본과 문구(文句)에 대한 정확한 검증 없이 집필되어, 해석이 자의적(恣意的)으로 이루어진 곳이 많다. 예 p. 42의 발제원문 가운데 "萬物負陰而抱陽, 中氣以爲和."(『도덕경』42장)라고 하였는데, 이는 '沖氣'의 명백한 오기(誤記)이다. 저자는 아무런 설명이 없이 이를 "가운데의 기(氣)"라고 번역하는 오기(傲氣)를 부리고 있다. '氵'(물 수) 획수 하나를 빠트림으로서 발생하는 오역(誤譯)은 『도덕경』해석의 전반에 걸쳐서 문제를 제기할 수 있다. 라오딴처럼 '물'[水]을 중시한 중국의 사상가가 또 있을까? " 『도덕경』42장의 원문에 대한 검증 자료로 다음의 책을 참조하라. 멍원통(蒙文通), 『노자징문 《老子》 徵文』(萬卷樓圖書有限公司, 민국 87년=1998), p. 110 / 츠언꾸잉(陳鼓應), 『노자금주금역老子今注今譯』(商務印書館, 2004), pp. 233-237.

外王)의 경지를 달성함이다. '내성외왕'이란 안으로 성인(聖人)의 경지를 지향하고, 밖으로 제왕의 통치를 달성한다는 뜻이다. 그러나 철학자들이 이 경지를 성취하였다는 실제적인 예(例)는 별로 없다. 이처럼 중국철학의 이상은 매우 높다. 그 실천이 사실상 어렵지만 말이다.

중국철학에 있어서는 수양론(修養論 ; 일명 공부론)이 매우 중요한 지위를 차지한다. 훵여우란은 중국철학이 '내성'(內聖)을 실현하기 위한 수양방법에 비중을 두는데, 이런 내용은 서양의 문화에서는 고대 그리스 철학자 플라톤(Plato ; 기원전 427~347)이 주장한 '철인왕'(philosopher king)의 내용과 닮았다고 기술하고 있다.[25)]

쥴리아 칭(Julia Ching ; 중국명 친지아이秦家懿 ; 1934~2001)은 중국철학의 수양론 중시는 서양철학의 유산(heritage)에서는 보이지 않고, 대신 그리스도교의 'spirituality' 방면에 많이 나타난다고 지적한다.[26)] 수양 '공부론'이라고 말할 때, 중국어의 '功夫'는 현대인이 일상에서 사용하는 '공부'(study)와는 다른 의미를 지닌다.[27)] '수양공부'라는 표현은 어색하다. 중국철학의 전통은 '수양론'을 매우 중시한다. 그러나 이 책에서는 큰 비중을 두고 취급하지 않는다. 중국철학의 수양 이론은 지나치게 종교적이며, 신비주의적 색채가 강하기 때문이다.

이 책은 중국철학의 연구를 역사적 측면에서 다룬다. 역사(히스

---

25) Fung Yu-Lan, ibid., p. 9.

26) Julia Ching, *Chinese Religions,* The Macmillan Press Ltd., 1993. p. 157.

27) '工夫'는 '功夫'와 혼용된다. 그러나 엄밀하게 구분하면 전자는 시간, 틈, 여가 등을 뜻하고 ; 후자는 솜씨, 노력, 업무 등을 말한다. 후자의 '功夫'[gongfu]는 우슈(武術)의 일종인 '쿵후'를 가리키기도 한다. '功夫'에는 노력의 뜻과 '쿵후'의 뜻이 공존한다.

토리)의 연구는 언어(필로로지)를 기반으로 하며, 언어의 내부에는 일정 세계관 즉, 철학(필로소피)이 담겨있다. 세상에서 이들의 관계를 보통 '文史哲'이라고 말한다. 셋의 관계를 논하자면, 문학[文]과 철학[哲]은 역사[史] 속에 녹아 있다. '히스토리'는 '필로로지'와 '필로소피'를 담고 있는 그릇이다. 문학과 철학에 있어서는 문학(문자)이 먼저이다. 인간의 체계적인 사상을 대상으로 하는 철학은 결국 문자(언어)에 의존한다. 이들은 불가분의 관계를 유지하고 있다.

언어 내지 문헌학에 대한 연구를 소홀히 하고 '필로소피'만을 앞세운 결과, 기존의 중국철학사는 문헌 해석에 있어서 지나치게 형이상학 일변도로 진행되었다. 이 말은 중국철학은 지나치게 관념적이다라는 의미와 통한다. 저자(황준연)는 전승된 문헌을 의심하는 '의고파'(疑古派)의 입장을 존중한다. '의고파'는 실사구시적인 태도를 취하여 전통의 사례와 문헌에 대하여 항상 의문을 품고 대한다.[28]

하나의 철학사에 대한 기술(記述)은 문헌의 정확한 인용근거를 밝히는데서 출발하여야 한다. 이 책에서는 근세 이후 새로 발굴된 출토자료를 최대한 반영하려고 노력하였다. 출토자료에 대하여는 이 책의 여러 곳에서 언급한다.

---

28) 전통적으로 과장이 심한 중국인들은 가짜로 저술을 만드는 일까지도 서슴치 않았다. 전승되고 있는 많은 저술의 진위 여부를 가리는 일은 매우 중요하다. '짝퉁'을 놓고 왈가왈부하는 일은 한심스러운 일이다.

1.3 중국철학 · 종교의 배경

1.3.1 풍토와 철학사상

인간은 시대와 환경의 산물이다. 문명 및 문화의 장치는 환경 혹은 풍토와 관련이 있다. 여기에서 저자가 말하는 '풍토'란 일본 도쿄대학교 와쓰지 데쓰로(和辻哲郎 ; 1889~1960) 교수가 규정한 바와 같이, "토지의 기후 · 기상 · 지질 · 토질 · 지형 · 경관 등의 총칭"을 말한다.[29] 중국철학, 윤리 및 종교를 이해하는 데 있어 중국의 자연풍토에 대한 이해가 선행되어야 한다. 콩치우(孔丘 ; BC 551~BC 479)의 『논어』에는 다음과 같은 구절이 있다.

> 콩치우(孔丘)는 냇가에서 말하였다. "가는 것이 이 물과 같구나! 밤낮을 그치지 않는다."[30]

원문에 '천'(川)字로 되어 있는데, 저자(황준연)는 이를 황하 혹은 황하의 지류(支流)로 해석한다. "가는 것이 이와 같다"라는 구절의 참뜻을 알기 어렵다. 12세기의 학자 주시(朱熹)는 "천지의 조화는 가는 것은 지나가고 오는 것은 이어져서 한 순간도 멈추지 않으니, 바로 도체(道體)의 본연이다."라고 철학적으로 해석하였다. 현대 중국의 철학자 리쩌허우(李澤厚 ; 1930~)는 이 구절을 놓고, 이는 시간에 대한 콩치우의 인식을 말하며 내감각(內感覺)인 정감(情感)

---

29) 와쓰지 데쓰로(和辻哲郎), 『풍토와 인간』(원서 『風土-人間學的 考察』), 박건주 옮김 (장승, 1993), p. 13.

30) 『논어』자한(子罕) 16장. "子在川上曰. '逝者, 如斯夫! 不舍晝夜.'"

의 표현으로 해석하였다. 그는 이를 유가 미학(美學)의 특징의 하나로 해석하였다.[31]

한편 라오딴(老聃 ; 老子)은 다음과 같이 물을 칭송한 일이 있다.

> 가장 좋은 것은 물과 같다.[32]

라오딴의 경우는 물의 존재가 도덕적인 의미로 해석되었다. 그 참뜻이 무엇이든 이야기의 배경에는 부드럽고 유장(悠長)하게 흘러가는 물의 존재가 있음을 알 수 있다. 이상의 두 가지 예(例)는 도도(滔滔)하게 흐르는 중국의 황하(黃河)에 대한 풍토적 인식이 시간(콩치우의 경우) 및 도덕관념(라오딴의 경우)과 결합된 경우를 말한다.[33]

유럽 문화의 기반이 된 그리스 혹은 로마(이탈리아)에는 황하처럼 질펀하게 흐르는 강물을 볼 수 없다. 그들에게는 처음부터 바다가 존재하였고, 강(江)은 중요한 관찰대상이 아니었다. 유럽의 중부에 위치한 알프스(The Alps) 계곡은 대부분 급류이거나 혹은 만년설로 덮여 있으므로, '상선약수'(上善若水)와 같은 사고(思考)를 기대할 수 없다. 알프스 계곡의 급류는 인간을 위협하는 무서움(공포)의 대상으로 보였다.

그리스에는 넓은 평야가 없고, 산맥이 곧장 바다를 향하여 내달

---

31) 리쩌허우(李澤厚), 『화하미학華夏美學』, 권호 역 (동문선, 1999), p. 82.

32) 『도덕경』8장. "上善若水." 이 구절의 한글 번역은 다양하다. 최진석의 경우 "가장 훌륭한 덕은 물과 같다."라고 번역하였다. 이는 지나치게 도덕적 견해를 반영하고 있다. 최진석 옮김, 『도덕경』(소나무, 2001), p. 79.

33) 여러 가지 자료를 검토할 때에, 저자(황준연)는 콩치우(孔丘)와 라오딴(老聃)) 2인이 모두 황하의 흐름을 직접 경험하였다고 믿는다.

리고 있으며, 국가의 대부분이 섬을 중심으로 형성된 나라이다. 처음부터 농업은 중시되지 못하였다. 그리스인들은 좌우간 배를 타고 육지인 이탈리아, 터키 혹은 아프리카를 향하여 나아가야 했다. 로마제국 또한 마찬가지이다. 이탈리아 반도는 북부의 뽀江(Il Po) 유역을 제외하고는 대부분 산맥으로 구성되어 있다. 제국(帝國) 로마는 남으로 아프리카 북부에서부터, 북으로 북유럽 전역과, 동으로 터키를 포함하는 광대한 땅을 정복하여 이를 경영함으로써 먹을거리를 확보해야 했다.

이에 반하여 중국은 땅이 무지무지하게 넓다. 중국 민족의 대부분인 한족(漢族)은 애당초 바다로 나아갈 필요성을 느끼지 않았다. 『논어』에는 이른바 '부해지탄'(浮海之歎)[34]과, '입어해'(入於海)[35] 구절을 제외하고는 바다 이야기가 등장하지 않는다. 좌우간 중국인들은 육지에서 씨를 뿌리고, 몸을 부지런히 움직이면 먹을 것을 장만할 수 있었다.[36]

'진취적'이라던가, '개방적'이라던가 혹은 '부지런하다'는 개념들이 도덕적으로 바람직한 것[善]으로 자리 잡는 데에는 환경이 고려되어야 한다. 가령 인도(India)의 무더운 기후에 진취적으로 부지런히

---

34) 『논어』 공야장(公冶長) 6장. "子曰. 道不行. 乘桴浮于海."(道가 행하여지지 않는다. 뗏목을 타고 바다로 항해하고자 한다.) 이 구절은 보통 '부해지탄'(浮海之歎 ; 공치우가 바다로 나아가야 하겠다는 탄식)으로 부른다.

35) 『논어』 미자(微子) 9장. "少師陽, 擊磬襄, 入於海."(樂官의 보좌관인 양陽과, 경쇠를 치는 시앙襄은 섬으로 건너갔다.) 이는 상(商) 나라가 망할 때, 악사들 가운데 부副지휘자인 양(陽)이라는 사람과, 박자를 맞추는 시앙(襄)이라는 사람이 바다로 나아가 섬에 숨었다는 이야기를 말한다.

36) 황하 유역은 40여만 평방킬로미터의 황토고원으로 구성되어 있으며, 50~80미터의 두터운 황토층(풍적층의 토양으로 '뢰스'loess라고 부른다)으로 구성되어 있는데, 세계 어느 곳도 이처럼 두터운 황토층을 형성하고 있는 곳은 없다. '뢰스'는 입자(粒子)가 부드러워 농사짓기에 적합한 땅이다.

달려가다가는 더위에 쓰러져서 죽음을 면하지 못할 것이다. 인도 문명의 산물인 불교가 왜 좌선(坐禪)을 강조하였는지 새겨볼 필요가 있다. 나무 그늘에 앉아서 더위를 피하는 것은 게으름이 아니라 생존의 지혜이다. 물론 여기에는 인도의 풍부한 농산물이 전제되어 있다.

불교에서 육식을 금하고 채식 위주의 음식문화가 나타난 점도 기후와 관계가 있다고 생각한다. 높은 온도에서 부패하기 쉬운 육식을 삼가고, 위생적인 채식을 섭취하라고 권장하였을 것이다. 고타마 붓다(석가모니)는 '수카라 맛다바'를 먹은 후에 중병(重病)에 걸려서 입적(入寂)한 것으로 알려져 있다. 이 음식은 일반적으로 버섯의 일종으로 알려져 있으나, 돼지고기 요리라는 설도 있다.37)

라오딴(老聃 ; 老子)과 주앙저우(莊周 ; BC 369~BC 286)의 철학 사상 또한 이와 같은 자연환경의 산물이다. 그들은 처음부터 먹을 거리를 벌기위하여 사냥을 하거나, 혹은 배를 띄워서 바다로 나아가야 할 필요가 없었다. 정복해야 하는 혹독한 환경이 아니었다. 그들은 온대 기후 4계절 순환의 고리에 자신들을 맡겼고, 이를 어기지 않고 잘 적응하는 것을 지혜로 삼았다.38)

---

37) 빠알리어(Pali) 경전인 『마하빠리닙바나 숫단타』(『大般涅槃經』)에 의하면, 고타마 붓다는 80세가 되어 라자그리하를 떠나 북쪽으로 여행한다.(고향인 카필라바스투로 향하였을 것으로 짐작함) 그가 쿠쉬나가라에 이르렀을 때, 대장장이 아들 쭌다(혹은 춘다)가 버섯요리를 제공한다. 붓다는 이 공양을 들고 극심한 병에 걸렸는데, 피가 나오는 설사병이었다. 붓다는 그곳에서 입적(入寂)한다. '버섯'을 가리키는 '수카라 맛다바'(sukara-maddava)는 돼지고기 요리 혹은 쇠고기 국이라는 설이 있다. cf. 나카무라 하지메(中村元) 外, 김지견 역, 『佛陀의 세계』(김영사, 1984), p. 238 ; 후지타 코오타츠(藤田宏達) 外, 권오민 역, 『초기・부파 불교의 역사』(민족사, 1989), p. 50 ; 일아 역편, 『빠알리 경전』(민족사, 2008), p. 101.

38) 중국문화의 창조물인 『주역周易』은 온대 기후의 순환 관념을 바탕으로 형성된

이와 같은 풍토적 연관성과 관련하여 중국고대의 철학을 진단하면, 유가와 더불어 도가(道家)의 철학이 중국인의 토생적(土生的)인 것으로 자리 잡은 이유를 알 수 있다. 유가와 도가는 묵가(墨家), 법가(法家)와는 달리 농업을 근본으로 여기는 투철한 사상체계이다.[39]

서양의 학자들이 중국문화와 철학을 진단함에 있어서, 중국인들의 성격을 퇴영적(退嬰的) 혹은 보수적인 민족으로 규정하고 비난한 것은 이와 같은 풍토적 특성을 고려하지 않은 서구인들의 자만심(自慢心) 혹은 그에 따르는 오류일 수 있다.

훵여우란 교수도 이와 같은 풍토적 환경에 주의하였다. 해양국의 그리스는 상업을 통하여 부(富)를 축적하였으며, 상인들이 중요하게 생각하는 숫자를 통한 수학적 추리를 개발하였다. 이에 대하여 대륙국인 중국은 농업국가였으므로 중국인의 대부분이 농민이었고, 그로 인하여 근대화의 매개체인 '산업혁명'을 할 수 없었다고 진단하고 있다.[40]

한국의 법철학자 이항녕(1915~2008)은 일본의 와쓰지 데쓰로(和辻哲郎) 교수의 영향을 받고 법의 풍토성에 주의하였다. 와쓰지 교수는 세계의 기후를 몬순(monsoon), 사막(沙漠), 목장(牧場)의 셋으로 크게 나누고 인간의 생활이 여기에 영향을 받는다고 분석하였

사상체계이다. 봄[春]-여름[夏]-가을[秋]-겨울[冬]의 순환 개념을 이해하지 않고서는 『주역』을 이해할 수 없다.

39) 경제학의 술어를 놓고 비유하면, 유가(儒家)와 도가(道家)는 중농주의(重農主義)의 성격이 짙은데 대하여, 묵가(墨家)와 법가(法家)와는 중상주의(重商主義)에 가깝다고 생각한다.

40) Fung Yu-Lan, *A Short History of Chinese Philosophy* (『中國哲學小史』), ed. Derk Bodde, Macmillan Company, 1948, pp. 16-19.

다.[41] 이항녕은 와쓰지의 견해를 수용하고, 세계사적인 시각에서 계절풍 풍토 지대를 동방(東方 ; 중국-인도), 대륙성 풍토지대를 중방(中方 ; 몽골-이란-아라비아), 해양성 풍토지대를 서방(西方 ; 서유럽)으로 나누었다. 동방을 농경사회, 중방을 유목사회, 서방을 상역(商易)사회로 분류한 그는 법의 존재형태가 이와 같은 풍토의 영향을 받는다고 주장하였다. 이것이 그의 '3방설'(三方說)이다.[42]

윤리와 도덕 감정도 풍토와 밀접한 관련을 맺고 있는 예(例)를 티베트 민족의 풍속에서 찾을 수 있다. 티베트의 장례(葬禮)는 세계에서 그 유례를 보기 힘든 독특한 방식이다. 그들은 사람이 죽으면 시신(屍身)을 갈기갈기 찢고, 뼈는 돌절구로 빻아서 '짬빠'(티베트인의 음식)를 섞어 돌 위에 놓아 새들이 쪼아 먹게 한다. 이와 같은 장례 방식을 천장(天葬) 혹은 조장(鳥葬)이라고 부른다. 티베트인들은 이처럼 시신을 찢고 뼈를 부스는 일을 자선(慈善)이요, 고귀한 행위로 느낀다.[43]

중국의 '시짱(티베트)자치구'(西藏自治區) 지역은 평균 고도 3,000미터 이상의 산악지대로 나무와 흙이 귀한 지질(地質) 구조이다. 그

---

41) 와쓰지 데쓰로(和辻哲郎), 『풍토와 인간』, 박건주 옮김, p. 31 이하.

42) 이항녕, 『법철학개론』(박영사, 2004) 이항녕의 주장은 여타 민족의 다양한 존재를 무시하고 무리하게 3방설(三方說)을 밀고나간 점이 있다. 그의 주장은 부분적인 타당성을 고려할 수 있지만, 보편성을 지닌다고 말하기는 어렵다. 그러나 법사상이 풍토와 관련이 있다는 점을 인정해야 할 것이다.

43) 김한규, 『티베트와 중국의 역사적 전개』(혜안, 2003), pp. 237-240. 티베트 지역의 천장(天葬) 혹은 지장(地葬 ; 가난한 사람들이 시체를 기둥에 묶어놓고 개먹이로 주는 방법)은 현재 중국 정부의 금지정책에 따라서 보편적이지는 않다. 그러나 1960년대만 해도 이와 같은 장례식이 보편적이었음을 알 수 있다. 이탈리아의 신문 일조르노(*Il Giorno*)의 기자 띠찌아노 떼르짜니는 서양인으로서 드물게 이 장례식[天葬]에 직접 참여하였다고 증언하고 있다. cf. Tiziano Terzani, *Behind the Forbidden Door,* Unwin Paperbacks, 1985, pp. 148-149.

러므로 그들의 장례 방식은 이와 같은 환경 속에서 '천장'으로 치러졌다. 다른 문화권에서 시신의 훼손이 엄청난 부도덕으로 간주되고 있는데, 티베트에서는 시신을 찢고 뼈를 부스는 일이 도덕적인 행위이다. 이와 같은 사실은 풍토가 인간의 도덕(윤리)에 영향을 주는 요소라는 점을 증명한다.

일련의 사례를 볼 때에, 하나의 철학 사상을 이해하기 위하여서는 반드시 풍토적 특징을 고려해야 한다. 인간은 환경(풍토)의 산물이며, 동서간의 문명 혹은 문화 또한 이와 같은 환경을 기반으로 창조된 것이다.

1.3.2 농업사회와 가족제도

풍토와 관련하여 볼 때에, 중국은 전통적으로 농업 국가였다. 전통 중국철학은 농업적 사고를 대변하고 있다. 농민들은 농사를 위하여 기후, 물 관리, 별자리 등에 신경을 썼다. 그들은 먼 지방으로 여행을 가거나 집을 옮기는 경우도 드물었고, '붙박이'처럼 한 곳에 붙어서 살았다.[44) 『도덕경』에는 다음과 같은 구절이 보인다.

> 백성으로 하여금 죽음을 중하게 여겨, 멀리 옮겨 다니지 않도록 한다.... 이웃 나라가 서로 바라보이고, 닭 울고 개 짖는 소리가 들릴 정도로 가까워도,

---

44) 농업을 기반으로 한 중국 인민의 '붙박이' 생활은 중국역사 전반에 걸쳐서 작용한 것으로 해석된다. 중국인들은 중화인민공화국 탄생(1949년) 이후 덩샤오핑(鄧小平)의 '개혁 · 개방' 정책으로 사회가 변모하기 전까지 일정 토지를 중심으로 살았다. 이에 대하여 서구사회는 일찍부터 상공업(商工業)이 발달하였는데, 고대 그리스와 로마시절부터 인구이동이 있었다고 보인다. 특히 12 ~13 세기 도시(都市)의 탄생과 상공업의 발달은 '방랑자의 시대'를 열었다. 유럽 중세의 잦은 이동성은 그리스도교 세계의 세계주의적 경향과 관련되어 있다는 지적이 있다. cf. 이광주, 『교양의 탄생』(한길사, 2009), pp. 121-123.

백성들은 늙어죽을 때까지 서로 왕래하지 않는다.[45)]

이는 원시사회의 단순한 모습을 이상화하고 있는 구절이다. 도가철학에 의하면 농민은 어린아이처럼 순진한 삶을 살아간다. 이와 같이 전원(田園) 사회를 이상으로 그리는 것은 농업을 숭상하게 만들었다. 중국 고대의 인물 뤼뿌웨이(呂不韋)와 그 식객(食客)의 편저인 『여씨춘추呂氏春秋』 제26권 상농(上農)편에 다음과 같은 구절이 있다.

> 옛적의 선왕은 백성을 인도함에 있어서 먼저 농업에 힘쓰도록 하였다. 농부들이 농사를 지음에는 땅에서 얻는 이익(농산물)만이 아니고, 농사짓는 뜻을 귀중하게 여겼다. 농부들은 순박하였고, 순박하므로 다스리기 쉬웠다. 다스리기 쉬웠기 때문에 국경이 안전하였고, 지배자는 존중받았다.... 농부들의 수입이 늘어나면 옮겨 다님(이사)을 무겁게 생각하였다. 이사를 무겁게 생각하였으므로, 이사를 즐겨하지 않았다. 그들은 평생을 한 마을에서 살았고, 다른 직업을 생각하지 않았다. 그들이 근본(本)인 농업을 버리고 여타 직업(末)을 추구하면, 그들은 명령에 잘 복종하지 않았다. 명령에 복종하지 않으면, 그들을 부리기 어렵고 방어도 어렵고 또한 전쟁에 동원할 수도 없었다.[46)]

위의 기록에 의하면, 농업이야말로 근본적인 직업[本]으로 여겨진

---

45) 『도덕경』 80장. "使民重死而不遠徙.... 隣國相望, 鷄犬之聲相聞, 民至老死不相往來."

46) John Knoblock and Jeffrey Riegal, *The Annals of Lü Buwei (呂氏春秋)*, Stanford University Press, 2000, pp. 650-651. "古先聖王之所以導其民者, 先務於農. 民農非徒爲地利也, 貴其志也. 民農則樸, 樸則易用, 易用則邊境安, 主位尊.... 民農則其產復, 其產復則重徙, 重徙則死其處而無二慮. 民舍(捨)本而事末則不令, 不令則不可以守, 不可以戰."

듯하다. 여타 직업이 무엇인지는 밝혀지지 않았으나, 아마도 상업(商業)이 아닐까 한다.[47] 『여씨춘추』의 기록에 의하여 유추하건데, 정권 담당자들은 백성들을 농업에 묶어 놓으려고 하였다. 다스리기 쉬웠고 전쟁에 동원하기 편하기 때문이다. 옛날부터 이와 같은 백성이야말로 위정자의 소망이었을 것이다. 중국철학의 상당부분이 농민의 사고를 대변하는 것은 이상한 일이 아니다.

농업사회와 관련하여 고대 중국의 가족제도를 꼽을 수 있다. 일정한 토지에 붙박이처럼 살아가는 농민에게 가족은 중요한 경제 단위였다. 인구가 많을수록 노동력의 확보가 가능하였다. 또한 육체적 노동에 효과적인 남아(男兒)를 선호하는 현상이 자연스럽게 받아들여졌다. 여성과 남성의 노동 강도(强度)를 비교할 때에, 남성의 그것이 여성에 비하여 강하고 그에 따른 생산력 -경제학 용어로 '효용성'(utility)의 극대화- 이 증대되기 때문이다.[48]

중국철학의 중심인 유교의 철학사상은 가족제도를 잘 유지하는 방향으로 틀이 짜여졌다. 효(孝)의 윤리를 강조함은 가족의 응집력을 높인다. 가족의 단합 내지 응집력은 생산력[효용성]의 증가를 가져온다. 가령 사업(장사)을 위하여 자식들이 모두 흩어지면, 늙은 부모는 농사일을 할 수 없다. '효'를 강조하여 자식을 부모 옆에 묶어두는 것은 결국 노부모의 편안함을 확보하기 위한 장치이며, 동

47) 중국 고대에 상업의 발달 및 상업인구의 존재 비율은 잘 알 수 없다. 다만 근본[本]과 지엽[末]에 관한 기록으로 미루어, 상업에 종사하는 인구가 있었음은 확실하다.

48) 산업혁명 이전의 농업사회에서 남성의 완력은 하나의 덕목(德目)으로 작용한다. 지금 한국의 농촌에서 '놉'(노동력)을 살 때에, 여성보다 남성의 일당(日當)이 높은 것은 그 예가 된다. 일반적으로 남성은 노동 강도(强度)가 높은 일에 배치되며, 여성은 이에 비하여 덜 힘든 노동에 배치된다. 그들의 일당(日當)에 차이가 있어도 이를 남녀의 차별로 받아들이지 않는다.

시에 생산력을 증가시키려는 의도가 들어있다.

가족제도의 유지에 있어서 또한 중요한 요소는 조상(祖上) 숭배의 사상이다. 조상이 마련한 땅에서 모든 경제적 산물을 생산하고 공급받는 현실을 놓고, 그 조상을 존경해야 한다는 논리이다.[49] 그러나 윤리적 측면에서 볼 때에, 효의 사상과 조상에 대한 숭배는 젊은이들의 진취적인 기질을 북돋우지 못하였다. 그들은 부모의 편리를 위하여 붙박이처럼 한 고장에서만 살아야 했고, 먼 지방으로의 여행도 권장되지 못하였다. 『논어』리인편에 다음과 같은 구절이 있다.

> 부모가 생존하여 계시거든 멀리 유람[여행]하지 말며, 유람하더라도 반드시 장소를 알려야 한다.[50]

이상의 내용은 유교 사상이 젊은이의 여행 혹은 유람(遊覽)에 대

---

49) 조상신(祖上神)의 존재는 후손의 응집력을 강화하는 기능이 있다. 조상신의 존재가 없다면, 강한 응집력이 나올 수 없으며 국가를 위해 목숨을 바치는 신념조차 기대하기 어려웠을 것이라는 주장이 있다. cf. 위앤양(袁陽), 『중국의 종교문화』(원서 『生死事大』), 박미라 옮김 (길, 2000), p. 44.

50) 『논어』리인(里仁) 19장. "子曰. 父母在, 不遠遊, 遊必有方." 이 구절의 '遊'자 해석에는 문제가 있다. 기존의 번역은 대부분 이를 '놀다'라고 새기고 있다. '불원유'(不遠遊)의 뜻을 '멀리 놀러가지 말라'라고만 새길 이유가 있는가? '遊'자는 '놀다'라는 뜻 이외에, '여행하다' 혹은 '유람하다'라는 의미가 강하다. 츠엉수떠(程樹德)의 『논어집석論語集釋』에는 "옛적에 나라에는 정치가 서로 달랐고 가족은 풍속이 달라서, 유람하는 자는 공경대부 및 사(士)로부터 서민에 이르기까지 반드시 신분증[節]이 있어야 통하였고, 신임장[傳]이 있어야 왕래할 수 있었다."라고 하였다. 저자(황준연)는 츠엉수떠의 설을 따른다. 현대의 학자 양뿨쥔(楊伯峻)은 "부모가 살아 있을 때, 문 밖으로 멀리 나서지 않는다."(父母在世, 不出遠門)라고 새겼다. '遊'자가 '놀다'는 의미로 번역된 것은 주시(朱熹)의 도덕적 '엄숙주의'에 의한 것으로 보인다. cf. 程樹德, 『論語集釋』一 (중화서국, 1997), pp. 272-274. / 楊伯峻, 『論語譯注』(중화서국, 1980), p. 40.

하여 부정적인 입장을 취하고 있음을 보여준다. 늙은이는 일정한 장소를 유지하고 살아감이 건강에 좋을 것이다. 그러나 젊은이는 먹을거리를 찾아서 부지런히 움직여야 한다. 현대사회는 움직이는 공간의 범위가 지구적(地球的 ; Global) 차원으로 확대되고 있다. 현재 한국사회에서 '효'(孝)의 윤리 규범이 청소년들의 발을 묶고, 인생의 모험을 향하여 나아가는 적극적 자세를 억압하는 점이 있다.

생각해보라. 인간은 식물이 아니고 동물이다. 동물로 태어난 이상 부지런히 움직여야 먹거리를 확보할 수 있지 않는가? 역사적인 관점에서 볼 때에, 중국이 한(漢)·당(唐) 시대 세계 최고 수준의 문명을 이룩하고도, 1860년대 산업혁명이후 변화에 발맞추지 못하고 영국 혹은 프랑스와 같은 작은 나라에 수모(受侮)를 당한 원인(遠因) 가운데 하나를 유교의 윤리에서 파생된 진취성(進就性)의 결여에서 찾을 수 있을 것이다.

참고문헌

- 김경수, 『출토문헌을 통해서 본 중국고대사상』, 심산, 2008.
- 김한규, 『티베트와 중국의 역사적 전개』, 혜안, 2003.
- 이기상, 『철학노트』, 까치, 2002.
- 이항녕, 『법철학개론 』(제3정판), 박영사, 2004.
- 임형석, 『중국 간독시대, 물질과 사상이 만나다』, 책세상, 2002.
- 리황(李方), 『돈황<논어집해>교증敦煌<論語集解>校證』, 江蘇古籍出版社, 1998.
- 쉬지엔핑(許建平), 『돈황경적서록敦煌經籍敍錄』, 中華書局, 2006.
- 왕쑤(王素), 『돈황투루판문헌敦煌吐魯番文獻』, 文物出版社, 2005.

- 지엔뿨짠(翦伯贊), 『선진사先秦史』, 北京大學出版社, 2001.
- 리쉬에친(李學勤), 『잃어버린 고리』, 임형석 역, 학연문화사, 1996.
- 위앤양(袁陽), 『중국의 종교문화』(원서 『生死事大』), 박미라 옮김, 길, 2000.
- 츠언라이(陳來), 『양명철학』, 전병욱 옮김, 예문서원, 2004.
- 훵따원(馮達文)·꾸어지용(郭齊勇) 주편, 『신편중국철학사新編中國哲學史』 上冊, 人民出版社, 2004.
- 훵여우란(馮友蘭), 『중국철학사』(상), 박성규 옮김, 까치, 1999.
- 와쓰지 데쓰로(和辻哲郎), 『風土-人間學的 考察』, 岩波書店, 1981.
(와쓰지 데쓰로, 『풍토와 인간』, 박건주 옮김, 장승, 1993)
- 벤자민 슈워츠, 『중국 고대 사상의 세계』, 나성 옮김, 살림, 2004.
- 피터 홉커크, 『실크로드의 악마들』, 김영종 옮김, 사계절, 2000.
- Fung Yu-Lan, *A Short History of Chinese Philosophy*, The Macmillan Company, 1948. (훵여우란, 『간명한 중국철학사』, 정인재 옮김, 형설출판사, 2007)
- Ludwig Wittgenstein, *Tractatus Logico-Philosophicus,* Routledge, 2002. (루트비히 비트겐슈타인, 『논리·철학 논고』, 이영철 옮김, 책세상, 2006)
- 뤼뿌웨이(呂不韋), *The Annals of Lü Buwei* 『呂氏春秋』, Translation and Study by John Knoblock and Jeffrey Riegel, Stanford University Press, 2000.
- Bertrand Russell, *History of Western Philosophy*, George Allen & Unwin Ltd, 1969.
- Julia Ching, *Chinese Religions*, The MacMillan Press, 1993.
- Robert Nozick, *Philosophical Explanations*, Harvard University Press, 1983.

제2장

고대 중국인의 종교관념 -상(商)·주(周) 시대

천생증민(天生蒸民) 하늘이 여러 백성을 내시니
유물유칙(有物有則) 사물이 있음에 법(法)이 있도다
민지병이(民之秉彝) 백성이 떳떳한 성품을 갖고 있는지라
호시의덕(好是懿德) 아름다운 덕을 좋아하도다

-『시경詩經』권16 대아(大雅), 증민(蒸民)

2.1 고대 사회의 모습

고대의 일은 알기 어렵다. 종이의 발명이 있기 전에 인간의 기록은 불완전한 수단에 의존하였다. 그러므로 고대 왕국의 일은 대부분 전설을 바탕으로 한 가설의 차원에 머물고 있음을 기억할 필요가 있다.

중국 최초의 왕조는 하(夏) 나라라고 전해진다. 이 왕국의 마지막 임금 지에(桀)가 음탕하고 무도(無道)하여 탕(湯)이 그를 토벌하였다고 한다. 하 나라는 멸망하고, 탕이 상(商) 나라를 세웠다. 상 왕조는 최후의 임금 저우(紂)까지 약 500년 정도 유지되었다. 이는 BC 17세기~BC 12세기까지에 해당한다.[1)]

초기의 상 왕조는 수도를 자주 옮겼다. 왕조의 중기 판겅(盤庚)이 은(殷) 땅으로 천도를 한 뒤부터 나라의 수도가 고정되었다. 상 왕조는 이 때문에 은(殷) 혹은 은상(殷商)으로 부른다. 1899년 허난성(河南省) 인쉬(殷墟)에서 갑골문(甲骨文)이 출토됨에 따라서 상 왕조의 실체가 들어났다.(갑골문 관계는 후술함)

상 왕조는 '씨족제'로써 기초를 삼고 있다. 이는 갑골문, 종정문(鐘鼎文) 등의 자료를 통하여 알 수 있다. 씨족제 사회는 통치계급이 전체 씨족 구성원의 이루어진 사회이다. 상 왕조는 협동에 의한 노동으로 진행되었다. 고고학 팀이 인쉬(殷墟)의 땅굴에서 낫[鎌] 400여 자루를 발굴한 일이 있는데, 이는 농경이 집합적 협동으로

---

1) 하 왕조의 지에(桀)와, 상 왕조의 저우(紂)가 황음무도한 폭군이었는지는 알 수 없다. 후세에 이 두 사람을 묶어서 '지에저우'(桀紂)라고 부른다. 이후 '지에저우'는 '폭군'을 가리키는 보통명사가 되었다.

이루어졌음을 증명해준다.

BC 12세기에서 11세기 사이, 상 왕조는 현재의 산~시성(陝西省)에 있던 주(周) 나라로부터 공격받고 멸망한다. 주 왕조는 평왕(平王)이 동쪽으로 수도를 옮기기 이전을 서주(西周)라고 부른다. 서주 사회는 씨족을 바탕으로 형성된 '노예제' 사회이다. 주 나라는 상을 멸망시키고 상 왕조의 씨족을 노예로써 자제(子弟)와 공신(功臣)들에게 나누어 주었다. 천자(天子)는 일정 부분의 토지를 친척들에게 나누어 주고 이를 다스리게 하였는데, 이 제도를 '분봉'(分封)이라고 부른다. 주 왕조는 천자로부터 사(士)에 이르기까지 한 계급씩 아래로 '분봉'하는 방식을 통하여 통치망을 형성하였고, 그 중심은 가족적인 종법제도(宗法制度)에 기초를 두었다.[2)]

종법제도는 중국 고대사회를 들여다보는 중요한 키워드이다. 이는 가족상의 계승을 정치적으로 확대하여 '천하'를 하나의 가족으로 보는 제도이다. 귀족에게 일정한 토지, 즉 봉지(封地)를 나누어 주고 이를 통치하게 한다. 이것이 분봉(分封)이다. 천자(天子)의 맏아들인 적장자(嫡長子)[3)]에게 천자의 지위를 물려주는데, 이를 '대종'(大宗)이라고 부른다. 다른 형제들은 제후(諸侯)로 봉하여졌고 이들을 '소종'(小宗)이라 부른다. 제후는 주(周) 왕실에는 '소종'이지만, 자신의 봉국(封國)에서는 '대종'이다. 그러므로 종법제도는 적장자가 아버지의 지위를 계승하여 '대종'이 되고, 다른 아들들은 분봉(分封)되어 '소종'이 되는 제도라고 말할 수 있다.[4)]

---

2) 꾸어뭐르우어(郭沫若), 『中國古代社會硏究』(三聯書店, 1978), p. 10 이하. / 윤내현, 『商周史』(민음사, 1984), pp. 106-113.

3) 본처(本妻)가 낳은 아들을 말한다.

4) 윤내현, 『商周史』, p. 113. 시조(始祖)에서 대종(大宗), 그리고 소종(小宗)으로 이어지는 도표는 타오시성(陶希聖), 『中國政治思想史』 제2책(食貨出版社, 민국

이와 같은 혈연적인 통일관계를 정치상 제도화 한 것이 봉건제(封建制)이다. '봉건'이란 봉지[封]를 세운다[建]는 뜻이다. 이는 주실(周室)을 분읍(分邑)함을 의미한다. 봉건제는 씨족 단위의 폐쇄성을 기반으로 하는 종족분할제도(system of lineage segmentation)라고 말할 수 있다.5)

봉건제도는 서양의 봉건제도와 같이 이해하여서는 안 된다. 이는 물리적 힘을 바탕으로 한 것이 아니고, 가족 구성원의 윤리적 정신을 통하여 백성을 지도하고 회유해서 성립한 질서로 보아야 한다.6)

2.2 상(商) 인민의 '제'(帝)에 대한 숭배

고대 상 왕조의 인민들은 생활에서 발생하는 문제를 해결하고자 신명(神明)7)에게 회답을 기대하였다. 신명은 지존(至尊)의 존재로 신앙 대상으로 받아들여졌다. 갑골문의 기록에 의하면, '제'(帝) 혹은 '상제'(上帝)로 표현되고 있다. 상 왕조의 사람들은 점[卜]을 쳤으며, 수렵 혹은 전쟁 등이 그 대상이 되었다. 예를 들어보자.

61년 重印), pp.45-46 혹은 김충열, 『중국철학사』1 원류편 (예문서원, 1994), p. 164 참조.

5) 종법제 이전의 사회는 무당(샤먼)이 접신(接神) 기술을 행사하였다. 그러나 종법제도가 확립되고, 고대 사회는 이를 집행하는 위정자(爲政者)의 손에서 지배 체제를 갖춘다. cf. 임태승, 『유가사유의 기원』(학고방, 2004), p. 113.

6) 김충열, 『중국철학사』1 원류편, p. 166.

7) 천지간의 신령한 존재를 말한다. '神明'은 초기에는 '제'(帝) 혹은 '상제'(上帝)로 표기되었고, 후대 공치우(孔丘)의 시대에 이르러 '天' 개념으로 흡수되었다. '神'은 고대에는 '번개' 혹은 '귀신'의 개념에 가까웠고, 결코 서양어의 유일신(唯一神) 'God'을 가리키는 용어가 아니었다.

신사일(辛巳日)에 점을 쳤는데, 훵(豊)이 묻습니다. 세 마리 개를 바칠까요? 다섯 마리 개와, 다섯 마리 돼지를 불로 태울까요? 네 마리 소를 죽일까요? 1월에.[8)]

위의 내용은 1월 신사일에 점을 쳤다는 사실을 기록하고 있다. 훵(豊)은 점(占)을 묻는 관리의 이름이다. 복인(卜人) 혹은 정인(貞人)이라고 칭한다. 갑골학자의 연구에 의하면, 상 왕조의 우띵(武丁) 때부터 마지막 띠신(帝辛)까지의 정인(貞人)의 숫자는 128명 내외이다.[9)]

'제'(帝)가 비가 내리도록 명하겠습니까?[10)]

'제'(帝)가 비가 내리지 않도록 명하겠습니까?[11)]

다음날 계묘일(癸卯日)에 '제'가 아마도 바람을 불도록 명하겠습니까? 다음날 계묘일에 '제'가 바람을 불지 않도록 명하겠습니까?[12)]

위 갑골문은 점을 쳐서 '제'(혹은 '상제')가 비[雨]를 내리게 하거나 혹은 바람을 불게 할 것인지 여부를 묻고 있다. 바람과 비는 수렵 활동에 있어 사람들이 매우 중요하게 여기는 사항이었다. 이것은 상 왕조의 생활이 농경과 수렵을 중시하였음을 말해주는 증표이다.

상 왕조의 인민은 '제'(帝)를 믿었고, '제'는 최고의 지배자로서 간주되었다. 상 왕조의 점(占)을 묻는 방식은 특이하였다. 점치는 자

8) 루어전위(羅振玉), 『운허서계殷墟書契』, VI, 3, 3, 1911년.
9) 왕위신(王宇信), 『갑골학통론』, 이재석 역, (동문선, 2004), p. 216.
10) 똥쭈어삔(董作賓), 『은허문자을편殷墟文字乙編』, 1894, 6256, 6666, 1948년.
11) 똥쭈어삔, 같은 책, 2740, 5497, 6406.
12) 똥쭈어삔, 같은 책, 2452, 3094.

가 '제'를 향하여 기도한 후 거북 껍질 혹은 돼지, 소 등의 어깨뼈를 불에 구어서, 무당으로 하여금 뼈 껍질에 나타난 균열 현상을 판독하고 그 뜻을 해석하게 한다. 이들은 정(正)과 반(反)의 질문 방식을 사용하였는데, 말하자면 "비가 올까요?"(正) 아니면 "비가 오지 않을까요?"(反) 하고 묻는 방식이다.

상 왕조에서 점을 치는 사실로 미루어 본다면, 그들의 종교는 원시적인 단계에 머물러 있다고 판단한다. 그들의 '상제' 숭배는 체계적이지 못하고, 형식을 갖추지 못하였다. 나중에 '상제' 숭배와 조상 숭배가 서로 접근하여 혼합되는 형태를 취하였다. 그들의 초보적인 신앙체계는 갑골학자 츠언멍지아(陳夢家)[13]의 연구에 의하여 많이 밝혀졌다.

2.3 주(周) 인민의 '천'(天)에 대한 의식

1899년 갑골문의 발견으로 인하여, 상대(商代) 후기의 모습이 자세하게 들어났다. 상말(商末) 인민들은 '제' 혹은 '상제'를 지존(至尊)의 존재로 숭상하였다. 서주(西周) 왕조의 인민들은 상 왕조의 '지존' 관념을 이어받아 '상제'(上帝)를 존경하였다. '상제'는 '제'(帝)

13) 츠언멍지아(陳夢家 ; 1911~1966)는 갑골학의 대가로서, 『은허복사종술殷墟卜辭綜述』이라는 불후의 거작(巨作)을 남겼다. 그의 연구는 상대(商代)의 전반에 걸쳐있지만, 그 중에서도 특히 종교(宗教)와 예제(禮制) 분야에 있어서 참고할 만한 가치가 있다. 제사에 대한 글은 서주(西周) 왕조를 이해하는 데에 큰 도움이 된다. 그에 의하면 은대(殷代)의 '上帝'는 인간으로서 임금을 말하며, 숭배 대상으로서 '天'의 개념은 주대(周代)에 발달한 개념이다. 그러므로 '天命' 혹은 '天子' 등은 서주 시대의 용어이고, 주왕(周王)은 천자로서 하늘에 배향(配享)한다. 츠언멍지아는 '문화대혁명'의 와중에 자살(自殺)로서 생애를 마감하였다.

의 발전된 개념으로 보아야 하겠다. 이들은 '상제'를 숭배하였을 뿐 아니라, 서주 말엽에 조상숭배의 관념이 생겨났다.[14)]

주 나라에서 '天'으로 '지존'을 칭하였는데,[15)] 지존의 존재에 '上' 혹은 '大'자를 붙여서 초월적 의미를 부과하였다. '상제'와 같은 의미로 호천(昊天), 황천(皇天) 또는 창천(蒼天) 등이 사용되었다. '하늘'은 자연을 주재하는 존재이다. '상제'를 숭배하자 당연히 제사 기능이 강조되었고, 주 왕조의 인민들이 하늘에 제사를 지내는 제천(祭天) 행사가 많아졌다. 고대인에게 전쟁과 제사는 두 가지 중요한 행사였다.

중요한 사실은 주 나라 사람들이 제출한 '덕'(德)의 관념이다. 『시경詩經』에는 다음과 같은 내용이 전한다.

천생증민(天生蒸民)하시니	하늘이 여러 백성을 내시니
유물유칙(有物有則)이로다	사물이 있음에 법(法)이 있도다
민지병이(民之秉彛)라	백성이 떳떳한 성품을 갖고 있는지라
호시의덕(好是懿德)이로다	아름다운 덕을 좋아하도다[16)]

주 나라 사람의 이 같은 '덕'에 대한 관념은 '명덕'(明德) 혹은 '경덕'(敬德)이라는 용어로 표현되는데, 전자는 '덕행을 밝혀라'라는 의

14) 지엔뻐짠(翦伯贊), 『선진사先秦史』(北京大學出版社, 2001), p. 272.

15) 꾸어뭐르우어(郭沫若)에 의하면, 은말(殷末)에 '천'이 사용되고 있으나, 이는 '神'의 뜻이 아니라고 한다. 츠언멍지아에 의하면, '天'의 관념은 주(周) 인민이 제출한 것이다. 이는 '천'의 개념에 종교적 의미가 부여되었다는 뜻이다. 후대에 뒤섞여 사용되어 사람을 혼란시킨 점이 있다. cf. 주티엔순(朱天順), 『중국고대종교초탐中國古代宗敎初探』(上海人民出版社, 1992), p. 253.

16) 『시경詩經』 권16 대아(大雅), 증민(蒸民). 상기 현토 및 한글 번역은 주시(朱熹), 『시경집전詩經集傳』, 성백효 역주 (전통문화연구회, 1993)를 따른다.

미로 새겨지고, 후자는 '근신하여 덕을 행하라'라는 뜻으로 해석된다.[17] 이때의 '덕'은 주로 정치도덕(political virtue)과 관계가 있으며, 주 왕조의 업적을 쌓은 문왕(文王)이 '명덕신벌'(明德愼罰)하여, '하늘'(上天)이 이를 알고, 무왕(武王)에 이르러 상(商)을 멸망하게 하였고, 국가와 인민을 다스리는 권력을 주었다는 것을 말한다.[18]

'덕'(德)의 발현 의미는 무엇인가? 이는 주 나라 인민이 통치 권력의 도덕적 정당성에 대하여 생각하고 그 근거를 마련하였다는 점이다. 주(周)의 지배층은 자신들의 '명덕' 혹은 '경덕'으로써, 하늘의 은혜를 얻고 탈취한 권력이 획득된다고 믿었다.

주대(周代)의 '명덕' 혹은 '경덕'의 관념은 소박하고 소략함을 면하지 못한다.[19] '명덕' 혹은 '경덕' 관념의 도덕적 해석은 주(周) 무왕(武王)이 '천명'(天命)을 받아 상(商)을 무력으로 정벌하였다는 사

---

17) 츠언라이(陳來), 『고대종교여윤리古代宗教與倫理』(三聯書店, 1996), pp. 294-296.

18) 문왕(文王)이 '명덕신벌'(明德愼罰)하고, 무왕(武王)이 상(商)을 정벌한 일[克商]은 세상에 잘 알려져 있다. 전설은 무왕(武王)이 '천명'(天命)을 받고 '도덕적 전쟁'(현대 용어로 '聖戰'이다)을 치룬 것으로 전한다. 그 기록은 오늘날 기차 몇 량에도 모두 실을 수 없을 정도로 많다. 『상서尙書』「목서牧誓」와 『일주서逸周書』「극은해克殷解」는 그 같은 자료의 일부이다. 자료의 묘사 뒤에 감추어진 진실이 있을 법하다. 결국 명분의 문제일 것이다. 뻑이(伯夷)·수치(叔齊)가 무왕의 전쟁을 반대하고, 수양산에 들어가 굶어죽었다는 전설은 명분에 관한 것이다. 실제로 이 전쟁은 무자비한 살육전(殺戮戰)이었을 가능성이 크다. 스페인의 삐사로(Francisco Pizarro)가 남미(南美) 잉카 문명의 요충지를 점령하기 위하여 무참하게 잉카의 후예를 학살(虐殺)하였듯이, 그렇게 무왕이 상(商)의 인민들을 도륙(屠戮)하였을 것이다.

19) 김충렬 교수는 '경'(敬)의 개념을 송명 리학(理學)의 술어인 '주일무적'(主一無適 ; 정신을 하나로 집중하여 흩어지지 않게 함)의 의미를 가지고 있다고 말하였다. 저자(황준연)는 이를 지나친 표현으로 생각하며, '경'을 그저 '조심한다'는 정도로 이해한다. 또한 김충렬 교수는 '敬'의 관념을 『周易』坤卦「文言」에 보이는 "敬以直內"(敬으로써 마음을 바로 세운다)에 해당한다고 해석하였다. 이 또한 지나친 표현으로 생각한다. cf. 김충열, 『중국철학사』1 원류편, p. 152.

실을 정당화시키는데 사용되었다. 무왕이 상제(上帝)로부터 천명을 받았는지는 알 수 없고, 또한 그가 진정한 덕을 갖추었는지도 의심스럽다. 무왕이 잔인한 살육전쟁을 일으켜서 상(商)의 귀족들을 무참하게 죽이고, 인민들을 노예화 하였다는 새로운 증거가 발견되고 있다. 시카고 대학의 에드워드 L. 쇼니시(Edward L. Shaughnessy) 교수는 "주(周)의 극상(克商)에 대한 새로운 증거물"이라는 글에서 잔인한 살육자로서의 무왕의 모습을 서술하고 있다.[20]

📖 참고문헌

- 김충열, 『중국철학사』1 원류편, 예문서원, 1994.
- 배옥영, 『周代의 상제의식과 유학사상』, 다른생각, 2003.
- 임태승, 『유가사유의 기원』, 학고방, 2004.
- 황준연, 『실사구시로 읽는 주역』, 서광사, 2009.
- 벤자민 슈워츠, 『중국 고대 사상의 세계』, 나성 옮김, 살림, 2004.
- 왕위신(王宇信), 『갑골학통론』, 이재석 역, 동문선, 1989.
- 꾸어뭐르우어(郭沫若), 『중국고대사회연구中國古代社會研究』, 三聯書店, 1976.
- 주티엔순(朱天順), 『중국고대종교초탐中國古代宗教初探』,上海人民出版社, 1992.
- 지엔뽀짠(翦伯贊), 『선진사先秦史』, 北京大學出版社, 2001.
- 츠언라이(陳來), 『고대사상문화적세계古代思想文化的世界』, 三聯書店, 2002.
- 츠언라이(陳來), 『고대종교여윤리古代宗教與倫理』, 三聯書店, 1996.

20) Edward L. Shaughnessy, "New Evidence on the Zhou Conquest", *BEFORE CONFUCIUS,* State University of New York Press, 1997, pp. 31-67.

• 츠언멍지아(陳夢家),『은허복사종술殷墟卜辭綜述』, 中華書局, 2004.
• 횡따원(馮達文)·꾸어지용(郭齊勇) 주편, 『신편중국철학사新編中國哲學史』上冊, 人民出版社, 2004.
• Edward L. Shaughnessy, *Before Confucius*, State University of New York Press, 1997.
• Fung Yu-Lan, *A Short History of Chinese Philosophy*, The Macmillan Company, 1948.

제3장

콩치우(孔丘)와 유교의 창설

"내가 일찍이 하루 종일 먹지도 않고, 온 밤을 지새워가며
생각해보아도 유익함이 없었으니, 배우는 일만 같지 않았다."
(吾嘗終日不食, 終夜不寢, 以思無益, 不如學也.)

-콩치우(孔丘), 『논어論語』 위령공(衛靈公)

3.1 콩치우 이전의 세계

중국 고대는 역사와 전설이 혼합되어 혼란스럽다. 픽션이 논픽션을 무력화 시킨 시대가 곧 중국 고대이다. 사람들은 후앙띠(黃帝)와 야오・순(堯・舜)을 읊어대지만, 이들은 모두 전설상의 인물이다.

1899년 갑골(甲骨)에 새겨진 글자의 발견으로 인하여 전설로만 전해지던 상대(商代) 후기의 모습이 자세하게 들어났다. 이후 서주(西周 ; BC 1066~BC 771)와 동주(東周 ; BC 770~BC 221)가 등장하는데, 후자는 춘추(春秋)・전국(戰國) 시대와 겹친다. 중국 고대의 통일국가가 처음 나타난 것은 BC 221년 진시황에 의한 일이고, 콩치우는 BC 500년경의 인물이므로 이 시기의 전반 분위기를 살펴볼 필요가 있다.

춘추・전국 시기의 중국에는 별처럼 많은 사상가들이 나타난다. 왜 이시기에 특별하게 많은 사상가들이 출현하였는지는 알 수 없다.[1] 중국철학사에서는 이 시기를 '제자백가'의 시대라고 부른다. '제자백가'의 '제'(諸)는 복수의 뜻이고 '子'는 일가(一家)를 이룬 사람을 말하며, 그들이 100여 명에 달한다는 말이다. 여기서는 100여 명에 달하는 사상가를 모두 훑어볼 여유가 없고, 대표되는 6가(家)

1) 독일 철학자 카알 야스퍼스(Karl Yaspers ; 1883~1969)는 BC 600~BC 200년 사이, 동양과 서양을 막론하고 많은 위대한 인물들이 한꺼번에 쏟아져 나온 사실을 놓고 "The Axial Age" 라고 이름 붙였다. 이는 동양 언어로 '기축(基軸) 시대' 혹은 '축심(軸心) 시대'라고 번역되고 있다. cf. James Miller, *Daoism : A Short Introduction,* One world, Oxford, 2003, p.36 / David L. Hall and Roger T. Ames, *Anticipating China,* State University of New York Press, 1995, p. viii / 츠언라이(陳來), 『고대종교여윤리古代宗教與倫理』, 삼련서점, 1996, p.1.

만을 살펴보기로 한다.

한(漢)의 역사가 쓰마치엔(司馬遷 ; BC 145~BC 86?)의 『사기史記』 권130, 「태사공자서太史公自序」에 다음과 같은 기록이 전한다.

> 태사공[2)]은 탕뚜(唐都)로부터 『천관서天官書』를 배웠다. 양허(楊何)로부터 『주역周易』을 전수받았고, (황로학에 밝은) 후앙성(黃生)으로부터 도가(道家)의 이론을 익혔다. 태사공이 벼슬한 것은 건원(建元 ; BC 140~BC 135)과 원봉(元封 ; BC 110~BC 105) 사이인데, 배우는 자들이 (학파의) 뜻을 알지 못하고 스승의 뜻에 위배될 것을 근심하여, 이에 6가의 요지를 밝혔다. 『주역』 「대전大傳」[3)]은 말한다. "천하의 진리는 하나인데, 사고방법은 가지각색이며, 목적지는 모두 같으면서 가는 길은 서로 다르다."라고 하였다. 대저 음양가, 유가, 묵가, 명가, 법가, 도가는 모두 세상을 잘 다스리려는 것들이다. 다만 그들이 말하는 입장이 다르기 때문에, 살펴볼 만한 것이 있거나 혹은 그렇지 않은 것이 있다.[4)]

1) 음양가(陰陽家)의 학술을 살펴 보건데, 월령(月令) 혹은 별자리[星官]는 지엽적인 것이지만 꺼리는 것이 많다. 사람들로 하여금 구애받고 날자와 시간[日時]에 구속되어 두려워하게 한다. 그렇지만

---

2) 원문의 태사공(太史公)은 쓰마치엔의 부친 쓰마탄(司馬談 ; BC 110년 경 卒)을 가리킨다.

3) 여기에서 말하는 『주역』 「대전大傳」은 경문(經文 ; 텍스트)이 아니고, 『十翼』의 하나인 「계사전」을 말한다. 상세한 내용은 황준연, 『실사구시로 읽는 주역』(서광사, 2009) 제1부를 읽기를 권한다.

4) 쓰마치엔(司馬遷), 『사기史記』 권130, 「태사공자서太史公自序」. "太史公學天官於唐都, 受易於楊何, 習道論於黃子。太史公仕於建元元封之閒, 愍學者之不達其意而師悖, 乃論六家之要指曰 : 易大傳 : '天下一致而百慮, 同歸而殊塗。' 夫陰陽、儒、墨、名、法、道德, 此務爲治者也, 直所從言之異路, 有省不省耳。" 이하 쓰마치엔의 인용문이 계속되고 있지만, 설명의 편의를 위하여 줄을 달리하고 본문으로 처리한다.

춘하추동 4계절을 배치한 순서는 놓쳐서는 안 되겠다.[5)]

2) 유가(儒家)는 넓은 것을 추구하면서 요점을 파악하지 못한다. 힘은 들이지만 공로[功]는 적다. 그들의 학설을 추종하기 곤란하다. 그러나 군주와 신하, 아버지와 아들의 예절[禮] 그리고 남편과 아내, 어른과 어린이를 구별[別]하였다. 이것은 바꿀 수 없다.[6)]

3) 묵가(墨家)는 지나치게 검소한 생활을 주장하여 (사람들이) 좇을 수 없다. 그들이 하는 일을 두루 따라갈 수는 없으나, 근본(산업)을 강조하고 절약을 실천하였다. 비용을 절약[節用]하자는 이야기는 폐기할 수 없다.[7)]

4) 법가(法家)는 가혹할 정도로 엄격하고 은정(恩情)이 없다. 군주와 신하 그리고 윗사람과 아랫사람의 직분을 바로 잡았다. 이것은 고칠 수 없다.[8)]

5) 명가(名家)는 사람들로 하여금 예(禮)를 알게 하고 또한 명칭에 구속되어 진실성(眞)을 잃게 한다. 그러나 그들은 명(名)과 실(實)의 관계를 바로 잡았으니, 살펴볼 필요가 있다.[9)]

6) 도가(道家)는 사람으로 하여금 정기[精]와 정신[神]을 전일(專一)하게 하고, 행동을 무형의 도(道)에 합치하게 하였다. 또한 만물을 풍성하게 한다. 그들의 학술은 음양가의 사시(四時) 운행의 순서에 의거하고, 유가와 묵가의 장점을 선택하고, 명가와 법가의 요점

---

5) 같은 책. “嘗竊觀陰陽之術，大祥而衆忌諱，使人拘而多所畏；然其序四時之大順，不可失也。”

6) 같은 책, “儒者博而寡要，勞而少功，是以其事難盡從；然其序君臣父子之禮，列夫婦長幼之別，不可易也。”

7) 같은 책, “墨者儉而難遵，是以其事不可遍循；然其彊本節用，不可廢也。法家嚴而少恩；然其正君臣上下之分，不可改矣。”

8) 같은 책, “法家嚴而少恩；然其正君臣上下之分，不可改矣。”

9) 같은 책, “名家使人儉而善失眞；然其正名實，不可不察也。”

을 취하였다. 시대와 더불어 발전하고, 사물에 응하여 변화한다. 풍속을 세우고 일을 처리함에 마땅하지 않음이 없다. 요지(要旨)가 간단하여 시행하기 쉽다. 힘은 덜 들이고 공로는 크다. 유가(儒家)는 그렇지 않으니 군주를 세상의 의표(儀表 ; 법도)로 생각한다. 군주가 위에서 제창[倡]하면 신하는 화답하고, 군주가 앞서가면 신하는 뒤를 따른다. 이렇게 하면 군주는 수고스럽지만 신하는 편안하다. 도가에서 말하는 대도(大道)는 수컷을 알고 암컷을 지키라는 것과[10], 현명함(혹은 보물)을 숭상하지 말라는 것이다.[11] 유가는 이러한 것에 유의하지 않고 다만 지혜에 의지하여 세상을 다스리고자 한다. 대저 인간의 정신은 지나치게 사용하면 쇠(衰)하여 다하고[竭], 육체는 크게 피로하면 피폐해진다. 몸과 정신이 모두 망가지면서 천지와 더불어 장구(長久)하기를 바란다는 말을 나는 들어본 적이 없다.[12]

---

10) 『도덕경』28장에 "知其雄, 守其雌, 爲天下谿. 爲天下谿, 常德不離, 復歸於嬰兒."라고 있다. 이는 "수컷을 알고 암컷을 지키면, 세상의 골짜기가 된다. 세상의 골짜기가 됨은 영원한 덕(德)이 떠나지 않으니, 영아의 상태로 되돌아간다."라고 해석한다.

11) 『도덕경』3장에 "不尙賢, 使民不爭"이라고 있다. 이 구절은 보통 "현명함(세속에서 말하는 현명함)을 숭상하지 않음으로써 백성들이 다투지 않게 한다."라고 풀이한다. 그러나 논자에 따라서는 '賢'(현명할 현)字를 '寶'(보배 보)字로 보아서 "보배(보물)를 숭상하지 않음으로써 백성들이 다투지 않게 한다."라고도 해석이 된다.

12) 쓰마치엔(司馬遷), 『사기史記』 권130, 「태사공자서太史公自序」. "道家使人精神專一, 動合無形, 贍足萬物。其爲術也, 因陰陽之大順, 采儒墨之善, 撮名法之要, 與時遷移, 應物變化, 立俗施事, 無所不宜, 指約而易操, 事少而功多。儒者則不然。以爲人主天下之儀表也, 主倡而臣和, 主先而臣隨。如此則主勞而臣逸。至於大道之要, 去健羨, 絀聰明, 釋此而任術。夫神大用則竭, 形大勞則敝。形神騷動, 欲與天地長久, 非所聞也。"

이상은 쓰마치엔 『사기』의 인용문이다. 6가 중에서 도가에 대한 설명이 가장 길다는 점에 주의해야 하겠다. 저자는 쓰마치엔이 개인적으로 도가에 흥미를 느낀 것으로 믿는다. 이는 쓰마치엔이 황로학(黃老學)[13]을 배웠다는 점과, 도가의 영향력이 소멸되지 않고 있음을 말해준다. 도가를 설명하면서 유가를 빗대어 설명한 것은 그의 시대가 유가가 득세하던 때임을 암시한다.

이상의 6가 중에서 오직 '유가'만이 정통을 확보하고 홀로 존중받게 된 까닭은 한(漢) 무제(武帝) 때의 똥종수(董仲舒)에 의한 것으로 알려져 있다. (이에 대하여는 후술함.)

3.2 콩치우의 철학 · 종교 및 정치사상

3.2.1 철학 · 종교

세간에서 '공자'(孔子)라고 부르는 인물 콩치우(孔丘 ; BC 551~BC 479)는 노(魯) 나라의 조그만 마을에서 태어났다. 현재 산똥성 취후우(曲阜)가 그곳이다. 서양인들은 그를 가리켜 'Confucius'라고 호칭한다. 중국인들이 그를 존경하여 부르는 공부자(孔夫子)의 한어(중국어) 발음이 '콩후우쯔'인데, 여기에 라틴어 발음 'cius'가 합성된 것이다. 콩치우가 라오딴(老聃 ; 老子)을 찾아가서 예(禮)를 물었다는 기록에 의하면, 라오딴이 선배이다.[14]

---

13) '黃老'란 후앙띠(黃帝)와 라오딴(老聃)의 학문을 결합하여 말하는 술어이다. 전국(戰國) 시대이후 전한(前漢) 초기까지 도가 및 조기(早期) 법가(法家)의 사상을 융합한 것으로, '黃老之術'이라고도 부른다.

14) 이 점이 중국철학사의 기술에 있어서 라오딴[老子]을 먼저 언급하는 기준이 될 수 있겠다. 후스(胡適 ; 1891~1962), 까오링인(高令印 ; 1935~), 잔스츠우왕

콩치우에 대한 평가는 극과 극을 달린다. 어떤 사람은 그를 전통을 지키려는 보수주의자로 보고, 어떤 사람은 그를 전통에서 벗어나려는 개혁가로 판단한다.[15] 한 인간이 이토록 다른 평가를 받을 수 있는 점에 대하여 신기하기만 하다. 그를 어떻게 이해하든 콩치우는 중국 고대의 위대한 인문주의자였고, 그가 이룩한 업적은 중국문명의 중요한 부분을 차지함을 부정할 수 없다. 그를 오늘의 개념으로 '철학자'(philosopher)라고 말할 수는 없으나, 그가 없었으면 중국 고대철학은 성립되지 않았을 것이다. 그를 중국 고대 인문주의(Humanism)의 창시자라고 불러도 좋을 것이다.

콩치우의 인생을 가장 잘 들여다 볼 수 있는 자료는 『논어論語』이다. 『논어』는 콩치우가 생전에 직접 저술한 책이 아니고, 그가 세상을 떠난 뒤 제자들에 의하여 작성되었다. 신빙성이 매우 높은 자료이다. 이제 『논어』를 중심으로 콩치우의 철학, 종교 사상을 들여다본다.

(詹石窗 ; 1954~) 등은 그와 같은 기준을 적용하여 라오딴을 콩치우[孔子]보다 먼저 기술하였다. 저자(황준연)는 일반 관례를 따라서 콩치우를 라오딴보다 먼저 배치한다. -저자는 개인적으로 콩치우보다 라오딴에 인간적인 매력을 느낀다. 그러나 중국철학사 전반에 걸친 영향력을 고려하면, 단연 콩치우의 업적이 돋보인다. 문화의 측면에서 전통사회의 중국 및 동아시아는 유교 사회(Confucian Society)이다. 여기에서는 콩치우를 먼저 기술한다.-

15) 1960년대 중국의 '문화대혁명' 시기 '비림비공'(批林批孔)의 구호가 난무한 일이 있었다. 이는 린삐아오(林彪)와 콩치우를 비판한다는 내용인데, 콩치우의 경우 시대에 뒤떨어진 보수주의 원흉이라는 점에 비판이 모여졌다. 한편 2010년 2월에 상영된 중국 영화 '孔子'(윈-팔 처우周潤發 주연, 후 메이胡玫 감독)는 콩치우를 개혁가 내지 위대한 전략가 혹은 지략가(智略家)로 묘사하고 있다. cf. http : //www.kongja2010.co.kr

① 천(天), 천명(天命)

어떤 서양 학자는 콩치우가 전통적인 종교에서 중시된 요소, 예컨대 인신(人身) 희생을 배격한 점을 높이 평가하고 있다.[16] 상·주 시대에는 인간의 목숨이 개의 목숨과 다를 바 없었다. 인간을 제사의 희생물로 바쳤을 뿐 아니라, 권력자가 죽으면 살아있는 사람을 함께 묻어 죽이는 순장(殉葬)의 풍습이 계속되었다. 콩치우가 이 점에 대하여 극도로 분노한 사실이 『맹자孟子』에 전한다.[17]

『예기』에 남아있는 다음과 같은 구절로 순장의 악습이 콩치우의 시대에도 남아있었음을 알 수 있다.

> 츠언쯔츠어(陳子車)가 위(衛)나라에서 죽었다. 그의 아내와 가신(家臣)의 우두머리가 상의하여 누군가를 순장하기로 하였다. (죽일) 사람이 내정된 뒤에, 츠언쯔캉(陳子亢)이 왔다. (츠언쯔츠어의 아내와 가신이) 말하기를, "부자(夫子 ; 츠언쯔츠어)가 병들었을 때 그 밑에서 부양하지를 못하였으니, 청컨대 순장을 하고자 합니다."라고 하였다. 츠언쯔캉이 말하기를, "순장은 예(禮)가 아니요. 그러나 죽은 뒷일을 꼭 돌보아야 하겠다면, 아내 혹은 가신의 우두머리만한 사람이 어디 있겠소? 가능하다면 (순장을) 그만두는 것이 좋을 것이오. 부득이하다면 나는 이 두 사람을 순장해야 한다고 생각하

16) H. G. 크릴, 『공자 ; 인간과 신화』, 이성규 역 (지식산업사, 1994), p.137.

17) 『맹자』양혜왕 上에, "중니(仲尼 / 콩치우의 字)가 말하기를, '처음으로 용(俑)을 만든 자는 그 후손이 없을 놈이다!'라고 하였다."(仲尼曰. 始作俑者, 其無後乎!) '용'은 장례에 쓰이는 나무(혹은 진흙)로 만든 사람 모양의 허수아비이다. 이는 순장(殉葬)의 풍습이 콩치우 시대까지 전해지고 있음을 말해준다. -시대의 변화로 인하여 언어 감각에 차이가 있다. '후손이 없을 놈!'(無後乎!)은 고대의 지독한 욕으로 쓰였다. 이 감각이 루쉰(魯迅)의 시대까지 살아남아 있음을 본다. 루쉰의 작품 『아Q정전』에 여승(女僧 ; 비구니)이 아Q를 향하여 '씨도 못 받을 놈!'이라는 욕설이 등장한다. '無後乎'!라는 표현은 곧 '씨도 못 받을 놈!'이라는 욕설이다.-

오."라고 하였다. 그리하여 (마침내) 순장을 그만두게 되었다.[18]

여기에서 등장한 츠언쯔캉(陳子亢)은 츠언쯔츠어의 동생인데, 콩치우의 제자였다. 자(字)가 쯔친(子禽 ; BC 511~?)인 그는 콩치우의 문하에서 산 사람을 함께 묻는 순장이 예(禮)가 아니라고 배웠던 것이다. 콩치우는 순장을 반대함은 물론 한걸음 더 나아가 허수아비[俑]의 사용을 금해야한다고 주장하고 있다. 콩치우가 이처럼 순장을 반대하고 인간의 생명을 존중해야 한다고 주장하는 이면에 '하늘'(天)의 관념이 공헌한다.

중국 고전의 '하늘'(天)을 가리키는 표현은 대체로 두 가지 의미를 지닌다. 첫째로 눈에 보이는 물리적인 하늘이다. 이를 '자연지천'(自然之天)이라고 표현하며, 영어로 'sky'를 말한다. 둘째로 눈에 보이지 않는 무엇을 움직이는 힘을 가리킨다. 민간에서 쓰는 "하늘이 무섭지 않느냐?"하는 말은 여기에 해당하며, 이를 '주재지천'(主宰之天)이라고 표현한다. 영어로는 'heaven'을 말한다. 서양 속담에도 "하늘은 스스로 돕는 자를 돕는다."(Heaven helps those who help themselves.)라는 표현이 있다. 『논어』를 중심으로 콩치우가 '천' 혹은 '천명'에 대하여 언급한 구절 몇 가지를 나열하면 다음과 같다.

• 하늘을 원망하지 않고, 남을 탓하지 않는다.(不怨天, 不尤人) (「헌문편」)

---

18) 『예기집설대전禮記集說大全』 권4, 단궁檀弓 下. "陳子車, 死於衛. 其妻, 與其家大夫, 謀以殉葬. 定而后, 陳子亢至. 以告曰, 夫子疾, 莫養於下, 請以殉葬. 子亢曰, 以殉葬, 非禮也. 雖然, 則彼疾當養者, 孰若妻與宰. 得已則, 吾欲已. 不得已則, 吾欲以二子之爲之也. 於是弗果用." cf. 『예기집설대전禮記集說大全』 권4, 단궁檀弓 下, 학민문화사 영인본 『예기』元, pp. 492-493.

- 하늘에 죄를 얻으면, 빌 곳이 없다.(獲罪於天, 無所禱也) (「팔일편」)
- 하늘이 나에게 덕을 주었다.(天生德於予) (「술이」)
- 하늘이 무엇을 말하는가? 사시(四時)가 운행되고 있다.(天何言哉. 四時行焉) (「양화편」)
- 나이 50에 천명(天命)을 알았다.(五十而知天命) (「위정편」)
- 군자는 세 가지 두려할 점이 있다. 천명을 두려워 해야한다.(君子有三畏. 畏天命) (「계씨편」)
- 소인은 천명을 알지 못하면서도 두려워하지 않는다.(小人不知天命而不畏也) (「계씨편」)

이상의 예를 보건데, 콩치우가 말한 '천' 혹은 '천명'이란 자연의 물리적 하늘이 아니라 '주재지천'임을 알 수 있다. 상·주 시대의 '상제'의 관념은 콩치우를 만나면서, '천명'의 관념으로 진화하게 된다. 그에 의하면, '천명'이란 우주에 가득한 신비한 힘[力量]이며, 쉬지 않고 존재하는 어떤 생명력을 말한다.[19] 그러나 콩치우의 '하늘'('천'天, 혹은 '천도'天道, 혹은 '천명'天命)은 철학적 의의가 있는 것이 아니고, 종교적 의의가 있을 뿐이라고 말하는 학자도 있다.[20]

② 정명(正名)

콩치우가 생존하였던 시기는 춘추·전국시대의 혼란기이다. 그는

---

19) 츠엉환(程帆), 『나는 횡여우란의 중국철학을 이렇게 들었다我聽馮友蘭講中國哲學』, (中國致公出版社, 2002), p. 51. "宇宙的這種神秘力量, 從本質上來講, 就是宇宙生生不息的生命力."

20) 가노 나오키(狩野直喜), 『중국철학사』, 오이환 역 (을유문화사, 1986), p. 133. '천'(天)이 종교적 의의를 지닌다는 말은 '천'이 숭배의 대상이 된다는 뜻이다. 반면 철학적 의의라는 뜻은 '천'이 숭배의 대상이 아니라, 법칙으로 작용한다는 의미이다. 주시(朱熹)는 천을 '리'(理)라고 말하였는데, 이는 인격적 요소가 배제된 법칙으로서의 '천'을 말한다.

질서 있고 안정된 사회를 소망하였고, 그러한 사회를 이룩하고자 노력하였다. 그에 의하면 질서 있는 사회란 명분[名]이 바로잡힌 사회이다. 『논어』에 다음과 같은 대화가 보인다.

> 쯔루(子路)가 말하였다. "위(衛) 나라 군주가 선생님을 기다려 정치를 하려고 합니다. 선생님은 무엇을 먼저 하시렵니까?" 콩치우가 말하였다. "반드시 명분을 바로 잡아야 하겠다!"(必也正名乎) 쯔루가 말하였다. "답답하십니다. 어떻게 (명분을) 바로잡겠단 말씀이십니까?" 콩치우가 말하였다. "촌스럽다. 쯔루야! 모르면 가만히 있을 일이야. 명분이 바로잡히지 못하면, 언어가 순(順)하지 못하고, 언어가 순하지 못하면 되는 일이 없는 법이다. 그러면 예악(禮樂)이 일어나지 못하고, 예악이 일어나지 못하면 형벌로 해도 안 되는 것이다. 형벌로 해도 안되면 백성이란 손발(手足)조차 둘 곳이 없어진다."[21]

위의 이야기는 콩치우의 정명(正名)에 대한 강렬한 욕망을 보여준다. 제자백가 중의 명가(名家)의 철학에 의하면, 실제 사물에 붙인 이름[名 ; 명분]은 그 내부의 실[實 ; 실제]과 일치되어야 한다. 사슴은 사슴이어야 하고, 사슴을 말이라고 불러서는 안 되는 법이다.[22] 콩치우에 의하면 명실(名實)이 흐트러진 사회가 곧 난세이다.

---

21) 『논어』 자로(子路)편. "子路曰. 衛君待子而爲政, 子將奚先? 子曰. 必也正名乎! 子路曰. 有是哉! 子之迂也. 奚其正? 子曰. 野哉! 由也. 君子於其所不知, 蓋闕如也. 名不正則言不順, 言不順則事不成, 事不成則禮樂不興, 禮樂不興則刑罰不中, 刑罰不中則民無所措手足."

22) 사슴을 가리켜 말이라고 한 '지록위마'(指鹿爲馬)의 고사가 있다. BC 207년 8월, 진(秦)의 승상 자오까오(趙高)가 자기의 권력, 즉 말발[言力]을 시험하기 위하여 사슴을 놓고 말이라고 우겼다. 군신들 중에 사슴을 말이라고 하며 아부하는 놈이 있었다고 한다. cf. 쓰마치엔, 『사기史記』 권6, 진시황본기, 정범진 외 (까치, 1995), p. 188.

콩치우의 시대는 인간관계가 무너져서 군신, 부자(夫子)의 질서가 흐트러진 상태였다. 그러므로 그는 "임금은 임금답고, 신하는 신하답고, 아버지는 아버지답고, 아들은 아들다워야 한다."[23]라고 주장한다. 이 이야기도 명분을 세워야 함을 의미한다.

콩치우가 남긴 저술에 노(魯) 나라의 역사책 『춘추春秋』가 있다. 이 책을 저술한 까닭이 '정명'을 실천하고자 하는 욕망에 있었다. 그러므로 멍커(孟軻)는 "콩치우가 『춘추』를 완성하자 난신적자(亂臣賊子)들이 두려워하였다."[24]라고 말하고 있다. 말은 그렇지만 그 사실 여부는 알 수 없다.

3.2.2 윤리와 정치

① 인(仁), 효(孝), 덕(德)

알려진 바와 같이 콩치우의 대표적인 사상은 '인'(仁) 한 글자로 표현된다. 이 개념은 한글로 '어질다'라고 번역하지만, 그 의미 전달이 불충분하다. 영어로는 일반적으로 'humanity', 'benevolence', 'goodness' 등으로 번역되고 있다. '仁'을 한어(중국어) 발음대로 '*Ren*'으로 표기하고, '권위 있는 행위' 혹은 '신뢰할 만한 행위'의 뜻이 담긴 "authoritative conduct"라고 번역하는 서양 학자도 있다.[25]

'인'은 '덕'(德)의 한 표현이다. 그것은 콩치우가 생각하였던 완전한 덕목(德目)을 모두 총괄한다. 『논어』에 셀 수 없이 등장하는 이

---

23) 『논어』안연(顏淵)편. "君君, 臣臣, 父父, 子子."
24) 『맹자孟子』등문공(藤文公) 下. "孔子成春秋, 而亂臣賊子懼.
25) Roger T. Ames and Henry Rosemont, Jr., *The Analects of Confucius,* Ballantine Books, 1998, p.48.

개념은 하나의 추상명사이다. 현대 학자 양뻐쥔(楊伯峻)의 조사에 의하면, '인'(仁)자는 『논어』전편을 통하여 109차례 등장한다.

콩치우는 '인'을 인간 최상의 미덕(美德)으로 삼고, 학문의 목적까지도 '인'을 구현하는 데 두었다. '인'은 멍커(孟子)에 이르러서 인의(仁義)와 같이 두 글자가 사용되기도 한다. 그러나 '의'(義)는 '인'에 붙어있는 종속개념이고, 중요한 것은 '인' 한 글자이다. '인'은 한 마디로 설명이 불가능하다. '인'의 올바른 이해는 각종 사례(케이스)를 종합하여 판단할 수밖에 없다. 『논어』에 등장하는 대표적인 구절을 들면 다음과 같다.

- '인'(仁)에 처하는 것은 아름다운 일이다. 만일 '인'에 머물지 않는다면, 어떻게 지혜롭다고 하겠느냐? (里仁爲美, 擇不處仁, 焉得知) (「리인편」)
- 오직 어진 사람이라야 능히 사람을 좋아하며, 능히 사람을 미워할 수 있다.(惟仁者, 能好人, 能惡人) (「리인편」)
- 지혜로운 사람은 물을 좋아하고, 어진 사람[仁者]은 산을 좋아한다. 지혜로운 사람은 움직이고, 어진 사람은 고요하다. 지혜로운 사람은 낙천적이고, 어진 사람은 장수(長壽)한다.(知者樂水, 仁者樂山. 知者動, 仁者靜. 知者樂, 仁者壽) (「옹야편」)
- 어진 사람은 자기가 서고자 함에 남을 내세우고, 자기가 통달하고 함에 남도 통달하게 한다.(夫仁者, 己欲立而立人, 己欲達而達人) (「옹야편」)
- 콩치우는 이로운 일[利]에 대해서 드물게 이야기 하였다. 천명(天命)과 더불어 하고, 어진 일[仁]도 함께 하셨다. (罕言利. 與命與仁) (「자한편」)
- 옌위앤(顔淵)이 '어짐'[仁]에 대하여 물었다. 콩치우가 말하였다. "자기의 사욕을 극복하고 예로 돌아감이 '어짐'을 실천하는 것이다."(顔淵問仁. 子曰. 克己復禮爲仁) (「안연편」)
- 종꽁(仲弓)이 '어짐'(仁)에 대하여 물었다. 콩치우가 말하였다. "문을 나갈 때 귀한 손님을 뵈온 듯이 하며, 백성에게 일을 시킬 때 큰 제사를 받들

듯이 하며, 자기가 하고 싶지 않은 일을 남에게 시키지 말라."(仲弓問仁. 子曰. 出門如見大賓, 使民如承大祭. 己所不欲, 勿施於人) (「안연편」)

콩치우의 '인'은 이와 같이 포괄적인 개념이다. 이 개념은 윤리의 영역에 속한다. '인'의 범주(카테고리)는 효(孝)와 충(忠)을 포함하며, 어떤 의미에서 여타의 가치 개념들 즉, 공손함[悌], 지혜로움[智], 믿음[信] 등을 모두 포괄하는 그 무엇이다.

'인'의 개념에 내포되지만, 콩치우의 '효'(孝)에 대한 관심은 남다르다. 이 글자는 『논어』 전편을 통하여 19차례 등장하고 있다. '효'는 앞에서 이야기 한 바와 같이 농업사회에 있어서 가족의 경제적 생산력과 관계가 있다. 콩치우의 '효'에 대한 윤리는 개체의 영속성(永續性)을 가족의 범주 안에서 찾는 논리로 해석된다. 그러나 오늘날 '효'의 문제에 대하여 숙고(熟考)할 점이 많이 있다.[26]

② 군자(君子) –바람직한 인간의 모습

콩치우가 생각한 바람직한 인간의 모습은 한 마디로 '인'(仁)을 실천하는 자이다. 이는 『논어』에서 '군자'(君子)라는 개념으로 정리되고 있다.[27]

---

26) 1920년대 뻬이징(北京)에 1년간 머물렀던 영국 철학자 버트런드 럿셀은 중국문화권에 있어서 '孝'에 대한 문제가 유교 윤리의 약점이라고 지적하였다. ("Filial piety, and the strength of the family generally, are perhaps the weakest point in Confucian ethics.") cf. Bertrand Russel, *The Problem of China,* New York The Century Co., 1922, p. 36. 이와 같은 러셀의 지적에 대하여 겸허한 마음으로 생각할 필요가 있다. 우리는 폐쇄적인 가족주의를 극복하고, 성숙한 시민 사회를 향하여 나아갈 때이다.

27) 문자의 측면에서 볼 때, '君子'는 원래 귀족 계층인 '士大夫'를 가리키는 말로 사용되었다. 콩치우에 와서 이 단어는 '도덕적인 인간'으로 바뀌었다. 『논어』에는 이 글자가 모랄의 뜻을 담은 '도덕적 인간'이 아니고, 귀족층(사대부)으로

과연 어떻게 살아야 하는가? 콩치우에 의하면 우리는 덕(德)을 쌓는 인간이 되어야 한다. 군자는 "먹음에 배부름만 구하지 않고, 거처함에 편안함 만을 찾는 자가 아니다."[28] 그는 널리 교양을 갖춘 자이며, 한 방면에 쓰이는 "그릇[器]처럼 국한된 자가 아니다."[29] 그는 언제나 "덕을 생각하는 자"[30]이며, 동시에 "의리에 밝은 자이다."[31]

군자는 "한 그릇의 밥과 한 표주박의 마실 것으로 누추한 곳에 살아도 즐거운 모습에 변화가 없는 자이다."[32] 군자는 "화합을 찾으며 부화뇌동(附和雷同)하는 자는 아니다."[33] 그는 "일의 잘잘못을 자신에게서 찾는 자이다."[34] 위와 같이 행동하는 자가 콩치우가 생각한 바람직한 인간의 모습일 것이다. 그는 한마디로 어진 사람, 곧 '인자'(仁者)라고 말할 수 있다.

'인'(仁)을 실천할 능력을 지닌 자가 군자라면, 이는 개인적 차원의 도덕성을 넘어서 사회에서도 필요한 인재를 말한다. 군자에 의한 정치, 그것은 콩치우가 생각한 이상적인 정치였을 것이다.

새겨야 마땅할 곳이 많이 남아 있다.

28) 『논어』 학이편. "子曰. 君子食無求飽, 居無求安."

29) 『논어』 위정편. "子曰. 君子不器." 이 구절은 『논어』 전편을 통하여 가장 짧은 구절이다. cf. 황준연, "『논어』 위정편 '君子不器'장의 전통적 해석에 대한 검토", 『동양철학연구』 제29집, 2002.

30) 『논어』 리인편. "子曰. 君子懷德, 小人懷土."

31) 『논어』 리인편. "子曰. 君子喩於義, 小人喩於利."

32) 『논어』 옹야편. "子曰. 賢哉, 回也. 一簞食, 一瓢飮, 在陋巷, 人不堪其憂. 回也, 不改其樂. 賢哉, 回也."

33) 『논어』 자로편. "子曰. 君子和而不同, 小人同而不和."

34) 『논어』 위령공편. "君子求諸己, 小人求諸人."

③ 정치(政治)

콩치우는 행정 조직(시스템)보다는 정치를 담당하는 관리의 인격이 올바른 경우에 공헌하는 점이 많다고 생각하였다. 그는 품행이 올바른 자[군자]가 정치를 맡아야, 바른 정치의 실현이 가능하다고 믿었다. 콩치우에 의하면, 정치란 '올바름'[正]의 실현이며, 이것은 덕에 의한 정치를 의미한다. 『논어』에 다음과 같은 구절이 보인다.

- 지캉쯔(季康子)가 콩치우에게 정치에 대하여 물었다. 콩치우는 대답하였다. "정치란 바로잡는다(政者, 正也)라는 뜻입니다. 그대가 솔선수범하여 바로 잡으면 누가 바르지 않겠습니까?"[35]
- 제경공(齊景公)이 콩치우에게 정치에 대하여 물었다. 콩치우는 대답하였다. "임금은 임금답고, 신하는 신하답고, 아버지는 아버지답고, 아들은 아들다워야 한다."는 것입니다.[36]
- 정치를 덕으로써 함(爲政以德)은 비유하건대, 북극성이 제자리에 있거든 많은 별들이 북극성을 향하는 것과 같다.[37]

지캉쯔의 물음에 대한 콩치우의 답변은 지나치게 낙관적이며 비현실적이다. 현실 세계에서는 위정자가 바르다고 해서 여타 사람들이 모두 따르는 것은 아니다. 달리 표현하면, 현실 세계에는 윗물이 맑다고, 아랫물이 반드시 맑은 것은 아니다. 아마도 선량한 사람들만이 모여 사는 세상에는 그 실천이 가능할 것이다. 콩치우는 동시에 정치의 요체는 인민에 대한 믿음[信]을 확보하는 것으로 인식하였다. 『논어』에 다음과 같은 이야기가 전한다.

---

35) 『논어』안연편. "季康子問政於孔子. 孔子對曰. 政者正也. 子帥以正, 孰敢不正?"
36) 『논어』안연편. "齊景公問政於孔子. 孔子對曰. 君君, 臣臣, 父父, 子子."
37) 『논어』위정편. "子曰. 爲政以德, 譬如北辰, 居其所, 而衆星共(拱)之."

쯔꽁(子貢)이 정치에 대하여 물었다. 콩치우가 대답하였다. "양식을 풍족하게 하고(足食), 군대를 기르며(足兵), 인민으로 하여금 믿음을 갖게 할 것이다.(民信之矣)" 쯔꽁이 말하였다. "만일 부득이 해서 버려야한다면 이 세 가지 중에 무엇을 먼저 버려야 합니까?" "군대를 버려야한다." "만일 부득이 또 버려야 한다면 두 가지 중에 무엇을 먼저 버려야 합니까?" "양식을 버려야 한다. 차라리 죽을 지 언정 인민의 믿음이 없으면 국가가 존립할 수 없다.(民無信不立)[38]

콩치우가 인간의 믿음을 먹는 것[食]보다 중시한 것은 실용주의적인 정치보다는 도덕(모랄)에 의한 정치를 주장하고 있음을 말한다. 그렇지만 콩치우는 정치의 기능주의적 성격을 완전히 배제하지는 않는다. 덕(德)이 조금 부족한 인물이라 할지라도 몇 가지 기능(character)을 소지하고 있으면 정치를 할 수 있다고 믿었다.

지캉쯔가 물었다. "종여우(仲由 ; 子路)를 정치에 종사하게 할 만합니까?" 콩치우가 대답하였다. "종여우는 과단성[果]이 있어서 정치를 하는데 어려움은 없을 것 입니다." "츠(賜 ; 子貢)를 정치에 종사하게 할 만합니까?" "츠(賜)는 사리(事理)에 통달하였으니[達] 정치를 하는데 어려움은 없을 것입니다." "르안치우(冉求 ; 冉有)를 정치에 종사하게 할 만합니까?" "르

38) 『논어』 안연편. "子貢問政. 子曰. 足食足兵, 民信之矣. 子貢曰. 必不得已而去, 於斯三者, 何先? 曰去兵. 子貢曰. 必不得已而去, 於斯二者, 何先? 曰去食. 自古皆有死, 民無信不立." 차라리 죽더라도 인민의 믿음을 버릴 수 없다는 콩치우의 말은 도덕적, 원칙론적인 성격을 지닌다. 그러나 정치의 세계는 '부득이'(不得已)한 일의 연속이다. 동서고금이래 인민에게 의식(衣食)을 제공하고, 공동체를 보존하는 일[安保]은 정치 담당자의 제일의(第一義)의 사업이다. 오늘날 국가는 이와 같은 기능 때문에 정보기관을 많이 운영하고 있다. 지도자는 모랄의 실천에 힘을 쏟아야 하지만, 동시에 국익(國益)을 위한 권도(權道)의 적용이 있을 수 있다.

안치우는 재주가 많아서[藝] 정치를 하는데 어려움은 없을 것 입니다."[39]

이상의 내용은 당시의 권력자 지캉쯔(季康子)에게 취직자리를 부탁하는 스승 콩치우의 입장을 대변한다. 오늘날 제자의 취업을 위하여 추천서를 작성하는 교수들처럼, 콩치우는 제자들의 장점을 들어서 취업 담당자인 지캉쯔에게 간곡하게 취직을 부탁하고 있다.

3.3 콩치우 사상에 나타난 '락'(樂)의 정신

춘추・전국의 동탕(動蕩)의 시대를 살았지만, 콩치우는 이맛살을 찌푸리고 비관하지 않았다. 그는 오히려 인생을 즐기면서 살았다. 우리는 콩치우의 인생에 대한 긍정과 즐거움[樂]의 태도를 찾을 수 있다. 이 경우의 '즐거움'이란 감각적 쾌락을 말하는 것이 아니라, 중국인의 미적(美的) 감각을 말한다. 콩치우의 '락'의 정신은 중화미학(美學)의 일부분을 구성한다.

3.3.1 일상생활에 있어서 즐거움

① 안빈(安貧)하며 도를 즐겁게 여김

난세라고 하여 일상생활에서 느끼는 즐거움이 없는 것은 아니다. 콩치우는 도(道)를 추구하는 정신으로 15세에 배움에 뜻을 두었고[志學], 30세에 예의를 알아서 독립적 인격체로 자립하였으며[而立],

39) 『논어』옹야편. "季康子問. 仲由, 可使從政也與? 子曰. 由也, 果, 於從政乎何有. 曰賜也, 可使從政也與? 曰賜也, 達, 於從政乎何有. 曰求也, 可使從政也與? 曰求也, 藝, 於從政乎何有."

40세에 의혹되지 않았고[不惑], 50세에 천명을 깨닫고[知命], 60세에 사람의 말을 들으면 순(順)하였고[耳順], 70세에는 마음내키는 대로 하여도 법도를 넘지 않는[不踰矩] 경지에 이르렀다.[40] 콩치우의 이와 같은 발달 단계의 바탕에 '락'(樂)의 정신이 놓여있다.

『논어』전편을 통하여, 안빈락도(安貧樂道 ; 가난해도 분수에 만족하고 도를 즐거워 함)에 대한 콩치우의 태도를 곳곳에서 볼 수 있다. 어느 날 콩치우는 제자인 쯔꽁(子貢 ; 이름 츠賜)과 더불어 이야기를 나눈다.

> 쯔꽁이 말하였다. "가난하지만 아첨함이 없으며, 부자인데도 교만함이 없으면 어떻습니까?" 콩치우가 말하였다. "괜찮다. (그러나) 가난하면서도 즐거워하며, 부자이면서 예(禮)를 좋아하는 것만 같지는 못하다."[41]

이는 콩치우가 일상생활에 있어서 물질적으로 가난해도 즐거움을 잊지 않고 살아가는 태도를 보여준다. '가난' 자체를 즐기는 것이

---

40) 『논어』위정편. "子曰. 吾十有五而志于學, 三十而立, 四十而不惑, 五十而知天命, 六十而耳順, 七十而從心所欲不踰矩." 이 구절은 콩치우의 정신적 발전단계를 묘사한 글이다. 평범한 내용처럼 보이지만, 해석에 이설(異說)이 있다. 일반적으로 "三十而立"의 구절은 예(禮)를 알아서 자립한 것으로 해석한다. 그러나 (아주 드문 경우지만) 산똥성(山東省)의 주석(主席)을 역임한 군벌(軍閥) 한후우쥐(韓復榘 ; 1891~1938)에 의하면, 콩치우가 "능히 일어났다"(能站立起來)라는 뜻이다. 韓에 의하면, 콩치우는 소아마비(小兒痲痺) 증세로 고생하다가, 30세에 치료(治療)가 되어서 일어났다는 주장이다. 횡여우란(馮友蘭) 교수는 이와 같은 이야기에 대해서, 孔子가 '소아마비'를 앓았음을 들어본 일이 없다고 반대하고, "而立"은 "예의에 섰다"(立于禮)라는 뜻으로 해석였다. cf. 츠엉환(程帆), 『나는 횡여우란의 중국철학을 이렇게 들었다我聽馮友蘭講中國哲學』, (中國致公出版社, 2002), p. 53.

41) 『논어』학이편. "子貢曰. 貧而無諂, 富而無驕, 何如? 子曰. 可也. 未若貧而樂, 富而好禮者也."

아니다. 그의 정신은 가난을 잊어버릴 수 있는 경지에 있다. 그것은 허세가 아니라, 일종의 자존심으로 해석할 수 있다. 또 다른 예를 들어보자.

> 나물밥 먹고 찬물을 마시며 팔 베고 누웠어도 즐거움[樂]이 그 가운데 있다.42)

콩치우의 말은 현대 자본주의 시대에 거리감이 있는 느낌이 든다. 그가 끼니때마다 나물밥[疏食]을 먹고 어떻게 장수(長壽)하였는지도 의문이 간다. 현대인은 팔 베고 누워있을 한가로운 시간이 별로 없는 세상이다. 그러나 한편으로 생각하면 현대인의 생활이 반드시 행복한 것 같지는 않다. 우리는 별 의미도 없는 일에 개미 쳇바퀴처럼 돌고 있는 인생이 아닌가? 조각난 정보(지식)를 찾고자 밤새워 PC의 키보드를 두들기며 인터넷上의 현란한 장면을 찾다가 다음날 상기된 눈을 비비며 일어나지 않는가? 하여 건강을 상(傷)하면서 스스로 현대 문명인이라고 자부하고 있지 않을까? 그러므로 거친 밥을 먹고도 마음에 걸림이 없고, 잡다한 사건들 속에서 벗어나 가끔 팔 베고 누워서 휘파람이라도 불 수 있는 여유가 있어야 진정한 '웰빙'(well-being)의 생활이라고 생각한다. 콩치우가 즐거워하는 것은 도(道)에 있다고 할 것이다. 다른 예를 들어본다.

> 어질구나. 옌후에이(顔回)는. 한 그릇의 밥과 한 표주박의 마실 것으로 누추한 곳에 사는 것을 다른 사람들은 견디지 못하지마는, 옌후에이는 즐거운 모습에 변함이 없다. 어질구나. 옌후에이야 말로.43)

---

42) 『논어』술이편. "子曰. 飯疏食飮水, 曲肱而枕之, 樂亦在其中矣."

이것은 제자 옌후에이가 가난하지만 만족감을 잃지 않고 살아가는 생활태도를 칭찬함으로써 콩치우 자신의 '안빈락도'의 정신을 표현하고 있다. "가남함에도 즐거운 모습에 변화가 없다"(不改其樂)라는 표현은 당위(sollen)를 가리킨다. 위 문장은 어떤 점에서 콩치우가 제자인 옌후에이의 경지를 부러워하는 인상을 준다. 그러므로 옌후에이가 젊은 날 세상을 떠나자, 콩치우는 몸을 주체할 수 없이 통곡하는 모습이 그렇게 이상하게 느껴지지 않는다.[44)]

② 도덕의 세계에서 떳떳함

콩치우에 있어서 '인'(仁)에 대한 사상은 몇 마디 말로써 그 전체적인 의미를 들어낼 수 없다. 여기서는 콩치우가 '인'에 처하여서 느끼는 '락'(樂)의 정신에 초점을 맞춘다.

> 어질지 못한 사람은 곤궁(困窮)함에 오래 견디지 못하고, 즐거움도 오랫동안 간직하지 못한다. 어진이는 '인'(仁)에 처함을 편안하게 여기고, 지혜로운 자는 '어짐'(仁)을 이롭게 여긴다.[45)]

어진 사람이야 말로 떳떳하게 '락'의 경지에 들어설 수 있다. 이

---

43) 『논어』옹야편. "子曰. 賢哉, 回也. 一簞食, 一瓢飮, 在陋巷, 人不堪其憂. 回也, 不改其樂. 賢哉, 回也."

44) 『논어』선진편. "顔淵死. 子哭之慟. 從者曰. 子慟矣. 曰有慟乎. 非夫人之爲慟, 而誰爲?"(옌후에이가 죽었다. 콩치우는 곡[哭]을 하며 서럽게 울었다. 콩치우를 따르는 자가 말하였다. '선생님이 서럽게 울으셨습니다.' 콩치우는 말하였다. '내가 서럽게 울었단 말이냐. 이 사람[顔淵]이 죽었는데 서럽게 울지 않으면, 누구를 위해서 서럽게 운단 말이냐?')

45) 『논어』리인편」. "子曰. 不仁者, 不可以久處約, 不可以長處樂. 仁者安仁, 知者利仁."

는 내면적인 도덕의 세계에서 즐거움을 느낀다는 말이다. 앞에서 인용한 바와 같이, "지혜로운 사람은 물을 좋아하고, 어진 사람은 산을 좋아한다. 지혜로운 사람은 움직이고, 어진 사람은 고요하다. 지혜로운 사람은 즐거워하고, 어진 사람은 장수한다."[46]라고 말하는 경우에도 즐거움이 있다. 어진 사람은 고요하게 즐긴다. 그는 요란하지 않다.

훗날 멍커(孟軻)는 콩치우의 이러한 정신을 물려받았다. "우러러 보아 하늘에 부끄러울 것이 없고, 엎드려 보아 사람에게 부끄러울 일이 없는 것이 두 번째의 즐거움이다."[47]라는 표현이 그것이다. 이 또한 도덕의 세계에서 떳떳함을 말하며, 그 경지가 즐거움에 이른 것이다.

③ 자연의 이상

일상생활에 있어서 즐거움을 찾는데 이상적인 상태는 '영귀'(詠歸)의 경지이다. '영귀'란 "시(詩)를 읊으며 돌아온다."라는 뜻으로 자연 속에서 즐김을 말한다. 『논어』에 다음과 같은 구절이 있다.

> 쯔루(子路), 쩡시(曾晳), 르안여우(冉有), 꽁시후아(公西華) 등이 콩치우를 모시고 앉았다. 콩치우가, "내가 너희들보다 나이가 조금 많아도 꺼리지 말아라. 너희들이 평소에 자신을 몰라준다고 하니, 만일 어떤 사람이 너희들을 알아준다면 어떻게들 하겠느냐?" 라고 말하였다. 쯔루가 얼른 나서며

---

46) 『논어』옹야편. "子曰. 知者樂水, 仁者樂山. 知者動, 仁者靜. 知者樂, 仁者壽." 이 구절의 한글 독법에 주의할 필요가 있다. 전통적으로 "知者樂水, 仁者樂山"의 구절은 "지자**요**수, 인자**요**산"으로 읽는다. 그러나 후반부의 "知者樂"은 "지자**락**"으로 발음한다.

47) 『맹자』진심(盡心) 上. "君子有三樂.... 仰不愧於天, 俯不怍於人, 二樂也."

대답하였다. "전차(戰車) 1,000대를 가진 나라가 대국(大國) 사이에 끼어있는데, 군대[師旅]의 위협을 받고 또한 흉년이 발생하면, 제가 이를 맡아 처리하여 3년 정도에 이르면, (백성들이) 용맹이 있고 나아갈 곳[向方]을 알 수 있게 될 것입니다." 콩치우는 빙그레 웃음 지었다. "르안여우[求]야, 너는 어떠냐?" (르안여우가) 답하였다. "사방 60~70 리(里) 혹은 50~60 리(里) 쯤 되는 나라에 제가 정치를 맡으면, 3년 정도에 이르면, 백성을 풍족하게 할 수 있을 것으로 생각되지만, 예악(禮樂)의 일에 대해서는 (저보다는 뛰어난) 군자(君子)를 기다려야 할 듯 싶습니다." "꽁시후아[赤]야, 너는 어떠하냐?" (꽁시후아가) 대답하였다. "제가 능히 할 수 있는 일이 아니라, 다만 배우고 싶습니다. 나라의 제사[宗廟]와 외교적인 모임[會同]에, 검은 예복[端]과 격식을 갖춘 모자[章甫]를 쓰고, 군주를 돕는 직책을 하고 싶습니다." "쩡시[點]야, 너는 어떠냐?" (쩡시는) 거문고를 뜯는 일이 점점 줄어들더니, '덩그랑' 소리와 함께 거문고를 놓고 일어나서 대답하였다. "(앞에서 말한) 3인의 찬술과는 다릅니다." 콩치우는 말하였다. "무슨 상관이 있겠느냐? 각자 자기의 소망을 말하는 자리가 아니냐?" (쩡시가) 대답하였다. "늦은 봄날 봄옷이 준비되었거든 친구[冠者] 5~6 명과 시중드는 어린애[童子] 7~8 명을 데리고 기수(沂水)에서 목욕하고 무우(舞雩)에서 바람을 쐬고 시(詩)를 읊으면서 돌아오겠습니다." 콩치우는 한숨을 쉬고 탄식하며 말하였다. "나는 쩡띠엔(曾點 ; 曾晳)과 뜻을 같이 한다."[吾與點也][48]

---

48) 『논어』 선진편. "子路, 曾晳, 冉有, 公西華侍坐. 子曰. '以吾一日長乎爾, 毋吾以也. 居則曰. 不吾知也. 如或知爾, 則何以哉?' 子路率爾而對曰. '千乘之國, 攝乎大國之間, 加之以師旅, 因之以饑饉, 由也爲之, 比及三年, 可使有勇, 且知方也.' 夫子哂之. '求, 爾何如?' 對曰. '方六七十, 如五六十, 求也爲之, 比及三年, 可使足民, 如其禮樂, 以俟君子.' '赤, 爾何如?' 對曰. '非曰能之. 願學焉. 宗廟之事, 如會同, 端章甫, 願爲小相焉.' '點, 爾何如?' 鼓瑟希, 鏗爾舍瑟而作. 對曰. '異乎三子者之撰.' 子曰. '何傷乎, 亦各言其志也.' 曰. '暮春者, 春服旣成, 冠者五六人, 童子六七人, 浴乎沂, 風乎舞雩, 詠而歸.' 夫子喟然歎曰. '吾與點也.'" 『논어』 선진편의 이 장(章)을 학자들은 '吾與點也' 장(章)이라고 부른다. '오여점야'章은 『논어』 전편을 통하여 문구가 가장 길다. 이 장(章)의 해석에는 이설(異說)이 있다. 왕츠옹(王充 ; 27~100)에 의하면, 노(魯) 나라 사람들은 4월에 기수(沂水)에서 기우제[雩]를

학자들은 이 구절을 놓고 콩치우의 '영귀'(詠歸)의 이상(理想)이라고 표현한다. 대체 시냇물에 목욕하고 (술 한 잔 걸치고) 돌아오며 흥얼거리는 일이 무엇이란 말인가? 쩡시(쩡띠엔)와 콩치우가 정신적으로 조금 이상한 사람들이 아닌가?

1,500년의 세월이 흐른 훗날 주시(朱熹)는 이 구절을 놓고 난해한 철학적 해석을 내렸다. "쩡띠엔의 학문은 독특한 견해를 가지고 있다. 대저 사람의 사욕[人欲]이 다한 곳에 하늘의 '리'[天理]가 유행(流行)하니, 곳곳에 충만하여 빠지거나 모자람이 없다.... 그는 자신이 있는 그 자리에서 일상생활의 상도(常道)를 즐겼다."[49] 요체는 목욕 자체 혹은 시(詩 ; 혹은 노래)를 읊조리는 데 있는 것이 아니고, '천리'가 유행하는 곳에 즐거움이 있다는 내용이다. 그 즐거움의 경지를 언어로 전달할 수 있겠는가? 주시의 해석은 지나치게 철학적이다.[50]

지냈는데, 이 때는 중춘(仲春)이다. 따라서 여기에서 열거한 관자(冠者)와 동자(童子)들은 기우제 음악을 연주하는 악사(樂士)들이다. 또한 왕츠옹은 '歸'[gui ; 돌아옴]자를 '饋'[kui4 ; 식사]자로 본다. 그렇다면 "詠而歸"는 "詠歌饋祭"라는 뜻으로 희생의 향연(symposium), 즉 제사에 참석함을 말한다. 마르셀 그라네(Marcel Granet ; 1884~1940)도 이 같은 해석에 찬성하고 있다. cf. 왕츠옹(王充), 『논형교석論衡校釋』권15, 明雩篇(중화서국, 2006), pp 673-678. / 마르셀 그라네, 『중국의 고대 축제와 가요』, 신하령 · 김태완 옮김(살림, 2005), p. 197.

49) 주시(朱熹), 『논어집주』선진편, '吾與點也'章 注, "曾點之學, 蓋有以見. 夫人欲盡處, 天理流行, 隨處充滿, 無少欠闕.... 則又不過則其所居之位, 樂其日用之常." 참고로 『맹자孟子』이루(離婁) 上의 기록에 의하면, 쩡시(曾皙=曾點)의 아들이 쩡찬(曾參=曾子)이고 쩡찬의 아들은 쩡위앤(曾元)이다. 그런데 이와 같은 부자(父子) 관계는 어디까지나 멍커(孟軻)의 기록이고, 이 章에 등장하는 쩡시는 의외의 인물일 수 있다. 쩡시는 『논어』에서 오직 이 곳에만 나타나기 때문이다. cf. 도올 김용옥, 『논어 한글역주』3(통나무, 2008), p. 297.

50) 저자(황준연)는 '오여점야'章은 논리적 허점이 크다고 판단한다. 콩치우는 4인

3.3.2 학문과 시(詩) 그리고 음악에 있어서 즐거움

『논어』는 "배우고 때때로 익히니, 또한 기쁘지 아니하냐?"(學而時習之, 不亦說乎)라는 말로 시작한다. 학문의 세계는 콩치우에게 즐거움이다. 그는 자신이 사는 마을에 자기보다 학문을 좋아하는 사람이 있으면 나와보라[51]라고 큰소리를 친 사람이다. 곧 다른 분야는 양보해도 배움(학문)에 대해서는 양보를 못한다고 자부했다. 그는 이렇게 말한다.

> 돈독하게 믿고 배움을 좋아하며, 죽기를 각오하고 도(道)를 잘 지킨다.[52]

굳은 믿음이 없는 학문은 공허하기 쉽고 관념적으로 흐를 위험성이 많다. 그런데 학문은 '락'의 경지에 이르러야 효과에 있어서 지극한 도[善道]를 지킬 수 있다. 말을 바꾸면 즐거움이 없는 학문은

의 제자 들을 모아놓고, "너희들이 평소 자신을 몰라준다고 하니, 만일 어떤 사람이 너희들을 알아준다면 어떻게 하겠느냐?(如或知爾, 則何以哉)"라고 물었다. 이 말은 현실 세계에서 '등용'(登用 ; recruitment), 곧 '참여'(參與 ; participation)의 뜻을 지니고 있다고 보아야 한다. 쯔루(子路), 르안여우(冉有), 꽁시후아(公西華) 등은 현실 등용의 범주(카테고리)를 따라서 충실하게 답변하였다. 쩡시(曾晳 ; 曾點)도 마땅히 등용을 전제로 한 답변을 했어야 한다. 그는 논리를 벗어나 '등용'과 관계가 없는 자연 도피를 언급하였다. 이는 현실 참여가 아닌 '은둔'(隱遁 ; seclusion)의 카테고리에 속한다. 그러므로 콩치우는 "누군가 너를 알아준다면 어떻게 하겠느냐 라고 묻지 않았느냐?"라고 말하면서, 엉뚱한 소리를 한 쩡시[曾點]를 꾸짖었어야 했다. 그런데 콩치우는 논리를 빗나간 제자를 칭찬하였다. 프랑스의 저명한 중국학자 마르셀 그라네(Marcel Granet)는 콩치우가 쩡시의 말에 동의했다는 것은 뜻밖의 일이라고 지적하고 있다. cf. 마르셀 그라네, 『중국의 고대축제와 가요』, p.196.

51) 『논어』 공야장편. "子曰. 十室之邑, 必有忠信, 如丘者焉, 不如丘之好學也."

52) 『논어』 태백편. "子曰. 篤信好學, 守死善道."

공허하고(vacant), 학문이 없는 즐거움은 맹목적이다(blind). 콩치우에게 학문은 그의 모든 것을 걸어놓고 단행하는 인생 사업이다. 때로는 먹는 일도 혹은 잠도 잊어버린 경우가 있다.

> 내가 일찍이 하루 종일 먹지도 않고, 온 밤을 지새워가며 생각해보아도 유익함이 없었으니, 배우는 일만 같지 않았다.[53)]

콩치우에 있어서 학문이란 문자를 통한 지식의 증대의 행위이다. 그러나 동시에 그보다 넓은 의미를 포함하고 있다. 그는 어진이[賢人]를 존경하고, 부모를 위해 정성을 다하고, 임금을 위해서 몸을 바치고, 친구를 사귈 때 믿음을 내세우는 등의 일도 학문과 연관시켰다. 그는 "노여움을 아무데나 옮기는 일이 없고, 잘못을 두 번 되풀이 하지 않는"[54)] 경지도 학문을 즐기는 행위라고 말한다. 그리고 "먹음에 배부름을 구하지 않고, 거처함에 편안하기만을 바라지 않는 것"[55)]도 학문을 좋아하는 경지라고 정의한다. 콩치우는 말한다.

> '도'(道 ; 진리)에 뜻을 두고, '덕'에 의거하며, '인'(仁)에 의지하며, '육예'(六藝)에서 자적(自適)한다.[56)]

---

53) 『논어』위령공편. "吾嘗終日不食, 終夜不寢, 以思無益, 不如學也."

54) 『논어』옹야편. "哀公問. 弟子孰爲好學? 孔子對曰. 有顔回者, 好學, 不遷怒, 不貳過. 不幸短命死矣."

55) 『논어』학위편. "子曰. 君子食無求飽, 居無求安."

56) 『논어』술이편. "子曰. 志於道, 據於德, 依於仁, 游於藝." 현대 중국의 철학자 리쩌허우(李澤厚 ; 1930~)는 '유어예'(游於藝)의 구절을 놓고 '예'(藝)를 '六藝'의 의미로 새겼다. 그는 '유'(游)자를 '자유의 감정'으로 해석하고 있다. 자유감이 예술 창작 및 창조적 느낌과 직접 관련이 있다고 보았다.(리쩌허우, 『화하미학華夏美學』, 1999) '六藝'란 예절[禮], 음악[樂], 활쏘기[射], 말타기[御], 글씨쓰기[書], 셈하기[數] 등의 여섯 가지 기예를 가리킨다. 그러나 『논어』 전반을

『논어』에 의하면 콩치우는 여러 차례 시(詩)를 강조하고 있다. '락'의 정신과 관련하여 몇 가지 예를 소개한다.

(『시경詩經』) 관저편은 즐겁되 음란하지 않고, 슬프되 상심(傷心)에 흐르지는 않는다.[57)]

콩치우는 이 시를 즐겁되 음란하지 않다고 하여 조화를 갖춘 '락'의 경지로 보고 있다. 콩치우에 의하면 시와 음악은 서로 관계가 있다.

시(詩)로써 감흥을 일깨우고, 예(禮)로써 행동을 바로 잡고, 음악[樂]으로써 인격을 완성한다.[58)]

위의 글은 시에서 즐거움이 시작하여, 예로써 절제하고, 음악으로

검토 할 때에, 콩치우는 '여섯 가지 기예' 중에서 앞의 세 가지(예절, 음악, 활쏘기)에 대하여는 이야기를 하였으나, 나중의 세 가지(말타기, 글씨쓰기, 셈하기)는 별로 말하지 않았다. 위 문장의 '유어예'(游於藝)는 '예'(藝)를 현대용어의 '예술'로 번역할 수도 있다. 그렇다면 이는 예술 세계의 '락'을 말한다. 오늘날 예술의 장르는 매우 폭이 넓다. 문학, 음악, 연극, 그림, 만화 등 헤아릴 수 없이 많다. 여기서는 시(詩)와 음악만을 그 대상으로 다룬다. '유어예'에 있어서 '유'(游)자는 헤엄치다, 혹은 놀다(遊)라는 의미를 담고 있다. 저자는 이를 '스스로 즐긴다'라는 뜻의 '자적'(自適)으로 번역한다.

57) 『논어』팔일편. "子曰. 關雎, 樂而不淫, 哀而不傷." 관저(關雎)는 『시경詩經』국풍 주남(周南)의 첫머리에 나오는 시(詩)이다. 원문은 다음과 같다:

관관저구 재하지주(關關雎鳩 在河之洲) '관관'하고 울음하는 물수리 황하의 물가에 있네 요조숙녀 군자호구(窈窕淑女 君子好逑) 아름다운 아가씨는 군자의 좋은 짝

58) 『논어』태백편. "子曰. 興於詩, 立於禮, 成於樂(악)." 리쩌허우(李澤厚)는 '성어악'(成於樂)을 개체 인격의 완성으로서, 생사・불후(不朽)와 관련이 있다고 주장한다. 그는 이 구절이 시간의 문제를 담고 있다고 말한다. cf. 리쩌허우, 『화하미학華夏美學』, p. 78.

그 즐거움에 최고조에 달한다는 사실을 말한다. 콩치우는 문인들에게 시(詩) 공부를 독촉한다.

너희들은 어찌 시(詩)를 배우지 않느냐? 시는 감흥을 일으키고, 인정을 관찰하게 하며, 사람과 어울리게 하고, 비정(非情)을 원망할 줄 알게 한다.[59)]

이 글은 시(詩)를 배우는 효용성을 말하는데, '락'의 정신이 그곳에도 있다는 뜻이다. 시(詩)는 그 자체로는 부족하고 음악을 기다려서 완성의 단계로 나아간다. 음악이야말로 중국문화에 있어서 미적(美的) 감각에 가장 접근된다. 이는 쾌락을 말하고, 인간 감정의 보편성에 호소한다. 콩치우가 살았던 노(魯) 나라는 음악이 매우 발달하였고, 악단(樂團 ; 오케스트라)이 구성되어 있었다.

콩치우는 소(韶) 음악에 대하여 말하였다. "지극히 아름답고 또한 지극히 선하다." 무(武) 음악에 대하여 말하였다. "지극히 아름답기는 하지만, 지극히 선하지는 못하다."[60)]

콩치우가 제(齊) 나라에 머물 때, 소(韶) 음악을 듣고, 석 달 동안 고기 맛을 잊었다. 말하기를, "이 음악이 이 나라에까지 이를 줄은 미처 생각하지 못하였다."라고 하였다.[61)]

콩치우는 음악 감상에 심취하였을 뿐 아니라, 이를 배우기까지 하였다.[62)] "음악으로써 인격을 완성한다."(成於樂)라고 하였으니, 콩

---

59) 『논어』양화편. "子曰. 小子, 何莫學夫詩? 詩, 可以興, 可以觀, 可以羣, 可以怨."
60) 『논어』팔일편. "子謂韶, 盡美矣, 又盡善也. 謂武, 盡美矣, 未盡善也." 여기서 소(韶)는 순(舜) 임금의 음악을 말하고, 무(武)는 무왕(武王)의 음악을 가리킨다.
61) 『논어』술이편. "子在齊, 聞韶. 三月, 不知肉味. 曰不圖爲樂之至於斯也."

치우는 음악을 '락'(樂)의 가장 높은 단계로 인식하였음을 알 수 있다.

'모짜르트 효과(Mozart effect)'라는 말이 쓰이듯이 음악치료 행위가 개발되고 있다. 음악은 인간 정신의 독소(毒素)를 정화(淨化)시키는 기능이 있다. 콩치우는 이 점에 착안하였을 것이다. 그에게 음악은 예술의 장르를 넘어서 '도덕 교육'의 하나로서 작용하였다.[63]

콩치우는 음악을 즐기고 감상하는 차원을 넘어서 고대 음악의 일부를 정리하는 전문가로서 역할을 담당하였다. "내가 위(衛) 나라에서 노(魯) 나라로 돌아온 뒤로, 음악이 바루어졌다. 아(雅)와 송(頌)이 각기 제 자리를 찾게 되었다."[64]라는 구절이 이를 말한다. '아'는 궁정 음악이요, '송'은 종묘 음악을 가리킨다. 이 구절의 주시(朱熹) 주(注)에 의하면, 콩치우가 몸소 음악을 바로잡았다고 하였다.

---

62) 술이편의 위 구절에는 '배우다'(學之)라는 글자가 없으나, 쓰마치엔의 『사기史記』「공자세가孔子世家」편에 "子在齊, 聞韶. 學之三月, 不知肉味"라고 있다. 이 경우 "그것(음악)을 석 달 동안 배웠다"라는 내용이 추가된다. 만일 이 구절을 취한다면, 콩치우가 음악을 직접 학습하였음을 알 수 있다. 또한 같은 구절의 후반은 "(韶) 음악이 이러한 경지에 이른 줄은 생각지 못하였다."라는 번역도 가능하다.

63) 『예기禮記』에 다음과 같은 구절이 있다. "무릇 음(音)이란 사람의 마음에서 생기는 것이다. 악(樂)이란 윤리와 통한다. 그러므로 소리[聲 ; 음향]만 알고 음[音 ; 가락]을 모르는 자는 동물과 같다. '음'을 알고 '악'(樂)을 모르는 사람이 대부분이다. 오직 군자라야 능히 악(樂)을 알 수 있다."(凡音者, 生於人心者也. 樂者, 通倫理者也.... 唯君子爲能知樂) cf. 『예기집설대전禮記集說大全』권16, 악기(樂記), 학민문화사, 『예기』利, p. 342. 음악이란 이처럼 유가의 도덕교육과 연결되어 있으며, 동시에 심미(審美)적인 것이다. 뭐자이(墨翟)는 유교가 음악을 중시하고 있음을 생산성이 없는 쓸모없는 일로 간주하여 비난하였다. 뭐자이는 음악이 지니는 도덕교육의 효과를 무시하였거나 알지 못하였다.

64) 『논어』자한편. "子曰. 吾自衛反魯然後, 樂正. 雅頌各得其所."

참고문헌

- 김용옥, 『논어 한글역주』1 · 2 · 3, 통나무, 2008.
- 성백효 역주, 『논어집주』, 전통문화연구회, 1990.
- 동양고전연구회, 『논어』, 지식산업사, 2002.
- 리쩌허우(李澤厚), 『화하미학華夏美學』, 권호 역, 동문선, 1999.
- 까오링인(高令印), 『간명중국철학통사簡明中國哲學通史』,厦門大學出版社, 2003.
- 리치치엔(李啓謙), 『공문제자연구孔門弟子硏究』, 齊魯書社, 1987.
- 양뽀쥔(楊伯峻), 『논어역주論語譯註』, 中華書局, 1980.
- 왕츠옹(王充), 『논형교석論衡校釋』二, 中華書局, 2006.
- 잔스츠우왕(詹石窗), 『신편중국철학사新編中國哲學史』, 中國書店, 2007.
- 장화(張法), 『중국미학사中國美學史』, 上海人民出版社, 2002.
- 츠엉수떠(程樹德), 『논어집석論語集釋』(1-4), 中華書局, 1997.
- 츠엉환(程帆), 『나는 훵여우란의 철학강의를 들었다我聽馮友蘭講中國哲學』, 中國致公出版社, 2002.
- 훵여우란(馮友蘭), 『중국철학사』상, 박성규 옮김, 까치, 1999.
- 가노 나오키(狩野直喜), 『중국철학사』, 오이환 역, 을유문화사, 1986.
- 미야자키 이치사다(宮崎市定), 『논어』, 박영철 옮김, 이산, 2001.
- H. G. 크릴, 『공자 ; 인간과 신화』, 이성규 역, 지식산업사, 1994.
- Bertrand Russel, *The Problem of China,* The Century Co., 1922.
- Simon Leys, *The Analects of Confucius,* W.W. Norton & Company, 1997.
- Roger T. Ames and Henry Rosemont, Jr., *The Analects of Confucius,* Ballantine Books, 1998.

제4장

라오딴(老聃)의 철학 및 주앙저우(莊周)의 사상

"높은 덕은 덕스럽지 않으니, 그러므로 덕이 있다.
낮은 덕은 덕을 잃지 않으려고 하니, 그러므로 덕이 없다.
높은 덕을 지닌 사람은 무위하여 억지로 작위하지 않는다.
낮은 덕을 지닌 사람은 작위하되 억지로 한다."
(上德不德, 是以有德. 下德不失德, 是以無德.
上德無爲而無以爲, 下德爲之而有以爲.)"

-『도덕경道德經』 제38장.

세상에서 라오쯔(老子)라고 부르는 인물 라오딴(老聃 ; BC 570년경)은 초(楚) 나라 쿠현(苦縣) 리향(厲鄕) 취르언리(曲仁里) 사람으로 알려져 있다. 현재 허난성 저우커우시(周口市) 루이(鹿邑)가 그곳이다. 서양인들은 그를 가리켜 한어발음을 따라 'Lao Tze'라고 부른다. 사마천의 기록에 의하면, 그의 이름은 리얼(李耳)이고, 자(字)가 라오딴(老聃)이다. 현대 중국의 라오쯔 연구가 츠언꾸잉(陳鼓應 : 1935~)에 의하면, 라오쯔의 원래 성(姓)은 라오(老)이고, 이름은 딴(聃)일 가능성이 높다고 하였다. 라오쯔의 성명(姓名)에 관한 한, 하나의 설을 고집할 수 없다. 저자(황준연)는 츠언꾸잉의 견해를 쫓아 라오쯔를 라오딴으로 표기한다.[1]

라오딴은 주(周) 나라 말기의 장서실 관리였다고 한다. 그는 도덕(道德)을 수련하였으며 주 나라가 쇠미할 것을 알고, 숨어 살기 위해 서쪽으로 여행을 떠났는데 도중에 『도덕경道德經』을 남겼다.[2]

시안 서쪽 70km 거리 종남산 북녘에 누관대(樓觀臺)라는 도교사원이 있다. 이 돈대(墩臺)는 서쪽으로 향하는 라오딴을 붙잡았다는 윈시(尹喜)의 집이었다. 이곳의 설경대(說經台)가 『도덕경』의 저술 장소로 추정된다. 누관대는 동(東)누관과 서(西)누관으로 나누어지는 데, 동편에 설경대가 있고, 서편에 라오딴의 묘(墓)가 남아 있다.

---

1) 한 가지 일치된 견해는 라오딴(老聃)이라는 인물이 숨어 살았던 사람 즉, '은자'(隱者 ; hermit)에 속한다는 사실이다. 그러므로 그의 이름이 무엇이던 그다지 중요한 사항은 아니다.

2) 저자(황준연)는 라오딴이 『도덕경』을 저술한 장소를 현재의 산~시성(陝西省) 시안(西安) 부근의 종남산(終南山)으로 추정한다. 허난성(河南省) 링빠오시(靈寶市) 북쪽 15km 지점에 있는 한꾸꾸안(函谷關)에서 『도덕경』을 지었다는 주장도 있다. cf. 자오라이쿤(趙來坤), 『노자여함곡관老子與函谷關』(中州古籍出版社, 2002), p. 21. 라오딴의 고택(古宅)이 이곳에 있었다고 전한다.

어떤 사람인지도 잘 모르는 라오딴이 유명하게 된 이유는 그의 저술 『도덕경』때문이다. 이 책의 다른 이름은 『노자』이다. 어떤 서양 학자는 이 책이 『바이블』다음으로 세계에서 가장 많은 언어로 번역된 책이라고 한다.[3)]

『도덕경』에 대한 해설은 삼국시대 위(魏) 나라 인물 왕삐(王弼 ; 226~249)와, 누구인지 알려져 있지 않은 인물 허상꽁(河上公)이 대표적이다. 전자가 남긴 주석을 왕삐本 『노자』라고 부르고, 후자가 남긴 주석을 허상꽁本 『노자』라고 부른다. 보통 '통행본'이라고 호칭되는 것은 왕삐의 것을 말한다.

통행본 이외에 1973년 후난성 츠앙사(長沙) 부근의 마왕뛔이(馬王堆) 한묘(漢墓)에서 종류가 다른 『노자』가 발견되었다. 이 자료는 비단에 새겨져 있기 때문에 보통 『백서노자帛書老子』라고 칭한다. 이는 한(漢) 고조(高祖 ; 재위 BC 206~BC 196) 이전에 발행되었던 것으로 추정한다.

1993년 후뻬이성 징먼시(荊門市) 꾸어띠엔(郭店村)에서 전국(戰國) 시대 초(楚) 나라 무덤이 발굴되었다. 무덤 속에 대나무 조각에 새겨진 『노자』의 잔본(殘本)이 있었다. 이를 『죽간노자竹簡老子』라고 칭한다. 꾸어띠엔 『죽간노자』는 BC 300년경의 것으로 추정되었고 현재까지 남아있는 『도덕경』중 가장 오래된 자료이다.[4)]

---

3) Russell Kirkland, *Taoism,* Routledge, New York, 2004, p. 53. "In fact, the Tao te ching has been translated more often into more languages than any other work in history except the Bible."

4) 서지학(書誌學)의 측면에서 이상의 판본은 서로 다른 구조를 지니고 있다. 특히 마왕뛔이 『백서노자』는 편제가 아주 다르다. 철학의 측면에서는 모두 라오딴의 사상을 담고 있으므로 편제에 대한 설명은 생략한다.

4.1. '도'란 무엇인가?

라오딴 철학사상의 기본 범주(카테고리)는 '도'(道)이다. 원래 사람이 통행하는 길 혹은 도로의 뜻으로 사용되었던 이 글자는 라오딴에 의하여 고도의 철학적 개념으로 정립되었다. 『주역』계사전(繫辭傳) 上에서 "한번 음(陰)하고 한번 양(陽)함을 도라고 이른다."(一陰一陽之, 謂道)[5]라거나, 『논어』에서 "나의 도는 하나로 관통한다."[6]라거나, 혹은 "도가 행하여지지 않는다. 뗏목을 타고 바다로 나갈까 한다. 나를 따를 자는 쯔루(子路)일 것이다."[7]라거나, 혹은 "선생님의 성(性)과 천도에 대해서 말씀하는 것을 들을 수 없다."[8] 라는 등의 표현에서 '도'가 형이상학적 의미를 내포하고 있음을 알

---

5) 『주역』십익(十翼) 계사전(繫辭傳) (上)의 "一陰一陽之謂道"는 세 가지 독법(讀法)이 있다. 첫째 "一陰一陽之가 謂道이니"라고 읽는 법, 둘째 "一陰一陽을 之謂道이니"라고 읽는 법, 셋째 "一陰一陽之謂가 道이니"라고 읽는 법이 그것이다. 첫째에 의하면, "一陰一陽之"가 주어이며, "한번 음(陰)하고 한번 양(陽)함을 도라고 이른다."라고 번역된다. 둘째는 "一陰一陽"을 목적어로 보고, "一陰一陽, 이것을(之) 도라고 이른다."라고 풀이한다. 셋째는 "一陰一陽之謂"를 주어로 보며, 해석은 첫째와 같다. (조선조의 언해본 『주역』에 의하면, "一일陰음一일陽양之지謂위ㅣ 道ㅣ니"라고 읽었다.) 여기서는 첫째를 따른다. 진진황(金景芳)에 의하면, 이는 사물이 모순 대립하고 상호 변함이 우주 만물의 법칙[道]이라는 말이다. cf. 진진황(金景芳) · 뤼사오깡(呂紹綱), 『주역전해周易全解』, (지린吉林대학 출판사, 1996), pp. 462-463. / 남동원, 『주역해의』Ⅲ (나남출판, 2005), p. 111. / 大山 김석진, 『대산주역강의』[3] (한길사, 1999), p. 54. 참고로 영문 번역본을 소개하면 다음과 같다. "That which lets now the dark, now the light appear is tao."(Wilhelm ; Baynes, *The I CHING*, p. 297) / "The reciprocal process of yin and yang is called the Dao." (Richard John Lynn, *I Ching,* p. 53.)

6) 『논어』리인편. "子曰. 參乎! 吾道, 一以貫之. 曾子曰, 唯."

7) 『논어』공야장편. "子曰. 道不行. 乘桴, 浮于海. 從我者, 其由也與."

8) 『논어』 공야장편. "子貢曰. 夫子之文章, 可得而聞也. 夫子之言性與天道, 不可得而聞也."

수 있다.

이와 같이 유가(儒家)의 경우에도 '도'가 형이상학적 의미를 담고 있지만, 이를 인간 존재의 규범 자체가 아니라 우주적 차원으로 승화시킨 인물은 라오딴이다.[9] 라오딴의 『도덕경』은 도(道)와 덕(德)에 관한 저술로 이해되고 있지만, 실제로는 '도'에 관한 저술이다. 『도덕경』의 핵심 내용은 제1장에 담겨있다. 이를 자세히 분석하면 다음과 같다.

[원문]

도가도(道可道)는 비상도(非常道)이다.
명가명(名可名)은 비상명(非常名)이다.
무명(無名)은 천지지시(天地之始)요,
유명(有名)은 만물지모(萬物之母)이다.
고(故)로 상무욕(常無欲)으로 이관기묘(以觀其妙)하고,
상유욕(常有欲)으로 이관기요(以觀其邀[徼])한다.
차양자(此兩者)는 동출이이명(同出而異名)하니,
동위지현(同謂之玄)이다.
현지우현(玄之又玄)하니 중묘지문(衆妙之門)이다.[10]

---

9) 미조구찌 유우조(溝口雄三) 등, 『중국사상문화사전』, 김석근 등 옮김, (민족문화문고, 2003), p. 44.

10) 『도덕경』 제1장의 이와 같은 독법(讀法)은 저자(황준연)의 이해 방식을 따른 것이다. 이 章의 독법에 따라서 해석이 달라진다. 참고로 다음과 같은 독법이 있다. "도가도(道可道)는 비상도(非常道)이다. 명가명(名可名)은 비상명(非常名)이다. 무(無)는 명천지지시(名天地之始)요, 유(有)는 명만물지모(名萬物之母)이다. 고(故)로 상무(常無)로 욕이관기묘(欲以觀其妙)하고, 상유(常有)로 욕이관기요(欲以觀其邀[徼])한다. 차양자(此兩者)는 동출이이명(同出而異名)하니, 동위지현(同謂之玄)이다. 현지우현(玄之又玄)하니 중묘지문(衆妙之門)이다." 이 같은 독법[句讀]이외에도 몇 가지 더 있다. cf. 장양밍(張揚明), "關於老子第一章句讀的探討" & 옌링훵(嚴靈峯), "老子第一章句讀問題", 『대륙잡지大陸雜誌』 제42권, 1971년 6월 30일 발행.

[한글번역]

'도'가 말해 질 수 있으면, 영구 항존(恒存)하는 '도'가 아니다.
'명'(이름)을 이름 붙이면, 영구 항존하는 '명'(이름)이 아니다.
이름 없음(無名)은 천지의 시작이요,
이름 있음(有名)은 만물의 어머니이다.
그러므로 선천(先天)의 근본 성품으로 그 오묘함[妙]을 보고,
후천(後天)의 욕심으로 그 끝[徼; 가장자리]을 본다.
이 둘은 함께 나왔으나 이름을 달리하니,
이를 현묘하다고 말한다.
현묘하고 또 현묘하니 온갖 오묘함이 출입하는 문이다.

『도덕경』제1장은 산문이 아니라 한 편의 시(詩)이다. 이 한편의 시에 라오딴 철학의 핵심인 '도'의 내용이 담겨있다. 라오딴에 의하면 '도'는 이름붙일 수 없는 그 무엇이다.[11] 그것은 이름 속에 담겨 있는 무엇이 아니다. 그것은 보려고 해도 볼 수 없고(夷; invisible), 들으려 해도 들을 수 없으며(希; inaudible), 잡으려 해도 잡히지 않는다.(微; imperceptible)[12]

'도'는 이처럼 인간의 오감(五感) 능력으로 파악되는 것이 아니다. 우리는 그것을 경험 속에서 알 수 없고, 오로지 선천적인(a priori) 인식 능력에 의해서만 파악이 가능하다. '도'는 하나의 자연법칙이며 영원한 존재이다. 동시에 그것은 만물의 본질이며, 물질세계에서 파멸하지 않는 필연성이다. 우주 발생론의 견해에서 본다면 '도'는 존재의 근원이다. 라오딴은 다음과 같이 말한다.

---

11) 『도덕경』32장. "道常無名. 樸雖小, 天下莫能臣也."(도는 본래 이름이 없다. 질박해서 별게 아닌 듯하지만, 세상이 도를 신하로 부리지 못한다.)
12) 『도덕경』14장. "視之不見名曰, 夷. 聽之不聞名曰, 希. 搏之不得名曰, 微."

도는 하나를 낳고, 하나는 둘을 낳고, 둘은 셋을 낳는다. 셋은 만물을 낳는다. 만물은 음(陰)을 등지고 양(陽)을 품으며, 기(氣)를 섞음으로써 조화를 이룬다.13)

라오딴의 이 구절을 놓고 여러 가지 해석이 존재한다. '일'(一) 이하가 '유'(有)의 세계라면, '도'는 '무'(無)를 가리킨다. 그렇다면 42장은 '무'에서 '유'가 나왔다는 해석이 가능하다. 이는 논리의 세계이며 선험적인 사유로 가능한 것이지, 경험의 세계를 말하는 것이 아니다. 그러므로 우리는 '도'를 창조의 주체(주인공)로 받아들일 수는 없다. 자연스럽게 그러한 것이지[自然而然], 어떤 의지가 개입되는 것이 아니다. 그러므로 '도'는 작용이 없고 본질적으로 '무위'(無爲)이다. 라오딴은 말한다.

도는 항상 아무 일도 하지 않는다. 그렇지만 안 되는 일도 없다.14)

---

13) 『도덕경』42장. "道生一, 一生二, 二生三, 三生萬物. 萬物負陰而抱陽, 沖氣以爲和." 이 구절의 한글 해석은 난해하다. 저자(황준연)는 一, 二, 三의 숫자는 진화론적 의미를 지닌다고 생각한다. "沖氣以爲和"의 해석은 구구하다. 김경탁의 풀이에 '沖'자를 독립명사로 처리함은 문제가 있다. (김경탁, 『신역 노자』현암사, 1981, p. 206) '沖'자는 동사적 용법으로 새기는 것이 옳다고 본다. 그렇다면 'blend' 혹은 'fuse'가 順하며, '激蕩'의 뜻도 통한다. "萬物負陰而抱陽, 沖氣以爲和"의 영문 해석을 소개하면 다음과 같다. "The myriad things, bearing yin and embracing yang, form a unified harmony through the fusing of these vital forces."(Richard J. Lynn, *Tao-te ching,* Columbia University Press, 1999, p. 135) / "Everything carries *yin* on its shoulders and *yang* in its arms. And blends these vital energies(*qi*), together to make them harmonious (*he*)."(Roger T. Ames and David L. Hall, *DAO DE JING,* Ballantine Books, 2003, p. 143) / 허르옹이(賀榮一), 『도덕경주역여석해道德經注譯與析解』(백화문예출판사, 1996), pp. 325-329. / 츠언꾸잉(陳鼓應), 『노자금주금역老子今注今譯』(商務印書館, 2004), pp. 233-237.

14) 『도덕경』37장. "道常無爲, 而無不爲."

"아무 일도 하지 않지만, 안 되는 일도 없다."라는 지극히 묘한 표현은 도의 속성을 잘 말해준다. '무위'의 원칙에서 여러 가지가 파생된다.(이에 대하여 후술함)

산~시성 소재 누관대(樓觀臺)의 도사 르언화르옹(任法融)의 해석에 의하면, 라오딴이 말하는 '도'는 열 가지 특징을 가진다. 이를 나열하면 다음과 같다. 허무(虛無), 자연(自然), 청정(淸靜), 무위(無爲), 순수(純粹), 소박(素樸), 평이(平易), 염담(恬淡), 유약(柔弱), 부쟁(不爭)이 그것이다.[15]

도의 주체적 혹은 본체적 성격이 사람에게 나타날 때, 이를 '덕'(德)이라고 부른다. '덕'은 곧 '도'의 인격화 내지 윤리화이다. 다시 말하면 '도'가 사람에게 나타나는 것을 가리켜 '덕'이라고 부른다. '덕'은 '도'에 근원한다. '도'가 주체라면, '덕'은 곧 작용이다. 라오딴은 이렇게 말한다.

> 높은 덕은 덕스럽지 않으니, 그러므로 덕이 있다. 낮은 덕은 덕을 잃지 않으려고 하니, 그러므로 덕이 없다. 높은 덕을 지닌 사람은 무위하여 억지로 작위하지 않는다. 낮은 덕을 지닌 사람은 작위하되' 억지로 한다.[16]

중국 안후이성(安徽省) 출신으로 타이완[臺灣]에서 활동한 황똥메이(方東美 ; 1899~1977) 교수에 의하면, 『도덕경』은 제1장, 제2장 그리고 제38장이 총론이라고 한다.[17] 제38장은 실제로 덕(德)의

15) 르언화르옹(任法融), 『도덕경석의道德經釋義』, 삼진출판사, 1997. (르언화르옹, 『도덕경석의』, 금선학회 역, 여강출판사, 1999), pp.279-288.

16) 『도덕경』38장. "上德不德, 是以有德. 下德不失德, 是以無德. 上德無爲而無以爲, 下德爲之而有以爲."

17) 김충렬, 『노장철학강의』(예문서원, 1995), p. 56.

총론이라고 말할 수 있다. 그러나 철학적 의미 분석을 따르자면, '덕'은 결국 '도'의 속성(屬性 ; attribute)이다. 라오딴 철학의 중심은 누가 뭐래도 '도'에 놓여있다.[18]

라오딴은 '도'(道)의 작용이란 되돌아감에 있다고 보았다.(反者, 道之動) 『주역』(『역전』) 계사전下에 "추위가 가면 더위가 오고, 더위가 가면 추위가 온다."라는 말이 있다.[19] 이와 비슷한 말이 『도덕경』에도 보인다. 라오딴은 말한다.

> 되돌아감은 도의 움직임이다. 유약(柔弱)한 것은 도의 쓰임이다. 천하 만물은 유(有)에서 나오고 무(無)에서 생겨난다.[20]

이와 같은 구절에서 우리는 『주역』과 『도덕경』이 4계절이 순환

---

18) 앞에서 1973년 후난성 츠앙사(長沙) 마왕뛔이(馬王堆) 한(漢) 나라 묘에서 종류가 다른 『노자』가 발견되었다고 말하였다. 마왕뛔이 『백서노자』는 갑본(甲本)과 을본(乙本)의 두 종류가 있는데, 이들 판본은 모두 통행본의 제38장이 서두(序頭)에 등장한다. 학자들 가운데는 마왕뛔이 판본을 『덕도경德道經』이라고 부르는 사람도 있다.(Robert G. Henricks, 『老子德道經』*Lao-Tze Te-Tao Ching,* 1992) 서지학의 측면에서 이와 같은 편제는 흥분할 만한 사건이지만, 사상의 측면에서는 '도'가 중심이라고 생각한다.

19) 『주역』계사전 下 3장. "寒往則暑來, 暑往則寒來."

20) 『도덕경』40장. "反者, 道之動. 弱者, 道之用. 天下萬物生於有, 有生於無." 이 경우의 '有'와 '無'의 개념은 철학상 카테고리로서 논리적인 차원에 머문다. '有'라는 현상 혹은 '無'라는 실제가 있다고 볼 수는 없다. 그리스도교 『바이블』창세기(Genesis)의 첫 구절 "한 처음에 하느님께서 하늘과 땅을 지어내셨다. 땅은 아직 모양을 갖추지 않고 아무 것도 생기지 않았는데, 어둠이 깊은 물(water) 위에 뒤덮여 있었고, 그 물 위에 하느님의 기운이 휘돌고 있었다."(국제카톨릭성서공회 편찬, 『해설판 공동번역 성서』일과 놀이, 1995) 여기에서 말하는 '아직 모양을 갖추지 않음'이 곧 '無'이다. 그러므로 하느님(God)은 '無'로부터 '有'의 세계를 창조하였다는 뜻이다. 상기 『도덕경』의 문장 가운데 "天下萬物生於有, 有生於無."는 같은 내용을 담고 있다고 생각한다. 다만 『도덕경』의 저자는 그리스도교 신앙에서 말하는 '인격신'(人格神)을 언급하지 않았다.

하는 기후 풍토에서 탄생하였음을 알 수 있다. 『주역』 24괘 지뢰복(地雷復 ; 상☷ 하☳) 또한 같은 논리를 표현하고 있다. 이들은 모두 순환원리의 보편성을 언급한 것이다. "되돌아감은 도의 움직임이다."(反者, 道之動 ; Reversal is the movement of Tao)라는 표현은 『도덕경』의 일관된 논리로 제28장, 제52장 등에도 같은 내용이 보인다.

되돌아감(혹은 되돌아옴)의 주체는 무엇인가? 주체가 있는 것이 아니다. 그것은 '무위'(無爲 ; Wu-wei)의 일반 원칙에서 파생되었다. '무위'란 아무 것도 하지 않는 것을 가리키는 것이 아니고, 행위에 억지(곧 의지)가 개입되지 않는 자연스러운 상태를 말한다.[21]

'무위'란 흐르는 물과 같다. 라오딴은 "최고의 선(善)은 물과 같다. 물은 만물을 아주 이롭게 해주면서도 다투지 않는다. 여러 사람들이 싫어하는 곳에 머문다."[22]라고 말한다. 물은 그냥 높은데서 낮은 데로 흘러간다. 도중에 장애물을 만나면 비켜갈 뿐이다. 유약(柔弱)한 것은 도의 쓰임이라는 말이 곧 이를 의미한다.

훵여우란 교수는 "되돌아감은 도의 움직임이다."라는 이 구절이 중국인의 사유에 커다란 영향을 주었고, 유가와 도가가 다같이 '중용'(中庸)을 중시하는 밑바탕이 되었다고 서술한다. 눈에 보이지 않는 이 원리가 과도한 소유 혹은 과도한 작위를 지향하도록 하였다

---

21) '무위'(無爲)란 비유하자면 브라질의 '삼바 축구'와 같은 것이라고 생각한다. 힘 안들이고 춤추듯이 하는 동작으로 최대의 효과를 노린다. '무위'란 또한 유도(柔道)에 있어서 '낙법'을 적절하게 이용하여 상대방을 무너뜨리는 것과 같다. 말하자면 상대방의 공격을 끌어당겨 상대방을 제압하는 것이며, 나의 힘을 억지로 사용하지 않음이다. 중국 '우슈'[武術]에는 이와 같은 '무위'의 원리를 활용한 동작이 많다.

22) 『도덕경』8장. "上善若水. 水善利萬物而不爭, 處衆人之所惡."

는 것이다.[23]

한편 '반자도지동'의 구절이 다른 방향에서 해석될 수 있는 점에 주의하여야 한다. '反'이라는 글자는 '되돌아감'(返 ; reversal)이라는 뜻 이외에, '상반(相反 ; opposite ; conflict)의 뜻도 있다. 후자는 대립 혹은 투쟁(war)의 의미를 담고 있다. 학계에서 이 해석은 소수설에 속하지만, 이 견해를 따르면 "상반되는 것(대립)이 도의 움직임이다."라는 풀이가 가능하다. 서로 대립하고 반대되는 것이 도의 작용이라는 말이다.

고대 그리스의 철학자 헤라클레이토스(Heraclitus)는 대립을 사물의 본질로 보았다. 그는 "우리는 투쟁(전쟁)이야말로 모두에게 일반적인 것임을 알아야 한다. 투쟁은 정의로운 것이다."라고 말한다.[24] 여기에서 "투쟁은 정의롭다."(strife is justice)라는 표현은 '和' 보다는 '투쟁'이 존재의 근원일 수 있다는 서구인의 사유체계를 반영한다.[25]

이와 같은 풀이를 주의 깊게 관찰하면, 뉴톤의 운동법칙(Newton's

---

23) 훵여우란(馮友蘭), 『간명한 중국철학사』, 정인재 옮김 (형설출판사, 2007), pp. 45-46.

24) Bertrand Russel, *History of Western Philosophy*, George Allen & Unwin Ltd, 1961. p. 62. "We must know that war is common to all, and strife is justice." 이 표현은 갈등(conflict) 혹은 대립이 언제 어느 곳에나 있는[恒存] 현상이라는 정도로 새기면 무난할 것이다.

25) 엄밀하게 관찰하면 서구인은 투쟁을 통하여 '화'(和 ; harmony)의 단계로 진입한다고 본다. 그리고 헤라클레이토스(Heraclitus)의 이와 같은 철학은 그가 '불'(fire)을 최초의 요소로 보았고, '불'에서 만물이 나오는 것으로 보았기 때문이다.("Heraclitus believed fire to be the primordial element, out of which everything else had arisen." cf. Bertrand Russel, 같은 책, p. 61) 도올 김용옥 씨도 "불은 전쟁이다. 불이야 말로 정의로운 것이다. 끊임없는 대립을 통하여 조화를 찾아가기 때문이다."라고 말하고 있다.(김용옥, 『요한복음 강해』 통나무, 2007, p. 83)

three laws of motion) 가운데 제3법칙 즉 '작용・반작용의 법칙'이 연상이 된다. 말하자면 '반자도지동'은 "(작용이 있으면) 반작용이 있다. 이것이 도의 움직임이다."라고 번역할 수도 있다. 그렇다고 라오딴의 주장이 서양인의 사고와 일치하는 것처럼 보이지는 않는다. '반자도지동'을 이와 같은 관점에서도 풀이가 가능하다는 점을 고려할 필요가 있다.

4.2 라오딴의 처세론과 정치철학

'처세론'이라는 제목으로 라오딴의 철학을 이야기 하는 점은 부담스럽다. 여기에서 저자가 사용하는 '처세'(處世 ; human conduct)는 현대인이 주로 사용하는 '약삭빠르고 영리한 방법 내지 행동에 의한 세상살이'의 의미가 아니라, 세상을 살아갈 때 필요한 고도의 지혜를 말한다. 이는 존재 혹은 인식의 문제가 아니라, 가치(윤리)의 카테고리에 속한다. 춘추 전국시대의 제자백가는 그 행동양식에 있어서 대략 두 가지 경향을 띠고 있었다.

- 세상을 구제하려는 학파[救世主義] → 유가, 묵가[26)]
- 세상으로부터 도피하려는 학파[避世主義] → 양주(楊朱), 도가[27)]

---

26) 이들 유가(儒家)와 묵가(墨家) 학파는 사회 참여(participation)를 통하여 모순을 해결하고 이상(理想)을 실현하고자 노력한다. 그들은 당연히 사회제도의 개혁에 대하여 관심을 둔다.

27) 도가(道家) 학파의 대표는 라오딴, 주앙저우(莊周)이다. 이들은 사회의 모순 현상으로부터 몸을 지키려고 은둔(seclusion)을 강조한다. 이들은 개인의 중요성을 강조하며, 그 이면에 경물중생(輕物重生)의 사상이 놓여있다. 여기에서 양주(楊朱) 학파의 실체를 알기 어렵다는 사실은 하나의 아쉬움으로 남는다.

전자는 세상에 직접 '참여'(participation)하려는 경향을, 후자는 세상으로부터 '도피'(seclusion)하려는 성향을 가리킨다. 이와 같은 경향을 놓고 볼 때는 콩치우(孔丘), 멍커(孟軻) 혹은 쉰쿠앙(荀況)의 무리가 처세에 적극적인 반면 ; 양주(楊朱), 라오딴(老聃), 주앙저우(莊周)는 소극적인 점을 인정할 필요가 있다. 소극적인 점이 만사에 부족하다는 뜻은 아니다. 세상을 피하려고[避世]하는 경향이 강하지만, 그들에게도 '처세'는 있었다.

4.2.1 경물중생(輕物重生) -절욕(節慾)주의

라오딴은 생명을 중시하고, 물욕을 가볍게 여긴다. 그는 인간의 욕망을 절제하자고 주장하는데, 그 바탕에는 생명 중시의 사상이 담겨있다.

> 총애를 받거나 치욕을 당할 때 놀란 듯이 하라.(寵辱若驚) 큰 환란을 (멀리하려 하지 말고) 제 몸처럼 귀하게 여겨라. '총애를 받거나 치욕을 당할 때 놀란 듯이 하라'라는 말은 무엇을 말하는가? 총애가 변하여 비하(卑下)가 될 수 있으니, 얻어도 놀란 듯이, 잃어도 놀란 듯이 하라는 것이다. 이것을 일러 '총욕약경'이라고 한다.28)

군주 혹은 정치 담당자의 총애를 받으면 놀란 듯이 새겨보아야 한다. 총애란 금시에 변하여 저주가 될 수 있기 때문이다. 그러므로 총애[榮華]와 환란은 동일한 것이다. 총애와 같은 하찮은 것[輕物] 때문에 정작 중요한 생명[重生]을 잃어서는 안 되는 것이다. 라오딴

---

28) 『도덕경』13장. "寵辱若驚. 貴大患若身. 何謂寵辱若驚? 寵, 爲下. 得之若驚, 失之若驚. 是謂寵辱若驚."

의 위 구절은 '몸을 귀하게 여기라'라는 교훈을 담고 있는데, 이는 결국 욕망을 억제함에 있다.

> 죄(罪)는 욕심보다 큰 것이 없고, 화(禍)는 만족할 줄 모르는 것보다 더한 것이 없고, 재앙[咎]은 탐욕이 그칠 줄 모르는 것보다 큰 것이 없다. 그러므로 만족할 줄 알아서 얻은 만족이 진실로 만족스러운 것이다.29)

> 사람을 다스리고 하늘을 섬기는 일로, 검약[嗇]한 것만큼 중요한 것은 없다.30)

라오딴의 주장은 이와 같지만, 현실의 세계의 모습은 다르다. 우리들 현실의 인간은 '만족할 줄 모름'[不知足]과 '욕망함'[欲得]의 정신 상태에서 문명의 진보가 이루어진다. 호미자루로 땅을 파는 농부가 호미의 효용에 만족하지 않고, 땅을 파는 기계(경운기, 굴삭기 등)를 욕망함으로 인하여 생산량의 증대가 일어나는 것이다. 인간의 욕망을 억제하는 라오딴의 사상은 전원의 농업사회에 한정해야 하는 것이 아닐까?

그렇다 하더라도 라오딴의 사상이 이 시대사조와 전혀 동떨어진 무의미한 골동품으로만 볼 수는 없다. 탐욕 자체가 부도덕하다는 인식을 할 수 있지만, 라오딴의 기본 관념은 탐욕이 생명을 해칠

---

29) 『도덕경』46장. "禍莫大於不知足, 咎莫大於欲得, 故知足之足, 常足矣." '咎'(허물 구)字는 『주역』에서 상용하는 글자로 등장한다. 이는 보통 '허물'로 번역되고 있으나, 실제로는 허물보다 무거운 '재앙'에 가까운 뜻이다.

30) 『도덕경』59장. "治人事天, 莫若嗇." 왕삐(王弼)의 통행본 주석에 의하면, 인용 구절의 원문 중 '색'(嗇 ; 아낄 색)字는 농부를 가리킨다.(嗇, 農夫) 그러므로 59장은 "사람을 다스리고 하늘을 섬기는 일로 농사짓는 것 만한 게 없다."라는 번역도 가능하다. 여기서는 왕삐의 설을 채택하지 않는다.

수 있다고 보는 점이다. 그러므로 탐욕(물욕)을 가벼이 여기고 생명을 중시하는 것, 즉 '경물중생'(輕物重生)이야 말로 진정한 가치라는 주장이다. 문제는 이와 같은 윤리적 가치와 현실의 경제적 효용성 사이에서 '중용'(中庸 ; the Golden Mean)의 길을 찾는 것이다.

4.2.2 부드러움의 가치

라오딴은 강한 것이 강한 것이 아니고, 약한 것이 강하다는 역설의 논리를 펼치고 있다. 약한 자는 부드러움 때문에 오래가며 부러지지 않는데, 강한 자는 뻣뻣하기 때문에 쉽게 부러지고 오래가지 못한다. 『도덕경』에서 몇 구절을 인용하면 다음과 같다.

> 최고의 선(善)은 물과 같다. 물은 만물을 아주 이롭게 해주면서도 다투지 않는다. 여러 사람들이 싫어하는 곳에 머문다.[31]

> 살아있는 것은 부드럽고, 죽은 것은 딱딱하다.[32]

라오딴에게는 부드러움이 선(善)에 속한다. 물이야말로 부드러움의 모범이다. 따라서 물은 가장 좋은 것이다.[33] 모든 존재는 살아있

---

31) 『도덕경』8장. "上善若水. 水善利萬物而不爭, 處衆人之所惡."
32) 『도덕경』76장. "人之生也柔弱, 其死也堅强."
33) 라오딴이 물을 보고 "최고의 선은 물과 같다."라고 모랄(moral)의 개념을 적용한 것은, 이 책의 제1장 3절 "중국철학 · 종교의 배경"에서 고찰한 바와 같이, 황하 유역에서 가능한 일이다. 지상의 물은 중력(重力 ; gravity)의 작용에 의하여 안정된 표면을 유지하고, 위에서 아래로 흐른다. 황하(黃河)의 풍토에서는 물이 유유자적(悠悠自適)하게 흐른다. 이는 겸손하고 부드럽게 느껴진다. 만일 라오딴이 무섭게 쏟아지는 유럽 알프스 지역의 격류(激流)를 보았다면, 그는 '상선약수'라고 말하지 않았을 것이다. 진리에는 이와 같이 절대적 기준이 존재하지 않는 법이다.

을 때는 부드럽고, 죽었을 때는 굳어져 딱딱해진다.[34] 부드러움은 일종의 처세술이다. 부드러움을 강조하는 라오딴의 사유는 여성적인 것에 가치를 둔다. 여성은 부드러우면서 동시에 생명을 낳는 존재이다.

> 골짜기의 신은 죽지 않으니, 이를 현묘한 암컷[玄牝]이라고 한다. 현묘한 암컷의 문은 천지의 뿌리라고 일컫는다. 겨우겨우 이어지는 듯하며 쓰는데 힘들지 않는다.[35]

여기서 말하는 '현묘한 암컷'[玄牝]이란 생명을 낳는 자궁(子宮)을 말한다. 이는 모성적인 힘을 가리킨다. 라오딴에 의하면 우주는 '현묘한 암컷'이 끊임없이 작용한 결과이며, 그것은 남성적인 힘에 비하여 위태롭게 보여도 결코 끊어지는 법은 없다. 그 사용처는 별로 힘들지 않는다.

생명을 낳는 여성적인 에너지[性]는 하나의 '덕'이다. 『도덕경』51장의 "그러므로 도는 낳고 덕은 기른다. 키워서 길러주고, 성숙시켜 여물게 한다. 보살피고 덮어준다. 낳되 소유하지는 않고, 작위하되 억지로 하지 않는다. 길러주되 주재하지 않으니, 이를 '현묘한 덕'[玄德]이라고 한다."[36]라고 하였다. 참다운 모성애는 자식을 지배하

---

34) 도교(道敎) 수행에 있어서도 부드러움이 강조된다. 도인술(導引術)의 방법으로 민간에 유행한 태극권(太極拳)의 기본동작은 부드러움을 바탕으로 하고 있다. 이와 같은 철학은 병법(兵法)에도 적용되었다. 정면 도전을 피하고 유격전(遊擊戰)을 펼치는 마오쩌똥(毛澤東)의 전술도 부드러움을 중시한 것이다. 즉 그는 부드러운 방법을 활용하여 강한 적을 물리치는 전술(戰術)을 구사하였다,

35) 『도덕경』6장. "谷神不死, 是謂玄牝. 玄牝之門, 是謂天地根. 綿綿若存, 用之不勤."

36) 『도덕경』51장. "故道生之, 德畜之. 長之育之, 亭之毒之, 養之覆之. 生而不有, 爲而不恃. 長而不宰, 是謂玄德."

는 것이 아니다. 그저 면면히 생명을 길러주는 일에 동참할 뿐이다. 그러므로 '현묘한 덕'이다.

라오딴은 문명에 의해서 오염되지 않는 상태를 삶의 이상적인 모습으로 본다. 이는 사람으로 비유하면 부드럽고 유순(柔順)한 갓난아기와 같다. 갓난아이의 부드러움과 순수성은 하나의 덕(德)으로 인식된다.

> 정신을 쓰면서도 '하나'[一]를 껴안아 (그러한 상태를) 떠나지 않을 수 있을까? 정기(精氣)를 전일(專一)하게 하여 유순(柔順)에 이른다면, 갓난아이의 상태와 같지 않을까?[37]

> 후덕한 덕(德)을 품은 것은 갓난아이에 비유할 수 있다.[38]

위 문장의 '전기치유'(專氣致柔)는 기(氣 ; vital force)를 모으는(concentrate) 행위인데, 그 목표는 부드러움[柔]의 성취이다. 종래 『도덕경』 10장은 해석이 매우 난해한 구절로 알려져 있다. 츠언꾸잉(陳鼓應)은 이 구절을 "정기를 결집하여 유순에 이른다."라고 번역하고 있다.[39] 부드러움의 모범은 갓난아이, 곧 영아(嬰兒) 혹은 적자(赤子)이다.

성인(聖人)의 마음가짐은 동서양 사이에 서로 통하는 바가 있다. 멍커(孟軻)는 말하였다. "대인이란 어린애의 마음을 잃지 않는 자이다."[40] 또한 서양의 성인 예수 그리스도(Jesus Christ)는 자신을 향

---

37) 『도덕경』10장. "載營魄抱一, 能無離乎? 專氣致柔, 能如嬰兒乎?"
38) 『도덕경』55장. "含德之厚, 比於赤子."
39) 츠언꾸잉(陳鼓應), 『노자금주금역老子今注今譯』(商務印書館, 2004), pp. 108-112. "結聚精氣以致柔順, 能像嬰兒的狀態嗎?"

하여 오는 어린이들을 제자들이 나무라자, 이렇게 말한 일이 있다.

"어린이들이 나에게 오는 것을 막지 말고 그대로 두어라. 하늘나라는 이런 어린이와 같은 사람들의 것이다."[41]

라오딴이 지향하는 세계는 부드럽지만, 번지르르한 겉모양이 아닌 실속 있는 것이다. 그가 말하는 실속은 감각적 물욕의 세계가 아닌 덕성(德性)의 생활이다. 라오딴은 사람의 신체에 비유할 때에, 실속의 세계는 배[腹 ; belly]에 해당하고, 겉모양의 세계는 눈[目 ; eye]에 해당한다고 보았다.

다섯 가지 색깔[五色]이 눈을 멀게 하고, 다섯 가지 소리[五音]가 귀를 먹게 한다. 다섯 가지 맛깔[五味]이 입을 맛들인다. 말달리며 사냥질하는 것은 사람의 마음을 미치게 하고, 얻기 어려운 보물은 사람의 행실을 헤살놓는다. 그래서 성인(聖人)은 배를 채우되, 눈을 즐겁게 하지는 않는다. 그러므로 저것[目 ; 감각의 세계]을 버리고 이것[腹 ; 실속의 세계]을 취한다.[42]

배(belly)는 근본적인 실속의 세계로, 덕성(德性)의 확보이며 물질에 초연한 만족 생활을 말한다. 한편 눈(eye)은 지말(支末 ; 겉모양)

40) 『맹자』이루(離婁) 下. "大人者, 不失其赤子之心也."
41) 『바이블』마테오 복음서 19 : 14. "Let the children come to me and do not stop them, because the kingdom of heaven belongs to such as these." 『바이블』마르코의 복음서 10 ; 14~15 그리고 루가의 복음서 18 : 16~17 참조. 상기 한글 번역은 국제가톨릭성서공회 편찬, 『해설판 공동번역 성서』(일과놀이, 1996)를 참조하였다.
42) 『도덕경』12장. "五色令人目盲. 五音令人耳聾. 五味令人口爽. 馳騁畋獵令人心(發)狂. 難得之貨令人行妨. 是以聖人爲腹, 不爲目. 故去彼取此."

의 세계로, 외부 세계의 유혹을 벗어나지 못하는 상태를 가리킨다. 이 장(章)은 인간의 물욕에 대한 경계(警戒)를 담고 있으며 소박한 문명을 지향한다.

우리들 현대인들은 얼마나 많은 감각의 세계에 노출되어 있는가? 우리들은 문명의 이기(利器)라는 TV 혹은 PC 또는 자동차에 지나치게 중독(中毒)되지 않았는가? 혹은 CP(cellular mobile phone)를 과도하게 남용하고 있지 않은가? 그리하여 참다운 지식이라고 볼 수 없는 '조각난 지식'을 놓고 이브의 사과처럼 유혹당하고 있지 않은가? 우리는 럭비공처럼 제멋대로 뛰며 무분별하고 방향성을 상실한 인간들이 아닌가? 라오딴에 의하면 이러한 감각적인 것들은 눈(eye)과 귀(ear)를 즐겁게 할지 모르나, 배(belly)를 채우는 것은 아니다. 실속이 없는 것들이다.[43)]

4.3 정치철학

인간은 모순적인 동물이다. 주(周) 나라가 무너질 것을 예견하고 숨어 살려고 푸른 색깔의 소[靑牛]를 타고 종남산맥(終南山脈)을 넘었다는 라오딴은 『도덕경』을 남김으로써 참다운 은자(隱者 ; hermit)가 되지 못하였다. 그에게는 세상을 향한 열정이 남아 있었다. 이 같은 열정의 산물이 곧 『도덕경』이며, 여기에는 그의 정치적

43) 라오딴은 결코 TV, PC, CP 혹은 자동차(vehicle)의 출현을 이야기하지 않았다. 여기에는 모순이 존재한다. 라오딴이 이 시대에 태어난다면 TV, PC, CP, 자동차(vehicle) 혹은 세탁기 등을 거부할 수 있을까? 우리는 현대 문명의 이기(利器)를 거부할 수 없다. 환경의 보존과 문명의 지속가능한 발전을 놓고, 인간은 모순에 처할 수밖에 없는 운명을 타고났다.

소망이 담겨있다. 김충렬 교수에 의하면, "정치적 관심은 노자 철학의 출발점이자 귀결점이다."[44] 라오딴이 생각한 이상적인 정치란 무엇이었을까? 라오딴은 다음과 같이 말한다.

> 현명한 사람을 숭상하지 않음은 인민으로 하여금 다투지 않게 하고, 구하기 어려운 재화를 귀하게 여기지 않음은 인민으로 하여금 도적질하지 않게 하며, 욕심낼 만한 것을 보이지 않음은 인민의 마음을 어지럽지 않게 하려함이다.... 항상 인민으로 하여금 무지(無知)하고 무욕(無欲)하게 하고, 저 꾀있는 자들로 하여금 감히 행동하지 못하게 한다. '무위'를 하면 다스리지 못함이 없다.[45]

라오딴에 의하면 정치 담당자는 '무위이무불위'(無爲而無不爲)[46]의 정치를 해야 한다. 그리고 백성들을 무지(無知)의 상태로 놓아두어야 한다. 현대 용어로는 우중(愚衆) 정치와 흡사하지만, 그것을 억지로 하지 않는 점에서 권모술수의 정치는 아니다. 백성이 진정으로 소박하다면 이와 같은 정치가 가능할 것이다. 엄밀하게 말하면, 라오딴이 생각한 정치는 만사를 방관하고 자연의 질서에 따라서 흘러가기를 바라는 무치주의(無治主義)에 가깝다. 그는 다음과 같이 말한다.

> 천하에 꺼리고 가리는 것[禁忌]이 많으면 인민의 배반(背叛)함이 많아진다. 인민이 예리한 무기[兵器]를 많이 갖게 되면 국가는 혼란에 빠진다. 사람들이 기교가 많으면 사특한 일들이 일어나고, 법령이 삼엄할 수록

---

44) 김충렬, 『노장철학강의』(예문서원, 1995), p. 139.

45) 『도덕경』3장. "不尙賢, 使民不爭. 不貴難得之貨, 使民不爲盜. 不見可欲, 使民心不亂.... 常使民無知無欲, 使夫智者不敢爲也. 爲無爲, 則無不治."

46) 『도덕경』37장. "道常無爲而無不爲."

도적은 더욱 증가한다.[47)]

그러므로 정치 담당자는 금기(禁忌)를 많이 만들지 말고, 법령을 많이 만들지 않고 정치를 해야 한다. 이는 도의 속성이 '무위이무불위'하기 때문이다. 이러한 정치는 인민이 갓난아이처럼 순박할 때에 가능할 것이다. 라오딴이 생각한 이상적인 정치의 단위는 아주 작은 나라이고 인구 또한 적은 나라이다. 그는 다음과 같이 말한다.

> 나라를 작은 나라로 만들고 인민의 인구를 적게 한다. 편리한 기계가 많이 있어도 사용하지 않게 하고, 백성으로 하여금 죽음을 중하게 여겨, 멀리 옮겨 다니지 않도록 한다.... 이웃 나라가 서로 바라보이고, 닭 울고 개 짓는 소리가 들릴 정도로 가까워도, 백성들은 늙어죽을 때까지 서로 왕래하지 않는다.[48)]

이와 같은 정치 단위의 규모는 그리스 철학자 플라톤(Plato)이 『이상국가』(*The Republic*)에서 말한 폴리스보다 작은 규모이다. "닭 울고 개 짓는 소리가 서로 들릴 정도로 가깝다"라는 표현을 보면,

---

47) 『도덕경』57장. "天下多忌諱, 而民彌貧. 民多利器, 國家滋昏. 人多伎巧, 奇物滋起. 法令滋彰, 盜賊多有." 위의 한글풀이는 원문에 있는 '빈'(貧)자를 꾸어띠엔(郭店) 『죽간노자竹簡老子』에 보이는 글자 '반'(畔 ; 叛의 뜻)의 가차자로 보고 해석한 것이다. 일반의 해석에 따라서 "세상에 꺼리고 가리는 것이 많아지면, 인민이 더욱 가난하여진다"(民彌貧)라고 풀이하기 보다는 "백성의 배반이 많아진다."(民爾畔)라고 함이 논리적으로 타당하다. cf. 츠언꾸잉(陳鼓應), 『노자금주금역老子今注今譯』(수정본) (상무인서관, 2004) 및 최재목 한글 역주본 『노자』(을유문화사, 2006). 또한 이 구절의 "民多利器, 國家滋昏"는 논자에 따라서 "백성이 편리한 기계를 많이 갖게 되면, 국가는 혼미해진다."라고 새길 수 있다. 여기서는 주앙시츠앙(莊錫昌)의 견해를 따라 '利器'를 '兵器'의 의미로 새긴다. cf. 지앙시츠앙(莊錫昌), 『노자교고老子校詁』(成都古籍書店, 1988), p. 351.

48) 『도덕경』80장. "小國寡民. 使有什佰之器而不用, 使民重死而不遠徙.... 隣國相望, 鷄犬之聲相聞, 民至老死不相往來."

하나의 소박한 산골 동네를 말한다.[49] 이 정도의 규모라면 『도덕경』 3장에서 말하는 "무위를 하면 다스리지 못함이 없다."라는 표현이 가능할 듯싶다. 라오딴이 작은 나라를 소망한 것은 당시 천하를 쟁취하고자 전쟁을 통하여 국가의 크기를 확대하는 일이 계속되었기 때문일 것이다.

라오딴의 『도덕경』에 담긴 주장은 매우 역설적이다. 그가 말한 '무위'(無爲)란 보통 사람이 실천 가능한 것인가? 과연 '무위이무불위'를 받아들일 수 있는가? 우리는 현대 문명의 병리(病理) 현상이 존재함을 잘 알고 있다. 환경운동가들이 주장하는 꿈을 이해한다. 그러나 문명(civilization)이란 결국 자연에 손을 대는 인위적 행위이다. 인간은 '무위'(無爲)보다는 '유위'(有爲)를 통하여 변화하고 발전하여 왔다.

우리는 '닭 울음소리'가 들리는 작은 단위의 마을에서 살아갈 수 없다. 이제 세계는 (특히 경제적 측면에서) '지구적'(地球的 ; global) 차원의 삶을 피할 수 없게 되었다. 라오딴 혹은 주앙저우의 사상을 주장할 때는 그것이 현대인의 시의(時宜)에 알맞은 지를 검토해야 한다. 문제는 '중용'(中庸)이라고 생각한다. 이른바 '지속 가능한 개발'의 명제아래 환경 및 생태(生態)의 문제를 해결해야 한다. 다시 말하거니와 라오딴의 이상을 따른다고 해서 자동차를 버리고, TV

49) 닭이나 개의 울음소리가 들릴 정도의 작은 마을은 라오딴의 사상에 영향을 받은 주앙저우(莊周)에게도 이상적인 단위로 등장한다. 『莊子』 거협(胠篋)편에 같은 내용을 담은 "鄰國相望, 鷄狗之聲相聞, 民至老死而不相往來. 若此之時, 則至治已."라고 등장한다. 주앙저우는 "이와 같은 시대야말로 지극히 잘 다스려진 시대이다."(若此之時, 則至治已)라고 첨부하고 있다. cf. 안동림 역주, 『장자莊子』 (현암사, 1993), p. 276. / 안병주 · 전호근 공역, 『역주 장자』2 (전통문화연구회, 2007), p. 56 & p. 72.

를 내던지고, PC를 부수고, CP를 사용하지 않을 수는 없는 일이다.[50]

4.4 도가사상의 발전과 주앙저우(莊周)의 철학사상

4.4.1 꾸어띠엔(郭店) 죽간『태일생수太一生水』

이미 말한 바와 같이, 1993년 후뻬이성 징먼시(荊門市) 꾸어띠엔(郭店)에서 전국시대 초(楚) 나라 무덤이 발굴되었다. 무덤 속의 대나무 조각에는『노자』(『도덕경』) 갑, 을, 병의 3조 이외에,『태일생수太一生水』라고 이름붙인 자료가 포함되어 있었다.『태일생수』의 짧은 글에 담긴 내용은『도덕경』과 흡사한 점도 있고, 다른 점도 있다. 이 자료는『도덕경』및『논어』의 다음에,『장자』의 앞에 나타난 자료로 추정되고 있다. 그러므로 라오딴에서 주앙저우로 건너가는 징검다리로 받아들이고 여기에 소개한다.『태일생수』는 BC 350년 전후의 작품으로 본다.[51] 리링(李零)의 저술『곽점초간교독기郭店楚簡校讀記』(2002)를 저본으로 하여, 한글로 번역하면 아래와 같다. -본문 중의 □ ■은 빠진 글자를 가리킨다.-

'태일'이 물을 낳는다.(太一生水) 물은 반대로 '태일'을 돕는다. 그리하여

50) 여기서 말하는 '지속 가능한 개발'이란 자원의 이용에 있어서 환경(Environment)을 파괴하지 않고, 계속될 수 있는 상태를 유지함을 말한다. 이와 같은 일은 기술을 바탕으로 한 자연과학자의 관심 영역인 동시에, 도덕적 혹은 정신적 문제를 포함한다. 이는 종교가(宗敎家) 내지 철학자들이 비켜갈 수 없는 문제에 속한다.

51) 띵쓰신(丁四新),『곽점초묘죽간사상연구郭店楚墓竹簡思想硏究』(東方出版社, 2000), p. 86.

하늘을 이룬다[成天]. 하늘은 반대로 '태일'을 돕는다. 그리하여 땅을 이룬다[成地]. 하늘과 땅은 다시 서로 돕는다. 그리하여 신명(神明)을 이룬다. 신명은 다시 서로 돕는다. 그리하여 음양을 이룬다. 음양은 다시 서로 돕는다. 그리하여 네 계절을 이룬다. 네 계절은 다시 서로 돕는다. 그리하여 춥고 뜨거움[寒熱]을 이룬다. 춥고 뜨거움은 다시 서로 돕는다. 그리하여 습기와 건조[濕燥]를 이룬다. 습기와 건조가 다시 서로 도와서, 세월(歲)을 이루고 그친다. 그러므로 세월은 습기와 건조의 낳는 바[所生]이다. 습기와 건조는 춥고 뜨거움의 낳는 바이다. 춥고 뜨거움은 네 계절의 낳는 바이다. 네 계절은 음양의 낳는 바이다. 음양은 신명의 낳는 바이다. 신명은 하늘과 땅의 낳는 바이다. 하늘과 땅은 '태일'의 낳는 바이다.(天地者, 太一之所生也) 그러므로 '태일'이 물속에 숨어있고, 적절한 때[時]에 (맞추어) 규칙적으로 운동하며 순환을 거듭하여 시작한다. '태일'은 자신을 만물의 어미[母]로 여긴다. 한 번 이지러지고, 한 번 가득차니 자신을 만물의 날줄[經 ; 규율]로 여긴다. 이는 하늘이 죽이지[殺] 못하는 바이요, 땅이 메우지[埋] 못하는 바이요, 음양이 이루지 못하는 바이다. 군자는 이를 알아서 □.■라고 부른다.[52]

위에서 말하는 바와 같이 '지극한 하나' 즉 '태일'은 천지만물의 본원이며, 태초에 물을 낳는다. 천지란 결국 '태일'의 낳는 바이다.

---

52) 리링(李零), 『곽점초간교독기郭店楚簡校讀記』(北京大學出版社, 2002), p. 32. "太一生水, 水反輔太一, 是以成天。天反輔太一, 是以成地。天地[復相輔] 也, 是以成神明。神明復相輔也, 是以成陰陽。陰陽復相輔也, 是以成四時。四時復[相]輔也, 是以成寒熱。寒熱復相輔也, 是以成濕燥, 濕燥復相輔也, 成歲而止。故歲者, 濕燥之所生也。濕燥者, 寒熱之所生也。寒熱者, [四時之所生也。] 四時者, 陰陽之所生也。陰陽者, 神明之所生也。神明者, 天地之所生也。天地者, 太一之所生也。是故太一藏于水, 行于時。周而或 [始, 以己爲] 萬物母 ; 一缺一盈, 以己爲萬物經。此天之所不能殺, 地之所不能埋, 陰陽之所不能成, 君子知此之謂[□,不知者謂□。■]" cf. 띵쓰신(丁四新), 『곽점초묘죽간사상연구郭店楚墓竹簡思想硏究』(東方出版社, 2000), p. 88.

태일은 만물의 어미[母]가 되고 또한 만물이 의지하는 규율[經]이 된다. 앞의 구절에서 "'태일'이 적절한 때[時]에 규칙적으로 운동하며 순환을 거듭하여 시작한다. '태일'은 자신을 만물의 어미[母]로 여긴다."(周而或[始, 以己爲] 萬物母)라는 구절은 『도덕경』 25장 "(道가) 두루 행하지만 위태롭지 않으므로, 천하의 어미가 된다."(周行而不殆, 可以爲天下母)라는 구절과 통한다.

『태일생수』중의 중요 개념은 '태일', '물', '신명', '천지', '음양' 등이다. 앞의 세 가지에 비중을 두고 살펴보도록 한다.

먼저 '태일'이란 무엇을 말하는가? '태일'은 우주 발생의 문제를 포함하는 것으로 중국철학에 있어서 '태극'(太極)에 준할 정도로 중요한 개념이다. '태일'의 개념은 『도덕경』에서는 보이지 않지만, 『장자莊子』에는 다섯 차례 등장한다. 그러나 "태일이 물을 낳는다."(태일생수)라는 표현은 『도덕경』42장에 보이는 "도는 하나를 낳고 하나는 둘을 낳고 둘은 셋을 낳는다. 셋은 만물을 낳는다."(道生一, 一生二, 二生三, 三生萬物)라는 표현과 유사하다.

드문 일이지만, '태일'을 별자리로 보기도 한다.[53] '태일'을 '도'(道) 자체로 보는 견해가 있다. 『여씨춘추』에 "음악의 근원은 멀리 과거로 소급된다. 도량(度量)에서 생기고, '태일'에 근본한다.... '도'는 지극한 정[至精]인데, 형체가 없고 이름을 붙일 수 없다. 억지로 이름하여 '태일'이라는 것이다."[54]

---

53) 『한서漢書』 천문지(天文志). "中宮天極星, 其一明者, 泰一之常居也."(중궁中宮 천극성은 '태일'이 상주하는 곳이다.)라는 구절에서 근거를 찾을 수 있다. 여기서는 '泰'와 '太'가 통하는 것으로 본다. 이는 아마도 고대인의 숭배대상이었을 것이다.

54) 『여씨춘추呂氏春秋』 권5, 대악(大樂). "(音)樂之所由來者遠矣. 生於度量, 本於太一.... 道也者, 至精也. 不可爲形, 不可爲名, 彊爲之[名]謂之太一." cf. 뤄뿌웨

『태일생수』에서 ‘물’을 강조한 것은 확실히 라오딴의 영향으로 보인다. 『도덕경』8장에 보이는, “최고의 선(善)은 물과 같다.”(上善若水)라는 표현은 ‘도’의 성질을 말해주는 것인데, 이는 “태일이 물을 낳는다.”라는 명제와 통한다. “태일이 물속에 숨어있다.”(太一藏於水)라는 표현은 신비를 더해준다.

끝으로 ‘신명’이란 무엇을 말하는가? 이 개념은 『예기禮記』, 『순자荀子』, 『갈관자鶡冠子』등에 보인다. 사람의 신령함의 실체, 혹은 생명력 혹은 영성(靈性)의 근원, 혹은 신묘한 작용 등을 가리킨다. ‘신명’은 고대 중국종교에서 인간의 운명을 주관하는 초월자의 뜻으로 사용되기도 하였다.

『태일생수』는 도가 계통의 서적임이 분명하다. 그 작가를 잘 알 수 없으나, 꾸안인(關尹)의 제자라고 추정하는 학자도 있다.(띵쓰신丁四新) 『장자』천하편에 꾸안인과 라오딴의 예를 들어서 이들이 언제나 무유(無有)인 허무를 내세우고, ‘태일’을 주로 삼았다(主之以太一)라는 구절이 있음을 볼 때에, 그 가능성을 점칠 수 있다. 현대 중국학자 리슈에친(李學勤) 교수는, 『태일생수』의 사상은 『도덕경』 이후에 발전된 사상으로 진단한다.[55]

『태일생수太一生水』에 담긴 사상은 현재 연구가 진행 중이다. 위 문장 가운데에 저자가 “그러므로 ‘태일’이 물속에 숨어있고, 적절한

이(呂不韋), *The Annals of Lü Buwei* 『呂氏春秋』, Translation and Study by John Knoblock and Jeffrey Riegel, Stanford University Press, 2000, pp. 136-138.

55) 리슈에친(李學勤), 『중국문물보中國文物報』, 1998년 4월 제3판. 리슈에친 교수와 싱원(邢文) 교수는 『태일생수太一生水』를 술수(術數) 및 『주역건착도周易乾鑿道』와의 관련성에서도 연구하고 있다. 이는 참위(讖緯)의 영역을 취급한 것으로 ‘태일생수’의 사상을 더욱 난해하게 만든다.

때(時)에 (맞추어) 규칙적으로 운동하며 순환을 거듭하기 시작한다. '태일'은 자신을 만물의 어미[母]로 여긴다."라고 번역한 "太一藏於水, 行於時" 이하는 글자 일부가 빠져있는 느낌이 든다. 여기서는 새로운 출토자료로서 『태일생수』의 일부를 소개하는 차원으로 그친다. 이와 같은 신출토 자료로 말미암아 중국 고대철학의 상당부분이 다시 쓰여질 필요가 있다고 생각한다.

4.4.2 주앙저우(莊周)의 철학사상

세간에서 주앙쯔(莊子)라고 부르는 인물 주앙저우(莊周 ; BC 369?~BC 286?)는 송(宋) 나라 몽(蒙) 사람으로 알려져 있다. 현재의 허난성 상치우시(商丘市)가 그곳이다. 서양인들은 그를 가리켜 라틴어 발음 'cius'를 사용하지 않고, 한어 발음을 따라서 "Chuang Tze"라고 부른다. 쓰마치엔의 기록에 의하면 그의 사상은 라오딴에게 귀착된다.

주앙저우는 한 때 칠원(漆園)[56]의 공무원으로 근무하며 옻나무를 관리한 듯싶은 데, 나중에는 벼슬을 그만두고 은둔자의 한사람으로 남았다. 초(楚) 나라 위왕(威王)이 그에 관한 소문을 듣고 재상을 시켜준다고 유혹하였으나, 그는 비단 옷을 입고 사당으로 끌려가는 소를 예로 들며, "나는 차라리 더러운 진흙탕 속에서 놀면서 스스로 자유를 즐길지언정, 위정자의 굴레에 매어있기는 싫다."라고 말하고 있다.[57] 이러한 사람을 가리켜 우리는 '방외지사'(方外之士)[58]

56) 중국 고대 옻나무를 기르는 농원.

57) 쓰마치엔(司馬遷), 『사기열전史記列傳』上, 노장신한열전(老莊申韓列傳), 정범진 외 옮김 (까치, 1995), p. 24.

58) 세속의 일을 벗어난 사람 혹은 세상의 예법(禮法)을 무시하고 사는 사람.

라고 부른다.

오늘날 전하고 있는 『장자莊子』라는 책은 3세기경 위진(魏晉) 시대 꾸어시앙(郭象 ; ? ~312)이 편집한 것으로 알려져 있다. 학계에서는 『장자』가 과연 주앙저우의 저술인지 아니면 꾸어시상의 저술인지 알 수 없는 상황으로 본다. 따라서 현존하는 『장자』33편중 어느 편을 주앙저우가 저술하였는지도 알 수 없다.[59]

① 자유를 찾아서

『장자』의 문장은 난해하기 이를 데 없다. 그러나 그 웅혼(雄渾)함은 독서인의 혼(魂)을 빼놓기에 충분하다. 그 중에서도 처음 등장하는 「소요유逍遙遊」편은 절대의 자유를 소망하는 주앙저우의 의지가 담겨있다. 라오딴과 마찬가지로 주앙저우 철학사상의 기본 카테고리는 '도'(道)이다. 주앙저우의 '도'는 라오딴처럼 분석의 대상보다는 행복을 얻는 수단이다. 그에 의하면 '도'의 세계에 노니는 자만이 참된 행복을 얻을 수 있다. 「소요유」의 '소요'란 느릿느릿 걷는 것을 말하며, '유'(遊 ; 游)란 즐겁게 지냄 혹은 자적을 뜻한다. 한자어의 '유유자적'(悠悠自適)이란 이와 같은 상태를 말한다.

> 북녘 바다에 물고기가 있다. 그 이름을 쿤(鯤)이라 한다. 쿤의 크기는 몇 천리나 되는지 알 수 없다. (물고기가) 변하여 새가 되면 그 이름을 펑(鵬)이라 한다. 펑의 등 넓이는 몇 천리나 되는지 알 수 없다. 힘차게

59) 꾸어시앙은 '죽림칠현'(竹林七賢)의 한 사람인 시앙시우(向秀)가 편집한 『장자』의 주석 일부를 훔쳤다는 의심을 받고 있다. 만일 그렇다면 우리는 꾸어시앙 · 시앙시우의 주석본 『장자』를 읽는 셈이다. cf. 황쉬앤링(房玄齡), 『진서晉書』권 50, 꾸어시앙(郭象)열전.

> 날아오르면 그 날개는 하늘을 드리운 구름과 같다.... 펑이 남녘 바다로 날아갈 때, 파도를 일으킴은 3천리, 회오리 바람을 일으킴은 9만 리까지 올라간다. 그리하여 북쪽 바다 상공을 떠나서 6개월을 계속 날아간 뒤에 비로소 한 번 크게 숨을 내쉰다.[60]

주앙저우의 세계는 우화(寓話)와 비유로 가득 찼지만, 어마어마한 스케일은 상상할 수 없을 정도이다. 그가 소망한 것은 자잘한 인간 세계로부터의 해탈(解脫)이며, 이는 절대적 자유의 추구를 말한다. 자유를 통하여 행복을 얻고자 함이다. 주앙저우가 자유를 얻고자 함은 인위적 세계가 아니고 자연의 세계이다. 인위적인 세계가 '인'(人)의 세계라면, 자연의 세계는 '천'(天)의 세계이다. 전자는 '문명'의 카테고리에 속하고, 후자는 '자연'의 카테고리에 속한다.

> 허뿨(河伯)가 물었다. "무엇을 자연적인 것(天)이라고 하는가? 무엇을 인위적인 것[人]이라고 하는가?" 뻬이하이르우어(北海若)이 대답하였다. "소와 말은 각기 네 다리를 가지고 있다. 이것이 자연적인 것[天]이다. 말머리에 멍에를 얹고 소의 코에 고삐를 꿰는 것, 이것이 인위적인 것이다."[61]

주앙저우는 이처럼 인위적 문명을 거부하고, 자연적 본성의 세계를 희망한다. 그는 떼묻지 않은 본성에 의지할 때, 행복이 보장된다고 믿는다.

---

60) 『장자』 소요유(逍遙遊), 『역주 장자』1, 안병주・전호근 공역, pp. 26~29. "北冥有魚, 其名爲鯤. 鯤之大, 不知其千里也. 化而爲鳥, 其名爲鵬. 鵬之背, 不知其千里也.... 鵬之徙於南冥也, 水擊三千里, 摶扶搖而上者九萬里, 去以六月息者也."

61) 『장자』 추수(秋水), 『역주 장자』3, 안병주・전호근 공역, p. 89. "河伯曰. 何謂天, 何謂人? 北海若曰. 牛馬四足, 是謂天. 落馬首, 穿牛鼻, 是爲人."

그러므로 물오리의 다리가 비록 짧지만, 그것을 (길게) 이어주면 괴로워할 것이요, 두루미의 다리는 길지만, 그것을 (짧게) 잘라주면 슬퍼할 것이다.[62]

주앙저우의 저술은 이처럼 우화(寓話)로 가득 차있다. 그가 우화에서 얻고자 함은 각자의 본성에 의지하여 '소요'를 즐기는 상태이다. '소요' 속에서 '유유자적' 함으로써 자유를 얻는다는 의미이다. 그에게 유토피아는 '소요', '느림', '느긋함' 등의 세계에서 찾을 수 있는 그 무엇이다. 그는 이를 '무하유지향'(無何有之鄕)이란 말로 표현한다.

후이쯔(惠子)가 주앙저우에게 말하였다. "내게 큰 나무가 있는데, 사람들이 이를 가죽나무[樗]라고 합니다.... 길에 서 있지만 목수가 거들떠보지도 않아요. 그런데 그대의 말은 (나무가) 크기만 했지 쓸모가 없어 모두 외면한다고 하는군요." 주앙저우가 말하였다. "그대는 너구리나 살쾡이를 보지 않았소? 몸을 낮추고 엎드리고 이리 저리 뛰고 높고 낮음을 가리지 않다가 (결국은) 덫에 걸려 죽고 말아요.... 지금 그대에게 큰 나무가 있는데, 쓸모없음을 걱정하고 있소. 그렇다면 그것을 '아무 것도 없는 허무(虛無)의 고을'(無何有之鄕), 끝없이 펼쳐진 광막(廣漠)한 들판에 그 나무를 심어 놓고, 그 옆에서 아무 일도 하는 일이 없이 방황하거나, 그늘아래 유유히 누워서 잠을 자지 못하는 것이요? 도끼에 찍히는 일이나 누가 해치는 일이 결코 없을 것이오. 어찌 쓸모가 없다고 괴로워한단 말이오!"[63]

---

62) 『장자』 변무(騈拇), 『역주 장자』2, 안병주 · 전호근 공역, p. 20. "是故, 鳧脛雖短, 續之則憂. 鶴脛雖長, 斷之則悲."

63) 『장자』 소요유(逍遙遊), 『역주 장자』1, 안병주 · 전호근 공역, p. 62. "惠子謂莊子曰 : '吾有大樹, 人謂之樗。其大本擁腫而不中繩墨, 其小枝卷曲而不中規矩, 立之塗, 匠者不顧。今子之言, 大而無用, 衆所同去也。' 莊子曰 : '子獨不見狸狌乎 ? 卑身而伏, 以候敖者 ; 東西跳梁, 不辟高下 ; 中於機辟, 死

위 글에서 말하는 '아무것도 없는 허무의 고을' 즉, '무하유지향'이 주앙저우가 소망하는 유토피아이다. 이는 물리적 공간(space)을 말하는 것이 아니라, 일종 심리적 공간(여백)으로 볼 일이다. 사실 물리적으로 '아무것도 없는 허무의 고을'을 만나는 일은 불가능에 속한다.[64] 그러므로 '무하유지향'이란 '소요', '느림', '느긋함'이 보장되는 세계를 가리킨다. "그 옆에서 아무 일도 하는 일이 없이 방황하거나, 그 그늘아래 유유히 누워서 잠을 자지 못하는 것이요?"라고 그려 볼 수 있는 상태를 말한다. 이는 생활의 여백이 보장되는 '웰빙'(well being)의 생활이 아닐지 모르겠다.[65]

② 만사는 기준의 문제이다

주앙저우는 라오딴처럼 '도'를 중시한다. 세상에는 선악(善惡), 시비(是非), 영욕(榮辱), 미추(美醜), 길흉(吉凶), 생사(生死) 등의 경계가 존재한다. 이들은 서로 대립하고 갈등하는데, 이와 같은 대립을 타파하고 하나로 균일하게 돌아감 즉, 제일(齊一) 혹은 만물제동(萬物齊同)의 세계가 『장자』제물론편의 이상이다. '제물'(齊物)이라고 말할 때, '물'(物)은 사물 혹은 만물의 의미로 명사로 쓰이고 있으며, '제'(齊)는 '가즈런하게 하다' 혹은 '균일하게 하다'라는 뜻으로 동사로 사용되고 있다. '제물'의 이면에 '도'가 자리 잡고 있다. 그러므로

於網罟。今夫斄牛，其大若垂天之雲。此能爲大矣，而不能執鼠。今子有大樹，患其無用，何不樹之於無何有之鄉，廣莫之野，彷徨乎無爲其側，逍遙乎寢臥其下？不夭斤斧，物無害者，無所可用，安所困苦哉！'"

64) 여기에서 주앙저우가 말하는 '허무'(虛無)란 현대인의 심리적인 '허무'의 감정을 말하기 보다는 순수한 세계라고 보아야 하겠다.

65) 주앙저우가 말하는 '무하유지향'을 물리적 공간의 상태로 본다면, 캘리포니아의 바닷가에 수영장이 달린 저택을 가진 사람들이 사는 곳이 될 듯싶다. 그들에게 정신적인 '소요', '느림', '느긋함'이 보장되는 것인지는 별개의 문제이다.

'제물론'이란 '사물을 균일하게 함을 논한다'라는 의미이다. 이는 기준의 문제이다.

「소요유」편이 절대의 자유를 소망하고 인간 행복의 문제를 다룬 것이라면, 「제물론」편은 인간의 지식에 대하여 서술한 것이다. 주앙저우에 의하면 지식에는 낮은 단계와 높은 단계가 있다. 이 두 가지 경향을 나누어서 설명한다. 먼저 낮은 단계의 지식이란 지식의 상대성, 유한성(有限性)을 말한다.

사람이 무엇을 안다는 것은 무엇을 말하는가? 철학에서는 이를 '인식'의 문제라고 보는데, 지식은 인간의 언어를 통하여 전달된다. 주앙저우는 먼저 지식의 대소(大小)와 언어의 대소를 언급한다.

> 큰 지식(지혜)은 한가하고 너그럽다. 작은 지식(지혜)은 자잘한 것을 분별한다. 훌륭한 말[大言]은 담담하다. 잔 말[小言]은 이러쿵저러쿵 시끄럽다.[66)]

이와 같이 지식은 언어를 통하여 습득되며, 언어는 어떤 뜻을 지닌다. 그리하여 선악, 시비, 영욕, 미추, 길흉, 및 생사까지도 언어를 통하여 진단되고, 설명되며 상대방에게 전달된다. 소통되지 않는 언어는 무의미하다. 그런데 이와 같은 기준을 놓고 우리가 핏대를 올리며 논쟁을 벌리는 까닭은 무엇인가?

> 만일 나와 그대가 변론을 한다고 하자. 그대가 나를 이기고 내가 진다면, 그대가 과연 옳고 내가 과연 그른가? 내가 그대를 이기고 그대가 진다면,

---

66) 『장자』 제물론, 『역주 장자』 1, 안병주 · 전호근 공역, p. 73. "大知閑閑. 小知間間. 大言炎炎. 小言詹詹."

> 내가 과연 옳고 그대가 과연 그른가? 우리들 중에 한 사람은 옳고 한 사람은 그른가? 아니면 우리 둘이 모두 옳거나 모두 다 그른가? 나와 그대는 서로 알 수 없다. 사람들도 어두움에 가리어 알지 못하거늘 우리는 누구에게 시비를 가려달라고 할 것인가? 만일 그대와 의견이 같은 자에게 가려달라고 하면, 이미 그대와 (견해가) 같은데 어떻게 공정한 판단을 할 수 있겠는가? 만일 나와 의견이 같은 자에게 가려달라고 하면, 이미 나와 (견해가) 같은데 어떻게 공정한 판단을 할 수 있겠는가?.... 그렇다면 나도 그대도 남도 할 것 없이 모두 서로 (누가 옳은지 누가 그른지) 알 수 없다. 누구에게 (시비를) 가려달라고 할 것인가?[67)]

주앙저우는 이처럼 인간 지식의 상대성과 유한(有限)함에 대하여 웅변적으로 말하고 있다. 그는 인간의 지식이란 유한한 관점에 근거하고 있으므로, 모든 관점 자체가 상대적일 수밖에 없다고 주장한다. 우리들의 일상생활에서 나타나는 시비 판단은 대개 권력자의 입장으로 기울기 마련임을 생각할 때에, 주앙저우의 이야기는 현재도 타당성을 지닌다고 볼 것이다.

다음으로 높은 단계의 지식이란 고차원(高次元)의 관점을 말한다. 인간의 지식이 어차피 유한한 관점에 근거하고 있다고 해서 절망하고 말 것인가? 주앙저우는 아니라고 말한다. 그는 인위적인[人] 관점이 아닌 자연[天]의 관점에 비추어 판단해야 한다고 말한다.

---

67) 『장자』제물론, 『역주 장자』1, 안병주 · 전호근 공역, pp. 120-121. "既使我與若辯矣. 若勝我, 我不勝若, 若果是也, 我果非也邪? 我勝若, 若不勝吾, 我果是也, 而果非也邪? 其或是也, 其或非也邪? 其俱是也, 其俱非也邪? 我與若, 不能相知也. 則人固受其黮闇, 吾誰使正之? 使同乎若者正之, 既與若同矣, 惡能正之? 使同我者正之, 既同乎我矣, 惡能正之?.... 然則我與若與人, 俱不能相知也. 而待彼也邪?"

> 사물은 저것[彼] 아닌 것이 없고, 또 이것[是] 아닌 것이 없다. 스스로 자기를 저것이라면 알 수 없지만, 자기가 자기에 대해서만 알 뿐이다.... 이것도 저것이고, 저것도 이것이다.(是亦彼也, 彼亦是也) 저것은 저것의 시비가 있고, 이것은 이것의 시비가 있다. 과연 이것과 저것의 구별이 있는가? 과연 이것과 저것의 구별은 없는가? 이것과 저것의 상호대립을 없애는 경지를 가리켜 '도추'(道樞 ; 道의 지도리)라고 말한다. '도추'를 얻는 것은 마치 원의 중심을 붙잡는 것과 같아서 무궁한 변화에 대응할 수 있다. 옳음[是]도 무궁한 변화의 하나이요, 그름[非]도 무궁한 변화의 하나이다. 그러므로 (옳고 그름을 넘어서 꿰뚫어보는) "명석한 인식(認識)으로 판단하는 것보다 더 나은 방법은 없다."(莫若以明)라고 말하는 것이다.[68]

위의 문장에서 중요한 개념은 '도추'이다. '추'(樞)란 '문 지도리'를 말하며, 사물의 가장 중요한 부분을 가리킨다. 자동차에 비유하면 '핸들'(steering wheel)을 말한다.[69]

사람의 시비는 끝이 없고, 판단은 결코 쉬운 일이 아니다. 그러나 할 수 있다면, (그렇게 해야 할 일이지만) '도'(道)의 관점에서 만물을 관찰하도록 훈련을 쌓는 일이 중요하다. '도'(道)의 관점에서 만물을 관찰하는 일은 유한을 넘어서 '고차원'(高次元)의 관점에서 만물을 관찰한다는 의미이다. 이것이 주앙저우가 말하는 높은 단계의 지식(고차원의 지식)이다.[70]

---

68) 『장자』 제물론, 『역주 장자』1, 안병주・전호근 공역, pp. 83-86. "物無非彼, 物無非是. 自彼則不見, 自知則知之.... 彼是莫得其偶, 謂之道樞. 樞始得其環中, 以應無窮. 是亦一無窮, 非亦一無窮, 故曰. 莫若以明."

69) 로마 교황청 소속의 사제 'a cardinal'을 한자어로 '추기경'(樞機卿)이라고 번역하는 것은 그들이 천주교 교단의 가장 중요한 중심인물이기 때문이다.

70) 서양철학자 바루흐 데 스피노자(Baruch de Spinoza)는 사물을 '영원(永遠)의 상(相) 아래에서'(under a certain species of eternity) 인식해야 한다고 주장하였다. 이는 사물을 우연적 혹은 고립적인 것으로 보지 않고 필연적인 연관성에서 관찰함을 말하는 것으로 해석된다. 이는 주앙저우의 '고차원의 지식'과 흡사

사물은 본래 그러한 까닭[所然]이 있고, 또 본래 그럴 수 있는 것[所可]이 있다. 어떤 사물이든 그렇지 않은 것이 없고, 어떤 사물이든지 가(可)하지 않은 것은 없다. 그러므로 작은 풀[莛]과 나무 기둥[楹], 문둥병 환자와 시스(西施)라는 미녀를 예로 든다면 괴이한 대조이지만, '도'의 입장에서는 모두 통하여 하나가 된다.(道通爲一) (한 쪽에서의) 나누어짐[分]은 (다른 쪽에서는) 이루어짐[成]이며, (한 쪽에서의) 이루어짐은 (다른 쪽에서는) 허물어짐[毁]이다. 무릇 모든 사물이 이루어지든지 혹은 허물어지든지 간에 다 같이 하나이다.[71]

주앙저우의 사고에 의하면, 세상에서 발생하는 나누어짐과 이루어짐 혹은 건설과 파괴 등은 모두 상대적이다. '도'의 관점에서는 모든 것이 통하여 하나로 된다. 그러므로 '도추'(道의 지도리)의 입장에서 보면, 하늘과 땅도 하나의 손가락이고 만물도 한 마리의 말(馬)이다.(天地一指也, 萬物一馬也 ; 『장자』제물론) 주앙저우에 의하면 이렇게 '도'의 입장에서 통일적으로 보는 사람을 가리켜 '진인'(眞人)이라고 한다.

주앙저우의 이와 같은 '고차원의 지식'은 바루흐 데 스피노자(Baruch de Spinoza ; 1632~1677)의 경우에는 '직관지'(直觀知)라고 표현된다. '직관지'란 사물을 통일적으로 보는 지식이다. 우리는 여기서 잠시 스피노자의 신(神 ; 自然)과 직관지 그리고 주앙저우의

하다고 생각한다.(후술)

71) 『장자』제물론, 『역주 장자』1, 안병주 · 전호근 공역, pp. 87-88. "物固有所然, 物固有所可. 無物不然, 無物不可.... 其分也成也, 其成也毁也. 凡物無成與毁, 復通爲一."

사고와의 관계를 살펴보도록 한다.

바루흐 d. 스피노자에 의하면, 우주(존재)는 광막한 대자연의 체계이다. 이 '대자연'은 곧 실체(實體 ; substance)이며 동시에 신(神)이다. 신은 자기원인(自己原因 ; causa sui)이며, 또한 내재(內在)하는 존재(causa immanens)이다. 이를 철학에서는 범신론(汎神論 ; Pantheism)이라고 부른다. 그의 주저는 『윤리학Ethica』이다.

아리스토텔레스에 의하면 세계는 신의 의지가 개입된 목적론적인 체계이다. 그러나 스피노자에 있어서 '자연'[神]은 목적이 있는 것이 아니다. 아리스토텔레스의 철학을 기반으로 하는 그리스도교는 창조자의 의지를 중시하는데 대하여, 스피노자가 말하는 신(deus)은 인격신이 아니다. (아리스토텔레스는 신을 창조자로 언급하지는 않았다.)

스피노자에 의하면 세계는 실현해야 할 목적이 없으며, 신성한 의무도 없다. '완전'이니 '불완전'이니, 혹은 '좋다'느니 '나쁘다'느니 하는 근거도 없다. 세계는 '신' 혹은 '자연' 이라고 부르는 영원한 필연성에 따라서 움직인다. 이와 같은 자연의 필연성에 대한 사고는 곧 주앙저우의 '제물론'(齊物論)의 사고와 매우 유사하다.

스피노자는 '자아의 본질'을 잘 지켜감이 보람 있는 삶으로 여겼다. 자아를 지키는 사람이 곧 자유인이다. 자유인은 곧 지자(知者)이며, 지자는 동시에 자유인이다. 그에 의하면 지식이란 속견(俗見), 과학적 지식, 직관지 등 세 가지가 있다. 직관지(scientia intuitiva)는 자연 전체를 통일체로 파악하는 종합적인 지식을 말한다. 인생의 불행이란 무지(無知)에서 오는데 ; 부분을 독립된 실체로 오인하는 무지, 만물의 필연성을 간과하는 무지가 그것이다.

주앙저우가 말하는 '고차원의 지식'은 스피노자에 있어서 '직관지'와 유사하다. 이는 『윤리학』제5부 명제 6의 "마음은 사물이 필연적이라는 사실을 이해하는 한, 감정보다 더욱 강한 힘을 가지며 감정에 덜 속박된다."[72]라는 글과, 명제 42의 "은총은 덕(德)의 보상이 아니다. 은총은 덕 그 자체이다. 우리가 욕망을 극복한다고 해서 그것을 즐기거나, 반대로 우리가 욕망을 극복할 수 있다는 점에 대하여 기뻐하거나 그 두 가지가 모두 아니다."[73]라는 이야기와 같다.

즉 '고차원의 지식'이란 사물의 필연성을 인식하는 지식이며, 세상의 고통을 벗어나는 지식이다. 말[言]의 의미에 있어서 이와 같은

---

72) Benedict(Baruch) de Spinoza, *Ethics* (1677), Translated from the Latin by R.H.M. Elwes(1883). PART V ; ON THE POWER OF THE UNDERSTANDING, OR OF HUMAN FREEDOM (제5부 인식의 힘 혹은 인간의 자유에 대하여) PROP. VI.(명제 6) "The mind has greater power over the emotions and is less subject thereto, in so far as it understands all things as necessary."

73) Benedict(Baruch) de Spinoza, *Ethics* (1677), 같은 곳. PROP. XLII.(명제 42) "Blessedness is not the reward of virtue, but virtue itself ; neither do we rejoice therein, because we control our lusts, but, contrariwise, because we rejoice therein, we are able to control our lusts." 명제 42에 연결되는 문장을 참고로 소개하면 다음과 같다. "For the ignorant man is not only distracted in various ways by external causes without ever gaining, the true acquiescence of his spirit, but moreover lives, as it were unwitting of himself, and of God, and of things, and as soon as he ceases to suffer, ceases also to be. Whereas the wise man, in so far as he is regarded as such, is scarcely at all disturbed in spirit, but, being conscious of himself, and of God, and of things, by a certain eternal necessity, never ceases to be, but always possesses true acquiescence of his spirit." (無知한 사람은 여러 가지 면에서 외적인 원인에 의하여 迷惑되어 정신의 평화를 얻지 못할 뿐 아니라 ; 고통이 그칠 때까지 i.e. 죽을 때까지, 자신과 神 그리고 사물에 대하여 잘 알지 못한 체 살아간다. 반면에 현명한 사람은 그렇게 여겨지는 한, 정신에 동요가 적으며 오히려 어떤 영원한 필연성 i.e. '영원의 相'에 의하여 자신과 神 그리고 사물에 대하여 잘 인식하고, 죽을 때까지 정신의 평화를 소유한다.)

경지에 들어선 인간이 주앙저우가 말하는 '진인'(眞人)이라고 생각할 수 있겠다.

③ 나비의 꿈

「제물론」의 끝 부분에 『장자』 전반을 통하여 가장 유명한 구절이 등장한다. 이 이야기는 '나비의 꿈'[胡蝶之夢]으로 알려져 있다.

> 옛날에 주앙저우는 꿈속에서 나비가 되었다. 훨훨 날아다니는 나비였는데 스스로 유유자적하며 즐기면서도 자기가 주앙저우라는 것을 깨닫지 못하였다. 문득 깨어 보니 갑자기 주앙저우가 되어 있었다. 알지 못하겠다. 주앙저우의 꿈에 나비가 된 것일까? 아니면 나비의 꿈에 (나비가) 주앙저우가 된 것일까? 주앙저우와 나비 사이에는 반드시 구별이 있(어야 할 것이)다. 이것을 일러 '물화'(物化)라고 한다.[74)]

이 이야기는 한 편의 시(詩) 혹은 그림과 같은 인상을 준다. 예술적인 내용이지만 동시에 철학을 포함하고 있다. '물화'의 개념이 그

---

74) 『장자』 제물론, 『역주 장자』 1, 안병주 · 전호근 공역, p. 126. "昔者莊周夢爲胡蝶，栩栩然胡蝶也，自喩適志與！不知周也。俄然覺(교)，則蘧蘧然周也。不知, 周之夢爲胡蝶與，胡蝶之夢爲周與？周與胡蝶，則必有分矣。此之謂物化。" 참고로 Burton Watson의 영문 번역을 소개한다. "Once Zhuang Zhou(Chuang Chou) dreamt he was a butterfly, a butterfly flitting and fluttering around, happy with himself and doing as he pleased. He did not know he was Zhuang Zhou. Suddenly he awoke up and there he was, solid and unmistakable Zhuang Zhou. But he did not know if he was Zhuang Zhou who had dreamt he was a butterfly, or a butterfly dreaming he was Zhuang Zhou. Between Zhuang Zhou and a butterfly there must be *some* distinction! This is called the 'Transformation of Things.'" cf. *The Complete Works of Chuang Tzu,* Translated by Burton Watson, Columbia University Press, 1968, p. 49.

것이다. 「제물론」의 맨 끝 구절을 '물화'로 마감한 것은 의미가 깊다. 『장자』를 영역한 버튼 왓슨(B. Watson)은 이 개념을 'Transformation of Things'라고 번역하였다.

'물화'란 현존하는 세계의 개개 사물이 제각기 독립하여 하나의 독특한 존재를 구성하면서도, 동시에 하나의 전체적인 정체(整體)를 이루고 있음을 말한다. 이는 주앙저우 제물론 철학의 마지막 이상이다. 그것은 주앙저우와 나비가 꿈과 현실을 넘나들며 공존하는 세계이다. 주앙저우와 나비 사이에는 "어떤 구별이 있어야 할 것이지만"(must be *some* distinction) 동시에 주앙저우가 나비가 되고, 나비가 주앙저우가 되는 그러한 세계이다. 훵여우란은 말한다. "만물이 비록 서로 동일하지 않지만, 그러나 통일하여 하나의 정체를 이루고 있으니 곧 '통하여 하나가 됨'(通爲一)을 말하는 것이다."[75] 이것이 곧 '물화'의 세계이다.

[追記] 상하이박물관 죽간 『항선恒先』의 우주생성론

오랫동안 도가철학에 있어서 우주생성 이론을 갖춘 것은 『도덕경』뿐이라고 알려져 있었다. 그러나 1993년 꾸어띠엔(郭店)에서 발견된 죽간 『태일생수太一生水』와, 1994년 상하이박물관이 입수한 죽간 『항선恒先』의 발견에 의하여, 이미 전국시대에 우주생성론을 갖춘 도가 사상이 『도덕경』이외에 여러 가지가 존재하였다는 사실을 알게 되었다. -『태일생수』는 BC 350년 전후의 작품으로 여겨지고, 『항선』은 BC 373년~BC 243년 사이에 성립된 것으로 추정한다.-

---

75) 츠엉환(程帆), 『나는 훵여우란의 철학강의를 들었다我聽馮友蘭講中國哲學』(中國致公出版社, 2002), p. 137. "萬物雖不相同, 可是都統一爲一介整體, 卽'通爲一.'"

상하이박물관[上博] 초간 『항선』은 도가 계통으로 확인되었고, 전국(戰國) 시대 후기 주앙쯔학파(莊子學派)에 의해서 저술된 것으로 여겨지고 있다.[76] 그러므로 주앙저우에 이어서 『항선』을 소개한다. 상편(上篇)의 제1장과 제2장을 묶어서 번역하면 다음과 같다.[77] -자료 해독의 문제가 있으므로, 여기서는 두 사람의 번역을 동시에 소개한다.-

[A] 띵쓰신(丁四新 ; 2008)의 번역

'항'(恒 ; 불변의 도체道體)의 이전에는 '유'(有)가 없었다.(恒先無有) 그것은 일종의 질박함[質], 고요함[靜], 허무[虛]의 상태였다. 질박함은 아주 특별한 질박함[大質]이었고, 고요함은 아주 특별한 고요함[大靜]이었고, 허무는 아주 특별한 허무[大虛]였다. (도의 본체로서) '항'은 스스로 만족하지만 ; 다만 자신을 억제하지 않아서 여기에 '혹'(或)이 생겨났다. '혹'이 있고 나서 '기'(氣 ; 천지 만물의 근원)가 있게 되었고, '기'가 있고 나서 '유'(有 ; 존재상태)가 있게 되었고, '유'가 있고 나서 '시'(始 ; 氣의 나타남)가 있게 되었고, '시'가 있고 나서 '왕'(往 ; 氣의 사라짐)이 있게 되었다. 천지가 아직 출현하기 전에 또 어떤 동작이 있기 전에, 허무[虛]와 고요함[靜]이 출생하였다. (허무와 고요함은) 고요하고(寂廖), 혼란하여 어둡고(不

76) 띵쓰신(丁四新), "초간《항선》장구석의"(楚簡《恒先》章句釋義). 2004년 7월 발표. 武漢大學 "簡帛硏究" 網站 www.jianbo.org 참고.

77) 원문 출처와 발표일자는 다음과 같다. www.bamboosilk.org / www.jianbo.org 롱퉈(龍朴)의 "恒先試讀" 2004년 4월 26일. "恆先無有, 樸、靜、虛。朴、大樸, 靜、大靜, 虛、大虛。自厭, 不自忍 ; 或作。或焉有氣, 有氣焉有有, 有有焉有始, 有始焉有往者。未有天地, 未有作行, 出生虛靜。爲一若寂, 夢夢靜同, 而未或明, 未或滋生。氣是自生, 恒莫生氣。氣是自生自作。恒氣之生, 不獨, 有與也。或, 恒焉。生或者同焉。"

明) (道와) 분리되지 않은 모습이다. 그러나 아직 밝아지지 않았고, 만물이 번성하지 않았다. '기'(氣)는 실질상 자생(自生 ; 化生의 뜻)하고, '항'(恒)이 '기'를 생겨나게 하는 것은 아니다. '기'는 스스로 생겨나고 동작한다. '항기'(恒氣)가 생겨남에 홀로 있는 존재가 아니고, 사물[物]과 더불어 존재한다.(恒氣之生, 不獨, 有與也) '혹'(或)은 또한 '항'(恒)이다. '혹'을 탄생시키는 자는 '도'(道)와 분리되지 않는다.

[B] 차오훵(曹峰 ; 2006)의 번역

'항'(恒)의 이전에는 어떠한 존재물도 없었다.(恒先無有) 그것은 일종의 순수함[樸], 고요함[靜], 허무[虛]의 상태였다. 순수함은 (보통의 순수함이 아니라) 아주 큰 순수함[大樸]이었고, 고요함은 (보통의 고요함이 아니라) 아주 큰 고요함[大靜]이었고, 허무는 (보통의 허무가 아니라) 아주 큰 허무[大虛]였다.(도의 본체가) 스스로 만족하고 또 스스로 억압한 결과, '혹'(或 : 모종의 불확실한 물건)이 생겨났다. '혹'이 있고 나서 '기'(氣)가 있게 되었고, '기'가 있고 나서 '유'(有 ; 확정적인 물건)가 있게 되었고, '유'가 있고 나서 '시'(始)가 있게 되었고, '시'가 있고 나서 '왕'(往 ; 시간의 왕복)이 있게 되었다. (恒先無有의 상태에서) 천지가 아직 출현하지 않았으며, 어떤 동작[作], 실행[行], 나아감[出], 태어남[生]의 행위도 없었다. 허무[虛], 정적[靜]이 혼연하여 나뉘지 않은 것이 마치 고요하고(寂寂), 어둡고(冥冥), 혼돈된 모습과 같았다. 정적(靜寂)이 혼동하여, 낮과 밤이 출현하지 않았고, 만물이 번성하지 않았다. '기'(氣)는 스스로 태어나는 존재이고, '항'(恒)이 '기'를 생겨나게 하는 것은 아니다. '기'는 스스로 생겨나고 동작한다. '항'과 '기'가 생성됨에 홀로가 아니고 더불어 생성되었다.(恒氣之生, 不獨有與也) (불확정한 존재인) '혹'(或)은 불변의 종극적이다. 불변의 종극적인 '혹'의 태어남과 불변의 종극적인 '기'의 태어남은 서로 같다.

이상 저자(황준연)의 한글 번역중 후반부의 "'항기'(恒氣)가 생겨남에 홀로 있는 존재가 아니고, 사물[物]과 더불어 존재한다."(恒氣之生, 不獨, 有與也)라는 번역에는 이설(異說)이 있다. 리아오밍춘(廖名春)은 '항기'를 각기 독립된 글자로 보고, "'항'과 '기'는 태어남에 홀로가 아니고, 더불어 생성되었다."(恒, 氣之生, 不獨有與也)라고 해석한다. 리루이(李銳)는 '항기'를 연사(連詞)로 인정하지 않는 점에서 리아오밍춘과 의견을 같이하지만, 이 구절을 "恒, 氣之生(性)"으로 보아서, "'항'과 '기'의 본성이 홀로가 아니고 함께[共] 있다."라고 번역한다.78)

『항선』에는 일종의 우주생성론에 관한 형이상학적 의미가 담겨 있다. 자료의 불완전성에도 불구하고, 이는 철학 방면에서 중요성을 지닌다. 여기에서 말하는 '항'(恒)은 도(道)의 본체를 가리킨다고 본다. 이는 훗날 성리학의 중요한 개념으로 자리잡은 '태극'과 유사하다고 생각한다. '항'은 문자 그대로 불변의 그 무엇(a something unchangeable)이다.

'항'(恒)은 용어상 그 무엇이므로 '혹'(或)이라고도 표현된다. 중요한 것은 '기'(氣)이다. '기'는 천지 만물의 근원으로 이것이 있고나서

---

78) 리링(李零) 교수를 포함한 기타 연구자들의 이 구절에 대한 해석은 '간백연구망'(www.bamboosilk.org) 혹은 '무한대학(武漢大學) 간백연구센타'(www.jianbo.org.)의 사이트를 참고하면 도움이 클 것이다.

일종의 존재 상태인 '유'(有 ; 존재상태)가 있게 되고, '유'가 있고 나서 '시'(始)가 있고, '시'가 있고 나서 '왕'(往)이 있었다. 띵쓰신은 '시'(始)를 '기'가 나타나는 것으로, '왕'(往)을 '기'의 사라짐으로 해석하였다.

중요한 내용은 '기'는 스스로 있는 어떤 에너지이고, '항'이 태어나게 하는 것이 아니라는 점이다. '항', 혹은 '혹'이란 인간의 오감(五感) 능력으로 파악할 수 없는 그 무엇이다. 우리는 이 추상적 개념을 인간의 선험적인 인식능력에 호소할 수 밖에 없다.

『항선恒先』은 자료의 불완전성에도 불구하고, 중국 고대인의 우주 생성론에 관한 초보적인 철학적 사유의 전개로 본다. 그 점에 있어서 기존의 자료인 『노자』(『도덕경』) 혹은 『장자』등과 함께 의미를 지닌다고 주장한다.[79)]

🕮 참고문헌

- 김충렬, 『노장철학강의』, 예문서원, 1995.
- 이강수, 『노자와 장자』, 길, 1997.
- 최재목 역주, 『노자』, 을유문화사, 2006.

79) 타이완(臺灣)대학의 린이정(林義正) 교수가 "론<항선>적우주사유"(論<恒先>的宇宙思維)라는 논문에서 정리한 『항선』에 담긴 우주 생성론에 대한 술어를 다른 자료와 비교하여 나열하면 다음과 같다. 『역전易傳』 : 천지 ← 태극 / 『노자老子』 : 천지 ← 도(道) / 『문자文子』 : 천지 ← 기(氣) / 『관윤자關尹子』 : 천지 ← 물(水) ↔ 태일(太一) / 『열자列子』 : 천지 ← 역(易) ← 태극 / 『회남자淮南子』 : 천지 ← 기(氣) ← 우주 ← 허확(虛霩) / 『항선恒先』 : 천지 ← 유(有) ← 기(氣) ← 혹(或) ↔ 항(恒) cf. 한 · 중 철학 문화 국제학술회의, 『새로운 자료와 새로운 시각』, 성균관대학교 유교문화연구소, 2009년 02월 09일.

• 왕삐(王弼), 『왕필의 노자』, 임채우 옮김, 예문서원, 1997.
• 안동림 역주, 『장자莊子』, 현암사, 1993.
• 안병주 · 전호근 공역, 『역주 장자』(1, 2, 3, 4), 전통문화연구회, 2002~2008.
• 르언화르옹(任法融), 『도덕경석의道德經釋義』, 三秦出版社, 1997.
• 까오링인(高令印), 『간명중국철학통사簡明中國哲學通史』,厦門大學出版社, 2003.
• 자오라이쿤(趙來坤), 『노자여함곡관老子與函谷關』, 中州古籍出版社, 2002.
• 잔스츠우왕(詹石窗), 『신편중국철학사新編中國哲學史』, 中國書店, 2007.
• 츠언꾸잉(陳鼓應), 『노자금주금역老子今注今譯』(수정본), 商務印書館, 2004.
• 쓰마치엔(司馬遷), 『사기史記』, 정범진외 역, 까치, 1995.
• 저우리성(周立升), 『노자적지혜老子的知慧』, 河北人民出版社, 1997.
• 지앙시츠앙(蔣錫昌), 『노자교고老子校詁』, 成都古籍書店, 1988.
• 리링(李零), 『곽점초간교독기郭店楚簡校讀記』, 北京大學出版社, 2002.
• 징원(邢文), 『곽점노자여태일생수郭店老子與太一生水』, 學院出版社, 2005.
• 띵쓰신(丁四新), 『곽점초묘죽간사상연구郭店楚墓竹簡思想研究』, 東方出版社, 2000.
• 차오훵(曹峰), 『상박초간사상연구上博楚簡思想研究』, 萬卷樓圖書有限公司, 2006.
• 띵쓰신(丁四新), "초간 《항선》 장구석의楚簡 《恒先》 章句釋義", www.bamboosilk.org 2004年 7月 25日.
• 리아오밍춘(廖名春), "상박장초죽서 《항선》 간석上博藏楚竹書 《恒先》 簡釋", www.bamboosilk.org 2004年 4月 19日.
• 리루이(李銳), "독 《항선》 찰기讀 《恒先》 札記" www.confucius2000.com 2006年 8月 13日.
• 한·중 철학 문화 국제학술회의, 『새로운 자료와 새로운 시각』, 성균관대학교 유교문화연구소, 2009년 02월 09일.
• 미조구찌 유우조(溝口雄三) 등, 『중국사상문화사전』, 민족문화문고, 2003.
• 막스 칼텐마르크, 『노자와 도교』, 장원철 옮김, 까치, 1993.
• Livia Kohn and Michael Lafargue, *Lao-tze and the Tao-te-ching*, State University of New York Press, 1998.

- *The Complete Works of Chuang Tzu*, Translated by Burton Watson, Columbia University Press, 1968.
- Russell Kirkland, *Taoism*, Routledge, 2004.

제5장

뭐자이(墨翟)의 종교 관념과 보편주의

"인민에게는 세 가지 근심[三患]이 있다. 굶주린 자가 먹을 것을 얻지 못함,
추위에 떠는 자가 입을 옷을 찾지 못함,
노동에 지친 자가 휴식을 얻지 못함의 세 가지가 큰 근심거리이다."
(民有三患, 飢者不得食, 寒者不得衣, 勞者不得息, 三者民之巨患也)

-뭐자이(墨翟 ; BC 475?~396?), 『묵자한고墨子閒詁』上 권8,비악(非樂)

세상에서 뭐쯔(墨子)라고 부르는 인물 뭐자이(墨翟 ; BC 475?~BC 396?)의 생애는 충분히 밝혀지지 않았다. 고대의 송(宋) 나라 사람이라는 이야기와 노(魯) 나라 사람이라는 주장이 공존한다. 서양인들은 그를 가리켜 라틴어 'cius'를 합성하지 않고, 중국인들의 발음인 '모쯔'(墨子)를 존중하여 "Mo Tze"라고 부른다.[1)]

쓰마치엔 『사기史記』 열전(列傳)편에는 뭐자이의 전기가 등장하지 않는다. 다만 멍커와 쉰쿠앙을 언급한 「맹자순경열전孟子荀卿列傳」 끝 부분에 "뭐자이는 송 나라의 대부로서 방어의 전술에 능하였고, 비용을 절약할 것을 주장하였다. 어떤 사람은 콩치우의 시기에 살았다고 하고, 어떤 사람은 그 이후에 살았다고 한다."[2)]라는 짧은 구절이 전부이다. 이와 같은 부실한 기록은 당시 학계에서 그가 소외되었음을 의미한다.

뭐자이를 대표로 하는 묵가는 전기(前期)와 후기(後期)로 구분된다. '전기묵가'는 뭐자이가 살아있을 때 조성된 학파이요, '후기묵가'는 뭐자이가 세상을 떠난 뒤 제자들에 의해 조성된 학파이다.

현존하는 『묵자墨子』는 묵가학파의 저작으로 믿어지며, 그 중의 일부는 후기 묵가의 저술로 추정된다. 뭐자이가 세상에 알려지게 된 것은 멍커(孟軻)의 독설(毒舌)에 의한 것인데, 뭐자이가 한 때 대단한 바람을 일으켰던 것이 확실하다. 『맹자』에 다음과 같은 구절이 이를 말한다.

1) 한어(漢語) '적'(翟)자의 발음 표기는 'zhai'와 'di'의 두 가지가 있다. 저자는 'zhai'를 취한다.
2) 쓰마치엔(司馬遷), 『사기史記』 맹자순경열전(孟子荀卿列傳). "蓋墨翟, 宋之大夫, 善守御, 爲節用。或曰幷孔子時, 或曰在其后。"

성왕이 나오지 아니하여 제후들이 방자하며 재야(在野)의 선비들이 제멋대로 떠들어댄다. 양주(楊朱)와 뭐자이(墨翟)의 말이 세상에 가득하니, 세상에 떠도는 말이 양주 아니면 뭐자이에게 돌아간다. 양씨는 자신만을 위하니 이는 군주가 없음이요, 뭐씨는 온 세상 사람을 사랑하라고 하니, 이는 아비 없는 놈이다. 아비도 군주도 없는 놈들은 짐승과 다를 바 없다.[3]

5.1 뭐자이의 종교 관념 : 천의(天意)와 명귀설(明鬼說) –상하이박물관 죽간(竹簡) 『귀신지명鬼神之明』과 관련하여

뭐자이는 하늘의 뜻을 존중하고, 신(神)에 제사지냄을 존중하였다. 전자는 '천의'(天意)라는 개념이, 후자는 '명귀'(明鬼)라는 개념이 이를 대변한다. 그는 '천명'을 말하지 않고 '천의'라고 말하였다. 뭐자이가 말한 '천의' 곧 '하늘의 뜻'은 무엇인가? 이는 철학적 개념이 아니고 종교적 관념이다. 하늘이 욕망하는 바가 있는데, 그것이 곧 '천의'이다.[4]

하늘은 큰 나라가 작은 나라를 공격하거나, 큰 집안이 작은 집안을 어지럽게 함을 원하지 않는다. 강한 자가 약한 자를 포악하게 대하거나, 영리한 자가 어리석은 자를 사기치거나, 귀한 자가 천한 사람을 멸시함을 원하지 않는다. 이것들은 하늘이 욕망하는 바가 아니다. 여기에 그칠 뿐이 아니다. 하늘은 힘 있는 자가 (힘없는 자를) 보호하고, 도(道)있는 사람이 서로 가르치고, 재산 있는 자가 (없는 자와) 서로 나누기를 욕망한다.[5]

---

3) 『맹자』등문공 下. "聖王不作, 諸侯放恣, 處士橫議. 楊朱墨翟之言, 盈天下. 天下之言, 不歸楊則歸墨. 楊氏爲我, 是無君也. 墨氏兼愛, 是無父也. 無父無君, 是禽獸也."

4) 뭐자이가 사용한 용어 가운데 '천의'는 '천지'(天志)와 통한다. 여기서는 '천의'(天意)로 통일하여 사용한다.

뭐자이에 의하면 하늘은 또 상(賞)과 벌(罰)을 내리는 자이다. 그는 다음과 같이 말한다.

> '천의'(天意)를 따르는 자는 겸하여 서로 사랑하고 서로 이익을 취하니 반드시 상을 받는다. '천의'에 반하는 자는 구별하여 서로 미워하고, 서로 해치니 반드시 벌을 받는다.... 위(禹) 임금, 탕(湯) 임금, 문왕, 무왕이 상을 받은 까닭은 무엇이냐? 그들은 위로 하늘을 존중하고, 귀신을 섬기고, 아래로 사람을 사랑하였다. 그러므로 '천의'는 말하기를, "내가 사랑하는 바를 겸하여 사랑하였고, 내가 이롭게 여기는 것을 겸하여 이롭게 하였다. 사랑하기를 널리 하고, 이롭게 하기를 두텁께 하였다."라고 하였다. 그러므로 귀(貴)하게 하여 천자(天子)가 되도록 하였고, 부(富)하게 하여 천하를 갖게 하였다. 그 업무를 자손만대에 내려서 선(善)함을 전하게 하였다. 그들을 칭찬하여 성왕(聖王)이라고 한다. 지에(桀), 저우(紂), 유왕(幽王), 려왕(厲王)이 벌을 받은 까닭은 무엇이냐? 그들은 위로 하늘을 욕보이고, 귀신을 책망하고, 아래로 사람을 해쳤다. 그러므로 '천의'는 말하기를, "내가 사랑하는 바를 구별하여 미워하였고, 내가 이롭게 여기는 바를 해쳤다. 미워하기를 널리 하고, 사람 해치기를 두텁게 하였다."라고 하였다. 그러므로 그 목숨을 도중에 마치게 하였고, 세상에서 잊지 않도록 하였다. 그들을 비방하여 폭군이라고 한다.[6]

---

5) 쑨이르앙(孫詒讓), 『묵자한고墨子閒詁』(上) 권7, 天志 中 (중화서국, 2001), p. 199쪽. -이후 페이지의 언급은 모두 중화서국본을 가리킨다.- "天之意不欲大國之攻小國也, 大家之亂小家也. 强之暴寡, 詐之謀愚, 貴之傲賤, 此天之所不欲也. 不止此而已. 有道相敎, 有財相分也."

6) 쑨이르앙(孫詒讓), 같은 책, (上) 권7, 天志 上, pp.195-196. "順天意者，兼相愛，交相利，必得賞。反天意者，別相惡，交相賊，必得罰。然則是誰順天意而得賞者？誰反天意而得罰者？子墨子言曰：昔三代聖王禹湯文武，此順天意而得賞也。昔三代之暴王桀紂幽厲，此反天意而得罰者也。然則禹湯文武其得賞何以也？子墨子言曰：其事上尊天，中事鬼神，下愛人，故天意曰：'此之我所愛，兼而愛之；我所利，兼而利之。愛人者此爲博焉，利人者此爲厚焉。故使貴爲天子，富有天下，業萬世子孫，傳稱其善，方施天下，至今稱之，謂之聖

뭐자이에 의하면 하늘은 욕망[意志]이 있고, 상벌을 내리는 존재이다. 뭐자이의 '천의'는 콩치우의 '천명'과 어떻게 다른지는 알 수 없고 모호하기만 하다. 뭐자이는 또 '천의'와 함께 '귀신'의 존재를 믿고 있다.[7)]

> 옛적 삼대(三代)의 성왕이 죽음에 이르러, 세상은 의리를 잃었고, 제후들은 정벌(征伐)을 힘썼다.... 이로부터 세상이 어지러워졌다. 왜 그렇게 되었을까? 이는 귀신의 있고 없음의 구별을 의심하였기 때문이요, 귀신이 능히 현명한 이를 상주고 포악한 놈을 벌주는 것을 밝히지 못하였기 때문이다.[8)]

> 이제 만일 세상 사람들로 하여금 모두 귀신이 능히 현명한 이를 상주고, 포악한 놈을 벌주는 일을 믿게 한다면, 즉 천하가 어찌 어지럽게 되었겠는가?.... 이제 세상의 왕공(王公), 대인(大人), 사군자(士君子)가 천하의 이익을 소망하고 천하의 해(害)를 제거하려 한다면 마땅히 귀신이 존재하는지 아닌지를 밝혀야 하니, 진실로 살피지 않을 수 없는 일이다.[9)]

뭐자이는 이와 같이 '명귀'(귀신)의 존재를 주장하고, 그 실재함에

王。' 然則桀紂幽厲得其罰何以也？ 子墨子言曰：其事上詬天，中詬鬼，下賊人，故天意曰：'此之我所愛，別而惡之，我所利，交而賊之。惡人者此爲之博也，賊人者此爲之厚也。' 故使不得終其壽，不歿其世，至今毀之，謂之暴王。"

7) 용어에 있어서 '귀신'과 '명귀'(明鬼)가 혼용되고 있다. '明'자는 동사의 용법으로 사용되었고, 귀신이 존재함을 밝힌다는 의미이다. '명귀'를 합성어로 번역하여도 무리가 없을 것으로 생각한다.

8) 쑨이르앙(孫詒讓), 같은 책, (上) 권8, 명귀明鬼 下, pp. 221-222. "逮至昔三代聖王旣沒, 天下失義, 諸侯力征.... 是以天下亂. 此其故何以然也? 則皆以疑惑鬼神之有與無之別, 不明乎鬼神之能賞賢而罰暴也."

9) 쑨이르앙(孫詒讓), 같은 책, (上) 권8, 명귀明鬼 下, pp. 222-223. "今若使天下之人, 偕若信鬼神之能賞賢而罰暴也, 則夫天下豈亂哉!"

대하여 주(周), 연(燕), 송(宋), 제(齊) 나라 『춘추』의 기록에 나타난 사례(case)를 들어서 강조하고 있다. 그러나 뭐자이의 종교 관념은 모호하다. 하늘도 상벌을 주고, 또한 귀신도 상벌을 준다라고 말하니, 뭐자이 '천의'는 불분명한 개념이고, '귀신'의 관념 또한 그렇다.

1994년 상하이[上海]박물관이 홍콩 문물시장으로부터 입수한 신출토 자료, 이른바 '상하이박물관장전국초죽서'(上海博物館藏戰國楚竹書) 다섯 번째 책에 『귀신지명鬼神之明』이라고 있다. 연구자들에 의하면 여기에는 『묵자』 「명귀明鬼」혹은 「천지天志」편에 결락된 부분이 실려 있다. 번역문을 소개한다.[10)]

> 대개 '귀신은 인지하는 것[明]도 있고, 인지하지 못한 것[不明]도 있다'라고 한 것은 (귀신은) 선한 사람에게는 상을 내리고, 포악한 사람에게는 벌을 내린다는 관점에서 말한 것이다. 옛날 야오(堯)・순(舜)・위(禹)・탕(湯)은 어질고 의로우며 성(聖)스럽고 지혜로웠기 때문에 세상 사람들은 그들을 모범으로 삼았다. 그렇기 때문에 (귀신이 성인들을) 귀(貴)하기로는 천자(天子)가 되도록 하였고, 부(富)하게 하여 천하를 소유하게 하였으며, 또한 수명을 오래가게 하고 명예를 얻도록 하였다. 후세의 사람들이 그들을 따랐다. 이것을 보면 귀신이 상을 내리는 일은 분명하다. 그러나 지에(桀)・서우(受 ; 紂王)・여우(幽)・리(厲)등에 이르러서는 성인을 화형에 처하고, 간언(諫言)하는 자를 살해하였으며, 백관(百官)을 잔혹하게 학대하여,

---

10) 원문은 아사노 유이치(淺野裕一) 교수의 『상박초간여선진사상上博楚簡與先秦思想』(臺灣 만권루도서유한공사, 2008), p. 84에서 취한다. "今夫鬼神有所明, 有所不明. 則以其賞善罰暴也. 昔者堯舜禹湯, 仁義聖智, 天下法之. 此以貴爲天子, 富有天下, 長年有譽. 後世述之, 則鬼神之賞, 此明矣. 及桀受幽厲, 焚(僨)聖人, 殺諫者, 賊百姓, 亂邦家. [此以桀折於鬲山, 而受首於岐社], 身不沒爲 天下笑, 則鬼[神之罰, 此明]矣.... 鬼神不明, 則必有故. 其力能至焉而弗爲乎. 吾弗知也. 意其力故不能至焉乎. 吾或弗知也. 此兩者歧. 吾故[曰, 鬼神有]所明, 有所不明. 此之謂乎.

> 국가를 화란(禍亂)에 빠트렸다. 그 때문에 지에는 격산(鬲山)에서 허리가 잘리어 죽었고, 서우(紂)는 기사(岐社)에서 목이 잘리었으며, 몸은 천수(天壽)를 누리지 못하고 세상 사람들의 웃음거리가 되고 말았다. 이것을 보면 귀신이 포악한 자에 대하여 벌(罰)을 내리는 것은 분명하다.... 그렇기 때문에 내가 '귀신이 인지하지 못한 것이 있다'라는 설을 덧붙인 것은 반드시 그만한 까닭이 있다. 그 능력이 미칠 수 있지만 일부러 상벌을 주지 않는 것인가? 나는 잘 모르겠다. 그렇지 않으면 혹시 귀신의 능력이 본래 부족한 것은 아닐까? 그것도 잘 모르겠다. 이 두 가지 사항(明知力의 '能至'와 '不能至')은 그 의미하는 바가 전혀 다르다. 그러므로 내가 '귀신은 인지하는 것도 있고, 인지하지 못하는 것도 있다'라고 말하는 것은 바로 이러한 점을 말한 것이다.[11]

이와 같은 상하이박물관[上博] 五의 내용은 위에서 소개한 『묵자』 「천지」上의 일부 구절, "그러므로 귀(貴)하게 하여 천자가 되도록 하였고, 부(富)하게 하여 천하를 갖게 하였다."(故使貴爲天子, 富有天下)라는 구절과 중첩된다. '상박' 자료는 이처럼 원래의 『묵자』를 보충하는 의미가 있다고 할 것이다.[12] 상하이 박물관 자료는 현재 연구가 진행 중이다. 아사노 유이치 교수의 연구이외에, 리아오밍춘(廖名春)의 글이 있다.[13]

---

11) 마츠엉위앤(馬承源) 주편, 『상하이박물관장전국초죽서上海博物館藏戰國楚竹書』(五) 「귀신지명」). 위의 한글 번역은 이승률의 발표문, "상박초간 『귀신지명』의 귀신론과 묵가의 세계관 연구"(성균관대학교 국제학술회의, <새로운 자료와 새로운 시각>, 2009년 02월 09일)를 참조하였다.

12) 시산상즈(西山尙志), "上博楚簡 「鬼神之明」的"貴爲天子, 富有天下" 논문 참고.

13) 리아오밍춘(廖名春), 「독<상박오-귀신지명>편찰기讀<上博五-鬼神之明>篇札記」우한(武漢)대학 간백연구중심, '簡帛網'(www.bsm.org.cn) 2006년 2월 20일 참고.

5.2 겸애설(兼愛說)

5.2.1 협사(俠士)의 존재

뭐자이로 대표되는 묵가학파는 신분의 측면에서 독특한 집단으로 구성되었다. 춘추・전국시대의 왕과 제후들은 사병(私兵)을 소유하였고, 군사 전문가를 필요로 하였다. 오늘날에도 '컨설턴트'라는 직업이 있듯이, 이들 군사 전문가들은 일정부분 군사적 자문에 응하고 그에 따라 수당을 받으며 생계를 유지하였다. 이러한 부류의 인물들을 '협'(俠) 혹은 '유협'(游俠)이라고 불렀다.

'협' 혹은 '협사'는 협객 혹은 검객의 의미로 현재의 '조폭' 혹은 '마피아'와 같은 집단으로 볼 수 있다. 쓰마치엔의 『사기』에 의하면, "유협은 그 행위가 정의(正義)에 맞지 않는다 하더라도, 그 말에는 반드시 신용이 있었다. 그 행동은 과감하였으며, 이미 승낙한 일은 반드시 성의를 다하였다. 또한 자신의 몸을 버리고 남의 고난에 뛰어들 때는 (자신의) 생사를 돌보지 않았다."[14]라는 기록이 있다.

이와 같은 '협사' 혹은 '유협'의 대표적인 인물로 꾸어지에(郭解)라는 인물이 있었다. 그는 작은 체구에 용맹하였고, 술도 마시지 않았으며, 친구를 위하여 사람을 죽이고, 가짜 돈을 만들어서 유통시키고, 남의 무덤을 파헤쳐 부장품을 훔치기도 하였다. 그는 결국 어사대부 꽁쑨홍(公孫弘)에 의하여 죽임을 당하지만, 그 전까지는 의

---

14) 쓰마치엔(司馬遷), 『사기史記』 권 124 「유협열전游俠列傳」 "今游俠，其行雖不軌於正義，然其言必信，其行必果，已諾必誠，不愛其軀，赴士之阸困，旣已存亡死生矣，而不矜其能，羞伐其德，蓋亦有足多者焉。" cf. 정범진 外, 『사기열전史記列傳』下, pp. 1083-1084.

협심이 강한 인물로 한동안은 관리들조차 그를 두려워하였다는 기록이 있다.

뭐자이 조직의 지도자를 '거자'(鉅子)라고 불렀는데, 뭐자이가 이 집단의 '거자'였다는 기록을 보면 그는 한때 꾸어지에와 같은 일을 저지른 인물로 생각된다.15)

5.2.2 차별 없는 사랑[겸애설]

조폭 두목과 같은 사람인 뭐자이가 어떻게 온 세상 사람들에게 "차별을 두지말고 사랑하라!"라고 주장하였는지는 하나의 신비에 속한다. 이를 학자들은 '겸애설'(兼愛說)이라고 부른다. '겸애'는 뭐자이 철학(윤리)의 중심사상이며, '협사' 그룹의 직업윤리였다. (훵여우란, 『중국철학소사』) 뭐자이는 다음과 같이 말한다.

> 성인(聖人)이 세상을 다스리는 일로 일을 삼을 때는, 반드시 혼란(난리)이 일어나는 근원을 알아야 이에 능히 다스릴 수 있다. 혼란의 근원지를 알지 못하면 다스릴 수 없다. 비유하자면 의사가 환자의 병을 치료하려면 반드시 병의 근원을 알아야 하는 것과 같다.... 마땅히 혼란의 근원을 알아야 함은 어디에서 시작하는가? 그것은 서로 사랑하지 않기 때문에 일어난다.[起不相愛].... 만일 세상 사람으로 하여금 서로 사랑하고 다른 사람을 내 몸처럼 사랑하게 한다면, 불효자가 있겠는가?.... 만일 세상 사람들이 서로 사랑하게 한다면, 국가와 국가는 서로 공격할 리 없고, 가족과 가족이 서로 혼란할 수 없고, 도적이 있을 수 없고, 군신 부자간에 능히 효도하고 자애로울 것이다. 이와 같으면 세상은 다스려지는 법이다. 그러므로 성인이 세상을

15) 뭐자이 조직의 지도자 '거자'(鉅子)는 오늘날 이탈리아 마피아의 두목 '까뽀'(Capo)라는 호칭과 흡사하다. 뭐자이가 이 집단의 '까뽀'로 역할을 하다가 체포되어 형벌을 받았는지 사실여부는 불확실하다. 그러나 그의 얼굴에 묵형(墨刑)을 받은 자국이 있었다고 전한다.

다스리는 일로 일을 삼을 때, 어찌 악을 금하고 사랑을 권장할 필요가 있겠는가? 그러므로 세상은 겸하여 서로 사랑하면 다스려 지고, 서로 미워하면 혼란하여 지는 법이다.[16]

이제 제후가 오직 자기 나라만을 사랑하고 다른 나라를 사랑하지 않으니, 이 때문에 다른 나라를 공격함을 꺼리지 않는다. 이제 어떤 가장(家長)이 오직 자기 집안만을 사랑하고 다른 집안을 사랑하지 않으니, 이 때문에 다른 집안을 빼앗기를 꺼리지 않는다.... 그러므로 제후가 서로 사랑하지 않은 즉 반드시 전쟁이 있고, 가장이 서로 사랑하지 않은 즉 반드시 쟁탈이 있다.... 사람과 사람이 서로 사랑하지 않으니 반드시 도적질 하게 된다. 세상 사람들이 서로 사랑하지 않으니 강한 자가 약한 자를 핍박하고, 부자가 가난뱅이를 모욕하고, 귀족이 서민에게 오만하고, 영리한 놈이 우둔한 놈을 사기친다. 무릇 세상이 화(禍)와 빼앗음, 원망이 일어나는 것은 서로 사랑하지 않기 때문이다. 그러므로 어진 사람은 이를 옳지 않다고 여긴다. 옳지 않다고 여기면 어떻게 바꾸어야 하는가? 뭐자이는 말한다. "겸하여 서로 사랑하고, 서로 이익을 취하는 법을 바꾸어야 한다."[17]

이상과 같은 뭐자이의 말을 종합 정리하면 아래와 같이 두 가지

16) 쑨이르앙(孫詒讓), 『묵자한고墨子閒詁』上 권4, 겸애兼愛 上, pp. 99-101. "聖人以治天下爲事者也, 必知亂之所自起, 焉能治之. 不知亂之所自起, 則不能治.... 故天下兼相愛則治, 交相惡則亂."

17) 쑨이르앙(孫詒讓), 같은 책, 上 권4, 겸애 中, pp. 102-103. "今諸侯獨知愛其國, 不愛人之國, 是以不憚擧其國以攻人之國.... 子墨子言, 以兼相愛, 交相利之法易之."

개념으로 나눌 수 있다.

a. 겸상애(兼相愛) = "겸하여 서로 사랑한다"
b. 교상리(交相利) 혹은 교상오(交相惡) = "서로 (상호) 이익을 취한다" 혹은 "서로 (상호) 미워한다"

'겸애'란 '겸상애'의 준말임을 알 수 있다. 이때의 '겸'(兼)자는 보통 '겸하여'라는 부사 용법으로 사용되고, '애'(愛)는 동사로 사용되고 있다. '겸'자는 넓은 의미에서 '다할 진'(盡) 혹은 '함께 구'(俱) 혹은 '두루 주'(周)와 같은 뜻을 내포하고 있다.[18]

'교상리' 혹은 '교상오'의 주장이외에, 묵자이는 '겸애'와 대비하여 또 '별애'(別愛)의 개념을 말하고 있다.

그러므로 '별사'(別士)는 말한다. "내가 어찌 능히 내 몸 생각하듯이 친구를 생각할 수 있으며, 나의 아버지를 생각하듯이 친구의 아버지를 생각할 수 있을까?" 그런 사람은 (친구가) 굶주려도 먹을 것을 주지 않고, 추워도 옷을 입혀주지 않고, 병들어도 간호해주지 않고, 죽어서 장례에도 묻어주지 않는다. '별사'의 말은 이와 같고, 행동이 이와 같다. '겸사'(兼士)는 말과 행동이 이와 다르다. 가로되 "내가 듣기로는, 천하에 고결한 선비[高士]가 될 수 있음은 자신의 몸과 같이 친구의 몸을 돌보며, 자기 어버이처럼 친구의 어버이를 대한 연후에 고결한 선비가 될 수 있다고 한다." 그런 사람은 (친구가) 굶주리면 먹을 것을 주고, 추우면 옷을 입히고, 병들면 간호해주고, 죽으면 장례를 치루고 묻어 준다. '겸사'의 말과 행동은 이와 같다. 이 두 사람을 놓고 볼 때에, 말이 서로 다르고 행동이 반대가 아닌가? [19]

18) 쑨종위앤(孫中原), 『묵학통론墨學通論』(遼寧教育出版社, 1995), p. 31.
19) 쑨이르앙(孫詒讓), 『묵자한고墨子閒詁』上 권4, 겸애(兼愛) 下, p. 117. "是故別

여기에서 뭐자이는 '겸사'와 '별사'의 개념을 사용하고 있는 데, 이 경우의 '겸'자는 형용사로 쓰이고 있고, '사'는 명사로 사용되고 있다. 이상에서 말하는 바가 뭐자이의 '겸애설'의 대강이다.

뭐자이의 '겸애설'은 현실을 모르는 몽상 내지 허황된 공상(空想)과 같은 것임을 쉽게 알 수 있다. 차별이 아닌 보편적 사랑에 대한 주장은 말은 쉽지만, 인간의 생리적 측면을 무시한 유치한 주장에 불과하다.[20]

5.3 정치 및 경제사상

5.3.1 정치사상

① 현명한 사람을 숭상할 것[尙賢]

왕공, 제후 등 정치 담당자들이 올바른 정치를 숭상하면서 그것이 잘 안 되는 이유는 어디에 있을까? 이 평범한 질문은 대답이 어렵지 않다. 이는 인재의 등용에 관한 문제이다. 뭐자이도 여타 사상

士之言曰, 吾豈能爲吾友之身若爲吾身, 爲吾友之親若爲吾親. 是故 退睹其友, 飢卽不食, 寒卽不衣, 疾病不侍養, 死喪不葬埋. 別士之言若此, 行若此. 兼士之言不然, 行亦不然. 曰. 吾聞爲高士於天下者, 必爲其友之身若爲其身, 爲身友之親若爲其親, 然後可以爲高士於天下. 是故 退睹其友, 飢卽食之, 寒卽衣之, 疾病侍養之, 死喪葬埋之. 兼士之言若此, 行若此. 若之二士者, 言相非而行相反與?"

20) 유교의 '인'(仁)도 사랑을 말한다. 그러나 유가는 인간 사회의 현실을 중시하였고, 사랑의 실천에 있어서 방법적인 차별을 주장하였다. 즉 "먼저 친척을 사랑하고 다음에 일반 백성을 사랑하고, 그리고 동물(혹은 식물)을 사랑한다."(親親而仁民, 仁民而愛物 ; 『맹자』 진심盡心 上)라는 것이나 혹은 "사람을 사랑하는 마음으로 미루어 동물(혹은 식물)에게 미친다."(推己及物 ; 『논어』 위령공衛靈公 '기소불욕물시어인己所不欲勿施於人'장의 주시朱熹 注 참고)라는 내용이 그것이다.

가들처럼 현명한 사람을 숭상하이야 한다고 주장하고 있다. 이 경우의 '상'(尙)자는 동사로 사용되고 있으며, '숭상하다'라고 번역한다.

> 왕공, 대인이 국가에 있어서 정치를 함에 국가의 부(富), 인구의 많아짐, 형정(刑政)의 다스려짐을 소망한다. 그럼에도 부를 얻지 못하고 가난하며, 인구가 늘어 나지 않고, 다스려지지 않으니 ; 욕망하는 바를 잃고 싫어하는 바를 얻게 되는 것은 무슨 까닭이냐? 이것은 왕공, 대인이 국가에 있어서 정치를 함에 현명한 사람을 숭상하지 않고 유능한 사람을 등용하지 않은 때문이다. 그러므로 나라에 현명한 선비가 많으면 국가의 정치가 두텁게 되고[厚], 현명한 선비가 적으면 정치는 각박하여진다.[薄] 그러므로 대인이 힘써야 할 것은 장차 현명한 사람을 많이 등용함에 있다.[21]

뭐자이에 있어서 현명한 선비, 즉 '현량지사'(賢良之士)란 무엇을 말하는가? 유가에 있어서 현명한 선비는 귀족 내부의 도덕적 인격을 갖춘 인물을 말하지만, 뭐자이에 있어서는 그 같은 사람을 포함하여, 재주가 있는 사람도 해당한다.

> 그러므로 옛적에 성왕이 정치를 함에 덕 있는 자를 열거하고, 현명한 자를 숭상하였다. 비록 농사를 짓거나 공장 가게에서 일하는 자라고 할지라도 유능하면 등용하였다.... 그러므로 관료라고해서 영원히 귀(貴)한 존재일 수 없고, 기층민이라고 해서 끝까지 천(賤)할 수 없다. 유능하면 등용하고, 무능하면 끌어내리며, 공의는 들어쓰고, 사사로운 원망은 배척한다.[22]

---

21) 쑨이르앙(孫詒讓), 같은 책, 권2, 상현(尙賢) 上, pp. 43-44. "今者王公大人爲政於國家者, 皆欲國家之富, 人民之衆, 刑政之治.... 是故國有賢良之士衆, 則國家之治厚, 賢良之士寡, 則國家之治薄. 故大人之務, 將在於衆賢而已."

22) 쑨이르앙(孫詒讓), 같은 책, 권2, 상현(尙賢) 上, p. 46. "故古者聖王之爲政, 列德而尙賢. 雖在農與工肆之人, 有能則擧之.... 故官無常貴, 而民無終賤. 有能則擧之, 無能則下之, 擧公義, 辟私怨."

뭐자이의 이야기는 매우 혁신적인 내용을 담고 있다. 그에게 있어서는 사람의 내부적 인격(moral)도 필요하지만, 외부적인 기능(function)이 더욱 중요하다. 그러므로 무능한 귀족을 끌어내리고 유능한 평민을 들어쓰자고 주장한다. 이는 신분을 타파하자는 것으로 해석될 수 있다. 혁명적인 주장이 아닐 수 없다.

② 전제(專制)주의 : 상동(尙同)

'상현'의 연장선에 '상동'(尙同)의 논리가 있다. 효과적인 통치를 위하여 정치 지도자는 사람들의 의견을 모아야 한다. 혼란을 피하여야 하기 때문이다. 뭐자이는 「상동편」에서 지도자의 견해에 동의해야 한다고 진술하고 있다. 이 경우의 '상동'은 아랫사람이 윗사람에게 동의(同議)해야 한다는 의미를 담고 있다. 직역하면 "같아지기[同]를 숭상한다."라고 새길 수 있는데, 말을 바꾸면 의견 '일치' 혹은 '통일'을 숭상한다는 해석도 가능하다. '상'(尙)자는 '바라다' 혹은 '숭상하다'의 뜻으로 동사로 사용되고 있다.

> 옛적에 사람들이 처음 생기고 형정(刑政)이 없을 때, 대개 그들의 말이 사람마다 기준이 달랐다. 그리하여 1인이면 한 가지 기준, 2인이면 두 가지 기준, 10인이면 열 가지 기준이 있었다. 사람이 많을수록 그 기준이 또한 많아졌다. 그리하여 사람들은 자기 기준은 옳고 다른 사람의 기준은 그르다고 하여, 서로가 서로를 그르다고 하였다.... 온 세상의 혼란함이 마치 짐승의 세상과 같았다. 대저 천하가 혼란해지는 까닭이 두목[政長]이 없는데서 생기게 됨을 알았다. 그리하여 천하의 현명한 자를 선발하여 두목[天子]으로 세웠다.... 천자는 천하의 백성에게 정령을 발표하여, "좋은 것과 나쁜 것을 들으면, 모두 윗사람에게 고해야 한다. 윗사람이 옳다고 하면 반드시 옳다고 해야 하고, 윗사람이 그르다고 하면 반드시 그르다고 해야 한다."라고

하였다.[23]

> 그렇다면 집안이 다스려지는 까닭은 무엇인가? 그것은 오직 가장(家長)의 견해에 동의하여[尙同] 기준을 통일하여 다스렸기 때문이다. 가정이 다스려지면 국가의 도리 또한 이와 같지 않을까?.... 이처럼 선행자를 상주고, 포악한 자를 벌주면 국가는 반드시 다스려질 것이다.... 국가가 다스려지면 천하의 도리 또한 이와 같지 않을까?.... 천자가 선행자를 얻어 상을 주고, 포악한 자를 벌주면 천하는 반드시 다스려질 것이다. 천하가 다스려지는 까닭은 어디에 있는가? 그것은 오직 (천자의 견해에) 동의하여 기준을 통일하여 다스렸기 때문이다.[24]

이와 같은 뭐자이의 이야기는 서양 철학자 토마스 홉스(Thomas Hobbes ; 1588~1679)의 이야기를 생각하게 한다. 그는 '만인의 만인에 대한 투쟁'(*Bellum omnium contra omnes*)을 주장한다. 통치자는 전제적(專制的 ; despotic)이어야 하며 가장 최악의 전제주의(專制主義)라 할지라도 무정부상태(anarchy)보다는 낫다.[25]

뭐자이의 '상동설'에 의하면, 개인의 의견이란 무시되며 정치지도자에 절대 복종해야 한다. 집단의 윤리는 집단을 유지하기 위해서 기능을 다해야 한다. 조직을 위하여 인간성을 해치는 사례가 얼마

---

23) 쑨이르앙(孫詒讓), 같은 책, 권3, 상동(尙同) 上, pp. 74-75. "古者民始生未有刑政之時, 蓋其語'人異義'. 是以一人則一義, 二人則二義, 十人則十義.... 正長旣已具, 天子發政於天下之百姓, 言曰, 聞善而不善, 皆以告其上. 上之所是必皆是之, 所非必皆非之."

24) 쑨이르앙(孫詒讓), 같은 책, 권3, 상동(尙同) 下, pp. 93-94. "然計若家之所以治者, 何也? 唯以尙同一義爲政故也.... 然計若國之所以治者, 何也? 唯能以尙同一義爲政故也."

25) Bertrand Russel, *History of Western Philosophy,* George Allen & Unwin Ltd, 1961, p. 536. "It is admitted that the sovereign may be despotic, but even the worst despotism is better than anarchy."

나 많았던가? 뭐자이의 시대는 사람 죽이기를 밥 먹듯이 하는 난세였다. 뭐자이가 오늘날 조폭과 비슷한 '유협'(游俠) 집단의 두목이었다는 점을 고려하면 이상과 같은 주장이 별로 이상할 것이 없다.

③ 침략전쟁을 반대함[非攻]

전쟁이 계속되는 시기에 생애를 보내는 사람들의 운명은 비참하다. 제자백가의 시대에 법가를 제외하고 모두 전쟁 자체를 반대하고 있다. 뭐자이는 전쟁이야말로 천하의 해로운 것임을 인식하고 이를 반대한다. 그러나 그가 반대하는 것은 침략전쟁이다. '비공'(非攻)이란 말 그대로 '공격[攻]을 비난하다' 혹은 '반대하다'라는 뜻이다.

> 1인을 죽임을 의(義)롭지 못하다 말하는데, 한 번 죽을 죄를 지은 것이다. 이 이야기로 미루어본다면, 10인을 죽이면 열 번 죽을 죄를 지은 것이며, 100인을 죽이면 백 번 죽을 죄를 지은 것이다. 천하의 군자들은 이것이 비난받을 것을 알아서, 의롭지 못하다고 하는 것이다.[26]

뭐자이는 전쟁이 의롭지 못하므로 반대한다. 그러나 도덕(모랄)의 측면이외에 그가 전쟁을 반대하는 것은 전쟁이 이(利)롭지 못하다는 점도 있다.

> 군사를 결코 일으키지 말 일이다. 겨울에 (군사를) 동원하면 추위가

---

26) 쑨이르앙(孫詒讓), 『묵자한고墨子閒詁』上 권5, 비공(非攻) 上, p. 129. "殺一人謂之不義, 必有一死罪矣. 若以此說往, 殺十人十重不義, 必有十死罪矣. 殺百人百重不義, 必有百死罪矣. 當此, 天下之君子皆知而非之, 謂之不義."

두렵고, 여름에 동원하면 더위가 문제이니 겨울과 여름에는 안 된다. 봄에 동원하면 백성의 밭갈이와 파종을 망치고, 가을에는 수확을 망친다. 한 철이라도 농사를 돌보지 못하면 백성은 배고픔과 추위에 얼어 죽는 자가 셀 수 없이 많을 것이다.... 국가의 정치를 행하면서 백성의 재용을 박탈하고 백성의 이익을 망치는 정도가 이처럼 엄청난데도, 왜 전쟁을 한다는 말인가?[27]

뭐자이는 전쟁을 반대하였으나, 그를 평화주의자라고 부를 수는 없다. 반대한 것은 침략(공격) 전쟁이지 방어 전쟁을 말하는 것이 아니다. 그 자신이 '유협'의 집단에 소속되어 있었고, 칼잡이들을 부리는 입장에 있었지 않은가? 그는 군사 전문가였으며, 초(楚) 나라로부터 위협을 받던 송(宋) 나라를 구하는 방책을 가지고 있었다.

꽁수판(公輸盤)[28]이 초(楚) 나라를 위하여 (공격 무기) 구름사다리[雲梯]를 만들어, 장차 송(宋) 나라를 공격할 예정이었다. 뭐자이는 이 소식을 듣고 제(齊)나라로부터 십일 낮 십일 밤을 달려서 (초의 수도) 영(郢)에 도착하였다.... (초나라) 왕이 말하기를, "좋소! 꽁수판이 나를 위하여 구름사다리를 만들었으니, 내가 반드시 송(宋)을 집어먹을 것이오!"라고 하였다. 꽁수판을 보고 뭐자이는 허리띠를 풀어서 성(城) 모양을 만들고 조그만 막대기로 기계(무기)를 삼았다. 꽁수판이 아홉 차례 공격무기를 설치하고 공격을 하였다. 뭐자이는 이를 모두 막아냈고, 꽁수판은 공격무기를 모두 사용하여 버렸다. 그러나 뭐자이의 방어술은 아직 여유가 있었다. 결국 꽁수판이 굴복하고 말하였다. "나는 그대를 물리치는 방법을 알고 있소. 그러나 나는 그것을 말하지 않겠소!"라고 하였다. 뭐자이가 말하기를, "나는

---

27) 쑨이르앙(孫詒讓), 같은 책, 비공(非攻) 中, p. 130. "今師徒唯毋興起. 冬行恐寒, 夏行恐暑.... 國家發政, 奪民之用, 廢民之利, 若此甚衆, 然而何爲爲之?"
28) 전국(戰國) 시대 기계 제작자의 이름.

> 그대가 나를 물리치는 법이 무엇인지를 알고 있소! 나도 그것을 말하지 않겠소."라고 하였다. 초왕(楚王)이 그 까닭을 물으니, 뭐자이가 대답하였다. "꽁수판의 뜻은 신(臣)을 죽이는 데 지나지 않습니다. 신이 죽으면 송(宋) 나라는 능히 지킬 수 없으니 공격을 하겠지요. 그러나 신의 제자 친후아리(禽滑釐) 등 300명이 신이 만든 방어무기로 무장하고 송(宋)의 성 위에서 초나라가 쳐들어오기를 기다리고 있지요! 비록 신을 죽인다 해도 그들을 전멸시킬 수는 없습니다."라고 말하였다. 초 나라 왕은 "좋소! 내가 송 나라를 공격하지 말라고 할 것이오!"라고 말하였다.[29]

이와 같은 이야기는 뭐자이가 대단한 군사 전략가임을 말해준다. 그는 탁상에서 꽁수판의 공격을 막아낼 수 있는 전법(戰法)을 펼침으로써, 초 나라 왕으로 하여금 송 나라를 공격하지 못하도록 설득하는데 성공하였다. 이는 전쟁(war) 당사국이 전장(戰場 ; field)을 필요로 하지 않고, 공격과 방어의 실험무기를 전시하는 방법으로써 역으로 전쟁을 막을 수 있다는 사례를 보여주는 것이다.[30]

---

29) 쑨이르앙(孫詒讓), 『묵자한고墨子閒詁』下 권13, 공수(公輸), pp. 483~488. "公輸盤爲楚造雲梯之械成，將以攻宋。子墨子聞之，起於齊，行十日十夜而至於郢，見公輸盤。公輸盤曰：'夫子何命焉爲？' 子墨子曰：'北方有侮臣，願藉子殺之。' 公輸盤不說。子墨子曰：'請獻十金。' 公輸盤曰：'吾義固不殺人。' 子墨子起，再拜曰：'請說之。吾從北方，聞子爲梯，將以攻宋。宋何罪之有？荊國有餘於地，而不足於民，殺所不足，而爭所有餘，不可謂智。宋無罪而攻之，不可謂仁。知而不爭，不可謂忠。爭而不得，不可謂强。義不殺少而殺衆，不可謂知類。' 公輸盤服。.... 王曰：'善哉！雖然，公輸盤爲我爲雲梯，必取宋。' 於是見公輸盤，子墨子解帶爲城，以牒爲械，公輸盤九設攻城之機變，子墨子九距之，公輸盤之攻械盡，子墨子之守圉有餘。公輸盤詘，而曰：'吾知所以距子矣，吾不言。' 子墨子亦曰：'吾知子之所以距我，吾不言。' 楚王問其故，子墨子曰：'公輸子之意，不過欲殺臣。殺臣，宋莫能守，可攻也。然臣之弟子禽滑釐等三百人，已持臣守圉之器，在宋城上而待楚寇矣。雖殺臣，不能絶也。' 楚王曰：'善哉！吾請無攻宋矣。'"
30) 훵여우란(馮友蘭), 『간명한 중국철학사』, 정인재 옮김 (형설출판사, 2007), p. 88.

5.3.2 경제사상

① 물자의 절약[節用]

오늘날 경제 제일주의의 시각에서 본다면, 뭐자이 사상의 장점은 경제에 있는 듯하다. 학자들은 이 방면에 주의하여 뭐자이의 사상을 일종 공리주의(功利主義 ; Utilitarianism)[31]의 철학과 통한다고 진단한다. 그는 오로지 성과[功]를 중시하고 또한 이익[利]을 중시한다. '절용'이란 물자의 사용[用]을 절약한다는 의미이다.

> 백성의 재물이 부족하여 굶고 얼어 죽는 자를 모두 셀 수 없다.[32]

> 옛적에 성왕이 음식의 법을 제정함에 있어서 말하기를, "족히 허기를 달래고, 넓적다리와 팔을 강하게 하고, 귀와 눈을 총명하게 하는 것으로 족하다."라고 하였다. 다섯 가지 맛의 조화와 향기를 극도로 원하지 않고, 먼 나라로부터 진귀한 보물을 구하지 않았다.[33]

> 궁실을 건축함에 어떻게 하는가? 겨울에는 추위를 막고, 여름에는 더위와

---

31) '공리주의'(功利主義)는 19세기 영국에서 유행한 철학 윤리설이다. 철학자 겸 법학자인 제레미 벤담(Jeremy Bentham ; 1748~1832)의 인간의 보편적인 쾌락 추구설(universalistic hedonism)에 기반을 두고 있다. 뭐자이는 쾌락(快樂)의 추구는 아닐지라도 '효용'(效用 ; utility)의 추구에 있어서 공리주의자(功利主義자)라고 볼 수 있다. 이는 용어의 측면에서 '공리주의'(公利主義)와는 구별된다. 전자가 개인적 차원의 '효용'을 추구하는 것이라면, 후자는 私的(private)인 것이 아니고 公共(public)의 이익을 도모하는 주의라고 볼 수 있다.

32) 쑨이르앙(孫詒讓), 『묵자한고墨子閒詁』上 권6, 절용(節用) 上, p. 162. "民財不足, 凍餓死者, 不可勝數."

33) 쑨이르앙(孫詒讓), 같은 책 권6, 절용(節用) 中, p. 164. "是故聖王制爲飮食之法曰, '足以充虛繼氣, 强股肱, 耳目聰明, 則止.' 不極五味之調, 芬香之和, 不致遠國珍怪異物."

비를 막으면 된다.[34]

이와 같은 뭐자이의 이야기는 경제에 있어서 물자의 사용을 간소하라는 뜻이다. 이는 하층 인민의 이익을 대변하는 사상으로 의식주(衣食住)의 모든 방면에서 소비를 절약하라는 말이다.

② 장례식의 간소화[節葬]

'절용'의 연장선에 '절장'이 있다. 이는 장례에 있어서 물자의 사용을 절약하고, 장례 기간을 단축하라는 뜻이다.

그러므로 옛 성왕이 매장(埋葬)의 법을 제정함에 있어서, "관(棺)이 세 치[三寸]의 길이면 족히 시체를 썩힐 수 있고, 옷이 세 벌이면 족히 시체의 냄새를 덮을 수 있으니, 장례에 미쳐서는 (땅을 파서) 아래로 물에 이르지 않고, (흙을 덮어서) 위로 냄새를 통하지 않고, 무덤은 3경(三耕)의 이랑이면 그쳤다."라고 하였다. 죽은 자를 이미 땅에 묻으면 살아있는 자는 오랫동안 곡(哭)을 할 필요는 없다.... 이것이 성왕의 법이다.[35]

이상과 거의 같은 내용의 문장이 『묵자』절용 중(中)편에도 보이는데, 이 두 가지 주장이 모두 장례의 절차를 간소하게 하라는 말이다. 더욱 구체적인 내용을 들어보자.

두텁게 장사지냄[厚喪]과 오랜 기간 상례[久喪]를 갖추라고 고집하는

34) 쑨이르앙(孫詒讓), 같은 책 권6, 절용(節用) 上, p. 160. "其爲宮室何? 以爲冬以圉風寒, 夏以圉暑雨."

35) 쑨이르앙(孫詒讓), 같은 책 권6, 절장(節葬) 下, pp. 180-181. "故古聖王, 制爲葬埋之法, 棺三寸, 足以朽體, 衣衾三領, 足以覆惡.... 此聖王之法也."

사람들은 "'후장구상'이 비록 가난한 이를 부자로, 작은 인구를 많은 인구로, 위험을 가라 앉히고, 혼란을 다스리지는 못하더라도, 이는 성왕의 도리이다." 라고 말한다. 그러나 이는 그렇지 않다. 옛적에 야오(堯) 임금이 북방 오랑캐 '팔적'(八狄)을 교화시킬 때, 당신이 죽으면 공산(蛩山)의 땅 북쪽에 묻으라고 하였다. 옷은 세 벌이요, 닥나무로 관(棺)을 만들고, 칡 덩쿨로 관을 묶도록 하였다. 하관(下官)하고 곡을 한 뒤, 구덩이를 채우고 봉분(封墳)을 만들지 않았다. 장례가 끝나자 소와 말이 그 위를 지나다녔다. 순(舜) 임금이 서방 오랑캐 '칠융'(七戎)을 교화시킬 때, 당신이 죽으면 남기(南己)의 저자[市]에 묻으라고 하였다. 옷은 세 벌이요, 닥나무로 관(棺)을 만들고, 칡 덩쿨로 관을 묶도록 하였다. 장례가 끝나자 동네 사람들이 그 위를 지나다녔다. 우(禹) 임금이 동방 오랑캐 '구이'(九夷)를 교화시킬 때, 당신[道]이 죽으면 회계산(會稽山))에 묻으라고 하였다. 옷은 세 벌이요, 오동나무로 만든 세 치의 관(棺)을 칡 덩쿨로 묶도록 하였다. 그 묶음이 잘 맞지 않았고, 구덩이도 깊지 않았다. 무덤의 깊이는 아래로 물에 이르지 않고, 위로 냄새를 통하지 않게 하였다. 무덤이 3경(三耕)의 이랑에 그쳤다. 만일 이와 같은 3인의 성왕을 관찰한다면, '후장구상'은 성왕의 도리가 아니다. 그러므로 3인이 모두 천자(天子)가 되고, 천하는 부유해졌으니, 재물의 부족을 걱정하였겠는가? 이것이 곧 매장의 법이 되는 것이다.[36]

이제 천하의 군자가 장차 인의를 구하고, 어진 선비[上士]를 구하여

---

36) 쑨이르앙(孫詒讓), 같은 책 권6, 절장(節葬) 下, pp. 181-185. "今執厚葬久喪者之言曰：'厚葬久喪雖使不可以富貧衆寡，定危治亂，然此聖王之道也。' 子墨子曰：不然。昔者堯北敎乎八狄，道死，葬蛩山之陰，衣衾三領，穀木之棺，葛以緘之，旣窆而後哭，滿埳無封。已葬，而牛馬乘之。舜西敎乎七戎，道死，葬南己之市，衣衾三領，穀木之棺，葛以緘之，已葬，而市人乘之。禹東敎乎九夷，道死，葬會稽之山，衣衾三領，桐棺三寸，葛以緘之，絞之不合，通之不埳，土地之深，下毋及泉，上毋通臭。旣葬，收餘壤其上，壟若參耕之畝，則止矣。若以此若三聖王者觀之，則厚葬久喪果非聖王之道。故三王者，皆貴爲天子，富有天下，豈憂財用之不足哉？以爲如此葬埋之法。"

위로 성왕의 도리를 욕망하고, 아래로 국가와 백성의 이익을 욕구한다면, 마땅히 장례를 절약하는 것으로 정치를 삼아야 한다. 이점을 잘 살펴야 한다.[37)]

뭐자이의 주장대로 고대에는 세상이 부유하고, 재물의 부족을 걱정하지 않았는지 잘 알 수 없다. 인구가 적어서 물자를 놓고 다투는 일은 적었을 것이다. 혹은 물자가 적더라도 사람들의 마음이 물질만능에 빠지지 않아서 싸움이 적었을 가능성도 있다. 그는 장례에 사용하는 의복과 관곽(棺槨)을 절약하고, 3년의 오랜 기간(3년상) 복상함을 문제 삼아서 기간을 단축하는 단상(短喪)을 주장하고 있다.

두텁게 장사지낸다는 뜻의 '후상'(厚喪)을 반대함은 경제와 관련이 있다. 오랜 기간에 걸친 상례라는 뜻의 '구상'(久喪)을 반대함은 인구 증가와 관련이 있다. 즉 뭐자이는 '구상'이 인구 증가에 장애가 된다고 보았다. 왜 그런가? 상중(喪中)에는 성생활(sex)을 자유롭게 할 수 없었다. 따라서 인구 증가에 도움이 안 되는 '구상'을 반대한 것이다. 뭐자이가 '절용'과 '절장'을 주장함은 유가에 대한 비판의 한 가지이다.

③ 음악을 배척함[非樂]

어떤 사상가가 음악을 배격하는 일은 동서고금에 드문 일이다. 그런데 뭐자이는 음악을 비난하고 이를 배격한다. 이는 공리주의의

---

37) 쑨이르앙(孫詒讓), 같은 책 권6, 절장(節葬) 下, p. 190. "今天下之士君子, 中請將欲爲仁義, 求爲上士, 上欲中聖王之道, 下欲中國家百姓之利, 故當若節喪之爲政, 而不可不察此者也."

실천자로서 경제 제일주의(第一主義) 사고에서 유래된 것이다. '비악'이란 음악의 연주를 비난한다[非]라는 의미이다. '비'(非)자는 동사로 쓰이고 있다.

> 인민에게는 세 가지 근심[三患]이 있다. 굶주린 자가 먹을 것을 얻지 못함, 추위에 떠는 자가 입을 옷을 찾지 못함, 노동에 지친 자가 휴식을 얻지 못함의 세 가지가 큰 근심거리이다. 그렇다면 큰 종을 치는 일, 명고(鳴鼓)를 두드리는 일, 거문고를 켜는 일, 피리를 부는 일 그리고 방패와 도끼를 쳐올리는 일(예컨대 劍舞) 등을 하면서 어떻게 백성의 먹거리와 옷 등의 재물을 얻을 수 있겠는가? 내 생각에는 불가능한 일이라고 본다. 이 문제는 덮어두자. 지금 큰 나라가 작은 나라를 공격하고, 큰 집안이 작은 집안을 치고, 강자가 약자를 강탈하고, 다수가 소수를 학대하고, 머리 좋은 놈이 우둔한 놈을 사기치고, 신분이 귀한 자가 천한 자를 업신여긴다. 왜구, 난리를 일으키는 자, 도적 떼가 일어나도 이를 제압할 수 없다. 이러한 때에 큰 종을 치고, 명고(鳴鼓)를 두드리고, 거문고를 켜고, 피리를 불며, 방패와 도끼를 쳐올리는 일은 천하의 혼란을 가져오는 일이다. 장차 어떻게 백성을 다스릴 수 있겠는가? 내 생각에는 불가능한 일이다. 묵자는 말한다. "백성에게 무거운 세금을 거두어들이고, 큰 종, 북, 거문고, 피리를 연주하는 행위는 세상의 이익을 조성하고 해악을 제거하는 데에 아무런 도움이 되지 못한다." 그러므로 묵자는 "음악을 연주하는 일은 잘못된 것이다."라고 말한다.[38]

38) 쑨이르앙(孫詒讓), 같은 책 권8, 비악(非樂) 上, pp. 253-254. "民有三患：飢者不得食，寒者不得衣，勞者不得息，三者民之巨患也。然卽當爲之撞巨鍾、擊鳴鼓、彈琴瑟、吹竽笙而揚干戚，民衣食之財將安可得乎？卽我以爲未必然也。意舍此。今有大國卽攻小國，有大家卽伐小家，强劫弱，衆暴寡，詐欺愚，貴傲賤，寇亂盜賊並興，不可禁止也。然卽當爲之撞巨鍾、擊鳴鼓、彈琴瑟、吹竽笙而揚干戚，天下之亂也。將安可得而治與？卽我未必然也。是故子墨子曰：'姑嘗厚措斂乎萬民，以爲大鍾、鳴鼓、琴瑟、竽笙之聲，以求興天下之利，除天下之害而無補也。' 是故子墨子曰：'爲樂，非也。'"

이와 같이 뭐자이는 음악을 반대한다. 뭐자이는 음악이 경제에 도움이 되지 못할 뿐 아니라, 불필요하고 쓸모없는 행위로 진단하였다. 우리는 오로지 '경제적 동물'(economic animal)로서 살아갈 수는 없다. 콩치우와 멍커 일행이 음악을 중시하였음은 그만한 이유가 있었다. 음악이란 인간 심성의 도야(陶冶)를 통하여 도덕 교육의 기능을 훌륭하게 수행하였던 것이다. 뭐자이의 극단적인 공리주의가 현실 생활에서 채택되지 못하였음은 어쩌면 당연한 일일 것이다.

5.4 유가(儒家)에 대한 비판

앞에서 언급하였듯이『맹자』에 다음과 같은 구절이 있다.

> 성왕이 나오지 않자 제후들이 방자하며 처사(處士)들이 멋대로 의론하고, 양주(楊朱)와 뭐자이(墨翟)의 말이 세상에 가득하니, 세상에 떠도는 말이 양주 아니면 뭐자이에게 돌아간다고 한다. 양씨는 자기만을 위하니[爲我], 이는 군주가 없음이요, 뭐씨는 온 세상 사람을 사랑하라고 하니[兼愛], 이는 아버지도 없는 것이다. 아버지도 없고 군주도 없음은 곧 동물과 다를 바 없다.[39]

멍커의 말에 의하면, 뭐자이의 학설이 한 때 굉장한 인기를 얻고 세상에 퍼졌음을 알 수 있다. 멍커가 유가의 한 사람으로 뭐자이를

39)『맹자』등문공(滕文公) 下. "聖王不作, 諸侯放恣, 處士橫議, 楊朱、墨翟之言盈天下。天下之言, 不歸楊, 則歸墨。楊氏爲我, 是無君也 ; 墨氏兼愛, 是無父也。無父無君, 是禽獸也。"

비난하듯이, 뭐자이는 '협사'의 한 사람으로 유가들을 비난하였다. 그의 유가에 대한 비판을 요약하면 다음과 같다.

유가에서 말하는 덕(德)이란 하나의 허세이요, 그 예절이란 허례이다. 직접 생산 노동에 종사하지 않은 유가는 공격받아 마땅하다. 유가는 법고(法古 ; 옛 것을 본받는 것)의 폐단이 있다. 콩치우가 추구한 주(周)의 제도는 귀족의 문화이다. 뭐자이는 이와 같은 귀족을 반대하고, 평민의 입장을 지지하고 있다.

뭐자이는 '절용'의 측면에서는 유가에 동조하지만,[40] 기타의 측면에서는 유가의 입장을 반대한다. 장례를 간소하게 치르는 일('절장') 혹은 음악의 연주를 반대하는 일('비악') 등은 모두 유가에 대한 비판의 결과물이다.

뭐자이의 유가 비판은 결국 무엇을 소망한 것일까? 그것은 인민의 큰 이익을 지향하였기 때문이다. 대다수의 인민은 결국 부(富)를 원한다. 나라에는 인구가 많은 것이 바람직하다.[41] 그러므로 3년 상

---

40) 콩치우(孔丘)도 '절용'(節用)을 주장하였다. 『논어』학이편에 "1,000 대의 수레를 가진 나라를 다스리되, 일을 경건하게 처리하고 미덥게 하며, 비용을 절감하고 사람을 사랑하며, 백성을 부리되 때에 알맞게 한다."(子曰. 道千乘之國, 敬事而信, 節用而愛人, 使民以時)라고 있다. 주시(朱熹)는『논어』의 이 편을 注하면서 『주역周易』'수택절'(水澤節 ; 60괘) 괘의 단사(彖辭)를 인용하여, "제도로써 절제(節制)하여 재물을 상(傷)하지 않으며, 인민을 해치지 않는다."(節以制度, 不傷財, 不害民)라고 하였다. 이 구절의 '불상재'(不傷財)는 물자를 절약하는 '절용'(節用)의 정신을 가리킨다. 참고로『주역周易』'수택절'(水澤節)괘에서 '節'은 '절약' 혹은 '절용'의 뜻도 있지만, 한편 수레[馬車]의 이음새 즉 '관절'(juncture)의 의미도 있다. cf. 황준연, 『실사구시로 읽는 주역』(서광사, 2009), p. 634.

41) 현재의 중국 인구는 13억을 초과한다. 학자들은 AD 1세기 시절 고대 중국 인구를 대략 6,000만 명 정도로 추산한다. 중국의 땅 넓이로 보았을 때, 이는 작은 인구에 속한다. 그러므로 뭐자이(墨翟)가 인구 증가를 선(善)한 일로 받아들였음은 이상한 일이 아니다. 만일 그가 오늘의 중화인민공화국에 다시 태어난다면, 그는 결단코 인구 증가를 반대할 확률이 크다.

을 치루는 동안, 성생활(sexual intercourse)을 하지 못함은 인구 증가에 장애가 된다. 그가 유가 도덕교육의 한 수단으로 활용된 음악을 반대한 까닭도 음악이 경제적 생산성이 없는 쓸모없는 사치스러운 행위로 인식하였기 때문이다.

📖 참고문헌

- 이강수, 『중국 고대철학의 이해』, 지식산업사, 2000.
- 마티엔시앙(龐天祥), 『중국종교철학사』, 人民出版社, 2006.
- 쑨이르앙(孫詒讓), 『묵자한고墨子閒詁』上·下, 中華書局, 2001.
- 쑨종위앤(孫中原), 『묵학통론墨學通論』, 遼寧教育出版社, 1995.
- 쓰마치엔(司馬遷), 『사기史記』, 정범진 외 옮김, 까치, 1994.
- 양준꾸앙(楊俊光), 『묵자신론 墨子新論』, 江蘇教育出版社, 1995.
- 왕시엔치엔(王先謙), 『순자집해荀子集解』上·下, 中華書局, 1997.
- 훵여우란(馮友蘭), 『중국철학사』上, 박성규 옮김, 까치, 1999.
- 가노 나오키(狩野直喜), 『중국철학사』, 오이환 역, 을유문화사, 1986.
- 아사노 유이치(淺野裕一), 『상박초간여선진사상上博楚簡與先秦思想』, 臺灣萬卷 樓圖書有限公司, 2008.
- 에드워드 윌슨, 『인간본성에 대하여』, 이한음 옮김, 사이언스북스, 2002.
- 로저 트리그, 『인간본성에 대한 철학적 논쟁』, 최용철 옮김, 간디서원, 2003.
- 로버트 라이트, 『도덕적 동물』, 박영준 옮김, 사이언스북스, 2003.
- H. G. 크릴, 『공자 ; 인간과 신화』, 이성규 역, 지식산업사, 1994.
- Bertrand Russel, *History of Western Philosophy*, George Allen & Unwin Ltd, 1961.

제6장

본성[性]의 문제 -멍커(孟軻)와 쉰쿠앙(荀況)에 의한 유교의 발전

"마음(心)을 다하는 자는 본성(性)을 안다.
본성을 알면, 즉 하늘(天)을 알게 된다.
그 마음을 잘 지키고, 본성을 잘 기르면
곧 하늘을 섬기는 것(事天)이다.
요절하거나 장수함을 마음에 담아두지 않아,
몸을 닦고 죽음을 기다림은 '명'(命)을 세우는 것이다."
(孟子曰. 盡其心者, 知其性也, 知其性, 則知天矣.
存其心, 養其性, 所以事天也. 殀壽不貳, 修身以俟之, 所以立命也.)

-『맹자孟子』진심(盡心) 上

6.1 꾸어띠엔(郭店) 죽간『성자명출性自命出』의 사상

콩치우의 제자 쯔꽁(子貢)은 콩치우 선생이 인간의 본성(性)과 천도(天道)에 대하여 구체적으로 말하지 않았다고 불만을 터트린 일이 있다. "쯔꽁이 말하였다. '선생님이 사람의 몸가짐과 말씀에 대해서 이야기하신 것을 들을 수 있으나, 사람의 본성[性]과 천도(天道)에 대하여 이야기하는 것을 들을 수 없었다.'"[1]라는 내용이 그것이다.

『논어』의 이 구절은 콩치우가 인생의 자잘한 것에 대해서는 이야기하였으나, 성명론(性命論) 혹은 우주론(宇宙論)의 철학에 대해서 말하지 않았다는 점을 암시한다. 콩치우는 현학적인 이론을 나열하며 왈가왈부하는 것을 싫어하였다. 그러나 만일 지식의 추구가 인간 본능 가운데에 하나라는 점을 인정한다면, 우리는 어떤 문제를 놓고 질문을 던지는데 주저해서는 안 된다. 원래 철학자들이란 귀찮은(?) 질문을 자주 던지는 자들이다. 이제 우리는 인간의 심(心)・성(性)이 무엇인지 또한 정(情)이 무엇인지를 물을 때가 왔다.

1993년 후뻬이성 징먼市 꾸어띠엔(郭店)의 발굴 자료 중에『노자』3조,『태일생수太一生水』등 이외에『성자명출性自命出』이라 이름 붙인 죽간이 들어있다. 같은 내용의 죽간이 1994년 상하이박물관에서 입수한 자료에도 나타나 관심을 끌었다. 상하이박물관 죽간[2] 자료는 연구자에 따라서『성정性情』혹은『성정론性情論』이라고 부르

1) 『논어』공야장(公冶長). "子貢曰. 夫子之文章, 可得而聞也, 夫子之言性與天道, 不可得而聞也."

2) 이 자료는 보통 '상박간'(上博簡)으로 약칭(略稱)하여 사용된다.

기도 하는데, 꾸어띠엔의 『성자명출』과 내용은 같고, 판본만이 다를 뿐이다. 편제도 다른데 전자[상박간]는 6장으로 나누어져 있고, 후자[꾸어띠엔]는 장(章)을 나누지 않았다.

그 동안의 연구에 의하면 『성자명출』(『성정』)은 유가학파에 속하며, 콩치우의 손자인 콩지(孔伋 ; 子思)와 그 제자 멍커와 관련을 맺고 있다. 아마도 이 책의 저자는 콩지(孔伋)가 아니면, 당대에 스츠(世子)라고 높여 부르던 스수어(世碩)일 가능성이 크다.[3)]

사상사의 측면에서 볼 때에, 『성자명출』은 다른 어떤 자료보다도 소개할 가치가 크다. 왜냐하면 이는 철학사상 중요개념인 심(心)·성(性)·정(情)의 문제를 본격적으로 다루고 있기 때문이다. 원문을 번역하면 다음과 같다.

> 무릇 사람에게는 본성[性]이 있다. 마음[心]이 지향하는 의지[志]를 갖는 것이 아니다. 사물[物]을 기다린 연후에 작용하고, 기쁨[悅]을 느낀 이후에 행동하고, 습관[習]이 된 이후에 방향이 정해진다. 기쁨, 노함, 슬픔[哀], 비탄[悲]의 기운[氣]이 본성이다. 밖으로 나타난 데에 미쳐서 사물이 취한다. 본성은 '명'으로부터 나오고, '명'은 하늘이 내리는 것이다.(性自命出, 命自天降) 도(道)는 감정[情]에서 시작하고, 감정은 본성에서 태어난다. 시작은 감정에 가깝고, 끝은 의리[義]에 가깝다. 감정을 아는 자는 능히 나오고, 의리를 아는 자는 능히 들어간다. 좋아하고 미워함은 본성이다.(好惡, 性也) 좋아하는 바와 미워하는 바는 사물이다. 선하고 선하지 않음은 본성이다.(善不善, 性也). 선한 바와 선하지 않은 바는 세력이다.[4)]

---

3) 띵쓰신(丁四新), 『곽점초묘죽간사상연구郭店楚墓竹簡思想硏究』(東方出版社, 2000), p. 178.

4) 이상은 꾸어띠엔(郭店) 출토본 『성자명출』20장 가운데에 제1장의 한글 번역이다. 원문은 리티엔훙(李天虹), 『성자명출연구性自命出硏究』(湖北敎育出版社, 2003) 및, 리링(李零), 『곽점초간교독기郭店楚簡校讀記』(北京大學出版社, 2002)

이상 『성자명출』 원문은 문장이 난삽하고 개념 또한 불완전하지만, 중국철학의 중요한 카테고리가 거의 등장하고 있다. 이를 내용의 측면에서 개략적으로 정리하면 다음과 같다.

- 성(性)은 사람의 본성으로 사람의 마음[心] 가운데에 숨어 있다.
- 정(情)은 사람의 감정이다. 감정은 본성이 유출될 때에 밖으로 나타난다.
- 심(心)은 사람의 정신 활동이다.
- 지(志)는 사람의 주관(主觀) 의지이다.
- 습(習)은 사람의 후천적인 습관이다.
- 사람의 본성은 천명(天命)에 의해서 만들어진다.
- 사람은 선천적으로 좋아함과 미워함[好惡]의 감정을 갖는데, '호오' 그 자체는 본성이고, 이것이 밖으로 사물[物]에 접촉하여 나타난다. 나타날 때는 사물에 접촉하므로 정(情)이 촉발된다.
- 선하고(善) 선하지 않음(不善)은 본성이다.

『성자명출』의 본문 처음에 등장하는 '본성'[性 ; 원문 眚]은 모든 인간이 소유한 보편 개념이다. 이는 하늘이 부여하는 것으로 해석된다. 이는 소[牛]나 거위[雁] 등의 동물도 타고난 것이다.(『성자명출』 7장) 그러므로 성인(聖人)의 본성이나 보통 사람의 본성이 다른 것이 아니다.[5]

를 조합하여 취하였다. "凡人唯(雖)有眚(性). 心亡(無)奠(定)志. 待勿(物)而句(后)作. 待兌(悅)而句(后)行. 待習而句(后)奠(定). 喜怒哀悲之氣, 眚(性)也. 及其見於外, 則勿(物)取之也. 眚(性)自命出, 命自天降. 道司(始)於靑(情), 靑(情)生於眚(性). 司(始)者近靑(情), 終者近義. 知[情者能]出之, 智(知)宜(義)者能內(入)之. 好亞(惡), 眚(性)也. 所好所亞(惡), 勿(物)也. 善不[善, □也]. 所善所不善, 執(勢)也."

5) 이 구절은 『성자명출』과 함께 출토된 꾸어띠엔 죽간 『성지문지成之聞之』 6장의 이야기이다.

중요한 점은 "본성은 '명'으로부터 나오고, '명'은 하늘이 내린다."(性自命出, 命自天降)라는 문장이다. '명'(命)은 고대 갑골문에는 보이지 않고, 서주 시대 이후에 나타난 개념이다. 대개는 '천명'(天命)처럼 합성어로 쓰인다. 『논어』에 "군자는 세 가지 두려움이 있다. 천명을 두려워하고, 대인(大人)을 두려워하고, 성인(聖人)의 말을 두려워한다."[6]라고 있다. 『맹자』에 다음과 같은 기록이 있다.

> 마음[心]을 다하는 자는 본성[性]을 안다. 본성을 알면, 즉 하늘[天]을 알게 된다. 그 마음을 잘 지키고, 본성을 잘 기르면 곧 하늘을 섬기는 것(事天)이다. 요절하거나 장수함을 마음에 담아두지 않아, 몸을 닦고 죽음을 기다림은 '명'(命)을 세우는 것이다.[7]

『성자명출』보다는 나중에 탄생한 것으로 믿어지는 『맹자』진심장에서 우리는 심·성·천·명의 네 가지 중요한 추상명사가 등장함을 본다. 이 구절에 대한 주시(朱熹)의 해석에 의하면, '입명'(立命)이란 하늘이 부여해준 것(본성)을 온전히 보존하여 사람이 해치지 않음을 말한다.

"본성은 '명'으로부터 나오고, '명'은 하늘이 내린다."라는 이 구절은 콩지(孔伋 ; 子思)의 저술인 『중용』제1장 "하늘이 명한 것을 본성(性)이라 이른다. 본성을 따름(혹은 통솔하는 것)을 도(道)라 이르고, 도를 닦음을 교(敎)라고 이른다."[8]라는 첫 구절과 통한다. 이

---

6) 『논어』계씨(季氏). "孔子曰. 君子有三畏. 畏天命, 畏大人, 畏聖人之言." 여기에서 '大人'이란 『주역』건괘(乾卦)의 "利見大人"과 통한다. 高位 직책에 있는 인물을 가리킨다.

7) 『맹자』진심장 上. "孟子曰. 盡其心者, 知其性也, 知其性, 則知天矣. 存其心, 養其性, 所以事天也. 殀壽不貳, 修身以俟之, 所以立命也."

8) 『중용中庸』제1장. "天命之謂性, 率性之謂道, 修道之謂敎."

구절에 대한 연구자들의 해석이 엇갈리고 있으나, 아무튼 『성자명출』의 위의 문장이 『중용』제1장의 구절과 관계가 있음을 부정할 수는 없다.

문제는 또 있다. 『성자명출』6장에 "본성을 이끄는 것은 도이다." (長性者, 道也)라는 구절이 있는데, 이는 『중용』제1장의 두 번째 구절 "본성을 따름을 도(道)라고 이른다"(率性之謂道)와 서로 통한다.[9]

『성자명출』1장에 보이는 '물'[物]의 개념 또한 분석의 대상이다. 이는 대체적으로 사물, 일 혹은 외부의 환경 등으로 해석된다. 외계의 사물이 심성을 촉발시킨다. 이렇게 하여 나타난 것이 곧 정감 혹은 감정[情]이다. 『성자명출』의 철학사상에 대하여 관련 학자들의 심도있는 연구 결과를 기대해본다.

『성자명출』은 인간의 정(情)에 대하여도 언급하고 있다. 정(情)은 사람의 감정이다. 감정은 본성이 유출될 때 밖으로 나타난다. 『성자명출』1장에서, "기쁨, 노함, 슬픔, 비탄의 기운[氣]이 본성이다. 밖으로 나타난 데에 미쳐서 사물이 취한다."라고 하였는데, 이와 같이 본성이 외계의 사물에 부딪쳐서(촉발하여) 나타나는 것이 '정'이다. 『성자명출』에 보이는 '정'에 관한 내용을 정리하면 다음과 같다.

- 도(道)는 '정'(情)에서 시작하고, '정'은 본성에서 생긴다. (1장)
- 예(禮)는 '정'에서 생겨나고, 혹은 흥(興)한다. (8장)

---

9) '솔성지위도'에서 '솔'(率)자는 전통적으로 '따르다'(to follow)라고 번역되고 있다. 그러나 이 글자는 '통솔하다'(to control)라는 의미도 있다. 『성자명출』의 '장성자'(長性者)에서 '장'(長)자는 형용사로는 '길다'(long)의 뜻이지만, 여기서는 동사로 쓰였고 그 뜻은 '자라다' 혹은 '이끌다'(to control)의 의미로 해석한다. 이와 같은 점에서 두 구절이 서로 통한다.

• 군자는 '정'을 아름답게 여기고, '의'(義)를 귀하게 여긴다. (8장)
• 믿음[信]이란 '정'의 방향[方]이요, '정'은 본성에서 생긴다.(13장)
• 대저 사람의 '정'은 가히 기뻐함이다.... 말이 없이 믿음을 가지면 아름다운 '정'을 지님이요, 가르침이 없이도 백성이 항심(恒心)을 지님은 본성이 착한 것이다. (16장)

이상에서 보는 바와 같이, '정'이란 밖으로 노출되어 나타나는 인간 감정이다. 『중용』 제1장에서는 "희 · 노 · 애 · 락의 밖으로 노출되지 않은 상태를 가리켜 '중'(中)이라 하고, 밖으로 노출되어 모두 절도에 알맞으면 '화'(和)라고 이른다."[10]라고 하였다. 여기에서 '희 · 노 · 애 · 락'이 '정'을 말한다.

『맹자』에 있어서 '정'의 문제는 크게 다루어지지 않았다. '정'에 대하여 참고할 만한 구절이 두 군데 보인다. 첫째는 「등문공」 上편의 "대저 사물의 같지 않음은 사물의 '정'이다."[11]라고 하였는데, 이 경우는 실정 혹은 형편을 말할 뿐이므로, 전혀 고찰할 가치가 없다. 둘째는 「고자장」上에 보이는, "그 '정'으로 말한다면, 가히 선(善)하다고 할 수 있으니, 이것이 내가 말하는 선하다는 것이다."[12]라는 구절이다. 이 구절은 철학적 범주(카테고리)로서 고찰할 가치가 있다.[13]

---

10) 『중용』 제1장. "喜怒哀樂之未發, 謂之中. 發而皆中節, 謂之和."
11) 『맹자』 등문공(滕文公) 上. "曰. 夫物之不齊, 物之情也. 或相倍蓰, 或相什百, 或相千萬, 子比而同之, 是亂天下."(말씀하였다. 사물이 똑같지 않음은 사물의 실정이다. 값의 차이가 혹은 서로 2배가 되고 5배가 되며, 혹은 10배가 되고 100배가 되며, 혹은 1,000배가 되고 10,000배가 된다. 그대는 이를 나란히 하여 똑같이 하려하니, 이는 세상을 어지럽히는 것이다.) 여기에서 사용된 "物之情也"의 '情'자는 실정 혹은 형편을 가리킨다. 말하자면 철학적 의미의 카테고리 개념이 아니므로 고찰할 가치가 없다.
12) 『맹자』 고자(告子) 上. "孟子曰. 乃若其情, 則可以爲善矣, 乃所謂善也."

이와 같은 점을 놓고 볼 때에, 『성자명출』은 중국철학의 중요한 개념인 심(心)·성(性)·정(情)의 문제를 취급한 점에서 가치가 크다. 또한 『성자명출』은 『중용』의 사상과 매우 가까운 사이라는 점이 증명된다. 그러므로 학자들은 이 자료가 '사맹학파'(思孟學派)[14]에서 나타난 것으로 유추하며, 『중용』이 나타나기 이전의 징검다리로 이해한다. 어떤 학자는 『성자명출』의 사상이 진화하여 멍커의 '성선설'을 낳은 것으로 보기도 한다.[15]

6.2 멍커의 철학사상

멍커(孟軻 ; BC 371?~BC 289?)는 추(鄒 혹은 騶) 땅에서 태어났다. 현재의 산뚱성 쩌우현(鄒縣)이 그곳이다. 세간에서는 보통 멍쯔(孟子)라고 부른다. 서양인들은 그를 가리켜 'Mencius'라고 호칭한다. 중국인들이 멍커를 부르는 '멍쯔'(孟子)의 중국어 발음에, 라틴어 'cius'가 합성된 것이다.

쓰마치엔의 『사기』에 의하면, 그의 학문은 콩치우의 손자인 콩지(孔伋 ; 쯔쓰子思라고 부름)에게서 전수받았다고 한다. 멍커는 여러 나라를 순방하며 국왕들에게 자신의 이상을 설명하였으나, 받아들

13) 주시(朱熹)는 주(注)하기를, "'정'은 본성이 움직인 것이다."(情者, 性之動也)라고 하였다. '정'의 문제는 12세기 송대(宋代)에 이르러 철학의 문제로 본격적으로 논의되었다. 그러나 송대의 학자들은 '심·성'을 중요하게 여겼고, '정'을 경시하는 경향이 강하다.(후술)

14) 콩지(孔伋), 즉 쯔쓰(子思)와 멍커(孟軻)를 중심으로 이루어진 학파를 말한다. '子思'의 끝 글자와 '孟軻'의 첫 글자를 취하였다.

15) 띵쓰신(丁四新), 『곽점초묘죽간사상연구郭店楚墓竹簡思想硏究』(東方出版社, 2000), p. 176.

여지지 아니하였다. 그의 견해는 당시 현실에 알맞지 않은 지나치게 이상적인 것이었다. 당시의 학자들은 멍커를 가리켜 '우활(迂闊)하다'는 표현을 사용하였다.

멍커는 결국 큰 뜻을 접고, 고향으로 돌아와서 제자인 완장(萬章) 등과 더불어 직접 『맹자』를 저술하였다고 한다. 이 저서는 훗날 주시(朱熹)에 의하여 사서(四書) 중의 하나로 편입되고, 관료 선발을 위한 고시과목이 됨으로써 만인이 읽어야 하는 필독서가 되었다.

6.2.1 인간의 본성은 착한가?

콩치우는 '어짐'(仁)이라는 추상명사(abstract noun)에 의미를 부여하였지만, 이를 왜 실천해야 하는지에 대해서는 설명하지 못했다. 멍커는 이와 같은 질문에 대하여 해답을 찾기 위하여 '성선설'(性善說)을 들고 나왔다. 멍커는 다음과 같이 말한다.

> 사람은 누구나 '남의 고통을 그냥 지나치지 못하는 마음'(不忍人之心)이 있다.... 이제 어떤 사람이 어린아이가 우물가로 기어가 빠지려는 것을 보았다고 하자. 누구나 깜짝 놀라서 측은(惻隱)한 마음을 가질 것이다. 이 마음은 어린아이의 부모와 교제를 트기 위한 것도 아니요, (어린애를 구하여) 동네에서 이름을 얻고자 하는 것도 아니요, 또 (가만히 있어서 당하는) 소문을 싫어해서도 아니다. 이렇게 본다면, 측은하게 여기는 마음이 없으면 사람도 아니다. (또) 부끄럽고 미워하는[羞惡] 마음이 없으면 사람도 아니다. 사양(辭讓)하는 마음이 없으면 사람도 아니다. 시비(是非)를 가리는 마음이 없으면 사람도 아니다. '측은지심'은 어짐[仁]의 단서(端緖 ; 싹, 묘맥)이다. '수오지심'은 의로움[義]의 단서이다. '사양지심'은 예(禮)의 단서이다. '시비지심'은 지혜[智]의 단서이다. 사람이 사단(四端)을 가지는 것은 사지(四肢)가 있는 것과 같으니.... 무릇 나에게 있는 4단을 넓혀서 채울 줄 알면,

마치 불이 타오르듯이 혹은 샘물이 솟아오르는 것과 같을 것이다. 만일 이것을 능히 채운다면 세상을 보호할 수 있고, 만일 채우지 못한다면 자기 부모도 모시지 못할 것이다.16)

멍커는 이와 같은 사례(케이스)를 들어서 -어린아이가 우물로 빠지는 것을 보고 구해주지 않을 사람이 없다는 것을 전제로- 인간의 본성은 본래 착한 것이라고 주장한다. 그리고 인간 행동의 이면에 누구나 '인'·'의'·'예'·'지'라는 네 가지 덕(德)이 자리 잡고 있다고 본다. 위에서 소개한 인용문 가운데 "교제를 트기 위한 것" 혹은 "이름을 얻고자 하는 것"은 이른바 '호혜적 이타주의'(互惠的利他主義 ; Reciprocal Altruism)에 해당한다. 멍커의 경우는 이타적 행위로부터 발생할 수 있는 '보상심리'가 배제되어 있다.17)

---

16) 『맹자』 공손추(公孫丑) 上. "孟子曰 人皆有不忍人之心하니라. 先王이 有不忍人之心하사 斯(사)有不忍人之政矣시니, 以不忍人之心으로 行不忍人之政하면 治天下는 可運之掌(장)上이니라. 所以謂(위)人皆有不忍人之心者는 今人이 乍(사)見孺(유)子將入於井하고 皆有怵惕(출척)惻隱之心(측은지심)하나니, 非所以內(납=納)交於孺子之父母也며 非所以要譽(예)於鄕黨(향당)朋友也며, 非惡(오)其聲(성)而然也니라. 由是觀(관)之컨댄 無惻隱(측은)之心이면 非人也며, 無羞惡(수오)之心이면 非人也며, 無辭讓(사양)之心이면 非人也며, 無是非(시비)之心이면 非人也니라. 惻隱(측은)之心은 仁之端(단)也요, 羞惡(수오)之心은 義之端也요, 辭讓(사양)之心은 禮之端也요, 是非(시비)之心은 智之端也니라. 人之有是四端는 猶(유)其有四體이니.... 凡有四端於我者를 知皆擴(확)而充之矣면 若火之始然하며 泉之始達이니 苟(구)能充之면 足以保四海요 苟不充之면 不足以 事父母니라." -본 章이 지니는 중요성을 감안하여 여기에 특별히 현토(懸吐)하고 일부 글자에 한글을 첨가한다.-

17) '호혜적 이타주의'(Reciprocal Altruism)이란 개인들이 서로 다른 시기에 행하는 이타적(利他的) 거래행위를 말한다. 예(例)를 들어, 어떤 이타적 행위가 상황이 바뀌면 보상(報償)을 받을 것이라는 약속(혹은 적어도 합리적인 기대감)하에 물에 빠진 사람을 구조하는 행위 등이 그것이다. cf. 에드워드 윌슨, 『인간 본성에 대하여』, 이한음 옮김 (사이언스 북스, 2002), p. 301. 멍커의 경우, 어린애를 구하는 행위를 통하여 부모와 교제를 트거나, 혹은 동네에서 이름[名聲]을 얻거나 하는 것이 아니다. 즉 그로 인하여 발생할 수 있는 이익(利益), 즉 보상(報償)

이와 같은 멍커의 소박한 이야기는 그리스도교 『바이블』의 '착한 사마리아 사람'(the Good Samaritan)을 생각하게 한다.

> 29 그러나 율법교사는 짐짓 제가 옳다는 것을 드러내려고 "그러면 누가 저의 이웃입니까?"하고 물었다. 30 예수께서는 이렇게 말씀하셨다. 어떤 사람이 예루살렘에서 예리고로 내려가다가 강도들을 만났다. 강도들은 그 사람이 가진 것을 모조리 빼앗고 마구 두들겨서 반쯤 죽여 놓고 갔다. 31 마침 한 사제가 바로 그길로 내려가다가 그 사람을 보고는 피해서 지나가 버렸다. 32 또 레위 사람도 거기까지 왔다가 그 사람을 보고 피해서 지나가 버렸다. 33 그런데 길을 가던 어떤 사마리아 사람은 그의 옆을 지나다가 그를 보고 가엾은 마음이 들어 34 가까이 가서 상처에 기름과 포도주를 붓고 싸매어 주고는 자기 나귀에 태워 여관으로 데려가서 간호해 주었다. 35 다음날 자기 주머니에서 돈 두 데나리온을 꺼내어 여관 주인에게 주면서 '저 사람을 잘 돌보아 주시오. 비용이 더 들면 돌아오는 길에 갚아 드리겠소.' 하며 부탁하고 떠났다. 36 자, 그러면 이 세 사람 중에서 강도를 만난 사람의 이웃이 되어 준 사람은 누구였다고 생각하느냐?" 37 율법교사가 "그 사람에게 사랑을 베푼 사람입니다." 하고 대답하자 예수께서는 "너도 가서 그렇게 하여라." 하고 말씀하셨다.[18]

을 바라는 것이 아니다. 이것은 멍커의 사유체계 속에 '호혜적 이타주의'를 배제(排除)하는 의사가 들어있음을 뜻한다.

18) 『바이블』루가의 복음서 10장. 상기 한글 번역은 국제가톨릭성서공회 편찬, 『해설판 공동번역 성서』(일과놀이, 1996년)를 참조하였음. 참고로 "The Parable of the Good Samaritan"의 영문을 소개한다. 29 But the teacher of the Law wanted to justify himself, so he asked Jesus, "Who is my neighbor?" 30 Jesus answered, "There was once a man who was going down from Jerusalem to Jericho when robbers attacked him, stripped him, and beat him up, leaving him half dead. 31 It so happened that a priest was going down that road ; but when he saw the man, he walked on by on the other side. 32 In the same way a Levite also came there, went over and looked at the man, and then walked on by on the other side. 33 But a Samaritan who was traveling that way came upon the man, and when he saw him, his heart was filled with

이상의 두 가지 사례(케이스)는 같은 어려움에 처한 인간을 놓고 사람의 마음이 서로 다르며 그 대처하는 상황이 다름을 말해준다. 멍커는 누구나(all) '측은지심'을 느낀다고 말하였으나, 『바이블』에서는 오직(only) 사마리아 사람만이 '가엾은 마음'(33절 참조)을 가지고 선한 행동을 한 것으로 되어 있다. 어떤 사제(a priest)와 레위 사람(a Levite)이 도둑맞고 반쯤 죽은 사람에게 가엾은 마음을 가졌는지는 알 수 없다.

현재 프랑스 형법은 이른바 '착한 사마리아인 조항' (The Good Samaritan Clause ; La non-assistance à personne en danger)을 설치하고 있다. 어려움에 처한 이웃을 구조하지 않는 행위를 형사처벌의 대상으로 삼고 있는 것이다. 이는 어떤 사제 혹은 레위 사람처럼 강도를 만난 사람을 구제하지 않고 도망치면, 이들을 처벌한다는 내용이다. 일종의 윤리적 강제 규정으로 해석된다. 프랑스 신형법(1996) 제223-6조에는 "자기 또는 제3자의 위험을 초래하지 않고 위험에 처한 타인을 구조할 수 있음에도 불구하고 고의로 구조하지 아니한 자는 5년 이하의 구금형 및 75,000유로의 벌금형에 처한다."라고 규정하고 있다. 프랑스만이 아니라 독일, 스위스, 네덜란드, 이탈리아, 노르웨이, 덴마크, 벨기에 등 대부분의 유럽 국가들

---

pity. 34 He went over to him, poured oil and wine on his wounds and bandaged them ; then he put the man on his own animal and took him to an inn, where he took care of him. 35 The next day he took out two silver coins and gave them to the innkeeper. 'Take care of him.' he told the innkeeper, 'and when I come back this way, I will pay you whatever else you spend on him,'" 36 And Jesus concluded, "In your opinion, which one of these three acted like a neighbor toward the man attacked by the robbers?" 37 The teacher of the Law answered, "The one who was kind to him." Jesus replied, "You go, then, and do the same." cf. Good News Bible, The Bible in Today's English Version 1978, American Bible society, Luke 10.

이 이러한 규정을 가지고 있다.[19]

멍커와 같은 시대에 까오쯔(告子)라고 알려진 인물은 멍커와 토론을 벌려 "사람의 본성은 선하지도 악하지도 않다"(無善無不善)라고 주장하였다는 기록이 『맹자』에 보인다. 그가 이렇게 주장하는 까닭은 사람의 본성을 급하게 흐르는 물과 같다고 생각하였기 때문이다.

까오쯔가 말하기를, "본성[性]은 마치 급하게 흐르는 물과 같다. 물을 동방으로 터놓으면 동쪽으로 흐르고, 서방으로 터놓으면 서쪽으로 흐른다. 사람의 본성이 선(善)과 불선(不善)에 구분이 없음은 마치 물이 동·서에 구별이 없음과 같다."라고 하였다.[20]

우리는 자료가 부족하여 까오쯔(告子)의 인물에 관하여 자세히 알지 못하고, 또한 그의 말을 충분히 듣지 못함에 아쉬움을 느낀다. 다만 남아있는 기록에서 당시 '성선설'을 중심으로 지식인들 사이에 치열한 담론이 전개된 증거를 볼 수 있을 뿐이다. 왕츠옹(王充 ; 27～89)[21]의 저술 『논형論衡』에는 다음과 같은 구절이 있다.

---

19) 1905년에 제정된 한국 최초의 형법대전(刑法大典)에는 '착한 사마리아인 조항'에 해당하는 '견급불구율'(見急不救律) 조항이 있었다. 즉 형법대전 제4편 법률 제7절 제675조에 "동행(同行)이나 동거한 사람이 타인을 모해(謀害)함을 지(知)하고 조당(阻當)치 않거나 수화(水火)나 도적의 급(急)이 유(有)한데 구호치 아니한 자는 태일백(笞一百)에 처한다."라는 규정이 그것이다. 이 규정은 1953년 부산 피난지의 국회심의 과정에서 삭제되었다. 세상이 때로는 뒤로 갈 수도 있다는 느낌이 든다. 이와 같은 현실을 증명하듯이 오늘날 뺑소니 교통사고의 증인을 찾고자 "목격자를 찾습니다."라는 플래카드가 거리 곳곳에 내걸려 있음을 본다.

20) 『맹자』 고자장(告子章) 上. "告子曰. 性猶湍水也. 決諸東方則東流, 決諸西方則西流. 性之無分於善不善也, 猶水之無分於東西也."

21) 왕츠옹(王充 ; 27～89)의 생몰 년대는 불확실하다. 27(建武 3년)～91(永元 3년)의 기록도 있다.

주(周)[22]나라 사람 스수어(世碩)가 사람의 본성은 선함도 있고 악함도 있다(有善有惡)라고 생각하였다. 선한 본성을 들어서 잘 기르고 다하면[致] 선이 자라나는 것이요, 악한 본성을 길러서 다하면 악이 자라나는 것이다. 이와 같은 본성에는 각기 음양이 있으니, 선악은 그 기르는 바에 따른다. 그러므로 스수어는 『양서養書』한 편을 지었다. 미쯔지엔(宓子賤), 치띠아오카이(漆雕開), 꽁쑨니쯔(公孫尼子)의 무리가 스수어와 더불어 본성[性]과 감정[情]에 관하여 논하였는데, 모두 사람의 본성이 선함도 있고 악함도 있다고 주장하였다.... 까오쯔(告子)는 멍커(孟軻)와 동시대 인물인데, 본성을 논하면서 사람의 본성이 선함도 없고 악함도 없다고 하였다.... 대저 까오쯔의 말에 이르기를, "사람의 본성과 물은 같다."라고 하였다. 바야흐로 본성이 물과 같다는 것은 쇠[金]가 쇠이고, 나무 [木]가 나무라는 것과 같음을 말한다.[23]

이와 같은 기록에 의하면, 멍커가 주장한 '성선설'의 문제는 당대 지식인의 화두였을 것이다. 그러나 멍커의 '성선설'은 약점(弱點)이 있으며, 그렇게 타당한 이론이 될 수 없다. 즉 그는 인간의 타고난 본성[本然之性]에만 관심을 기울였고, 후천적으로 발생하는 기질(氣質)에 대해서는 말하지 않았다.

6.2.2 정치철학

남의 고통을 보고 그냥 지나치지 못하는 마음, 즉 '불인인지심'(不

22) 여기서 나라 이름 '周'는 '楚'의 잘못으로 보인다. 진(陳) 나라 사람이라는 주장도 있다.

23) 후앙후에이(黃暉), 『논형교석論衡校釋』권3, 본성편 (中華書局, 2006), pp. 132-137. / 『한위총서漢魏叢書』(明刻本) 坤, (新興書局, 民國 59年=1970), pp. 1,688-1,689. "周人世碩, 以爲人性有善有惡.... 告子與孟生同時, 其論性, 無善無惡之分.... 夫告子之言, 謂人之性與水同也, 便性若水, 可以水猶性, 猶金之爲金, 木之爲木也."

忍人之心)으로 인하여, 백성의 고통을 보고 그냥 지나치지 못하는 군주의 정치가 있게 된다. 멍커에 의하면 이렇게 '불인인지정'(不忍人之政)을 바탕으로 하는 정치가 곧 '인정'(仁政)이다. 그리고 국가는 인정(仁政)을 통한 도덕의 실현을 목적으로 한다.

사람의 본성에 관한 불완전한 이론보다도 국가를 하나의 도덕적인 조직으로 생각한 멍커의 사상이 철학적인 면에서 공헌하는 바가 크다. 멍커에 의하면 국가의 정권이 아들에게 세습되지 않고, 현명한 자를 후계자로 삼았던 때가 있었다. 야오(堯) 임금이 순(舜)을 선발하는 것이나, 순 임금이 위(禹)를 선발하는 것이 그것인데, 학자들은 이를 '선양'(禪讓)이라고 이름한다.[24]

현명한 사람이 군주가 되어야 한다는 주장은 나무랄 데가 없다. 그러나 현실은 그렇지 못한 경우가 많다. 어떻게 해야 하는가? 만일 군주가 도덕적 조건, 즉 덕(德)을 갖추고 있지 못하면, 그 군주를 쫓아내야 하지 않겠는가? 멍커의 주장은 현대 용어로 '탄핵'(impeachment) 제도에 버금가는 주장한다.

> 제(齊) 선왕이 물었다. "탕왕이 지에(桀)를 내치고, 무왕이 저우(紂)를 정벌하였다고 하니 그런 일이 있습니까?" 멍커가 대답하였다. "책에 있습니다." "신하가 군주를 시해함이 가능한 일인가요?" "어짐[仁]을 해친 자를 '적'(賊)이라 하고, 의로움[義]을 해친 자를 '잔'(殘)이라고 말합니다. '잔·적'의 인물은 곧 한 지아비[一夫]라고 할 만하지요, 한 지아비인 저우(紂)를 베었다는 말은 들었어도, 군주를 죽였다는 말은 듣지 못하였소.[25]

---

24) 이와 같은 전설상의 이야기는 권력의 속성을 간과하고 인간의 본성을 지나치게 미화(美化)한 느낌이 든다. 실제로 '선양'(禪讓)에 의한 방법으로 정권이 전수되었는지는 믿기 어렵다.

25) 『맹자』 양혜왕 下. "齊宣王問曰. 湯放桀, 武王伐紂, 有諸? 孟子對曰. 於傳有之.

이 이야기에 의하면, 멍커가 현대 용어로 부르는 '혁명' 사상을 품고 있었다고 말할 수 있다. 이는 고대 용어로 '방벌'(放伐)이라고 부른다. 멍커의 이와 같은 파격적인 주장으로 인하여 중국의 역대 황제들은 멍커를 눈에 가시 보듯이 여겼다.

콩치우의 사상을 그대로 물려받은 멍커에 의하면 정치란 마땅히 성인(聖人)이 할 일이다. 다시 말하여 성인이 천자(혹은 왕)가 되는 일이 가장 바람직하다. 이는 고대 그리스의 철학자 플라톤(Plato)이 주장한 '철인군주'(Philosopher King)의 이론을 연상시킨다. 성인이 하는 정치가 곧 왕도정치(王道政治)이며, 그 반대의 경우는 패도정치(覇道政治)이다. 멍커는 말한다.

> 무력[力]으로 어짐[仁]을 가장하는 것을 패도(覇道)라고 한다. 패도는 반드시 큰 나라를 소유하려 한다. 덕(德)으로 어짐을 실천하는 것을 왕도(王道)라고 한다. 왕도는 큰 나라를 필요로 하지 않는다.... 힘으로 사람을 복종시키는 것은 마음을 복종시키는 것이 아니고 힘이 부족해서이다. 덕으로 사람을 복종시키는 것은 마음이 진심으로 기뻐서 복종하는 것이다.[26)]

멍커의 왕도정치는 곧 민의(民意)를 중시하는 민주주의 정치와 통하며, 패도정치는 민의를 무시한 파시스트 정치와 같은 것이다. 멍커의 말이 현실을 무시한 이상적인 주장이라고 할지라도, 정치란 무엇이며 어떻게 해야 할지를 보여준 점에서 의미가 있다.

曰臣弑其君, 可乎? 曰賊仁者, 謂之賊. 賊義者, 謂之殘. 殘賊之人, 謂之一夫, 聞誅一夫紂矣, 未聞弑君也."

26) 『맹자』 공손추 上. "孟子曰. 以力假仁者, 覇. 覇必有大國. 以德行仁者, 王. 王不待大.... 以力服人者, 非心服也, 力不贍也. 以德服人者, 中心悅而誠服也."

6.2.3 호연지기(浩然之氣)

콩치우의 나이 40에 "의혹되지 아니하였다."(不惑)라고 하였는데, 멍커도 같은 나이에 마음이 흔들리지 않는 마음 즉, '부동심'(不動心)을 얻었다고 전한다. (『맹자』공손추 上) 그러나 그의 '부동심'이 무엇인지 알기 어렵다. 다만 같은 구절에 "나는 나의 '호연지기'를 잘 기른다."라는 말이 보인다. 이는 일종의 양기설(養氣說)을 가리킨다. 멍커의 제자 꽁쑨츠어우(公孫丑)가 묻고 멍커가 대답한다.

> "감히 묻겠습니다. 선생님은 어디에 장점이 있습니까?" (멍커가) 대답하기를, "나는 말[言]을 잘 안다. 그리고 나는 나의 '호연지기'를 잘 기른다." "감히 묻겠습니다. 무엇을 '호연지기'라고 합니까?" 말하기를, "말하기 어렵다. 그 '기'(氣) 됨이 지극히 크고 강하니, '곧음'[直]으로 잘 기르고 해침이 없으면, (호연지기가) 천지에 가득 차게 된다. 그 '기'(氣)됨이 의리와 도에 짝하니, 이것이 없으면 굶주리게 된다."[27)]

여기에서 말하는 '기'(氣)는 훗날 송학에서 말하는 '리기'(理氣)와는 성격이 다르고, 사람의 뜻[志]을 북돋우는 정도로 보아야겠다. '호연지기'는 의리와 도에 합당한 기운을 말하고, 이것이 결여하면 몸이 충만하지 못하다는 뜻이다.[28)]

아무튼 멍커 자신의 말로 (호연지기가) 무엇인지를 "말하기 어렵

---

27) 『맹자』공손추 上. "敢問. 夫子惡乎長? 曰. 我知言. 我善養吾浩然之氣. 敢問. 何謂浩然之氣? 曰. 難言也. 其爲氣也, 至大至剛, 以直, 養而無害, 則塞于天地之間. 其爲氣也, 配義與道, 無是餒也."

28) 하나의 비유이지만 그리스도교 신자에게 '성령'(聖靈 ; Holy Spirit)이 충만하다는 표현이 있다. 멍커의 '호연지기'는 의리와 도(道)에 짝하는 충만한 기운으로 해석하면 될 것이다.

다"(難言也)라고 하였으니, 자세한 내용을 알 수 없다. 훵여우란 교수는 '호연지기'를 영문으로 'the Great Morale'이라고 번역하고, 이를 멍커의 특수한 용어라고 말하였다. 그리고 이를 '신비주의'(Mysticism)로 처리하였다. 오늘날 현대인이 '호연지기'라고 말할 때는 반드시 의리[義]와 도(道)를 포함한 개념은 아닌 듯싶다. 이는 고전의 용어가 시대의 흐름에 따라서 변하였음을 의미한다.[29)]

6.3 쉰쿠앙의 철학사상

세상에서 쉰쯔(荀子)라고 부르는 인물 쉰쿠앙(荀況 ; BC 298~BC 238)은 조(趙) 나라에서 태어났다. 조 나라는 현재의 산-시성에 있었던 나라이다. 서양인들은 그를 가리켜 라틴어 'cius'를 합성하지 않고, 중국인들이 쉰쿠앙을 부르는 '쉰쯔'(荀子)의 중국어 발음대로 "Hsun Tze"라고 부른다. 사람들은 그에 대한 존경의 표시로 '쉰칭'(荀卿)이라고 불렀다.

쓰마치엔의 『사기』에 의하면, 쉰쿠앙은 50세에 산똥 지역의 제

---

29) 한 편의 시(詩)를 소개한다. 현대인이 느끼는 '호연지기'의 경지가 아닌지 유추해본다. 여기에서 소개하는 시(詩)는 서진(西晉) 시대 제(齊) 나라 린쯔(臨淄) 사람 쭈어쓰(左思)라는 인물이 남긴 글이다. 보통 '영사시'(詠史詩)라고 부른다. 『진서晉書』 권92, 列傳 제62 참고. 시(詩)는 열전에 소개되지 않았다. 『사고전서四庫全書』 자부(子部)에서 원문을 취하였다.

피갈출창합(被褐出閶闔)	베 옷 입고 궁궐문을 나서니
고보추허유(高步追許由)	발걸음은 쉬여우(許由)를 쫓는다
진의천인강(振衣千仞岡)	천 길 벼랑 위에 옷깃을 휘날리고
탁족만리류(濯足萬里流)	만 리 흐르는 물에 발을 씻는다
해활종어약(海闊從魚躍)	끝없이 넓은 바다, 물고기 뛰놀고
천공임조비(天空任鳥飛)	텅 빈 하늘, 새 날아가는 대로 맡겨둔다

(齊) 나라에 갔고, 그곳에서 꽤 인정받은 것으로 보인다. 나중에 그를 비난하는 자가 있어서 다시 남쪽의 초(楚) 나라로 갔다는 이야기가 전한다. 지금 남아있는 책 『순자荀子』는 그 대부분이 쉰쿠앙이 직접 저술한 것으로 추정한다. 그러나 쉰쿠앙의 저술 『순자』는 주시(朱熹)의 4서에 들지 않아 『맹자』보다 덜 읽혀졌고, 그 결과 멍커에 비하여 영향력이 뒤떨어졌다.

6.3.1 인간의 본성은 악한가?

쉰쿠앙의 학문은 유학의 카테고리에 속하는 것이 분명하지만, 멍커의 학문을 반대하였다. 저자의 판단으로 쉰쿠앙의 학문은 2/3는 유학이고, 1/3은 법가의 학설과 비슷한 점이 있다. 그는 들어 내놓고 멍커의 '성선설'을 공격하였다. 그가 주장한 '성악설'(性惡說)의 요지는 다음과 같다.

> 사람의 본성은 악(惡)하다. 선한 점이 있는 것은 노력의 결과[僞 ; 작위]이다. 사람의 본성은 태어나면서부터 이익을 좋아하니, 본성을 좇아서 다툼(쟁탈)이 생겨나며 사양하는 마음이 없어진다. 사람은 태어나면서부터 시기하고 미워하는 마음이 있으니 본성을 좇아서 남을 해치는 놈들이 생겨나고 정성과 믿음은 망한다. 태어나면서부터 이목(耳目)의 욕심이 있으니 성색(聲色)을 좋아함이 있다. 본성을 좇아서 음란이 생기고 예의 법도는 망한다. 그러한즉 사람의 본성을 좇고 정(情)을 따르면 반드시 다툼(쟁탈)이 생겨 범죄가 발생하고 예의 법도가 무너져서 마침내 폭란(暴亂)으로 돌아간다. 그런 까닭에 스승의 교화와 예의 도리가 있은 연후에, 사양하는 마음이 생겨나고 예의 법도에 합하여 마침내 잘 다스려지는 경지[治]로 돌아간다. 이와 같은 점을 놓고 본다면, 사람의 본성이 악하다는 것은 분명하다. 그 선함은 노력의 결과이다.[30]

이와 같이 인간이 본래부터 이익을 좋아하고, 감각적 쾌락을 가지고 있다는 쉰쿠앙의 이야기는 서양 철학자 토마스 홉스(Thomas Hobbes ; 1588~1670)의 주장과 닮은 데가 있다. 쉰쿠앙의 이야기는 현실 세계를 놓고 보면 설득력이 있지만, 그렇다고 전적으로 옳다고 말할 수는 없다. 쉰쿠앙의 '성악설'에도 약점이 있으니, 그는 인간의 타고난 본성이 아니라 -이를 증명하려고 노력 하였지만- 사실은 후천적으로 발생하는 기질(氣質)에 대하여만 말한 것이다. 훗날 주시(朱熹)의 표현에 의하면, 쉰쿠앙은 인간 기질의 탁한 부분에 중점을 두고 말하였다.

앞에서 말한 바와 같이 맹자와 같은 시대에 까오쯔(告子)라는 인물이 있어서 "사람의 본성은 선하지도 악하지도 않다"라고 주장하였다는 기록이 있다. 우리는 까오쯔의 저술을 만나지 못함이 아쉽다. 무릇 모든 주장은 양 편의 입장을 함께 들어보아야 하지 않겠는가?

"인간의 본성이 선(善)한 것인가? 혹은 악(惡)한 것인가?" 하는 물음은 인류 정신사의 발달에 있어서 하나의 초보적이고 유치한 물음이다. 중요한 것은 "인간의 본성이 무엇인가?"에 대한 근원적인 물음이다.

인간을 '생물학적 존재'라는 점에 비중을 두고, 이를 연구한 학자는 하버드 대학의 에드워드 윌슨(Edward O. Wilson) 교수이다. 그

30) 왕시엔치엔(王先謙), 『순자집해荀子集解』下 권17, 성악편(性惡篇) (중화서국, 1997), pp. 434-435. 이하 페이지 언급은 중화서국본 『순자집해』를 가리킨다. "人之性惡. 其善者僞也. 今人之性, 生而有好利焉, 順是, 故爭奪生而辭讓亡焉. 生而有疾惡焉, 順是, 故殘賊生而忠信亡焉.... 用此觀之, 然則人之性惡明矣. 其善者僞也."

는 자신의 저술 『인간본성에 대하여』[31]에서 인간 행동의 카테고리를 네 가지로 구분하고, 공격성(Aggression), 性(Sex), 이타주의(Altruism), 종교(Religion) 등의 측면에서 분석하였다.

윌슨 교수에 의하면 인간의 공격성은 타고난 것이며, 유전적 성향을 갖는다. 텃세(territoriality)는 공간에 대한 방어이며, 먹이의 확보와 관련이 있다. 전쟁은 공격성의 확실한 징표이다. 여성의 난자는 평생 400여 개인데, 남성은 한 번 사정(射精)에 약 1억 마리의 정자를 방출한다. '이타주의'도 유전자의 작용일 수 있다. 영국의 동물학자 제인 구달(Jane Goodall ; 1934~)은 침펜지의 형제자매들이 고아가 된 아기를 떠맡는 사례를 관찰하였다. 아프리카 흰개미의 일종은 위험에 처할 때, 노란 분비액을 뿜어내며 자신과 적(敵) 모두를 옭아매며 죽음에 이르게 한다. 종교는 인간정신 중 가장 복잡하고 강력한 힘이다. 그러나 이 또한 유전자의 활동일 수 있다.

철학의 측면에서도 인간 본성에 대한 연구는 끊임없이 진행되었다. 옥스포드 대학의 철학박사 로저 트리그(Loger Trigg)는 『인간본성에 대한 철학적 논쟁』[32]에서 인간 본성을 다음과 같이 분석하였다.

> 플라톤-육체의 감옥에 갇힌 인간, 아리스토텔레스-이성적 동물로서의 인간, T. 아퀴나스-원죄(原罪)에 시달리는 인간, T. 홉스-이기심으로 살아가는 인간, D. 흄-욕구와 감정에 지배되는 인간, C. 다윈-자연선택으로 살아남은 호모 사피엔스, K. 마르크스-사회적 존재로서의 인간, F. 니체-진

31) 원서의 이름은 "*On Human Nature*" 이다. 이한음 옮김, 한글본 『인간본성에 대하여』(사이언스북스, 2002)가 있다.

32) 원서의 이름은 "*Ideas of Human Nature*" 이다. 최용철 옮김, 한글본 『인간본성에 대한 철학적 논쟁』(간디서원, 2003) 이 있다.

리와 가치를 창조하는 인간, S. 프로이트-성적(性的) 본능 앞에 무력한 인간, L. 비트겐슈타인-언어적 존재로서의 인간

어떻게 관찰하든 인간이 '도덕적 동물'이라는 점은 틀림이 없다. 진화(進化) 생물학에서는 도덕(moral) 자체의 발생을 유전자와 관련하여 본다. 로버트 라이트(Robert Wright)의 『도덕적 동물』[33]은 이 같은 분야의 저술이다.

생물학 혹은 동물학 분야의 발전에도 불구하고, 철학자들의 주장은 계속 유효(有效)하다고 말할 수 있다. 인간본성에 대한 이와 같은 연구 업적을 놓고 생각할 때, 멍커의 '성선설' 혹은 쉰쿠앙의 '성악설'은 (오늘의 시점에서) 무의미한 것처럼 보인다. 왜냐하면 인간이란 선이야 악이냐 하는 2분법만으로 설명될 수 없는 복잡한 동물이기 때문이다.

중국철학사에 있어서 이 문제를 이론적으로 정리한 인물은 훗날 주시(朱熹 ; 1130~1200)이다. 그는 인간의 본성을 선천적인 본연의 성(本然之性)과 후천적인 기질의 성(氣質之性)으로 구분하였다. 그리고 멍커의 '성선설'은 오로지 '본연의 성' 만을, 쉰쿠앙의 '성악설'은 '기질의 성' 가운데 탁(濁)한 부분만을 말한다고 해석하였다. 주시에 의하면 기질에는 맑고 흐림의 청탁(淸濁)이 있는데, 맑은 부분은 악하다고 말할 수 없다.(후술)

6.3.2 예악론(禮樂論)

사람의 본성이 태어나면서부터 이익을 좋아하니, 그 본성을 좇다

33) 원서의 이름은 "*The Moral Animal*" 이다. 박영준 옮김의 한글본 『도덕적 동물』(사이언스북스, 2003)이 있다.

보면 다툼이 생겨나고 사양하는 마음이 없어진다는 '성악설'을 따른다면, 사회적 혼란을 피할 수 없다. 그런데 이 혼란을 방치할 수 없다는 데 문제가 있다. 쉰쿠앙은 다툼(쟁탈)을 통한 혼란의 발생을 막기 위하여 어떤 장치가 필요하다고 생각하였다. 그것이 곧 예(禮)이다. 법가는 이 장치를 법으로 생각한다. 여기에서 유가와 법가의 갈림길이 열린다. 쉰쿠앙의 사상에 법가적 요소가 있지만, 그가 예를 강조한 점에서 그는 유가에 속한다.

예(禮)는 어디에서 기원하는가? 쉰쿠앙은 먼저 인간의 욕구에 비하여 욕구를 충족시키는 물질이 적음을 지적하고 다음과 같이 말한다.

> 사람들은 (음식과 성생활처럼) 욕망하는 것과, (죽음과 가난처럼) 싫어하는 것에 있어서 모두 같다. 욕구는 많은데 물건은 적다. (욕망에 비하여 물건이 적기 때문에) 반드시 투쟁이 생길 수밖에 없다.[34]

> 예는 어디에서 기원하는가? 사람은 태어날 때부터 욕망이 있다. 욕망이 충족되지 않는다고 해서 구하지 않을 수 없다. 그런데 구하는 기준과 구분이 없으면 다투게 된다. 옛 임금들은 혼란을 싫어해서 예의(禮義)를 제정하여 한계를 분명히 하였다. 그렇게 함으로써 사람들의 욕망을 길러주고 사람들의 구하는 것을 채워주어, 욕망으로 하여금 반드시 물건에 궁하지 않게 하고, 물건도 반드시 욕망에 모자라지 않게 하였다. 욕망과 물건이 서로 의지하여 자라나게 된다. 이것이 예가 기원하는 곳이다.[35]

---

34) 왕시엔치엔(王先謙), 『순자집해』上 권6, 부국편(富國篇), p. 176. "欲惡同物, 欲多而物寡, 寡則必爭矣." 여기에서 '欲惡(욕오)同物'이라고 말할 때, '欲'(욕)이란 음식물과 성생활을 말하며, '惡'(오)란 죽음과 빈곤을 가리킨다. 이것들은 현명한 사람이나 어리석은 사람이나 모두 좋아하고 싫어하는 것들이다. (同物, 謂飮食男女, 人之大欲存焉. 死亡貧苦, 人之大惡存焉, 是賢愚同有此情也.)

35) 왕시엔치엔(王先謙), 같은 책 下, 권13, 예론편(禮論篇), p. 346. "禮起於何也? 曰. 人生而有欲, 欲而不得, 則不能無求. 求而無度量分界, 則不能不爭.... 兩者相

쉰쿠앙에 의하면 '예'는 이와 같이 다툼에 대하여 조절 기능을 갖는다. 그는 다음과 같이 말한다.

> 예가 나라의 질서를 바르게 하는 것은 저울[權衡]로써 가벼움과 무거움을 재는 것과 같고, 먹줄[繩墨]로써 굽은 것과 곧은 것을 구별하는 것과 같다. 그러므로 사람은 예가 없으면 살아갈 수 없고, 일이란 예가 없으면 이루어지는 것이 없다. 국가는 예가 없으면 편안할 수 없다.[36]

이것은 물건의 가볍고 무거움을 재는 데 저울이 필요하며, 곡선과 직선을 구별하는데 먹줄이 필요하듯이, 나라에는 혼란을 방지하기 위하여 예가 필요하다는 말이다. 그러므로 "군주라는 자는 예를 융숭하게 하고 어진 선비를 존중해야 왕도를 실현할 수 있고, 법을 중시하고 백성을 편애하면 패도가 된다. 이익만 좋아하고 거짓[詐]이 많으면 위태롭다."[37]

쉰쿠앙은 예에 대한 주장은 인간의 윤리가 있기 때문에 가능하다. 그는 다음과 같이 말한다.

> 사람이 소이 사람이 되는 까닭은 무엇 때문인가? 그것은 분별[辨]이 있기 때문이다. 배고플 때 음식을 찾고, 추울 때 따뜻함을 구하고, 수고로울 때 쉬고자 하고, 이익을 좋아하고 해로움을 싫어함은 사람이 태어날 때부터 타고 난다. 이것은 배우지 않아도 알 수 있다. 이것은 (현군인) 위(禹) 임금이나 (폭군인) 지에(桀)나 똑같다. 그러므로 사람이 사람노릇을 하는 것은

持而長, 是禮之所起也."

36) 왕시엔치엔(王先謙), 같은 책 下, 권19, 대략편(大略篇), p. 495. "禮之於正國家也, 如權衡之輕重也.... 國家無禮不寧."

37) 왕시엔치엔(王先謙), 같은 책 下, 권19, 대략편(大略篇), p. 485. "君人者, 隆禮尊賢而王, 重法愛民而覇, 好利多詐而危."

> 오직 두 다리를 가지고도 털이 없다는 것 때문이 아니라, (인륜의) 분별이 있기 때문이다. 이제 원숭이[狌狌]가 말도하고 웃을 줄 알며, 두 다리에 털이 있는 놈이다. 그런데 군자는 국물을 마시며 고기조각을 먹는다. (i.e. 동물은 분별이 없지만 사람은 분별이 있다.) 그러므로 사람이 사람노릇을 하는 것은 오직 두 다리를 가지고도 털이 없다는 것이 아니고 분별이 있기 때문이다. 동물은 부자(父子)는 있으나 부자간에 친함[親]은 없고, 암수는 있으나 남녀의 분별은 없다. 따라서 사람의 도리는 분별보다 더 큰 것이 없고, 분별은 또한 (친하고 소략함의) 구분[分]보다 더 큰 것이 없다. 구분은 예(禮)보다 더 큰 것이 없으니(구분이 생기면 예가 있게 된다), 예란 성왕(聖王)이 만드는 것이다.[38]

쉰쿠앙에 의하면 예란 동물과 사람을 가르는 기준이며, 예에 의지하는 방법으로 만인에 대한 만인의 투쟁이 발생하는 약육강식의 동물사회를 벗어날 수 있다.

예는 정신적인 질서뿐만이 아니고, 어떤 의식(儀式 ; ceremony)을 필요로 한다. 그 중에서도 가장 중요한 의식이 상례(喪禮)와 제사(祭祀)이다. 유교는 상례와 제사의 의식을 강조함으로써 독특한 문명을 구축하였고, 이 문명 체계는 동아시아 전반에 걸쳐서 심각한 영향을 끼쳤다.

콩치우가 음악에 조예가 깊었듯이 쉰쿠앙 또한 음악을 좋아하였다. 콩치우와 마찬가지로 쉰쿠앙은 음악을 인간의 정신을 맑게 하

---

38) 왕시엔치엔(王先謙), 같은 책 上, 권3, 비상편(非相篇), pp.78-79. "人之所以爲人者何已也？曰：以其有辨也。飢而欲食，寒而欲煖，勞而欲息，好利而惡害，是人之所生而有也，是無待而然者也，是禹桀之所同也。然則人之所以爲人者，非特以二足而無毛也，以其有辨也。今夫狌狌形狀亦二足而無毛也，然而君子啜其羹，食其胾。故人之所以爲人者，非特以其二足而無毛也，以其有辨也。夫禽獸有父子，而無父子之親，有牝牡而無男女之別。故人道莫不有辨。辨莫大於分，分莫大於禮，禮莫大於聖王."

는 도덕 교육의 하나로 생각하였다. 그는 음악에 대하여 다음과 같이 말하고 있다.

> 대저 음악이란 즐거운 것이다. 사람의 감정으로 면할 수 없는 것이다. 그러므로 사람에게 음악이 없을 수 없다. 즐거우면 반드시 소리가 있고, 동정(動靜)이 있게 된다. 사람의 일체 작위(作爲) 곧 소리, 거동 및 감정 등은 모두 음악으로 표현된다. 즐거움이 없을 수 없는 것이 사람인데, 즐거우면 겉으로 나타나고, 나타남이 지나치면 혼란이 생긴다. 옛 임금들이 혼란을 싫어하여, '아'(雅)[39]와 '송'(頌)[40]을 제작하여 사람들을 이끌었다. 그리하여 그 음악은 즐거우면서도 퇴폐적인 데로 흐르지 않도록 하였고, 악장(樂章 ; 가사)은 충분히 맑으면서 기교에 치우치지 않도록 하였다. 그 소리의 굽음과 곧음, 번잡함과 간단함, 날카로움과 부드러움, 절도와 풍부함이 사람의 착한 마음을 감동케 하여 사악함과 더러운 기운이 접근할 수 없도록 하였다. 이것이 옛 임금이 음악을 만든 까닭이다. 그런데 뭐자이(墨翟)가 음악을 비난하고 있으니 어쩌란 말인가! [41]

이상 인용문의 첫 구절은 "夫樂(악)者, 樂(락)也"라고 읽어야 하겠다. 쉰쿠앙은 음악을 연주함으로써 인간의 사악함과 더러운 기운[邪汚之氣]을 막을 수 있다고 본다. 이는 곧 음악이 가지는 정화(purification) 기능을 말한다. 음악이 지니는 정화의 기능을 잘 활용

---

39) '아'(雅)는 정악(正樂)을 말한다.

40) '송'(頌)은 조상의 덕을 찬미한 노래를 가리킨다.

41) 왕시엔치엔(王先謙), 『순자집해荀子集解』下 권14, 악론편(樂論篇), p. 379. "夫樂(악)者、樂(락)也，人情之所必不免也。故人不能無樂，樂則必發於聲音，形於動靜；而人之道，聲音動靜，性術之變盡是矣。故人不能不樂，樂則不能無形，形而不爲道，則不能無亂。先王惡其亂也，故制雅頌之聲以道之，使其聲足以樂而不流，使其文足以辨而不諰，使其曲直繁省廉肉節奏，足以感動人之善心，使夫邪汚之氣, 無由得接焉。是先王立樂之方也，而墨子非之. 奈何！"

함으로써 인간 품성의 도야(陶冶)를 도모한다는 것이다. 이것이 도덕 교육의 일환이 되며, 유가(儒家)는 이를 매우 효과적으로 이용하였다.

참고문헌

- 이강수, 『중국 고대철학의 이해』, 지식산업사, 2000.
- 임형석, 『중국 간독시대, 물질과 사상이 만나다』, 책세상, 2002.
- 띵쓰신(丁四新), 『곽점초묘죽간사상연구郭店楚墓竹簡思想研究』, 東方出版社, 2008.
- 리링(李零), 『곽점초간교독기郭店楚簡校讀記』, 北京大學出版社, 2002.
- 리앙타오(梁濤), 『곽점죽간여사맹학파郭店竹簡與思孟學派』, 人民大學出版社, 2008.
- 리티엔홍(李天虹), 『곽점죽간<성자명출>연구郭店竹簡<性自命出>研究』, 湖北教育出版社, 2003.
- 마티엔시앙(龐天祥), 『중국종교철학사』, 人民出版社, 2006.
- 왕시엔치엔(王先謙), 『순자집해荀子集解』上·下, 中華書局, 1997.
- 후앙후에이(黃暉), 『논형교석論衡校釋』권3, 中華書局, 2006.
- 『한위총서漢魏叢書』(明刻本) 乾·坤, 新興書局, 民國 59년=1970.
- 쓰마치엔(司馬遷), 『사기史記』, 정범진 외 옮김, 까치, 1994.
- 횡여우란(馮友蘭), 『중국철학사』상, 박성규 옮김, 까치, 1999.
- 가노 나오키(狩野直喜), 『중국철학사』, 오이환 역, 을유문화사, 1986.
- 에드워드 윌슨, 『인간본성에 대하여』, 이한음 옮김, 사이언스북스, 2002.
- 로저 트리그, 『인간본성에 대한 철학적 논쟁』, 최용철 옮김, 간디서원, 2003.
- 로버트 라이트, 『도덕적 동물』, 박영준 옮김, 사이언스북스, 2003.

제7장

꽁쑨양(公孫鞅) 및 한훼이(韓非)와 법가의 발전

"사람의 본성은 굶주리면 음식을 찾고, 수고로우면 편안하려고 하고,
고통스러우면 쾌락을 찾으며, 굴욕을 느낄 때는 영광을 희구한다.
이것이 인간의 보통 감정이다."
(民之性, 饑而求食, 勞而求佚, 苦則索樂, 辱則求榮. 此百姓之情也.)

-꽁쑨양(公孫鞅 ; BC 390~338), 『상자商子』권2, 산지(算地)

7.1 꽁쑨양의 세계관

7.1.1 철학사적 위치

중국 고대 춘추전국 시대는 혼란과 무질서 그리고 급격한 변화의 시기이다. 변화의 시기에는 사회 윤리(기강)가 무너지고 개인의 행동 기준이 흔들리게 되며, '약육강식'(弱肉强食)의 질서가 탄생한다. 이것을 가리켜 '무질서 속의 질서'라고 말할 수 있다. 법가(法家) 철학을 논할 때, 리퀘이(李悝), 선따오(愼到), 선뿌하이(申不害) 등의 인물이 있으나, 꽁쑨양과 한훼이쯔(韓非子)를 중심으로 삼지 않을 수 없다. 먼저 꽁쑨양에 대하여 살펴본다.

쓰마치엔 『사기』에 의하면, 꽁쑨양의 성은 꽁쑨씨(公孫氏)이고 이름은 양(鞅)이며, 위(衛) 나라의 왕손 출신이다. 학자들은 그를 가리켜 일반적으로 상양(商鞅)이라고 부른다. 그의 생몰년은 학자들 사이에 일치되지 않고 있다.[1] 꽁쑨양, 즉 상양의 시기에 멍커(孟軻), 주앙저우(莊周), 양주(楊朱) 등이 살았다. 그는 진(秦) 효공(재위 BC 361~BC 338) 때에 등용되어 뜻을 펼쳤으나, 효공이 죽자 혜문왕(惠文王)에 의하여 모반죄로 비참한 죽음을 당하였다.

쓰마치엔의 『사기』 권68, 상군열전에 의하면, 꽁쑨양은 젊어서 '형명지학'(刑名之學)을 좋아하였다고 한다. '형명지학'이란 법가의 학

---

1) 현대의 저명한 중국학자 치엔무(錢穆)의 『선진제자계년先秦諸子繫年』에 의하면, 꽁쑨양은 BC 390년에 태어나서, BC 338년에 세상을 떠났다고 추정한다. 츠언치티엔(陳啓天)은 『상양평전商鞅評傳』에서 "그의 출생은 알 수 없다"라고 말하였고, 샤오꽁취앤(蕭公權)은 출생 년도는 언급하지 않고 사망년도를 BC 338년으로 주장하고 있다. cf. 샤오꽁취앤(蕭公權), 『중국정치사상사中國政治思想史』, 최명 역 (서울대학교출판부, 1998), p. 399.

문을 말한다. 제자백가를 놓고 볼 때에, 그의 학문적 연원은 법가 계통에 의거한다.

일반적으로 유가가 정면(正面) 철학으로서 예(禮)를 숭상하였음에 비하여, 법가는 반면(反面) 철학으로서 법(法)을 존중하였다.[2] 법가의 철학이란 꾸안종(管仲 ; ?~BC 645)에서부터 근원한다.[3] 꽁쑨양이 '형명지학'을 좋아하였다고 하여, 시기가 앞선 꾸안종의 영향을 받았다는 증거는 발견되지 않고 있다.

꽁쑨양은 법가의 태두로 지목되고 있는 리퀘이(李悝)의 영향을 받았다고 보인다. 이춘식 교수는 꽁쑨양이 "어려서부터 형명학을 좋아하여 리퀘이에게 사사(師事)하였다"라고 주장하고 있다.[4] 그러나 꽁쑨양은 리퀘이의 『법경法經』을 배운 것이지 직접 그에게 사사한 것은 아니다.[5] 『법경』은 곧 '형명지학'의 속하는 책이다. 꽁쑨양은 또한 우치(吳起[6])의 영향을 받았다. 꽁쑨양이 위(魏) 나라에

---

2) 김충렬은 중국철학사에 있어서 유가를 '정면'(正面)으로 간주할 때, 그와 대비되는 '반면'(反面) 철학 사상으로 법가, 병가, 음양가, 황로 사상 등을 들고 있다. cf. 김충렬, 『중국철학사』1 (예문서원, 1994), pp. 80-83.

3) 김충렬은 관중을 법가가 아니라고 말하고 있으나, 저자(황준연)는 『중국대백과전서中國大百科全書』 철학1 (1987년), 후앙꽁웨이(黃公偉)의 『법가철학체계지귀法家哲學體系指歸』(民國 72년), 가노나오키(狩野直喜)의 『중국철학사』(1986) 등의 설명에 의거하여, 그를 조기(早期) 법가사상의 선구로 본다.

4) 이춘식, "商鞅의 인물과 평가", 황원구 교수 정년기념논총 『동아시아의 인간상』(혜안, 1995), p. 231.

5) 리퀘이(李悝 ; BC 455~BC 395)는 一說에 리커(李克)라고도 부른다. 『한서漢書』 권30 예문지 '유가'편에, 리커의 저서 7편이 기술되어 있다. 빤꾸(班固)에 의하면, 그는 콩치우의 제자인 쯔시아(子夏 ; 卜商)의 제자이다. 그는 유가적 영향을 받은 법가의 초기 인물로 보인다. cf. 장꾸어후아(張國華), 『중국법률사상사신편中國法律思想史新編』(北京大學出版社, 1991), p. 127.

6) 『사기』 권65, 「손자오기열전」(孫子吳起列傳)에 의하면, 우치(吳起 ; ? ~BC 381)는 출세를 위하여 아내를 죽인 인물이다. 그는 또 어떤 병사의 독창(毒瘡)을 빨아주어 군대의 사기(士氣)를 높였다고 한다. 우치는 콩치우의 제자인 쩡찬(曾參 ;

도착하였을 때, 이미 리퀘이와 우치는 세상을 떠났고, 꽁쑨양은 그들의 변법 경험을 연구하여 법가학설을 실천하려고 마음먹었다고 주장하는 견해도 있다.[7]

이상과 같은 내용을 놓고 볼 때에, 꽁쑨양은 '유가'의 분파로서 갈래를 친 리퀘이 및 우치의 법가 사상에 영향을 받았으며, 선뿌하이(申不害) 및 선따오(愼到)와 함께 전기(前期) 법가에 속한다.[8] 꽁쑨양은 법가의 대표자인 한훼이(韓非 ; BC 280년? ~BC 233?)에게 직접적인 영향을 준 점에서 법가 철학의 형성에 크게 기여하였다.

7.1.2 꽁쑨양의 세계관

훵여우란에 의하면, 철학적 사유는 하나의 이론 사유이다. 그 활동 가운데에 이해, 보는 방법[看法] 내지 태도 등이 나타나는 데, 인간의 세계관은 그와 같은 이론 사유의 연장에서 가능하다.[9] 철학자의 모든 저술은 그의 세계관을 반영한다. 헤겔의 『정신현상학』이 그의 세계관을 반영하는 것이라면, 스피노자는 『윤리학』으로써 세계관을 설명하고 있다.

꽁쑨양의 세계관을 탐색하는 작업은 그의 철학 내지 변법 사상을

曾子)에게 배웠는데, 쩡찬은 그를 박정(薄情)한 인물이라고 하여 관계를 끊었다. cf. 『사기열전史記列傳』上, 정범진 외 옮김 (까치, 1995), pp. 39-41.

7) 쉬카이(徐凱), 『중국역사상적중요혁신여변법中國歷史上的重要革新與變法』(중공중앙당교출판사中共中央黨校出版社, 1991).

8) 법가를 전기와 후기로 나눔은 편의상의 구별이다. 중국 학계는 한훼이 이전의 시기를 전기(前期)로 본다. 예를 들어 쩡전위(曾振宇)는 그의 저술 『전기법가연구前期法家研究』에서 꽁쑨양[商鞅], 선뿌하이, 선따오 만을 취급하고 있다. cf. 쩡전위(曾振宇), 『전기법가연구前期法家研究』(山東大學出版社, 1996).

9) 훵여우란(馮友蘭), 『중국철학사신편中國哲學史新編』 제1책, (人民出版社, 1982), p. 25.

이해하는 근본 요소의 하나이다. 꽁쑨양의 저서로 알려진 『상군서商君書』(혹은 『상자商子』)는 그의 세계관을 들여다볼 수 있는 기본 자료이다.10)

꽁쑨양의 시대는 무질서한 시대였다. 이때의 무질서란 먹거리의 확보를 위하여 인간관계의 갈등이 첨예한 시기이다. 꽁쑨양이 보기에 이와 같은 시대에서 야오(堯)·순(舜)·위(禹) 임금이 사용하였던 방식들은 시대에 뒤떨어진 폐물(obsolete)이었다.11) 이제 가혹한 쟁취만이 생존경쟁에서 살아남을 수 있는 길로 파악되었다.

꽁쑨양의 세계관을 인식하기 위하여, 그가 인간의 본성을 어떻게 이해하였는가 하는 점을 살펴 볼 필요가 있다. 철학의 측면에서는 꽁쑨양의 인성론(人性論)이 그 대상이다. 알려진 바와 같이 중국 고대의 성론(性論)은 맹자를 중심으로 하는 성선설과, 순자로 대표되는 성악설의 2대 학설이 주류를 이루고 있다. 꽁쑨양은 사람의 본성에 대해서 다음과 같이 말한다.

> 사람의 본성은 굶주리면 음식을 찾고, 수고로우면 편안하려고 하고, 고통스러우면 쾌락을 찾으며, 굴욕을 느낄 때는 영광을 희구한다. 이것이 인간의 보통 감정이다. 사람이 이익을 추구할 때는 예의를 고려하지 않으며, 명예를 따를 때는 규율을 무시한다. 왜 그럴까? 지금 도적이 위로는 군주가 금하는 바를 범하고, 아래로는 천자(天子)의 예(禮)를 무시한다. 그리하여 명성이

---

10) 현존하는 『상군서』24편의 작자가 누구인지에 대해서 학계는 일치되어 있지 않다. 쓰마치엔이 『사기』에서, "상군(商君)이 저술한 「개색開塞」, 「경전耕戰」등을 읽었다."라고 기술하고 있으므로, 그의 저작설을 부정할 수는 없다.

11) Benjamin I. Schwartz, *The World of Thought in Ancient China,* Harvard University Press, 1985, p.334. "The methods of Yao, Shun, and Yü may have been quite appropriate in their time, but they are now obsolete." cf. 나성 옮김, 『중국 고대사상의 세계』(살림, 1996), p. 510.

> 욕되고, 생명이 위태로워도 오히려 그만두지 못하는 까닭은 오직 이익[利]을 좇기 때문이다. 옛날의 선비들이 의복이 피부를 따뜻하게 하지 못하고, 먹거리가 위장을 채우지 못하더라도, 그 고통을 참고 견디며, 온몸[四肢]을 수고롭게 하고, 오장(五臟)을 손상시킨 것은 본성의 규칙이 그래서가 아니고, 오로지 명예[名]만을 좇았기 때문이다. 그러므로 명예와 이익이 모이는 곳을 사람들이 감싸고도는 것이다.[12)]

> 부끄럽고, 욕되고, 수고롭고, 괴로운 일은 사람들이 싫어하는 바[惡]이며 ; 들어나고, 영달하고, 편하고, 즐거운 일은 사람들이 힘쓰는 바[務]이다.[13)]

꽁쑨양은 이처럼 인간을 '이익을 좋아하는 존재'(人性好利)로 파악하고 있다. 그 이익[利]이란 두 가지로 정리된다. 하나는 물질적인 것으로 땅, 벼슬자리, 재물 등이며, 다른 하나는 정신적인 것으로 사회적인 명성, 지위 등을 말한다.[14)]

꽁쑨양의 인성론은 멍커의 성선설보다는, 쉰쿠앙의 성악설에 가깝다. 인간의 본성은 본래부터 이익을 좋아하는 까닭에 이익의 추구가 물질적 혹은 정신적으로 제한되는 상황에서는 모순이 발생한다. 정치가는 사회 질서를 위하여 인성을 제한 혹은 억압하는 방향으로 가게 된다. 꽁쑨양의 말을 인용하면 다음과 같다.

---

12) 『상자商子』권2, 산지(算地) 제6. cf. 『사고전서四庫全書』자부(子部), 법가류. "民之性, 饑而求食, 勞而求佚, 苦則索樂, 辱則求榮, 此百姓之情也. 民之求利, 失禮之法, 求名失性之常, 奚以論其然也. 今夫盜賊, 上犯君上之所禁, 而下失天子之禮. 故名辱而身危, 猶不止者, 利也. 其上世之士, 衣不煖膚, 食不滿腸, 苦其志意, 勞其四肢, 傷其五臟, 而益裕廣耳, 非生之常也, 而爲之者名也. 故曰. 名利之所奏, 則民道之主操."

13) 같은 책, 같은 곳. "羞辱勞苦者, 民之所惡也. 顯榮佚樂者, 民之所務也."

14) 쩡전위(曾振宇), 『전기법가연구前期法家研究』(山東大學出版社, 1996), p. 159.

힘으로써 천하를 제압하는 자는, 먼저 그 백성을 제압해야 했어야 하였다. 강한 적(敵)을 이기는 자는 반드시 그 백성을 이겨야 했다. 그러므로 백성을 제압하는 근본은 민중을 제압하는 데에 있는 바 ; 그것은 마치 금속을 만드는 자가 야금(冶金)을 하는 것과 같고, 도기(陶器)를 만드는 자가 흙을 빗는 것과 같다.[15)]

위의 구절에서, 우리는 꽁쑨양이 인민(백성)을 존중의 대상이 아니라, 지배의 대상으로 삼고 있음을 본다. 백성은 영리해서는 안 되며, 이익을 마음대로 추구하도록 방임해서도 안 된다. 백성은 어리석을수록 다스리기에 편한 것이다. 꽁쑨양은 말한다.

나라를 잘 다스리는 자는, 쌀 창고가 가득 차 있더라도 농업을 게을리 해서는 안 된다. 국가가 크더라도 민중이 유언비어에 어지럽혀지지 않으면, 백성이 어리석게 될 것이다. 백성이 어리석게 되면, 관직과 벼슬을 교묘한 방법으로 취할 수 없다. 관작(官爵)을 교사한 방법으로 취하지 않으면, 간사한 무리가 발생하지 않을 것이다. 간사한 무리가 생겨나지 않으면, 군주는 미혹되지 않을 것이다.[16)]

여기에서 주의할 용어는 '어리석다'[樸壹]'라는 표현이다. '박'(樸)은 산에서 막 자른 가공하지 않은 통나무를 말한다. 이는 『도덕경』에 등장하는 "소박함을 간직하고, 사사로운 욕심을 줄이게 한다."[17)] 라는 구절의 '박'(樸)과 통한다. '박'이란 '도'(道)의 원시 상태를 말

15) 『상자商子』 권4, 획책(劃策) 제18. cf. 같은 책. "以力之能制天下者, 必先制其民者也.... 故因民之本性在制民, 若冶於金, 陶於土也."

16) 『상자』 권1, 농전(農戰) 제3. "善爲國者, 倉廩雖滿, 不偸於農. 國大民衆不淫於言, 則民樸壹. 民樸壹, 則官爵不可巧而取也.... 姦不生則主不惑."

17) 『도덕경』 19장. "見素抱樸, 少私寡欲."

하며, 순진하고 질박한 상태로 문명의 때에 물들지 않은 소박한 경지, 혹은 인간성을 말한다. 그렇지만 꽁쑨양이 말한 '박일'(樸壹)은 도덕적 순수상태가 아니라, 백성들의 어리석은 인격을 말하는 것이다. 이는 우중(愚衆) 정치의 표현이며, 꽁쑨양은 백성이 어리석어야 군주가 미혹되지 않는다고 말하고 있다.

꽁쑨양은 인간의 본성이 이익만을 추구하는 악한 존재라고 보았다. 꽁쑨양이 청운의 꿈을 품고 진(秦) 나라에 왔을 때, 진은 전국칠웅(戰國七雄) 중에서도 동방 6국에 비하여 낙후된 국가였다. 그가 보기에 진은 유세(遊說)하는 선비, 장사치, 혹은 방술(方術)의 무리들이 기교를 최대한 동원하여 재산을 늘리고, 벼슬자리를 탐하고 있었다. 이들은 국가의 진정한 발전에는 관심이 없이, 이익을 탐하는 무리에 불과하였다. 그는 이렇게 말하고 있다.

> 성인과 영명한 군주는 세상의 만물을 모두 통달한 사람이 아니라, 각종 사물의 요령을 아는 사람이다. 그러므로 나라를 다스리는 것은 그 요령을 살피는 일이다. 지금의 정치가는 요령을 얻지 못한 자가 태반이다. 조정에서 치국을 논할 때, 세객(說客)은 난잡하게 개혁을 주장한다. 이런 까닭에 군주는 각종의 주장 때문에 어지럽고, 관리는 분분히 떠들기만 하고, 백성은 농사일에 전업하지 못하고 있다. 그러므로 나라 안의 사람들이 공담을 좋아하고, 비현실적인 유가의 학설을 좋아하고, 상업에 종사하며, 기예(技藝)에 빠지고, 농전(農戰)을 기피하고 있다. 이래가지고야 망국이 멀지 않을 것이다. 국가의 위급한 때에 배운다는 자들이 법질서를 싫어하고, 상인들이 유행에만 급급하고, 기술자가 쓰이지 못하니, 그러한 국가는 적국에게 쉽게 공격당할 수 있다..... 현재 한 사람이 농사지어 백 명이 먹을 양식을 생산한다면, 그것은 마치 배추벌레, 메뚜기 등이 농작물을 먹어치우는 것보다 그 폐해가 더욱 클 것이다. 이렇게 본다면『시경詩經』,『서경書經』

등이 향촌마다 한 묶음씩 있고, 집집마다 한 권씩을 가지고 있으면서, 오히려 치국에 도움이 없는 것은 가난을 부(富)로 위태로움을 편안함으로 바꾸는 방법을 쓰지 않기 때문이다.[18)]

7.1.3 꽁쑨양의 변법(變法)과 평가

① 변법의 근거

꽁쑨양은 어떻게 하여 낙후한 국가의 현실을 타파하고, 부강한 나라로 전환시킬 수 있다고 생각하였을까? 그것은 변법, 즉 개혁에의 길 밖에 없었다. 변법은 진(秦)의 정치를 개혁하는 정도의 차원이 아니라, 사상을 개혁하여 보수 귀족적 종법(宗法) 질서에서부터, 군주적 군국(軍國) 국가로 진입하는 것을 의미하였다. 꽁쑨양은 이렇게 말하고 있다.

> 천지가 개벽한 이래 사람이 태어난 것은 이 때이다. 그 당시에 인민은 어미는 알았으나 아비는 몰랐으며, 그들의 도덕 원칙은 친척만을 친애하였고, 사리(私利)만을 탐혹하였다.... 그런 즉 상세(上世)에는 친척만을 친애하고 이익만을 탐혹하였으며, 중세(中世)에는 현명한 사람을 존중하고 인애를 즐거워하였으며, 하세(下世)에는 귀족을 숭배하고 관리를 존경하였다. 현인을 존중한 때는 도를 위해서 타인에게 양보하지만, 군주를 옹립할 때는 현인을 존중하는 원칙이 소용없다. 친척만을 친애하는 때는 인민은 사리(私利)를 도덕 원칙의 기준으로 삼지만, 공정한 원칙을 받드는 때는 사리의

18) 『상자』 권1, 농전(農戰) 제3 "故聖人明君者, 非盡能其萬物也, 知萬物之要也. 故其治國也, 察要而已矣. 今爲國者, 多無要. 朝廷之言治也, 紛紛焉. 務相易也. 是以其君惛於說, 其官亂於言, 其民惰而不農. 故其境內之民, 皆化而好辯樂學, 事商賈, 爲技藝, 避農戰. 如此則不遠矣. 國有事則, 學民惡, 商民善化, 技藝之民不用, 故其國易破也.... 今一人耕, 而百人食之. 此其爲蛆螣蚼蠋亦大矣. 雖有詩書, 鄉一束, 家一員, 獨無益於治也, 非所以反之術也."

> 원칙이 통행될 수가 없다. 이와 같은 세 가지 시대적 원칙은 상반되는 것은 아니며, 오히려 인민이 준수하는 원칙에 해가 있을 수 있으니, 사회 상황이 변하면 받드는 원칙 또한 변할 수 있다. 그러므로 말하기를, '천하를 다스리는 원칙에는 규율(법도)이 있다'라는 것이다.[19]

위의 내용 중 "사회 상황이 변하면 인민이 받드는 원칙 또한 변할 수 있다"라는 표현은 꽁쑨양의 진화론적 역사관을 보여준다. 사회 상황의 변화에 따라서 도가 변할 수 있다는 논리가 그의 변법 이론이다. 꽁쑨양의 변법 질서는 덕치(德治)의 방법이 아니라, 법치(法治)에 의한 것이다. 그는 이렇게 말하고 있다.

> 옛적의 인민은 순박함으로써 도리에 두터웠지만, 지금의 인민은 교활함으로써 속임수에 능하다. 그러므로 옛적의 방법을 본받아 도를 이룩하려는 자는 덕교(德敎)에 의하여 다스려야 하겠지만, 지금에 도를 실천하려는 자는 먼저 형벌(刑罰)로써 모범을 보여야 한다.[20]

여기에서도 꽁쑨양의 현실 인식과 그에 따른 변법의 필요성이 제기되고 있다. 이와 같은 법치(法治)[21]의 주장은 유가들이 말하는 비현실적인 덕치(德治)와 충돌될 뿐 아니라, 일체의 보수주의적 사

---

19) 『상자』 권2, 개색(開塞) 제7. "天地設而民生之, 當此之時也, 民知其母, 而不知其父, 其道親親而愛私.... 然則上世親親而愛私, 中世上賢而說仁, 下世貴貴而尊官. 上賢者以贏相出也, 而立君者使賢無用也, 親親者以私爲道也, 而中正者使私無行也. 此三者, 非事相反也. 民道弊而所重易也. 世事變而行道異也. 故曰. 王者有繩."

20) 같은 책, 같은 곳. "古之民樸以厚, 今時民巧以僞. 故效於古者, 先得而防. 治於今者, 前刑而法."

21) 여기서 말하는 '법'(法이)란 현대용어의 법이 아니라, 넓은 의미의 모델(model), 표준(standard) 혹은 규준(law)과 같은 뜻이다. cf. Herrlee G. Creel, *Shen Pu-hai,* University of Chicago Press, 1974, p. 147.

상과 서로 용납될 수 없는 것이다. 그러므로 깐룽(甘龍), 뚜즈(杜摯)와 같은 보수주의자들은 꽁쑨양을 반박하였다. 그러나 꽁쑨양은 효공(孝公)의 신임을 받고, BC 359년 좌서장(左庶長)[22]의 지위에 부임하여 변법을 시행한다.

② 변법의 내용

꽁쑨양의 변법은 제1차와 제2차에 걸쳐서 시행되었다. 내용 면에서 군국주의(軍國主義) 및 중농주의(重農主義)의 실행과 관계가 있다.

제1차 변법은 효공 3년(BC 359년)에 처음으로 실시되었다.[23] 군국주의를 진흥하려는 자는 무엇보다 인원의 편제(編制)에 대하여 관심을 두는 법이다. 꽁쑨양은 말한다. "열 집을 십(什)으로, 다섯 집을 오(伍)로 짜서 서로 감시하고 적발하여 연좌(連坐)케 하였다. 고발하지 않는 자는 허리를 자르는 형벌에 처하였고, 나쁜 짓을 한 자를 고발하는 자는 적(敵)의 머리를 벤 자와 같은 상(償)을 주었다.... 군공(軍功)이 있는 자는 그 공의 대소에 따라서 윗자리의 벼슬을 받았고, 사사로이 다투는 자는 그 경중에 따라서 형벌을 받았다.... 군공이 있는 자는 영예를 누리지만, 군공이 없는 자는 부유하더라고 영예를 누릴 수는 없었다."[24]

이것이 '연좌제'의 시초이다. 즉 5가를 '오'(伍)라 하고 각 호구(戶

---

22) 진(秦)·한(漢) 시대의 관직 이름으로 군공(軍功)을 장려하는 제10급에 해당한다.

23) 꽁쑨양 변법의 년대는 학자들 간에 일치되지 않는다. 효공 6년에 즉 제1차 변법이 시행되었다고 보는 견해도 있다. cf. 뚜정성(杜正勝), 『편호제민編戶齊民』, 민국 79년.

24) 『사기』권68, 상군열전. 정범진 외 옮김, 『사기열전』上 (까치, 1995), p. 93.

口)가 서로 고발하도록 한 제도이다. 연좌제를 실시한 취지는 사회 질서를 안정시켜서 변법에 용이한 환경을 창출하도록 하기 위한 것이었다.

꽁쑨양은 연좌제를 바탕으로 중농억상(重農抑商)의 정책을 실시하였다. 농업은 본업으로서 국가의 부강을 위해서 그 생산의 확대가 필요하였다. 이것이 중농정책을 펼친 주요한 이유이다. 그는 다음과 같이 말한다.

> 이로써 영명한 군주는 정치를 함에 있어서 오직 농전(農戰)에 주력한다. 실제적 효용이 없는 것을 제거하며, 허황되고 절실하지 못한 학문을 방지한다. 떠도는 인민을 오로지 전심으로 농사에 종사하게 한다. 그러한 연후에야 국가는 가히 부(富)를 충족시킬 수 있고, 인민의 역량을 가히 집중시킬 수 있다.... 그런 까닭에 농경에 종사하는 자는 적고, 놀고먹는 자가 많을 때, 농민은 위태롭고, 농민이 위태로우면 곧 토지는 황폐하게 된다.... 이것이 가난한 나라, 약한 군대가 보여주는 교훈이다.[25]

여기에서 "오직 농전에 주력한다"(作壹)든가, 혹은 "오로지 전심으로 농경에 종사하게 한다"(農之壹)라는 표현은 중농주의를 말한다. 그는 상업에 종사하거나 또는 기예에 종사하는 무리들을 농전을 회피하는 자들로 규정하고 있다. 그러므로 꽁쑨양의 부국강병론은 당시의 생산 방식과 관련하여 이해해야 한다.

법가의 이론에 의하면, 개인으로서 인민이란 일개 생산 노동력의 단위이며 동시에 일개 전투력[兵力]의 단위이다.[26] 이는 유가가 개

---

25) 『상자』 권1, 농전 제3. "以是, 明君修政作壹. 去無用, 止浮學. 淫民壹之農. 然後國家可富而民力加摶也.... 此貧國弱兵之敎也."

26) 훵여우란(馮友蘭), 『중국철학사신편』 제2책 (人民出版社, 1984), p. 15.

인을 일개 종법(宗法)의 한 사람으로 보고 있음과 현저한 차이가 있다. 꽁쑨양은 '연좌제'를 기반으로 한 농전(農戰)이 부유한 국가 및 강한 군대(즉 군국주의)를 만드는 지름길로 보았다.

제1차 개혁(변법)은 기득권 세력의 반발을 샀으나, 효공의 결단과 꽁쑨양의 추진력으로 상당한 성과를 거두었다. 충분한 것은 아니었으므로, 효공 12년(BC 350년)에 제2차 변법이 실시된다. 이때는 진(秦)이 수도를 시엔양(咸陽)으로 천도한 이후의 일이다.

꽁쑨양은 부자(父子) 형제가 같은 집에 거주하는 일을 금지하였다. 이는 유가의 가족제도에 반한 것으로, 꽁쑨양은 분가(分家)시킴으로써 인구를 증식시키고, 세금의 증대를 노렸다. 꽁쑨양은 정전제(井田制)를 폐지하고, 두렁과 길을 개간하였으며[開阡陌], 토지 사유제를 승인하고 매매를 허가하였다. 이는 토지제도를 개혁함으로써 경제적 힘을 증진시키고자 함에 있었다. '개천맥'의 시행은 『상군서』에는 내용이 보이지 않고, 『사기』와 『한서』등에 보인다. 『한서漢書』 식화지에 다음과 같은 글이 있다.

> 진(秦) 효공이 상군을 등용함에 이르러, 정전(井田)을 폐지하고, 천맥(阡陌)을 열었다.[27)]

이것이 꽁쑨양 변법의 중요한 내용이다. 옌스꾸(顔師古)의 설명에 의하면 "천맥(阡陌)이란 밭 사이의 길을 말한다. 남북으로 뻗은 것을 천(阡)이라하고, 동서로 뻗은 길을 맥(陌)이라 한다." 이와 같은 '개천맥'의 실행은 생산력을 증대하여 국부(國富)의 증진에 큰 진보

27) 『한서漢書』 권24, 식화지(食貨志). "及秦孝公用商君, 壞井田, 開阡陌."

를 가져왔다.[28)]

제2차 변법의 다른 조치로 도량형(度量衡)의 통일을 들 수 있다. 변법 시행 전의 진(秦)은 부세(賦稅)의 기준이 일치하지 못하였으며, 국가 재정 수입의 보증을 기할 수 없었다. 그러나 꽁쑨양이 두(斗), 용(桶), 권(權), 형(衡), 장(丈), 척(尺), 승(升) 등 도량형의 단위를 모두 통일하였다. 통일된 도량형의 시행이후, 전국 경제적 교류와 발전이 눈부실 정도로 진흥되었다.

제1차 및 제2차에 걸친 꽁쑨양의 변법(개혁)은 진(秦)의 정치와 사회를 괄목할 만한 상태로 개조시켰다. 그 역사적 성질과 영향에 대해서는 이견(異見)이 없는 것은 아니다. 역사학자들은 변법의 성질과 영향에 대해서 대략 세 가지 견해로 정리하고 있다. 첫째는 변법이 봉건영주에게 타격을 주고 신흥지주를 등장시켰다는 점이다. 둘째는 변법이 노예제 사회로부터 봉건제를 지향하였다는 주장이다. 셋째는 꽁쑨양 변법이후 씨족 사회로부터 노예제 사회로 진입하였다는 것이다.[29)]

변법이 미친 변화에 대하여 학자들간의 이론(異論)이 있지만, 변법이야말로 후진국 진(秦) 나라를 일약 선진국의 대열에 진입시키는 데 있어서 결정적인 역할을 하였다. 변법 시행이후 사회 분위기의 변화에 대하여 쓰마치엔은 『사기』에서 이렇게 말한다.

---

28) 훗날 똥종수(董仲舒)가 "부자들의 땅은 끝없이 연결되었으나, 가난뱅이들은 송곳을 꽂을 만한 한 치의 땅조차 없었다."라고 비판 하였듯이, 빈부의 차이를 가져온 점은 부정할 수 없다. 그러나 꽁쑨양의 조치가 부국강병(富國强兵)의 길을 촉진시켰음을 인정해야 한다.

29) 뚜정성(杜正勝), 『편호제민編戶齊民』, 民國 79년. 여기에서 셋째 항목은 설득력이 적다.

법령이 시행된 지 10년이 되자, 진(秦) 나라 백성들은 매우 만족하였고, 길에 떨어진 물건을 줍지 않았고, 산에 도적이 없었으며, 집집마다 풍족하고, 사람마다 넉넉하였다. 백성들은 국가를 위한 전쟁에는 용감하였고, 개인적인 싸움에는 겁을 먹었다. 그래서 도시나 시골이나 잘 다스려졌다.[30]

이것은 놀라운 지적이다. 변법의 시행 과정을 보자면, 꿍쑨양의 정책이 공포정치와 별로 다를 바 없음에도 불구하고, 인민들은 그 결과에 대해서 흡족해 하고 있음을 보여준다. "길에 떨어진 물건을 줍지 않았다"(道不拾遺)라는 표현은 인민들의 도덕적 자부심이 높았음을 말한다.[31]

일반 인민은 그렇다 치더라도, 기득권층은 변법에 대하여 이[齒]를 갈았음에 틀림없다. 진(秦)의 자오리앙(趙良)이 꿍쑨양에게 충고를 하였지만, 그는 자오리앙의 말을 따르지 않았다. 그 결과 진(秦) 효공이 세상을 떠나자 꿍쑨양은 지지 기반을 상실하였고, 마침내는 일족이 멸하고 자신은 차열형(車裂刑)에 처형당하는 비극적인 죽음을 맞게 된다.

③ 변법에 대한 평가

세상의 모든 일이 그러하듯이 꿍쑨양의 변법 또한 긍정과 부정의 측면을 지니고 있다. 후세 역사가의 꿍쑨양에 대한 평가는 부정적인 견해가 지배적이다.[32] 쓰마치엔의 이야기를 들어보도록 하자.

---

30) 쓰마치엔, 『사기』 권68, 상군열전. 정범진외 역 『사기열전』上 (까치, 1995), p. 94.

31) 『사기史記』 권 47, 공자세가(孔子世家)에도 같은 표현이 있다. 다만 꿍쑨양이 10년에 걸쳐서 이룩한 일을 콩치우(孔丘)는 불과 3개월에 달성하였다는 점에서 차이가 있다. 이 표현은 콩치우를 미화한 점이 있다.

상군은 천성이 각박한 사람이다.... 자오리앙(趙良)의 충고를 따르지 않은 것은 역시 상군이 은혜로운 정(情)이 적음을 충분히 증명해준다.... 상군이 진나라에서 악명을 얻게 된 것은 그만한 이유가 있다.[33]

사마천의 평가는 사회적 측면을 고려하지 않고, 한갓 인품 평가에 그친 평면적인 것임을 면치 못한다. 그가 차가운 '철인'(鐵人 ; iron man)[34]으로서 행동하지 않을 수 없었던 것은 본성(천성)이라기보다는 시대 상황이 만들어낸 후천적인 인성으로 보아야 한다.[35]

그러나 유학의 진흥에 앞장섰던 똥종수(董仲舒)는 꽁쑨양을 유교의 교화로써 교훈을 펼치지 못하였다고 말하고, 그를 포함하여 법가 전체를 비난하고 있다.

진(秦) 나라는 그렇지 않았다. 申(선뿌하이)·商(꽁쑨양)의 법을 따르고, 한훼이(韓非)의 말을 행하였으며, 제왕의 도를 미워하고, 이리처럼 속(俗)되었으며, 교화로써 천하에 교훈을 펼친 것이 아니다.... 선한 일을 하는 사람도 결국엔 (법을) 면할 수 없었고, 악한 일을 하는 자는 형을 모면하지 못하였다. 이 까닭에 백관(百官)이 모두 헛된 말을 하고 실제[實]를 고려하지 못하였으

---

32) 평가자 대부분이 유가(儒家)에 속하는 인물임을 고려한다면 이상한 일이 아니다.

33) 쓰마치엔, 『사기』 권68, 상군열전. 정범진외 역 『사기열전』 上 (까치, 1995), p. 100.

34) 이 용어는 저자(황준연)의 창조가 아니라, 벤자민 슈월츠 교수의 표현이다. cf. Benjamin I. Schwartz, *The World of Thought in Ancient China*, Harvard University Press, 1985. p. 331. / 나성 옮김, 『중국 고대사상의 세계』(살림, 1996), p. 506.

35) 이춘식 교수도 이와 같은 점에 주목하여 꽁쑨양이 각박하고 냉혈한 천성(天性) 때문에 비참한 최후를 마쳤지만 그가 이룩한 변법은 위대하였고, 후진국이었던 진(秦)이 단시간 내에 군사강국으로 변모 성장하였다고 진단하고 있다. cf. 이춘식, "商鞅의 인물과 평가", 황원구 교수 정년기념논총 『東아시아의 人間像』(혜안, 1995), p. 246.

며, 겉으로는 군주를 섬기는 예절이 있었지만 속으로는 배반의 심리가 있었다.... (결국) 재력은 다하고 백성은 흩어져서 농사와 길쌈의 업무에 종사하지 못하였고, 도적들이 일어나기에 이른 것이다.[36]

법가의 대표자인 한훼이의 꽁쑨양에 대한 평가는 매우 다르다. 그는 다음과 같이 말하면서, 진(秦)의 국부(國富)와 강병(强兵)의 공로를 꽁쑨양에게 돌렸다.

> 꽁쑨양은 진(秦)을 다스림에 있어서 고발자를 포상하였지만, 무고자(誣告者)도 역시 죄를 벌하는 법을 제정하고, 10과 5로써 연좌하여 그 죄를 벌하였으며, 포상은 후(厚)하고도 믿음성 있게, 징벌은 엄중하고도 분명하게 했다. 그래서 백성들은 힘을 다해 일하며 힘들어도 쉬지 않았고, 적을 추격하다 위험이 닥쳐도 물러서지 않았다. 그런 까닭에 나라가 부(富)하여졌고 군대는 강하여졌다.... 효공과 상군이 죽고, 혜왕이 즉위하였으나, 진나라의 법은 패하지 않았다.[37]

결론적으로 평자들은 자신만의 견해에 의지하여 꽁쑨양의 인물과 변법을 평가하였다. 중요한 점은 꽁쑨양의 인물됨을 막론하고, 그가 실시한 변법이 살아남았다는 점이다. 그 후 100여 년간을 꽁쑨양의 법이 변하지 않은 체 전하여졌으며, 사회적 안정과 경제적 발전이 이루어졌다. 그 결과 BC 221년 진왕(秦王) 정(政 ; 始皇帝)이 제후들을 멸하고 제왕의 업무를 성취하였으며, 천하통일을 이루었다. 꽁

---

36) 『한서漢書』 권56, 똥종수(董仲舒)전 제26.

37) 『한비자韓非子』 권17, 정법(定法). cf. 왕시엔선(王先愼), 『한비자집해韓非子集解』(中華書局, 2007), p. 398. -이후 언급하는 페이지는 『한비자집해韓非子集解』의 그것을 가리킨다.- "公孫鞅之治秦也, 設告相坐而責其實.... 及孝公商君死, 惠王卽位, 秦法未敗也."

쑨양 변법이 고대 중국 통일의 기초가 되었음은 과소평가할 수 없는 업적으로 남아있을 것이다.

7.2 한훼이에 의한 법가의 완성

세간에서 한훼이쯔(韓非子)라고 부르는 인물 한훼이(韓非 ; BC 280~BC 233)는 한(韓) 나라의 귀족으로 태어났다. 한국의 소재는 현재 산~시성 한츠엉시(韓城市)부근이다. 서양인들은 그를 가리켜 라틴어 발음 'cius'를 사용하지 않고, 한어 발음을 따라서 'Han Fei Tze'라고 부른다.

쓰마치엔에 의하면 그는 형명(刑名)과 법술(法術)의 학문을 좋아하였으나 근본은 황로학(黃老學)[38]에 있었다고 말한다. 한훼이는 리쓰(李斯)와 함께 쉰쿠앙에게서 공부하였다. 한훼이는 뛰어난 재능을 가졌으나, 말더듬이였던 까닭에 '지체부자유한 인물'(disabled person)이었다. 그의 신체적 결함은 잠재적인 열등감으로 작용하고, 이는 보상심리로 강한 권력의지를 갖게 하였다.

진시황이 한훼이의 저술 중 일부를 읽고, 그를 등용하고자 찾았다. 동문수학을 했던 리쓰와 간신 야오까오(姚賈)는 함께 한훼이를 시기하여 비방하고, 한훼이를 죽여야 한다고 건의하였다. 이 때문에 한훼이는 감옥에서 사약(賜藥)을 마시고 죽었다.

한훼이는 질투와 시기에 불탄 친구에게 죽임을 당하였으나, 10만 字에 달하는 명작 『한비자韓非子』를 남겼다. 다만 저술 중 상당부분은 그의 이야기가 아닌 것으로 생각된다. 그를 죽음으로 몰아넣

38) 후앙띠(黃帝)와 라오딴(老聃)의 학문을 말한다.

은 리쓰는 잔 머리를 굴릴 줄 알았으나, 남은 저술이 없다. 후인의 입장에서 보면 한훼이가 진정한 승리자이다.

한훼이는 유가(쉰쿠앙의 학문)와 도가[黃老學]를 섭렵하고, 법가의 학설을 집대성한 점에서 중국철학사에 있어서 불멸의 공로가 있다. 한훼이 이전의 법가는 세 가지 경향을 띠고 있는데, 선따오(愼到)라는 인물이 주관한 '세'(勢)[39]의 이론, 선뿌하이(申不害)가 주도한 '술'(術)[40]의 논리, 그리고 꽁쑨양이 주도한 '법'(法)[41]의 이론이 그것이다. 한훼이는 이 세 가지를 종합 집대성하였다.

7.2.1 철학사상

『한비자』에 「주도主道」편이 있다. 그는 이 글에서 '도'의 문제를 다루고 있는데 대체로 라오딴의 사상을 부연하고 있다.

> 도는 만물의 시원(始源)이며, 시비의 기준이다. 그러므로 명군(明君)은 만물의 시원을 탐구함으로써 만물의 근원을 알며, 시비의 기준을 연구하여 선악의 단서를 안다. 그러므로 허정(虛靜)의 태도로 만사를 대하면, 명분[名]은 자연히 형성되고, 사물[事]은 자연히 건립된다. (내심이) 허(虛)하면 실정(實情)을 알고, (몸이) 청정(淸靜)하면 행동의 올바름을 안다.[42]

---

39) '세'(勢)란 영문으로 'power' 혹은 'authority'의 뜻으로 새긴다.

40) '술'(術)은 일종 치국책(治國策)으로, 영문으로 'art of conducting affaires' 즉 'statecraft'의 뜻으로 볼 수 있다.

41) '법'(法)은 'law' 혹은 'regulation'의 뜻으로, 전술한 '세'(勢)와 '술'(術)을 포함하는 개념이다.

42) 『한비자』권1, 주도(主道). cf. 『한비자집해韓非子集解』, p. 26. "道者, 萬物之始, 是非之紀也. 是以明君守始以知萬物之源, 治紀以知善敗之端. 故虛靜以待令, 令名自命也, 令事自定也. 虛則知實之情, 靜則知動者正."

또한 「해로解老」편에는 다음과 같은 글이 전한다.

> 도는 만물의 생성원리[所然]이요, 만 가지 이치가 의지하는 바이다. 이치[理]란 사물을 이루는 문채[文]이다. 도란 만물이 이루어지는 까닭이다. 그러므로 말하기를, "도가 곧 '리'라고 한다."[43]

이와 같이 한훼이 철학에 있어서 '도'는 최고의 카테고리이다. '도'는 만물의 시원이며, 동시에 생성의 원리이다.[44] 한훼이의 '도' 개념은 라오딴의 사상과 '황로학'의 연장선에 있다.

한훼이에 의하면 자연계의 본질은 '도'로 표현되지만, '도'로 말미암아 내재적으로 형성되는 성질은 '덕'(德)이다. 그는 「해로」편에서 다음과 같이 말한다.

> 덕(德)은 내부적인 것이요, 득(得)은 외부적인 것이다. '상덕부덕'(上德不德)이라고 말하는 것은 그 정신[神]이 밖으로 어지럽지[淫] 않다는 말이다. 정신이 밖으로 어지럽지 않으니, 몸[身]이 온전하다. 몸이 온전함[全]을 일러 '덕'이라는 것이다. '덕'은 몸을 얻은 것이다.[45]

상기 문장의 끝 부분을 왕시엔선(王先愼)을 주장을 따라 고쳐 읽으면, "몸이 온전함을 일러 '덕'이라는 것이다. '덕'은 몸을 얻은 것

---

43) 『한비자』 권6, 해로(解老). cf. 『한비자집해』, pp. 146-147. "道者, 萬物之所然也, 萬理之所稽也. 理者, 成物之文也. 道者, 物之所以成也. 故曰. '道, 理之者也'."

44) 윗글의 「해로」편에서 한훼이가 언급한 '리'(理)자는 다소 불투명한 개념이다. 송학(宋學)에서 말하는 '리'(理)자와는 거리가 있다. 저자(황준연)는 이 개념에 특별한 철학적 의미를 부여하지 않고, '이치'라고 번역한다. '조리'(條理) 혹은 '규율'로 번역한 중국학자도 있다.

45) 『한비자』 권6, 해로. cf. 『한비자집해』, p. 130. "德者, 內也, 得者, 外也. 上德不德, 言其神不淫於外也. 神不淫於外則身全. 身全之謂得. 得者, 得身也."

이다."라고 번역된다.[46] 이 글에서 한훼이가 언급한 '상덕부덕'은 라오딴의 『도덕경』제38장의 말이다. 한훼이에 의하면 '덕'은 이처럼 내재적인 성질을 지닌다. 그러나 그것은 몸을 통해서 들어날 수밖에 없다. 라오딴의 사상에서 설명한 바 있듯이, 도의 주체적 성격이 사람에게 나타날 때 이를 '덕'이라고 부른다. '덕'은 곧 '도'의 인격화 내지 윤리화이다. 그러므로 '덕'은 '도'에 근원한다. '도'가 주체라면, '덕'은 곧 작용이다.[47]

7.2.2 법치사상

"세상에서 행세하는 학문은 유학(儒學)과 묵학(墨學)이다."[48]라는 한훼이의 말에서 알 수 있듯이, 한훼이의 시대에 콩치우의 유가와 뭐자이의 묵가 사상이 세상을 만나고 있었다. 한훼이는 유가(儒家)인 쉰쿠앙에게서 공부하였지만, 유가의 이상주의적 경향과 묵가의 비현실적 경향을 동시에 비판한다. 그에게는 라오딴의 도가 사상이 오히려 참고할 만한 가치가 있었다. 그러므로 법가 사상의 상당부분은 도가와 중첩된다.

말더듬이로 인하여 '지체부자유한 인물'인 되어 사람 행세를 제대로 하지 못한 한훼이에게 세상은 그렇게 친절한 곳이 아니었다. 그는 잠재적인 열등의식에 괴로워하였다. 그는 세상에서 쓸어버릴 놈

---

46) 같은 책, 같은 곳. 왕시엔선(王先愼)은 앞 구절의 끝 부분 "身身之謂[得]. [得]者, 得身也." 가운데 앞의 '得'字 둘은 '德'으로 읽어야 한다고 주장한다. 그렇다면 이 문장은 "身全之謂[德]. [德]者, 得身也."(몸이 온전함을 일러 '덕'이라는 것이다. '덕'은 몸을 얻은 것이다.)라고 새겨진다. cf. 왕시엔선(王先愼), 『한비자집해』, p. 130.

47) 『한비자』 해로편(解老篇)은 문자 그대로 '라오쯔[老]의 글을 해석한다[解]'라는 뜻이다.

48) 『한비자』 권19, 현학(顯學). cf. 『한비자집해』, p. 456쪽. "世之顯學, 儒墨也."

들을 다섯 종류로 나누었다. 이놈들은 책이나 의복을 갉아먹는 좀[蠹]과 다를 바 없는 존재들이었다.

> 그러므로 혼란스러운 나라의 풍속은 다음과 같다. '먹물'[學者]은 선왕의 도를 칭송함으로써 인의를 말하고, 용모와 복장으로 치장하고 변설을 꾸민다. 당대의 법에 의문을 가지고, 군주에게 두 마음을 품는다. '옛날 일을 떠들어대는 놈' [古言者 ; 세객說客]은 거짓말을 늘어놓고, 외부의 힘을 빌려 그 사사로운 욕심을 채우고, 나라의 이익을 저버린다. '칼잡이'[帶劍者 ; 조폭]는 무리를 모아서 절개를 지킨다고 이름을 날리고, 관청에서 내린 금령(禁令)을 범한다. '환관'[患御者 ; 아첨꾼]은 권력자의 아래로 들어가, 뇌물을 주고, 요직에 중용된 사람에게 기대어 노역이나 전쟁의 괴로움을 면한다. '장사치'[商工之民]는 조악한 그릇을 만들고, 재물을 모아 축재(蓄財)하며, 때를 기다렸다가 농부의 이익을 가로챈다. 이 다섯 종류는 나라의 좀 벌레이다. 군주가 이 다섯 가지 좀 벌레를 제거하지 않고, 의리가 있는 인사를 기르지 않으면 ; 천하에 멸망하는 나라, 영토가 줄어서 망하는 정부가 있다는 것이 괴이한 일은 아니다.[49]

이상에서 보는 바와 같이 한훼이는 인의예지를 주장하는 '먹물' 즉 유자(儒者)의 집단, 혓바닥만 살아 움직이는 종횡가의 무리인 '세객', 뭐자이의 무리인 '칼잡이' 즉 협사(俠士) 집단, 불알 없는 고자 집단인 '환관'[50] 그리고 축재에만 눈이 어두운 '장사치' 등을 쓸

---

49) 『한비자』 권19, 오두(五蠹). cf. 『한비자집해』, p. 456. "是故亂國之俗, 其學者, 則稱先王之道, 以籍仁義, 盛容服而飾辯說, 以疑當世之法,　而貳人主之心. 其言古者, 爲設詐稱, 借於外力, 以成其私而遺社稷之利.　其帶劍者, 聚徒屬, 立節操, 以顯其名, 而犯五官之禁. 其患御者, 積於私門, 盡貨賂, 而用重人之謁, 退汗馬之勞.　其商工之民, 修治苦窳之器, 聚弗靡之財, 蓄積待時, 而侔農夫之利. 此五者, 邦之蠹也. 人主不除此五蠹之民, 不養耿介之士, 則海內雖有破亡之國, 削滅之朝, 亦勿怪矣."

50) 원문의 '환어'(患御)는 근시(近侍)와 같은 뜻이며, 여기서는 '환관'으로 번역

어버려야 할 대상으로 삼고 있다. 이와 같은 다섯 종류의 좀을 쓸어버리려면 군주는 강력한 권력을 소유하지 않으면 안 된다. 이른바 '덕'을 가지고는 다스릴 수 없다.

> 대저 성인이 나라를 다스리는 데 있어서 백성들이 착한 일을 한다고 믿지 않고, 다만 나쁜 일을 하지 않게 만든다. 착한 일을 하는 사람은 한 나라 안에 10명도 힘들지만, 나쁜 일만 하지 못하도록 하면 그 나라는 다스려질 수 있다. 다스리는 자는 대다수를 상대하는 것이고, 몇 안 되는 인원은 버려두어야 한다. 그러므로 군주는 덕을 힘쓰지 않고 법을 힘써야 한다.[51]

한훼이는 쉰쿠앙에게서 성악설을 배웠을 것이다. 그는 인간의 본성이 본래 악한 존재이므로, 선에 기대할 수 없다. 믿을 것은 오로지 법 밖에 없다는 말이다. 군주는 '세력'(勢 ; power)에 의지하고, '술'(術 ; 백성을 다스리는 내면의 책략)을 가지고 있어야 하며, 그리고 '법'(法)에 의지하여야 한다. 군주에게 요구되는 것은 도덕(모랄)이 아니며, 인격적 감화도 필요치 않다. 그가 말하는 '법'은 성문법이며 백성들에게 공포되어야 한다. 한편 '술'은 군주의 가슴속에만 있고 밖으로 표시되어선 안 된다.

> '법'이란 기록하여 널리 알린 문서로서, 관청에 설치하여, 백성에게 공포되어야 한다. '술'이란 (군주의) 가슴 속에 숨겨놓음으로써, 각종 사정에 응하는 것이고, 관리들에게도 밝히지 않는다. 그러므로 '법'은 들어나야 하며, '술'은

한다.

51) 『한비자』 권19, 현학(顯學). cf. 『한비자집해』, p. 461. "夫聖人之治國, 不恃人之爲吾善也, 而用其不得爲非也.... 不務德而務法."

들어나서는 안 된다.[52]

군주는 두 개의 자루[二柄]를 가지고 통치해야 한다. 한 자루는 형벌이고 한 자루는 덕이다. 한퀘이의 말을 들어보자.

> 명군(明君)이 그 신하들을 제압하는 것으로는 두 가지 자루가 있을 뿐이다. 두 가지 자루는 '형'(刑)과 '덕'(德)이다. 무엇을 '형'과 '덕'이라고 하는가? 죽이는 것을 '형'이라하고, 상을 주는 것을 '덕'이라고 한다.[53]

한퀘이에 의하면 통치의 수단은 명확하다. 죄를 지은 자, 즉 법을 어긴 자는 죽이는 것이고, 반대로 법을 지키는 자는 상을 주는 방법이다. 전자는 채찍이요, 후자는 설탕(당근)이다. 채찍과 설탕(당근)의 정치적 효과는 매우 뛰어나다. 여기에서 한퀘이가 말한 '덕'은 유가에서 말하는 모랄이 아니다. 이때의 덕은 하나의 기능(function)을 가리킬 뿐이다. 그 이론적 근거는 라오딴의 사상에 의지하고 있다. 군주에게는 '무위'(無爲)의 덕이 요구된다. 군주가 전면에 나서서 설칠 필요가 없다.

---

52) 『한비자』 권16, 난삼(難三). cf. 『한비자집해』, p. 380. "法者, 編著之圖籍, 設之於官府, 而布之於百姓者也. 術者, 藏之於胸中, 以偶衆端, 而潛御羣臣者也. 故法莫如顯, 而術不欲見."

53) 『한비자』 권2, 이병(二柄). cf. 『한비자집해』, p. 39. "明主之所導制其臣者, 二柄而已矣. 二柄者, 刑德也. 何謂刑德? 曰. 殺戮之謂刑, 慶賞之謂德."

참고문헌

- 김충렬, 『중국철학사』1 , 예문서원, 1994.
- 『동아시아의 인간상』-황원구 교수 정년기념논총-, 혜안, 1995.
- 『중국대백과전서中國大百科全書』철학1, 中國大百科全書出版社, 1987.
- 츠언치티엔(陳啓天), 『상앙평전商鞅評傳』, 臺灣商務印書館, 民國 56年.
- 왕시엔선(王先愼), 『한비자집해韓非子集解』, 中華書局, 2007.
- 쩡전위(曾振宇), 『전기법가연구前期法家硏究』, 山東大學出版社, 1996.
- 후앙꽁웨이(黃公偉), 『법가철학체계지귀法家哲學體系指歸』, 臺灣商務印書館, 民國 72년.
- 뚜정성(杜正勝), 『편호제민編戶齊民』, 燕京出版事業公司, 民國 79년.
- 횡여우란(馮友蘭), 『중국철학사신편中國哲學史新編』제1책, 제2책, 人民出版社, 1982~1984.
- 쉬카이(徐凱), 『중국역사상적중요혁신여변법中國歷史上的重要革新與變法』, 中共中央黨校出版社, 1991.
- 샤오꽁취앤(蕭公權), 『중국정치사상사』, 최명 역, 서울대학교출판부, 1998.
- 쓰마치엔, 『사기史記』권68, 정범진외 역, 까치, 1995.
- 가노나오키(狩野直喜), 『중국철학사』, 오이환 역, 을유문화사, 1986.
- Benjamin I. Schwartz, *The World of Thought in Ancient China,* Harvard University Press, 1985.(나성 옮김, 『중국 고대사상의 세계』 살림, 1996)
- Herrlee G. Creel, *Shen Pu-hai,* University of Chicago Press, 1974.

제8장

한대(漢代)의 사상 경향과 위진(魏晉) 시대의 현학(玄學)

"재이(災異)가 있는 것은 인군이 정치를 함에 있어서
도를 잃는 것에 대한 하늘의 꾸짖음(譴告)이라는 이야기가 있다....
이것은 의심스럽다."
(論災異, 謂古之人君爲政失道, 天用災異 譴告之也.... 曰. 此疑也.)

-왕츠옹(王充 ; AD 27～100), 『논형論衡』 권14, 견고(譴告)

8.1 한대(漢代) 유교(儒敎)의 종교화

8.1.1 똥종수(董仲舒)의 철학

BC 211년 중국 고대사회는 커다란 전환점을 맞이한다. 진시황(秦始皇)이 당시 패권국가 6국을 멸망시키고, 천하를 통일한 것이다. 그의 통일 과업은 꽝쑨양[商鞅] 변법이 성공한 결과라고 볼 수 있다.

진(秦) 제국의 등장은 'China'라고 부르는 국가의 성립을 의미하며 정치, 경제, 군사, 문화의 측면에서 한족(漢族)이 '중화문명'을 건설하는 중추적인 세력으로 등장하였음을 말한다. 문화사적인 측면에서 문자, 도량형, 화폐의 통일은 매우 중요한 의미를 지닌다.[1)]

'분서갱유'(焚書坑儒)라고 알려진 바와 같이 사상의 통일을 기한 것도 하나의 특징이다. 그러나 '진' 제국은 BC 210년 시황제가 49세의 나이로 세상을 떠나자 급속하게 붕괴되었다. 이어서 성립한 한(漢 ; BC 206~AD 220) 왕조는 명실공히 중국 문명의 최고의 시기였다고 말할 수 있겠다.

'한' 제국의 5대 임금 무제(武帝) 리우츠어(劉徹 ; 재위 BC 140~BC 86)는 똥종수(董仲舒 ; BC 179~AD 104)의 건의를 받아들여 제자백가 중에서 오로지 유학을 국가의 학문으로 채택하였다. 군주를 정점으로 한 가부장적 사회질서, 충효의 이념을 통한 통치 질서야말로 '한' 제국이 필요로 하는 것이었다.

---

1) 당시 종이는 발명되지 않았고, 대나무 조각[竹簡] 혹은 비단[帛]이 문자의 기록 수단으로 활용되었다. 한문의 글자체는 전서(篆書)가 비문 등에 사용되었고, 행정 문서는 예서(隸書)가 통용되었다.

① 우주론

빤꾸(班固)가 기록한 『한서漢書』권56 똥종수전에 의하면, 그는 꾸앙츠우안(廣川 ; 현 허뻬이성 헝수이衡水) 사람이다. 3년 동안 자기가 살고 있는 집의 정원을 밟지 않을 정도로 미친 듯이 공부에 열중하였다고 전한다. 또 방안에서 발[簾]을 내리고 사람을 맞이하였으므로, 제자들은 그의 얼굴을 볼 수 없었다고 한다.[2)] 저서에 『춘추번로春秋繁露』가 있다.

똥종수에 의하면 하늘[天]은 만물을 살리고, 기르고, 죽이고, 감추는 기능이 있다. 그는 말한다.

> 하늘의 도는 봄의 따뜻함으로써 (만물을) 살린다. 여름의 무더움으로써 기른다. 가을의 서늘함으로써 죽인다. 겨울의 차가움으로써 숨긴다. 따뜻함, 무더움, 서늘함, 차가움은 '기'(氣)는 다르지만, '공'(功)은 같다. 모두 하늘이 세월을 완성시키는 것이다.[3)]

이상의 글에서 우리는 똥종수의 천도(天道) 관념을 본다. 그런데 하늘은 사람처럼 분노, 슬픔, 기쁨의 감정이 있으며 동시에 성취와 형벌의 기능을 가진다. 그는 말한다.

> 하늘과 땅의 법은 하나의 음(陰)과 하나의 양(陽)이다. '양'이 하늘의

---

2) 『한서漢書』권56, 동중서전(董仲舒傳). "董仲舒，廣川人也。少治春秋，孝景時爲博士。下帷講誦，弟子傳以久次相授業，或莫見其面。蓋三年不窺園，其精如此。"

3) 『춘추번로』권13, 사시지부(四時之副). cf. 라이옌위앤(賴炎元), 『춘추번로금주금역春秋繁露今註今譯』, 民國 81年 = 1992, p. 325. -이하 언급하는 자료는 라이옌위앤, 『춘추번로금주금역』의 페이지를 가리킨다.- "天之道, 春暖以生. 夏暑以養. 秋淸以殺. 冬寒以藏. 暖暑淸寒, 異氣而同功. 皆天之所以成歲也."

덕(德)이라면, '음'은 하늘의 형벌[刑]이다.... 그러므로 하늘의 도는 세 계절로써 이루어지고, 한 계절로서 죽어버린다.... 하늘이 또한 기쁨과 분노의 '기'(氣)와, 슬픔과 즐거움의 '마음'을 가진 것은 사람과 서로 부응하며, 그 동류가 됨에 합한다. 하늘과 사람은 하나이다.[4]

이때의 '기'는 하나의 기운을 말하는 것이고, 훗날 성리학자들이 정립한 철학 개념으로서의 '리'(理)와 대비하여 사용된 것이 아니다. 그에 의하면 우주에는 10대 요소가 있다. 하늘[天], 땅[地], 응달[陰], 양지[陽], 나무[木], 불[火], 흙[土], 쇠[金], 물[水] 그리고 사람[人]이 그것이다.[5] 사람은 나머지 아홉 가지의 요소 속에서 살아간다. 똥종수의 말을 들어보자.

하늘과 땅 사이에는 음양의 '기'(氣)가 있다. 사람이 '기'에 젖어있는 것은 마치 물고기가 물에 젖어있는 것과 같다. 음양의 '기'가 물과 다른 것은 (물은) 보이는데 대하여, (음양은) 보이지 않는다는 점일 뿐이다.[6]

이와 같이 천지 사이에 존재하는 '기'는 나뉘면 음양으로, 펼치면 나무(목)·불(화)·흙(토)·쇠(금)·물(수)의 5행(五行)이 된다. 그런데 5행은 상호 친근한 관계와 배척하는 관계로 설명된다. 똥종수의 표현으로 친근한 관계는 '비'(比)로 표현되고, 배척하는 관계는

---

4) 『춘추번로』 권12, 음양의(陰陽義). cf 『춘추번로금주금역』, p. 309. "天地之常, 一陰一陽. 陽者, 天之德也, 陰者, 天之刑也.... 天亦有喜怒之氣, 哀樂之心, 與人相副, 以類合之, 天人一也."

5) 『춘추번로』 권17, 천지음양(天地陰陽). cf. 『춘추번로금주금역春秋繁露今註今譯』, p. 439. "天, 地, 陰, 陽, 木, 火, 土, 金, 水, 九, 與人而十者, 天之數畢也."

6) 『춘추번로』 권17, 천지음양. cf. 『춘추번로금주금역』, p. 440. "天地之間, 有陰陽之氣. 常漸人者, 若水常漸魚也. 所以異於水者, 可見與 不可見耳."

'간'(間)으로 묘사되고 있다.

> 하늘과 땅의 '기'는 합하여 하나이다. 나누면 음양이 되고, 구별하여 4계절이 되며, 펼쳐서 5행이 된다. '行'이란 덕행인데, 그것이 같지 않으므로 5행이라고 말한다. 5행은 또 5官(관직)과 같다. 이들은 친근하여 서로 낳는 관계와, 배척하여 서로 이기는 관계를 유지한다(比相生間相勝).... 그러므로 불이 흙을낳는다.... 흙이 쇠를 낳는다.... 쇠가 물을 낳는다.... 물이 나무를 낳는다.... 쇠가 나무를 이긴다.... 물이 불을 이긴다.... 나무가 흙을 이긴다.... 불이 쇠를 이긴다.[7)]

똥종수의 이와 같은 주장을 놓고 학자들은 '5행 상생설'과 '5행 상승설'(혹은 상극설相克說)이라고 부른다. 5행의 '상생' 및 '상극' 이론은 전통 사회의 민간에서 매우 깊은 영향을 미쳤다. 가령 남녀 혼인의 경우 궁합(宮合)을 보는데, '상생'의 관계이면 궁합이 좋다고 말하고, '상승'(상극)의 관계이면 궁합이 나쁘다고 말하여 기피하는 경향이 있었다.[8)]

똥종수에 의하면 하늘, 땅, 사람은 불가분의 존재이다. 하늘에는 도덕 윤리가 있고, 땅은 물질로서 만물을 기르며, 사람은 문화와 문명을 이루고 살아간다.

> 하늘, 땅, 사람은 만물의 근본이다. 하늘은 살리고, 땅은 기르고, 사람은 이룬다. 하늘은 효제(孝悌)로써 살리고, 땅은 의식(衣食)으로써 기르며,

---

7) 『춘추번로』 권13, 오행상생 & 오행상승. cf. 『춘추번로금주금역』, p. 334 이하 & p. 341 이하. "天地之氣, 合而爲一. 分爲陰陽, 判爲四時, 列爲五行. 行者, 行也, 其行不同, 故謂之五行. 五行者, 五官也. 比相生間相勝也...."

8) 똥종수의 5행 '상생상극설'은 그의 독창적 이론이 아니다. 이는 전국(戰國) 시대 쩌우옌(鄒衍 ; BC 305~BC 240)의 이론을 발전시킨 것이다.

사람은 예악(禮樂)으로써 이룬다. 세 가지는 서로 손과 발이 되어, 합하여 몸을 이루니, 한 가지라도 없어서는 안 된다.[9]

② 정치철학 –천인상감설(天人相感說)

하늘은 사람을 낳는다. 그러므로 백성의 성품을 만드는 자도 하늘이다. 똥종수는 다음과 같이 말한다.

> 하늘이 백성의 성품을 낳으니, (백성의) 선(善)한 바탕은 있지만 아직 선한 것은 아니다. 그리하여 백성을 위하여 왕을 내세우고 이들을 선하게 하였다. 이것이 곧 하늘의 뜻[天意]이다.[10]

하늘은 이처럼 의지가 있다. 그리하여 백성에게 도덕심을 내려주고, 백성을 선(善)하게 한다. 그런데 군주 혹은 백성이 선하지 않은 경우는 어떻게 할까? 똥종수는 사람에게 잘못이 있으면 하늘의 벌을 피할 수 없다고 생각하였다.[11]

> 제왕(帝王)이 장차 흥할 때는 아름답고 상서로운 일이 먼저 나타나고, 장차 망할 때는 괴이하고 요사스러운 일이 먼저 나타나니, 사물은 서로

---

9) 『춘추번로』 권6, 입원신(立元神). cf. 『춘추번로금주금역』, p. 156. "天地人, 萬物之本也. 天生之, 地養之, 人成之...."

10) 『춘추번로』 권10, 심찰명호(深察名號). cf. 『춘추번로금주금역』, p. 267. "天生民性, 有善質而不能善. 於是爲之立王以善之. 此天意也."

11) 이는 그리스도교의 『바이블』 창세기(Genesis) 18장~19장에 보이는 '소돔(Sodom)과 고모라'(Gomorrah)에 보이는 생각과 비슷하다. 야훼(The LORD)는 소돔성에 죄 없는 사람이 10명만 있어도, 그 죄 없는 사람들을 보아서라도 모두 용서할 생각이 있었다. 그러나 소돔성에는 10사람의 의인(義人)이 없었다. 분노에 찬 야훼는 유황불(burning sulfur)을 소돔과 고모라에 퍼부었다. 도시와 사람들은 물론 그곳의 푸성귀까지 모조리 태워버렸다.

동류로써 (어떤 결과를) 부른다.[12)]

이와 비슷한 주장이 『한서漢書』 동중서전(董仲舒傳)에 보인다.

> 신이 삼가 살피건 데 『춘추』 가운데 앞선 세대의 일이 보입니다. 하늘과 사람의 상호 관계를 관찰 할 때, 매우 두렵습니다. 국가가 장차 도(道)를 잃을 때, 하늘이 먼저 재해(災害)를 내려보내 견책하는 바이니, 스스로 살피지 않으면 또한 괴이한 일은 보냄으로써 놀랍고 두렵게 합니다. 그래도 변하지 않으면, (국가는) 패망에 이르는 것입니다. 이로써 하늘이 인군(人君)을 사랑하여 난리를 방지하려는 마음이 있는 것을 알 수 있습니다. [13)]

같은 내용이 다시 『춘추번로』에 보인다.

> 그 대략의 모습은 다음과 같다. 하늘과 땅의 사물이 비상(非常)한 변고가 있는 것을 일러 괴이한 일[異]이라고 하는데, 작은 것을 가리켜 재앙[災]이라고 한다. 재앙이 먼저 오고 괴이한 일이 뒤따른다. 재앙은 하늘이 견책하는 바이요, 괴이한 일은 하늘이 (사람을) 놀라게 하는 것이다. 견책을 해도 알지 못하면, 두렵게 하여 위력을 보인다. 『시경』에 "하늘의 위력을 두려워하라."라는 구절은 아마도 이것을 말하는 것이다.[14)]

학자들은 똥종수의 이와 같은 주장을 '천인상감설'(天人相感說)

---

12) 『춘추번로』 권13, 동류상동(同類相動). cf. 『춘추번로금주금역』, p. 331. "帝王之將興也, 其美祥亦先見, 其將亡也, 妖孽亦先見, 物故以類相召也."

13) 『한서漢書』 권56, 동중서전(董仲舒傳). "臣謹案春秋之中, 視前世已行之事, 以觀天人相與之際, 甚可畏也。國家將有失道之敗, 而天乃先出災害以譴告之, 不知自省, 又出怪異以警懼之. 尙不知變, 而傷敗乃至。以此, 見天心之仁愛人君, 而欲止其亂也。"

14) 『춘추번로』 권8, 필인차지(必仁且智). cf. 『춘추번로금주금역』, p. 236. "其大略之類, 天地之物, 有不常之變者, 謂之異, 小者謂之災...."

혹은 '천인상관설'(天人相關說)이라고 부른다. 자연 재해 즉 홍수, 한발, 지진, 일식, 월식 등의 현상은 하늘이 사람에게 내리는 경고 내지 견책이라는 주장이다. 이러한 재해가 발생하면 사람들은(특히 군주는) 몸가짐을 단정하게 하고, 잘못을 반성하며 회개하는 태도를 보여야 한다. 재이(災異)의 발생에 대하여 이와 같은 믿음을 가진 일은 사대부 사이에 상당히 보편적인 것이었다.

『후한서後漢書』 오행지(五行志)는 자연의 재이 현상에 대하여 구체적이고 체계적인 기록을 남기고 있다. 이 책에는 재이에 관한 기록이 43항목에 걸쳐 399회 등장한다.[15] 이 가운데에 지진(地震 ; 地裂) 발생이 23차례 기록되어 있다. 예를 들면, 후한(後漢) 영원(永元) 4년(AD 92년)에 발생한 지진에 대하여, 사관(史官)은 구체적인 사실을 기록하고 원인을 분석하였다.

> 화제(和帝) 영원 4년 6월 병진일. 군국(郡國) 13곳에 지진이 있었다.... 이 때에 두태후(竇太后)가 섭정을 하였고, 그녀의 오빠 두헌(竇憲)이 정권을 전담하였다. 이로써 화(禍)를 입은 것이다.[16]

지진의 원인을 권력을 부당하게 농락한 두태후와 그녀의 오빠에게서 찾고 있다. 말하자면 사람의 행위에 대하여 하늘이 감응(感應)하고 재이를 일으켰다는 논리이다. 현대인에게는 말이 안 되는 이야기도 고대인에게는 말이 된다.[17]

---

15) 홍승현, "선거와 후한 사대부의 자율성", 『동양사학연구』86집, 2004, p. 54.
16) 『후한서後漢書』志 36, 오행지(五行志), 중화서국본, p. 3328.
17) 1976년 7월 중국 탕산(唐山) 지진으로 약 20만 명이 희생되었다. 그해 9월 '위대한' 지도자 마오쩌뚱(毛澤東)이 죽었다. 마오의 죽음을 놓고 상당수의 중국인들은 (마오가 일으킨 '문화대혁명'으로 인하여 수백만 명이 죽은 것으로 알려져

재이(災異)의 발생을 놓고 하늘과 사람이 서로 감응한다는 이야기를 한 사람은 똥종수가 처음은 아니다. 똥종수 이전에도 '천인상감설'에 관한 기록이 남아 있고, 그와 같은 사고는 오랫동안 민간에 퍼져 있었다. 다만 똥종수는 이를 체계화하여 학문의 세계로 구축한 것으로 보아야 하겠다.[18)]

8.1.2 왕츠옹(王充)의 자연철학

왕츠옹(王充 ; AD 27~89 혹은 27~91)은 자를 종르언(仲任)이라

있다.) '하늘이 마오를 벌(罰)주었다.'라고 생각하였을 법하다. 이와 같은 생각이 곧 '천인상감설'에 영향을 받은 것이다. 그러나 2008년 쓰추안성 원추안(汶川)에서 발생한 대지진을 놓고 중국의 지도자를 향하여 같은 이와 같은 해석을 내린 사람은 많지 않다. 오늘날 '천인상감설'을 믿는 사람은 거의 없다.

18) 마츠엉위앤(馬承源) 주편, 『상하이박물관장전국초죽서(5)上海博物館藏戰國楚竹書(五)』에 수록된 「포숙아여습붕지간鮑叔牙與隰朋之諫」이라는 자료에 의하면, 제(齊) 나라 환공(桓公 ; 재위 BC 685~BC 643)이 일식(日食 ; solar eclipse)의 발생에 대하여 시펑(隰朋)과 빠오수야(鮑叔牙) 2인에게 물은 일이 있었다. -콩치우의 저술『춘추』에 의하면, 환공 재위 당시 노(魯) 나라 취후우(曲阜) 일대에는 일곱 차례의 일식이 있었다.- 빠오수야가 "일식의 발생은 제나라에 장차 재해(災害) 혹은 전쟁이 발생할 징조입니다."라고 말하였다. 환공이 겁을 먹고 그렇다면 재해와 전쟁을 발생하지 않게 불제(祓除 ; 푸닥거리) 제사를 지내면 어떠냐고 물었다. 이번에는 시펑이 "선행을 쌓지 않고 실정(失政)을 거듭하면 재해를 막으려는 '불제' 제사도 도움이 되지 않습니다."라고 주장하였다. 이와 같은 기록은 BC 680년대에 위정자의 정치에 대하여 하늘이 견책을 내린다는 천인상관(天人相關)의 사고가 존재하였음을 보여준다. cf. 아사노 유이치(淺野裕一), 『상박초간여선진사상上博楚簡與先秦思想』(萬卷樓, 2008), p. 109 이하. 또 상하이박물관 초간(楚簡) 가운데 「노방대한魯邦大旱」이라는 문헌이 있다. 여기에는 고대 노 나라에 큰 가뭄이 들자, 이에 대한 대응책을 질문 받은 콩치우가 형(刑)과 덕(德)은 하늘이 군주에게 내리는 상벌이라는 이야기가 나온다. 「노방대한」의 기록은 의지(意志)를 지닌 인격신인 상천(上天)이 군주의 위정(爲政)의 선악에 따라서 상벌을 내린다는 '천인상관'의 사상을 표현한 것이다. cf. 아사노 유이치, "새롭게 출토된 문헌과 사상사의 재해석", 성균관대학교 국제학술회의『새로운 자료와 새로운 시각』, 2009년 02월 09일.

하고, 후이지(會稽 ; 현 저지앙성 사오싱시紹興市) 사람이다. 『후한서後漢書』 왕츠옹전에 의하면, 그는 어려서 고아가 되었고, 장성하여 태학에 들어가 후우훵(扶風) 사람 빤빠오(班彪)를 스승으로 공부하였다. 집이 가난하여 책을 살 돈이 없었으나, 루어양(洛陽) 시내의 책방에서 책을 눈으로 보고 암송할 정도로 머리가 뛰어났다고 한다. 일시 벼슬길에 나갔으나, 집으로 돌아와 오로지 학문에 몰두한 것으로 알려져 있다.

왕츠옹이 벼슬을 버리고 칩거한 까닭에는 세상과 불화(不和)한 원인이 있다. 즉 그가 "세간의 책과 속설(俗說)을 대체로 온당하지 못하다고 여겨 홀로 칩거하여 그 실(實)과 허(虛)를 논구하였다."[19] 라고 말한 구절을 보면, 지식인으로서 세상과 어울릴 수 없는 고민이 담겨있다. 그리하여 세상의 책과 속설을 파헤치고, 허실을 논구한 저술이 곧 『논형論衡』 85책[20]이다.

똥종수의 유교 종교화 이후 콩치우(孔丘)는 사실상 교조가 되었다. 그를 비판할 수 없는 분위기가 지배적이었다. 왕츠옹은 유가에 속하면서도 콩치우와 멍커를 함께 비판하였고, 법가의 한훼이도 비판의 대상으로 삼았다. 『논형』에는 '콩치우에게 묻는다'(問孔), '한훼이는 틀렸다'(非韓), '멍커를 꾸짖는다'(刺孟)라고 이름지은 편명(篇名)이 등장한다.

---

19) 『논형論衡』 권30, 자기편(自紀篇). "世書俗說, 多少不安, 幽處獨居, 考論實虛." cf. 『한위총서漢魏叢書』(明刻本) 坤 (新興書局, 民國 59年=1970), p. 1962. / 후앙후에이(黃暉) 撰, 『논형교석論衡校釋』四, 권30, (中華書局, 2006), p. 1190. - 이후 자료는 『한위총서漢魏叢書』(明刻本)는 생략하고, 후앙후에이(黃暉) 撰, 『논형교석論衡校釋』(중화서국본)의 출처만을 언급한다.-

20) 왕츠옹의 『논형論衡』의 편제에는 전 30권이 있는 바, 매권(每卷)마다 세분화된 책수(冊數)가 있다. 여기서는 전체 책수가 85책이라는 뜻이다.

예를 들어보자. 『논어』 공야장(公冶長)편에는 콩치우의 제자 짜이위(宰予)가 어느 날 낮잠을 잤는데, 이를 콩치우가 심하게 꾸짖는 내용이 있다.[21] 이 구절은 전통적으로 해석이 분분한 구절이다. 왕츠옹에 의하면, 낮잠을 자는 행위는 그렇게 악(惡)한 행위가 아니다. 짜이위가 낮잠을 잤기로서니 그렇게 심하게 꾸짖을 것이 무엇이냐. 콩치우답지 못하다는 이야기이다.[22] -참고로 짜이위는 콩치우 문하의 4과(四科) 중에서 '언어' 분야에서 인정받고 있는 10명(十哲)의 뛰어난 제자 중의 한 사람이다.-

그는 한훼이에 대해서도 틀렸다고 말한다. 예를 들면, "나라를 다스리는 데는 두 가지 길이 있는데, 덕을 기르는 것[養德]과 힘을 기르는 것[養力]이 그것이다. 전자는 고명(高名)한 사람을 길러서 현명함을 존중하게 하는 것이요, 후자는 무사(武士)를 길러서 군대에서 쓰고자 함이다.... 한훼이의 술책이란 덕을 기르지 않는 것이니, 한훼이는 반드시 덕이 없어서 당하는 우환[無德之患]이 있을 것이다."[23]라고 하였다.

왕츠옹은 멍커에 대해서는 더욱 가혹한 비평을 가한다. 『맹자』양

---

21) 『논어』 공야장(公冶長). "宰予晝寢. 子曰. 朽木, 不可雕也, 糞土之墻, 不可杇也, 於宰予, 何誅."(짜이위가 낮잠을 잤다. 콩치우가 말하였다. "썩은 나무는 조각할 수 없고, 더러운 흙은 담장을 손질하는데 쓸 수 없다. 내가 짜이위에 대해서 더 책망할 것도 없다.") 위 문장의 사람 이름 '宰予'가 『논형』 권9에는 '宰我'로 표기되어 있다. 같은 인물이다. cf. 후앙후에이(黃暉), 『논형교석論衡校釋』 二, p. 405.

22) 『논형』 권9, 문공편(問孔篇). cf. 후앙후에이(黃暉), 『논형교석論衡校釋』 二, p. 405. 왕츠옹의 불만은 낮잠은 그렇게 큰 죄악이 아니라 사소한 잘못[小過]인데, 썩은 나무 혹은 더러운 흙 담장으로 비유하면, 어떻게 사람을 설복(說服)시킬 수 있겠는가 하는 내용이다. "責小過以大惡, 安能服人?"

23) 『논형』 권10, 비한편(非韓篇). cf. 후앙후에이(黃暉), 『논형교석論衡校釋』 二, p. 438.

혜왕장 초두에 멍커가 양혜왕을 찾자, 혜왕이 말하기를, "노인께서 천리 길을 멀다고 여기지 않고 오시니, 장차 우리나라에 무슨 이익이 있겠습니까?"라고 하는 구절이 나온다. 멍커는 대뜸 "왕은 하필 이익을 말씀하시오? 인의가 있을 뿐입니다."라고 양혜왕을 책망하듯이 말하였다고 한다. 왕츠옹에 의하면, 나라를 편안하게 하는 이익이 있는데 이것은 길한 것이고 '안길(安吉)의 이익'이라고 부른다. 한편 돈을 바라는 이익이 있는데, 이는 비난받을 것이고 이를 '재화(財貨)의 이익'이라고 부른다. 『주역』에서 "대인을 만나니 이롭다"(利見大人)라거나 혹은 "큰 냇물을 건너니 이롭다"(利涉大川)라는 구절은 첫 번째의 경우에 해당하며 이는 비난의 대상은 아니다. '안길의 이익'이기 때문이다. 혜왕이 그와 같은 뜻으로 무엇이 자기나라에 진정한 이익이 되는가라고 물을 수 있는데, 멍커는 대뜸 '재화의 이익'으로 받아들여, 혜왕을 마치 죄인처럼 여겼다는 의미이다.[24)]

이상 세 가지 예는 『논형』에 보이는 일부분에 해당할 뿐이다. 왕츠옹은 여러 가지 예를 들면서 콩치우, 한훼이, 멍커를 비판하고 있다. 이와 같은 사례를 통하여 볼 때에, 왕츠옹은 기존의 권위에 맹종하지 않는 자유의지의 소유자라고 보인다. 자유의지는 학문추구에 있어서 필요한 자세라고 볼 수 있다. 훵여우란 교수는 그를 가리켜, "과학적 회의주의 정신을 가진 우상파괴주의자였다."라고 진단하고 있다.[25)] 이는 매우 적절한 표현으로 생각된다.

---

24) 『논형』 권10, 자맹편(刺孟篇). cf. 후앙후에이(黃暉), 『논형교석論衡校釋』 二, p. 450.

25) 훵여우란(馮友蘭), 『간명한 중국철학사』, 정인재 옮김 (형설출판사, 2007), p. 299.

① 자연의 산출물로서의 인간

왕츠옹은 유가에 속하는 학자이면서, 동시에 도가와 그 계통인 황로학(黃老學)의 영향을 받았다. 왕츠옹의 말을 들어보자.

> 천지가 기(氣)를 합하여 만물이 저절로 생겨나는 것은 마치 부부가 몸을 합하여 자식이 생겨나는 것과 같다. 만물이 생겨난 가운데 혈기(血氣)를 지닌 인간은 배고픔과 추위를 느끼기 때문에, 5곡을 보면 따서 먹었고, 옷을 지을 만한 실[絲麻]을 보면 취해서 옷을 만들어 입었다.... 하늘의 운행은 만물을 낳으려고 하지 않아도 만물이 저절로 생기나니, 이를 가리켜 '자연'(自然)이라고 한다. '기'를 베풀면서 만물을 만들려고 하지 않아도 만물이 저절로 만들어지니, 이를 일러 '무위'(無爲)라고 한다. 하늘이 자연무위하다고 함은 어떤 '기'인가? 편안하고 담박[恬澹]하여 욕심이 없어서 아무 일도 (억지로) 꾸미지 않는다는 말이다. 라오딴을 이를 얻어서 장수(長壽)하였다.... 현명한 사람가운데 순수한 사람이 바로 황로(黃老)이다. '황'은 후앙띠(黃帝)를, '노'는 라오딴(老子)이다.[26]

이상의 내용은 왕츠옹의 사상노선이 후앙띠와 라오딴의 자연주의를 이어받고 있음을 말한다. 그러므로 '무위자연'을 강조하며, 우주에는 어떤 목적을 지닌 의지가 있는 것은 아니라고 말한다.

> 유자들이 논하여 말하기를, "천지가 까닭[故 ; 목적]이 있어서 사람을 태어나게 하였다"라고 한다. 이는 망언이다. 대저 천지의 기(氣)가 합하여,

26) 『논형』권18, 자연편(自然篇). cf. 후앙후에이(黃暉), 『논형교석論衡校釋』三, p. 775. "天地合氣, 萬物自生, 猶夫婦合氣, 子自生矣. 萬物之生, 含血之類, 知飢知寒.... 賢之純者, 黃老. 黃者, 黃帝也. 老者, 老子也."

사람이 이에 짝하여[偶 ; 혹은 우연히] 스스로 태어났을 뿐이다. 이것은 부부가 기를 합하여 자식이 스스로 태어남과 같다. 부부가 교접할 당시 자식 낳기를 욕망한 것이 아니다. 정욕(情欲)이 움직여 합하고, 합한 뒤 자식이 태어날 뿐이다. 이는 부부가 까닭(목적)이 있어서 자식을 태어나게 함이 아니니, 이로써 천지가 까닭 없이 사람을 태어나게 함을 안다. 그러므로 사람이 천지 사이에 태어남은 마치 물고기가 연못 속에서 태어남과 같거나, 이[虱]가 사람의 몸에서 태어남과 같다. 기가 합하여 태어나고, 무리[類]에 근본하여 탄생한다. 만물이 천지사이에 태어남은 '하나의 실제'[實 ; 혹은 열매]일 뿐이다.27)

왕츠옹은 이처럼 인간의 탄생이 어떤 목적을 수행하기 위한 것이 아니고, 남녀 두 기운[二氣]의 생물학적 결합일 뿐이라고 말한다. "천지가 기(氣)를 합하여 만물이 저절로 생겨난다."(天地合氣, 萬物自生)라는 이야기는 철학사상 기계론적 사유를 말하며, "천지가 까닭[故]이 있어서 사람을 태어나게 하였다."(天地故生人)라는 이야기는 목적론적 해석이다. 왕츠옹은 목적론적 견해를 부정하고, 기계론적 사상을 주장하고 있다. 이와 같은 왕츠옹의 견해는 당시로서는 매우 파격적인 것으로 보인다.

② 적자생존설(適者生存說)

"천지가 까닭[故 ; 목적]이 있어서 사람을 태어나게 하였다."(天地故生人)라는 주장이 망언이라는 왕츠옹의 말을 들여다보면, 현대

27) 『논형』 권3, 물세편(物勢篇). cf. 후앙후에이(黃暉), 『논형교석論衡校釋』一, p. 144. "儒者論曰. 天地故生人. 此妄言也. 夫天地合氣, 人偶自生也. 猶夫婦合氣, 子則自生也. 夫婦合氣, 非當時欲得生子, 情欲動而合, 合而生子矣.... 萬物生天地之間, 皆一實也."

생물학의 유전자(gene)를 연상하게 한다. 그는 생물체가 적자생존(適者生存)의 현실 속에서 존재하고 있다고 주장한다.

> 무릇 만물은 서로를 적(賊)으로 여긴다. 혈기를 지닌 동물은 서로 이기려고 한다. 서로 잡아먹기에 이르러서는 이빨의 날카로움, 근력의 우열(優劣), 동작의 날쌤(공교로움) 등 기세(氣勢)의 용감성에 따라 (목숨이) 좌우된다. 사람이 세상에 살아가는 것은 마치 세력이 적당하지 못하고 힘이 균등하지 못하여 스스로 이기지 못하고 (물리적인) 힘으로써 승복시키는 바이니, 이는 곧 칼을 들고 서로를 적대하는 것과 같다.[28)]

이상과 같은 왕츠옹의 이야기는 마치 근대 생물학자 챨스 다윈(Charles Darwin ; 1809~1882)이 말한 "환경에 최대한 적응하는 생물만이 살아남는다."라는 '적자생존'(survival of the fittest)의 논리를 연상하기에 충분하다. 그의 이론이 과학적인 실험을 바탕으로 하지 않았지만, 상기의 예문은 마치 근대의 어떤 생물학자의 주장처럼 들린다.

③ 천인상감설(天人相感說)의 부정

왕츠옹은 '5행설'을 기반으로 유행한 '천인상감설'을 부정한다.

> 재이(災異)가 있는 것은 인군이 정치를 함에 있어서 도를 잃는 것에 대한 하늘의 꾸짖음[譴告]이라는 이야기가 있다.... 이것은 의심스럽다....

---

28) 『논형』 권3, 물세편. cf. 후앙후에이(黃暉), 『논형교석論衡校釋』一, p. 152. "凡萬物相刻賊. 含血之蟲則相[勝]服. 至於相啖食者, 自以齒牙頓利, 筋力優劣, 動作巧便, 氣勢勇桀. 若人之在世, 勢不與適, 力不均等, 自相勝服, 以力相服, 則以刃相賊矣."

대저 정치에 있어서 '재이'가 발생하는 것은 요리할 때와 술을 빚을 때, 역겨운 맛[惡味]이 있음과 같다.29)

하늘이 능히 인군을 꾸짖을 수 있다면, 성군(聖君)을 명함에 있어서, 야오(堯)・순(舜)처럼 재주 있는 사람[才]을 선택할 수 있을 것이다. 왕명을 받음[줌]으로써 왕사(王事)를 맞기니, 다시 더불어 알리지 않는다. 이는 그렇지 않다. 하늘이 별 볼일 없는 군주를 내어서, 도를 잃고 덕을 폐하게 하고, 이를 보고 꾸짖는다니(견책) 하늘이 무엇 때문에 그러한 일로 번거로운 노고(勞苦)를 한다는 말인가!30)

말세에 세상이 쇠미(衰微)하여 지면, 상하가 서로 비난하고, 재이(災異)가 생기면 (하늘의) 꾸짖음이라는 말이 떠돈다. 대저 옛날에는 하늘이 후(厚)하였고, 오늘날은 박(薄)하다고 하는 것은 잘못된 것이다. 견책의 말이 지금 생겨난 것은 인심이 따르기 때문이다.... 이로써 말한다면, 권책(권고)의 말은 쇠란(衰亂)의 시기에 떠도는 말이다.... 재변(災變)이 때에 따라서 일어남은 기(氣)가 스스로 그러할 뿐이다.31)

이상의 이야기를 종합하여 보자. 정치 담당자가 실정(失政)을 할 때 하늘이 견책을 한다는 말은 믿을 수 없다. 하늘이 별 볼일 없는 인군을 내려 보내고 그래서 그 인군이 도덕을 폐한다면, 하늘이 처

---

29) 『논형』 권14, 견고편(譴告篇). cf. 후앙후에이(黃暉), 『논형교석論衡校釋』 二, pp. 634-636. "論災異[者], 謂古之人君爲政失道, 天用災異譴告之也.... 曰. 此疑也.... 夫政治之有災異也, 猶烹釀之有惡味也."

30) 『논형』 권18, 자연편(自然篇). cf. 후앙후에이(黃暉), 『논형교석論衡校釋』 三, p. 777. "曰. 天能譴告人君, 則亦能故命聖君, 擇才若堯舜, 受(授)以王命, 季以王事, 物復與知. 今則不然, 生庸庸之君, 失道廢德, 隨譴告之, 何天不憚勞也?"

31) 『논형』 권18, 자연편. cf. 후앙후에이(黃暉), 『논형교석論衡校釋』 三, pp. 784-785. "末世衰微, 上下相非, 災異時至則造譴告之言矣.... 由此言之, 譴告之言, 衰亂之語也.... 災變時至, 氣自爲之."

음부터 그러한 임금을 내려 보낼 까닭이 없지 않느냐. 또한 재이(災異)가 발생할 때, 하늘의 견책이라고 떠들어대는 것은 세상이 망조에 들어선 증거이다. 이와 같은 왕츠옹의 주장은 똥종수의 '천인상감설'(혹은 '천인상관설')을 정면으로 부정한 증거이다.

이제 우리는 왕츠옹이 세상과 부조화하여 숨어살았던 선비에 불과하고, 똥종수는 당대 권력자로서 한 세상 잘나가던 인물임을 기억할 필요가 있다. 세상은 칩거하는 선비를 알아주지 않았다. '천인상감설'과 같이 허무맹랑한 이론이 후대까지 영향을 준 것은 이와 같은 이유이다.

8.2 위진(魏晉) 시대의 현학(玄學)

8.2.1 현학(玄學) 사조의 발생과 발전

중국 고대철학자 멍커(孟軻)에 의하면, 역사란 "한 번 다스려지고 한 번 혼란"(一治一亂)[32]의 과정을 되풀이 한다. 한대(漢代) 400년의 통일시기가 지나고, 천하는 다시 어지러워져서 난세가 약 400년간 지속된다. 위진(魏晉) 남북조(南北朝)의 혼란기는 중국 역사상 일종의 암흑시기로 볼 수 있다. '현학'(玄學)[33]은 이 시대를 대변하는 사상이다.

'현학'은 삼국 시대 위(魏 ; 220~265) 나라 정시(正始)[34] 년간에

32) 『맹자孟子』 등문공(滕文公) 下. "天下之生久矣, 一治一亂."

33) 위(魏) 나라의 왕삐(王弼)에 의하면, '玄'이란 깊은 것 혹은 아득한 것을 말한다. 『도덕경』 제1장에서 말하는 "현묘하고 또 현묘하니, 온갖 오묘함이 출입하는 문이다."(玄之又玄, 衆妙之門)라고 할 때의 '玄'의 뜻이다. 그러므로 '현학'이란 이와 같이 현묘하고, 깊은 학문을 말한다.

형성되어, 서진(西晉 ; 265~316) · 동진(東晉 ; 317~420) 및 남북조(南北朝 ; 420~589)에 걸쳐서 성행하였던 철학 사조를 가리킨다. 이는 사상사의 측면에서 양한(兩漢)의 학술이 '경학'(經學)이 주류(主流)를 차지하였던 것에 대비하여 부르는 이름인 듯하다. 그렇더라도 '현학'은 비주류(非主流)임을 면하지 못한다.[35]

엄밀하게 표현하면 '현학'이란 일종 과도기(過渡期)의 철학사상이라 부를 수 있다. 중국 역사상 위진 남북조(220~581) 시대는 왕조의 부침(浮沈)이 매우 심한 분열의 시대이다. 특히 초기에 조씨(曹氏) 집안과 사마씨(司馬氏) 사이에 극렬한 권력 투쟁이 전개되었고,[36] 그 와중에서 '고래 싸움에 새우 등 터지듯이' 많은 지식인들이 형장(刑場)에서 목숨을 잃었다. 당대의 지식인들은 현실로부터 도피하여 몸을 보전하는 '명철보신'(明哲保身)의 학문적 경향을 보이게 된다.

'현학'이란 넓은 의미에서 3현학(三玄學), 즉 『노자』, 『장자』, 『주역』 등 이른바 3현(三玄)[37]의 책에서 출발한다. 그러나 좁은 의미로 보면 이는 노장(老莊)사상의 새로운 발전이다.[38] 위진 시대에

---

34) 위왕(魏王) 차오황(芳曹)의 년호로 AD 240~249의 시기를 말한다.

35) 머우쫑싼(牟宗三 ; 1909~1995)은 '현학'을 가리켜 위진(魏晉) 양조(梁朝)의 '비주류 사상'이라고 표현하고 있다. cf. 머우쫑싼(牟宗三), 『중국철학특강』, 정인재 · 정병석 공역 (형설출판사, 1985), p. 268.

36) 『삼국지』의 영웅 차오차오(曹操)의 아들이 세운 위(魏) 나라는 쓰마이(司馬懿)와 그 자손에 의하여 도전 받는다. 결국 쓰마이의 둘째 아들 쓰마자오(司馬昭)와 그의 아들 쓰마옌(司馬炎)의 쿠데타에 의하여 위(魏)나라는 망하고, 쓰마옌[晉 武帝]이 즉위하여 서진(西晉 ; 265~316) 왕조를 세웠다.

37) 이들 3현학은 유가 서적에 비하여 세상에서 도피하는 신비주의적인 색채가 강하다. 그러므로 출세간적(出世間的) 경향을 보이고, 세상을 초월하려는 초세(超世)의 사상으로 발전한다.

38) 탕용통(湯用彤), 『리학불학현학理學 · 佛學 · 玄學』(北京大學出版社, 1992), p. 315. 여기에서 '좁은 의미'란 탕용통(湯用彤 ; 1893~1964) 교수의 표현이 아니

지식인들은 이와 같은 현학의 사조를 이끌었는데, 후세의 학자들은 이 집단을 가리켜 '명사'(名士) 혹은 '위진 명사'라고 호칭하였다.

'명사'들은 청일(淸逸)한 기운을 가진 선비들이다. 이 경우 '청'(淸)이란 맑은 기운을 가졌다는 뜻이고, '일'(逸)이란 속(俗)되지 않다는 뜻이다. 다시 말하면 '명사'들은 맑은 기운을 지니고 세속적이지 않은 지식인들을 가리킨다.[39] 명사들은 현학, 즉 '현리'(玄理)를 바탕으로 '청담'(淸談)을 논하고 세월을 보냈다. '청담'이란 '청의'(淸議)와 비슷한 개념으로, 시정(時政)의 일은 언급하지 않고, '유'(有)와 '무'(無) 등 관념적인 세계를 논하고, 형상을 초월한 진리, 혹은 언어를 초월한 언어를 주요 대화의 대상으로 삼는 것을 말한다.[40] 또한 청담은 학문을 연구하는 학구적인 방법도 아니다. 여기에는 일정한 미(美) 혹은 정취(情趣)가 존재한다.[41]

'청담'은 현실도피의 수단일 수 있다. 그러면서 동시에 높은 단계의 정신적 경계를 말한다고 보아야 하겠다. 청담을 즐기는 명사들은 인격적 측면에서 높은 단계의 예술성(藝術性)을 지닌 것으로 칭찬 받는다. 한편 그들의 허무주의적 경향은 비난을 받을 수 있는 점이다.[42] 이들 명사들이 일반적으로 준수되는 예절을 무시하고 행동한 점이 많았고, 일탈(逸脫)을 즐겼다는 점에서 특유한 행동방식을 고려해야 하겠다. 동시에 명사들에게 병태(病態) 혹은 변태(變

라, 저자(황준연)의 표현이다.

39) 머우쫑싼(牟宗三), 『재성여현리才性與玄理』(學生書局, 민국 74년=1985), p. 68. "然則'名士'者淸逸之氣也."

40) '청담'의 이와 같은 성격으로 인하여 『노자』, 『장자』, 『주역』의 3현학(三玄學)에 대한 깊은 이해를 필요로 하였다.

41) 머우쫑싼(牟宗三), 『중국철학특강』, 정인재 · 정병석 공역, p. 250.

42) 머우쫑싼(牟宗三), 『재성여현리才性與玄理』p. 71. "名士人格是藝術性的, 亦是虛無主義的."

態)의 측면이 있음을 지적할 필요도 있다.[43)]

정시(正始)의 '명사'들이 즐겼던 '청담'을 놓고, 우리는 현대 언어로 낭만(Romantism)으로 표현할 수 있겠다. 이는 곧 하나의 풍류(風流)인데, 일반인이 아무나 흉내낼 수 없는 점에서 특이하다. 어쩌면 이들의 철학사상 바탕에는 멀리 춘추 전국시대의 『열자列子』의 사상이 근원적으로 자리 잡고 있는지도 모른다.[44)]

'위진 명사'들의 현학은 그 발전 단계를 놓고 보면 2단계로 나누어 볼 수 있다. 첫째의 단계는 허옌(何晏)과 왕삐(王弼)로 대표된다. 둘째의 단계는 지캉(嵇康)과 르우안지(阮籍)를 중심으로 한 '죽림칠현'(竹林七賢)이 그들이다. 이들을 중심으로 위진 시대의 '현학' 사조를 정리한다.

---

43) 죽림칠현(竹林七賢)의 한 사람인 리우링(劉伶 ; 221~300)은 방에서 완전히 발가벗고 사는 버릇이 있었다. 누군가 그를 비난하자, 그는 응수하였다. "나는 하늘과 땅을 집으로 삼고, 방을 잠방이로 삼는다. 그대들은 왜 나의 잠방이 속으로 들어왔는가?"라고 말하였다. 이와 같은 행위는 일종의 병태적(病態的)인 모습으로 볼 수 있다. cf. 『세설신어世說新語』 임탄(任誕). "劉伶恒縱酒放達, 或脫衣裸形在屋中. 人見譏之. 伶曰. 我以天地爲棟宇, 屋室爲褌衣, 諸君何爲入我褌中?"

44) 훵여우란(馮友蘭) 교수는 '현학' 부분을 논술하면서, 『세설신어世說新語』와 함께 『열자列子』 양주(楊朱)편 '쾌락의 동산'(Yang Chu's Garden of Pleasure)을 소개하고 있다. 이는 청담을 즐기는 '명사'들에게 양주(楊朱)의 사상이 영향을 주었다는 논리이다. -다만 훵여우란 교수는 '玄學'이라는 용어 대신에 '신도가'(Neo-Taoism)라는 특수 용어를 사용하고 있고, 이들을 '주리파'(主理派 ; The Rationalists)와 '주정파'(主情派 ; The Sentimentalists)로 나누어 설명한다. 이들 용어는 재고(再考)의 여지가 있다고 생각한다.- cf. 훵여우란(馮友蘭), 『간명한 중국철학사』, 정인재 옮김, p. 331.

8.2.2 왕삐(王弼)의 귀무론(貴無論)

위진 현학자들이 허무(虛無)를 숭상하였다고 함은 일종의 오해이다. 그들은 어느 때는 '무'(無)를 귀하게 여기고, 어느 때는 '유'(有)를 숭배하였다.[45] 그중에서도 허옌(何晏 ; 193~249)과 왕삐(王弼 ; 226~249)는 '무'를 귀하게 여겼으니, 이를 '귀무론'(貴無論)이라고 부른다. 여기서는 왕삐의 이론을 중심으로 고찰한다.

왕삐는 인류 역사상 드물게 볼 수 있는 천재 철학자이다. 그는 자(字)가 후우쓰(輔嗣)이고, 산양(山陽) 까오핑(高平 ; 현재 산똥성 진시앙金鄕) 사람이다. 한말(漢末)의 저명인사 왕찬(王粲)의 후손이다. 23세의 나이에 세상을 떠났는데, 그는 중국철학에서도 가장 난해한 『도덕경』과 『주역』에 대해서 주석서(註釋書)를 남겼다.

『도덕경』 제40장에 "천하의 만물은 '유'(有)에서 생겨나고, '유'는 '무'(無)에서 생겨난다."[46]라는 표현이 있다. 왕삐는 이 구절에 대하여 다음과 같이 주(注)를 달았다.

> 천하의 사물은 모두 '유'(有)로써 생겨남이 되고, '유'의 시작은 '무'(無)로써 근본을 삼는다. (그러므로) '유'를 온전히 하려면, 반드시 '무'로 되돌아가야 한다.[47]

러우위리에(樓宇烈)의 해석에 의하면, 이 구절은 천하 만물은 모두 형체[形]가 있고 형상[象]이 있음으로써 존재한다. 그런데

---

45) 탕용통(湯用彤), 『리학불학현학理學·佛學·玄學』, p. 331.
46) 『도덕경』 제40장. "天下萬物生於有, 有生於無."
47) 『도덕경』 제40장. 왕삐(王弼)의 注. "天下之物皆以有爲生, 有之所始, 以無爲本. 將欲全有, 必反于無也."

형체 있음과 형상 있음의 근저에 '무'(無)가 자리잡고 있다[48]라고 한다. 즉 일체 만물은 결국은 '무'로 돌아간다.[49] 왕삐가 남긴 『논어석의論語釋疑』[50]에 다음과 같은 글이 전한다.

> '도'란 '무'(無)를 칭한다. (이는) 통하지 않음이 없고, 말미암지 않음이 없다. 비유하여 '도'라고 하니, 고요하여[寂然] 체(體)가 없고, 형상[象]으로 나타날 수 없는 것이다.[51]

또한 왕삐는 『노자지략老子指略』에서 다음과 같이 말한다.

> 대저 사물의 생겨남과 일[功]의 이루어짐은, 반드시 무형(無形)에서 생겨나고 무명(無名)에서 말미암는다. 무형과 무명은 만물의 근본[宗]이다. (이는) 따뜻하지 않고 시원하지 않으며, 궁(宮)의 소리가 아니고 상(商)의 소리가 아니다. 들을려고 해도 들을 수 없고, 보려고 해도 볼 수 없으며, 만지려고 해도 느낄 수 없고, 맛을 보려고 해도 맛볼 수 없다.[52]

---

48) 러우위리에(樓宇烈), 『왕필집교석王弼集校釋』, p. 3.

49) 『도덕경』제40장의 시작하는 구절에 "되돌아감이 도의 움직임이다."(反者道之動)라고 하였다.

50) 왕삐의 주석(註釋) 작업에서 『논어』부분은 대부분 일실(逸失) 되었다. 그나마 일부분이 후앙칸(皇侃)의 『논어의소論語義疏』와, 싱삥(邢昺)의 『논어주소論語注疏』에 남아 있다. 여기서는 러우위리에(樓宇烈)의 『왕필집교석王弼集校釋』(중화서국, 1987)에 의한다.

51) 왕삐(王弼), 『논어석의論語釋疑』 술이편. cf. 러우위리에(樓宇烈), 『왕필집교석王弼集校釋』下 (중화서국, 1987), p. 624. "道者, 無之稱也. 無不通也, 無不由也. 況之曰道, 寂然無體, 不可爲象."

52) 왕삐(王弼), 『노자지략 老子指略』. cf. 러우위리에(樓宇烈), 『왕필집교석王弼集校釋』上, p. 195. "夫物之所以生, 功之所以成, 必生乎無形, 由乎無名. 無形無名者, 萬物之宗也. 不溫不涼, 不宮不商. 聽之不可得而聞, 視之不可得而彰, 體之不可得而知, 味之不可得而嘗."

이상의 글을 놓고 본다면, 왕삐는 라오딴(老聃)의 '도'(道)를 '무'(無)로 해석한다고 생각된다. 이 경우의 '무'(無 ; nothingness)란 '유'(有 ; existence)처럼 실체적인 존재가 아니고, 논리적 차원의 '무'라고 이해해야 하겠다. 이는 하나의 추상적 존재물이며, '일체의 상대적 존재를 초월한 절대'이다.[53] 왕삐에 의하면, 있는 형상(形象)이 사라지면, 곧 '무'로 환원한다. 있는 소리가 사라지면 이 또한 '무'로 환원한다. '무'는 실제로 존재하는 그 무엇이 아니고, 논리(logic)의 세계이다. 이는 일체 존재의 속성(屬性)이 그 속성됨을 포기하면 추상적인 '무'가 된다는 뜻이다.[54]

왕삐는 이와 같이 '무'를 귀하게 여기고, '유'를 '무' 보다는 한 단계 낮추어서 본다. 달리 표현하면 '무'는 근본[本]이고, '유'는 지말[末]이다. 그리하여 어떤 학자는 왕삐야말로 중국철학사상 처음으로 본말론(本末論)을 카테고리 영역으로 발휘하였다고 말하고 있다.[55] 『도덕경』제57장에 "바르게 함[正]으로써 나라를 다스리고, 속임[奇]으로써 군사를 부린다. 무사(無事)로 천하를 취한다."[56]라는 표현이 있다. 왕삐는 이 구절에 대하여 다음과 같이 주(注)를 달았다.

> '도'(道)로써 나라를 다스리면, 나라가 태평해진다. 정사(政事)로써 나라를 다스리면, 기병(奇兵)이 일어난다.... 대저 '도'로써 나라를 다스리면, 근본을 높임으로써 말단을 쉬게[息]한다. 바르게 함으로써 나라를 다스리면, 형법[辟]을 세움으로써 말단을 다스린다.[57]

---

53) 장따이니엔(張岱年) 주편, 『중국의 지혜』, 김용섭 옮김 (청계, 1999), p. 284.
54) 훵따원(馮達文)·꾸어지용(郭齊勇) 주편, 『신편중국철학사新編中國哲學史』上冊 (人民出版社, 2004), p. 275.
55) 까오링인(高令印), 『간명중국철학통사簡明中國哲學通史』(厦門大學出版社, 2003), p. 274.
56) 『도덕경』제57장. "以正治國, 以奇用兵, 以無事取天下."

이상에서 보는 "근본을 높임으로써 말단을 쉬게한다."(崇本以息末)라는 구절에서 우리는 왕삐의 본말론을 들여다 볼 수 있는데, 여기서 '본'(本)이란 곧 '무'를 말한다. 왕삐는 나라를 다스림에 있어서도 억지로 일 벌리지 말고, 무사(無事)로써 정치를 하라고 주장하고 있다. 이는 사실상 '무치주의'(無治主義)를 말하니, 일종의 자유방임(laisser-faire) 정책이다.

이상의 내용이 왕삐 '귀무론'의 대강이다.[58] 왕삐의 생애가 너무 짧았고, 또한 난세(亂世)의 와중에서 그의 저술 자료가 많이 사라진 사실은 안타까운 일이다. 우리는 천재적인 인물이라 할지라도 시대를 비켜갈 수 없다는 사실을 확인할 뿐이다.

8.2.3 르우안지(阮籍)와 지캉(嵇康)의 자연론

르우안지(阮籍)와 지캉(嵇康)은 죽림 '명사' 가운데 걸출한 인물이다. 이들은 '죽림칠현'(竹林七賢)[59] 가운데서도 대표적인 인물로 거론되고 있다.

르우안지(阮籍 ; 210~263)는 자(字)가 쓰쫑(嗣宗)이고, 츠언리우

57) 『도덕경』제57장 왕삐 注. "以道治國, 則國平. 以正[政]治國, 則奇正[兵]起也.... 以道治國, 崇本以息末. 以正治國, 立辟以攻末." 이 문장에는 착종(錯綜)이 있는 듯하다. 『道藏』과 러우위리에(樓宇烈) 『왕필집교석王弼集校釋』의 교정에 따라, 두 번째 구절을 "以政治國, 則奇兵起也."라고 해석한다.

58) 장따이니엔(張岱年)에 의하면, 왕삐의 '무'에 대한 주장은 결론적으로 그릇된 견해라고 한다. 다만 그의 주장은 중국 철학의 발전 과정에서 일정한 의미를 지닌다고 지적한다. cf. 『중국의 지혜』, 김용섭 옮김, pp. 293-296.

59) '죽림칠현'이란 츠언리우(陳留) 땅의 르우안지(阮籍), 허네이(河內)의 산타오(山濤), 허네이의 시앙시우(向秀), 패국(沛國)의 리우링(劉伶), 르우안지 형의 아들 르우안시엔(阮咸), 그리고 랑예(琅邪) 땅의 왕르옹(王戎) 등이다. 이들은 대나무 숲에서 '청담'을 즐기고 놀았으므로, 세상에서 '죽림의 일곱 명의 어진사람'이라고 불렀다. cf. 『진서晉書』권49, 列傳 嵇康篇. 중화서국본, p. 1370.

(陳留 ; 현재 허난성河南省 카이훵開封) 사람이다. 그는 평소 기쁜 일이나 슬픈 일을 당하여 얼굴에 내색을 하지 않았고, 문을 걸어 잠그고 책을 보느라 몇 개월씩 외출을 하지 않거나, 혹은 산수(山水)에 노닐다가 며칠씩 집으로 돌아가는 일을 잊기도 하였다. 엄청 많은 책을 읽었으며, 특히 『노자』와 『장자』를 좋아하였다. 술을 즐겨 마셨고 휘파람을 잘 불었으며, 거문고[琴]를 잘 연주하였다.[60]

르우안지의 저술에 「달장론達莊論」과 「대인선생전大人先生傳」이 전하고 있다. 그는 유가의 예절[名敎]을 싫어하고, 자연에 인생을 맡기는 태도를 취하고 있다. 그는 「대인선생전大人先生傳」에서 다음과 같이 말하고 있다.

> 옛적에 천지가 개벽할 때, 만물이 함께 생겨났다. 큰 놈은 성품이 염담(恬澹)하였고, 자잘한 놈은 형체가 조밀하였다. '음'(陰)은 그 기운을 숨기고, '양'(陽)은 그 정기[精]를 발동하였다. 해로움은 피할 데가 없었고, 이익은 다툴 바 없었다. 놓아버린다고 잃어버리지 않았고, 거두어들여도 가득차지 않았다. 죽어도 요절[夭]하지 않았고, 산다고 아주 장수(長壽)하지도 않았다. 복(福)이란 얻을 바 없고, 화(禍)는 재앙이 아니었다. 각기 그 '명'(命)을 좇아서 법도[度]로써 서로 시키면 되었다.... 군주가 들어서자 학대[虐]가 일어났고, 신하가 배치되자 도둑이 생겼다. 연좌하여 예법에 구애받았고, 인민을 속박하였다.... 이제 그대들은 현명한 자를 존중함으로써 서로 높아지려고 하고, 재주있는 자와 경쟁함으로써 서로 같아지려고 하고, 세력을 다툼으로써 군주를 도우려고 하고, (신분이) 고귀한 자를 총애함으로써 서로 보태려고 한다. 세상 사람들을 몰아서 달리게 하니, 이것이 소이 상하(上下)가 서로 해친다는 것이다.... 이는 백성을 기르는 도리가 아니다.... 이로써 나라가 망하거나 임금을 시해[戮]하는 일이 시작되었고, 백성이 궤멸되어

60) 『진서晉書』 권49, 列傳 阮籍篇. 중화서국본, p. 1359.

흩어지는 화란(禍亂)이 있게 되었다. 이것이 그대들 군자들을 위하여 하는 일이 아니냐? 너희들 군자의 예법(禮法)이란 진실로 세상의 도둑이요, 위태로 움이며, 죽음의 계략[術]일 뿐이다.[61]

이상과 같이 르우안지는 유가의 예법, 즉 '명교'(名敎)를 비난하고 있다. 이른바 '명교'란 일상적으로 말하는 봉건적 예절로서, 이름을 바르게 하고[正名] 분수를 정하는[定分] 것을 중심으로 한다.[62] 이에 대하여 '자연'이란 도가에서 강조되고 있는 개념으로 의식적으로 가공하지 않고, 자연스러운 상태이며 만물의 본성을 가리킨다. 르우안지는 이처럼 도가에서 말하는 고대의 이상사회 즉 자연상태 속의 유토피아(Utopia)를 꿈꾸고 있다.[63]

지캉(嵇康 ; 223~262)은 위(魏)나라 챠오군(譙郡) 즈현(銍縣 ; 현 안후이성安徽省 쑤저우시宿州市) 사람이다. 자(字)를 수예(叔夜)라 하였고, 어려서부터 '노장'(老莊) 사상을 좋아하였다. 그는 르우안지와 더불어 '죽림칠현'의 대표적 인물이다. 그는 음악에 조예가 깊었고, 시(詩)를 읊으며 '청담'을 즐겼다.

---

61) 머우쫑싼(牟宗三), 『재성여현리才性與玄理』pp. 305-306.

62) '정명'(正名) 혹은 '정분'(定分)이란 군신·부자·형제·부부 등 이름에 근거하여 사람들에게 신분이 가진 권리·의무·도덕적 품성을 갖출 것을 요구하거나 규정하는 것이다. cf. 장따이니엔(張岱年), 『중국의 지혜』, 김용섭 옮김, pp. 297.

63) 이상의 글에서 "해로움은 피할 데가 없었고, 이익은 다툴 바 없었다. 놓아버린다고 잃어버리지 않았고, 거두어들여도 가득차지 않았다. 죽어도 요절[夭]하지 않았고, 산다고 아주 장수(長壽)하지도 않았다. 복(福)이란 얻을 바 없고, 화(禍)는 재앙이 아니었다. 각기 그 '명'(命)을 좇아서 법도[度]로써 서로 시키면 되었다." 라는 구절은 『예기禮記』예운편에서 언급한 '大同' 사회를 연상시킨다. 이와 같은 사회란 실제로는 존재할 수 없다. 다만 르우안지(阮籍)의 시대가 난세인 까닭에 이러한 이상(理想) 사회를 동경하였다고 생각한다.

지캉은 정시(正始) 5년(244), 22세의 나이로 위(魏) 나라 종실의 공주와 결혼하였는데, 그녀는 바로 차오차오(曹操)의 손녀였다. 이러한 배경으로 조씨(曹氏) 정권에서 낭중(郎中)과 중산대부(中散大夫)의 벼슬을 하였다.

그러나 쓰마이(司馬懿)에 의하여 쿠데타가 발생하자,[64] 지캉은 산양(山陽) 땅에 은거하였다. 정권을 탈취한 사마씨는 조씨(曹氏) 황실의 친척이 된 지캉을 눈에 가시로 여겼고, 마침내 당대의 권력자 쓰마자오(司馬昭)는 종후이(鍾會)의 건의를 받아들여 지캉에게 사형(死刑)을 명한다. 그는 형장(刑場)으로 끌려가면서 거문고를 놓고 '광릉산'(廣陵散) 곡(曲)을 연주한 뒤, 목이 짤리였다고 전한다. 이 때 지캉의 나이 40세였다.

지캉은 르우안지보다 더욱 심하게 '명교'를 비판한다. 그는 '사사로움을 분별하는 논의'[釋私論]라는 글에서 다음과 같이 주장하고 있다.

> 무릇 군자라고 일컫는 자는 마음이 시비(是非)에 얽매이지 않고, 행실이 도(道)에 어긋나지 않는 자이다. 왜 그렇게 말하는가? 기품이 도요하고 정신이 허정(虛靜)한 사람은 자신을 자랑하고 높이는 일에 마음을 두지 않으며, 덕성이 밝고 트인 자는 감정이 욕망에 매이지 않는다. 자신을 자랑하고 높이는 일에 마음을 두지 않기 때문에 명교(名敎)를 초월하여 자연스러움(自然)에 맡길 수 있으며, 감정이 욕망에 얽매이지 않으므로, 귀천(貴賤)을 밝게 살펴서 만물의 실정에 통달할 수 있다.[65]

---

64) 역사에서는 이를 가평정변(嘉平政變)이라 칭한다. 249년의 일이다.

65) 머우쭝싼(牟宗三), 『재성여현리才性與玄理』p. 337에서 釋私論 인용. "夫稱君子者, 心無措乎是非, 而行不違乎道者也. 何以言之? 夫氣靜神虛者, 心不存乎矜尙. 體亮心達者, 情不繫於所欲. 矜尙不存乎心, 故能越名敎而任自然. 情不繫於所欲, 故能審貴賤而通物情." cf. 『혜강집』, 한흥섭 옮김(소명출판, 2006), p. 291.

여기에서 "명교를 초월하여 자연스러움에 맡긴다."(越名敎而任自然)라는 구절이 지캉의 사유를 직설적으로 대변하고 있다. 이 경우의 자연이란 인류가 아직 사회를 구성하기 이전의 단계로, '명교' 즉 예절이 형성되기 이전의 자유(自由) 상태이다. 이는 『장자莊子』에서 언급한 소요(逍遙)의 상태이다.[66]

지캉은 이처럼 '명교'가 인간 본연의 자유 추구를 억압한다고 보아서 이를 비난하고 있다. 그러므로 그는 벼슬 할 수 없는 이유 일곱 가지를 들어서(비록 그가 젊은 날 벼슬자리를 받았지만) '명교'의 생활을 거절하고 있다. 그는 '죽림칠현'에 속하는 친구 "산쥐위앤[山巨源]에게 보내는 절교(絶交)의 편지"[67]에서 다음과 같이 말하고 있다.

> 최근 그대가 승진하였다는 소식을 듣고 나는 걱정스럽고 불쾌하기까지 하였네. (그대가 승진하면서 나를 그 자리에 대신 임명하려는 일은) 마치 주방장이 혼자서 도살하는 것을 부끄럽게 여겨서 다른 사람[尸祝]을 끌어들여 주방장을 돕게 하면서, 손수 칼[鸞刀]을 다른 사람에게 넘겨주어 고기

66) 횡따원(馮達文)・꾸어지용(郭齊勇) 주편, 『신편중국철학사新編中國哲學史』上冊, p. 286.

67) 산쥐위앤은 지캉의 친구 산타오(山濤 ; 205~283)이며, 쥐위앤(巨源)은 그의 자(字)이다. 그는 조씨(曹氏)가 정권을 잡은 위(魏) 나라에서는 상서이부랑(尙書吏部郞)이었다가, 사마씨(司馬氏)의 쿠데타 이후 진(晉) 나라 때는 이부상서(吏部尙書)를 지냈다. 산타오는 승진하면서 자기의 원래 자리를 지캉에게 맡아달라고 부탁하였다. 참고로 '죽림칠현'의 생활방식은 세 가지 유형으로 나뉜다. 그 첫째는 지캉(嵇康)처럼 사마씨의 정권에 반항하는 경우이다.(그 결과 지캉은 목이 잘렸다.) 둘째는 르우안지(阮籍), 르우안시엔(阮咸), 리우링(劉伶)의 경우인데, 이들은 자신들이 아무짝에도 쓸모없는 사람인 것처럼 위장하여 목숨을 부지하였다. 셋째는 산타오(山濤), 시앙시우(向秀), 왕르웅(王戎)으로 말하자면 전향파(轉向派)이다. 이들은 사마씨의 정권하에 벼슬을 하였다. cf. 이나미 리쯔코(井波律子), 『중국의 은자들』, 김석희 옮김 (한길사, 2002), pp. 43-52.

> 비린내로 더럽히는 것과 같기 때문이네.... 내가 관직을 감당하지 못할 이유가 일곱 가지 있고, 더욱이 관직을 맡아서는 안 되는 이유가 두 가지 있다네. 나는 아침에 늦잠을 즐기는데 벼슬을 하면 문지기[堂闕]가 나를 불러 깨우며 그냥 두지 않을 테니 이것이 첫 번째 감당하지 못할 이유라네. 다음으로 거문고[琴]를 안고 돌아다니며 노래를 부르고 야외에서 새를 잡거나 낚시질 하는 것을 좋아하는데, 이졸(吏卒)이 나를 수행하고 있으면 함부로 행동할 수 없으니 이것이 두 번째 이유라네.... 나는 속된 사람을 좋아하지 않는데 벼슬을 하면 응당 그들과 함께 일해야 하고, 혹 어느 때는 빈객들이 몰려와 떠들썩한 소리로 귀를 어지럽히면서 소란스럽게 먼지를 일으키며 냄새를 피우고, 천태망상의 잡기를 눈앞에 펼칠 것이니, 이것이 여섯 번째 이유라네. 끝으로 나의 마음은 번거로움을 가장 견디지 못하는데, 관청의 일은 너무나 바쁘고, 긴요한 업무는 내 마음을 얽어매어 세상의 잡된 일은 나의 생각을 번잡하게 만드니, 이것이 일곱 번째 감당하지 못할 이유라네.[68]

지캉이 벼슬할 수 없는 이유 일곱 가지를 들어서 이처럼 장황하게 설명하는 까닭은, 크게 보면 그가 개인적인 자유를 추구하기 때문이며, 작게 보면 당시 정권의 실세(實勢)인 사마씨의 세력에 의탁함을 거절한 것이다.(후자의 경우가 더욱 강렬한 이유일 것으로 생각한다.) 이 사건으로 말미암아 쓰마자오(司馬昭)의 눈 밖에 났고, 결국 그는 형장에서 목이 잘리는 불행한 일을 겪게 된다, '명교'를 초월하고 '자연'에 몸을 맡기는 일이 목숨과도 바꿀 정도였으니, 이 얼마나 큰일인가?[69]

지캉은 일찍이 양생론(養生論)이라는 글을 쓴 일이 있었다. 글의

---

68) 『혜강집』, 한흥섭 옮김 (소명출판, 2006), pp. 131-151. "산거원에게 보내는 절교의 편지"(與山巨源絶交書).

69) 양생의 목적이란 결국 건강을 유지하고 장수(長壽)하는데 있다. 지캉이 사회적 환경에 적응하지 못하고 요절(夭折)하였으니, 그는 양생의 목표를 달성하지 못하였다는 뜻이다.

요지(要旨)는 심신의 수양을 통하여 장생(長生)을 소망한다는 내용이다.[70] 모순적인 일이지만, 결과를 놓고 볼 때 지캉은 양생의 방법을 훌륭하게 지키지는 못하였다. 그러나 그는 구구한 예절에 얽매이지 않고 자연을 벗삼아 자유를 추구하며 살았다고 믿고 싶다. 세상을 떠나는 마지막 순간에 '광릉산'(廣陵散)을 연주하고 하늘을 쳐다보고 목숨을 바친 그의 죽음을 매력적이라고 말할 수 있겠다. 언젠가 우리는 모두 한 번은 죽을 존재들이 아닌가?

죽림의 '명사'들이 시정(市井)에서 혹은 산림에서 명교를 거절하고 자연을 추구하며, 혹은 '유'(有)의 욕망보다는 '무'(無)의 허정(虛靜)한 세계를 동경하는 동안 또 다른 학자들은 이들 '명사'들의 삶을 비난하였다. 세상에는 방일(放逸) 혹은 임탄(任誕)[71]의 세계에서 살아가는 사람들의 행동을 보고 참을 수 없는 사람들이 있기 때문이다. 페이웨이(裵頠 ; 267~300)의 「숭유론」(崇有論)은 그와 같은 배경에서 탄생하였다. 요지는 허망한 주장인 '무'(無)를 극복하고, 현실적인 '유'(有)로 다시 환원하자는 것으로 이해한다. 한 때 이 주장이 지식인들에게 먹혀 들어간 듯하다.[72] 그러나 이는 어디까지나

---

70) 지캉은 장수(長壽) 자체를 양생의 목적으로 삼은 것은 아니다. 그러나 그가 건강 증진[養生]에 관하여 글을 쓴 이유는 단명(短命) 보다는 장수(長壽)에 가치를 두고 있기 때문이라고 해석한다.

71) '放逸' 혹은 '任誕'이란 방종스런 행동거지를 말하는 술어이다. '죽림칠현'의 생활 태도는 방종에 가깝다. 그러나 그들에게는 일종의 낭만 혹은 세상을 내려다 보는 오기(傲氣)가 있었다. 이들 죽림 '명사'(名士)들의 일상생활 및 가치관을 들여다 볼 수 있는 책으로 『세설신어世說新語』가 있다. 이 책은 위진 남북조 시대 방외(方外)에서 놀았던 지식인들의 모습을 상세하게 묘사하고 있다. 김장환 교수의 한글 번역본(『세설신어』 上 · 中 · 下 , 살림, 1997)을 추천한다. 일본 학자 이나미 리쯔코(井波律子)의 『중국인의 기지中國人の機智』(中央公論社, 1993) 또한 참고할 만한 자료이다.

유가(儒家)의 입장에서 주장할 수 있는 현실론이고, 위진 남북조 시대의 사조인 '현학'(玄學)의 흐름과는 질적인 면에서 차원이 다르다. 따라서 여기에서는 '숭유론'(崇有論)의 자세한 내용을 소개하지 않는다.

참고문헌

- 『춘추번로春秋繁露』, 『한위총서漢魏叢書』 明刻本 乾, 新興書局, 民國 59년.
- 라이옌위앤(賴炎元), 『춘추번로금주금역春秋繁露今註今譯』, 臺灣商務印書館, 民國 81년=1992년.
- 러우위리에(樓宇烈), 『왕필집교석王弼集校釋』, 中華書局, 1987.
- 까오링인(高令印), 『간명중국철학통사簡明中國哲學通史』, 厦門大學出版社, 2003.
- 머우쫑싼(牟宗三), 『재성여현리才性與玄理』, 學生書局, 民國 74年(=1985).
- 잔스츠우앙(詹石窗), 『신편중국철학사新編中國哲學史』, 中國書店, 2007.
- 횡따원(馮達文) · 꾸어지용(郭齊勇) 주편, 『신편중국철학사新編中國哲學史』上冊, 人民出版社, 2004.
- 왕티에(王鐵), 『한대학술사漢代學術史』, 華東師範大學出版社, 1995.
- 꾸지에깡(顧頡剛), 『한대학술사략漢代學術史略』, 濟東印書社 영인본, 1948.
- 꾸지에깡(顧頡剛), 『진한적방사여유생秦漢的方士與儒生』, 上海古籍出版社, 1998.
- 『한위총서漢魏叢書』(明刻本) 乾 · 坤, 新興書局, 民國 59년=1970.
- 머우쫑싼(牟宗三), 『중국철학특강』, 정인재 · 정병석 공역, 형설출판사, 1985.
- 횡여우란(馮友蘭), 『중국철학사』下, 박성규 옮김, 까치, 1999.

---

72) 『세설신어世說新語』上, 文學 12조, 김장환 역주 (살림, 1997), p. 275.

- 마츠엉위앤(馬承源), 『상하이박물관장전국초죽서上海博物館藏戰國楚竹書(五)』, 上海古籍出版社, 2005.
- 가노나오키(狩野直喜), 『중국철학사』, 오이환 역, 을유문화사, 1986.
- 아사노 유이치(淺野裕一), 『상박초간여선진사상上博楚簡與先秦思想』, 萬卷樓, 2008.
- 성균관대학교 국제학술회의, 『새로운 자료와 새로운 시각』, 2009.
- 지캉(嵇康), 『혜강집嵇康集』, 한흥섭 옮김, 소명출판, 2006.
- 이나미 리쯔코(井波律子), 『중국의 은자들』, 김석희 옮김, 한길사, 2002.
- 이나미 리쯔코(井波律子), 『중국인의기지中國人の機智』, 中央公論社, 1993.

제9장

도교와 도교의 세계관

"일찍이 '중국의 근저(根柢)에 전적으로 도교가 놓여있다.' 라고 말한 바 있는데, 이 말이 최근에 다소 널리 퍼져있는 듯하네. 이를 미루어 역사책을 읽으면, 여러 가지 문제들이 순순히 풀릴 것이네." (前曾言中國根柢全在道教. 此說近頗廣行. 以此讀史, 有多種問題可以迎刃而解.)

— 루쉰(魯迅; 1881~1936), 『魯迅全集』 제11권 (人民文學出版社, 2005)
cf. 1918년 8월 20일 쉬서우츠앙(許壽裳; 1883~1948)에게 준 편지

9.1 도교란 무엇인가?

도교(道教)는 불교, 유교와 더불어 중국 3대 종교의 하나이다. 불교는 인도에서 수입된 외래종교이고, 유교는 엄밀하게 말하면 종교라고 할 수 없다. 그렇다면 중국 고유의 종교는 도교 한 가지 뿐인 셈이다. 중국인들은 중국의 풍토에서 태어나서 성장하였다는 뜻으로 도교를 '토생토장'(土生土長)[1]의 종교라고 말한다. 도교는 인간의 수명을 연장하려는 욕망과, 도(道)를 통하여 신선이 되기를 구하는 민중의 열망이 합하여진 종교이다. 이는 라오딴(老聃) 및 주앙저우(莊周) 철학에 영향을 받았고, 동시에 불교에도 자극을 받았다.

불교는 출가 승려를 중심으로 강력한 교단(敎團)을 형성하였는데, 중국에 수용될 당시에는 '격의'(格意)[2]의 형식으로 발전하였고 그 과정에서 도교의 술어를 많이 차용(借用)하였다.

원래 '도가'와 '도교'는 성격이 다르다. 『사기史記』를 저술한 쓰마치엔(司馬遷)의 아버지 쓰마딴(司馬淡)이 쓴 '6가요지'에 '도가'가 들어있다. 이 경우의 '도가'는 훗날 교단 형태로 등장한 '도교'와는 차이가 있다. 모든 종교가 일정부분의 철학사상을 교리 안에 포함하고 성장하듯이, 도교는 민간전래의 습속(習俗)과 노장(老莊)의 사상을 수용하면서 체계를 갖추었다. 학자들은 두 가지의 성격을 구별하여 '철학으로서의 도가'(Daoism as Philosophy)와 '종교로서의 도교'(Daoism as Religion)로 나누어 부른다. 그러나 이는 논리상의

---

1) '토생토장'(土生土長)이라는 용어는 한국어로는 '토종'(土種)의 개념에 가깝다.
2) '격의'(格義)란 생소하고 이질적(異質的)인 타문화의 언어를 본격적으로 이해하기 이전에, 자국의 문화에 기존하는 언어를 빌려서 방편적으로 이해하는 방식을 말한다. 즉 인도불교는 '격의'의 과정을 거쳐서 중국화(中國化)한다.

구별이고 현실의 측면에서 양자가 뒤섞여서 구별이 어렵다.

도교는 교주(教主)가 없는 매우 이상한 종교이다. 혹 고대의 전설적 인물 후앙띠(黃帝)와 라오딴(老聃)을 교주(教主)처럼 받드는 경우도 있으나, 엄밀하게 말하면 이들은 교주가 아니다. 후앙띠와 라오딴을 숭상하는 학문체계를 가리켜 '황노학'(黃老學)이라고 부른다. 훗날 교단의 형태를 갖춘 교단(教團)도교가 이루어지면서 이들을 받들게 되는 점을 고려하면, 도교의 형성과정에서 '황노학'이 영향을 미친 셈이다.

라오딴과 주앙저우의 사상은 도교의 형성에 직접 영향을 주었다. 우주의 궁극적 실체를 '도'로서 파악하는 라오딴의 『도덕경』[3]과, 삶의 궁극적 원리를 무위(無爲)로 파악하는 주앙저우의 『장자』[4]가 도교 성립에 있어 사상적 기반으로 수용되었다. 넓은 의미의 도교는 흔히 종교로서의 도교와 철학으로서의 도가의 합성물이다. 이 경우 '도가'는 노장사상을 지칭한다.

도교형성에 바탕이 된 다른 요소로 민간전래의 신앙이 있다. 중국은 전통적으로 다신교 사회였는데, 신선(神仙), 역(易), 방술(方術), 도참(圖讖), 점복(占卜), 무축(巫祝), 천문(天文), 둔갑(遁甲), 음양오행, 의학 등이 도교 속에 혼재되어 나타난다. 교단도교가 대부분 민중을 규합하여 결사(結社) 운동의 형태로 출발한 것은 그것이 기층 민중의 신앙이었기 때문이다.

이와 관련하여 도교는 교단도교(성립도교)와 민중도교(민간도교)로 구분된다. 전자는 라오딴과 주앙저우의 사상을 섭렵하여 교의(教義)나 제의(祭儀), 수련방법 등의 체계를 갖추고 있다. 후자는 전래

3) 『도덕경道德經』은 다른 이름으로 『노자老子』라고도 호칭된다.
4) 『장자莊子』는 다른 이름으로 『남화경南華經』이라고도 호칭된다.

의 습속을 체계 없이 신앙하는 것을 가리킨다. 시간이 갈수록 교단 도교도 점차 교의와 사상의 틀을 벗어나서 기층민중의 신앙으로 작용한다. 하여 송대(宋代) 이후에는 민중도교의 성격이 훨씬 강해진다. 후기의 도교는 선(善)을 권장하는 서적[5]의 보급과 함께 유교, 불교와 융합하는 방향으로 진화한다.

최초의 교단도교는 2세기 중반 후한(後漢) 시대 위지(于吉)가 조직한 태평도(太平道)이다. 이를 계승한 장쟈오(張角 ; ?~184)는 10만에 달하는 신자들을 조직하여 황하의 하류지역에 나라를 세우고 후한의 군대와 전투를 벌였다. 태평도는 병을 앓고 있는 환자에게 신 앞에서 참회케 하고, 부적(符籍)을 불에 살라서 이를 마시게 하는 치료 방법이 성행하였다. 교도들은 전투에서 노랑색의 두건[黃巾]을 쓰고 싸웠으므로, 이들을 '황건적'(黃巾賊)이라고 불렀다. 황건적은 후한을 크게 위협하였으나 장쟈오가 죽자 쇠퇴하고 평정되었다.[6]

태평도에 이어서 후한 말엽 쓰츠우안(四川) 지방에 장링(張陵 ; 張道陵 ; ?~177?)이 '오두미도'(五斗米道)를 창건한다. '도교'라는 이름은 비록 나중에 생겼으나, 오두미도를 놓고 장링을 도교의 창시자로 보는 견해가 있다. 그는 라오딴을 비롯한 신들에게 비술(秘術)을 전해 받았다고 하며 병을 잘 다스렸으므로 이름이 널리 퍼져 신도를 모았다. 신도가 되기 위해서는 '곡물 다섯 말'을 바쳐야 했기 때문에 그와 같은 이름이 생겼다.[7] 오두미도의 다른 이름은 정

5) 이를 보통 '권선서'(勸善書)라고 부른다.

6) 『삼국지연의三國志演義』의 인물인 차오차오(曹操)가 황건적을 격파하고 장쟈오를 죽였다고 한다. 장쟈오가 병들어 죽었다는 일설이 있다.

7) '오두미'(五斗米)는 일반적으로 쌀 다섯 말로 인식되고 있으나, 쌀[米] 이외에 여타 곡물도 허용되었으므로, 여기서는 '곡물 다섯 말'이라고 번역한다.

일교(正一敎) 혹은 천사도(天師道)이다. 장링은 신선이 되어 촉(蜀) 땅의 곡명산(鵠鳴山 혹은 鶴鳴山)에 숨어버렸다고 전한다.

5세기 북위(北魏)의 커우치엔즈(寇謙之 ; ?~448)에 의해서 '신천사도'(新天師道)가 창건된다. 오두미도의 개혁파인데 스스로 '도교'라고 칭함으로써 비로소 도교(Daoism)라는 명칭이 생겼다. 커우치엔즈는 태상노군(太上老君)[8]에게서 교전(敎典)을 전해 받고 천사(天師)의 지위를 부여받았다고 한다. 커우치엔즈의 활동이 있기 전까지 도교는 민간신앙에 불과하였지만, 남북조(420~589) 시대 북위(北魏)의 임금 태무제(太武帝 ; 재위 432~452)가 도교를 받아들임으로써[9] 도교는 세력을 얻어 불교를 밀어 내고[10] 마침내 국가종교가 되었다.

도교는 수(隋) 나라 때에 세력을 확장하였고, 7세기 당(唐) 나라 때에는 라오딴이 황실의 조상(祖上)으로 격상되었다.[11] 이제 도교는 국가사직을 수호하는 종교로 발전하였다.

도교는 부적(符籍)이나 주문(呪文)을 외우는 민간신앙의 요소가 강하였다. 이후 라오딴과 『주역』의 가르침을 수용하여 믿음체계로 발전하고 다시 유교를 비판하면서 『노자』, 『장자』, 『주역』 3현(三玄)의 학문으로 진화하였다.[12] 이후 참된 도의 의미로 '진도'(眞道)

---

8) 라오딴(老聃)의 신격화된 이름이다.

9) 재상 추이하오(崔浩 ; ? ~450)가 왕에게 권하고, 왕은 커우치엔즈를 맞아들여 위의 수도인 평성(平城)에 도량(道場)을 열었다.

10) 446년~452년에 태무제(太武帝)에 의한 불교 탄압이 있었다. 불교의 측면에서는 이를 태무제의 파불(破佛) 사건이라고 한다.

11) 여기에는 특별한 이유가 있는 것 같지 않다. 당(唐) 고조(高祖) 리위앤(李淵)이 라오딴(老聃 ; 李耳)과 성이 서로 같았기 때문이라고 한다.

12) 전술한 셋을 '3현학'(三玄學)이라고 부른다. '세 가지의 신비한 학문' 정도로 새기면 될 것이다.

를 칭하고, 마침내 불교의 자비와 민중구제의 교설을 받아들여 '성도'(聖道)가 되었다고 자부한다.

당(唐)이 성할 때(666년경) 산똥의 태산(泰山)에서 라오딴에게 제사지내고, '태상현(太上玄 ; 지극히 높다는 뜻) 황제'라고까지 칭하였으니 그 위세를 알 만하다.

5대 10국(907~960년간)의 분열시대에는 사상계의 변화와 함께 도교도 새로운 변모를 맞이하게 된다. 송대(宋代)에 이르러 불교는 화엄학 등의 정밀하고 치밀한 교학불교가 쇠퇴하고, 천태종, 선종, 정토종 등의 실천 수행불교가 융성해진다. 유교는 종래의 경세론 내지 훈고학 위주의 경향에서 인간본성의 수양을 강조하는 '거경궁리'(居敬窮理)의 학문인 성리학으로 전환된다.

12세기 초 허난성(河南省)의 샤오빠오전(蕭抱珍)이 태일교(太一敎)를 창립하였는데, 이들은 부적을 중시하여 그것을 불사르고 물에 섞은 부수(符水)를 마시는 방법으로 환자를 치료하였다. 또한 산똥성(山東省)의 리우떠르언(劉德仁 ; 1123~1180)이 진대도교(眞大道敎)를 창립하고, 유교와 불교사상이 가미된 교법을 제정하였다. 그리고 산~시성의 왕종양(王重陽 ; 1113~1170)은 유·불·도 3교 일치설에 입각하여 전진교(全眞敎)를 창설하여, 연단(煉丹)과 민중구제이념을 전개하였다.[13] 도교의 역사에 있어서 이 세 가지를 보통 '혁신 3교단'이라고 호칭한다.

13) 구보 노리타다(窪德忠), 『도교사』, 최준식 옮김(분도출판사, 1990), p. 304.

9.2 도교의 세계관

도교의 세계관은 『도장道藏』속에 담긴 『포박자抱朴子』, 『황정경黃庭經』, 『운급칠첨雲笈七籤』등의 자료를 통해서 정리할 수 있다. 편의상 네 가지 분야로 설명한다.

9.2.1 우주론-교학(教學)

이는 우주 생성에 대한 문제, 도의 기원과 전개, 천계(天界)의 종류, 그리고 신(神)이나 선인(仙人) 등에 관한 해석이다. 도교의 이론에 의하면 우주의 맨 처음은 혼돈(混沌 ; 카오스) 상태였다. 이는 '무'(無)로부터 비롯한 것이지만, '무'가 아무것도 없다는 뜻이 아니다. 그것은 형체가 없고 무색무미(無色無味)한 세계이지만, 우주의 원기(元氣)를 구성한다. 이를 태초(太初)라고 이름 지었고 잠정적으로 '도'(道)라고 불렀다. 여기에서 묘일(妙一), 삼원(三元), 삼계(三界) 그리고 만물이 생겨난다.

묘일(妙一)은 도교의 최고신 원시천존(元始天尊)[14] 즉, '옥황상제'(玉皇上帝)가 존재하는 단계이다. 옥황상제는 도교의 최고 하늘인 대라천(大羅天 ; 玄都)에 살고 있다. 그곳이 곧 옥경(玉京)이다.

3원(三元)은 천보군, 영보군, 신보군 등이 화생하는 단계이다. 이들 3존신은 모두 옥황상제 곧 원시천존의 화생(化生 ; 化現)이다. 이들이 다스리는 세계가 옥청, 상청, 태청의 3청궁(三淸宮)이다. 3보

---

14) 이 용어는 '원초적인 존재로 하늘처럼 존경을 받는 초자연적인 존재'라는 뜻으로 합리적인 의미를 담고 있다. 유가(儒家)의 지식인들에 의하여 호칭되었을 가능성이 있다.

군(三寶君)은 각기 이름을 달리하지만 원래는 한 개체로서의 '원시 천존'이다. 도교는 '원시천존'을 최고신으로 숭배한다. 민간에서는 원시천존을 가리켜 '옥황상제'라고 부른다. 옥황상제는 시간과 공간을 초월하고, 인과의 법칙에 얽매이지 않으며, 영원히 스스로 존재한다.

도교의 하늘[天]은 36천으로 알려져 있다. 욕계(欲界)·색계(色界)·무색계(無色界)의 3계 36천이 그것이다. 욕계는 6천, 색계는 18천, 무색계가 4천이다. 현세에서 선행을 쌓은 사람이 그 단계에 따라 각각의 하늘[天]에 이르는데, 무색계에 이르른 사람들 가운데에 특히 수행이 충분히 완성된 남녀는 그 위의 4천에 오를 수 있다. 그 위에 있는 궁전이 삼청궁이며, 다시 그 위에 원시천존이 거주하는 최고의 하늘, 즉 대라천이 있다.

원시천존(옥황상제)은 대라천의 옥경산 꼭대기에 있는 현도(玄都)에 살고 있으며, 3청궁에는 중앙과 좌우에 3궁전이 있고, 각 궁전에는 선왕(仙王), 선공(仙公), 선경(仙卿), 선대부(仙大夫)가 있다. 이와 같이 도교의 천계는 현세의 궁전조직의 반영임을 알 수 있다.

천계에는 라오딴[老子]을 신격화한 태상노군(太上老君)이 있다. 그가 있는 곳은 알 수 없다. 화신(化身)하여 석가모니(고타마 붓다)가 된 라오딴은 항상 태청궁에 머무른다고 하는 이야기도 있다. 천계의 명칭은 불교로부터 차용한 것이다. 도교의 신도에 의하면, 하늘에 살고 있는 최고신인 원시천존은 중국(세계)의 창시자이기도 하다. 원시천존은 지상에서 화생한 태원옥녀(太元玉女)와 결혼하여 천황씨(天皇氏), 지황씨(地皇氏), 인황씨(人皇氏) 등을 낳는다.[15] 이

15) 중국의 신화에서 등장하는 판꾸진인(盤古眞人)이 곧 원시천존의 화생(化生)이다.

렇게 해서 전설적인 임금 후앙띠(黃帝)가 등장하고, 인간이 번식하기 시작하였다고 전한다.

쓰마치엔의 『사기』에 의하면, 후앙띠(黃帝)의 성은 꽁쑨(公孫)이고 이름은 쉬앤위앤(軒轅)이다. 중국 민족의 선조로 추앙받고 있다. 후앙띠는 주어루(涿鹿)에서 전투를 벌려 츠으여우(蚩尤)를 죽인 일로 유명하다. 후앙띠가 죽자 챠오산(橋山)[16]에 장사를 지냈다고 하였다. 도교 경전인 『신선전神仙傳』에 의하면, 후앙띠는 옛적의 천신(天神)으로 태초에 음양(陰陽)이 화생한 인물이다. 그가 죽은 후 챠오산에 장사지냈는데, 훗날 이 산이 무너져 묘가 들어나자 검(劍)과 신발만 남아 있고 시신(屍身)은 없었다고 한다.[17]

9.2.2 방술(方術)

도교의 방술은 주술(呪術), 부적(符籍), 기도의식 등을 포함한다. 그 내용은 복(福)을 바라는 인간 심리를 표현하고 있으며, 몸에 관한 영역이 있어서 양생(養生)과 상당한 부분이 중복된다.

주술에는 불교도처럼 수인(手印)을 짓고 주문을 외우는 방법, 신을 불러 몸을 보호하는 방법, 혹은 악귀나 악령을 막는 법 등이 있다. '우보'(禹步)라고 부르는 주술적인 보행 방법이 있다. '우보'란 기묘한 걸음걸이를 말한다.[18]

---

16) 현재의 산~시성(陝西省) 후앙링현(黃陵縣)을 가리킨다. 이곳에 후앙띠(黃帝)의 묘(墓)가 전한다.

17) 이를 도교에서는 '시해'(尸解)라고 표현한다.

18) 위(禹) 임금이 치수(治水) 작업을 위하여 너무 많이 걸어 발이 부르텄기 때문에, 한 발로 걸었던 사실을 모방한 것이라고 한다. 『포박자』권17 등섭(登涉)편에 의하면, 양 발을 가지런하게 하고 서서 숨음 죽이고 왼쪽 발을 반보(半步) 앞으로 내민다. 그리고 오른쪽 발을 앞으로 내딛고 왼쪽 발을 오른쪽 발에 맞춘다. 이는 마치 절름발이의 걸음걸이와 같다. '우보법'은 일종의 액막이 방법의 하나

도교의 천계 天界구조

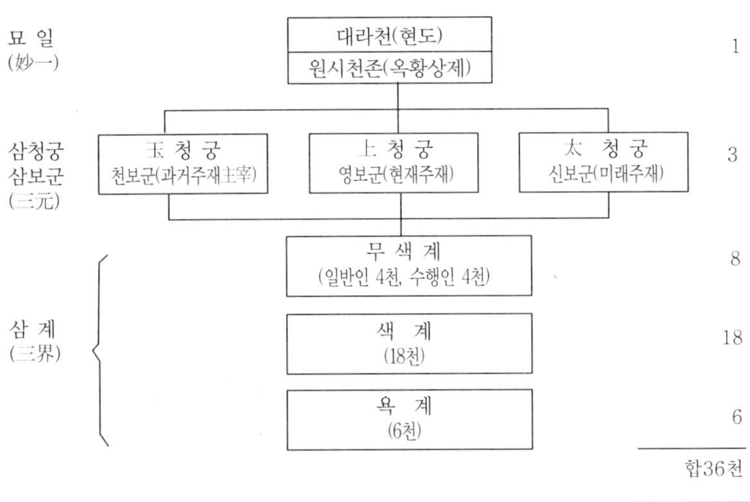

부적은 재앙과 화를 멸하고 복을 바라는 일, 장수(長壽), 병의 치료 등 목적에 따라서 다양하다. 종류도 몸에 지니는 것, 실내, 문, 입구 등에 붙이는 것, 각종 의식에 쓰이는 등으로 나눌 수 있다. 대표적인 것으로 산에 오를 때 지니는 입산부(入山符), 병을 고치기 위하여 몸에 지니는 치병부(治病符), 비가 오지 않을 때 사용하는 기우부(祈雨符) 등이 있고, 심지어 도박에서 이기기를 원하는 승도부(勝賭符)도 있었다.

도교의 기도의식이라고 할 수 있는 제사에는 여러 가지가 있다. 여기에는 '재초'(齋醮)라는 특수 용어가 사용된다. 해마다 일식(日蝕), 홍수, 기아를 몰아내고 태평을 빌기 위하여 황제의 뜻에 따라서 거행되는 금록초(金籙醮), 도교의 신자와 비신자를 막론하고 모

이며, 산에 오를 때 또는 약초(藥草)를 캘 때 지키지 않으면 안 된다.

든 사람을 구원하려는 목적으로 행하여지는 옥록초(玉籙醮), 조상의 영혼을 구제하기 위한 황록초(黃籙醮) 그리고 죄를 지어 생기는 질병을 구제하기 위한 도탄재(塗炭齋) 등이 그것이다.

9.2.3 건강관리 –양생(養生)

도교가 추구하는 목표는 늙지 않고 오래 사는 데에 있다. '철학으로서의 도가'와 '종교로서의 도교'는 여기에서 차이가 있다. 전자는 자연의 도에 따르는 것이 인간의 도리이므로 생명이 다하면 죽음은 당연한 것이라고 본다. 후자는 자연에 역행하여 죽음을 피하고 생명을 연장하려는 방법, 즉 불노장생(不老長生)에 대해서 관심을 가졌다. 도교가 자연과학 특히 의학 분야와 깊은 관계를 갖는 일은 우연이 아니다.

도교의 양생(養生) 즉, 건강관리에는 5곡을 먹지 않고 불로 익힌 음식을 피하는 벽곡법(辟穀法), 풀과 나무 혹은 암석이나 금속류로 만든 약을 먹고 장수하려는 복이법(服餌法), 호흡을 조절하여 건강을 증진시키는 조식법(調息法), 신체의 여러 부분을 두드리거나 마찰하는 도인법(導引法), 건강을 위하여 성교를 적절히 행하는 방중술(房中術) 등 다섯 가지로 나눌 수 있다.[19]

'벽곡'이란 생식(生食)을 한다는 의미이다. 대추・감초・산삼(山蔘) 등의 약을 뭉쳐서 알약[丸]의 형태로 만들어 먹는다. 인석산(引石散) 이라고 하는 약은 특수한 돌가루를 물에 타서 액체형태로 만들어 먹는다. 5곡을 먹지 않고 이와 같이 알약과 액체만으로 장기

---

19) 원래의 양생법은 꺼홍(葛洪)이 『포박자』에서 '불사(不死)의 추구' 과정에서 신선(神仙)이 되는 방법으로 서술한 것이지만, 5세기 이후 일반 도교 수행인의 양생법으로 발전하였다.

간 건강을 유지한다는 이야기이다. 이는 복이(服餌)와 중복된다.

'복이'란 솔방울・국화・송진(松津)・창포 등의 식물로 약을 만들어 먹는 방법이다. 동시에 단사(丹砂)와 같은 특수성분의 화학 약품을 복용하는 것을 말한다. 단사는 금단(金丹)이라고 호칭되는데, 연금술(練金術)의 발전을 가져왔다. 화학적 실험을 통하여 일정 광물질을 금으로 변화시키는 방법인데, 부자(富者)가 되려는 것이 아니고 금을 복용함으로써 장수(長壽)를 소망하였다.

'조식'이란 '태식'(胎息)과 같은 의미이다. 호흡을 조절함으로써 양생을 도모하는 방법으로 '기'(氣)의 흐름을 조절하는 행위를 말한다. 인간의 몸은 밖으로부터 폐를 통하여 들어오는 외기(外氣)와, 배꼽 아래에 위치하는 단전(丹田)에서 발생하는 내기(內氣)가 있다. '복기'(服氣)의 수행을 통하여 '기'의 순환을 도모하고 신령스러운 태[聖胎]를 완성시킨다는 뜻이다. 조식법은 심호흡을 통하여 건강을 증진한다는 차원을 넘어서 매우 정교한 이론을 발달시켰다. 불사(不死)를 추구하는 도사들의 집념을 가장 확실하게 만날 수 있는 영역이다.[20]

'도인'이란 신체의 여러 부분을 두드리거나 어루만지는 것으로 안마(按摩) 즉, 맛사지(massage)의 방법이다. 이는 현대의 표현으로는 체조법인데, 여러 가지 체조 형태가 있듯이 중국 고대에도 다양한 형태가 존재하였다.[21]

---

20) 앙리 마스페로, 『불사의 추구』, 표정훈 옮김 (동방미디어, 2000), p. 112.

21) 『태청도인양생경太淸導引養生經』에 의하면, 츠으쑹쯔(赤松子), 펑쭈(彭祖) 등 고대 신선들의 도인법이 기록되어 있다. 팔다리의 스트레칭을 통하여 건강을 증진하였음을 알 수 있다. 현대 중국에서의 발맛사지[足按摩]는 훌륭한 건강 증진법의 하나이다. 고대 도교의 양생법을 현대에서 상품화 한 것으로 볼 수 있다.

'방중술'이란 일종의 양성(養性) 방법이다. 유가(儒家)에 있어서 '양성'이란 인간의 본성(nature)을 기르는 내적인 수양론의 하나이지만, 도교의 '양성'이란 남녀의 섹스 행위(sexual intercourse)를 통하여 건강을 증진하고 수명을 연장하는 방법을 말한다. 원조는 펑쭈(彭祖)로 알려져 있다. 펑쭈는 방중술을 연구하고 운모(雲母)라는 약을 만들어 먹은 결과, 760세 이상을 살았다고 전해진다. 이는 조식법과 마찬가지로 '기'(氣)의 보전(保全)을 통하여 건강을 증진하려는 목적에서 출발하였다. 남녀의 성행위는 인간사의 중요한 문제이고, 도사들은 이와 관련하여 다양한 실천 방법을 남겼다. 이들의 목표는 쾌락 추구가 아니고 장생(長生)의 확보라는 차원에서 참고할 만한 것이 많다. 그러나 세상에는 항상 묘한 사람들이 있는 법이라, 최음제(催淫劑)를 제조하여 팔아먹는 파렴치한 인물들도 있었다.[22]

9.2.4 윤리(倫理)

도교에 대한 네 번째의 관심은 윤리 혹은 계율(戒律)의 분야이다. 충(忠)과 효(孝)의 덕을 쌓는 일, 나라의 법률에 따르는 일 등이 여기에 속한다. 내용으로 보아서 유교의 영향이 짙은 것을 알 수 있으며, 12세기 송(宋)대 이후 민중도교에서 강조되었다.

민간에 큰 영향을 주었던 작은 책으로 리츠앙링(李昌齡)의 『태상감응편太上感應篇』이 있다. 이는 다음과 같은 말로 시작한다. "화복은 문이 없으니 오직 사람이 스스로 부른다. 선악에 따른 업보는

22) 당대(唐代)까지만 해도 도사들은 결혼하여 자녀를 거느린 경우가 보통이었다. 이들은 금욕주의(禁慾主義)를 바람직한 것으로 여기지 않았다. 명대(明代) 이후 『도장道藏』을 편찬할 때, 방중술에 관한 많은 자료가 제외되었다. 일본의 의학문헌 가운데, 980년대에 편찬된 『의심방醫心方』이 있는데, 이는 고대 중국의 의학서 내용을 발췌하여 편찬한 책이다.

마치 그림자가 형체를 따르는 것과 같다."[23] 이것은 스스로 지은 화(禍)는 피할 수 없고 자업자득이라는 윤리적 규범을 담고 있다. 『태상감응편』의 몇 구절을 소개하면 아래와 같다.

- 천지에는 '죄과를 맡은 신'[司過之神][24]이 있어 사람이 저지른 죄의 경중에 따라 사람의 수명을 빼앗는다.
- 장구하게 살기를 원하는 사람[長生者]은 이 수명을 빼앗기지 말아야 한다.
- 모든 사물에 자비를 베풀어라.(慈心於物)
- 나라에 충성하고 부모에 효도하며 벗을 공경하라.(忠孝友悌)
- 곤충과 초목이라 할지라도 함부로 해치지 말라.(昆蟲草木猶不可傷)
- 욕을 당하면 원망하지 말고 총애를 받으면 경계하라.(受辱不怨, 受寵若驚)
- 하늘의 신선[天仙]이 되기를 구하는 자는 1,300가지 선(善)을 닦아야 하며, 땅의 신선[地仙]이 되기를 구하는 자는 300가지 선을 닦아야 한다.
- 구멍을 메우거나 보금자리를 뒤집어, 어린새끼와 알을 상하거나 깨뜨리는 일.... 벌레를 묻어서 남을 저주하거나, 약을 써서 나무를 죽이는 일.... 우물과 부뚜막을 넘거나, 음식과 사람을 뛰어넘는 일 등을 하는 자는 '죄과를 맡은 신'이 경중을 따라서 수명을 빼앗는다.[25]

---

23) 리츠앙링(李昌齡)의 원 자료는 『정통도장正統道藏』 태청부(太淸部)에 수록된 『태상감응편太上感應篇』30권이다. 여기서는 탕따츠아오(唐大潮) 등 注譯, 『권선서금역勸善書今譯』(중국사회과학원출판사, 1996)에 의한다. 같은 책, p. 53. "禍福無門, 惟仁自召. 善惡之報, 如影隨形."

24) '사과지신'(司過之神)이란 인간의 죄악을 주관하는 도교의 신령(神靈)이다. 죽은 자의 생전(生前) 행위에 따라 지옥 혹은 지상에의 재생(再生) 등을 판정한다. 속칭 염라대왕(閻羅大王)은 이 경우의 대표적인 신이다.

25) 탕따츠아오(唐大潮) 등 注譯, 『권선서금역勸善書今譯』, pp. 54-55. "塡穴覆巢, 傷胎破卵.... 埋蟲厭人, 用藥殺樹.... 越井越竈, 跳食跳人."

『태상감응편』을 포함한 도교 경전에는 하나같이 생명에 대한 존중사상이 담겨있다. 생태(生態 ; ecology)의 측면에서 본다면, 도교는 귀중한 열쇠가 될 수 있다. 만일 현대문명이 도교의 내용대로 생태적 환경을 보존하면서, '지속 가능한 발전'을 계속 유지할 수만 있다면, 그보다 더욱 이상적인 경지는 없을 것이다.

『태상감응편』이외에 『공과격功過格』의 유포에 의한 윤리적인 영향도 크다. 『공과격』이란 사람이 하루하루의 생활을 반성하고 그 선악의 정도를 일기(日記) 식으로 기록하는 것을 말하며, 오래된 것은 남송(南宋) 효종(孝宗) 때(1171년)에 여우쉬앤쯔(又玄子)라는 인물이 남긴 『태미선군공과격太微仙君功過格』이다.

태미선군(太微仙君)이 꿈에 말한 것을 기록한 이 책에 따르면, 공격(功格) 36조와 과율(過律) 39조로 분류하여 매일 이것을 보고 선과 악을 계산하고 이를 가감(加減)한다.[26] 그리하여 한 해가 다하면 마치 년말정산 하듯이 당해 연도의 통계를 내는데, 이는 교사가 학생의 점수를 기입하는 것과 같다. 간단히 예를 들면 다음과 같다.[27]

- 벗의 어려움을 구함 → 100功 (功은 플러스 ; +100)
- 경전을 출판하여 세상에 폄 → 100공 (+100)
- 다른 사람의 가정불화를 그치게 함 → 50공 (+50)
- 중병(重病)든 사람을 고침 → 30공 (+30)

---

26) '공과격'이라고 말할 때, '格'字는 '自然之法'의 의미를 담고 있다. 도교 고대의 경전 『태평경太平經』에 의하면, 인간 각 개인의 선악(善惡) 행위는 하늘의 책, 곧 '천권'(天券)에 기록된다. '천권'은 공과격 최초의 명칭이라고 볼 수 있다. cf. 리깡(李剛), 『권선성선勸善成仙』(四川人民出版社, 1994), pp. 22-23.

27) 탕따츠아오(唐大潮) 등 注譯, 『권선서금역』(중국사회과학원출판사, 1996), pp. 132-139.

- 낙태를 만류함 → 20공 (+20)
- 일 년간 소고기 혹은 개고기를 먹지 않음 → 5공 (+5)
- 미인(美人)에게 마음을 두지 않고 쳐다보지 않음 → 5공 (+5)
- 처녀, 미망인, 비구니 혹은 여도사를 범함 → 300過 (過는 마이너스 ; -300)
- 부자(富者)가 되어서 처(妻)를 버림 → 100과 (-100)
- 독약을 만드는 일 → 100과 (-100)
- 최음제(催淫劑)를 제조함 → 50과 (-50)
- 이혼장을 한 통 대필함 → 50과 (-50)
- 노비나 첩을 학대함 → 30과 (-30)
- 술 마시고 난동 부림 → 5과 (-5)

가령 어떤 사람이 일 년간 소고기나 개고기를 먹지 않았고, 미인(美人)을 음탕한 마음으로 쳐다보지 않았다면, 그는 5공+5공=10공이 된다. 그가 노비 혹은 첩을 학대하였다면 30과가 됨으로, 30과-10공=20과가 되어서 결국 죄(罪)가 무겁다는 결론을 얻는다.

이와 같은 사례에서 볼 때에, 『공과격』의 사상은 공(功)이 많으면 복을 얻고, 과(過)가 많으면 화를 얻는다는 생각에서 유래된 것이다. 오늘날까지 널리 유포되고 있는 것은 명나라 시대의 인물 위앤랴오환(袁了凡)이 지은 『공과격』이다.[28]

---

28) 위앤랴오환은 성(姓)이 위앤(袁)이고, 이름은 후앙(黃)이다. 명대(明代)의 인물로 벼슬은 병부주사(兵部主事)를 역임하였다. 1592년 일본이 조선을 침략하였을 때, 장군 쏭잉츠앙(宋應昌)의 군대를 따라서 조선전쟁(임진왜란)에 참가한 일이 있다.

9.3 도교의 경전

도교의 대표적인 경전이 무엇이냐고 물으면 대답이 쉽지 않다. 도교는 여타 종교처럼 체계적인 형태를 갖춘 종교가 아니다. 경전(經典)이 난삽하기 이를 데 없다. 여러 자료를 종합하여 대표적인 도교경전을 시대, 편저자, 책 이름의 순서로 정리하면 다음과 같다.

① 춘추전국 -라오딴(老聃 ; 老子)『노자老子』(일명『도덕경道德經』)
② 춘추전국 -주앙저우(莊子)『장자莊子』(일명『남화경南華經』)
③ 서한(西漢) -리우안(劉安)『회남자淮南子』
④ 동한(東漢) -웨이뿨양(魏伯陽)『참동계參同契』(일명『周易參同契』)
⑤ 동한(東漢) -위지(于吉)『태평경太平經』
⑥ 서진(西晉) -웨이후아춘(魏華存)『황정경黃庭經』
⑦ 서진(西晉) -꺼홍(葛洪)『포박자抱朴子』
⑧ 북위(北魏) -커우치엔즈(寇謙之)『황제음부경黃帝陰符經』
⑨ 송(宋 ; 12세기) -리츠앙링(李昌齡)『태상감응편太上感應篇』

도교의 일체 경전을『도장道藏』이라고 말한다. 이는 불교의『대장경大藏經』에 대응하는 개념이다. 역대의 도교총서를 가리키며,『도장경道藏經』혹은『도일체경道一切經』으로도 부른다. 도교사상은 이들 경전이 찬술되면서 전개되고 체계화되었는데, 그 시작은 교단교도의 성립과 때를 같이한다.

후한(後漢) 시대 태평교의 신자들은『태평경太平經』170권을 찬술하였지만, 오두미도의 신자들은 별도로 경전을 찬술하지 않고『도덕경』을 받들었다. 이후 종이가 발명되면서[29] 출판사업이 진흥되었고, 불교 서적이 번역되어 많이 유포(流布)되었다. 이와 같은 분위기에 『태평경』이 성립되는 등 도교 경전도 비약적으로 증가하였다. 동진(東晋)의 꺼홍(葛洪 ; 호 빠오퓌쯔抱朴子 ; 283-343)은 '단학'(丹學) 수련의 안내서가 된 『포박자抱朴子』 70권을 비롯하여 『신선전神仙傳』 10권을 찬술하는 등, 670여권에 달하는 도교경전을 집성하였다.

443년 커우치엔즈(寇謙之)의 '도교' 종단 창립 이래 남북조 시대의 류송(劉宋 ; 420~479)[30]시대의 인물 왕지엔(王儉)이 지었다는 전적(典籍) 목록인 『칠지七志』(473년)에는 도경록이 들어있고, 양(梁 ; 502-557) 나라 사람 르우안샤오쉬(阮孝緖)가 지은 『칠록七錄』(523년) 「선도록仙道錄」에는 경계부 290종 828권이 들어 있다. 당대(唐代)에 웨이정(魏徵) 등이 칙명에 의해서 찬술한 『수서隋書』(629년) 「경적지經籍志」의 도경목록에는 경계(經戒), 방중(房中), 이복(餌服), 부록(符籙)의 4류 377부 1,216권을 싣고 있어서 도교사상의 체계화를 보여 준다. 여기에서 비로소 '삼통사보'(三洞四輔)라는 『도장道藏』의 완성된 체계를 갖추게 된다.[31]

이후 도교사상의 유포와 교단도교의 전개에 따라서 도교 서적의 수집편찬이 때때로 이루어졌다. 당(唐) 현종(玄宗 ; 재위 712-756)

---

29) 후한(後漢) 화제(和帝 ; 재위 89~105) 말엽, 차이룬(蔡倫)이 종이를 발명하였다. 이는 중국문화에 있어서 획기적인 공헌이라고 말할 수 있다. 차이룬의 묘(墓)가 산~시성 한쭝시(漢中市) 양현(洋縣)에 있다.

30) 이 시대를 12세기의 송(宋) 나라와 구별하기 위하여 '류송(劉宋) 시대'라고 호칭한다.

31) 도교의 '3통(三洞) 4보(四輔)'는 통진(洞眞)·통현(洞玄)·통신(洞神)의 3통과, 태현(太玄)·태평(太平)·태청(太淸)·정일(正一)의 4보를 말한다. 여기에서 '洞'자는 '通'자와 통하는 까닭에, 한글 발음으로 '통'으로 읽어야 한다. 국내 기존의 한글본 도교관계 서적에는 이에 대한 오류가 많다.

때의 『흠정도장본』과 북송(北宋)의 왕친르우어(王欽若) 등이 도교 경전 4,565권을 수록한 『보문통록寶文統錄』(1010년)과 이를 다시 발췌하여 정리한 『운급칠첨雲笈七籤』120권[32] 그리고 도교의 경전 5,481권을 수록한 『만수도장萬壽道藏』(1114년) 등이 그것이다.

금대(金代)에는 쑨밍따오(孫明道)를 시켜서 『대금현도보장大金玄都寶』(1186년)을 편찬케 하였고, 명(明) 나라 때에는 도교경전 5,305권을 수록한 『정통도장正統道藏』(1445년)이 편찬되어 도교사원에 배포하였다. 청(淸) 나라는 도교에 대하여 각별한 관심을 기울였는데, 인종(仁宗 ; 재위 1796~1820)년간에 지앙위앤팅(蔣元庭)이 『도장집요道藏輯要』를 편집 판각하였다. 오늘날 유행하고 있는 『도장道藏』으로는 『정통도장』과 『도장집요』가 대표적이며, 흔히 『도장』이라고 말하면 이들을 가리킨다.

『도장道藏』의 체계를 정리하면 아래에서 보는 바와 같이 통진・통현・통신의 3통(三洞)과 태현・태평・태청・정일의 4보(四輔)로 분류된다. 3통은 도교의 세계관인 3청의 각 교주(敎主 ; 사람이 아님)가 말한 교법으로 각각 대, 중, 소 3승의 인간을 제도(濟度)한다는 도교적 해석에 입각하고 있다.

삼통(三洞) 교주(敎主) 교법(敎法) 사보(四輔)
통眞부---玉청궁 天보군---大승上법---태玄부
통玄부---上청궁 靈보군---中승中법---태平부---正一부

32) 꺼홍의 『포박자』와 함께 도교 연구에 있어서 빼놓을 수 없는 저술이다. '운급'(雲笈)이란 일종의 '책 상자'를 말하고, '칠첨'(七籤)이란 "3통과 4보를 추첨(籤)한다."라는 데에서 유래한 것이다. 장쥔황(張君房) 편찬의 『운급칠첨』은 3통 4보의 체계를 자세히 설명하고 있다. 3통과 4보의 관계는 형식상으로 4보가 3통을 보좌하므로 종주관계와 비슷하지만, 실제 내용상으로는 같은 지위를 갖는다.

통神부---太청궁 神보군---小승下법---태淸부

도교 경전에 의하면 이 세상에는 3존신(三尊神)이 존재하며, 그들의 이름은 천보군(天寶君)·영보군(靈寶君)·신보군(神寶君)이다. 천보군은 옥청궁(혹은 玉淸境)에 살면서 과거의 시간을 다스린다. 영보군은 상청궁에 거주하며 현재의 시간을 감독한다. 신보군은 태청궁에 거주하며 미래의 시간을 감독한다. 이와 같은 옥청, 상청, 태청을 도교에서는 '3청'이라고 부른다.[33)]

『도장』의 체계에서는 3통과 4보가 중요한 내용을 구성한다. 알기 쉽게 설명하면 3통(三洞)의 '통'(洞)은 '通'字로 통하며, 현묘에 통달한다는 뜻이다. 4보(四輔)는 '네 가지를 보좌한다'는 뜻으로 3통을 도와주는데, '태현'은 통진부를 보좌하고, '태평'은 통현부를 보좌하며, '태청'은 통신부를 보좌한다. 그리고 '정일'은 3통의 전체를 보좌한다. 경전에서 보면 태현은 『도덕경』이 중심이며, 태평은 『태평경』이 중심이다. 태청은 금단복약(金丹服藥)에 의한 장생선인(長生仙人)을 강조한 경전들이 그 주요내용이며, 정일은 오두미도의 경전이 수록되어 있어서 3통보다 내역이 오랜 경전을 이루고 있다.

---

33) 중국에는 '三淸'의 이름이 곳곳에 존재한다. 그 중에서도 지앙시성에 있는 삼청산(최고봉 玉京峰 1,820미터)은 아름다운 산이다. 한국 서울의 삼청동(三淸洞)도 도교에서 유래한 이름이다. 삼청동에는 조선조 초기 도교의 제사를 관장하던 소격전(昭格殿)이 있었다.

9.4 도교의 신앙대상 -숭배하는 신(神)들

-타오훙징(陶弘景) 편찬의 『진령위업도眞靈位業圖』와 시에떠후에이(葉德輝) 편찬의 『삼교원류수신대전三教源流搜神大全』에 나타난 神을 중심으로-[34]

도교에서 말하는 신(神)이 무엇을 뜻하는지 살펴볼 필요가 있다. 동한(東漢)의 문자학자 쉬선(許愼)의 자전 『설문해자說文解字』에는 "神이란 天神이다"라고 풀이하고 있다. '神'은 '申'의 가차자(假借字)로서 번개를 표현한다. 번개가 번쩍이고 우레가 치는 자연현상을 신격화하여 신앙 대상으로 삼았다. 이와 같이 산과 강, 비와 바람 등의 천지자연, 초목금석 등의 자연물을 신격화한 자연신(自然神)과 사람이 죽은 후 그 귀신을 신으로 격상시킨 인격신(人格神)이 있다.

하늘의 별과 달과 태양이 모두 신이며, 이들이 사람의 생사와 운명을 지배하는 것이라고 믿었다. 고대에는 점성술(占星術)이 발달하였으며, 북극성과 북두칠성 신앙이 대표적이다. 개별 자연현상에 대한 믿음이 하나로 통합되어 하늘에 대한 신앙으로 추상화되었고, 이를 상제(上帝) 혹은 호천상제(昊天上帝)라고 부르고 최고신으로 존중하였다. 추모 혹은 공포의 대상이 되기도 했던 정치가, 장수한 인물, 도를 깨친 사람 등이 사후에 귀신(鬼神)으로서 제사의 대상이 되었다. 성곽을 지키는 신, 집을 지키는 신, 자연과 날씨를 관장하는 신들에게 각각 부여된 능력이 있으며, 이 신들은 사람의 현실생활에서 여러 가지 능력을 보여주었다. 도교는 이처럼 일체 상황을 신과 연결시켰다.[35]

---

34) 후꾸이 코쥰(福井康順) 등, 『道教』 제1권(1983)에서 기본 자료를 취한다.

도교의 독특한 신격으로 선인(仙人)이 있다. 선인은 민간신앙의 존재로, 전국(戰國) 및 진(秦), 한(漢) 시대에 걸쳐 발생하였다. 선인은 나이를 먹지 않고 죽지도 않으며, 어디든 자유롭게 이동할 수 있는 능력을 가진 존재이다. 선인에게도 서열이 있다. 예를 들면 시해선(尸解仙)이라고 있는데, 수행을 많이 쌓은 도사가 죽으면 속인들의 눈에는 마치 죽은 듯이 보이지만, 실제는 선인이 되어 살아있다는 말이다.[36]

9.4.1 『진령위업도眞靈位業圖』속의 여러 신들

도교 신령의 계보(系譜)를 처음 작성한 것은 도사는 양(梁) 나라의 딴양(丹陽) 뭐링(秣陵) 사람, 타오홍징(陶弘景 ; 456~536)이다. 후한(後漢) 이래의 도교는 꺼쉬앤(葛玄), 꺼홍(葛洪)과 루시우징(陸修靜 ; 406~477) 등을 거쳐 타오홍징에 이르러 정점에 도달했다. 그는『진고眞誥』20권,『등진은결登眞隱訣』3권,『진령위업도眞靈位業圖』1권 등을 편찬하여 도교사상을 체계화함으로써 도교학을 하나의 독립된 학문으로 완성시켰다.

『진령위업도眞靈位業圖』의 정식 명칭은『통현영보진령위업도洞

---

35) 서양 철학의 용어에 '범신론'(汎神論 ; pantheism)이 사용되고 있다. 이는 자연의 모든 것에 신성(神性)이 존재한다고 보며, 그 속에서 대립을 인정하지 않는다. 도교의 신에 대한 태도는 범신론과 관계가 있다고 본다. 범신론은 일반적으로 신비주의 경향과 연결되어 있다.

36)『포박자』내편(內篇)에 의하면 선계(仙界)에 오르는데 상・중・하의 세 단계로 구분된다. 上은 천선(天仙)으로 허공에 올라 우주에 소요할 수 있는 경지이고, 中은 지선(地仙)으로 명산을 여행하며 33 동천(洞天), 72 복지(福地)에 태어날 수 있다. 下는 육체를 남기고 그 혼백만 벗어나는데, 이를 시해선(尸解仙)이라 부른다. cf.『포박자』논선(論仙) 제2. -'동천'(洞天)이란 도교에서 신선(神仙)이 사는 곳을 가리키는 용어이다. '별유동천'(別有洞天)이라고도 말한다. 이는 일종의 신성한 장소(place)로 승지(勝地)를 가리킨다.-

玄靈寶眞靈位業圖』이며, 『도장道藏』의 제73책에 수록되어 있다. 이 책은 진선(眞仙 ; 신선)을 제1 단계에서 제7 단계까지 나누어 놓고, 각 단계에는 주존(主尊)이 되는 신선을 두며 그 좌우에 신선을 배치하고 있다.[37] 『진령위업도』에 나타난 신들을 소개한다.

① 주존(主尊) -원시천존(元始天尊)

첫 번째 단계의 주존(主尊)은 원시천존(元始天尊)이다. 그는 도교의 최고신으로서 3계(三界), 4종천(四種天), 3청경(三淸境) 위에 있는 대라천(大羅天)에서 설법하고 있다. 타오홍징의 신령 계보에 따르면 '원시천존'이 최고신의 위치를 차지하고 있는 반면, 북위(北魏)의 커우치엔즈(寇謙之) 시대에 최고 신격이었던 '태상노군'(太上老君)은 뒤로 밀려나 있다. 그 이후 현재까지 '원시천존'은 도교의 최고신으로, '태상노군'은 그 응현신의 하나로 취급되어 왔다. 『수서隋書』「경적지經籍志」에는 도홍경이 설정한 원시천존을 도교 교주(教主)로 인정하고 있다.

② 여성 진인(女眞人) -남악 위부인(南嶽魏夫人)

두 번째 단계의 주존은 옥신현황대도군(玉晨玄皇大道君)이다. 그는 3청경 가운데 상청경에 주석하고 있다. 이 단계의 좌우위 뒤편에 여성 진인들이 배열되어 있다. 여성 진인의 두 번째에 자허원군영상진사명(紫虛元君領上眞司命) 남악 위부인(南嶽魏夫人)이 있다. 도교에 있어서 '원군'(元君)이란 여성에게만 붙여지는 말이다. 남악

37) 이 책의 내용과 일치하는 것으로 북주(北周) 무제(武帝)의 칙령에 의해 편찬되었다는 『무상필요無上秘要』가 있다. 다만 선계를 7개의 단계로 나누지 않은 것과, 신선을 배열하는 순서가 거꾸로 되어 있는 점이 약간 다르다.

위부인은 선계의 명칭이고, 그녀는 본래 서진(西晋)의 사도(司徒) 웨이수(魏舒)의 딸로서 웨이후아춘(魏華存)이라고 하였다.

웨이후아춘은 젊어서부터 수도에 마음을 두어 노장백가의 책을 읽고, 호마산과 복령환을 먹었으며, 복기·도인 등의 신선술에 열중하였다. 24세 때 난양(南陽) 리우원(劉文)의 아내가 되었고 두 아들을 두었다. 남편이 시우우현(修武縣)의 지사로 취임하자, 남편과 별거하면서 선술을 닦았다. 만년에는 그녀에게 진령(眞靈)이 내려와 『상청경』 31권과 『황제내경경黃帝內景經』을 주었다. 진(晉) 성제 함화(咸和) 9년(334) 83세로 시해(屍解)하여 하늘로 올라갔다. 30여 년이 지난 뒤 모산(茅山)의 양시(楊羲 ; 330~386)와 쉬무(許穆 ; 305~376)에게 내려와 상청경 등의 경전과 부록(符籙)을 전하였다.[38]

③ 진선(眞仙)들

세 번째 단계의 주존은 금궐제군(金闕帝君)이다. 금궐제군의 출현은 분명하지 않으나 타오홍징을 중심으로 하는 상청학파(上淸學派)에 의해서 그 도교학적인 지위가 명확히 주어졌다고 할 수 있다. 원시천존이 살고 있는 옥경산 속의 궁중은 상중하의 3궁으로 되어 있는데, 상궁에는 원시천존이, 중궁에는 금궐제군이 살고 있다고 한다. 좌우위에는 역사상의 인물들이 등장한다. 좌측에는 관령 윈시(尹喜), 『포박자』의 저자 꺼홍(葛洪)의 증조부 꺼쉬앤(葛玄), 콩치우(孔子), 옌후에이(顔回) 등이 있으며, 우측에는 라오딴과 주앙저우

---

38) 남악(南岳)이란 후난성에 소재한 형산(衡山)을 가리킨다. 말하자면 웨이후아춘은 남악의 산신령이 된 것이다. 현재 형산은 츠앙사(長沙)에서 자동차로 하루에 왕복할 수 있는 거리에 있다.

등이 배열되어 있다.

④ 태상노군(太上老君)

네 번째 단계의 주존은 태상노군(太上老君)과 태상무상대도군(太上無上大道君) 등 두 신이다. 북위의 커우치엔즈의 경우에는 이 태상노군이 최고 신격으로 등장하고 있지만, 여기서는 네 번째의 위치를 차지하고 있다. 좌우의 제일 앞에는 오두미도(五斗米道)를 창시한 장따오링(張道陵) 및 많은 진인(眞人), 선인(仙人)들의 이름이 나란히 있다. 오른쪽에는 장인(丈人), 옥녀(玉女), 태청오제(太淸五帝)의 자연신과 추후우(除福),[39] 꺼홍(葛洪) 등이 자리 잡고 있다.

⑤ 여타 단계의 진선들

주존은 구궁상서(九宮尙書)이다. 이 단계의 주존은 직책명이 명시되어 있고 주(注)에 이름과 출신지가 나타나 있다. 이에 따르면 그는 성이 장씨(張氏)이고 이름은 훵(奉)이며, 하내(河內) 사람이다. 공적으로는 북직(北職)을 차지하고 있으며, 단계상으로는 태극에 있다고 한다. 좌우에 있는 진선들의 숫자도 적지 않다.

⑥ 중모군(中茅君)

이 단계의 주존은 3모군의 하나인 '우금랑정록진군중모군'(右禁郎定錄眞君中茅君) 즉 중모군이다. 전한(前漢) 시대의 마오잉(茅盈)·마오꾸(茅固)·마오종(茅衷)의 3형제를 말한다. 3모군이라 함은 3형

39) 추후우(除福)는 진시황 때에 불노장생의 약을 구하기 위하여 동해로 파견된 인물이다. 쉬후우(徐福) 혹은 쉬후우(徐市)라고도 한다.

제가 딴양(丹陽) 쥐취(句曲) 출신으로 모산에서 득도했으므로 이들을 총칭한다.

『모산지茅山誌』(『삼모지三茅誌』) 권32(135) 등이 관련된다. 좌위의 맨 앞에는 소모군(小茅君)이 '삼관보명소모군'(三官保命小茅君)이라는 이름으로 자리 잡고 있다. 이 여섯 번째 단계에는 지선(地仙)으로서 아직 직위가 결정되지 않은 사람이 많이 있다. 지선 중에는 세 번째 단계에 속해 있으며 태극좌선공이라 불리었던 꺼쉬앤(葛玄)이 있다.

⑦ 훵뚜(酆都) 북음대제(北陰大帝)

이 신은 천하귀신의 총대장으로서 도교의 지옥신 가운데 대표적인 존재이다. 그 좌위에는 맨 위에 '북제상상 진시황'(北帝上相 秦始皇)과 '북제태부 위무제'(北帝太傅 魏武帝)와 같은 황제의 명칭이 열거되어 있다. 이 단계는 모두 귀관(鬼官)으로서 75개의 직책이 있고 이름이 나타난 것만 해도 119명에 이른다. 귀신의 총대장인 '풍도 북음대제'는 라풍산(羅酆山)을 다스리고 있으며, 도교 지옥의 중심적인 존재이다. 이곳에는 염라왕[염라대왕]이 살고 있다.

풍도는 도교의 지옥으로서 쓰츠우안(四川) 종저우(忠州) 훵뚜현(酆都縣)에 있는 큰 바위의 밑에 있다. 10 궁전이 있으며, 음사(陰司)가 여기에 주재하면서 죽은 자의 죄를 심판한다. 지옥의 종류는 138개나 된다. 이 명칭이 언제부터 시작되었는가는 분명하지 않다. 『포박자』 내편 대속(對俗) 제3에 나오며, 타오홍징(陶弘景)의 『진고眞誥』에는 "옛날의 옌띠(炎帝)로서 지금은 북태제군(北太帝君)이라고 부르며 천하귀신을 관장한다."라고 있다.[40]

9.4.2 『삼교원류수신대전三敎源流搜神大全』 속의 여러 신들

도교 신통보인 『진령위업도』는 도사들에 의해 주도된 신들의 계보이다. 여기서는 『진령위업도』 이외에, 『삼교원류수신대전』을 통하여 신들의 계보를 알아보기로 한다. 이 책은 7권으로 되어 있으며, 선통(宣統) 元年(1099)에 시에떠후에이(葉德輝)가 찬술한 것으로 전한다.

① 잠신(蠶神)의 기원으로서의 잠녀(蠶女)

인간의 생활에서 의, 식, 주는 기본이다. 누에를 키우고 실을 뽑아서 비단 옷을 만들어 입는 잠업(蠶業)은 중국 고대인들에게 중요한 사업이었다. 오늘날 신앙되는 잠신의 실체를 살펴보면 까오신씨(高辛氏) 시대에 촉(蜀) 땅에 살았던 부모와 3명의 딸로 이루어진 한 가족으로 소급된다.

어느 날 부친이 도적에게 잡혀 갔는데 모친과 딸들은 대단히 염려했다. 그리하여 모친은 "누구라도 좋다. 부친을 무사히 돌아오게 하는 자에게 내 딸을 주겠다."라고 말하였다. 그런데 부친이 탔던 말[馬]이 이 이야기를 듣고 곧바로 부친에게 달려갔으며, 며칠 후 부친이 말을 타고 돌아왔다. 상대가 말이었기 때문에 보상으로 좋은 풀을 먹이로 주었다. 그러나 말은 풀은 돌아보지도 않고 딸이 출입할 때마다 맹렬히 날뛰었으므로, 부친이 노(怒)하여 말을 죽이

40) 2000년 현재 츠옹칭시(重慶市)에서 배를 타고 장강을 따라 내려가면 횡뛰(酆都)를 만난다. 이곳에는 살아있는 사람들이 만날 수 있는 지옥이 있다. 그 요란하고 흉악한 몰골의 조각들보다도, 관광객을 상대로 물건을 팔려고 아귀다툼하는 사람들이 바로 지옥이다.

고 그 가죽을 뜰에 말렸다. 어느 날 딸이 그 곁을 지나갈 때 가죽이 갑자기 일어나 딸을 휘감아 하늘로 날아갔다.

10일 후 뽕나무 밑에서 누에로 화한 딸이 발견되었다. 이 누에는 신으로 받들어져 마두낭(馬頭娘) 또는 청의신(靑衣神)이라고 불리웠다. 『삼교원류수신대전』 권7에는 청의신이 별도로 나오는데, 청의신은 잠총씨(蠶叢氏)로서, 촉왕(蜀王)이 된 자이다. 그는 푸른 옷을 입고 교외를 순행하고 백성들에게 양잠(養蠶)을 가르쳤다. 이에 마을 사람들이 감동을 받아 사당을 짓고 그를 모셨다. 사람들은 이 신을 '청의신'이라 부른다.

② 현세의 운명을 관장하는 부엌신[竈神 혹은 竈王]

의, 식, 주 가운데 부엌의 존재는 먹거리[食]와 관계가 있다. 음식을 관장하는 부엌은 신성한 장소로 여겨졌다. 명・청대 이후 사람들과 친숙했던 것은 토지신[后土]과 부엌신[竈神]이다. 중국에서 부엌신만큼 보편적으로 숭앙되는 신은 드물다. '조왕부군'(竈王府君)이라고 하며, 시대와 지역에 따라 다르다.

『삼교원류수신대전』에 나와 있는 '사명조신'(司命竈神)[41]을 통하여 알아보자. 『유양잡조酉陽雜俎』에 의하면 부엌신의 성은 장(張), 이름은 딴(單)이며 그 모습은 미녀와 같다고 한다. 부엌신은 큰 죄를 지은 사람으로부터는 기(紀)를 빼앗고 작은 죄를 지은 사람에게는 산(算)을 빼앗는다.[42]

41) '사명조신'(司命竈神)이라는 한자어는 인간의 수명을 관장하는 신령이라는 뜻이다.

42) 기산(紀算)이란 사람의 수명을 날짜로 계산할 때의 단위로 『포박자』에서는 1紀가 300일, 1算이 3일 또는 1일이라고 말하고 있다. 『삼교원류수신대전』에서는

오사(五祀) 중의 한 신으로서 11월 25일에 하늘에 올라 사람들의 행적에 관한 선악을 보고한다고 믿었으므로, 11월 24일에 제사를 지냈다. 오늘날은 그믐[43]에 제사지낸다. 『태상감응편太上感應篇』에도 "그믐날과 섣달에 노래하고 춤추는 일, 초하루나 원단에 소리치고 분노함, 북쪽을 향하여 울거나 침 뱉으며 물을 끼얹는 일, 부엌을 향해 시를 읊거나 통곡하는 일, 부엌불로 향을 태우는 일"[44] 등을 악업(惡業)으로 규정한다.

현재의 민간신앙에 따르면 부엌신[조왕]은 그 집에 사는 사람들의 행동을 감시한다. 그리고 음력 12월 23일이 되면 하늘로 올라가 옥황에게 보고한다. 사람들은 좋은 일을 보고하도록 신상 앞에서 음식을 진설한다.[45] 조왕부군이 옥황상제의 사위라고 하는 전설이 있다. 부엌신 숭배 사상은 한국의 샤머니즘에서도 매우 중시되고 있다.

③ 측간(厠間)의 여신 –자고신(紫姑神)

측간[변소]의 신이다. 『중증수신기重增搜神記』에 따르면, 자고신은 라이양현(萊陽縣) 출신으로 성은 허(何)이며 이름은 메이(媚)이다. 보통 삼고(三姑) 혹은 쯔꾸(紫姑)라고 부른다. 그녀가 측간신이

1紀는 300일, 1算을 100일로 본다.

43) 음력에서 한 달의 맨 끝날을 말한다.

44) 탕따츠아오(唐大潮) 등 注譯, 『권선서금역勸善書今譯』(중국사회과학원출판사, 1996), p. 55. "晦臘歌舞, 朔旦號怒, 對北涕唾及溺, 對竈吟咏及哭, 又以竈火燒香."

45) 조왕신(竈王神) 제사는 '一家'의 제사로 매우 중요하게 취급되었는데 자세한 내용은 다음의 자료를 참조하라. cf. 구보 노리타다(窪德忠), 『도교사』, 최준식 역(분도출판사, 1990), pp. 367-371. / 앙리 마스페로, 『도교』, 신하령 · 김태완 옮김, (까치, 1999), pp. 125-128.

된 경위는 다음과 같다. 당(唐)의 우쩌티엔(武則天 ; 측천무후) 시절 허메이는 서우양현(壽陽縣)의 칙사 리징(李景)이라는 자의 첩이 되었다. 그러나 본처의 질투를 받아 1월 15일 측간에서 살해당했다.

정월 보름날 살해당했기 때문에 그 날자에 신령[紫姑]이 나타난다. 원한을 품고 죽은 귀신은 재앙을 내리기 때문에 사람들은 그녀의 상을 만들어 제사를 지내고 여러 가지 점을 친다. 사람들이 그녀에게 기원하면 그 사람의 길흉화복을 알려준다고 믿게 되었다.

④ 남방 출신의 신 -구리호선(九鯉湖仙)

구리선(九鯉仙)은 푸지엔성 쥐후아부(具化府) 시엔여우현(仙遊縣)에 살았던 허통한(何通判)의 처였던 임(林)씨가 낳은 9명의 아들을 말한다. 이 9명의 자식은 모두 장님이었다. 화가 난 부친이 이들을 모두 죽이려 하자 어머니는 자식들을 현(縣)의 동북쪽에 있는 산으로 도피시켰다. 이들은 호수 옆에 거처를 마련하고 '단'(丹)을 수련했는데, '단'이 완성되자 각각 붉은 잉어를 타고 어디론가 가버렸다. 그래서 그 호수를 '구리호선'이라고 부르며 여러 지방에서 과거를 준비하러 온 사람들이 이 사당에서 빌면 신령스러운 거북(靈龜)이 나타난다고 한다.

⑤ 물에 관계된 神 -수신(水神), 해신(海神), 조신(潮神)

이 신은 허뿨(河伯)라고 부르며 물을 담당한다. 전하는 바에 따르면 진시황이 바다를 건널 수 있는 돌다리를 축조하려 하자 해신(海神)이 그것을 보고 돌을 운반해 주었다. 진시황은 해신을 만나보고 싶은 생각이 들었다. 그 신은 말하길 자신을 만날 수는 있지만, 자신의 모습을 결코 묘사해서는 안 된다고 했다. 그럼에도 불구하고 진시황은 화가(畵家)를 시켜서 해신의 모습을 그리게 하였다. 그러자 해신은 노하여 그 곳을 떠났다고 한다. 지금의 사당은 산똥성 원떵현(文登縣)에 있다. 조신(潮神)은 백마 혹은 하얀 수레를 타고 호수에 나타난다고 한다.

이상과 같이 도교는 많은 신들을 숭배하는 다신교(多神敎)이다. 불교에도 사찰의 수호신이 있지만 주요 신앙 대상은 부처이고 보살이다. 따라서 신이라고 말할 경우는 대부분 도교에서 숭배하는 신을 가리킨다. 도교의 신은 민간신앙에서 모시는 신들이 섞여 있어서 경계선이 모호하다. 간과하지 말아야 할 점은 송대(宋代) 이후 기층 인민에게는 신(神)의 존재가 도교적이던 불교적이던 상관이 없었다는 점이다. 즉 유・불・도 3교의 구별은 문제가 되지 않았다. 이상에서 서술한 바와 중복되는 점이 있지만, 도교만을 놓고 볼 때 일반적으로 숭배되고 있는 신(神)들을 열거하면 다음과 같다.

① 원신천존(元始天尊) : 옥황상제라고도 부른다. 이는 북송(北宋)의 진종(眞宗 ; 재위 998~1022) 이후 굳어진 호칭이다. 천지가 분화되기 이전 음양이 혼돈한 상태의 일원기(一元氣)를 신격화한 호칭이다. 이 원시천존은 분화되어 3존(三尊)이 되며 3청(三淸)에 거주한다.

② 노군(老君) 혹은 태상노군 : 라오딴을 말하며 원시천존의 화신으로서 시대를 따라 세상에 현신한다. 후앙띠(黃帝)의 시대는 꾸앙츠엉쯔(廣成子)로, 사오하오(少昊)의 시대에는 수이잉쯔(隨應子)로

현신하는 등 다양한 화신이 있는데, 라오딴은 그 화신의 하나로 현묘옥녀(玄妙玉女)의 모태 내에 81년간을 머물다가 그녀의 왼쪽 갈비뼈[左脅]를 가르고 태어났다. 라오딴의 이름을 내세우는 경전에 『서승경西昇經』 및 『화호경化胡經』 등이 있다.

③ 현천상제(玄天上帝) : 북극성으로서 현무(玄武), 혹은 진무(眞武)라고 부른다. 고대인들은 북극성을 태일(太一)이라고도 칭하였으며, 한대(漢代)에는 대단히 존숭하였는데 그 결과 호천상제(昊天上帝)의 지위를 빼앗기에 이르렀다.

④ 북두성(北斗星) : 도교에서는 사방 및 중앙에 두성(斗星)이 있다고 보는데 그 중 북두칠성은 생명의 장단을 관장하는 것으로 널리 신앙되었다. 『태상감응편』에 "북두신군(北斗神君)이 사람의 죄악을 기록하고 수명을 빼앗는다."[46]라는 표현이 등장하며, 『음즐문陰騭文』[47]에도 북두성을 향하여 머리를 조아리는 일[48]을 선행으로 인정한다. 『도장』중의 『태상현령북두연명진경太上玄靈北斗延命眞經』은 유명한 경으로 여겨진다. 북두칠성 중의 앞의 네 개의 별은 괴성(魁星)이라고 불리어져 과거에 응시하려는 사람들에게 신앙되었고, 문창제군도 이와 비슷한 성격을 지닌다.

⑤ 문창제군(文昌帝君) : 문창성이라는 별이지만 도교의 전설에 의하면 후앙띠(黃帝)의 아들로서 이름을 후에이(揮)라고 한다. 천제가 그로 하여금 문창부(文昌府)의 일과 인간의 기록을 관장하게 했다. 학교에서는 그를 숭배하고 문예의 신으로 받들었다. 어떤 과거

46) 탕따츠아오(唐大潮) 등 注譯, 『권선서금역勸善書今譯』, p. 53.

47) 원서 이름은 『문창제군음즐문文昌帝君陰騭文』이다. 이 책도 『공과격』처럼 사람의 善을 권장하는 의미의 권선서(勸善書)에 속한다. 작성 년대와 작자는 알 수 없다. 송대 이후 민간에 미친 영향이 컸다.

48) 이와 같은 행위를 '봉진조두'(奉眞朝斗)라고 표현한다.

응시자가 우연히 그의 사당[廟]에서 잠을 자고 영험을 입었는데 그 때부터 문창성의 이름이 더욱 드러났으며, 원대(元代)부터는 문창제군이라는 존호를 부여하였다.

⑥ 성황신(城隍神) : 특정한 장소를 지키는 신에 성황신과 토지신이 있다. 성황신은 관제적 성격이 강하기 때문에 사람들의 인기를 끄는 면에서는 다소 열등한 입장이다. 성황신은 수해와 가뭄을 막는 일에서부터 명계(冥界)의 모든 일을 다루는 지방신으로 격상되었다.

⑦ 토지신(土地神) : 성황신과 비슷하며, 이미 주(周) 나라 때부터 사신(社神)이 있었다. 사람이 죽은 후에 임명을 받는 토지신과는 성격이 다르다. 토지신 신앙은 삼국시대에 생겨나 당대(唐代)에 성황신이 널리 숭배되자, 성황신의 부하로 여겨졌다. 송대(宋代)에 토지신 신앙이 전국적으로 전파되었는데, 토지의 평안, 풍작, 치병, 재앙의 제거, 토지관리 등 여러 가지가 있다.

⑧ 후토신(后土神) : 후토(后土)는 대지의 신이라는 의미를 가지고 있다. 토지신의 분신(分身)으로 여겨진다. 이는 고대의 사(社)로부터 발전한 것으로 한대(漢代)에 황제(皇帝 ; emperor)가 제사지내는 신으로 되었다. 당대(唐代)이후에는 대지의 신과는 별도로 묘지를 지키는 수묘신(守墓神)의 개념이 첨가되었다. 『대당개원례大唐開元禮』 권138에는 길한 무덤이라고 판명되거나, 묘(墓)를 이장(移葬)한 후에도 공물을 바치고 제사를 지낸다. 『대명회전』 권96에는 황제나 황족이 죽었을 때에도 후토신에게 제사지냈다고 한다. 전한(前漢) 말기에는 여신으로 여겨서 후토낭낭(后土娘娘)이라고 하였다.

⑨ 종산신(鍾山神) : 한말(漢末)의 장수 쯔원(子文)을 제사지낸 것이다. 쯔원은 주색을 좋아했는데 적과 싸우다 종산에서 죽었다. 오(吳)의 쑨취앤(孫權) 때에 기적을 보인 때부터 그를 제사지내게 되었다. 육조(六祖) 시대에 그에 대한 신앙이 성행하였다.

⑩ 삼관(三官) : 도교에서 신들의 체계는 3청(三淸), 4어(四御), 두모(斗姆 ; 斗姥) 이외에는 명확하지 않지만, 두모(斗姆) 다음으로 세계 전체를 관할하는 3관(三官)이 있다. 천(天), 지(地), 수(水)의 3관으로서 장따오링의 시절부터 그 신앙이 시작되었다. 3원(三元)이라고도 하는데, 상원 천관(天官)은 1월 15일에, 중원 지관(地官)은 7월 15일에, 하원 수관(水官)은 10월 15일에 각각 태어나 사람들의 선악을 감독한다고 한다. 이들의 탄생일에 제사를 지냈다.

⑪ 재신(財神) : 3월 15일을 그의 탄생일로 보고 집집마다 재단을 북방에 쌓고 소주(燒酒)와 소고기를 올린다. 또 원월(元月) 초 5일은 접로두(接路頭)[49]라는 신의 탄생일로서 금라(金鑼 ; 징)를 울리거나 폭죽을 태우며 이를 맞아들인다.

⑫ 관제(關帝) : 꾸안위(關羽)의 신령이다. 그가 죽은 후 신령으로 나타난 사실이 『삼국지연의』에 보인다. 북송(北宋) 무렵부터 신으로 받들어졌으며 명대(明代)에는 관성제군(關聖帝君)으로 봉해졌고, 청대(淸代)에 충의신무관대제(忠義神武關大帝)의 존칭을 내렸다. 관제는 청군(淸軍)이 명군(明軍)과 싸울 때 가호를 해주었기 때문에 청조에서 특히 존숭되었다. 그 이후로 일반인들은 그를 숭상하여 작은 부락에까지 관제를 모신 사당이 만들어졌다. 관제는 이처럼

49) '접로두'는 강남 오(吳) 지방을 중심으로 신봉하는 '로두신'(路頭神 ; 五路神 ; 도로의 神)을 말하며, 여행의 신이고 동시에 재화의 신이다. 속설에 '접로두'라고 부르고 영험이 있다고 믿었다.

무(武)의 신, 호국(護國)의 신이었으나 돈을 많이 벌게 해주는 재물신으로 숭상되어 상인들이 많이 모신다. 그는 또 가람신, 절의 수호신으로도 되었다.[50)]

⑬ 동악(東嶽) : 태산의 신선을 제사지낸다. 태산이 사람의 생사를 관장한다는 것이 오랜 전설이다. 『후한서後漢書』 권90의 우후안전(烏桓傳)에 "이는 마치 중국인이 죽으면 혼(魂)이 대산(岱山 ; 태산)으로 돌아가는 것과 같다."[51)]라는 내용이 있다. 서진(西晉)의 장후아(張華)가 저술한 『박물지』에도 "태산은 천제의 자손이다. 인간의 혼을 불러내는 것을 주관한다. 동방은 만물의 시작이므로 인간의 생명을 안다."[52)]라고 하였다.[53)]

⑭ 여조(呂祖) : 전진교의 5조 가운데 한 명으로 5대 무렵의 인물이다. 전하는 바에 의하면 이름은 옌(嵓), 자는 똥삔(洞賓)이며 호는 츠운양쯔(純陽子)이다. 당(唐)의 정관(貞觀) 14년(789)에 영락현에서 태어났다. 로산(盧山)에서 화룡진인(火龍眞人)으로부터 천둔검법(天遁劍法)을 전수받고 64세에 종리취앤(種離權)으로부터 10회의 시험을 거친 후 신선이 되었다고 한다. 그의 능력과 기적이 대단하였다는 것은 『고금도서집성』열전 권23에 수록된 사실을 보아도 알 수

---

50) 조선 왕조에서는 임진왜란 이후 관제(關帝)에 대한 숭배의 경향이 높아졌다. 한양(서울)의 동대문, 전주(全州), 남원 등 전국의 곳곳에 관제를 모시는 사당이 아직 남아 있다.

51) 『후한서後漢書』권90, 오환선비열전(烏桓鮮卑列傳). "如中國人死者, 魂神歸岱山也." 중화서국본 『후한서後漢書』10, p. 2980.

52) 중화서국본 『후한서後漢書』10, p. 2981 注 참고. "泰山, 天帝孫也, 主召人魂. 東方萬物始, 故知人生命. "

53) 태산은 도교에서 신성하게 여기는 산이다. 중국인들에게는 생전에 최소 한 번은 태산을 걸어서 올라감으로써 내생(來生)에 복을 받는다는 믿음이 있다. 이는 비유하자면 이슬람 신도들(무슬림)이 생전에 한번은 메카를 방문하는 성지순례를 의무화 하고 있는 것과 같다.

있다. 오늘날에도 각지에 여조의 사당이 있다.

⑮ 8선(八仙) : 종리취앤(種離權), 뤼똥삔(呂洞賓), 장꾸어(張果), 란차이허(藍采和), 한시앙쯔(韓湘子), 차오꾸어지우(曹國舅), 허시엔꾸(何仙姑), 리위앤종(李元中)의 8인을 말한다. 종리취앤과 뤼똥삔은 앞에서 거론하였고, 란차이허는 당말(唐末)의 인물이며 한시앙쯔는 한위(韓愈)의 조카이며, 차오꾸어지우는 송(宋) 인종의 황후 조씨의 동생이다. 허시엔꾸는 뤼똥삔과 같은 시대의 여성이다. 리위앤종은 당(唐)의 대종 때의 인물이다. 이 8선의 행적은 전설적이다.

📖 참고문헌

- 김낙필, "한국철학사 연구의 반성과 문제점 : 도가와 도교", 『철학』 제27집, 한국철학회, 1987.
- 김백현, "도교속의 노장철학-노장에서 초기도교까지", 『중국학보』 제34집, 한국중국학회, 1994.
- 김성환, "도학 · 도가 · 도교, 그 화해 가능성의 재조명", 『도교학연구』 제16집, 한국도교학회, 2000.
- 이종은, "동양의 도교문화 : 도교사상의 현대적 의의", 『한국학논집』 제26집, 한양대학교 한국학연구소, 1995.
- 후후우츠언(胡孚琛), 『중화도교대사전中華道敎大辭典』, 中國社會科學出版社, 1995.
- 칭시타이(卿希泰) 주편, 『중국도교사中國道敎史』(修訂本) 1-4卷, 四川人民出版社, 1996.
- 칭시타이(卿希泰) · 탕따츠아오(唐大潮), 『도교사道敎史』,江蘇人民出版社, 2006.
- 사까이 다다오(酒井忠夫), 『도교란 무엇인가』, 최준식 옮김, 민족사, 1990.
- 고야나기 시끼타(小柳司氣太), 『노장사상과 도교』, 김낙필 역, 시인사,

1988.
• 하찌야 구니오(蜂屋邦夫), 『중국사상이란 무엇인가』, 한예원 역, 학고재, 1999.
• 구보 노리타다(窪德忠), 『도교와 신선의 세계』, 정순일 옮김, 1993.
• 구보 노리타다(窪德忠), 『도교사』, 최준식 역, 분도출판사, 1990.
• 후구나가 미쯔지(福永光司), 『도교사상사연구道敎思想史硏究』, 암파(岩波)서점, 1988.
• 앙리 마스페로, 『도교』, 신하령 · 김태완 옮김, 까치, 1999.
• 앙리 마스페로, 『불사의 추구』, 표정훈 옮김, 동방미디어, 2000.
• 홈스 웰치 · 안나 자이델 편저, 『도교의 세계-철학, 과학, 그리고 종교』, 윤찬원 역, 사회평론, 2001.
• David C. Yu, *History of Chinese Daoism*, Vol 1, University Press of America, 2000.
• Randall L. Nadeau, *Conficianism and Taoism*, Edited by Lee W. Baily, *Introduction to the World's Major Religions* (Vol. 2), Greenwood Press, Westport, Connecticut, 2006.

제10장

불교의 기본 교리와 중국불교의 주요 종파

"모든 지어진 것은 무상한 것이다"(諸行無常)
"모든 존재는 무아이다"(諸法無我)
"일체의 존재는 苦이다"(一切皆苦)

–『법구경法句經』(Dhammapada)

10.1 불교의 기본 교리

10.1.1 불교의 중국 전래와 발전

인도(印度 ; India)에서 발생한 불교가 어느 시기에 중국에 유입되었는지 정확하게 말하기는 어렵다. 막연하게 추측할 수 없는 일인지라, 결국 기록에 의지하는 수 밖에 없다. 알려진 바에 의하면, 한대(漢代) 초기 애제(哀帝) 리우진(劉欣) 때인 BC 2년에 구전(口傳)되었다고 한다. 『삼국지三國志』, 「위서魏書」에 전하는 기록을 들여다 보자. "서한(西漢) 애제(哀帝) 원수 원년(BC 2년)에 대월씨국의 사자(使者) 이춘(伊存)이 박사인 제자 징루(景盧)에게 불경(佛經)을 입으로 전하였다."[1] 아마도 이 이 야기가 중국에 불교가 전래된 최초의 믿을만한 기록일 것이다.

이후 후한(後漢) 명제(明帝 ; 재위 AD 58~75) 시기와, 후한 말기 환제(桓帝 ; 재위 147~167) 및 영제(靈帝 ; 167~189) 때에 불경의 한역작업이 이루어진다. 문화사적인 측면에서 볼 때에, 중국에 불교를 가져온 데는 전한시대의 동서 교통로 개척에 힘입은 바가 크다. 한(漢) 무제 때의 인물인 장치엔(張騫)의 서역(西域) 여행을 계기로 물자의 교역이 이루어졌고 이에 따라 불교가 중국으로 유입되었다고 본다.[2]

이질적인 사상의 유입에는 언어에 의존하고, 언어가 다르면 결국

---

1) 『삼국지三國志』, 「위서」(魏書), 오환선비동이전(烏桓鮮卑東夷傳). "昔漢哀帝元壽元年, 博士弟子景盧, 受大月氏王使伊存, 口受浮屠經." cf. 중화서국본 『삼국지三國志』三, p. 859.

2) 노가미 순조(野上俊靜) 외, 『중국불교사개설』, 양은용 역(원광대출판국, 1984)

번역의 과정을 겪는 일은 동서의 교섭사에서 공통의 일이다. 최초로 번역된 불경(佛經)은 『사십이장경四十二章經』으로 알려져 있다. 이 경전을 베껴온 인물이 곧 장치엔이다.[3)]

불교가 전래된 이후로 수백 년에 걸쳐서 대대적인 번역 사업이 이루어지면서 경전과 논서들을 중심으로 중국적인 종파들이 형성된다. 중국불교는 종파불교라고 말할 수 있다. 각 종파들은 그들이 근거로 하고 있는 경전을 바탕으로 수많은 논서[論]와 논서에 대한 주석[疏]들을 저술하였으며, 송(宋) 태종 8년(983년)에 이르러 국가적 사업으로 이른바 『대장경大藏經』의 인쇄화가 이루어진다.[4)] 그리고 중국불교는 인도불교의 연장선이라고 할 수 있는 종파들을 거쳐[5)] 중국적인 종파들을 탄생시킨다.[6)]

중국불교의 대표적인 종파로 천태종(天台宗), 삼론종(三論宗), 유식종(唯識宗), 화엄종(華嚴宗), 선종(禪宗), 율종(律宗), 정토종(淨土宗), 밀종(密宗)을 들 수 있다. 이제 불교의 기본 교리를 살펴보고, 이어서 중국불교의 8개의 종파를 검토하기로 한다.

10.1.2 세 가지 징표와 네 가지 진리

인간은 누구를 막론하고 유한(有限)하고 상대적인 세계에서 살고

---

3) 뤼츠엉(呂澂), 『중국불교학 강의』, 각소 옮김 (민족사, 1992), p. 43.

4) 인도의 부파불교시절부터 경전은 주로 암송(暗誦)에 의한 구두전승(口頭傳承)의 방법으로 전해졌다. 중국에서도 이 전통이 지켜지다가 개인적으로 경전을 베끼는 일[寫經]이 행하여진다. 인쇄문화의 발달과 그에 따른 산업의 영향으로 『대장경』이 나타난 것이다.

5) 비담종(毘曇宗), 구사종(俱舍宗), 성실종(成實宗), 삼론종(三論宗), 사론종(四論宗), 지론종(地論宗), 섭론종(攝論宗), 법상종(法相宗) 등은 인도적인 것이며, 일반 인민들과는 거의 관계가 없다.

6) 나까무라 하지메(中村 元), 『중국인의 사유방법』, 1990.

있다. 이와 같은 유한, 상대의 세계에 안주하여 아무런 물음도 없이 그저 매일 매일을 보내는 사람들에게는 종교가 필요 없을 것이다. 그러나 인생의 과정에서 위기가 없는 사람은 없으며, 생각하는 능력을 포기한 동물적 존재가 아닌 한 인간은 어떤 형태로든지 종교적인 물음을 던지고 해결책을 찾고 있다.

그 중에서도 특정한 사람과 특정한 때의 위기가 아니라, 모든 생명을 위기에 노출된 존재로 파악하고, 근원적 위기로부터 구제의 방법을 제시하는 데에 기독교와 불교 등의 보편적 종교의 특질이 있다.[7] 고타마 붓다[釋迦牟尼]는 인간의 이와 같은 위기상황을 한마디로 '고'(苦 ; dukkha)라는 말로 표현하였고, 이로부터의 탈출방법을 번뇌의 소멸에서 찾는다.

① 세 가지 징표[三法印]

고타마 붓다에 의하면, 인간이 직면하는 현실세계는 철두철미 무상(無常)한 세계이다. 개인의 존재를 포함하여 현상계의 모든 존재는 변화의 과정 속에 있으며, 그 밑바닥에 불변하는 실체는 존재하지 않는다고 한다.

『법구경』(Dhammapada)에 의하면 "모든 지어진 것은 무상한 것이다"(諸行無常). 모든 현상이 소멸해 가는 것이라는 이 말은 고타마 붓다의 최후의 말이거니와, 동시에 불교의 근본입장을 나타내는 징표가 되었다. 이때에 '지어진 것(行 ; 팔리어로 sankhāra)이라는 표현은 여러 가지 인(因)과 연(緣)에 의해서 지어진 것을

---

7) 우에야마 슌페이(上山春平) 외, 『아비달마의 철학』, 정호영 옮김(민족사, 1993), p.157 이하.

가리킨다.[8)]

모든 것은 무상할 뿐만 아니라, 또한 "모든 존재는 무아이다"(諸法無我). 여기에서 말하는 '我'(ātman)는 자기의 존재중심에서 의식하는 '나'라는 관념, 나의 생존주체로 간주되는 것을 뜻하는데, 그와 같은 존재가 없다는 뜻이다.[9)]

"모든 존재는 무아이다"라는 것은 객관세계에 주재적인 존재를 부정할 뿐만 아니라, 주관세계의 핵심을 이루는 영혼의 존재마저도 부정하는 입장이다. 즉 객관세계의 물질은 흙·물·불·바람(地·水·火·風)이라는 4대의 결합으로 이루어지며, 인간은 색·수·상·행·식(色·受·想·行·識)의 5온(五蘊)의 취합에 지나지 않는다. 이와 같은 관점에서 본다면 불교는 무신론의 종교이다.[10)]

무상한 것은 결국 괴로움이다. 『법구경』의 표현에 의하면 "일체의 존재는 苦이다"(一切皆苦). 한자 술어 '苦'의 의미를 한글로 '괴로움'으로 번역할 수밖에 없지만, 이는 단순히 염세적인 뜻으로 새겨서는 안 된다. 불교를 염세주의(厭世主義)의 종교라고 볼 수는 없다. 불교를 염세적인 종교로 보는 것은 피상적인 관찰일 뿐이다.

불교는 괴로움을 어쩔 수 없는 숙명으로 받아들이는 것이 아니라, 이에 정면으로 맞서 그 해결책을 제시한다. 괴로움을 '거룩한

8) 후지타 코오타츠(藤田宏達) 외, 『초기 부파불교의 역사』, 권오민 옮김(민족사, 1989), p. 84.

9) 원문의 충실한 번역은 "모든 다르마는 무아이다"라고 해야 하지만, 실제로는 "모든 존재는 무아이다"라는 뜻으로 사용되고 있다.

10) 5온(五蘊)은 인간존재를 구성하는 다섯 가지 요소로서, 色(rūpa)은 물질을 말하고, 受(vedanā)는 인식을 받아들이는 것으로 감각 혹은 감정을 뜻하며, 想(saṃjñā)은 마음의 내부에 형상을 구성하는 것으로 지각이나 표상을 포함하며, 行(saṃskāra ; 팔리어 sankhāra)은 능동성이 있는 의지적 행위(충동 ; impulse)를 말하고, 識(vijñāna)은 대상을 구별하여 인식하는 작용을 말한다. cf. 나까무라 하지메(中村元), 『중국인의 사유방법』, 김지견 역, 1990.

진리'(苦聖諦)라고 하는 이유도 바로 괴로움을 분명히 인식할 때 비로소 그것을 극복할 수 있기 때문이다.

인간은 절대의 권력과 무한한 소유를 갈망하여 마지않는다. 그러나 세상사는 이와 반대로 마음대로 되지 않는 일이 더욱 많은 실정이다. 그러므로 '苦'란 결국 자기의 마음대로 되지 않는 상태를 말한다. 이렇게 '제행무상', '제법무아', '일체개고'가 근본불교의 '3법인'이라면, 대승불교에서는 '일체개고' 대신 '열반적정'(涅槃寂靜)을 3법인에 포함시킨다. 또는 이를 합하여 '4법인'(四法印)이라고 부르기도 한다.

② 네 가지 거룩한 진리[四聖諦]

고타마 붓다가 깨달음을 얻은 후 바라나시(Vārānasī) 부근의 '사슴 동산'에서 최초로 설법한 내용은 불교의 근본을 이룬다. 그 중에서도 '네 가지 거룩한 진리'[4성제, 4제]야말로 불교사상의 정수라 할 수 있다. 고제(苦諦), 집제(集諦), 멸제(滅諦), 도제(道諦)가 그것이다.[11]

a. **마음대로 되지 않음 : 고성제**(苦聖諦 ; **팔리어** dukkha- sacca)

'고성제'란 인간존재의 실상이 고(苦 ; dukkha)로 가득 차 있다는 현실 판단의 진리이다. 이미 서술한 바와 같이 일체의 존재는 모두 苦이다. 경전에서는 이를 다음과 같이 기술하고 있다.

---

11) 한자어의 '체'(諦)字는 여기에서는 '제'로 발음되며, 진실 혹은 진리라는 의미이다.

비구들이여, 고성제는 다음과 같다. 태어나는 것도 괴로움이며, 늙는 것도 괴로움이며, 병드는 것도 괴로움이며, 죽는 것도 괴로움이다. 근심, 슬픔, 고통, 번뇌도 괴로움이다. 미워하는 이를 만나는 것도 괴로움이며, 사랑하는 이와 헤어지는 것도 괴로움이며, 구하는 것을 얻지 못하는 것도 괴로움이다. 요컨대 집착의 원인인 다섯 가지 요소는 모두 괴로움이다.[12)]

이와 같이 생·노·병·사(生·老·病·死)의 네 가지가 모두 괴로움이다[4苦]. 여기에 '미워하는 이를 만나는 괴로움'(怨憎會苦), '사랑하는 이와 헤어져야만 하는 괴로움'(愛別離苦), '구하는 것을 얻지 못하는 괴로움'(求不得苦), '인간의 육체적 집착이 쌓이는 괴로움'(五蘊盛苦) 등을 보태서 여덟 가지 괴로움[8苦]이 바로 인간 존재의 실제적인 모습이다.

고타마 붓다는 고(苦)에 대해서 언급하였으나 그렇다고 삶에 있어서 행복을 전면적으로 부정하지는 않는다. 팔리어경전의 하나인 『증일아함경(增一阿含經』[13)]에는 가정생활의 행복, 은둔의 행복, 애착의 행복 등 여러 가지 행복이 열거되어 있다. 그러나 궁극적으로는 이 모든 것이 듀카(苦 ; dukkha)에 해당된다.[14)]

'고'(苦)는 세 가지 의미를 담고 있다. 첫째는 아프고, 배고프고, 춥고 하는 등의 육체적 고통[苦苦]이며, 둘째는 있던 것이 없어졌을 때 느끼는 괴로움으로 재물이나 지위, 명예 등을 상실했을 때의 고

12) 후지타 코오타츠(藤田宏達) 외, 『초기 부파불교의 역사』, 권오민 옮김 (민족사, 1989), p. 89.

13) '아함'(阿含)이란 산스크리트語 아가마(gama)의 음역으로서, 전승(傳承)이란 뜻이다. 이 경전은 『한역대장경漢譯大藏經』안에 네 가지가 있는데 『장아함경長阿含經』, 『중아함경中阿含經』, 『잡아함경雜阿含經』, 『증일아함경增一阿含經』이 그것이다.

14) 월폴라 라훌라, 『붓다의 가르침』, 진철승 옮김 (대원정사, 1990), p. 36.

통[壞苦]이다. 셋째는 무상하기 때문에 느끼는 괴로움으로 유한한 시간 속에 던져진 존재가 어쩔 수 없이 느껴야 하는 실존적 고뇌[行苦]가 그것이다.

'고'란 단순히 감각적 혹은 육체적 고통만을 의미하는 것이 아니고, 무상하고 무아인 인간존재의 실상 그 자체를 가리킨다. 따라서 불교에서는 인간세상을 고해(苦海)라는 말로 표현한다. 그렇다면 인생은 왜 괴로움의 바다에서 헤엄치며, 그 상태를 벗어나지 못하게 되는 것일까?

b. **마음대로 되지 않는 이유 : 집성제**(集聖諦 ; **팔리어** samudaya-sacca)

우리가 '고'(苦)의 바다를 벗어나지 못하는 까닭은 곧 욕망과 집착에 있다. 괴로움의 발생에 대해서는 다음과 같이 설명된다.

> 윤회의 원인이 되고, 탐욕에 얽매여 있으며, 여기저기서 당장의 새로운 기쁨을 추구하는 것은 바로 갈증, 즉 갈애(渴愛)이다. 즉 감각적 쾌락에 대한 갈증, 존재와 그 생성에 대한 갈증, 존재하지 않는 것에 대한 갈증이 苦의 원인이 된다.[15]

사랑의 갈증은 감각적 쾌락이나 부(富) 혹은 권력에 대한 것뿐이 아니라 ; 관념, 이념, 신념, 이론 등에 대한 욕망이나 집착도 포함한다. 그런데 이와 같은 욕망 혹은 갈애(渴愛)가 어떻게 해서 윤회의

15) 월폴라 라훌라, 『붓다의 가르침』, 진철승 옮김, p. 50. 위 문장의 한글은 저자(황준연)가 영문 원본을 참고하고, 일부 수정하였다. cf. Walpola Rahula, *What the Buddha Taught,* Gordon Fraser Ltd., London, 1978, p. 29.

원인이 된다는 말인가? 이 문제는 매우 난해한 질문인데, 이른바 '업'(業 ; karma : 팔리어 Kamma)과 '윤회'(輪廻 ; Samsāra)의 사상으로 설명할 수 있다.

'까르마'[業]란 불교에 있어서 행위의 문제이다. 인간의 행위는 무엇인가 영향력을 남긴다고 한다. 모찌쯔끼 신코(望月信亨)에 의하면, 한자어로 '業'은 곧 '조작'(造作)을 의미한다.[16] 이는 고타마 붓다에 의해서 처음으로 구성된 것이 아니고, 고대 인도의 우파니샤드시대의 철인들에게서부터 탐구된 개념이다.[17]

불교에서는 인간의 행위를 신체의 활동, 언어, 의지의 작용 등 '3업'으로 구분한다. 우리는 이러한 행위에 의해서 응보를 받게 되는데, 착한 행위는 착한 결과를 가져오고, 악한 행위는 나쁜 결과를 가져온다는 것이다.

이와 같은 인과응보(因果應報)의 사상이 '윤회'의 사상과 결합하는데, '업'이 시간적으로는 전생으로부터 내생에까지 연장되고 있다고 본다. 윤회란 인간의 생사의 바퀴[輪]는 3계(三界)[18]와, 6도(六道)[19]의 세계를 끊임없이 돌게 되는[廻]바, 우리는 형태를 바꿔가며

---

16) 모찌쯔끼 신코(望月信亨) 편, 『망월불교대사전望月佛敎大辭典』 참조.

17) 흔히 '소승불교'라고 부르는 아비다르마(Abhidharma)의 철학에서는 '업'의 이론이 더욱 발달하였다. cf. 목정배, 『불교윤리개설』, 1986.

18) 삼계(三界)란 욕계(欲界), 색계(色界), 무색계(無色界)를 말한다. '욕'(欲)이란 생물의 본능적 욕망을 뜻하며, 욕계는 음욕(淫慾), 색욕(色慾), 식욕(食慾)으로 채워진 존재들이 사는 세계이다. '색'(色)은 물질적 존재를 의미하는바 생물학적 욕망에서는 벗어났으나, 물질의 세계로부터 자유롭지 못한 상태를 말한다. 예를 든다면 궁전(宮殿)과 같은 집을 소유하려는 욕망 등을 말한다. 한편 '무색'(無色)이란 色이 없는 것으로, 욕계와 색계를 초월한 정신의 소유자(존재)가 사는 세계를 말한다.

19) 육도(六道)는 육취(六趣)라고도 하며 ; 지옥(地獄), 아귀(餓鬼), 축생(畜生), 아수라(阿修羅), 인간(人間), 하늘[天] 등의 여섯 가지 생활을 말한다. 지옥은 고통을 받는 지하의 세계이며, 아귀는 배곯는 귀신을 말하고, 축생은 동물을 가리키

존재를 계속한다는 뜻이다. 그렇다면 인간은 윤회의 굴레를 벗어날 수 없단 말인가? 유정(有情)의 존재는 탐욕 혹은 갈애가 있는 한 윤회를 계속한다. 윤회의 굴레를 벗어나는 길은 곧 고(苦)의 소멸에 있다.

c. 마음대로 되지 않음을 멸하는 법 : 멸성제(滅聖諦 ; 팔리어 nirodha-sacca)

괴로움을 완전히 제거하려면 결국 괴로움의 원인이 되는 사랑의 목마름[渴愛]을 제거해야 된다. '갈애의 소진', 즉 열반(涅槃 ; nirvāṇa ; 팔리어nibbāna)이 '멸성제'의 내용이다. 그렇다면 '니르바나'(열반)이란 무엇을 말하는가? 그것은 '갈애의 소진', '무위'(無爲), '이탐'(離貪), '지멸'(止滅) 혹은 '적멸'(寂滅)등의 한자어로 표현된다. 팔리어 경전의 일부를 소개하면 다음과 같다 :

> 그것은 탐욕을 완전히 끊는 것이며, 탐욕을 포기하고 거부하는 것이며, 탐욕에서 해방되고 탐욕에 초연한 것이다.... 모든 조건 지어진 것이 정적에 가라앉고, 모든 더러운 것이 없어지고, 갈애가 소멸된 것이 바로 열반이다.... 오, 비구여, 절대란 무엇인가? 그것은 탐욕의 소멸이며, 증오의 소멸이며, 어리석음의 소멸이다. 비구여, 이것이 절대이니라.[20]

니르바나(열반)란 이처럼 '갈애의 소진'이며, 절대에 이르는 길이

며, 아수라는 싸움을 좋아하는 마신(魔神)을 가리킨다. 인간은 즉 인류의 세계를 말하고, 하늘[天]의 세계는 천신(天神) 등의 매우 미묘한 존재들의 세계이다. 하늘의 존재는 나머지 다섯에 비하여 품격이 높으나 윤회의 영역을 벗어나는 것은 아니다.

20) 월폴라 라훌라, 『붓다의 가르침』, 진철승 옮김, pp. 59-60.

다. 보통 열반은 번뇌가 끊어진 상태를 말하지만[有餘], 번뇌뿐만이 아니라 신체까지도 멸할 때에 완전한 열반이 가능하다[無餘].[21]

니르바나와 비슷한 개념으로 '해탈'(解脫 ; mukti ; 팔리어 vimutti)이라는 용어가 쓰인다. 양자는 서로 같은 뜻이지만, 해탈이 고뇌로부터 벗어나는 자유의 뜻에 가깝다면, 열반은 평화의 측면을 나타낸다고 볼 것이다.

d. **마음대로 되지 않음의 소멸 : 도성제**(道聖諦 ; **팔리어** magga-sacca)

네 번째의 거룩한 진리로 괴로움의 소멸에 이르는 길인 '도성제'를 들 수 있다. 이는 두 가지 극단을 피하라는 뜻으로 고타마 붓다가 최초로 설법한 내용 중에서 '중도론'(中道論)을 말한다. 중도(中道)란 무엇인가? 우리에게는 만사 두 가지 길이 있다. 한 극단은 감각적 쾌락을 추구하는 것으로 비속하고 일반적이며 세속적인 길이다. 반면에 다른 길은 극도의 고행을 통하여 행복을 추구하는 것으로 고통스럽고, 가치 없으며, 이롭지도 못하다.[22]

고타마 붓다는 이 두 가지 길을 모두 시도해 보았으나, 깨달음을 얻지 못하고 마침내 중도의 방법을 선택한 것이다. 이와 같은 중도는 여덟 가지 카테고리(범주)로 구성되어 있으므로, 이를 가리켜 '여덟 가지 올바른 길'[8정도 ; 八正道]이라고 부른다. 이를 정리하면 다음과 같다.

---

21) 열반을 소승에서는 유여(有餘)와 무여(無餘)의 2종으로 구분하지만, 법상종(法相宗)에서는 4종 열반을 내세운다.
22) 월폴라 라훌라, 『붓다의 가르침』, 진철승 옮김, p. 72.

지혜(慧)	① 올바른 견해(正見)
	② 올바른 사고(正思惟)
계율(戒)	③ 올바른 말(正語)
	④ 올바른 행위(正業)
	⑤ 올바른 생활(正命)
선정(定)	⑥ 올바른 노력(正精進)
	⑦ 올바른 관찰(正念)
	⑧ 올바른 집중(正定)

이상 여덟 가지 요소는 불교의 수행에 있어서 반드시 닦아야 하는 세 가지 배움, 곧 행위와 언어에서 몸을 보호하는 계학(戒學), 마음의 동요를 그치고 편안한 경지를 나타내는 정학(定學), 그리고 번뇌를 없애고 진리를 깨닫는 혜학(慧學)의 '3학'(3學)을 발전시키고 완성하는 작용을 한다.

먼저 계율(戒律)의 측면에는 정어, 정업, 정명의 3요소가 포함된다.[23)]

'정어'(正語)란 올바른 말을 가리킨다. 개인이나 집단 간의 증오나 적대감, 혹은 불화를 일으키는 말 등을 해서는 안 된다. 유용한 말을 할 수 없다면 차라리 침묵을 지키는 것이 좋다. '정업'(正業)이란 올바른 행위를 말한다. 생명을 파괴하는 행위, 절도, 부정한 거래, 간통 등을 해서는 안 된다. '정명'(正命)이란 올바른 생활을 뜻한다. 즉 남에게 해를 끼치는 직업을 가져서는 안 된다. 무기나 마약 등의 거래, 도살, 협잡행위와 같은 직업을 선택해서는 안 된다.

다음으로 선정(禪定)의 측면에서는 정정진・정념・정정의 3요소

23) 이하의 내용은 월폴라 라훌라, 『붓다의 가르침』p. 74 이하를 정리한 것이다.

가 있다.

'정정진'(正精進)이란 올바른 노력을 말한다. 사악하고 불건전한 마음상태가 일어나는 것을 방지하거나, 그러한 마음상태를 제거하려는 정신적인 노력이 그것이다. '정념'(正念)이란 끊임없이 한 순간도 놓치지 않고 자신에게 일어나고 사라지는 신체의 활동, 느낌 혹은 마음의 활동, 관념, 사고 등에 세심한 주의를 기울이는 것이다. 호흡을 관찰하는 방법 -이를 수식관(數息觀)이라고 부른다-에 의하여 산란한 마음을 방지하는 방법도 이 수행법의 하나이다. '정정'(正定)이란 올바른 집중의 뜻으로 황홀경 내지 무아의 경지로 알려져 있다. 이 선정(禪定)의 단계는 네 가지가 있는데 ; 감각적 갈망, 악의, 무기력, 근심, 불안 등이 사라지는 단계에서부터 행복이나 불행 혹은 즐거움과 슬픔 등의 감정마저 모두 사라지는 순수한 깨달음의 단계까지 계층이 있다.

다음으로 지혜(智慧)의 측면에 정견·정사유 등 2요소가 있다 :

'정사유'(正思惟)란 올바른 사고에 의한 마음가짐을 가리킨다. 이는 욕망을 초탈하는 사유, 사랑과 비폭력의 사유를 말한다. 이기적 욕망, 악의, 증오, 폭력 등은 결국 지혜의 결핍에서 야기된다는 뜻이다. '정견'(正見)은 올바른 견해를 말한다. 사물에 대한 우리의 견해는 각자의 인생관 혹은 세계관에 의하여 제한을 받는다. 사물의 본질을 편견 없이 올바르게 이해하는 일은 쉬운 일이 아니다. 그러므로 정견이란 궁극적 실재를 보는 최고의 지혜이다. 일반적인 이해는 지식, 축적된 기억 등을 통해 파악이 되는데, 이는 지식에 의한 파악, 즉 수각(隨覺 ; anubodha)이라 일컬어진다. 그러나 사물의 진실한 본질을 보는 것은 명상에 의한 파악, 즉 통각(通覺 ;

pativedha)에 의해서만 가능하다. 통각은 번뇌를 벗어나 명상을 통해서 얻어진다.

고타마 붓다에 의하면 인간의 현실은 철두철미 무상한 세계이다. 세계는 무상할 뿐 아니라 또한 무아이다(諸法無我). 궁극적으로 내가 존재하지 않는다는 것은 인정하기 싫은 진리이다. 그러나 이미 말한 바와 같이 내[자아]라는 존재는 '다섯 가지의 모음'[5온]에 지나지 않는다. 이것은 존재 전체에 있어서 영원한 나의 존재가 없다는 것을 말한다. 만일 그렇다면 업(까르마)과의 관계에 있어서 하나의 의문이 제기될 수 있다. 자아 곧 '아트만'이 없다면 어떤 존재가 업(業)의 결과를 받는다는 말인가? 이것은 매우 어려운 질문이다.

세 가지 진리의 징표[3법인]에서 자아 혹은 불변의 실체가 존재하지 않는다는 설명은 분석적 방법이다. 같은 내용이 이제 종합적 방법인 연기법(緣起法)에 의해서도 가능하다. 고타마 붓다의 이 가르침에 의하면 이 세상에 절대적인 것은 없다. 모든 것은 조건 지워져 있고 상호 의존적이다. 연기(緣起 ; pratītya-samutpāda)라는 말은 '~으로 말미암아 일어나는 것'이라는 뜻으로 그 유래는 『잡아함경雜阿含經』의 "이것이 있으므로 저것이 있고, 이것이 생기므로 저것이 생긴다"(『잡아함경』 제12권)라는 말에서 나왔다. 이 구절을 현대적인 형식으로 표현하면 다음과 같다.

A가 있을 때 B가 있다.
A가 일어날 때 B가 일어난다.
A가 존재하지 않을 때 B가 존재하지 않는다.
A가 사라질 때 B가 사라진다.[24] (월폴라 라훌라, 앞의 책)

이와 같은 『잡아함경』의 연기(緣起)에 관한 이야기는 물리학에서 말하는 중력(重力)의 법칙으로 비유해도 좋을 듯하다. 우주에 존재하는 모든 물체는 다른 물체를 끌어당기는 힘을 뻗치고 있으며, 다른 물체 또한 인력(引力)의 영향을 받는다. 연기설과 관련하여 I. 뉴턴(I. Newton ; 1643~1727)의 만유인력(萬有引力 ; Law of Gravity)의 법칙을 생각할 수 있겠다.

이와 같은 사실은 평상적으로도 중요한 의미를 지닌다. 만일 우리가 어떤 일을 원하면 그 반대되는 것부터 시작하고, 어떤 것을 보존하고 싶으면 그 안에 반대되는 요소를 인정하고, 우리가 자본주의체제를 유지하고 싶으면 어느 정도의 사회주의요소를 인정하여야 하는 것이다. 이상과 같이 일체의 존재는 서로 공존의 관계에 있다. 이러한 연기의 법칙을 인간의 삶의 모습에 적용시킨 것이 12연기이다. 연기설이 존재의 보편적 모순이라면, 12연기는 보편적 연기의 법칙을 구체적인 인간의 실존 모습에 적용시킨 것이라고 할 수 있다. 즉, 12가지의 조건들이 연쇄적 반응을 일으키면서 인간의 실존(괴로움)을 낳는다는 것이다. 따라서 그 조건들이 일어나는 원인을 분명히 밝히고 소멸시키면 열반에 이르게 된다.

12가지란 어리석음의 근본인 무명(無明), 인간의 행위인 행(行), 인간의 인식작용인 식(識), 인식의 대상인 명색(名色), 정보가 들어오는 감각기관인 육처(六處 ; 眼耳鼻舌身意), 감각기관이 대상과 접촉하는 촉(觸), 대상과의 접촉을 통해 받아들이는 수(受), 싫은 것은 피하고 좋은 것만 구하려고 하는 애(愛), 애(愛)가 행동으로 나타나는 취(取), 이러한 행동의 결과가 잠재의식 속에 영향력으로 남아있

24) 월폴라 라훌라, 앞의 책, p. 82.

는 유(有), 잠재되어 있던 영향력이 나타나는 생(生), 인간의 괴로움인 노사(老死)가 그것이다. 즉, 12연기는 무명(無明)에서 노사(老死)에 이르는 12가지 조건들이 연쇄반응을 일으키면서 나타나는 괴로움에 대한 관찰이다.

이처럼 무명의 어둠 속에서 살아가는 삶의 모습을 유전연기(流轉緣起)라고 한다. 즉, 잘못 살아가는 삶의 모습을 연기적으로 설명한 것이다. 그러나 불교의 목적은 이러한 잘못된 연기의 사슬을 끊는 데 있다. 괴로움의 근본 원인인 무명을 지혜[明]로 전환해서 괴로움의 연결고리를 끊는 것을 환멸연기(還滅緣起)라고 한다. 무명을 끊으면 지혜가 밝아져서 자기중심적인 삶에서 벗어나 자비의 삶으로 전환된다는 것이다. 이것이 불교의 이상이다.

만물은 서로 관계 속에서 얽혀있다. 우리는 나와 남이 분리될 수 없는 '하나'로 더불어 살아가고 있다. 자타불이(自他不二)의 진리야말로 불교의 궁극적 목표라고 할 수 있는 자비(慈悲)의 실천에 의미를 부여한다. 불교의 세계는 건조하고 메마른 철학만이 있는 것이 아니다. 사랑과 자비의 실천이 곧 공존의 평화를 위해서 마련되어 있다.

불교의 가르침에 의하면 성숙한 인간은 지혜와 자비를 동시에 갖추어야 한다. 지혜는 햇볕의 '밝음'과 같이 지성(知性)을 중시한다. 한편 자비는 햇볕의 '따스함'과 같이 사랑 혹은 연민(憐愍)의 정서를 중시한다. 우리는 이와 같은 밝음과 따스함을 공유해야 한다.[25]

---

25) 두 가지를 현대 심리학의 용어로 비교해보면, 지성은 곧 '이성'(理性)과 통하고, 자비는 '감성'(感性)과 통한다. 이성을 지표상에서 표시하는 용어가 지능지수(intelligence quotient ; IQ)라면, 감성의 표시는 감성지수(感性指數 ; emotional intelligence quotient ; EQ)이다. 성숙한 인간은 곧 IQ와 EQ의 균형을 잘 유지하는 인간으로 볼 수 있다. '감성지수'(EQ)는 "인간의 감정을 통제, 조절하고

10.2 중국불교의 주요 종파와 기본 교리

앞에서 언급한 바와 같이 중국불교는 인도불교를 바탕으로 발전하고 진화의 과정을 거친다. 그 결과 중국 특색의 종파불교가 탄생하였다. 대표적인 종파로 천태종(天台宗), 삼론종(三論宗), 유식종(唯識宗), 화엄종(華嚴宗), 선종(禪宗), 율종(律宗), 정토종(淨土宗), 밀종(密宗) 등을 들 수 있다. 이제 중국불교의 황금시대인 수(隋), 당(唐) 불교의 8개의 종파와 기본 교리를 살펴보기로 한다.

10.2.1 천태종(天台宗)

천태종은 남북조 시대(420~589)에 창립된 종파이다. 천태산(현 저지앙성浙江省 동부에 있음)에서 창립된 까닭에 산 이름을 따라서 천태종으로 부른다. 즈이(智顗 ; 538~598) 스님을 창립자로 보고 있다. 이 종파는 천태산과 진링(金陵 ; 난징) 및 징저우(荊州) 지역에서 크게 번창하였다.

천태종의 중심인물은 후이원(慧文), 후이쓰(慧思 ; 515~577), 즈이(智顗 ; 538~598) 등이다. 창립자인 즈이는 즈저대사(智者大師)[26]로 부른다. 이들 3인 이외에 잔르안(湛然), 즈꾸안(諦觀) 등이 있다.

의지하는[所依] 경전으로 『묘법연화경妙法蓮華經』(일명 『법화

타인과 원만한 관계를 유지할 수 있는 능력"을 말한다. 이 용어는 지능지수(IQ)에 대비되는 개념으로, 미국의 행동심리학자인 대니얼 골먼(Daniel Goleman)에 의하여 정리되었다.

26) 한자의 글 뜻대로는 "지혜로운 사람"이라는 의미를 담고 있지만, 여기서는 보통명사가 아니라, 고유명사이다.

경』)이 있고, 천태 삼부작(三部作)으로 『법화문구法華文句』, 『법화현의法華玄義 』, 『마하지관摩訶止觀』이 있다.

천태종의 교리를 이해하기 위하여서는 고대 인도 중관학파(中觀學派)의 창시자 나가르주나(Nāgarjuna ; 룡수龍樹)의 사상을 이해할 필요가 있다. 나가르주나의 대표적인 저술 『중론中論』, 『대지도론大智度論』, 『십이문론十二門論』등은 이 학파의 정신적 기초이다. 이상 저술의 한역(漢譯)은 쿠마라지바(鳩摩羅什)에 의해서 탄생된 것이다.

천태종의 주요 교리로써 일심삼관설(一心三觀說)을 들 수 있다. 본래 동일한 마음이지만 그 표현 방법이 다르다. 일체 사물의 본성[27]이 공(空)하다고 보는 견해를 공관(空觀)이라고 부른다. 이 때 '공'하다는 것은 일체 존재는 다른 존재의 힘을 빌리지 않고 그 자체로 존재할 수 없다는 것을 말한다. 다른 존재의 힘을 빌려서(즉 緣起로 인하여) 성립하는 것은 자성(自性)이 없다.

그러므로 일체의 존재는 다만 연기(緣起)의 작용인데, 그것도 환멸(幻滅)의 존재인 까닭에 임시적[假]인 것이다. 이를 가관(假觀)이라고 한다. 이 두 가지를 초월하여 공(空)도 아니고 가(假)도 아닌 것으로 보는 견해를 중관(中觀)이라고 한다. '공관'이란 본질상 현실세계는 실제의 본성이 없다(無自性)고 보는 견해이며, '가관'이란 인연의 작용으로 나타나는 현상세계는 결국 잠시적인 것 혹은 개념적인 것[28]으로 보는 견해이며, '중관'이란 원융(圓融)의 측면에서 보

---

27) 이를 자성(自性 ; svabhava) 혹은 법성(法性)이라고 표현한다.

28) 이 개념을 쿠마라지바(Kumarajiva ; 鳩摩羅什 ; 343~413)가 한자로 '假'로 번역하였기 때문에 한글로는 '거짓' 혹은 '가짜'로 풀이된다. 언어의 뉘앙스에 차이가 있다.

았을 때, '공'과 '가'의 한 변(一邊)에 떨어져서는 안 되는 것으로 보는 견해이다.

이와 같은 일심삼관설은 삼제원융설(三諦圓融說) 혹은 원융삼제설(圓融三諦說)로 진화한다. 불교에서는 진리를 가리켜 '제'(諦)라고 표현한다. 진리(諦)의 카테고리에 '진여'(眞如), '법성'(法性), '법계'(法界), '불성'(佛性) 등이 있음을 지적한 바 있다. 진리는 크게 두 가지로 나누어지는데, 속제(俗諦)와 진제(眞諦)이다. '속제'란 현존하는 미혹(迷惑)의 세상을 실재하는 것으로 믿는 것이며, 보통 사람들[凡夫]이 빠져드는 것을 말한다. 그러나 지혜로운 사람은 현존하는 세상은 결국 허망(虛妄)하다는 사실을 알고 있다. 이를 '진제'라고 부른다.

천태종의 교리에서는 앞에서 말한 가제(假諦)가 곧 '속제'이며, 공제(空諦)가 '진제'이다. 그런데 중제(中諦)를 포함하여 이들 삼제(三諦)가 상호 융합하여 동시에 성립한다. 그리고 그 상태가 둥글고 화합한다는 원융(圓融)을 말한다. 다시 말하면 공(空)은 모든 존재는 마땅히 '空'한 것이어야 함으로 이는 추상적 진리의 측면을 말함이며 ; 가(假)는 일체 존재는 인연으로 말미암아 생겨나는 것인데 인연은 거짓이고 임시이므로, 이는 구체적 현상국면을 말함이다. 중(中)은 '공'과 '가'의 두 변(二邊)에 떨어지지 않은 것이며, 그것을 초월하고 동시에 종합함으로써 불성(佛性)을 들어낸다. 이상의 내용이 곧 '삼제원융설의 내용'이다. '삼제원융설'은 나가르주나의 저술『중론中論』에 나타난 이제설(二諦說)을 즈이(智顗) 스님이 발전하여 성립시킨 것이다.

천태종의 교리가 중국에서 정립되고, 이후 한국과 일본에 미친 영향은 매우 컸다. 661년 신라의 의상(義湘) 대사가 당(唐) 나라에 들어가 천태와 화엄의 교리를 학습하였으며, 당시 중국의 천태산에는 신라인들의 절간 즉 신라원(新羅院)이 건립되었다고 한다. 1097년 고려왕조 시절에는 조선천태종을 창립한 의천(義天)이 있다.

10.2.2 삼론종(三論宗)

삼론종은 중국 수(隋) 나라 시대(581~618)에 창립된 종파이다. 창립자는 지짱(吉藏 ; 549~623)이다. 후이지(會稽) 가상사(嘉祥寺), 양저우(楊洲) 혜일사(慧日寺), 츠앙안(長安) 일엄사(日嚴寺), 실제사(實際寺), 정영사(定永寺)를 중심으로 발전하였다. 주요 인물로 쿠마라지바(鳩摩羅什), 썽자오(僧肇), 썽랑(僧朗), 썽추안(僧詮), 화랑(法朗), 지짱(吉藏) 등이 있다.

삼론종의 학설은『중론中論』,『십이문론十二門論』,『백론百論』등 3논에 의거한다. 앞의 2론은 나가르주나(용수)의 저술이며,『백론百論』은 인도스님 티퓌(提婆 ; Deva ; 약 3세기)의 저술이다. 의지하는 경론에 나가르주나의 저술이 두 권이나 포함되어 있으므로, 이론의 많은 부분이 앞에서 말한 천태종과 중복된다. 다시 말하면 삼론종의 중요 이론이 나가르주나의 중관론(中觀論)에서 유래하고 있다. 소의(所依) 경전으로는『대품반야경大品般若經』을 든다.

삼론종의 주요 교리로서 연기성공설(緣起性空說)을 거론한다. 삼론종의 기본 이론은 만물 일체가 '空'하다는 것이다. '공'의 이론은 삼론종만이 독차지하는 것은 아니고, 대승불교의 각 종파가 공유(共有)하지만, 그 이론에는 차이가 있다. 삼론종의 공론(空論)은 연기의 본성이 '공'하다는 것이다. 나가르주나의『중관론』'관사제설'에 의하면, “여러 가지 인연으로 만물이 생긴다. 그러나 나는 이것을 空하다고 말한다. 일찍이 인연으로 생겨나지 않는 것은 없다. 그러므로 일체 법(만물)이 空하지 않은 것은 없다.”라는 말이 있다. 이와 같이 삼론종은 일체 사물은 모두 인연(因緣) 화합의 산물로 본다. 일체 사물이 타 사물에 의지하지 않고 독립 존재하는 것은 결코 없다. 그러므로 사물에는 불변하는 자성(自性)은 없다. 일체가 空한 것이다. 사물의 자체 본성(즉 ‘자성’)이 없으므로 결국 空하다는 것이다. 이것이 연기(緣起)의 본성은 ‘공’하다는 연기성공설의 내용이다.

삼론종의 다른 교리로서 팔불의설(八不義說)을 들 수 있다. 이 교리는 앞에서 언급한 바와 같이, 나가르주나의 ‘8불중도설’을 말한다. “모든 존재는 본질상 생성, 소멸하지 않으며, 그것들은 영원한 것도 아주 없어지는 것도 아니다. 각각의 존재는 하나라고 할 수 없으나 다르지도 않다. 그러므로 태어나는 바도 없고 죽는 바도 없다”(不生亦不滅, 不常亦不斷, 不一亦不異, 不來亦不出.)

이를 정리하면 ①불생(不生) ②불멸(不滅) ③불상(不常) ④부단(不斷) ⑤불일(不一) ⑥불이(不異) ⑦불래(不來) ⑧불출(不出)과 같다. 논리의 측면에서 다시 묶으면, 生과 滅, 常과 斷, 一과 異, 來와 出과 같이 네 가지로 줄여서 말할 수 있다. 첫 번째의 ‘생멸’하지 않는다는 것은 결국 유무(有無)의 문제로서 존재하는 사물에는 유(有 ; being)도 무(無 ; non-being)도 없다는 것이다. 두 번째의 ‘상단’이 없다는 것은 세계의 실상에는 연속(連續 ; continuity)하는 것도 중단(中斷 ; discontinuity)하는 것도 존재하지 않는다는 뜻이다. 세 번째로 ‘일이’가 없다는 것은 통일(一 ; unity)이 없고 차별(異 ;

disunity)도 없다는 것을 말한다. 네 번째의 '래출'이 없다는 것은 만물의 본원(本源 ; 이른바 所從來를 말함)도 없고 변화(change)의 본질도 없다는 것이다.

이 종파의 중심에 구자국(龜茲國) 사람 쿠마라지바(鳩摩羅什 ; 343~413) 스님이 있다. 그는 전진(前秦) 왕 후우지엔(苻堅)이 파견한 뤼꾸앙(呂光)에 의해서 체포되었다가, 401년 후진(後秦)의 야오싱(姚興)에 의해서 츠앙안(현재의 西安)으로 왔다. 그는 전술한 3론을 암송하였고, 이를 한역하여 중국불교의 위대한 번역가로 기억되고 있다. 현재도 중국의 불교도들이 암송하는 대부분의 경전은 쿠마라지바에 의해서 번역된 판본이다. 그의 제자 중에 썽자오(僧肇)와 썽루이(僧睿)가 있다.

삼론종의 이론 정립에는 고구려 요동(遼東) 땅의 한국인도 한 몫을 담당하였다. 장수왕(재위 ; 413~491) 때의 승랑(僧朗)이 그다. 승랑의 문하생으로 썽추안(僧詮)이 나왔고, 법맥을 이어 받아 삼론종의 창시자 지짱(吉藏 ; 549-623)이 나온 것이다. 지짱은 지아시앙대사(嘉祥大師)라는 이름으로 부르며, 수(隋) 나라 시기 삼론종의 집대성자이다. 지짱의 문하에서 혜관(慧灌)이 나왔는데 그는 한국인으로서 일본에 삼론종을 전파하여, 일본 삼론종의 초대 조사(祖師)가 되었다.

10.2.3 유식종(唯識宗) = 법상종(法相宗)

유식종 혹은 법상종 혹은 자은종(慈恩宗)은 6조(朝) 시기에 싹을 피워, 당(唐) 나라 극성기 중국불교 종파의 하나이다. 창립자는 쉬앤지앙(玄奘 ; 660?~664)이며, 주요 인물로 쉬앤지앙(玄奘), 쿠이지

(窺基), 원측(圓測) 등이 있다. 주요 활동 무대는 츠앙안(長安) 대자은사(大慈恩寺)이다.

이 종파의 기본 소의(所依) 경전에 이른바 "6경 11론"이 있다. 그 중에서 6경만을 소개하면 『해심밀경解深密經』, 『화엄경華嚴經』, 『능엄경楞嚴經』, 『아비달마경阿毗達摩經』, 『여래출현공덕장엄경如來出現功德莊嚴經』, 『대승밀엄경大乘密嚴經』(일명 『후엄경厚嚴經』) 등이다. 『해심밀경』을 근본 경전으로 볼 것이다.

이 학파는 중국불교에서 드물게 인식론(Epistemology)에 대하여 관심을 가지고 매우 정교한 철학적 관념론을 전개하였다. 유식(唯識)이란 일종의 불교 심리학이라고 말할 수 있다. 불교는 인간의 마음을 중시하는 종교로, 마음을 타나내는 말로 심(心), 의(意), 식(識) 등의 용어를 사용하는데, 이들 세 가지는 기본적으로는 동의어로 간주된다. 그중에서도 '식'(識)에 관한 여덟 가지 이론[팔식학설八識學說]을 이해할 필요가 있다. 우리의 감각기관인 눈[眼], 귀[耳], 코[鼻], 혀[舌], 몸[身]을 통해서 인식되는 것들이 있는데, 이들을 '전오식'(前五識)이라고 부른다. 이것들은 우리가 지닌 다섯 가지의 감각(senses)에 호소한다. 다음의 제6식으로 '의식'(意識 ; mano-vijñāna)이 있는데, 우리들이 일상생활에서 살아가면서 분별(分別), 사량(思量)하는 모든 심리작용이 여기에 해당한다.

제6식쯤 해서 끝이 났으면 좋으련만, 불교 유식학설은 여기에 두 가지를 보태어서 명실상부하게 하나의 심오한 철학체계를 이룩하였다. 제7식은 '말나식'(末那識 ; manas-vijñāna)이라고 호칭하는데, 일종의 '자아의식'이다. 산스크리트어의 'manas'가 한자로는 '意'로 번역되는 데서 제6식과 더불어 혼란을 일으키는 점이 있다. 제6식이 일반적인 의식(意識)임에 비하여, 제7식은 일종의 오염된 의식으로 '오염의식'(汚染意識)이라고 부른다. 제7식은 네 가지 작용이 있는데, 아견(我見 ; 실재는 존재하지 않은 나를 존재한다고 믿는 것), 아치(我痴 ; 나에 관한 무지), 아만(我慢 ; 일종의 자만심), 그리고 아애(我愛 ; 내 몸에 대한 애착으로, 나르시시즘narcissism ; 자기도취증 같은 것임) 등이 있다.

마지막의 제8식으로 '아뢰야식'(阿賴耶識 ; alaya-vijñāna)이 있다. 이는 모든 인식의 근본이며 시간과 공간을 초월하고 일체의 행위가 기억되어 저장되는 것으로, 들어나지 않는 씨앗(종자種子)을 간직한 것으로 비유되어 '장식'(藏識)이라고도 부른다. '아뢰야식'은 태어나서 죽는 순간까지 자신을 하나의 개체로서의 동일성을 유지하는 역할을 하는 점에서 중요한 의식이다. 수행자가 아라한의 단계에 도달하면, '아뢰야식'이 소멸되어 윤회(輪廻)의 그물에서 벗어난다고 한다. "왜 나는 너가 아니고 나인가?"라고 물을 수 있는 것은 '아뢰야식'이 있기 때문에 가능한 질문이다.[29)]

유식종(법상종)의 대표자는 쉬앤지앙(玄奘)이다. 그는 삼장법사(三藏法師)로 부르며 당(唐) 나라 최고의 학승이다. 『서유기西遊記』의 주인공으로 세상에 잘 열려져 있으며, 그의 불경 번역 작업에 의하여 중국불교가 궤도에 올라섰다고 말할 수 있다. 쉬앤지앙의 제자에 쿠이지(窺基)와 원측(圓測)이 있는데, 원측은 신라 출신의 유학생으로 중국에 건너가서 유식종을 세우는 데 큰 공헌을 하였다.[30)]

---

29) 제8식, 즉 '아뢰야식'은 오스트리아의 심리학자 S. 프로이트(S. Freud)가 말한 일종의 '심층심리' 혹은 '잠재의식'으로 비유할 수 있다.

30) 현대 중국측 자료에는 신라의 원측(圓測)보다는 쿠이지(窺基)를 강조하는 분위

10.2.4 화엄종(華嚴宗)

화엄종은 『화엄경華嚴經』을 소의(所依) 경전으로 하는 종파로서, 창립자인 화짱(法藏 ; 643~712)이 시엔서우(賢首)라는 호(號)를 받은 까닭에 '현수종'(賢首宗)이라고 부르기도 한다. 이 종파는 비로자나불(毘盧舍那佛, Vairocana),[31] 문수(文殊), 보현(普賢) 보살의 숭배를 불러일으켰고, '해인삼매'(海印三昧)와 '화엄삼매'(華嚴三昧)를 창도함으로써 중국불교를 동아시아 불교의 중심으로 올려놓는 데에 크게 공헌하였다. 주요 인물로 화순(法順 ; 杜順), 즈얀(智嚴), 화짱(法藏), 츠엉꾸안(澄觀), 쫑미(宗密) 등이 있다. 츠앙안(長安) 지상사(至相寺)가 주요 활동무대였다.

화엄의 세계관을 보기로 하자. 화엄종의 세계를 보는 견해는 '법계연기'(法界緣起)라는 말로써 표현된다. '법계연기'란 세계 만유(萬有)의 형성 및 존재 방식을 설명하는 이론이다. 이 우주안의 일체 사물 혹은 현상은 붓다의 지혜[32]의 표현과 그 작용이며, 그것들은 상호 의존하고, 상호 교섭(交涉)하고, 또한 상호 평등하며 원융무애(圓融無碍)의 조화와 통일 가운데에 존재한다는 것이다. 이와 같은 세계관의 논증을 위하여 '사법계설'(四法界說)이 마련되었다. 삼라만상의 존재는 곧 일심(一心) 혹은 불성(佛性)의 표현으로 여기에는 네 가지 종류가 있다.

기이다. 진리에 민족주의적 색채를 개입시키는 일은 바람직하지 못하다고 생각한다. 현재 산~시성 西安市 남쪽 츠앙안현(長安縣)에 있는 흥교사(興敎寺)에 두 스님의 탑이 있다.

31) 초월적이고 절대적인 법신불(法身佛)로서 대일여래(大日如來)로 번역된다. 대광명(大光明)을 발하는 부처이다.

32) 이를 '불성'(佛性) 혹은 '일심'(一心) 혹은 '법계'(法界) 등으로 호칭한다.

첫째로, 사법계(事法界)이다. 이 법계는 우리 존재의 '현상계' 즉 눈에 보이는 세계를 말한다. 그 특징은 자유분방한 존재들이 각각 맡은 위치가 다르고 무한한 차별의 모습으로 존재한다. 개개 사물은 고립적으로 각각 하나의 '사'(事)로 있지만, 이것들이 모여서 무수한 경계(境界)-이때의 대상은 정(情)의 경계를 말함-를 이룬다. 이를 화엄에서는 세속(世俗)의 모습으로 파악하고 있으며, 명상 혹은 관상(觀想)의 대상은 아니다.

둘째로, 리법계(理法界)이다. 이 법계는 사법계의 세계가 자유분방하고 차별성으로 존재하지만, 그 이면에는 결국 공동성 혹은 동일성(同一性)이 존재한다는 것이다. 이 법계는 철학적으로 표현하면 '본체계'를 말한다. 이때의 '리'(理)는 물질적인 것을 표현하는 것이 아니라 정신적인 것이다. 그것은 허망(虛妄)한 존재는 아니다. 실제적으로 이 '리'는 붓다의 지혜 곧 '진여'(眞如)를 말한다. 그리고 '리'는 사법계에서 말하는 무수한 경계 즉 정(情)의 경계가 아니라, 지(智)의 경계를 말한다. '리법계'는 세속의 모습과는 다른 하나의 고급 인식의 세계를 말하는 것이다.

셋째로, 리사무애법계(理事無碍法界)이다. 이 세계는 걸림이 없는 까닭에 '무애'(無碍)이다. 즉 '리'(理)로써 사물과 교섭하고, '사'(事)로써 본체와 융합(融合)하는 것이다. 다시 말하면 본체는 개개 사물 속에 내재되어 있고, 개개 사물은 본체를 품고 있는 것이다. 이를 다시 풀어 말하면 본체(理)는 현상(事) 가운데에 편재(遍在)되어 있고, 현상은 본체를 끌어당기고[攝取]있는 것이다. '리사무애법계'는 인식 대상으로써의 현상[事]은 인식 불가능한 본체[理]를 벗어나지 않고 있으며, 본체 또한 현상을 벗어나지 않고 있는 것이다.

넷째로, 사사무애법계(事事無碍法界)이다. 일체 존재는 각기 독립하여 차별적 존재로서 개개 사물 속에 '리'(理)를 품고 있으며, 피차간에 상호 융통이 가능하다. 이 세계가 곧 붓다의 경계이며, 동시에 최고급의 인식 대상이다. 화엄의 세계에서는 인간이란 현상[事]으로써의 인식대상으로 고립되어 있는 것이 아니고, 본체[理]의 지시아래 인식을 개시하며, 리사(理事) 관계의 인식을 통과하여, 최후에 사사(事事)의 관계 인식에 도달한다고 본다. 세상의 일체사물 혹은 현상[事]은 불성(佛性) 즉 일심(一心)의 산물이 되어, 상호 교섭하고 걸림이 없는 상태가 곧 화엄종이 묘사하는 세계의 모습이라는 것이다.

화엄종에서는 '화엄5조'라고 하여 대표적인 인물로 다섯 사람을 내세운다. 제1조(祖) 화순(法順 ; 杜順), 제2조 즈옌(智嚴), 제3조 화짱(法藏), 제4조 츠엉꾸안(澄觀), 제5조 쫑미(宗密)가 그들이다. 이들은 츠앙안(長安) 남쪽의 종남산(終南山)을 중심으로 활동하였다. 신라의 의상(義湘 ; 625~702)은 제2조 즈옌(智嚴)을 찾아서 종남산을 올랐다. 그의 문하에서 지극히 엄한 교육을 받고 신라로 돌아와, '해동(海東) 화엄종'의 시조가 되었다. 또한 신라의 심상(審祥 ; ?~742)은 화엄 제3조 화짱 문하에서 공부하였고, 일본으로 건너가서 '일본 화엄종'의 제1조가 되었다.

10.2.5 율종(律宗) = 남산종(南山宗)

율종은 당(唐) 나라 때 따오쉬앤(道宣 ; 596~667)에 의해서 창립된 종파이다. 그가 평생을 츠앙안(長安 ; 현재 西安)의 남쪽 종남산에 머물었으므로, 남산종(南山宗)이라고 부른다. 츠앙안의 종남산(終南山) 백천사(白泉寺), 정업사(淨業寺) 등이 주요 기지(基地)이다.

율종은 고타마 붓다(석가모니) 사후 결집(結集)과 관계가 있다. 제4차 결집시 편성된 『사분률四分律』에 의존하며, 문자 그대로 계(戒)를 중시하는 입장이다. 한자어의 '戒'(계)는 산스크리트어로 Sila인데, 음역을 하면 '시라'尸羅가 된다. 그야말로 시체(尸)처럼 곧게 계율을 지켜야 한다는 것이다.

이 종파가 의지하는 경전은 『사분률四分律』이다. 이에 의하면 비구(比丘)는 250 가지의 계율이 있고, 비구니(比丘尼)는 348 가지의 계율이 있다. 불교계에 남자 스님보다 여자 스님이 적은 이유를 알 듯 하다. 모든 계율 중에 대표적인 것으로 다섯 가지(五戒)가 있다. 5계는 불살생(不殺生), 불투도(不偸盜), 불사음(不邪淫), 불망어(不妄語), 불음주(不飮酒) 등이다. 삭발한 수행자는 죽어도 이 다섯 가지를 지켜야 하며, 만일 이를 지키지 못하면 속인(俗人)과 다를 바 없다.

율종(남산종)의 대표적인 인물인 따오쉬앤은 쉬앤지앙(玄奘) 법사의 번역 사업에 참가하였고, 번역된 글을 다듬는 윤문(潤文) 책임자였다. 그가 없었다면 불경의 아름다운 문구를 얻어 들을 수 없을 것이다.

10.2.6 선종(禪宗)

선(禪)의 산스크리트어는 드야나(dhyana)이며, 한자어로 선나(禪那)이다. 중국불교의 선종에 관한 이야기는 푸티따뭐(菩提達摩 ; ?~535)의 전설로부터 시작한다. 인도 스님인 그가 중국으로 건너와

소림사(少林寺)에서 벽을 쳐다보고[面壁] 수행을 하였다. 그는 선종의 동토(東土) 제1조(祖)로 숭앙받고 있으며, 이후 제6조 후에이넝과 그 이후 '5가 7종'(五家七宗)에 이르기까지 숱하게 많은 이야기를 남긴 장본인이다.

주요 인물로 푸티따뭐(菩提達摩), 후에이커(慧可 ; 487~593), 썽짠(僧璨 ; ?~606), 따오신(道信 ; 580~651), 홍르언(弘忍 ; 602~675), 후에이넝(慧能 ; 638~713) 등이 있다.

주요 활동 무대는 처음에는 츠앙안(長安) 종남산 일대에서 출발하였으나, 나중에 조계산(曹溪山 ; 현 꾸앙뚱성 북부 사오꾸안시韶關市 소재)으로 옮겨지고 전국적으로 확대된다.

이 종파의 기본 교리는 "불립문자(不立文字) 교외별전(敎外別傳) 직지인심(直指人心) 견성성불(見性成佛)"의 16자(字) 전언(傳言)으로 유명하다.[33] 교리에 따르면, 이 종파에 관해서는 할 말이 없어야 마땅하다. 그러나 세상에는 방편이 존재하는 법이다. '불립문자'(不立文字)를 내세우는 이 종파에 관하여 남아있는 문자가 중국천지를 덮고 나아가 한국, 일본을 지나서 멀리 아메리카 땅에까지 가득 차 있는 현실이다.

인간은 언어적인 존재이다. 참으로 묘한 일은 '불립문자'(不立文字)의 뜻을 이해하기 위해서 문자를 사용해야 한다는 점이다. 성불(成佛)이 무엇을 말하는지 알기 위하여 언어문자가 사용된다. '성불'이 무엇인지 알지 못하면, '성불'의 상태를 인식하지 못하다는 말씀이다. 선종은 그 성격상 소의(所依) 경전이 없어야 마땅한 일이다.

---

33) 16자 전언(傳言)은 "문자를 내세우지 말라. 가르침의 밖에 별도로 전하는 진리가 있다. 사람의 마음에 곧바로 호소하라. 본성을 깨달아 붓다가 되라."라고 번역할 수 있다.

그러나 선종은 『능가경』, 『금강경』, 『육조단경六祖壇經』을 중시하고 있다.

중국의 선종은 제1조 푸티따뭐(菩提達摩), 제2조 후에이커(慧可), 제3조 썽짠(僧璨), 제4조 따오신(道信), 제5조 홍르언(弘忍), 제6조 후에이닝(慧能)의 순서로 전해진다. 제5조에 와서 남종선(南宗禪)과 북종선(北宗禪)[34]으로 갈라진다는 견해가 있다. 역사적으로는 후에이닝 시대이후 별처럼 인물들이 쏟아져서 이른바 '5가 7종'(五家七宗)을 구성한다.

'5가 7종'이란 제6조 후에이닝 계열의 선종 지파(支派)를 말한다. 후에이닝이 제5조 홍르언의 의발(衣鉢)[35]을 지닌 체 남쪽의 조계산에 숨어살았던 까닭에 그의 문하에서 지파가 생겨난다. 후에이닝의 제자 중 화이르앙(懷讓 ; 677～744)과 싱쓰(行思 ; ? ～740)의 두 계열로 분화하였고, 그 중 난위에(南岳) 화이르앙에게서 ① 위앙종(潙仰宗) ② 임제종(臨濟宗)의 두 종파가 나왔고, 칭위앤(靑原) 싱쓰에게서 ③ 조동종(曹洞宗) ④ 운문종(雲門宗) ⑤ 법안종(法眼宗)의 세 종파가 분화하였다.[36] 북송(北宋) 중기 때에 임제종이 다시 분파하여 ⑥ 양기파(楊岐派)와 ⑦ 황용파(黃龍派)로 나뉘어 진다. 그러므로 5가(五家)를 합하여 7종(七宗)이라고 말한다. 선종은 이상과 같이 '5가 7종'으로 분화 작용을 하였으나, 교리에 있어서는 별다른 차이점이 없다. 분화된 다른 종파는 북송(北宋)이후 점차 사라졌고, 임제종과 조동종이 살아남아서 한국과 일본에까지 전파되었다.('5가

---

34) 남종선은 제5조 홍르언(弘忍)의 문하생 후에이닝(慧能)을 중심으로, 북종선은 선시우(神秀)를 중심으로 전해지는 종파의 이름이다.

35) '옷과 밥그릇'이라는 뜻의 이 물건은 제자에게 道를 전수하는 상징으로 사용되고 있다.

36) 이상이 5가(五家)를 구성한다.

7종'에 대하여는 후술함)

10.2.7 정토종(淨土宗)

불교의 최종 목적은 결국 붓다가 되는 길[成佛]에 있다. 그 길을 위해서 많은 불경을 읽어야 하고 또한 참선(參禪)을 해야 한다. 그런데 법문(法門) 48,000 가지를 어떻게 이해하고 소화해 낼 수 있을까? 근기(根氣)가 뛰어난 사람이야 물론 그 길이 어렵지 않을지 모르나, 보통사람으로서는 보통의 일이 아니다. 일찍이 조사(祖師)들이 이것을 걱정하여, 쉬운 길[易行道]과 어려운 길[難行道]을 마련해 놓았다.

정토종의 창립자로 따오츠우어(道綽 ; 562~645)와 산따오(善導 ; 613~618) 두 사람을 들 수 있다. 이들은 산-시성(山西省) 타이위앤(太原)과 산~시성(陝西省) 츠앙안(長安) 종남산(終南山) 일대에서 활동하였다. 그밖에 주요 인물로 후이위앤(慧遠), 탄루안(曇鸞) 등이 있다. 이 종파의 소의(所依) 경전으로 이른바 '정토 3부경'이라고 부르는 『아미타경阿彌陀經』, 『무량수경無量壽經』, 『관무량수경觀無量壽經』이 있다.

정토종은 성불하기 위하여 간단하고 쉬운 길을 제시한다. 뛰어난 재주를 가진 사람은 팔만대장경을 섭렵하고, 화두(話頭)를 추구하면서 붓다의 길로 향할 것이다. 그러나 무지랭이 인민들은 그저 "나무아미타불"을 외치면 된다. 아미타훠(阿彌陀佛 ; Amitabha-Buddha)란 한어로 무량수불(無量壽佛) 혹은 무량광불(無量光佛)로 번역되는 데, 전자는 시간적으로 영원함을 말하고, 후자는 공간적으로 끝이 없음을 의미한다.

정토종은 아미타훠 붓다[아미타불]를 부르는 염불(念佛)을 통하여 성불(成佛)을 이룩할 수 있다는 것이다. 이 종파의 창시자중 한 사람인 따오츠우어(道綽)에 의하면, 7세 어린아이부터 90세 노인까지 오로지 아미타훠를 염불하면 극락세계(淨土 ; pure land)에 도달한다고 한다. 이 얼마나 간단하고 쉬운 길인가? 정토종은 해탈(解脫)을 이루는 길이 개인적 노력인 자력(自力)에 의해서 이루어지는 것이 아니고, 아미타훠에 의해서 이루어진다는 논리이다. 그러므로 이 종파는 타력(他力) 신앙에 속한다.

10.2.8 밀종(密宗) = 진언종(眞言宗)

세상에는 비밀이 있는 법이다. 비밀은 들어나지 않는 것이다. 이미 들어난 것은 비밀이 아니다. 비밀이 아닌 것, 즉 들어난 것을 불교에서는 '현교'(顯敎)라고 표현한다. 비밀은 들어나지 않고 비밀로 있을 때만 가치가 있다. 이를 불교에서는 '밀교'(密敎)라고 한다. 대승불교에서 이와 같은 비밀스러운 진리를 지키는 종파가 곧 밀종(密宗)이다. 밀종은 만트라(mantra) 혹은 진언(眞言)[37]을 중시하는 까닭에 진언종(眞言宗)이라고도 말한다. 서양인들은 이 밀종을 '탄트라(Tantra) 불교'라고 호칭한다.

밀종, 혹은 진언종, 혹은 탄트라 불교는 만다라(曼茶羅 ; mandala)를 상징으로 받아들인다. 만다라는 신성한 단(壇)에 부처와 보살을 배치한 그림으로 우주의 진리를 표현한다. 그것은 곧 붓다의 본성을 암시하며, 붓다(혹은 여래如來)의 비밀스러운 덕(德)을 말한다. 이와 같은 표상에 대한 집중을 통하여 해탈의 경지를 얻을

37) 이는 다른 표현으로 '다라니'(陀羅尼)라고도 말한다.

수 있다고 보는 것이다.

'현교'는 고타마 붓다(석가모니)가 말한 경전 속에 나타나 있다. '밀교'는 비로자나불(毘盧舍那佛 ; Vairocana)이 비밀로 전수한 것이다. 현교가 공개적인 홍법(弘法)을 주장하는 데 대하여, 밀교는 전승을 중시하며 밀주(密呪) 즉 만트라(진언)를 통하여 해탈할 수 있다고 믿는 것이다.

밀종은 세 사람의 승려를 통하여 확립되었다. 이때가 당(唐) 나라 현종 개원(開元 ; 713~741)년간인 까닭에 3인을 가리켜 '개원 삼대사(開元 三大士)'라고 부른다. 그들은 산우와이(善無畏 ; Subhakara-simha ; 637~735), 진깡즈(金剛智 ; Vajrabodhi ; 671?~741), 뿌콩(不空 ; Amogharajra ; 705~774) 등이다. 이들은 중국인이 아니고 인도인(印度人)인데 모두 중국에 건너와서 츠앙안(長安)과 루어양(洛陽)을 중심으로 활동하였다. 뿌콩의 제자로서 중국인 후이꾸어(惠果 ; 746~805)가 있다. 후이꾸어의 제자에 신라인 혜일(惠日)이 있어서 밀교를 전수받고 귀국하여 교법을 펼쳤다고 한다. 소의(所依) 경전에 『대일경大日經』을 들 수 있다.

한 봉우리의 산을 오르는 데에 한 가닥의 길만이 있는 것은 아니다. 앞에서 말하였듯이 불교의 최종 목적은 아누다라삼막삼보리(阿耨多羅三藐三菩提 ; 無上正等覺 ; Anuttarasamak-sambodhi)를 얻어서 붓다가 되는 길[成佛]에 있다. 그 길을 위해서 불경을 읽거나, 혹은 참선(參禪)을 하거나, 혹은 염불을 외치거나 그것은 인간 개개인의 선택 사항이다. 자기 길(종파)만이 옳다고 주장할 일이 아니다. 그리고 이미 고다마 붓다가 말씀하였듯이 세상에 영원한 것은 아무것도 없다. 세상의 모든 존재는 무상한 것이다.(諸法無常)

당(唐) 나라 무종(武宗) 회창(會昌 ; 841~847) 년간에 대대적인 불교 박해 사건이 일어난다.[38] 그 결과 많은 절간이 불타고, 엄청난 인원의 승려가 환속(還俗)되었다. 그때에도 선종(禪宗)과 정토종(淨土宗)의 2개 종파만이 살아남아서 중국불교의 2대 주류(主流)가 되었다.

📖 참고문헌

- 목정배, 『불교윤리개설』, 경서원, 1986.
- 이재창, 『불교경전개설』, 동국대 불전간행위원회, 1982.
- 일아 역편, 『한 권으로 읽는 빠알리 경전』, 민족사, 2008.
- 뤼청(呂澂), 『중국불학원류약강中國佛學原流略講』, 中華書局, 1979.
- 꾸어펑(郭朋), 『중국불교사中國佛教史』, 問津出版社, 民國 82년.
- 따언(釋大恩), 『율종대의律宗大義』, 巴蜀書社, 2004.
- 르우이(釋如意), 『유식종약술唯識宗略述』, 巴蜀書社, 2004.
- 웨이시엔(釋惟賢), 『삼론종약강三論宗略講』, 巴蜀書社, 2004.
- 잉우(英武) · 정신(正信), 『선종강술禪宗講述』, 巴蜀書社, 2004.
- 잉우(英武) · 정신(正信), 『정토종대의淨土宗大意』, 巴蜀書社, 2004.
- 잉우(英武), 『밀종개요密宗概要』, 巴蜀書社, 2004.
- 잉우(英武), 『화엄종간설華嚴宗簡說』, 巴蜀書社, 2004.
- 주훵아오(朱封鰲), 『천태종개설天台宗概說』, 巴蜀書社, 2004.
- 나까무라 하지메(中村元) 외, 『佛陀의 세계』, 김지견 역, 김영사, 1984.
- 나카무라 하지메(中村元), 『중국인의 사유방법』, 김지견 역, 까치, 1990.
- 후지타 코오타츠(藤田宏達) 외, 『초기 부파불교의 역사』, 권오민 옮김, 민족사, 1989.
- 우에야마 슌페이(上山春平) 외, 『아비달마의 철학』, 정호영 역, 민족사,

38) 불교사에서는 이를 '회창법난'(會昌法難)이라고 한다.

1993.

• 모찌쯔끼 신코(望月信亨), 『중국정토교리사』, 이태원 역, 운주사, 1997.
• 모찌쯔끼 신코(望月信亨) 편, 『望月佛教大辭典』(증정판), 세계성전간행협회, 昭和 55년=1980.
• 사사끼 교꼬(佐佐木教悟) 외, 『인도불교사』, 권오민 역, 경서원, 1989.
• 미즈노 고겐(水野弘元), 『경전의 성립과 전개』, 이미령 옮김, 시공사, 1996.
• 노가미 순조(野上俊靜) 외, 『중국불교사개설』, 양은용 역, 원광대출판국, 1984.
• 다카사키 지키도(高崎直道), 『유식입문』, 이지수 옮김, 시공사, 1997.
• B. R. 암베드카르, 『붓다와 다르마』, 박희준 · 김기은 옮김, 민족사, 1991.
• H. J. 슈퇴릭히, 『世界哲學史』, 임석진 역, 분도출판사, 1981.
• Edward Conze, *Buddhism*, Philosophical Library Inc., New York, 1951.
• John M. Thomson, *Buddhism*, Edited by Lee W. Baily, *Introduction to the World's Major Religions* (Vol. 3), Greenwood Press, Westport, Connecticut, 2006.
• Walpola Rahula, *What the Buddha taught*, The Gordon Fraser Gallery Ltd., London and Bedford, 1978. (월폴라 라훌라, 『붓다의 가르침』, 진철승 옮김, 대원정사, 1990)

제11장

중국불교의 황금시대

"깨달음에 나무가 없고
거울은 돈대(臺)가 아니네
본래 한 물건도 없으니
어디에 먼지가 일어날까"

보리본무수菩提本無樹 (pu2 ti2 ben3 wu2 shu4)
명경역무대明鏡亦無臺 (ming2 jing4 yi4 wu2 tai2)
본래무일물本來無一物 (ben3 lai2 wu2 yi wu4)
하처유진애何處有塵埃 (he2 chu4 you3 chen2 ai)

-제6조 후에이넝(慧能 ; 638~713)

11.1 후에이닝(慧能)의 탄생

중국 선종의 창립자가 서역의 땅 인도(印度)에서 건너온 푸티따뭐(菩提達摩)라고 함은 이미 설명하였다. 선종은 푸티따뭐 → 후에이커(慧可) → 썽짠(僧璨) → 따오신(道信) → 홍르언(弘忍) → 후에이닝(慧能)의 계통을 거치면서 발전한다. 이 종파의 제6조 후에이닝(慧能 ; 638~713)의 등장에는 무엇인가 드라마틱한 점이 있다. 필시 훗날 후에이닝 계열의 선종 지파(支派)인 '5가 7종'(五家七宗)의 산하에서 일종의 의식화 작업을 거친 것이 아니냐는 의문이 생긴다. 이 의식화 작업의 주인공이 후에이닝의 제자 선후이(神會 ; 668 혹은 685~760)로 알려져 있다.

남방의 시골 촌놈에 불과한 후에이닝은 문자를 몰랐다고 전한다. 그런데 어느 날 어떤 스님이 『금강경』을 낭독하는 것을 듣고 그 자리에서 이해가 되었다는 것이다. 한 마당의 극화(劇話)처럼 여겨지는 이와 같은 상황을 놓고, 후에이닝이 문자를 몰랐다는 사실을 믿지 않고 의문을 제기하는 사람들이 있다.[1)]

후에이닝이 제5조 홍르언(弘忍) 대사를 만나는 장면을 살펴보자. 더벅머리 총각 후에이닝이 5조 홍르언 앞에서 인사를 드리자, 홍르언이 묻고 후에이닝이 답한다.

> "너는 어디서 왔으며 무엇을 원하느냐?"
> "저는 링난(嶺南) 신저우(新州) 사람입니다. 스님께 예배드림은 부처가

---

1) Daisetz T. Suzuki, *Essays in Zen Buddhism*, Grove Press, New York, 1961, p. 208. / 민영규, 『사천강단四川講壇』(민족사, 1997), p. 143.

되기를 구하기 때문입니다."

"너는 링난(영남) 촌놈이 아니냐? 오랑캐가 아니냐? 뭐, 부처가 되고자 한다고?"

"사람에게는 남북이 있아오나, 불성(佛性)에 어찌 남북이 있습니까? 오랑캐의 몸인 저나 스님의 몸은 같지는 않으나, 불성에 무슨 차별이 있습니까?"

홍르언은 내심 놀랐지만 밖으로 내색하지 않고, 그를 방앗간에 내려 보내 막일을 하도록 시켰다. 8개월이 지났다. 5조 홍르언은 자신의 의발(衣鉢)을 누구엔가 전수할 시기가 되었다고 믿었다. 그리하여 정신적 경지를 볼 수 있게끔 게송(偈頌)을 읊으라고 명령을 하였다.

스님들 중에서 명망이 있는 선시우(神秀 ; 605년 추정~706)는 다음과 같이 게(偈)를 지었다.[2)]

몸은 보리수	신시보리수身是菩提樹(shen shi4 pu2 ti2 shu4)
마음은 맑은 거울	심여명경대心如明鏡臺(xin ru2 ming2 jing4 tai2)
때때로 거울을 닦아	시시근불식時時勤拂拭(shi2 shi2 qin2 fu2 shi4)
먼지가 끼지 않게 하리	막사유진애莫使有塵埃(mo4 shi3 you3 chen2 ai)

이 게송에 대하여 홍르언은 시큰둥한 반응을 보인 것으로 전한다. 방앗간에서 막노동을 하는 후에이넝도 절간의 소식을 들었다. 그는 사람을 시켜서 다음과 같은 게송을 걸게 하였다.

---

2) 이하 글은 판본에 따라 내용에 차이가 있다. 저자는 저우사오리앙(周紹良) 편저, 『돈황사본단경원본 敦煌寫本壇經原本』(1997)을 참조하였다.

깨달음에 나무가 없고	보리본무수菩提本無樹 (pu2 ti2 ben3 wu2 shu4)
거울은 돈대(臺)가 아니네	명경역무대明鏡亦無臺 (ming2 jing4 yi4 wu2 tai2)
불성은 언제나 청정하니	불성상청정佛性常清淨 (fo2 xing4 chang2 qing jing4)
[본래 한 물건도 없으니]	[본래무일물本來無一物] [ben3 lai2 wu2 yi wu4]
어디에 먼지가 일어날까	하처유진애何處有塵埃 (he2 chu4 you3 chen2 ai)

이상과 같은 게송 시합에서 선시우는 패배하고 후에이넝이 승자(勝者)가 된 것으로 전한다. 홍르언의 의발(衣鉢)은 비밀스럽게 후에이넝에게 전해지고, 후에이넝은 의발을 숨긴 체 강남의 조계산(曹溪山)으로 내려가 15년간을 은둔하여 살았다.

학자들은 이와 같은 기록을 놓고 선종이 남과 북으로 갈라졌으며, 선시우 계열을 북종선(北宗禪)으로 후에이넝 계열을 남종선(南宗禪)으로 구분하여 설명한다. 그러므로 저자(황준연)는 선시우를 6-1조(祖)로 부르고, 후에이넝을 6-2조로 불러야 마땅하다고 생각한다. 선시우와 후에이넝의 게송에 담겨있는 내용은 승리와 패배의 문제가 아니다. 여기에서 우리는 사람의 개인적 기질 및 수행 방법의 차이를 파악할 수 있다.

선시우와 후에이넝의 견해 차이는 인간에 관한 이해에 근거한다. 경험주의자로서 선시우는 수행을 놓고 중품(中品) 및 하품(下品)의 인간을 대상으로 한다. 근기가 약한 보통 사람들은 단번에 깨쳐서 불성(佛性)을 파악할 수 없다. 이들은 천천히 닦아가는 점수(漸修 ;

Gradual Practice)의 방법을 택해야 한다. 그러므로 '시시근불식'(時時勤拂拭)을 통한 '점수'의 방법이 효과적이다.

한편 이상주의자로서 후에이넝은 상품(上品)의 인간을 놓고 말한다. 이들은 단번에 깨치는 돈오(頓悟 ; Sudden Enlightenment)의 방법이 적합하다. 세상 사람들에게 부여된 '자성'(自性)은 본래부터 청정하다. 그러므로 "불성은 언제나 청정하니 어디에 먼지가 일어날까"라고 말한다. 이것은 헝겊 조각을 가지고 거울을 닦는 그러한 행위가 아니다. 한 번의 '단 번에 깨침'으로 충분하다.

결론을 말하면 두 사람의 주장은 방법상 차이가 존재하며, 어느 의견이 옳고 어느 의견이 그른 것이 아니다. 북쪽의 '천천히 닦음'과 남쪽의 '단 번에 깨침'[3]이라는 말은 이를 설명한다. 즉 선시우의 북종선은 끊임없는 노력에 의하여 성불(成佛)할 수 있다는 희망을 담고 있고, 후에이넝의 남종선은 점차성(漸次性)을 거부하고, 비약적으로 단 번에 성불해야 한다는 논리이다.

중국불교의 한 종파로서 선종은 원래 문자를 강조하지 않는다. 의지하는 경전이 따로 없다. 그러나 6조 후에이넝의 탄생에 관하여는 『육조대사법보단경六祖大師法寶壇經』(약칭 『육조단경六祖壇經』 혹은 『단경壇經』)이 중요한 문헌으로 작용한다. '론'(論)이 아니고 '경'(經)으로 추앙을 받고 있는 이 책은 6조의 문하생인 허쩌(荷澤) 선후이(神會) 계통의 작품으로 추정된다.[4]

---

3) 한자 술어로 '北漸南頓'이라고 호칭한다.

4) 『단경壇經』에는 여러 가지 판본이 있다. 현존하는 최고(最古)의 판본으로 돈황 사본(寫本)을 들 수 있다. 돈황 사본의 정식명칭은 무려 32자에 달한다. 『남종 돈교 최상 대승 마하반야바라밀경 육조 혜능대사 어소주 대범사 시법 단경南宗頓教最上大乘摩河般若波羅蜜經六祖慧能大師於韶州大梵寺施法壇經』이 그것이다. 아마도 세계에서 가장 긴 책이름의 하나에 속할 것이다.

돈황 사본(寫本) 『단경』을 중심으로 후에이넝의 사상 로선을 살펴보도록 한다.

첫째로 '정혜일체'(定慧一體) 사상을 들 수 있다. 『단경』12측에, "보리 반야의 지혜를 세상 사람이 본래 가지고 있다."라는 구절이 보인다. 이것이 세인이 모두 심중(心中)에 구비하고 있는 불성(佛性)이다. 다만 마음이 미혹함으로 인하여 깨달음에 이르지 못하고 있을 뿐이다.(心迷不能自悟) 깨침의 과정에 '정'(定)과 '혜'(慧)가 필요하다. 그는 『단경』13측에서, "'정'이 먼저이고 '혜'가 나중에 발현한다(先定發惠)라든가, '혜'가 먼저이고 '정'이 나중에 발현한다(先慧發定)라고 말하지 말라"라고 주장한다. '정'과 '혜'는 한 몸이고 둘이 아니다. 즉 '정'은 '혜'의 본체이고, '혜'는 '정'의 작용이다.(定是慧體, 慧是定用) 이것이 후에이넝의 '정혜일체' 사상이다.

둘째로 '무념'(無念)·'무상'(無相)·'무주'(無住)의 사상을 들 수 있다. 돈황 사본 『단경』17측에, "'무념'으로 우두머리[宗旨]를 삼고, '무상'으로 몸체[體]를 삼고, '무주'로 뿌리[本]를 삼는다."(無念爲宗, 無相爲體, 無住爲本)라고 있다. '무념'이란 생각[意念]을 억지로 깨끗하게 청소한다는 말이 아니다. 이는 선(善)도 취하지 않고, 악(惡)도 취하지 않으며 ; 청정(淸淨)의 생각도 일으키지 않고, 성불(成佛)의 꿈도 꾸지 않음을 말한다. '무념'의 중심은 잡념을 일으키지 않음에 있다. '의념'을 하면서도 '념'에 사로잡히지 않음이다.(於念而不念) '무상'이란 현상세계를 일편의 망망한 대지(大地)처럼 깨끗하게 만들려고 하지 않는다. 일체 삼라만상을 보면서도 마음에 담아두지 않음이니, 곧 대상을 보면서도 대상을 떠남(於相而離相)이다. '무주'란 마음이 어떤 사상(思想)에 묶이지 않음을 말한다. 경험의 측면에서 볼 때에 삶이란 정감(情感), 욕념(欲念), 초조(焦燥), 희열(喜悅) 등을 피할 수 없다. 그러나 이것들을 마음에 걸리지 않게 함이 요구되는데, 이는 마치 바람이 귀를 스치고 지나가는 것과 같다. 『금강경』 제10 장엄정토분에 보이는 "마땅히 머무르는 바가 없이 마음을 내야한다"(應無所住而生其心)라는 내용이 '무주'의 경지를 말한다. 이상이 후에이넝의 '무념'(無念) · '무상'(無相) · '무주'(無住)의 사상이다.

이상 후에이넝의 사상은 허쩌(荷澤) 선후이(神會 ; 668~760 혹은 670~762)의 사상이라고 볼 수 있다.[5] 현 후뻬이성 시앙환(襄樊) 출신인 선후이는 속성이 고(高)씨이다. 어려서 유가 계통의 5경(五經)과 도가 계통의 노장(老莊)을 읽었고, 나아가 『후한서』(後漢書)를 읽은 지식인이다. 그는 국창사(國昌寺)의 하오유안(顥元) 법사 문하로 출가한 뒤, 소문을 듣고 14세의 어린 나이로(혹 40세라고 주장하는 의견도 있음) 조계(曹溪)의 후에이넝을 찾았다. 두 사람의 만남은 다음과 같다. 후에이넝이 묻고 선후이는 답한다.

> "너는 어디로부터 왔느냐?" (從何所來?)
> "저는 어디로부터 오는 곳이 없습니다." (無所從來)
> "너 돌아가지 않을래?" (汝不歸去?)
> "돌아갈 데가 없습니다." (一無所歸)
> "너는 참 한심하구나." (汝太茫茫)
> "몸이 길에 있습니다." (身緣在路)

---

5) 후에이넝과 선후이의 관계는 소크라테스와 플라톤의 관계로 비유할 수 있다. 소크라테스의 사상은 곧 플라톤의 사상이다.

선후이는 조계의 문하에서 오랫동안 머물었고, 후에이넝의 법을 이었다. 개원 20년(732년) 이후 수도 루어양(洛陽)의 하택사(荷澤寺)에 머물면서 선풍을 일으켰다. 사람들은 그를 '하택사의 신회'라고 불렀으며, 학자들은 그가 일으킨 바람을 '남종선'이라고 호칭하였다. 그는 사실상 남종선의 사상적 기초를 세운 인물이다. 그의 입적이 후 정원(貞元 ; 唐 덕종의 년호) 12년(796년) 황태자에 의하여 7조(七祖)라고 호칭을 받았다.[6)]

11.2 선종의 5가 7종

산 속에 숨어서 한 평생 은자(隱者)로 살아갔을 후에이넝이 밖으로 나온 것은 그의 나이 40세 무렵인 676년이다. 이듬해 조계산(曹溪山)으로 가서 절을 세우니 보림사(寶林寺)이다. 후에이넝은 입적할 때(713년)까지 이곳에서 36년간을 머물며 설법을 하였다고 전한다.[7)]

후에이넝의 문하에서 별처럼 많은 수행자들이 등장하여 중국불교의 선종은 황금시대를 맞이한다. 이때는 마치 선진(先秦)시대의 '제자백가'를 연상하리만치 많은 사람들이 연이어 쏟아져 나왔다. 후스(胡適 ; 1891~1962)[8)]의 연구에 의하면 중국 선종의 황금기는 서기

---

6) 선후이에 관한 자료로는 쫑미(宗密)의 기록, 짠닝(贊寧)의 『송고승전』, 『전등록』 등과, 후이콩(慧空)의 기록이 있다.

7) '조계'는 원래 냇물의 이름인데, 상류에 있는 산이 '조계산'이다. 현재 중국 꾸앙똥성 사오꾸안시(韶關市) 취지앙구(曲江區)에 있는 남화선사(南華禪寺)는 옛날의 보림사이다. 이 절에 6조의 진신상(眞身像)이 남아 있다.

8) 후스(胡適)는 한국어로는 '호적'이라고 발음되기도 한다. 민영규 교수는 '호석'이라고 발음하는 데, 이 발음이 옳다고 본다.

700년에서 850년까지 안사(安史)의 난(亂)과 '회창법난'을 포함한 시기이다.[9] 불교사에서는 이 시기가 '5가 7종'에 해당한다.

여기에서는 후에이넝 문하의 인물과 계보를 개략적으로 설명할 필요가 있다.[10]

첫 번째 인물은 후에이넝의 직계 수좌(首座)[11]로 15년간 스승을 모셨던 난위에(南岳) 화이르앙(懷讓 ; 677~744)이다. 화이르앙은 진저우(金州)의 안캉(安康 ; 현 산~시성 安康市) 사람으로 속성(俗性)이 두(杜)씨이다. 그는 후에이넝의 입적후 남악(南岳)[12]에 머물면서 스승의 도를 펼쳤기 때문에 '남악의 화이르앙'이라고 부른다.

두 번째 인물은 마쭈(馬祖) 따오이(道一 ; 709~788)이다. 쓰츠우안성 츠엉뚜(成都) 사람인 그는 속성(俗性)이 마(馬)씨인 까닭에 사람들이 '마씨의 조사(祖師)' 즉, '마조'로 불렀다. '道一'는 법명이다. 따오이는 홍저우(洪州)[13]에 머물렀고 그의 영향력이 매우 컸다. 그의 종파를 특별히 '홍주종'(洪州宗)이라고 칭하기도 한다. 후에이넝은 제자 화이르앙에게 "화이르앙의 수하에 말(馬) 한 마리가 있으니, 그 말을 채찍질하여 달리게 하면 세상 사람을 모두 밟아 죽일 것이다"라고 예언하였다고 전한다.[14] 따오이는 "평상심이 도이다"

---

9) 민영규, 『사천강단四川講壇』(민족사, 1997).

10) 꾸이휑(圭峯) 쫑미(宗密 ; 780~841)의 표현에 의하면, 후에이넝 문하에 '열 사람의 대가'(十室 ; 방안에 들어선 10인, 즉 '大家'의 뜻)가 있다고 하였는데 이들 중 일부와 문하생들이 5가 7종의 법맥을 구성한다.

11) 수제자라는 뜻으로 상좌(上座)와 비슷하다.

12) 현 후난성 츠앙사(長沙市) 남쪽에 있는 형산(衡山)을 남악이라고 부른다. 오악(五嶽) 가운데 하나이다.

13) 지앙시성(江西省) 난창(南昌)의 별칭이다.

14) 이는 따오이(道一)의 근기(根器)가 매우 뛰어남을 말하는 후세 사람의 기록일 가능성이 크다.

(平常心是道) 혹은 "마음이 곧 부처다"(卽心是佛)라는 유명한 말을 남겼고 선풍(禪風)을 크게 떨쳤다. 그의 문하에서 입실(入室)한 사람이 139명에 이를 정도로 큰 영향을 미쳤다.[15] 당대의 선사가 되어 세상에 명망을 떨치던 그도 고향인 촉(蜀) 땅에 들어섰다가, 그를 알아본 노파에게 "가난뱅이 마가의 자식이 별 볼일 있을라구!" 하는 멸시를 받는다. 그는 문인들에게 "고향에 돌아가지 말라"라고 말하였다는 내용이 전한다.

세 번째로 빠이장(百丈) 화이하이(懷海 ; 720~814)가 있다. 그는 푸지엔성 츠앙러(長樂 ; 현 푸지엔성 후우저우시福州市 츠앙러) 사람으로 속성이 황(黃)씨이다. 화이하이는 지앙시성 난창부 대웅산(大雄山 ; 일명 백장산百丈山)[16]에 머물렀으므로, 사람들이 '백장산의 화이하이'라고 불렀다. 그가 제정한 규율을 『백장청규百丈淸規』라고 부르는데, 계율을 엄격하게 지킬 것을 강조하였다. 빠이장의 문하에서는 노동을 하지 않고는 살아갈 수 없었다. "하루 일을 하지 않으면 하루 먹지 않는다."(一日不作 一日不食)라는 유명한 말을 남겼다.

이들 3인과 또 다른 계열의 첫 번째로 칭위앤(靑原) 싱쓰(行思 ; ? ~740)는 지저우(吉州) 안츠엉(安城 ; 현 지앙시성 지안시吉安市 안후우安福) 사람으로 속성은 유(劉)씨이다. 싱쓰는 강서의 지안에 있는 청원산(靑原山)에 머물렀으므로, 사람들이 '청원산의 싱쓰'라고 불렀다. 칭위앤의 전기는 자세하지 않다. 그의 선을 전수받은 인물로 시치엔이 있다.

스터우(石頭) 시치엔(希遷 ; 700~790)은 뚜안저우(端州) 까오야

15) 잉우(英武)·정신(正信), 『선종강술禪宗講述』(巴蜀書社, 2004). p. 139.
16) 현 지앙시성 이춘시(宜春市) 훵신(奉新)에 있다.

오(高要 ; 현 꾸앙똥 자오칭시肇慶市 까오야오) 사람으로 속성은 진(陳)씨이다. 그는 남악 형산(衡山)의 남사(南寺)에 머물렀는데 이 절 동편에 깎아지른 듯이 커다란 바위가 있는데 돈대[臺]와 비슷하였다. 시치엔이 그곳에서 좌선을 많이 하였으므로, 사람들이 '석두산의 시치엔'이라고 불렀다. 시치엔은 법명이다. 특이한 점은 시치엔이 웨이뻐양(魏伯陽)의 저작인 『참동계參同契』이름을 빌려다 소품의 게송집을 만들고 이를 『참동계』라고 불렀다는 점이다. 이 책에서 그는 남종북종의 '돈 · 점'(頓 · 漸) 문제를 하나로 회통시키려고 하였다. 5言으로된 이 게송집이 당시 유행하였다고 전한다.[17)]스터우의 제자로 티엔후앙(天皇) 따오우(道悟 ; 748~807)가 있다. 티엔후앙은 우저우(婺州) 똥양(東陽 ; 현 저지앙성 진후아시金華市) 사람으로 속성은 장(張)씨이다. 14세에 출가 이후 여러 장소를 떠돌다가가 징저우(荊州)에 있는 천황사(天皇寺)에 머물렀다. 따라서 사람들이 그를 '천황사의 따오우'라고 불렀다.

티엔후앙(天皇)의 문하에 롱탄(龍潭) 츠옹신(崇信 ; ?~838)이 있다. 그의 출신과 성씨(姓氏)는 알 수 없다. 다만 그가 훵저우(灃州) 롱탄(龍潭 ; 현 후난성 츠언저우시郴州市 롱탄)에 머물렀으므로, 사람들은 그를 가리켜 '롱탄의 츠옹신'이라고 불렀다.[18)]

롱탄 문하에 떠산(德山) 슈안지엔(宣鑑 ; 780~865)이 나온다. 그는 랑저우(朗州) 지엔난(劍南)[19)] 사람으로 속성은 주(周)씨이다. 그가 머물던 선원(禪院)의 이름이 덕산원(德山院)이므로 사름들이, '덕

---

17) 뤼청(呂澂), 『중국불학원류약강中國佛學原流略講』, 각소 옮김 (민족사, 1992), p. 354.

18) 짠닝(贊寧)의 『송고승전宋高僧傳』에는 츠옹신편이 없고, 티엔후앙 따오우(道悟)의 편 말미에 붙어있다.

19) 현재의 쓰추안성(四川省) 츠엉뚜시(成都市)이다.

산원의 슈안지엔'이라고 불렀다. 떠산은 평소 『금강경』을 애지중지 독송하였다. 사람들을 만나면 언제나 『금강경』을 강론하였으므로, 사람들이 그를 가리켜 '주금강'(周金剛)이라고 불렀다. 그는 광주리에 『금강경』을 꿰어서 짊어지고 용담이 있는 호남 지방을 여행하였는데, 도중에 떡을 파는 노파에게 우롱당하고 그토록 아끼던 『금강경』을 불태워버렸다는 이야기로 유명하다. 그는 제자를 인도하는 방법으로 흔히 방망이를 휘둘렀는데, 이 때문에 '떠산의 방망이'(덕산방德山棒)라는 술어가 탄생하였다.[20] 이상 후에이넝 계열의 두 문파(門派)를 정리하면 다음과 같다.

- 후에이넝 A계열 : 난위에(南岳) 화이르앙(懷讓 ; 677~744)--마쭈(馬祖) 따오이(道一 ; 709~788)--빠이장(百丈) 화이하이(懷海 ; 720~814)
- 후에이넝 B계열 : 칭위앤(青原) 싱쓰(行思 ; ? ~740)--스터우(石頭) 시치엔(希遷 ; 700~790)--티엔후앙(天皇) 따오우(道悟 ; 748~807)-- 룽탄(龍潭) 츠옹신(崇信 ; ?~838)--떠산(德山) 슈안지엔(宣鑑 ; 780~865)

11.2.1 위앙종(潙仰宗)

위앙종은 남악(南岳)을 중심으로 형성된 종파이다. '위앙종'은 웨이산(潙山) 링여우(靈祐 ; 771~853)와 양산(仰山) 후이지(慧寂 ; 840~916)의 이름에서 취한 것이다. 후이지는 링여우의 문인이다.[21]

---

20) '떠산의 방망이' 곧 '덕산방'(德山棒)이라는 술어는, 보통 '린지(臨濟)의 고함' 곧 '임제할'(臨濟喝)과 함께 쓰인다.

21) '위산'은 후난성 츠앙사(長沙) 지역의 대위산(大潙山)을 가리키며, '앙산'은 같은 지역의 대앙산(大仰山)을 말한다. 그들의 이름을 '대위산에 머무는 링여우'(靈祐) 또는 '대앙산에 있는 후이지'(慧寂)로 이해하면 된다.

링여우는 후우저우(福州 ; 현 푸지엔성 닝떠시寧德市 시아푸霞浦) 사람으로 속성은 조씨(趙氏)이다. 항저우 용흥사에서 구족계(具足戒)를 받았고, 23세에 강서 지역의 빠이장(白丈) 화이하이(懷海 ; 720~814)의 수좌(首座)가 되었다.

후이지는 꾸앙저우(廣州) 환어우(番禺 ; 현 꾸앙똥성 꾸앙저우시 廣州市) 사람으로 속성은 엽(葉)씨이다. 9세에 출가하고 웨이산 링여우 문하에서 수행을 하였다. 당(唐) 희종 년간에 크게 선법을 들어내어 '위앙종'으로 불리었다.

링여우와 후이지의 스승 빠이장 화이하이(懷海) 계열의 두 문파(門派)를 정리하면 다음과 같다.

- 빠이장 화이하이(懷海) A계열 : 웨이산(潙山) 링여우(靈祐 ; 771~853)-- 양산(仰山) 후이지(慧寂 ; 807~883) → '위앙종'
- 빠이장 화이하이(懷海) B계열 : 후앙뼈(黃蘗) 시윈(希運 ; ?~850)-- 린지(臨濟) 이쉬앤(義玄 ; ?~867) → '임제종'

11.2.2 임제종(臨濟宗)

후앙뼈(黃蘗) 시윈(希運 ; ?~850)은 후우저우(福州 현 푸지엔성 후우저우시) 지방 출신이다. 안사(安史)의 난리가 있을 때, 황벽산(黃蘗山)으로 출가하였다. 성씨는 알 수 없다. 신장이 일곱 자, 이마에 원주(圓珠)[22]가 있었다. 후앙뼈는 빠이장 화이하이를 찾아서 그 그릇을 인정받았고, 홍저우(洪州 ; 현 지앙시성 난창)의 황벽산에 머물렀던 까닭에 '황벽산의 시윈'으로 호칭된다. 그는 하동절도사 페이시우(裴休)의 후원을 입어서 강론을 베풀었고 이름을 날렸다.

22) 석가모니(釋迦牟尼) 부처의 이마에 새겨졌다는 둥근 무늬를 가리킨다.

린지(臨濟) 이쉬앤(義玄 ; ?~867)은 차오저우(曹州) 난후아(南華 ; 현 산똥성 허쩌시菏澤市 차오현曹縣) 사람으로, 속성은 형(邢)씨이다. 당대 여러 선지식(善知識) 중에서 따위(大愚) 및 웨이산 링여우(靈祐) 등을 찾았고, 황벽산의 시원 선사에게 인증을 받았다. 854년(大中 8년) 허뻬이성 전저우(鎭州)의 동남쪽에 자그마한 선원(禪院)을 지었다. 부근에 호타하(滹沱河)[23]가 흘렀으므로, 선원의 이름을 물가에 임한다는 뜻의 '임제원'(臨濟院)이라고 이름 지었다. '임제'의 이름은 여기에서 유래한다. 원근에서 사람들이 모여들었고, 그 중 롱야(龍牙), 루어푸(洛浦), 마꾸(麻谷), 훵린(鳳林) 등을 문하에서 배출하였다. 그가 이룩한 종파를 '임제종'이라고 부른다. 임제는 제자를 인도하는 방법으로 흔히 고함을 질렀는데, 이 때문에 '린지의 고함' 즉 '임제할'(臨濟喝)이라는 술어가 탄생하였다.

11.2.3 조동종(曹洞宗)

조동종은 스터우 시치엔(希遷) 문하 야오산(藥山) 웨이옌(惟儼)의 제자인 똥산(洞山) 리앙지아(良价)를 종조(宗祖)로 한다. 똥산의 문하생인 차오산(曹山) 뻔지(本寂)가 이를 물려받았으므로, 이들의 이름을 따서 '조동종'(曹洞宗)이라 칭한다. 원래는 '동조종'(洞曹宗)이라고 불러야 이치에 알맞지만, 한자어 '洞'(골짜기 ; 동굴)의 의미를 살려서 순서를 바꾸어 '조동종'이라고 하였다.[24]

야오산(藥山) 웨이옌(惟儼 ; 745~828)은 산-시성 지앙저우(絳

23) 산-시성(山西省) 오대산에서 발원하여 현재의 허뻬이성(河北省) 스지아주앙(石家庄) 방향으로 흐르는 강물이다.

24) 한자어 '洞'(골짜기, 동굴)은 단순히 물리적 동굴을 말하지 않는다. 이는 특히 도교(道敎)에서 수행처 혹은 승지(勝地)를 가리키는 용어로 많이 사용되고 있다.

州 ; 현 산-시성 윈츠엉시運城市 신지앙현新絳縣) 사람으로, 속성이 한(韓)씨이다. 출가이후 훵저우(澧州) 약산(藥山)에 머물렀던 까닭에, 사람들이 '약산의 웨이옌'이라고 불렀다.

똥산(洞山) 리앙지아(良价 ; 807~869)는 윈저우(筠州) 후이지(會稽 ; 현 저지앙성 사오싱시紹興市) 사람으로, 속성은 유(兪)씨이다. 21세에 출가하고 난추안(南泉) 및 웨이산(潙山) 선사 등을 찾아뵙고, 웨이옌의 제자인 탄성(曇晟)에게서 구족계를 받았다. 그는 지앙시성의 동산(洞山)에서 불법을 펼쳤으므로, 사람들이 그를 '동산에 사는 리앙지아'라고 불렀다.

차오산(曹山) 뻔지(本寂 ; 840~901)는 추안저우(泉州) 푸티엔(莆田 ; 현 푸지엔성 푸티엔시莆田市) 사람으로, 속성은 황(黃)씨이다. 19세에 후우저우(福州) 영석산으로 출가하고, 25세에 구족계를 받았다. 860년~873년간 선풍(禪風)이 극성할 때에, 동산의 리앙지아를 찾아서 종지(宗旨)를 받았다. 이후 하옥산(荷玉山 ; 일명 조산曹山)으로 옮겨서 새로운 종풍을 일으켰으니, 이것이 '조동종'이다.

조동종이 탄생하게 된 스터우 문하의 문파를 정리하면 다음과 같다.

- 스터우 시치엔(希遷) A 계열 : 야오산(藥山) 웨이옌(惟儼 ; 745~828)--똥산(洞山) 리앙지아(良价 ; 807~869)--차오산(曹山) 뻔지(本寂 ; 840~901) → '조동종'
- 스터우 시치엔(希遷) B 계열 : 티엔후앙(天皇) 따오이(道悟 ; 748~807)-- 롱탄(龍潭) 츠옹신(崇信 ; ?~838)--떠산(德山) 슈안지엔감(宣鑑 ; 780~865)--슈에훵(雪峰) 이춘(義存 ; 822~903)

11.2.4 운문종(雲門宗)

운문종은 칭위앤(靑原) 씽쓰(行思)의 법계에 속하며, 윈먼(雲門) 원얀(文偃)을 종조(宗祖)로 한다. 윈먼(雲門) 원얀(文偃 ; 864~949)은 저지앙성 지아싱(嘉興 ; 현 저지앙성 지아싱시) 사람으로, 속성이 장(張)씨이다. 출가후 슈에훵 이춘(義存)을 찾아뵙고 그 그릇을 인정받았다. 911년 조계산의 6조탑을 찾았다. 923년 이후 6조탑이 있는 사오저우(소주韶州 ; 현 꾸앙뚱성 사오꾸안시韶關市) 운문산에 머물렀으므로, 사람들이 '운문산의 원얀'이라고 호칭하였다.

원얀은 운문산에 광태선원(光泰禪院)을 설립하고 스스로 '운문종'이라고 칭하였다. 원얀 선사는 많은 선화(禪話)를 남겼는데, 일반인에게 친숙한 "날마다 날마다 좋은 날"(日日是好日)은 그에 관한 이야기이다.[25)]

운문종과 법안종이 탄생한 슈에훵(雪峰)과 이춘(義存) 문파를 정리하면 다음과 같다.

- 슈에훵 이춘(義存 ; 822~903) A 계열 : 윈먼(雲門) 원얀(文偃 ; 864~949) → '운문종'
- 슈에훵 이춘(義存 ; 822~903) B 계열 : 루어한(羅漢) 꾸이선(桂深)--화옌(法眼) 혹은 칭리앙(淸凉) 원이(文益 ; 885~958) → '법안종'

11.2.5 법안종(法眼宗)

법안종은 칭위앤(靑原) 싱쓰(行思)의 법계에 속하며, 화옌 원이(文益)를 종조(宗祖)로 한다. 화옌(法眼) 혹은 칭리앙(淸凉) 원이(文

25) 『벽암록』, 안동림 역주, (현암사, 2003), p. 79.

益 ; 885~958)는 저지앙성 위항(余杭 ; 현 저지앙성 항저우시杭州市) 사람으로, 속성은 노(魯)씨이다. 7세에 출가하여 천하를 떠돌며 스승을 찾았으며, 장저우(漳州 ; 현 푸지엔성 장저우시 장푸현漳浦縣)의 나한사(羅漢寺)에서 슈에훵(雪峰)의 문하생인 꾸이선(桂深)에게서 법을 얻었다.

원이(文益)는 진릉(현 지앙쑤성 난징시南京市)의 청량원(淸凉院)에 머물면서 법을 펼쳤다. 이 때문에 사람들이 '청량선원의 원이'이라고 불렀다. 향년 74세로 입적하였는데, 후주(後周) 현덕 5년(955년) 그가 세상을 버린 후, 시호가 내리니 '대법안선사'(大法眼禪師)이다. 따라서 그에게는 시호의 이름인 '화옌'(法眼)과 '칭리앙'(淸涼)이 함께 붙어 다닌다.[26] 화옌의 문하생에 즈윈(智筠)과 옌서우(延壽 ; 904~975)가 있다.

11.2.6 양기파(楊岐派)와 황룡파(黃龍派)

허뻬이성 전저우(鎭州)의 동남쪽에 선원을 짓고 호타하(滹沱河)의 강물을 쳐다보며 사색에 잠겼던 린지(臨濟) 이쉬앤(義玄)의 문하는 둘로 갈라진다. 하나는 '양기파'요, 또 하나는 '황룡파'이다.

양기파의 창시인은 황후이(方會 ; 996~1049)이며, 난위에(南岳) 화이르앙(懷讓) 법계의 11세손이며, 린지 법통의 8세손이다. 그는 유안저우(袁州) 이춘(宜春 ; 현 지앙시성 이춘시宜春市) 사람으로, 속성은 냉(冷)씨이다. 황후이는 부근의 양기산(楊岐山)에 머물며 선풍을 크게 진작시켰다. 황후이의 제자에 빠이윈(白雲) 서우뚜안(守

26) 화옌이 세상을 버렸을 때 이미 당(唐) 나라는 망하였고(907), 세상은 5대 10국의 난세로 접어들었다.

端)이 있고, 서우뚜안의 제자에 화옌(法演)이 있다.

황룡파의 창시자는 후이난(慧南 ; 1002~1069)이다. 그는 신저우(信州) 위산(玉山 ; 현 지앙시성 상르아오시上饒市) 사람으로, 속성은 장(章)씨이다. 11세에 출가하여 19세에 구족계를 받았다. 후이난은 황룡산(黃龍山)에 머물면서 선풍을 일으켰는데, 그 바람이 후난(湖南), 후뻬이(湖北), 지앙시(江西), 후우지엔(福建) 일대에 불었다. 린지 문하의 문파를 정리하면 다음과 같다.

- 린지(臨濟) 이쉬앤(義玄) A 계열 : 황후이(방회方會 ; 996~1049) → '양기파'
- 린지(臨濟) 이쉬앤(義玄) B 계열 : 후이난(혜남慧南 ; 1002~1069) → '황룡파'

학자들은 5가에 2파를 더하여 '7종'으로 부른다. 이들 '5가 7종'의 학설은 큰 차이가 없으며, 6조 후에이닝의 선법(禪法)을 따랐다. 주장하는 종지(宗旨)는 '불성'(佛性)을 깨침에 있어서 '정'(定)과 '혜'(慧)가 필요하다는 점이다. 또한 돈황 사본『단경』17측에 있는 "'무념'으로 우두머리[宗]를 삼고, '무상'으로 몸체[體]를 삼고, '무주'로 뿌리[本]를 삼는다."라는 말처럼 '무념'·'무상'·'무주'를 중요시 하였다고 본다.[27]

후에이닝 문하의 이와 같은 '5가 7종'의 선풍은 당(唐)의 시대정신을 대변한다. 그것은 한 시대의 문화이며, 이 문화는 동아시아의 한국 및 일본 등에 퍼져서 전통사회 정신문화의 중심축을 이루었

---

27) 중요한 것은 학설이라고 말할 필요도 없는 언어 밖의 세계이다. 선종의 연구는 문자 밖의 일상의 행주좌와(行住坐臥)에 의한 행동의 기록이다.

다. 인류는 '5가 7종'의 선풍이 보여준 인간적인 에너지를 다시 느낄 기회가 있을 것 같지는 않다.

📖 참고문헌

- 민영규, 『사천강단四川講壇』, 민족사, 1997.
- 정유진, 『돈황본 육조단경연구』, 경서원, 2007.
- 『육조단경의 세계』, 민족사, 1989.
- 꺼자오꾸앙(葛兆光), 『중국선사상사中國禪思想史』, 北京大學出版社, 1996.
- 꾸어펑(郭朋), 『중국불교사中國佛教史』, 問津出版社, 민국 82년.
- 따언(釋大恩), 『율종대의律宗大義』, 巴蜀書社, 2004.
- 뤼청(呂澂), 『중국불학원류약강中國佛學原流略講』, 中華書局,1979.
- 르우이(釋如意), 『유식종약술唯識宗略述』, 巴蜀書社, 2004.
- 웨이시엔(釋惟賢), 『삼론종약강三論宗略講』, 巴蜀書社, 2004.
- 잉우(英武)·정신(正信), 『선종강술禪宗講述』, 巴蜀書社, 2004.
- 잉우(英武)·정신(正信), 『정토종대의淨土宗大意』, 巴蜀書社, 2004.
- 잉우(英武), 『밀종개요密宗槪要』, 巴蜀書社, 2004.
- 잉우(英武), 『화엄종간설華嚴宗簡說』, 巴蜀書社, 2004.
- 저우사오리앙(周紹良) 편저, 『돈황사본《단경》원본敦煌寫本《壇經》原本』, 文物出版社, 1997.
- 주훵아오(朱封鰲), 『천태종개설天台宗槪說』, 巴蜀書社, 2004.
- 우징시옹(吳經熊), 『禪學의 황금시대』, 서돈각·이남영 공역, 삼일당, 1982.
- 사사키 교코(佐佐木敎悟) 외, 『인도불교사』, 권오민 역, 경서원, 1989.
- 노가미 순조(野上俊靜) 외, 『중국불교사개설』, 양은용 역, 원광대출판국, 1984.
- 다카사키 지키도(高崎直道), 『유식입문』, 이지수 옮김, 시공사, 1997.
- *The Platform Sutra of the Sixth Patriarch*, Trans. Philip B. Yampolsky,

Columbia University Press, 1967. (『육조단경연구』, 연암 종서 옮김, 경서원, 1992)
- Daisetz T. Suzuki, *Essays in Zen Buddhism*, Grove Press, 1961.

제12장

북송 5인의 철학사상

"극(極)이 없으면서 동시에 최고(궁극)의 극이다!
최고의 극이 움직여서 양(陽)을 낳는다.
움직임이 극한에 달하면 고요하게(靜止)되고,
(그 최고의 극이) 음(陰)을 낳는다.
고요함이 극한에 달하면 다시 움직임으로 돌아간다.
한 번 움직임과 한 번 고요함은 서로 뿌리가 된다.
음으로 갈리고 양으로 갈리니, 두 개의 짝이 생긴다."
(無極而太極. 太極動而生陽. 動極而靜. 靜而生陰. 靜極復動.
一動一靜. 互爲其根. 分陰分陽. 兩儀立焉.)

-저우뚠이(周敦頤 ; 1017~1073) 『태극도설太極圖說』

12.1 선구자들 -한위(韓愈), 리아오(李翱)

당(唐) 왕조(618~907)는 한대(漢代)와 더불어 중국 역사상 가장 융성한 시기였다. 그러나 한(漢)·당(唐)의 문명과 문화도 영원한 것이 아니었다. 당시의 시대정신이었던 불교(선종, 정토종)도 쇠퇴의 길에 접어들었다. 622년 관리등용을 위한 과거제도의 실시로 인하여 지식인들은 유가의 경전을 읽었으나,[1] 그 생명력이 상실한 지 오래되었다. 이와 같은 시기에 유학의 재건(부흥)을 주장하는 사람들이 나타났다.

한위(韓愈 ; 768~824)는 그 첫 번째의 인물이다. 그는 떵저우(鄧州) 난양(南陽 ; 현 허난성 난양시) 사람으로, 자(字)가 퇴지(退之)이다. 조상이 대대로 허뻬이성의 츠앙리(昌黎)에서 살았으므로, 사람들은 그를 가리켜 '츠앙리(昌黎) 선생'이라고 불렀다. 그는 문장가로 알려져 있는데, "문장이란 도를 싣기 위한 것"(文以載道)이라고 주장하였다. 한위는 『원도原道』에서 다음과 같이 말한다.

> 이 도(道)는 어떤 도인가? 이 도는 내가 말하는 도이요, 앞에서 말한 노자와 부처가 말하는 도가 아니다. 야오(堯) 임금은 이 도를 순(舜) 임금에게, 순 임금은 위(禹) 임금에게, 위 임금은 문왕-무왕-주공에게 전하였고, 문왕-무왕-주공은 콩치우에게, 콩치우는 멍커에게 전하였다. 그러나 멍커가 세상을 떠난 뒤로 도는 전해지 못하였다.[2]

---

1) 유가의 5경(五經)이 기본적 교재로 채택되었다.

2) 한위(韓愈), 『한창려문집』, 原道. cf. 오수형 역해, 『한유산문선韓愈散文選』(서울대학교출판문화원, 2010), pp. 476-479. "曰. 斯道也. 何道也? 曰. 斯吾所謂道也, 非向所謂老與佛之道也. 堯以是傳之舜, 舜以是傳之禹, 禹以是傳之湯, 湯以是傳之文武周公. 文武周公傳之孔子. 孔子傳之孟軻. 軻之死, 不得其傳焉."

한위의 이와 같은 이야기는 일천 년 동안 생명력을 잃고 있던 선진(先秦) 시대의 유학을 부활하자는 의지를 담고 있다. 이는 마치 서양사에 있어서 중세 이탈리아의 르네상스(Renaissance)[3] 운동과 비슷하다고 의미를 부여할 수 있다. 도를 물건처럼 전해질 수 있는 무엇으로 이해한 한위의 '도통설'(道統說)은 불가의 승려들이 의발(衣鉢)을 전함으로써 도[宗旨]를 전한다는 선종의 사상에서 영향을 받은 것이다.

한위와 같은 시대에 리아오(李翺 ; 772~841)[4]가 있었다. 그는 자를 시즈(習之)라고 부르며, 한위에게서 문장을 배웠다고 전한다. 그는 『복성서復性書』에서 스승 한위의 이야기를 이론적으로 지지한다.

> 도란 지극한 '성'(誠)을 뜻한다. '성'을 다하면 마음이 비워지고[虛], '허'를 다 하면 밝아진다[明]. '명'을 이룬 다음에 계속 노력하면 우주의 현상이 이해되는데, 그것은 다름이 아니라 성명(性命)의 도리를 온전히 발휘하였기 때문이다. 슬프다!.... 옛적의 성인은 이것을 안자(顏子 ; 옌후에이)에게 전하였고, 콩치우의 손자인 쯔쓰(子思)는 할아버지의 도를 받아서 『중용』47편을 저술하여 멍커에게 전하였다.... 오호라! 성명(性命)을 논한 책들이 남아 있지만, 배우는 자들이 해명하지 못하였기 때문에 모두 장저우, 리에쯔(列子), 라오쯔(老子), 불교 등에 빠져 들었다. 무지한 사람들이 말하기를 콩치우의 제자들은 성명의 도리를 궁구하지 못하였다고 하자 모두 그렇게 믿었다. 누군가 나에게 도를 묻는다면 나는 내가 아는 바를 전해 줄 수 있다. 이제

3) '르네상스'는 프랑스어 'renaitre(다시 태어나다)'의 명사형이다. 르네상스 운동은 원래 이탈리아에서 시작되었다. 이탈리아어의 '리소르지멘토'(risorgimento)라고 말해도 무방하다.

4) 리아오(李翺)는 한글 소개서에서 보통 '이고'로 표기되고 있다. '이오'로 읽어야 마땅하다.

책을 저술함에 성명(誠命)의 근원을 기술 하고, 파손되고 폐기되어 들어나지 못하였던 도를 이 시대에 겨우 전할 수 있게 되었다. 명하여 말하기를 『복성서』라고 한다.[5]

리아오의 주장에 의미가 있는 것은 그와 같은 '도통설'의 심적(心的) 근거를 불가의 경전이 아니라, 유가의 경전 『중용中庸』에서 찾고 있는 점이다. '성'(誠 ; 정성)이란 『중용』에서 강조하는 개념이다. 그는 '성'을 고요하여 움직이지 않으나(寂然不動) 세상의 모든 현상에 두루 관통하는(感而遂通天下之故) 것으로 보았다. (『복성서』上) 이와 같이 『중용』을 중시하는 입장은 훗날 주시(朱熹)가 『중용장구中庸章句』서문에서, "사람의 마음은 위태롭고, 도(道)의 마음은 미묘하다. 오직 정일(精一)해야 진실로 그 '중'(中)을 잡는다."라는 이야기로 구체화된다.[6]

한위와 리아오가 이처럼 도(道)의 의미를 새롭게 부각시키고, 불교의 종지가 아닌 유가의 개념을 되살리려고 노력한 점에서 이들을 '신유학'의 선구자들이다. 훵여우란에 의하면 '복성'(復性)이란 성(性)의 고요하고 밝은 본연의 모습을 회복하는 것이다. 또한 리아오가 "'성'(誠)하면 밝아지고, 밝아지면 '성'에 이른다."(誠則明矣, 明則

---

5) 리아오(李翱), 『복성서復性書』上. cf. 『사고전서四庫全書』, 집부, 별집류, 「이문공집」권2. "道者至誠也. 誠而不息則虛, 虛而不息則明, 明而不息, 則照天地而無遺. 非他也. 此盡性命之道也. 哀哉! 人皆可以及乎此, 莫之止而不爲也, 不亦惑邪? 昔者聖人以之傳于顔子.... 子思, 仲尼之孫, 得其祖之道, 述中庸四十七篇, 以傳于孟軻.... 嗚呼! 性命之書雖存, 學者莫能明, 是故皆入於莊列老釋. 不知者謂夫子之徒[道], 不足以窮性命之道. 信之者皆是也. 有問於我, 我以吾之所知而傳焉. 遂書于書, 以開誠明之源, 而缺絶廢棄不揚之道, 幾可以傳于時. 命曰復性書."

6) 주시(朱熹), 『중용장구中庸章句』서문. "人心惟危, 道心惟微, 惟精惟一, 允執厥中." 주시의 이와 같은 16자 심법(心法)은 마치 선종의 주요 교리인 '불립문자'(不立文字) 이하의 16자 구호와 비슷하다.

誠矣)라는 『중용』 21장을 인용하며 자신의 사상을 펼쳤지만, 이는 『지관통례止觀統例』의 영향을 받고 있다고 말한다. 한림학사 리앙쑤(梁肅 ; 753~793)의 글을 보도록 하자.[7)]

지(止)와 관(觀)이란 무엇인가? 만물의 변화의 이치를 인도하여 '실제'(實際)에 복귀(復)시키는 것이다. '실제'란 무엇인가? 성(性)의 근본이다. 사물이 '실제'에 복귀하지 못하는 까닭은 몽매함과 동요 때문이다. 몽매함을 깨우침을 '명'(明)이라하고, 동요를 붙드는 것이 '정'(靜)이다. '명'과 '정'은 지(止)와 관(觀)의 본체이다. 원인의 측면에서는 지(止)와 관(觀)이고, 결과의 측면에서는 지(智)와 정(定)이다.[8)]

이상의 글을 놓고 볼 때, 리아오의 술어 '복성'(復性)은 한림학사 리앙쑤의 글과 유사성이 있다. 다만 위 글의 '실제'가 불가에서 말하는 진여(眞如) 혹은 법성(法性)으로 해석할 수 있다면, 리아오의 '성'(性)은 『중용』의 초두에 등장하는 "하늘이 명한 것을 가리켜 '성'(性)이라고 한다"(天命之謂性)라고 할 때의 '성'(性)이다. 한위와 리아오는 시대의 사조에서 완전히 비켜간 것이 아니다. 그러므로 이들이 불교의 영향을 벗어난 것으로 볼 수 없다. 그들은 광야에서 세례 요한처럼 외쳤지만, 예수(Jesus Christ)는 아직 나타나지 않았다.

---

7) 리앙쑤(梁肅)는 잔르안(湛然) 선사의 문하생에서 승려가 아닌 거사로 명성을 날린 인물이다. 한림학사의 신분인 그는 '천태종'의 지(止)와 관(觀)을 논하면서 잔르안의 견해를 설명하였다. 리아오는 리앙쑤와 친교가 있었다.

8) 『신수대장경新修大藏經』 제46권, 「천태지관통례天台止觀統例」, p. 473. 1915 「修習止觀 坐禪法要」後尾. "夫止觀何爲也. 導萬法之理, 而復於實際者也. 實際者何也. 性之本也. 物之所以不能復者, 昏與動使之然也. 照昏者謂之明, 駐動者謂之靜. 明與靜止觀之體也, 在因謂之止觀, 在果謂之智定."

12.2 저우뚠이(周敦頤)의 우주론

성당(盛唐 ; 618~907)의 시기가 지나가고, 오대(五代 ; 907~960)의 혼란기를 겪은 뒤 중국은 송(宋) 왕조(960~1279)에 이르러 안정을 취한다. 중국 역사상 대체로 송 왕조는 유약(柔弱)한 시기로 평가되는 듯하다. 이와 같은 판단은 영웅 숭배 의식이 강한 일부 지식인의 견해이고, 문화의 측면에서 보면 송 왕조야 말로 정신문화와 예술이 꽃피었던 시기로 진단할 수 있다.

주시(朱熹)의 저서 『이락연원록伊洛淵源錄』의 기술 순서에 의하면, 저우뚠이(周敦頤 ; 1017~1073)는 그 첫 번째로 등장하는 철학자이다. 저우뚠이는 따오저우(道州) 잉따오현(營道縣 ; 현 후난성 용저우시永州市 따오현道縣) 사람으로, 자(字)를 마오수(茂叔)라고 하였다. 그는 만년에 여산(廬山 ; 현 지앙시성 지우지앙시九江市 소재)의 연화봉(蓮花峰) 아래서 살았는데, 이곳에 흐르는 개천이 있었다. 그는 고향에 있는 리엔시(濂溪)를 생각하고, 이 개천을 '리엔시'라고 이름 지었다. 사람들은 그를 가리켜 '리엔시 선생'이라고 불렀고 이것이 그의 호(號)가 되었다.

『송사宋史』 열전(列傳)에서는 저우뚠이 이하 송대 사상가들을 '도학'(道學)의 그룹 속에 포함시켰다. 여기서 말하는 '도학'이란 곧 '유학'을 말한다. 『송사』 열전 도학편에는 문왕 · 주공이 죽고 콩치우가 나왔으며, 콩치우 이후 쩡쯔(曾子), 쯔쓰(子思), 멍커에 이르기까지 도(道)의 전통이 내려오다가 멍커에 와서 끊어졌다는 이야기가 나온다. 그리고 일천년의 세월이 흐른 뒤, 저우뚠이가 세상에 나왔다고 기록되어 있다. 이는 중국철학사의 측면에서 놀라운 이야기이다.

저우뚠이는 중국철학의 유학 방면에 있어서 우주론(cosmology)의 이론을 체계적으로 질서 정연하게 설명한 최초의 인물이다. 철학사에 있어서 그의 공로를 가볍게 볼 수 없다. 저우뚠이의 우주론을 대표하는 「태극도설」(太極圖說)의 원문과 번역문을 축자로 소개하고 설명을 가한다. 『태극도설』은 그림(즉, 「태극도」)이 먼저이고, 설명은 나중이다.

[태극도 그림] 『周敦頤集』(岳麓書社, 2002) 그림 참조

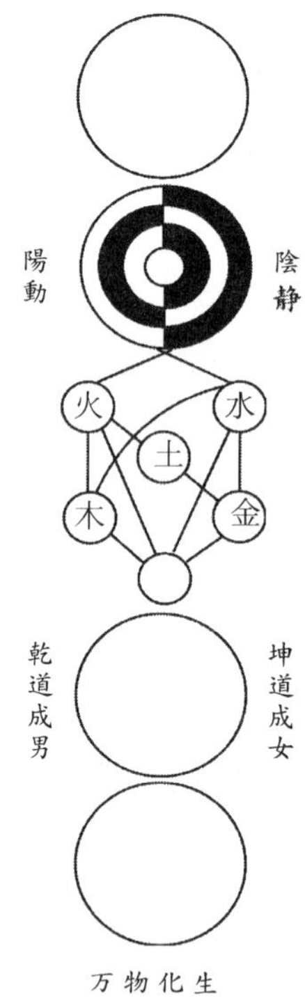

(1) '극'(極)이 없으면서 동시에 최고(궁극)의 극이다!

(2) 최고의 극이 움직여서 양(陽)을 낳는다. 움직임이 극한에 달하면 고요하게(靜止)되고, (그 최고의 극이) 음(陰)을 낳는다. 고요함이 극한에 달하면 다시 움직임으로 돌아간다. 한 번 움직임과 한 번 고요함은 서로 뿌리가 된다. 음으로 갈리고 양으로 갈리니, 두 개의 짝이 생긴다.

(3) 양이 변화하고 음이 결합하여 水·火·木·金·土가 생겨난다. 5기(五氣 ; 5행)가 순조롭게 퍼져서 4계절이 운행한다.

(4) 5행은 하나의 음양이요, 음양은 하나의 최고의 극이다. 최고의 극은 본래 극이 없다. 5행이 형성되면 각각 독자적인 본성(성질)을 갖는다.

(5) 극이 없는 이치[理]와 음양·오행의 정수(精髓 ; 氣)가 묘하게 합하여 엉킨다. (그 결과) 하늘의 도(道)는 남성적인 것을 이루고 땅의 도는 여성적인 것을 완성시킨다. 2기(二氣)가 서로 영향을 끼쳐서 만물을 생성한다. 만물은 생기고 또 생겨나 그 변화가 끝이 없다.

(6) 오직 인간만이, 그 우수한 기운을 받아서 가장 영특하다. 육체[形]가 이미 생겨난 후, 정신(영혼 ; 神)이 지각[知]을 개발시킨다. 5관(五官)이 자극을 받아서 선(善)과 악(惡)의 구별이 생기며, 무수한 행위가 나타난다.

(7) 성인(聖人)은 중용과 인의로써 기준을 정한다. 그는 무욕(無欲)의 고요함[靜]으로써 인간세계의 규범[인극人極]을 세운다. 그러므로 성인의 덕(德)은 하늘과 땅으로 조화하며, 그 찬연함은 해와 달로써 조화하며, 그 행위는 4계절과 조화하며, 그 길흉을 지배하는

능력은 귀신과 조화한다.

(8) 성숙한 인간은 그 덕(德)을 닦아서 길하고, 성숙하지 못한 인간은 그것을 지키지 못하여 흉하다.

(9) 그러한 까닭에, '하늘의 도를 세움을 가로되 음과 양이요, 땅의 도를 세움을 가로되 유(柔)와 강(剛)이요, 사람의 도를 세움을 가로되 인(仁)과 의(義)이다.'라고 말하고 있다. 또, '(사물의) 근원을 밝히고 끝을 돌이킨다. 그러므로 생사의 말을 이해할 수 있다.' 라고도 말하고 있다.

(10) 위대하다, 『주역周易』이여! 그것은 지극하다.[9]

---

9) 저우뚠이(周敦頤), 「태극도설」(太極圖說). 이하 원문은 명(明) 호광(胡廣) 찬수(纂修) 『성리대전性理大全』(一), (山東友誼書社,1989)를 따랐다. 표점은 『주자학대계朱子學大系』제9권, 『근사록近思錄』, (일본 명덕출판사, 소화49년=1974)에서 취하였다. "無極而太極. 太極動而生陽. 動極而靜. 靜而生陰. 靜極復動. 一動一靜. 互爲其根. 分陰分陽. 兩儀立焉. 陽變陰合. 而生水火木金土. 五氣順布. 四時行焉. 五行一陰陽也. 陰陽一太極也. 太極本無極也. 五行之生也. 各一其性. 無極之眞. 二五之精. 妙合而凝. 乾道成男. 坤道成女. 二氣交感. 化生萬物. 萬物生生. 而變化無窮焉. 惟人也. 得其秀而最靈. 形旣生矣. 神發知矣. 五性感動. 而善惡分. 萬事出矣. 聖人定之. 以中正仁義.(聖人之道. 仁義中正而已矣.) 而主靜.(無欲故靜.) 立人極焉. 故聖人與天地合其德. 日月合其明. 四時合其序. 鬼神合其吉凶. 君子修之吉. 小人悖之凶. 故曰. 立天之道. 曰陰與陽. 立地之道. 曰柔與剛. 立人之道. 曰仁與義. 又曰. 原始反終. 故知死生之說. 大哉易也. 斯其至矣." 참고로 한글읽기를 여기에 첨가한다. (1) 無極而太極(무극이태극) (2) 太極動而生陽(태극동이생양) 動極而靜(동극이정) 靜而生陰(츠엉이생음) 靜極復動(정극부동) 一動一靜(일동일정) 互爲其根(호위기근) 分陰分陽(분음분양) 兩儀立焉(양의입언) (3) 陽變陰合(양변음합) 而生水火木金土(이생수화목금토) 五氣順布(오기순포) 四時行焉(사시행언) (4) 五行一陰陽也(오행일음일양야) 陰陽一太極也(음양일태극야) 太極本無極也(태극본무극야) 五行之生也(오행지생야) 各一其性(각일기성) (5) 無極之眞(무극지진) 二五之精(리아오지정) 妙合而凝(묘합이응) 乾道成男(건도성남) 坤道成女(곤도성녀) 二氣交感(이기교감) 化生萬物(화생만물) 萬物生生 (만물생생) 而變化無窮焉(이변화무궁) (6) 惟人也(유인야) 得其秀而最靈(득기수이최령) 形旣生矣(형기생의) 神發知矣(신발지의) 五性感動(오성감동) 而善惡分(이선악분) 萬事出矣(만사출의) (7) 聖人定之(성인정지) 以中正仁義(이중정인의) 而主靜(이주정) 立人極焉(입인극언) 故聖人與天地合其

저우뚠이가 말한 '무극이태극'이란 "극(極)이 없으면서 동시에 최고의 극이다."라고 번역된다. 이때의 '이'(而')는 문법상 순접(順接)의 의미로 본다. '극'(極)자는 일종 건축 용어이다. 가옥(家屋)의 최고에 있는 용마루 즉 옥척(屋脊)의 뜻으로, 사물의 최상 혹은 지극한 곳을 말한다. 이 5자의 의미는 어떤 형태로 지각되지 않는(무극), 생성과 변화의 원리(태극)가 존재한다는 말이다. '무극'은 노자 『도덕경』에서 유래하는 도가적 개념이며, '태극'은 『주역』(『십익』) 계사전에 뿌리를 두고 있는 유가적 개념이다.

저우뚠이의 우주론은 도가와 유가의 세계를 종합적으로 반영한다. '무극'은 'infinite' 혹은 'ultimateless'이다. '태극'은 하나의 기(氣)이다. 천지가 분화하기 전의 원기(元氣)로서 뒤섞인 상태로 하나이다. 태극 밖에 별도로 무극이 있는 것이 아니다. 그러므로 주시(朱熹)의 해석에 의하면, 태극과 무극은 한 몸의 두 가지 이름이다. 우주의 구성은 음양 2기(氣)의 대립과 통일이다. 우주는 생성과 변화의 운동 중에 있다.

『도덕경』제28장에서 언급한, "무한으로 복귀한다."[10]라던가, 혹은 『주역』계사전에서 말하는 "역(易)에 태극이 있으니, 이것이 두 짝을

德(고성인여천지합기덕) 日月合其明(일월합기명) 四時合其序(사시합기서) 鬼神合其吉凶(귀신합기길흉) (8) 君子修之吉(군자수지길) 小人悖之凶(소인패지흉) (9) 故曰(고왈) 立天之道(입천지도) 曰陰與陽(왈음여양) 立地之道(입지지도) 曰柔與剛(왈유여강) 立人之道(입인지도) 曰仁與義(왈인여의) 又曰(우왈) 原始反終(원시반종) 故知死生之說(고지사생지설) (10) 大哉易也(대재역야) 斯其至矣(사기지의) -이상 10 가지로 분절(分節)의 방법은 조셉(조지프) 니담(Joseph Needham ; 1900~1995)의 저술 Science and Civilization in China, Cambridge University Press, 1956, v.2에서 취한 것이다.-

10) 『도덕경』제28장. "復歸於無極."

낳고, 두 짝이 사상(四象)을 낳고, 사상은 팔괘를 낳는다."[11] 라는 이야기는 우주 현상을 설명한다. 이를 다음과 같이 정리할 수 있다.

	∞		5		2		1		0
(현상)	만물	→	오행	→	二氣	→	태극	……→	무극
(원리)	만물	←	오행	←	二氣	←	태극	←……	무극

"하늘의 도(道)는 남성적인 것을 이루고 땅의 도(道)는 여성적인 것을 완성시킨다."라는 말은 『주역』계사전의 "하늘의 도는 남자를 낳고, 땅의 도는 여자를 낳는다."[12]에서 유래한다. 남녀는 자웅(雌雄) 혹은 빈모(牝牡) 등을 가리키며 사람에만 국한되지 않는다.

저우뚠이에 의하면 사람은 만물 중에서 가장 신령스러운 존재이다. 기(氣)의 가장 빼어난 부분을 받고 태어나기 때문인데, 이는 우주에 있어서 인간의 위치를 표현하는 말이다. 서양 철학자 프로타고라스(Protagoras)는 "인간은 만물의 척도(尺度)이다"라고 말하였다고 하는 데, 이와 비슷한 사유체계이다.

저우뚠이에 의하면 인간 중에서도 아주 빼어난 인간이 있으니, 그들은 성인(聖人)이다. 성인은 인류 역사상 선구자들인데, 중용과 인의로써 기준을 정한다. 그들은 무욕(無欲)하기 때문에 고요함(靜)을 지킨다. 성인은 인간세계의 규범[人極]을 세운다.[13]

저우뚠이는 이어서 하늘·땅·사람의 삼재(三才)에 대해서 설명

---

11) 『주역』, 「십익」, 계사전 上 제11장. "易有太極, 是生兩儀, 兩儀生四象, 四象生八卦."

12) 『주역』계사전 上 제1장. "乾道成男, 坤道成女."

13) 괄호 안은 저우뚠이 본래의 주(注)인데, 그는 '주정'(主靜)의 의미를 상세하게 설명하지 않았다. 그 정확한 의미를 파악하기 어렵다.

한다. 여기에서는 『주역』 설괘전의 “하늘의 도를 세움을 가로되 음과 양이요, 땅의 도를 세움을 가로되 유(柔)와 강(剛)이요, 사람의 도를 세움을 가로되 인(仁)과 의(義)이다.”[14]라는 표현이 인용되었다. 마지막으로 저우뚠이는 『주역』(『역전易傳』) 계사전에 있는, “사물의 근원을 밝히고 끝을 돌이킨다. 그러므로 생사의 이야기를 알게 된다.”[15]라는 말로써 대단원을 마무리 짓는다. 여기에서 말하는 ‘시작은 삶을 말하고, 마침은 죽음을 의미하는데, 결국 음양이 순환하는 이치를 알게 된다는 뜻이다.

저우뚠이의 우주론은 고대 중국인의 『주역』(『역전』)의 세계관과 일치한다. 『역전』에 이미 나타난 것이지만, 일천년의 세월이 흐른 뒤 체계적으로 정리되어 다시 탄생한 것이다. 저우뚠이의 그림 「태극도」는 저우뚠이의 창작물이 아니고, 도가(道家) 계통의 영향을 받았다. 『송사宋史』 유림전(儒林傳)에 실린 주전(朱震 ; 1072~1138)의 전기에는 화산 도사 츠언투안(陳摶)이 「선천도先天圖」를 그렸고 종황(种放)이하 여러 인물들에게 전하였으며, 무시우(穆脩)가 「태극도」를 저우뚠이에게 전하였다는 기록이 있다.[16] 도교 경전의 집합체인 『도장道藏』에도 「태극선천도太極先天圖」가 있음을 볼 때에, 저우뚠이에 대한 도가의 영향력을 부정할 수 없다.[17]

저우뚠이의 저술은 『태극도설』 이외에 『통서通書』가 있다. 여기서

---

14) 『주역』 설괘전 제2장. “立天之道, 曰陰與陽. 立地之道, 曰柔與剛. 立人之道, 曰仁與義.”

15) 『주역』 계사전 上 제4장. “原始反終. 故知死生之說.”

16) 『송사宋史』 권435, 열전(列傳), 유림(儒林), 주전(朱震). cf. 중화서국본, 『송사宋史』 37, p. 12908.

17) 최근의 연구에 의하면, 저우뚠의 「태극도」 도가(道家) 영향설을 부정하는 견해가 있다. cf. 리선(李申) “태극도연원변(太極圖淵源辨)”, 『주역연구』, 1991.

는 주로 '성'(誠)의 문제를 다루었는데, 문장이 너무 간결하여 속뜻을 알기 어렵다. 대체로 '성'이란 인간의 순수한 본성이며, 성인(聖人)의 근본이다. '성'은 진실한 것으로 고요하고 움직이지 않는다.(寂然不動) 그는 『통서』에서도 『태극도설』의 말미처럼 '무욕(無欲)의 고요함(靜)'을 강조하였는데 그 상세한 내용은 알 수 없다.

12.3 장짜이(張載)의 '기'(氣) 일원론

장짜이(張載 ; 1020～1077)는 츠앙안(長安 ; 현 산~시성 시안시 西安市 서부 헝취橫渠) 사람이다. 자를 쯔허우(子厚)라고 하였고, 호를 지역 이름을 따서 '헝취'라고 칭하였다. 한 때 벼슬에 나아간 일이 있으나, 물러나서 고향에 머물렀고 남쪽으로 병풍처럼 열려있는 종남산(終南山)을 보면서 사색을 전개하였다. 대표적인 저술로 『정몽正蒙』과 『역설易說』이 있다. 그 중에서도 『정몽』속에 편입된 「서명西銘」은 유명한 문장이다. 그의 사상은 '어리석음을 바로 잡는다' 라는 뜻의 『정몽正蒙』에서 들어난다. 그는 이렇게 말한다.

> 태화(太和)는 이른바 도이다. 그 안에는 떴다 가라앉았다, 올라갔다 내려왔다, 움직였다 고요하다 하여 상호 감응하는 본성(性)이 내포되어 있다. 태화는 기(氣)의 상호 작용이 서로 부딪쳐 우세 및 열세와 응측 및 확장의 시작을 낳는다.... 태허는 형체가 없으니 기의 본체이다. 그 모이고 흩어짐이 변화의 객형(객체)이다.[18]

18) 장짜이(張載), 『장재집張載集』, 「정몽正蒙」, 태화편(太和篇) (중화서국, 2008), p. 7. "太和所謂道. 中涵浮沈, 乘降, 動靜, 相感之性. 是生絪縕, 相盪, 勝負, 屈伸之始.... 太虛无形, 氣之本體. 其聚其散, 變化之客形爾."

여기에서 '태화'와 '태허'는 중복 사용되고 있으며, 이는 '기'(氣)의 본체를 가리킨다. 장짜이의 말로는, "태허에서 기가 모이고, 흩어지는 것은 마치 물에서 얼음이 얼고 녹는 것과 같다. 태허가 기(氣)인 것을 알면 무는 없다."(知太虛卽氣, 則無無) '태허'는 형체가 없으며, 그 모으고 흩어짐이 변화의 객체일 뿐이다.

이와 같은 장짜이의 표현은 불가 혹은 도가의 '무'(無) 사상을 배척하는 것을 뜻한다. 그는 '허'(虛)를 완전히 텅비어서 아무것도 없는 상태로 인식한 것은 아니다. 이는 기(氣)가 흩어진 상태에서 사람의 눈에 보이지 않을 뿐이다. 장짜이에 의하면 만물은 오로지 '기'의 작용이다. 그는 다음과 같이 말한다.

> '태허'는 '기'가 없을 수 없다. '기'는 모여서 만물이 되지 않을 수 없으며, 만물은 흩어져서 '태허'가 되지 않을 수 없다. 이것을 따라서 출입하는 것은 모두 어쩔 수 없어서 그러한 것이다.[19]

태허의 '기'가 모여서 만물이 된다고 함은 생성(탄생)의 과정이고, 만물이 흩어져서 '기'가 되고, '기'는 다시 태허가 된다고 함은 파괴(죽음)의 과정이다. 이는 일종의 에너지 질량 불변의 법칙처럼 보인다. 이처럼 만물이 '기'의 모임과 흩어짐의 과정이라고 생각한 장짜이의 이론을 학자들은 '기(氣) 일원론'이라고 부른다.

이처럼 장짜이 철학사상의 중심은 '기론'(氣論)에 있다. 그의 '기 일원론'적인 사유 체계를 '원기본체론'(元氣本體論) 혹은 '기본론'(氣本論)으로 표현해도 무방하다. 그의 사상은 『정몽正蒙』에 집약되어 있으며, 이는 『주역』을 근거로 하고 노장(老壯)을 수용하여 우주관

19) 장짜이(張載), 같은 책, 같은 곳. "太虛不能無氣" 이하.

을 천명한 것이다.

장짜이가 말하는 "태허는 형체가 없으니 기의 본체이다."(太虛无形, 氣之本體)에서 '태허'는 하나의 공간(space)이다. 이는 왕서우르언(王陽明)이 말한 바 "양지(良知)의 허(虛)는 곧 하늘의 태허(太虛)이며.... 해와 달, 바람과 우뢰, 산과 간, 인간과 사물 등 무릇 모양과 형색을 가지고 있는 현상들은 모두 태허의 무형 속에서 발용하고 유행한다."[20]라는 표현과 의미가 통한다.

'기'(氣)는 태허 가운데에 마치 봄날 아지랑이[野馬]와 같다. '기'는 작용으로서 뜨고 가라앉고, 오르고 내리고, 움직이고 고요한 본성(nature)을 갖는다. 훗날 2정(二程)은 장짜이의 '태허' 개념을 부정한다. 츠엉이(程頤)는 '태허'를 가리켜 태허가 없다고 하고, '허'(虛)를 가리켜, "모든 것이 '리'(理)일 뿐인데, 어찌 또 '허'(虛)를 말할 수 있는가? 천하에 '리'보다 더 실(實)한 것은 없다"[21]라고 말하였다.

장짜이는 '기일원론'(氣一元論)의 사유를 바탕으로 불교와 도교를 비판한다. 장짜이에 의하면 불가와 도가는 '일음일양'(一陰一陽)의 변화 법칙을 알지 못한다고 말한다. 그는 불교의 윤회설을 다음과 같이 비난한다.

---

20) 왕서우르언(王陽明), 『전습록傳習錄』下. cf. 우꾸앙(吳光) 등 編校, 『王陽明全集』上 (上海古籍出版社, 2006), p. 106. / 정인재 · 한정길 역주, 『전습록傳習錄 』2, p. 732. "良知之太, 便是天之太虛.... 日月風雷山川民物, 凡有物象形色, 皆在太虛无形中發用流行."

21) 츠엉이(程頤), 『이정집二程集』, 「하남정씨유서河南程氏遺書」 권3. cf. 츠엉하오(程顥) · 츠엉이(程頤), 『이정집二程集』(중화서국, 2004), p. 66. / 『이정유서二程遺書』(上海古籍出版社, 2000), p. 118. "又語及太虛, 曰. '亦無太虛.' 遂指虛曰. '皆是理, 安得謂之虛, 天下無實于理者.'"

부도(浮屠 ; 불교)는 귀신을 밝히는데, 의식있는 자가 죽으면 다시 생을 받아서 순환한다고 말한다. 그 염세(厭世)하고 복을 구하니 귀신(鬼)을 안다고 말할 수 있는가? 인생을 허망하다고 하니 사람을 안다고 할 수 있는가? .... 공자와 맹자가 말하는 하늘(天)은 곧 '도'를 말함이다. 의혹에 빠진 자는 떠도는 혼이 변하여 윤회한다고 하니 생각할 수 없는 일이다.[22)]

장짜이에게는 도가의 장생(長生) 추구 또한 비판의 대상이다. 그는 도가가 '생명을 주창하고 이에 집착한다.'라고 말한다.

그러므로 성인(聖人)이 그 사이에 도를 다하고, 몸체[體]를 겸하고 빠트리지 않음[不累]은 그 신명(神)을 받들어 지극하기 때문이다. 저 '고요하고 멸한다'는 사람[寂滅者 ; 불가]들은 가서 돌아오지 않고, '생명을 주창하고 이에 집착하는 자'[徇生執有者 ; 도가]들은 사물에서 불화(不化)한다. 둘 사이에는 비록 간격이 있으나, '도'를 잃고 있다고 말함은 같은 것이다.[23)]

이처럼 장짜이에게는 불가의 '공'(空)은 하나의 미망(迷妄)이며, 도가의 '장생불사'(長生不死)는 일종의 환상이다. 그에게는 유가의 성인의 길 만이 진리이다. 장짜이가 말하는 '성인'이란 콩치우와 멍커를 가리킨다.

『정몽正蒙』에 나타난 장짜이의 사상 로선은 '기'(氣) 중심임에 틀림이 없다. 그러나 이 책이 난삽하고 모호한 표현이 많아 그의 사

---

22) 장짜이(張載), 『장재집張載集』, 「정몽正蒙」건칭편(乾稱篇), 중화서국본, p. 64. "浮屠明鬼, 謂有識之死受生循環, 遂厭苦求免, 可謂知鬼乎?.... 孔孟所謂天, 彼所謂道. 惑者指游魂爲變爲輪廻, 未之思也."

23) 장짜이(張載), 같은 책, 태화편(太和篇), p. 7. "然則聖人盡道其間, 兼體而不累, 存神其至矣. 彼語寂滅者, 往而不反. 徇生執有者, 物而不化. 二者雖有間矣, 以言乎失道則均焉."

상 로선을 이해하는 데 문제가 있다. 이는 언어표현의 한계이다. 가령 장짜이가 사용하는 '태화'와 '태허'의 관계, '귀'(鬼)와 '신'(神)의 개념, '기'(氣)와 '질'(質)의 문제[24] 등은 충분히 밝혀지지 않았다.

철학적 활동이 언어 표현에 의지하고 있다는 엄연한 현실을 생각할 때에, 언어(술어 혹은 개념) 표현의 혼란성은 철학자로서 장짜이의 가치를 떨어뜨린다. 이것이 꼭 장짜이의 문제만은 아닐 수 있다. 중국어[漢語]가 지니고 있는 본래적인 '함축성'이 문제의 원인이다. 장짜이의 경우에 이 점이 특별하게 심하다고 지적해야 하겠다.

장짜이의 사상은 조선의 유학자 서경덕(徐敬德 ; 호 花潭 ; 1489 ~1546)에게 상당한 영향을 미쳤다. 서경덕에 대하여 율곡 이이(李珥 ; 1536~1584)는 "서경덕의 학문을 처음 공부하는 사람이 본받을 것은 아니지만, 그의 학문은 장짜이에게서 나왔다."[25]라고 말하였다. 서경덕을 말할 때, 학자들은 그의 학설을 '기일원론'(氣一元論) 혹은 '일기장존설'(一氣長存說)이라고 부른다. 그는 본체 세계에 대하여 다음과 같이 말한다. "태허는 담연(湛然) 무형하니 이를 일러 선천(先天)이라고 한다. 그 크기는 한이 없고 그 보다 앞서는 시작도 없으며, 그 유래를 궁구할 수도 없다. 그 담연・허정(虛靜)한 것이 '기'의 근원이다. 그것은 무한한 공간에 가득 차고 두루 넘쳐흘러 멀리 미치지 않음이 없고, 핍색하고 충실하며, 빈 공간이 없고, 일호의 틈도 용납함이 없다."[26]

---

24) 그의 저술 『경학리굴經學理窟』에 기질(氣質)편이 있다.

25) 이이(李珥), 『율곡전서』 권33, 부록, 년보(年譜), 乙亥(1575년). "先生啓曰. 其[敬德]工夫。固非初學所可法。其學出於橫渠。其所著書。若謂之脗合聖賢之旨則臣不知也。但世之所謂學者。只倣先儒之說以爲言。而心中無所得。敬德則深思遠詣。多有自得之妙。實非言語文字之學也。"

이와 같은 예를 본다면, 서경덕의 기론(氣論)은 장짜이에게서 유래한다. 그러나 퇴계 이황(李滉 ; 1501~1570)은 서경덕이 "'기'를 논한 것은 정밀하여 남음이 없지만, '리'에 대하여는 투철하지 못하였다. 기를 주장하는데 너무 지나쳐서, '기'를 '리'로 여기기도 하였다."[27] 율곡 이이(李珥)도 서경덕의 '일기장존설'을 가리켜 "'기'를 가리켜 '리'로 여기는 병"이 있다고 말하였다.[28]

조선유학사를 놓고 본다면, 서경덕만이 장짜이의 학문에 영향을 받은 것은 아니다. 조식(曹植 ; 호 南溟 ; 1501~1572) 또한 장짜이의 기상(氣像)이 있었다.[29] 장짜이와 서경덕 그리고 조식은 모두 은거하였던 선비 즉, 은일지사(隱逸之士 ; hermit)이다. 이들이 머물었던 공간은 비록 다름이 있었지만, 그 기상은 서로 통하는 바가 있었다.

12.4 츠엉하오(程顥)와 츠엉이(程頤)의 사상

츠엉하오(程顥 ; 1032~1085)는 루어양(洛陽 ; 현 허난성 루어양) 사람이다. 자를 뿨츠운(伯淳)이라 하였다. 온화하고 순수한 기풍이 있었다. 그는 젊은 시절 불교와 도교에 깊이 천착하였으며, 나중에

26) 서경덕(徐敬德), 『화담집』 권2, 원이기(原理氣). "太虛湛然無形, 號之曰先天. 其大無外, 其先無始, 其來不可究. 其湛然虛靜, 氣之原也. 彌漫無外之遠, 逼塞充實, 無有空闕, 無一毫可容間也."

27) 이황(李滉), 『증보퇴계전서增補退溪全書』4, 언행록. "嘗聞花潭之學, 先生曰觀其議論, 論氣則精到無餘, 而於理則未甚透徹. 主氣太過, 或認氣爲理."

28) 이이(李珥), 『율곡전서栗谷全書』 권10, 답성호원. "花潭則已爲一氣長存, 往者不過, 來者不續. 此花潭所以有認氣爲理之病也."

29) 조식(曹植), 『남명집南冥集』 권3, 문인 오건(吳健)의 제문.

유교의 길에 들어섰다고 한다. 54세에 세상을 떠났는데, 당시 태자의 스승이었던 원옌뿨(文彦博)가 중론을 모아서, 묘지명에 '밍따오 선생'(明道先生)이라고 적었다. 유교의 '진리를 밝힌 스승'이라는 뜻으로, 이후 사람들은 그를 '밍따오 선생'이라고 부른다.

츠엉이(程頤 ; 1033~1107)는 루어양(洛陽) 사람이다. 자를 정수(正叔)라고 하였다. 유교 경전 육경(六經)에 통달하였다. 그가 루어양의 주변을 흐르는 '이천'(伊川)의 물가에 살았던 까닭에, 후세 학자들은 그를 '이츠우안 선생'이라고 부른다. 75세에 세상을 버렸다. 츠엉이가 죽었을 때, 사람들은 당파의 화란(禍亂)으로 인하여 장례식에 몇 사람의 제자만이 참석하였다고 한다.[30]

츠엉이는 츠엉하오의 동생이다. 사람들은 이들을 가리켜 '두 사람의 정씨' 즉 '2정'(二程)이라고 부른다. 두 형제는 젊은 시절 저우뚠이(周敦頤)에게서 수업을 받은 일이 있다. 그러나 저우뚠이에게서 큰 영향을 받은 것은 아닌 듯하다. 그들은 오히려 아버지 츠엉시앙(程珦)의 외숙이었던 장짜이(張載)로부터 영향을 많이 받았다.

'2정'은 당대의 지식인들과 마찬가지로 『주역』에 대하여 각별한 관심을 가졌다. 츠엉하오의 학설은 대체적으로 『주역』에 근거를 두고 있고, 츠엉이는 이에 대한 해설서 『주역정씨전周易程氏傳』을 남겼다.[31]

---

30) 츠엉하오와 츠엉이가 활동하던 시기 신종(神宗 ; 재위 1068~1085)이 집권하여 정치의 쇄신을 기하고자, 왕안스(王安石 ; 1021~1086)를 등용하였다. 그가 벌린 개혁 정책을 '신법'(新法)이라고 부른다. 츠엉하오와 츠엉이는 이를 반대하는 보수파(즉 구법당舊法黨)에 속하였다. 츠엉하오는 왕안스의 신법당이 지배할 때 벼슬에서 물러났고, 구법당이 다시 등장하자 조정에 나갔다. 훗날 주시(朱熹)가 없었다면, 우리는 2인을 기억하지 않을 것이다.

31) 이는 줄여서 『역전易傳』이라고 호칭되고 있다. 그 명칭에 주의할 필요가 있다. 여기서는 『역전』(즉 『십익』)이 아니라, '『주역』에 관한 정씨(程氏)의 해설'이

두 사람의 사상은 일반적으로 분리되지 않고 한꺼번에 취급된다. 그 까닭은 후대의 저술 속에서 이들의 이야기가 함께 취급되고 있기 때문이다. 2인의 연구는 저술의 편찬 과정에서 발생한 착종(錯綜) 현상 때문에 어려움이 많다.[32] 최근 중화인민공화국은 문화 정책의 일환으로 고전 혹은 경전의 판본 표준화 작업을 진행하였고, 상당한 성과를 거두고 있다. '이정'(二程)에 관한 한, 중화서국 출판사의 『이정집二程集』(1981)을 표준자료로 보면 무리가 없을 것이다.

츠엉하오의 사상체계를 탐색해 보자. 당대의 지식인들이 그러했던 것처럼, 츠엉하오 학설의 중요한 내용이 『주역』에 근원하고 있다. 츠엉하오는 다음과 같이 말하고 있다.

"천지의 커다란 덕을 가리켜 생(生)이라고 한다." 천지가 서로 작용하여

라는 뜻이다.

32) 2인을 연구하는 기본 자료인 『이정전서二程全書』는 宋 리종(理宗) 순우 년간(1241~1252) 『유서遺書』, 『외서外書』, 『경설經說』 및 『문집文集』을 합하여 『정씨사서程氏四書』라는 이름으로 탄생하였다. 1461년(明 영종 천순 5년) 탄산신(譚善心)이 여기에 『유문遺文』1권을 덧붙여서 이를 『이정전서二程全書』라고 최초로 이름 지었다.(1498년 명 효종 홍치 11년본 『이정전서』) 『이정전서』는 3종의 중요 판본이 있는데, 1606년 이후 만력본 『이정전서』가 두 사람의 모든 저작물을 포함한 것이다. 송대 사상가들의 저작은 대다수가 근대 판본인데, 장뽀싱(張伯行 ; 1652~1725)이 편집한 『정의당전서正誼堂全書』에 의거하였다. 이들 저작은 모두 요약되었다. 요약본의 보급은 전집(全集)을 전파시키지 못하는 불행한 일면을 가져왔다. 2인의 저작은 『근사록近思錄』가운데에 약간의 주석을 제외하고, 아직까지 주석본(注釋本)이 없다. (이상 A.C. Graham, *TWO CHINESE PHILOSOPHERS*, 1978 참고) 2인의 저술에 대한 편찬 작업은 『이정집二程集』2책(중화서국, 1981)에 이르러 완결을 본 느낌인데, 책의 내용 편차가 난삽하고 어지럽기는 마찬가지이다. 저자(황준연)는 중화서국본 『이정집二程集』(1981)을 저본으로 삼는다.

만물이 낳고 길러진다." "생의 본능이 성(性)이다." (이상) 만물의 생의(生意)가 가장 볼만한 것이다. 이는 (『주역』 건괘의) "'원'(元)은 착한 것의 어른이다."라는 것이다. 이상의 것들은 모두 '인'(仁)을 말한다.[33]

츠엉하오의 이야기는 『주역』(『십익』) 계사전下의 두 구절, 『맹자』 고자장上의 구절 그리고 『주역』(『십익』) 건괘 문언전의 구절을 차례로 인용하고 있음이다. 중요한 내용은 이와 같은 유가 경전의 이야기가 모두 '인'(仁)을 가리키고 있다는 츠엉하오의 지적이다. 콩치우(孔丘)이래 유가철학의 추상개념 '인'이 츠엉하오에 와서 더욱 강조되고 재해석되고 있다. 이러한 이유로 츠엉하오 사상의 대표적 중점이 '인'(仁)의 해석에 있다고 생각된다. 츠엉하오는 또 말한다.

의서(醫書)에 손과 발의 마비를 가리켜 '불인'(不仁)이라고 하였다. 이것이 '인'이라는 이름의 특징을 가장 잘 표현한 것이다. 어진 자[인자仁者]는 천지만물을 한몸[일체一體]으로 여기니 자기 몸이 아닌 것이 하나도 없다.... 배우는 자는 마땅히 먼저 '인'을 인식해야 한다. '인'이란 만물과 혼연일체가 되는경지로 의(義)·예(禮)·지(智)·신(信)이 모두 '인'이다. 이런 이치를 인식한 다음에 정성[誠]과 공경[敬]의 태도로 보존하면 되니, 반드시 단속하거나 애써 모색할 필요가 없다.... "반드시 항상 정진하되 멈추지 않고, 마음에 망각하지도 않고, 조장(助長) 하지도 않고", 추호의 억지도 부리지 않는 것이 '인'을 보존하는 도리이다.[34]

이상의 내용에서 "반드시 항상 정진하되 멈추지 않는다."라는

---

33) 츠엉하오(程顥), 『이정집二程集』上, 「하남정씨유서河南程氏遺書」권11, 사훈(師訓). cf. 중화서국본, p. 120. "'天地之大德曰生.' '天地絪縕, 萬物化醇.' '生之謂性.' 萬物之生最可觀, 此元者善之長也, 斯所謂仁也."

34) 『이정집』上, 「하남정씨유서遺書」 권2 上. cf. 중화서국본, pp. 15-17. "醫書言手足 痿痹爲不仁. 此言最善名狀.... 學者須先識仁. 仁者渾然與物同體.... 必有事焉而勿正, 心勿忘, 勿助長. 未嘗致纖毫之力, 此其存之之道."

구절 이하는 『맹자』 공손추上에서 인용되었다. 문제는 츠엉하오가 '인'에 대한 인식의 중요성을 강조하고 있음이다. 츠엉하오에 의하면 '인'을 인식하는 즉 '식인'(識仁)은 '인'의 본체를 즉각적으로 쥐는 것이지, 분석적으로 지식에 의하여 '仁은 이러한 것이다'라고 관념적으로 인식하는 것이 아니다. 이와 같은 츠엉하오의 주장은 선(禪)불교에서 강조하는 '단 번에 깨침'[頓悟]의 방법과 유사한 것으로 보인다. 그러므로 츠엉하오의 기질이 훗날 왕서우르언(王守仁)의 양명학파에게 영향을 주었다는 주장이 있다.

츠엉하오의 주장이 『맹자』 공손추上의 이른바 '호연지기장'을 인용하면서 출발하고 있는 점에 주의할 필요가 있다. 그리고 츠엉하오의 '식인설'은 또한 수양방법의 하나로 등장하고 있음도 주의할 내용이다.

츠엉하오에게 중요한 점은 『역전易傳』 계사下에서 언급한 바와 같이, "천지의 커다란 덕을 가리켜 생(生)이라고 한다."(天地之大德曰生)라는 말의 의미를 깨닫는 일이다. 츠엉하오가 주장하는 '인'이란 결국 만물에 깃들어 있는 거대한 생명력(vital force)이다. 츠엉하오는 '기'를 그다지 많이 언급하지 않았지만, 주시(朱熹)에 의하면 이 생명력은 곧 '기'(氣)의 영역에 속한다.

현대인의 눈으로 볼 때에 그의 학문 체계는 난삽하다. '밍따오'(明道)라는 호칭에서 보는 바와 같이, 츠엉하오의 공헌은 유가의 정통을 세우고 이단(異端)을 배척한 데 있다. 여기서 말하는 '이단'은 주로 불교를 가리킨다. 츠엉하오는 말한다.

> 요즘 이교(異敎)의 폐단에 대해서 말하면, 도가의 학설은 다시 새롭게 열릴(闢) 수 없을 것이다. 오직 불가의 설(說)이 널리 유행하여 사람들이

그에 빠져 헤매는 것이 심하다. 오늘날 불교는 왕성하지만, 도가는 쓸쓸하다. 천하의 선비들이 가끔 그 학문을 따르니, 그들과 힘써 겨루기 어렵다. 오직 우리 (유가의) 학설을 스스로 밝혀야 한다. 우리의 학설만 정립되면, 불교와 싸울 필요가 없을 것이다.[35)]

츠엉하오는 한위(韓愈)가 「불골표佛骨表」에서 논한 것처럼 불교를 극심하게 매도하지는 않았다. 그는 유가의 학설을 제대로만 세우면 (도가는 한풀 꺾였으니 걱정거리가 아니고) 불가도 저절로 고개를 숙일 것으로 낙관하였다. 이는 일종 자존심의 표현인데, 유가의 학설은 과연 그토록 완전한 사상 체계일까?

사상가로서 츠엉하오의 진정한 공헌은 인생과 학문에 대한 경건한 태도에 있다. 시(詩) 한 편을 소개함으로써 그의 정신적 경지를 들여다보기로 한다.[36)] 소개하는 시(詩)는 한 편의 철학시(哲學詩)라고 말할 수 있다. 그가 추구한 세계는 기상(氣像)이 매우 높고, 진정한 '행복'(樂 ; Happiness)의 경지가 느껴진다.

츠엉하오의 동생 츠엉이는 형과 성격이 많이 달랐다. 그는 '단 번에 깨침'[頓悟]을 강조하지 않았다. 형이 후에이넝(慧能) 의 방법에

---

35) 『이정집』上, 같은 책, 중화서국본, p. 38. "今異敎之害, 道家之說則更沒可闢. 唯釋氏之說衍蔓迷溺至深.... 惟當自明吾理, 吾理自立, 則彼不必與爭."

36) 『이정집』上, 「하남정씨문집文集」 권3, 명시(銘詩), 추일우성(秋日偶成). cf. 중화서국본, p. 482.

한가로이 일 없어도 마음은 편안하네	(閑來無事不從容)
잠깨면 해는 벌써 동편 창에 비추고	(睡覺東窓日已紅)
만물은 조용히 스스로 갈 길을 가네	(萬物靜觀皆自得)
4계절 좋은 시절 남처럼 즐기나니	(四時佳興與人同)
천지의 형상 밖까지 도가 통하고 있네	(道通天地有形外)
바람과 구름 떠다니는 곳 생각 얹어두고	(思入風雲變態中)
부귀로도 빈천 속의 즐거움을 어지럽힐 수 없으니	(富貴不淫貧賤樂)
대장부 이 경지에 이르면 영웅호걸이 아니냐	(男兒到此是豪雄)

가깝다면, 동생 츠엉이는 오히려 선시우(神秀)의 입장에 접근하고 있다. 그러나 2인의 학문은 기본적으로 일치한다. 2인의 사상을 구별하는 것을 불가능하다. 두 사람의 학문 방법에 차이가 있다는 뜻이다.

츠엉이에게서 중요한 점은 '리'(理) 개념의 등장이다. 많은 사람들이 현상적인 '기'(氣)의 세계에 대하여 언급하였으나, 츠엉이만큼 본체 세계인 '리'를 언급한 학자는 드물다.

츠엉이의 '리' 개념의 출발은 『역전』(『십익』)에 있다. 츠엉이는 먼저 '형상'(形上)의 세계와 '형하'(形下)의 세계를 구분한다. 『역전』에 이르기를, "형이상인 것을 '도'(道)라하고, 형이하인 것을 '기'(器)라 한다."[37]라고 하였다. 츠엉이는 형이하의 구체적인(concrete) 사물의 세계로부터 시간과 공간을 초월하는 형이상의 추상적인(abstract) 세계를 가상하였다. 이 추상의 세계야 말로 츠엉이가 생각하는 '리'의 세계이다. 츠엉이가 언급한 '리'는 무엇을 말하는가? 그의 저술 『역전』의 서문을 들여다보자.

> 『주역』에 성인(聖人)의 도(道) 네 가지가 있다.... 글[言]로써 말씀[辭]을 높이고, 움직임[動]으로써 변화[變]를 높이고, 사물[器]을 마름질함으로써 상(象)을 높이고, 복서(卜筮)로써 점(占)을 높이는 것이 그것이다. 길흉 소장(消長)의 '리'(理)와 진퇴 존망(存亡)의 '도'(道)는 말씀에 갖추어 있다.... 지극히 미묘한 것은 '리'(理)이고, 지극히 드러난 것은 '상'(象)이다. 본체[體]와 작용[用]은 근원이 같고, 미묘한 것과 드러난 것 사이에는 틈이 없다.[38]

37) 『역전易傳』 계사전(繫辭傳) 上. "形而上者, 謂之道. 形而下者, 謂之器."

38) 『이정집』下, 역전서(易傳序). cf. 중화서국본, p. 689. "易有聖人之道 四焉.... 至微者理也, 至著者象也. 體用一源, 顯微無間."

이 글에서 츠엉이가 생각한 '리'의 개념이 들어나고 있다. '리'란 지극이 미묘한 것이다. 같은 내용의 글이 다른 곳에도 보인다.

> 지극히 드러난 것은 '사'(事)보다 더한 것이 없고, 지극히 미묘한 것은 '리'(理)보다 더한 것이 없다. 그러나 '사'와 '리'는 일치하고, 미묘한 것과 드러난 것은 근원이 같다. 옛적의 군자들 가운데 학문에 밝은 사람은 여기에 능통(能通)할 뿐이다.[39]

대개 '체용'이니 혹은 '현미무간'이니 하는 술어는 불가(佛家)에서 빌린 것이다. 츠엉이가 평소 불교를 공격하였다고 알려져 있으나, 그는 철학체계에 있어서 '리'(理) 개념의 설명을 위하여 불가피하게 불교의 술어를 빌려야 했다. 이점은 인간의 한계일 것이다. 당대 지식인중 젊은 시절 불교 이론에 끌리지 않은 사람이 없었다. 위 글에서 '사'(事)와 '리'(理)의 관계는 『화엄경』의 4법계관에서 유래한 듯하다.[40]

츠엉이의 제자 리우위앤츠엉(劉元承)의 기록에 의하면, 츠엉이는 일찍이 『화엄경』을 읽은 일이 있으며, 그 이론이 장황하지만 한마디로 말하면, "모든 이치는 하나의 이치로 돌아간다."(萬理歸於一理)라고 말하였다고 적고 있다.[41] "모든 이치는 하나의 이치로 돌아간다."라는 표현은 츠엉이 및 주시의 '리일분수'(理一分殊)의 이론으로 구체화된다.

츠엉하오와 츠엉이는 이와 같은 '리'의 개념에 '하늘 천'(天)자를

---

39) 『이정집』上, 「하남정씨유서遺書」권25, 창잠도록(暢潛道錄). cf. 중화서국본, p. 323. "至顯者莫如事, 至微者莫如理. 而事理一致, 微顯一源."

40) '4법계관'에 대하여는 본서 "중국불교의 주요 종파와 기본 교리"를 참조하라.

41) 『이정집』上, 「하남정씨유서遺書」권18, 유원승수편(劉元承手編) 참조.

더하여 '천리'(天理)라는 술어를 탄생시켰다. 이는 '2정'의 철학을 이해하는데 매우 중요하다. 왜냐하면 '천리'는 주로 '인욕'(人欲)과 더불어서 사용되었고, '인욕'을 악한 측면에서만 비추었기 때문에 성리학(주자학)이 고도의 엄숙한 사상체계라는 오해를 가져온 것이다. 츠엉하오는 이렇게 말한 적이 있다.

> 나의 학문은 비록 물려받은 것이지만, '천리'(天理) 두 글자는 나 스스로 개발한 것이다.[42]

또한 츠엉이는 다음과 같이 말하였다.

> • 만물은 모두 다만 하나의 천리(天理)일 뿐이다.[43]
> • 천리라고 말하는 것은 하나의 도리(道理)이다.... 천리는 원래 흠결(欠缺)이 없고, 백 가지 이치가 구비되어 있다.[44]

'천리' 혹은 '리'자는 지고지상(至高至上)의 절대적인 세계를 가리킨다. 이는 생겼다가 없어지고 증가했다가 감소하는 것이 아니다. 온갖 이치가 들어있고, 동시에 조그만 결함도 없는 그러한 무엇이다.

훵여우란에 의하면 어떤 사물이 존재한다면 그 사물에는 반드시 어떤 원리가 존재한다. 이 원리가 곧 '리'(理)이며, 이는 마치 그리

---

42) 『이정집二程集』上, 「하남정씨외서外書」 권12, 전문잡기(傳聞雜記). cf. 중화서국본, p. 424. "吾學雖有所受, 天理二字 却是自家體貼出來."
43) 『이정집』上, 「하남정씨유서遺書」 권2 上. cf. 중화서국본, p. 30. "萬物皆只是一箇天理."
44) 『이정집』上, 같은 책. cf. 중화서국본, p. 31. "天理是佗元無少欠, 百理具備."

스 철학자 아리스토텔레스의 '형상'(形相 ; eidos ; the form)의 개념과 비슷하다고 말한다. '형상'이란 사물 안에서 작용하는 원리이다. 그것은 사물의 본질이지만 사물 자체는 아니다. 사물을 형성하기 위해서는 '질료'(質料 ; dynamis ; the matter)가 필요하다.

2정(二程)의 사상은 송유(宋儒)의 지상 명제인 "천리를 보존하고, 인욕을 막는다."(存天理而遏人欲)라는 구호로 후대의 학자들에게 널리 알려졌다. 동시에 이 구호는 '천리'를 보존하는 일은 선(善)한 일이 되지만, '인욕'(人欲)을 일종의 반대개념으로 인식하여 '악'(惡)으로 처리하는 잘못을 저질렀다. 그 까닭에 이 학문을 따르는 사람은 인간의 생리적 측면을 부정하는 모순을 범함으로써, 극도의 '엄숙주의' 노선을 걷게 되는 도덕적 부담을 껴안게 되었다.

2인의 학문 목표는 '천리'를 보존함에 있었고, 인간적으로 이를 바탕으로 행복의 추구에 관심이 많았다. 『송사宋史』에는 다음과 같은 이야기가 전한다.

> 츠엉하오와 츠엉이가 (저우뚠이에게) 수업을 받을 때, 저우뚠이는 항상 콩치우와 옌후에이(顔回)의 행복(樂)이 어디에 있으며, 그 즐거워하는 바가 무엇이었는지를 찾아보라고 하였다.[45]

문장은 약간 다르지만 같은 내용이 『이정집』「하남정씨유서遺書」에도 보인다.[46] 저우뚠이의 물음에 의하여, 츠엉이의 "옌후에이가 즐거워한 것이 무슨 학문이었던가?"(顔子所好何學論)라고 하는 명

---

45) 『송사宋史』권 427, 열전(列傳), 도학(道學) 一. cf. 중화서국, p. 12712. "敦頤每令尋孔顔樂處, 所樂何事."

46) 『이정집』上, 같은 책. cf. 중화서국본, p. 16. " 昔受學於周茂叔, 每令尋仲尼樂處, 所樂何事."

문장이 탄생한다.

성인(聖人 ; 孔子)의 문하에 3,000명이 넘는 문인이 있었는데, 오직 옌후에이(顔回)만이 학문을 즐거워하였다고 함은 무슨 말인가? 3,000명이 『시詩』, 『서書』를 비롯하여 6예를 배워 통달하였는데, 오직 옌후에이만이 홀로 즐거워하였다니 그것은 어떤 학문인가? 배움으로써 성인의 경지에 이른 것이다. 성인의 학문을 가히 배울 수 있다는 말인가? 그렇다. 그 학문의 도(道)는 무엇인가? 천지에 정기(精氣 ; 에너지)가 가득 쌓여있는데, 그중 5행(五行)의 가장 빼어남을 받은 존재가 사람이다. 그 근본은 고요함[靜]에 있고, 아직 (감정이) 발현하지 않은 체 5성(五性)이 구비되어 있으니, '인·의·예·지·신'이 그것이다. 이미 몸[形]이 생긴 이후 바깥 사물에 접촉되면 마음에 움직임이 있다. 그 가운데 7정(七情)이 출현하니, '희·노·애·락·애·오·욕'이 그것이다. '정'(情)이 세차게 발동할 때 '성'(性)은 침해를 당한다. 그러므로 뛰어난 사람[覺者]은 '정'의 발동이 중용에 알맞게 하고 '심'(心)을 바르게 하고 '성'(性)을 잘 기르니, 이를 이르되 "'성'이 '정'을 다스린다."(故曰性其情)라고 말한다. 어리석은 사람[愚者]은 제지할 줄을 몰라서 '정'이 하는 데로 따라가 방종에 이르고 망하게 된다. 이를 이르되 "'정'이 '성'을 다스린다."(故曰情其性)라고 말한다. 무릇 학문의 길은 '심'을 바르게 하고, '성'을 잘 기르는 데에 있을 뿐이다.... (사람들은) 자기 자신에게서 구하지 않고 밖에서만 찾으며, 널리 듣고 억지로 기억하며 교묘한 문장과 아름다운 글귀에만 공을 들이고, 말에서 영화(榮華)를 찾는다. 그러므로 도(道)에 머무는 자는 매우 드물다. 오늘날 유행하는 학문은 옌후에이가 좋아하였던 학문과는 매우 다르다.[47]

---

47) 『이정집』, 「하남정씨문집文集」 권8, 잡저, 안자소호하학론(顔子所好何學論). cf. 중화서국본, pp. 577-578. "聖人之門, 其徒三千, 獨稱顔子 爲 好學.... 然則顔子所獨好者, 何學也? 學以至聖人之道也. 聖人可學而至歟? 曰. 然. 學之道如何?.... 凡學之道, 正其心, 養其性而已. 中正而誠, 則聖矣.... 則 今之學, 與 顔子 所好異矣."

츠엉이의 이 글은 옌후에이가 좋아하였던 학문이란 5성·7정이 중화(中和)를 갖추어서, '성'(性 ; 본성)이 '정'(情 ; 감정)을 다스리는 경지 그리하여 '심'(心 ; 마음)이 올바른 상태를 유지하는 것이 참다운 행복(樂 ; Happiness)의 경지라고 말하고 있다. 이러한 경지를 저자(황준연)는 "콩치우 사상에 나타난 '락'(樂)의 정신"에서 강조하였다.

장짜이와 사오용이 루어양의 지식인 계층에서 소외된 은둔자였다면, 츠엉하오와 츠엉이는 제자들이 많았다. 특히 츠엉이는 당대 지식인 사회의 중심인물에 속한다. 2정의 제자 가운데 시에리앙쭈어(謝良佐 ; 1050~1103)가 있다. 그는 상차이(上蔡)사람으로, 지역 이름을 좇아서 '상차이 선생'으로 부른다. 그는 츠엉이에게서 배웠다. 정씨 문하에 양스(楊時 ; 1053~1135)가 있었는데, '꿰이산(龜山) 선생'으로 호칭된다. 츠엉하오의 문하에서 공부하였고, 그가 죽자 다시 츠엉이를 따라서 배웠다. 그의 저술로 『양구산집楊龜山集』이 있다. 2정의 또 다른 제자에 뤼따린(呂大臨 ; 1040~1092) 형제가 있다. 뤼따종(大忠), 뤼따황(大防), 뤼따쥔(大鈞), 뤼따린이 그들이다. 이들은 모두 장짜이(張載)에게서 공부하다가, 그가 죽자 2정의 문하로 왔다. 뤼따린이 가장 유명하였으며, 그의 고향의 이름을 따라서 '란티엔(藍田) 선생'이라고 부른다. 「극기명克己銘」이라는 글이 알려져 있다. 2정은 이들 제자들에 의하여 빛을 발하였고, 훗날 주시(朱熹)에 의하여 역사적인 인물로 남았다.

12.5 사오용(邵雍)의 '수학'(數學)

사오용(邵雍 ; 1011～1077)의 선조는 환양(范陽 ; 현 허난성 환현 范縣) 사람이다. 어려서 부친을 따라서 이사하였고, 만년에는 루어양에서 보냈다. 자를 야오후우(堯夫)라고 하였다. 그를 보통 '캉지에(康節) 선생'이라고 부르는데, 이는 그가 죽은 후 내려진 시호(諡號)이다.

사오용은 매우 특이한 삶을 살았다. 그는 여름에 더워도 부채질을 하지 않았고, 겨울에 추워도 화로 불을 때지 않았다고 전한다.[48] 이와 같은 성격을 지닌 사오용은 사람들과 어울리지 않은 듯하다. 그는 은자(隱者 ; hermit)로서 살았다.

북송 5인의 철학자들 중에서 그의 위치는 매우 독특하며, 당대의 지식인 사회에서 소외되었고 주류(主流)에 끼지 못하였다. 사오용은 평생 벼슬하지 않은 것으로 전한다. 저술에 『황극경세서皇極經世書』와 『격양집擊壤集』이 있다.

사오용은 중국의 피타고라스(Pythagoras ; BC 569～500)라고 부를만하다. 그는 피타고라스학파의 이론과 같이 사람의 영혼이 윤회를 거듭한다고 믿지는 않았지만, 우주는 윤회한다고 생각하였다. 또한 그는 '무한소'(無限小 ; infinitesimal) 혹은 '연속체'(連續體 ; continuum)의 개념에 대하여 생각하였다. 그의 학문을 '수학'(數學) 혹은 '상수학'(象數學)이라고 부른다. 이 경우 '수학'이란 현대 학문

48) 그가 살았던 루어양(洛陽) 지역의 현재 7월 평균기온은 섭씨 26℃～28℃이며, 1월 평균기온은 -2℃～2℃로 보고되고 있다. 사오용(邵雍)이 살았던 12세기 이 지역의 온도는 알 수 없으나, 얼어 죽을 정도는 아니었다고 생각한다.

의 분야에서 말하는 '수학'이라기보다는 '철학'에 가깝다. 그는 '수'(數)를 통하여 우주 만물을 해석하였다. 대표적인 저술 『황극경세서』는 『주역周易』과 궤도를 같이 한다.

이미 설명한 바와 같이 『주역』은 '태극'을 우주 본체로 하고, 태극의 두 가지 측면인 '음양'의 2元으로서 만물의 현상을 설명한다. 『주역』(『역전』) 계사전에 "역(易)에 태극이 있다. 태극은 양의(兩儀 ; 음양)를 낳고, 양의는 사상(四象)을 낳고, 사상은 8괘를 낳는다."[49]라는 구절이 있다. 사오용은 '양의'를 '동 · 정'(動 · 靜)으로, '사상'을 '음 · 양 · 강 · 유'(陰 · 陽 · 剛 · 柔)로 구분하고, '사상'을 '태 · 소'(太 · 少)를 사용하여 8괘를 설명한다. 이를 도표로 그리면 아래와 같다.

태유 태강 소유 소강 소음 소양 태음 태양
(太柔) (太剛) (少柔) (少剛) (少陰) (少陽) (太陰) (太陽)
-- — -- — -- — -- —

유(柔) 강(剛) 음(陰) 양(陽)
-- — -- —

정(靜) 동(動)
-- —

태극 양의 사상 8괘
1 → 2 → 4 → 8 · · · · ℵ(알레프)

여기에서 중요한 것은 태극(1)의 개념에서 '무한'(ℵ ; 헤브라이어 알파벳 첫 글자 ; '無限'을 상징함)으로 진화하는 과정이다. 이는 일

49) 『주역』 계사전 11장. "是故, 易有太極, 是生兩儀, 兩儀生四象, 四象生八卦."

종의 우주생성론이다. 사오용에 의하면, "태극은 하나(一) 인데 움직이지 않는다. 그것이 둘을 낳는 바, 둘은 '신'(神)이다. '신'은 '수'(數)를 낳고, '수'는 '상'(象)을 낳고 '상'은 개개 사물을 낳는다."[50]라고 하였다.

사오용은 이처럼 『주역』의 원리를 기초로 64괘 방위도(方位圖)를 그렸다. 그리고 이 64괘 중에서 가장 중요한 12괘를 뽑아서 이를 '벽괘'(辟卦)[51]로 삼았다. 이들 '벽괘'는 지뢰복(地雷復 ; ☷☳), 지택림(地澤臨 ; ☷☱), 뇌천대장(雷天大壯 ; ☳☰), 택천쾌(澤天夬 ; ☱☰), 중천건(重天乾 ; ☰☰), 천풍구(天風姤 ; ☰☴), 천산돈(天山遯 ; ☰☶), 천지비(天地否 ; ☰☷), 풍지관(風地觀 ; ☴☷), 산지박(山地剝 ; ☶☷), 중지곤(重地坤 ; ☷☷) 등이다.

사오용에 의하면 '양'이 우주를 생성하는 힘이라면, '음'은 우주를 파괴하는 힘이다. 12 벽괘를 가지고 설명하면, '복'(復 ; 상☷하☳)괘는 첫 번째의 양효(陽爻)로써 우주 생성의 시작단계를 나타낸다. 이는 건설의 초기 과정이다. 건설이 극도의 발전단계에 이르면, '건'(乾 ; 상☰하☰)의 단계로 이는 사물의 완성을 뜻한다. 그러나 완성된 사물은 곧 파괴가 시작되고, 이는 '구'(姤 ; 상☰하☴)괘의 첫 번째의 음효(陰爻)로써 나타낸다. 파괴가 완성되는 것은 '곤'(坤 ; 상☷하☷)괘이다. 이와 같은 방식으로 만물은 생성과 파괴를 계속한다.

사오용에 의하면 '복'괘의 초효(初爻)에서 우주가 생성되어, 무궁한 시간 속에 발전을 거듭하고, 또한 무궁한 시간 속에 파괴된다.

---

50) 사오용(邵雍), 『황극경세서皇極經世書』 권 14, 관물외편(觀物外篇) 下. cf. 『사고전서四庫全書』 子部, 術數類. "太極一也不動, 生二, 二則神也. 神生數, 數生象, 象生器. 太極不動性也. 發則神, 神則數, 數則象, 象則器, 器之變復歸於神也.

51) 『주역』 64괘 중에서 대표적인 괘라는 뜻이다.

이 법칙에 예외란 없다. 가령 어떤 문명의 시작이 '복'괘로 표시되면, 그 문명의 황금기는 '건'괘로 표시되고, 그 문명이 퇴폐하면 '박'(剝 ; 상☶하☷)괘로 상징된다. 그리고 '곤'괘는 멸망을 의미한다. 중국 역사를 놓고 비유하면, 상·주(商·周) 시대는 일종의 건설기로 '복'괘에 해당한다. 한·당(漢·唐) 시기를 극성기로 보면 이는 '건'괘에 해당한다. '5대 10국'의 시기는 일종의 퇴폐기이고, 청(淸)의 멸망은 곧 '곤'괘에 해당된다고 볼 수 있다.

사오용은 이와 같이 『주역』의 원리를 이용하여, 천지의 변천 과정을 '수'(數)로 계산하고 있다. '원·회·운·세'(元·會·運·世)론이 그것이다. 오늘날 현대인은 컴퓨터를 이용하여 시간 계산을 쉽게 해낼 수 있다. 가령 1분=60초를 놓고 계산해보자.

- 60분 × 60초 = 3,600초 (1시간)
- 24시간 × 3,600초 = 86,400초 (1일)
- 365일 × 86,400초 = 31,536,000초 (1년)

이와 같이 1년의 시간이란 '삼천일백 오십삼만 육천 초'에 해당한다. 사오용에 의하면 30년의 시간은 1세(世)에 해당한다.[52] 12세는 1운(運)에 해당하고, 30운은 1회(會)이다. 그리고 12회는 1원(元)에 해당한다. 이를 시간상으로 표시하면 다음과 같다.

- 30년 = 1世
- 12세 = 1運 → 30 × 12 = 360년
- 30운 = 1會 → 360 × 30 = 10,800년

52) 우리는 현재 한 세대를 30년으로 하고 있다.

• 12회 = 1元 → 10,800 × 12 = 129,600년

사오용에 의하면 우주는 이와 같이 '십이만 구천 육백 년'간 지속된다. 이것이 우주의 시간이다. 이 시간이 다하고 우주가 소멸하는 것이 아니다. 그는 우주가 영원히 순환(circulation)의 과정 속에 있다고 보았다. 낡은 세상이 다하면, 심판이 아니고 다시 새로운 세상으로 전환한다는 뜻이다. 사오용의 이론은 일종의 지적(知的)인 유희(遊戱)가 될 수 있다. 그러나 컴퓨터와 같은 기계의 도움이 없이 이와 같은 계산을 완료한 사오용의 정열에 놀랍다.

사오용의 사상은 조선의 서경덕(徐敬德)에게 또한 영향을 주었다. 서경덕의 저술 『화담선생문집』 가운데 「황극경세수해皇極經世數解」라는 글이 전하는데, 여기에는 다음과 같은 내용이 있다. "360×360은 129,600년이다. 129,600×129,600은 167억9616만년이다. 167억9616만년×167억9616만년은 28,211조990만7456억이다. 28,211조990만7456억÷12는 한 기간이 13억9968만의 167억9616만년이다. 167억9616만년÷10은 한 토막(分)이 16억7961만6000년이다. 매년 6일을 더 나아가면 129,600을 여섯 얻게 된다. 그러므로 129,600년에 6일을 나아가니, 129,600을 하루로 쳐서 합계하면 곧 6일이 된다."[53)]

서경덕의 시대에도 계산기(컴퓨터)가 없었는데, 어떻게 이와 같은 숫자의 계산을 하였는지 의문이 앞선다. 서경덕은 중국인들에게 '호걸지사'(豪傑之士)로 알려져 있다.[54)] 이것은 그의 학문이 중국에서

53) 서경덕(徐敬德), 『화담선생문집花潭先生文集』(고려대학교 민족문화연구소, 1971년), p. 102.

54) 서경덕의 문집이 『사고전서四庫全書』 권178, 집부(集部) 32, 별집류 존목(存目)

도 인정받고 있음을 말한다.

사오용의 사상은 '수'를 바탕으로 한 우주론의 전개보다 그의 인생에 대한 태도에 더욱 가치를 두어야 할 듯싶다. '행복'의 추구에서 본다면 중국철학사에 있어서 사오용만큼 만족하며 행복[樂]을 즐긴 사람을 찾기 쉽지 않다. 그는 자기 집을 '행복한 보금자리'(안락와安樂窩 ; Happy Nest)라고 칭하였고, 이 때문에 사람들이 그를 가리켜 '안러(安樂) 선생'이라고 불렀다. 한 편의 시(詩)를 소개함으로써 그의 정신 경지를 즐기도록 하자.[55]

5에 소개되고 있다.

55) 『사고전서四庫全書』 집부(集部), 별집류, 「격양집擊壤集」 권14, 안락음(安樂吟).

안락선생, 그 성씨(姓氏)를 모르네 (安樂先生 不顯姓氏)
30년간 락하(洛河)에 살며 (垂三十年 居洛之涘)
풍월(風月)을 즐기고 강과 호수를 좋아했네 (風月情懷 江湖性氣)
꿩들이 노니는 것을 보고 즐기니 (色斯其擧 翔而後至)
천(賤)하고 가난하고 부(富)하고 귀(貴)함이 없고 (無賤無貧 無富無貴)
세상 오고감[명예]에 거리낌 없도다 (無將無迎 無拘無忌)
가난해도 근심 없고 마셔도 취하지 않으니 (窘未嘗憂 飮不至醉)
세상의 봄기운을 거두어 마음에 담고 (收天下春 歸之肝肺)
연못가에서 시를 읊고 들창에서 잠을 자네 (盆池資吟 瓮牖薦睡)
마음을 즐기는 작은 수레 큰 뜻을 펼치는 붓 한 자루 (小車賞心 大筆快志)
혹은 삿갓 쓰고 혹은 반소매 걷어 부치고 (或戴接籬 或著半臂)
혹은 숲에서 쉬고 혹은 물가 거닐며 (或坐林間 或行水際)
착한 사람 만나고 착한 일 듣기 즐기고 (樂見善人 樂聞善事)
착한 말 착한 행위를 즐기니 (樂道善言 樂行善意)
악한 일 듣고 가시 맨듯하고 (聞人之惡 若負芒刺)
착한 일 듣고 향풀을 찬듯하네 (聞人之善 如佩蘭蕙)
말없는 선인(禪人) 세상에 아첨하지 않는 방사(方士)처럼 (不佞禪伯 不諛方士)
뜰에 나서지 않아도 천지와 일체가 되었네 (不出戶庭 直際天地)
무력으로 업신여길 수 없고 거금으로 유혹할 수 없으니 (三軍莫凌 萬鐘莫致)
유쾌하게 육십 오년을 살고 있네 (爲快活人 六十五歲)

그렇지만 사오용의 '안락와'는 루어양 시내에 있지 않았다. 리즈(李贄)의 기록에 의하면, '안락와'는 꽁츠엉(共城 ; 현 허난성 신시앙시新鄕市 후에이현輝縣) 북쪽의 소문산(蘇門山)에 있었다. 그곳에 리즈차이(李之才)가 살았고, 사오용이 살았고, 한 때 리즈(李卓吾)가 벼슬살이를 하였다.[56]

📖 참고문헌

- 안은수, 『정이程頤』, 성균관대학교출판부, 2002.
- 오수영 역해, 『한유산문선韓愈散文選』, 서울대학교출판문화원, 2010.
- 오종일, 『중국사상과 역사의 근원을 찾아서』, 한울, 2008.
- 양리엔(楊廉) 편, 『이락연원록신증伊洛淵源錄新增』, 한국국립중앙도서관 영인본, 1996.
- 장짜이(張載), 『장재집張載集』, 中華書局, 2008.
- 주시(朱熹), 『이락연원록伊洛淵源錄』, 商務印書館, 民國 25년 영인본.
- 츠엉하오(程顥)·츠엉이(程頤), 『이정집二程集』(上)(下), 中華書局, 1981.
- 치엔무(錢穆), 『주자신학안朱子新學案』전5권, 三民書局, 民國 71년.
- 훵여유란(馮友蘭), 『중국철학사中國哲學史』二冊, 商務印書館, 民國 24년.
- 葛瑞漢(A.C.Graham), 『이정형제적신유학二程兄弟的新儒學』, 程德祥 譯, 大象出版社, 2001.
- 저우뚠이(周敦頤), 『통서해通書解』, 권정안 역주, 청계, 2000.
- 츠언라이(陳來), 『송명성리학』, 안재호 옮김, 예문서원, 1997.
- 훵여우란(馮友蘭), 『중국철학사』下, 박성규 옮김, 까치, 1999.
- 우노 데쓰토(宇野哲人), 『송대성리학사』(Ⅰ)(Ⅱ), 손영식 옮김, 울산대학 출판부, 2005.

---

56) 이지(李贄), 『분서焚書』, 탁오논략(卓吾論略), 김혜경 역, 『분서』Ⅰ (한길사, 2004), p. 308.

• 제임스 류, 『왕안석과 개혁정책』, 이범학 역, 지식산업사, 1992.
• A.C. Graham, *TWO CHINESE PHILOSOPHERS,* Lund Humphries London, 1978.
• Joseph Needham, *Science and Civilization in China,* Cambridge University Press, 1956, v.2.
(조셉 니담, 『중국의 과학과 문명』Ⅲ, 이석호 등 역, 을유문화사, 1988)

제13장

주시(朱熹)의 집대성

"천지간에 '리'도 있고 '기'도 있다.
'리'는 형이상의 도(道)이며, 사물을 생성하는 근본이다.
'기'는 형이하의 그릇[器]이며,
사물을 생성하는 도구이다. 그러므로 사람과 동식물이 생성될 때에
반드시 '리'를 부여받은 뒤에 '성'(性)이 생기고,
'기'를 부여받은 뒤에 형체가 생긴다."
(天地之間, 有理有氣. 理也者, 形而上之道也,
生物之本也. 氣也者, 形而下之器也, 生物之具也.
是以人物之生, 必稟此理然後有性, 必稟此氣然後有形.)

-주시(朱熹 ; 1130~1200), 『주희집朱熹集』권58, 서(書), 답황도부(答黃道夫)

13.1 주시의 리기론

현대의 저명한 중국학자 치엔무(錢穆 ; 1895~1990)에 의하면, 중국학술사상 유가 방면에서 오직 두 사람의 위인이 있었다. 한 사람은 2,500년 전의 콩치우(孔丘)이고, 또 한 사람은 800년 전의 주시(朱熹)이다. 철학의 측면에서 볼 때에 이 견해를 거부할 수 없다. 그만큼 주시의 무게는 대단하다. 콩치우의 학문이후, 한・당(漢・唐) 시기 중국의 학문은 문학(文學)에 비중이 놓여진다. 문명의 차원에서 볼 때 송대(宋代)는 한・당 시기와는 비교할 수 없다.[1] 그러나 북송의 5인이 출현한 이후 송학(宋學 ; 理學)은 '제자백가'에 버금가는 중요성을 지닌다. 북송의 5인은 주시를 만남으로 세상에서 기억하는 존재가 되었다.

주시(朱熹 ; 1130~1200)의 조적(祖籍)은 남송 시기 후에이저우(徽州) 우위앤(婺源 ; 현 지앙시성 상르아오上饒市 우위앤현)이다. 그 자신은 난지엔저우(南劍州)의 여우시(尤溪 : 현 푸지엔성 산밍시三明市 여우시현)에서 태어났다. 14세에 아버지 주쑹(朱松)이 세상을 버렸다. 19세(1148년)에 진사 시험에 합격하여 벼슬길로 나아갔다. 당시 옌핑(延平) 땅에 리통(李侗)이라는 학자가 있어서 그를 쫓아가 배웠다. 젊은 시절 불가와 도가에 심취하였다. 46세가 되던 1175년 뤼쭈치엔(呂祖謙)의 방문을 받고 그의 소개로 아호사(鵝湖寺)에서 루지우위앤(陸九淵) 형제들을 만났다. 그 후 3년 뒤, 백록

1) 보기에 따라서 송대는 오히려 문풍(文風)이 성(盛)하였던 아담한 시기로 평가할 수 있다. 여기에서 송대가 한・당 시기와 비교될 수 없다는 말은 현대 중국의 시각을 반영한다.

동(白鹿洞) 서원의 옛 터를 방문하고, 주청하여 이를 복원시켰다. 관리로서 비교적 잘나가던 그는 녕종(寧宗)이 즉위하면서 세력을 잡은 한투어저우(韓侂胄)에 의하여 모함을 받고 파직되는 고통을 당한다. 그러나 한투어저우가 죽자 다시 벼슬에 올랐으며, 1200년 봄 지엔양(建陽)의 카오팅(考亭)에서 세상을 떠났다. 향년 71세였다. 그의 묘소가 현재 푸지엔성 지엔양시(建陽市) 구봉산 자락에 있다.

주시가 남긴 저술은 너무 많아서 모두 기록할 수 없을 정도이다. 대표적인 저술로 『주역본의周易本義』, 『역학계몽易學啓蒙』, 『사서집주四書集註』, 『태극도설해太極圖說解』, 『통서해通書解』, 『주자가례朱子家禮』, 『근사록近思錄』, 『통감강목通鑑綱目』, 『이락연원록伊洛淵源錄』 등이 있다. 그의 제자들에 의하여 『주자어류朱子語類』, 『주자문집朱子文集』이 편찬되었다.[2)]

독자들은 관료의 신분으로 업무에 종사하면서 어떻게 학문적 저술이 가능하였는지에 대하여 궁금하게 생각할 것이다. 주시는 50년간 벼슬을 하였으나, 조정에 나섰던 것은 겨우 40일 정도이고, 대체로 업무에 종사하지 않으면서 봉급을 받는 사록관(祀祿官 ; 사원 관리인) 벼슬을 즐겨 맡았다. 그의 관심은 오로지 학문이었고, 이와 같은 상황에서 '리학'(理學 ; 신유학, 주자학 혹은 송학)의 건설이 가능하게 된 것이다.

---

2) 현재 중화서국본 『주자어류』 8권(1994년)과 쓰츠우안(四川) 교육출판사 『주희집朱熹集』 10권(1996년)이 기본적인 연구 자료이다. 주시에 관한 연구서적은 셀 수 없이 많지만, 치엔무(錢穆)의 『주자신학안朱子新學案』(1982년)을 당할 책은 없을 듯하다.

13.1.1 '리'와 '기'의 개념

'리기론'의 초보적인 형태는 2정(二程)에 의해서 자리 잡혔다. 그러나 2인의 학설은 엉성하고 체계적이지 못하다. 중국철학사에 있어서 '리기론'의 정립은 전적으로 주시의 작품이다. 주시를 만나면서 한·당 시기 문장 중시의 학문은 철학화(哲學化)[3]가 가능하였다. '리학' 혹은 '성리학'의 구축은 북송의 5인에게서 시작하였으나, 이를 불굴의 학설로 굳힌 인물은 주시이다. 주시만이 능히 전통을 물려받아서 새로운 의의(新義)를 창조하였다. 그는 온고지신(溫故知新)의 모범적인 인물이다.

'리', '기'의 개념에 대한 주시의 대표적인 표현을 인용하면 다음과 같다.

- 천지간에 '리'도 있고 '기'도 있다. '리'는 형이상의 도(道)이며, 사물을 생성하는 근본이다. '기'는 형이하의 그릇[器]이며, 사물을 생성하는 도구이다. 그러므로 사람과 동식물이 생성될 때에 반드시 '리'를 부여받은 뒤에 '성'(性)이 생기고, '기'를 부여받은 뒤에 형체가 생긴다.[4]
- 천하에 '리'없는 '기'가 없고, 또한 '기'없는 '리'가 없다.[5]
- '리'가 있으면 곧 '기'도 있다.[6]

---

3) 여기서 '철학화'란 독일어의 'philosophiesierung'의 의미이다.

4) 『주희집』 권58, 서(書), 답황도부(答黃道夫) cf. 『주희집朱熹集』(四川敎育出版社 점교본, 1996), p. 2947. "天地之間, 有理有氣. 理也者, 形而上之道也, 生物之本也. 氣也者, 形而下之器也, 生物之具也. 是以人物之生, 必稟此理然後有性, 必稟此氣然後有形."

5) 『주자어류』 권1, 리기(理氣) 上. cf. 리징떠(黎靖德) 편, 『주자어류朱子語類』(중화서국, 1994), p. 2.-이하 『주자어류』는 『어류』 혹은 『주자어류』라고 칭하고, 페이지는 중화서국본을 말한다.-"天下未有無理之氣, 亦未有無氣之理."

6) 『어류』 권1, 같은 곳, p. 2. "有是理, 便有是氣."

- ‘리’는 ‘기’에서 떨어진 적이 없다.[7]
- ‘기’가 없다면 ‘리’가 실려 있을 곳이 없다.[8]
- ‘기’는 능히 응결 조작하지만, ‘리’는 정감이나 사려가 없고 조작하지 않는다.[9]
- 천지가 생기기 전에도 틀림없이 ‘리’가 먼저 있었다.[10]
- 태극은 다만 하나의 ‘리’일 뿐이다.[11]
- 이른바 ‘리’와 ‘기’는 분명히 두 물건이다.[12]
- 다만 ‘기’는 강하고, ‘리’는 약하다.[13]
- ‘성’은 즉 ‘리’이다.[14]
- 츠엉이(程子 ; 程頤)가 “성즉리야”라고 한 말이 가장 좋다.[15]
- 만물의 근원을 논하자면 ‘리’는 같고 ‘기’는 다르다.[16]

이상의 인용문에서 우리는 주시 ‘리기’ 철학의 대체를 얻을 수 있다. ‘리’(理)란 무엇인가? 그것은 하나의 법칙이다. 주시의 해석에 의하면, ‘리’는 우주의 궁극적인 원리이며, 동시에 도덕적 법칙이다.[17] ‘리’는 또한 형이상의 도(道)이며, 사물을 생성하는 근본이다. 우주 만물의 현상 이면에 자리 잡은 법칙, 규칙 혹은 원리가 곧 ‘리’

---

7) 『어류』 권1, 같은 곳, p. 3. “理未嘗離乎氣”
8) 『어류』 권1, 같은 곳, p. 3. “無是氣, 則是理亦無掛搭處.”
9) 『어류』 권1, 같은 곳, p. 3. “蓋氣則能凝結造作, 理却無情意, 無計度, 無造作.”
10) 『어류』 권1, 같은 곳, p. 1. “未有天地之先, 畢竟是先有此理.”
11) 『어류』 권1, 같은 곳, p. 2. “太極只是一箇理字.”
12) 『주희집』 권46, 서(書), 답유숙문(答劉叔文). cf. 四川교육출판사 점교본, p. 2243. “所謂理與氣, 此決是二物.”
13) 『어류』 권4, 성리(性理) 1, p. 71. “只是氣强理弱.”
14) 『어류』 권4, 같은 곳, p. 61, p. 66, p. 67. “性卽是理也.”
15) 『어류』 권4, 같은 곳, p. 69. “程子‘性卽理也’, 此說最好.”
16) 『주희집』 권46, 서(書), 답황상백(答黃商伯). cf. 四川교육출판사 점교본, p. 2222. “論萬物之一原, 則‘理’同而‘氣’異.”
17) 『大學或問』에 “至於天下之物, 則必各有所以然之故, 與其所當然之則, 所謂理也.”라고 있다.

이다. 서양어로는 '로고스'(logos), 'pattern' 혹은 그냥 'Li' 라고 번역할 수 있다. 이 법칙이 없이 사물이 존재할 수 없다. '리'는 인간의 오감(五感) 능력으로는 파악할 수 없다. 그것은 선천적인 어떤 감지(感知) 능력에 의해서만 파악되는 무엇이다. 칸트의 용어를 빌리면 '리'는 인간의 '아프리오리'(a-priori)한 능력[18]에 의하여 선험적(先驗的)으로 파악된다.

'기'(氣)란 무엇인가? 그것은 하나의 현상이다. 우주 만물에서 나타나는 기운이다. 서양어로는 '에너지'(energy), '물질적인 힘'(material force) 혹은 그냥 'Chi' 라고 번역할 수 있다. 주시에 의하면 '기'는 형이하의 그릇[器]이며, 사물을 생성하는 도구이다.[19] '기'(氣)는 인간의 오감(五感) 능력[20]으로 파악할 수 있는 것이다. 다섯 가지 감각(five senses)으로 느낄 수 있기에 '기'는 현상 세계에서 시시각각 매일매일 부딪치는 삶의 현장에서 만나는 것들이다.

주시 철학의 우수성은 이와 같은 '리'와 '기'의 관계에 대한 자리매김에 있다. 주시 이전에 그 어떤 사상가도 '리기에 관한 이론'(리기론)을 종합적으로 구축한 사람은 없다. 현상계의 사물을 말하는 '기'의 논리는 일찍부터 이야기되었지만, '리기'의 관계에 대한 사고는 츠엉이(程頤)와 주시를 만나고서 가능해졌다. 그러므로 송학을 '정주학(程朱學)이라고 표현해도 무리가 아니다.

주시에 의하면 사물이 아직 생성되기 전에도 법칙(理)은 존재하였다. 원리가 없이 사물의 존재가 있을 수 없다는 말이다. 구체적인

---

18) 이 경우의 능력이란 이성(理性 ; reason) 능력을 말한다.

19) 이 경우의 '기'(器)는 형상이 있는 사물을 가리킨다. '기'(氣)의 운동능력으로 말미암아 생겨나는 사물이 곧 '기'(器)이다.

20) 이 경우의 능력이란 감성(感性 ; emotion)의 영역에 속한다고 말할 수 있다.

예를 든다면 자동차(vehicle)는 지상을 굴러가는 물체인데, 발명가에 의하여 지상에 나타났다. 주시에 의하면 자동차가 발명되기 전에도 자동차의 원리는 존재하였다. 발명가는 법칙으로 존재하였던 '리'(pattern)를 현상계에 구체화 내지 현실화한 인물이다. "천지가 생기기 전에도 틀림없이 '리'가 먼저 있었다."[21]라는 주시의 표현을 이를 말한다.

'기'는 현상의 세계이다. 현상의 배후에 '리'가 있다. "'리'가 있으면 곧 '기'도 있다."[22]라는 주시의 표현은 현상계[氣의 세계]와 본체계[理의 세계]를 따로 분리할 수 없다는 말이다. 다시 말하여 "'리'는 '기'에서 떨어진 적이 없다." (같은 곳, 3쪽)-논리의 측면에서 "'리'가 있으면 곧 '기'가 있다."라고 말하지만, 현실의 세계에서는 "'기'가 있으면 곧 '리'가 있다."라고 말해야 한다.-

'기'의 세계는 천차만별이다. 장미(rose)를 예로 들어보자. 장미에는 흰색 장미, 빨강색 장미, 흑색 장미 등 등 헤아릴 수 없이 많은 종류의 장미가 존재한다. 그러나 장미를 특징짓는 그 무엇이 있다. 지구상의 수없이 많은 꽃을 놓고 오로지 장미만이 가지는 그 무엇, 장미의 정체성(正體性) 그것이 '리'이다. 이는 "왜 나는 너가 아니고 나인가?"하는 질문과 성격이 비슷하다.[23]

주시에 의하면, '태극'은 하나의 '리'이다. 그것은 현상계(음양 5행

---

21) 『어류』권1, 리기(理氣) 上, p. 1. "未有天地之先, 畢竟是先有此理."
22) 『어류』권1, 리기 上, p. 2. "有是理, 便有是氣."
23) 사실 이와 같은 질문에는 답할 수 없다. 로버트 노지크(Robert Nozick)에 의하면 이와 같은 질문은 "없는 것에 비하여 있다는 것은 왜인가"(Why is there something rather than nothing?)라는 질문과 성격이 비슷하며 결코 정답을 기대할 수 없는 질문이다. cf. Robert Nozick, *Philosophical Explanations,* The Belknap Press of Harvard University Press, 1981, p.115

으로 표현되는 氣의 세계)의 이면에 있는(있다고 생각되는) 그 무엇이다. 사실 태극은 5감 능력으로 파악이 안 된다. 그러므로 '무극이태극'이라는 저우뚠이(周敦頤)의 표현을 놓고, 주시는 '태극'이외에 별도로 '무극'이 있는 것이 아니라고 말한다.

> 저우뚠이가 말한 '무극이태극'이라는 말은 태극의 위에 별도로 무극이 있다고 말하는 것이 아니다.[24]

주시의 이 표현은 무극은 물론 태극마져 인간의 5감 능력으로 감지(感知)되지 않는 '리'의 세계임을 말하는 것이다. 주시에 의하면 인간의 '본성'(性)도 '리'와 동일시된다. 즉 성즉리(性卽理)이다. 이 표현은 주시의 문집 곳곳에서 자주 보이는데, 원래는 츠엉이(程頤)의 발명품이다. 츠엉이와 주시의 학문체계를 묶어서 '성리학'으로 부르는 이유가 여기에 있다.

앞에서 "'리'와 '기'는 떨어진 적이 없다."[25]라고 말하였다. 이는 두 개념의 떠날 수 없는[不離] 성격을 말한다. 그런데 논리적으로 이들은 각기 개성을 유지한다. '리'는 스스로 '리'이고 '기'는 스스로 '기'라는 말이다. 이는 두 개념의 섞일 수 없는[不雜] 성격을 말한다. 술어의 측면에서 전자를 '리기불상리'(理氣不相離)라고 말하고, 후자를 '리기불상잡'(理氣不相雜)이라고 일컫는다. '불상리'는 현존하는 세계 즉, 사실관계의 이야기인데, 술어로는 사물의 관점에서 본다는 뜻이다. '불상잡'은 관념상의 이야기인데, 술어로는 논리적인 관점에

24) 『어류』 권94, 주자지서(周子之書), p. 2366. "周子所謂'無極而太極', 非謂太極之上別有無極也."

25) 『어류』 권1, 리기 上, p. 3. "理未嘗離乎氣."

서 관찰한다는 말이다. 주시는 다음과 같이 말한다.

> 이른바 '리'와 '기'는 분명히 두 물건이다. 다만 '사물의 관점에서 본다면'[在物上看] '리'와 '기'가 섞여있어서, 각각 한곳에 있는 것으로 나눌 수 없다. 그러나 '리'와 '기'는 각각 한 물건[一物]이 됨을 방해하지 않는다. 만일 '논리적인 관점에서 본다면'[在理上看], 비록 사물이 아직 존재하지 않는다고 하더라도 사물의 '리'는 이미 존재한다. 그러나 또한 그 사물의 '리'만 존재할 뿐이요, 실제로 이 사물이 존재하는 것은 아니다. 무릇 이러한 것들을 살필 때에는 모름지기 시종일관 분명하게 인식하여야 착오가 없다.[26)]

설명은 이상과 같지만, 주시의 '리기론'은 맑은 날 보름달처럼 시원한 이론이 아니다. 그의 글 가운데는 사람을 혼동시키는 모호한 표현이 자주 나온다. 그 중의 한 가지는 '리'와 '기'가 하나인가? 둘인가? 하는 문제이다. 위에서 말한 "이른바 '리'와 '기'는 분명히 두 물건이다.(所謂理與氣, 此決是二物)라는 표현을 놓고 많은 학자들이 혼란을 일으켰다. '리'와 '기'는 원래 분리될 수 없는 개념이다. 그런데 '두 물건'[二物]이라고 말하면, 분리 가능한 개념이 되고 만다. 굳이 설명하자면 이 구절은 현상계를 놓고 말한 이야기가 아니고, 오로지 관념(논리) 상에서만 분별이 가능하다는 것으로 이해할 필요가 있다. '리기'의 선후(先後) 문제도 같은 범주에 속한다. '리'가 먼저냐? 혹은 '기'가 먼저이냐? 하는 질문은 현상계의 이야기가 아니고, 관념(논리)상에서 가능하다. 현상계는 오로지 '기'(氣)의 세계이다. 존재하는 것은 오로지 현상일 뿐이다. 여기에서 '리기'의 선후에 대한 물음은 현학적인 것이 되고 만다. 사람들을 혼란시키는 또

26) 『주희집』권46, 서書, 답유숙문. cf. 四川교육출판사 점교본, p. 2243.

다른 문제로 '기강리약설'(氣强理弱說)이 있다. 주시는 다음과 같이 말한다.

> '기'는 비록 '리'의 소생이지만, 이미 출생하면 '리'가 간섭할 수 없다. 말하자면 '리'가 '기'에 붙어있으니, 일상생활의 운용에 있어서는 모든 것이 '기'로 말미암은 것이다. 다만 이 '기'는 강하고, '리'는 약하다.[27]

이른바 '기강리약설'이라고 표현되는 이론은 내용이 바람직하지 못하다. 분리될 수 없는 상호협조와 의존관계에 있는 '리'와 '기'가 어느 편이 강하고, 어느 편이 약하다는 말은 무엇을 말하는가? 현상계에 발현하는 '기'보다도 이에 얹혀 타는 '리'가 주재자(主宰者)로서 강하다고 말할 수도 있지 않은가? 주시의 이처럼 불필요한 표현으로 말미암아 '리기론'은 난해한 '아포리아'(aporia)로서 작용할 가능성이 매우 높다.[28]

주시의 리기론이 철학적인 곤경(impasse)으로 작용한 예를 들어 본다. 조선시대 유학자인 퇴계 이황(李滉)과 율곡 이이(李珥)는 리기에 대한 개념을 놓고 서로 다른 견해를 펼쳤다. 이황은 '리기호발'(理氣互發) 혹은 '리발기수'(理發氣隨)의 이론을 주장하였다. 이는 '리'가 '기'와 같이 동작을 할 수 있는 운동의 주체이고, '리'와 '기'는 공간상으로 이합(離合)이 있으며, 시간상으로 선후가 있음을 말한다. 이황의 이론에 의하면 '리'도 '기'만큼 강한 존재, 어쩌면 리

---

27) 『어류』 권4, 성리(性理) 1. cf. 중화서국본, p. 71. "雖是理之所生, 然旣生出, 則理管他不得. 如這理寓於氣了, 日用間運用都由這箇氣, 只是氣强理弱."

28) '아포리아'는 철학적 퍼즐(puzzle) 혹은 곤경(impasse)으로 번역된다. 이 개념은 그리스 철학에서 유래된 것인데, 현대 프랑스 철학자 자크 데리다(Jacues Derrida ; 1930~2004) 철학의 주요한 관념이 되었다.

강기약(理强氣弱)의 측면이 가능하다는 내용을 담고 있다. 이에 대하여 이이는 '리통기국'(理通氣局) 및 '기발리승일도'(氣發理乘一途)의 견해를 주장하였다. 이에 의하면 '리'는 주체적으로 운동하는 개념이 아니고 '기'에 얹혀 타는 존재이다. '리'가 이와 같이 '기'에 신세를 지고 있으므로 '기'만 강하다는 해석이 가능하다. 이이의 주장은 이황에 대한 대항(對抗) 이론으로 나타난 것이지만, 그 근원은 주시의 불필요한 '기강리약설'(氣强理弱說)의 주장으로 인하여 발생한 것으로 볼 수 있다.

13.1.2 리일분수(理一分殊)

츠엉이(程頤)와 주시 성리학의 대표적 이론 가운데 하나는 '리일분수'의 이론이다. 츠언라이(陳來) 교수의 표현에 의하면, '리일분수' 네 글자는 츠엉이가 「서명西銘」에 관한 양스(楊時 ; 1053~1135)의 의문에 답변하는 과정에서 제기된 명제라고 한다.[29] 주시는 이 문제를 어떻게 인식하고 있었을까? 『주자어류』 처음 부분과, 『주희유집朱熹遺集』에서 실마리를 찾는다.

> '리'와 '기'에 대하여 물었다. 대답하였다. 이츠우안(伊川 ; 程頤) 선생이 잘 말씀하였다. "'리'는 하나지만, 나누어져 달라진다."라고 하였다.[30]

츠엉이(程子)가 '리일이분수'(理一而分殊)를 잘 밝혔는데, 이는 한마디로 모든 것을 설명한다. 하늘[乾]로 아버지를 삼고, 땅[坤]으로

29) 츠언라이(陳來), 『송명리학 宋明理學』(遼寧敎育出版社, 1995), p. 167. / 『송명명리학』, 안재호 옮김 (예문서원, 1997), p. 246.
30) 『주자어류』 권1, 리기(理氣) 上. 중화서국본, p. 2. "伊川說得好, 理一分殊."

어머니를 삼는다. 생명을 지닌 사물 가운데 그렇지 않은 것이 없으므로, '리'(理)를 하나라고 말한 것이다. 그러나 사람과 동식물이 태어나면서 자기 친속이 있기에, 각자 자기 부모를 부모로 섬기고, 자기 자식을 자식으로 양육한다. 따라서 그 구별[分]도 다르지 않을 수 없다.[31]

문자적인 의미에 있어서 '리일분수'(理一分殊)란 "'리'는 본래 하나이지만 현상적으로 나뉘어 다르다"라는 말이다. 하나인 '리'가 나누어져[分][32] 다르게 된다(리일분수)라고 함은 무슨 뜻인가? 위의 문장에 의거하여 주시의 뜻을 읽으면, 생명을 지닌 존재는 모두 하나의 원리에 영향을 받는다. 이것이 장짜이(張載)의 『서명』에 담긴 만물일체의 사상이다. 그러나 '리'는 또한 각각의 존재에도 들어있다. 그것은 마치 각 개인의 아버지 혹은 아들에게 있어서 섬김과 양육의 이치와 같다. 주시는 다음과 같이 말한다.

> '리'는 오직 하나일 뿐이다. 도리(道理)는 같은데, 그 나누임[分]은 다르다. 군신(君臣)에게는 군신의 도리가 있고, 부자(父子)에게는 부자의 도리가 있다.[33]

이 이야기는 앞의 말과 별로 다를 것이 없다. 츠언라이 교수는 이와 같은 내용을 놓고, 도덕 원리[理一]는 서로 다른 구체적인 규범[分殊]으로 표현될 수 있으며, 서로 다른 구체적 규범에는 공통적인 도덕 원리가 함유되어 있다고 이해한다. 그래서 그는 '리일분수'

31) 『주희유집朱熹遺集』 권3, 잡저, 서명론(西銘論). cf. 四川교육출판사 점교본, p. 5667.

32) 이 글자는 '구별' 혹은 '직분' 등으로 번역된다.

33) 『주자어류』 권6, 성리(性理) 3, 인의예지등명의名義, p. 99.

가 윤리적인 도리라고 주장한다.

저우뚠이(周敦頤)의 저술 『통서通書』에 "(음양) 2기와 5행이 만물을 낳는다. 5행의 구분은 음양의 실체이고, 둘의 근본은 하나이다. 이와 같이 만 가지가 하나가 되고, 하나의 실체는 만 가지로 나누인다. 만 가지와 하나가 각각 바르고, 크고 작은 모든 것이 제자리를 정한다."[34]라는 구절이 있다. 이를 놓고 주시는 다음과 같이 해석하였다.

> 만물을 합하여 말하면 하나의 태극일 뿐이다. 그 근본에서 말단에 이르기까지, 만물은 '하나의 리'[一理]의 실체를 나누어 가지며, 그것을 본체로 삼는다. 그러므로 만물 안에는 각기 하나의 태극이 있다.[35]

'리일분수'에 대한 주시의 사고는 여기에서 구체성을 띄고 있다. 그는 저우뚠이의 '일실만분'(一實萬分)의 생각을 잘 읽은 것이다. 이는 하나의 '리'가 만 가지로 나누인다는 뜻이며, '리일분수'의 다른 표현이다.

내용이 어렵기 때문에 주시가 고민한 흔적이 곳곳에서 보인다. 그는 제자들이 이해할 만한 비유를 찾아냈다. '월인천강'(月印千江)의 비유이다.

---

34) 저우뚠이(周敦頤), 『주돈이집周敦頤集』 권2, 「통서通書」, 리성명(理性命) 22 (중화서국, 2009),-츠언커밍(陳克明) 점교본-, p. 32. / 『통서해通書解』, 권정안 역주(청계, 2000), p. 219. "二氣五行, 化生萬物. 五殊二實, 二本則一. 是萬爲一, 一實萬分. 萬一各正, 小大有定."

35) 저우뚠이(周敦頤), 『주돈이집周敦頤集』 권2, 같은 책, 중화서국본, p. 32. / 권정안 역주, p. 220. "是合萬物而言之, 爲一太極而已也. 自其本而至末, 則一理之實, 而萬物分之以爲體, 故萬物之中, 各有一太極."

본래는 하나의 태극일 따름인데, 만물은 각기 그것을 부여(품부) 받아 하나의 태극을 온전하게 갖춘다. 예컨대 하늘에 있는 달은 하나일 뿐이다. 세상 도처에 그것이 분산되어 나누어 비추인다고 해서 “달이 나누어져 있다”라고 말할 수는 없다.[36)]

이는 강호(江湖)에 수 없이 많이 떠있는 달은 원래 하나인데[理一], 이것이 나누어져서 만물에 비추일 뿐[分殊]이라는 설명이다. 여기에서 주시의 특유한 술어가 탄생한다. ‘통체일태극’ 그리고 ‘각구일태극’설이 그것이다. 종합하여 말하면, 만물 전체가 하나의 태극이다. 분석하여 말하면, 하나의 사물마다 각기 하나의 태극을 갖는다.[37)]

주시에 의하면 천지 만물은 그 전체로서 하나의 태극이다. 그런데 인간과 동식물의 입장을 놓고 볼 때에, 사람과 각개 동식물은 우주의 본체인 태극을 부여(품부)받아서 자신의 ‘리’(理)로 삼고 있다. 인간은 전체 인류(mankind)의 구성분자이며, 동시에 각 개인의 개성을 갖는 존재이다. 그러므로 아무리 작은 존재라도 개개인의 개성은 중요하다. 불교용어를 빌리면, “한 티끌 가운데 온 우주를 머금었다”(一微塵中含十方)라는 표현이 이를 말한다.

‘통체일태극’과 ‘각구일태극’설은 유가의 술어로 말하면, ‘전’(專 ; 오로지 전)과 ‘편’(偏 ; 치우칠 편)의 논리가 자리 잡고 있다. 만물은 모두 5행의 기운을 타고 났는데, 다만 치우치고 온전하고 통하고 막힘[偏全通塞]과, 맑고 탁하고 순수하고 잡박함[淸濁粹駁]의 차이

---

36) 『주자어류』 권94, 주자지서(周子之書), 통서(通書). p. 2409.
37) 저우뚠이(周敦頤), 『주돈이집周敦頤集』 권1, 「태극도설太極圖說」cf. 중화서국, 츠언커밍(陳克明) 점교본, p. 6. “蓋合而言之, 萬物統體一太極也. 分而言之, 一物各具一太極也.”

가 존재한다. '편전통색'은 5행의 배합비율의 문제이고, '청탁수박'은 기질의 질적(質的) 차이를 말한다. '편'(偏)과 '전'(全)의 논리를 유가의 카테고리인 '인'(仁)을 가지고 설명하면, '인'은 전언(專言)하면 '의(義)·예(禮)·지(智)'를 포괄하는 통체(統體)로서 말하는 것이며, 편언(偏言)하면 '의(義)·예(禮)·지(智)'와 대비되는 일물(一物)로서 말하는 것이다.38)

주시의 '리일분수설'은 그 의미가 깊다. 현대인의 용어를 빌리면 '통체일태극'은 보편성(universality)을 가리키며, '각구일태극'은 특수성(particularity)을 가리킨다. 모든 존재는 이처럼 보편성과 특수성을 공유한다. 사람은 인류 전체의 '보편적 존재'로서의 사람이면서[理一], 동시에 각 국가·민족 혹은 동네 곳곳에 존재하는 '특수한 존재'로서의 사람이다[分殊]. 전체로서의 인권이 존중되어야 하며, 동시에 각 개개인의 개성 또한 존중되어야 한다. 이와 같이 모든 사물에는 개개 존재에 '리'가 갖추어 있고, 동시에 전체 질서 속의 '리'로 편입된다. 이와 같은 이론이 '리일분수설'이다.

13.2 주시의 심성론

13.2.1 마음이 '성'과 '정'을 통제한다

인성(人性)을 논함에 있어서 일차적으로 중요한 개념은 마음[心]이다. 주시는 마음[心]을 불가(佛家)에서 말하는 것처럼 공허한 것이라고는 생각하지 않았다. 그는 마음을 실심(實心)의 측면에서 보

38) 이상익, 『주자학의 길』(심산, 2007), p. 95 및 99.

았다. '실심'이란 마음이 공허한 것이 아니고 실제적이라는 뜻이다. 마음에 관한 이론은 본성[性]·감정[情]의 개념과 함께 사용될 때 의미를 지닌다. 그리고 심성론의 탐구는 리기론의 연장선 위에서 전개된다. 만일 '리·기'에 대한 적실(的實)한 이해가 없으면, 심성론의 세계에 한 걸음도 들어갈 수 없다. '심·성·정'에 대한 주시의 대표적인 표현들을 인용하면 다음과 같다.[39)]

- 본성은 '리'이다.[40)]
- 마음의 '리'는 태극이지만, 마음의 동정은 음양이다.[41)]
- 신령함은 마음인가? 아니면 본성인가? 가로되, 신령함은 오로지 마음이고 본성은 아니다. 본성은 다만 '리'이다.[42)]
- 느끼는 바는 마음의 '리'이다. 능히 느끼는 자는 '기'의 영험함이다.[43)]
- 마음은 '기'의 정밀하고 영험함이다.[44)]
- 마음에는 선악이 있다. 본성은 불선(不善)이 없다. 만일 기질의 본성을 논한다면 불선(不善)이 있다.[45)]
- 하늘로 말하면 '명'(命)이요, 사람에 품수된 것으로 말하면 본성이요, 이미 발현하면 감정[情]이다.[46)]
- 헝취(橫渠 ; 張載)의 말이 매우 좋다. 가로되, 마음이 본성과 감정을 통섭한다고 한다.[47)]

---

39) '심·성·정'의 한글 번역은 마음(mind)·본성(nature)·감정(emotion)으로 표현하데, 경우에 따라서 '심·성·정'을 그대로 사용한다.
40) 『어류』 권5, 성리(性理) 2, 심성정의등명의名義, p. 82. "性卽理也."
41) 『어류』 권5, 같은 곳, p. 84. "心之理是太極, 心之動靜是陰陽."
42) 『어류』 권5, 같은 곳, p. 85. "靈處是心, 抑是性? 曰 : 靈處只是心, 不是性. 性只是理."
43) 『어류』 권5, 같은 곳, p. 85. "所覺者, 心之理也. 能覺者, 氣之靈也."
44) 『어류』 권5, 같은 곳, p. 85. "心者氣之精爽."
45) 『어류』 권5, 같은 곳, p. 89. "心有善惡, 性無不善. 若論氣質之性, 亦有不善."
46) 『어류』 권5, 같은 곳, p. 90. "在天爲命, 稟於人爲性, 旣發爲情."
47) 『어류』 권5, 같은 곳, p. 92. "橫渠說得最好, 言'心統性情'者也."

• 마음은 주재(主宰)함을 말한다.... 마음이 본성과 감정을 통섭한다.[48]
• 마음은 본성과 감정을 통섭한다. '통'자는 '겸'자와 같다.[49]
• 마음이 지향하는 바를 가리켜 뜻[志]이라고 한다.[50]
• 마음은 사람의 신명이다. 모든 '리'를 갖추고 만사에 응한다.[51]
• (명덕은) 허령하고 어둡지 않다. 모든 '리'를 갖추고 만사에 응한다.[52]
• 본성은 곧 마음이 가지고 있는 '리'요, 마음은 곧 '리'의 모이는 곳이다.[53]
• 사오용(邵雍 ; 邵堯夫)이 말하였다. '본성은 도의 형체요, 마음은 본성을 싸고 있는 바깥 성곽이다.'

이상의 인용문에서 우리는 주시 '심성론'의 대체를 얻을 수 있다. '마음'[心]이란 무엇인가? 그것은 인간 육체의 기관인 심장(心臟 ; heart)인가? 아니면 주재(主宰) 작용을 하는 무엇인가?

주시에 의하면 '심'(마음)은 육체의 기관을 말하는 것은 아니다. 마음은 '기'(氣)에 속하며, 그것도 '기'의 잡박(雜駁)한 것이 아니고 정밀하고 영험함[精爽]을 지닌 '기'이다. 우리는 앞에서 '기'는 능히 응결 조작하는 기능이 있음을 보았다. 마음은 이와 같은 조작(造作)의 기능을 수행하며, 그것이 주재(主宰)의 의미이다.

마음에 주재(지배) 기능의 있음을 가리켜 '심통성정'(心統性情)이라고 한다. 처음 이 개념을 정립한 학자는 장짜이(張載)인데, 그는 "마음이 성·정을 통섭한다. 모양(形)이 있으면, 몸(體)이 있고, 본성(性)이 있으면 정(情)이 있다."(心統性情者也. 有形則有體, 有性則

48) 『어류』 권5, 같은 곳, p. 94. "心, 主宰之謂也.... 心統攝性情."
49) 『어류』 권98, 장자지서(張子之書) 1, p. 2513. "心統性情, 統猶兼也."
50) 『어류』 권5, 같은 곳, p. 98. "心之所之謂志."
51) 주시(朱熹), 『맹자집주孟子集註』 진심장 上 注. "心者, 人之神明. 所以具衆理應萬事."
52) 주시(朱熹), 『대학장구大學章句』 명덕 注. "虛靈不昧, 以具衆理應萬事."
53) 『어류』 권5, 성리2, p. 88. "性便是心所有之理, 心便是理之所會之地."

有情)라고 말하였다.[54] 주시는 이를 더욱 발전시켰다. 주시에게 '심통성정'(心統性情)은 하나의 명제이다. 여기에서 '통'은 동사로 '겸하다' 혹은 '포함하다'라는 뜻과 '통섭하다'는 의미가 있다. '통섭하다'의 경우는 '통제하다', 혹은 '관리하다'라는 뜻이다.[55]

주시는 "마음[심]이 본성[성]과 감정[정]을 통섭한다."(心統攝性情)라고 분명하게 밝혔다. 주시의 표현을 인용하면 다음과 같다.

> 마음[心]은 몸을 주재하는 것으로 그 본체가 되는 것은 본성[性]이고, 그 작용이 되는 것은 감정[情]이다. 그러므로 동정(動靜)을 관통하여 없는 곳이 없다.[56]

주시에 의하면 마음은 이처럼 주재자이다. 그는 또 이렇게 말하고 있다.

> 인·의·예·지는 본성[性]이고, 측은·수오·사양·시비는 감정[情]이다. '인'으로 사랑하고, '의'로 미워하며, '예'로 사양하고, '지'로 아는 것은 곧 마음[心]이다. 본성이란 마음의 '리'이고, 감정이란 마음의 작용이며, 마음이란 본성과 감정의 주재자이다.[57]

---

54) 『장재집張載集』 습유(拾遺) (중화서국, 2008), p. 374. "心統性情者也. 有形則有體, 有性則有情."

55) 오하마 아키라(大濱皓) 교수는 '통'(統)자를 포괄하다(包括)의 뜻과, 주재하다(主宰)의 뜻으로 파악한다. cf. 오하마 아키라, 『범주로 보는 주자학』, 이형성 옮김, 1999, p. 177. / 이상익 교수도 '심통성정'에서의 '統'자를 '포함'과 '주재'(主宰)의 두 가지로 나누어 보았다. 그리고 '주재'의 설명에 있어서 '관섭'(管攝)을 덧붙였다. '통섭', '관섭' 혹은 '주재' 등의 어감(語感)은 모두 지배의 의사를 담고 있다. cf. 이상익, 『주자학의 길』, p. 85 이하.

56) 『주희집』 권40, 서(書), 답하숙경(答何叔京) 29書. cf. 四川교육출판사, p. 1886.

57) 『주희집』 권67, 잡저(雜著), 원형이정설. cf. 四川교육출판사, p. 3512. "性者心之理也, 情者心之用也, 心者性情之主也."

이 문장의 마지막 '심자성정지주야'(心者性情之主也)에 있어서 '주'(主)자를 명사로 보면 그 뜻은 주재하는 존재 혹은 통섭하는 존재가 된다. 그러므로 '심통성정'은 마음이 '성'과 '정'을 겸하고 있는 정도를 넘어서 지배하는 존재임을 말한다. 이때의 '성'은 미동(未動)의 존재이며, '정'은 이동(已動)의 상태이다. 다시 말하면 '심'은 고요한 '성'과 발동한 '정'을 주재(지배)한다. 이는 주시의 흔들리지 않는 주장이다. 주시는 다음과 같이 말한다.

> '성'은 '리'이다. '성'은 본체이고, '정'은 작용이다. '성'과 '정'은 모두 마음[心]에서 나온다. 그러므로 마음은 그것들을 통솔할 수 있다. 통솔이란 병사들을 통솔하는 것처럼 그것들을 주재한다는 의미이다.[58]

이 글에 의하면 '통'(統)자는 통섭을 넘어서 '통솔'의 뜻이다. 이는 군대에서 장교가 병사를 통솔하는 것과 같은 뜻으로 매우 강한 의미를 담고 있다. 츠언라이 교수에 의하면, 마음[心]은 사유와 의식 활동의 총체적 범주를 상징하고, 그 내재적 도덕 본질이 '성'(性)이며, 구체적인 감정과 생각은 '정'(情)이다. 그는 '심주성정'(心主性情)이란 의식 주체와 이성이 감정을 주도하고 통제하는 것으로, 도덕의식이 비도덕적 관념을 제재하는 뜻도 포함한다고 말한다.[59] 그러나 도덕의식이 비도덕적 관념을 제재한다는 표현은 잘 이해되지 않는다. '의식'과 '관념'의 관계가 모호하다. '의식'(consciousness)이 형

58) 『어류』 권98, 장자지서(張子之書) 1, p. 2513. "性者, 理也. 性是體, 情是用. 性情皆出于心, 故心能統之. 統, 如統兵之'統', 言有以主之也."

59) 츠언라이(陳來), 『송명리학 宋明理學』, pp.2-3. / 『송명명리학』, 안재호 옮김, p. 25.

성되고 '관념'(notion)이 나타난다는 말인가? 아니면 관념이 있고, 의식이 형성된다는 말인가?

마음은 지각(知覺) 작용을 갖는다. 마음이 "허령하고 어둡지 않아서 모든 '리'를 갖추고 만사에 응한다."라는 표현은 이 작용을 말한다. 주시는 작용의 측면에서 이 같은 마음에는 두 가지 형태가 존재한다고 보았다. '인심'(人心)과 '도심'(道心)이 그것이다. 마음이 왜 두 가지 서로 다른 지각 활동은 한다는 것일까? 주시는 다음과 같이 말하고 있다.

> 마음의 허령한 지각은 하나일 뿐이다. 그런데 인심과 도심의 다른 이름이 있다. 그것은 혹은 형기(形氣)의 사사로움에서 생겨나거나, 혹은 성명(性命)의 올바름에 근원하기 때문이다. 그 지각하는 바는 같지 않다. 그러므로 혹은 위태하여 불안하고, 혹은 미묘하여 보기 어렵다. 그렇지만 사람이 형체(몸)가 없을 수 없으므로 뛰어난 인간도 '인심'이 없을 수 없다. 또한 어리석은 인간도 '도심'이 없을 수 없다.[60]

'인심'을 편의상 '본능의 마음', '도심'을 '도덕의 마음'으로 번역하자. 사람은 아무리 뛰어난 인간이라 할지라도, 목마를 때 물을 찾고, 배고플 때 음식을 찾는다. 또한 용감하거나 아름다운 이성(異性)을 만나면 성적(性的) 욕구를 느낀다. 주시에 의하면, 이와 같은 본능의 마음은 위태하여 불안하다.[61] 또한 인간은 아무리 어리석은 인간이라도 착한 마음이 없지 않다. (멍커孟軻의 말을 빌리면, 어린애가 우물가로 기어가서 빠지려 할 때 이를 보고 달려가서 구하지 않

60) 주시(朱熹), 『중용장구中庸章句』序.
61) '위태하고 불안하다'(危殆而不安)하다는 표현은 본능을 그대로 방치할 수 없다는 '엄숙주의'의 표현이다.

을 사람이 없다.) 주시에 의하면, 이와 같은 도덕의 마음(도심)은 미묘하여 보기 어렵다.[62)]

주시는 "마음[心]에는 선악이 있다."라고 말하였다. 이렇게 선악의 문제를 놓고 볼 때에, 도덕의 마음은 순수하게 선(善)한 마음이고, 본능의 마음은 사욕(私欲)을 말한다. 그는 전자는 천리(天理)이고, 후자는 인욕(人欲)에 속한다고 보았다. 주시는 다음과 같이 말한다.

> 나는 사물에 느끼는 자를 마음[心]이라고 일컫는다. 그 움직이는 것은 '정'(情)이다. '정'은 본성[性]에 근원하고 마음[心]에 주재 당한다. 마음이 주재함에 그 움직임이 중절(中節)에 알맞지 않으면 안 된다. 왜 인욕(人欲)이 있게 되는가? 마음이 주재하지 못하고 '정'이 스스로 움직이면, 인욕(人欲)에 흘러서 올바름(正)을 얻지 못한다. 그러므로 '천리'와 '인욕'의 구별, 중도에 '알맞음'과 '맞지 않음'의 구분이 다만 마음의 주재 혹은 주재하지 않음에 달려있다.[63)]

위의 글에서 "마음이 주재하지 못하고 '정'이 스스로 움직인다"(心不宰而情自動)라는 표현은 본능적 행위를 말한다고 본다. '정자동'(情自動)을 "'정'이 제멋대로 행동한다."라고도 번역할 수 있다. 주시는 마음이 통제되지 않은 체 본능적인 행동으로 나아감을 "인욕에 흘러서 올바름을 얻지 못한다."(是以流於人欲, 而每不得其正也)라고 표현하였다. 본능의 마음(인심) 자체는 악(惡)이라고 말할 수 없으나, 본능으로 흘러간 행위는 '악'(惡)의 범주에 속하는 것이

62) '미묘하여 보기 어렵다'(微妙而難見)는 표현은 도덕을 실천하기가 쉽지 않다는 말이다.

63) 『주희집』 권32, 서(書), 문장경부(問張敬夫). cf, 四川교육출판사, p. 1375.

다. 그런데 주시는 '천리'만을 용납하고 '인욕'을 인정하지 않는 듯하다.

위에서 보았듯이 본능의 마음은 위태롭고 불안하지만, 악한 것은 아니다. 그런데 이 마음을 인욕(人欲)의 범주에 집어넣으면 악한 것이 되고 만다. 이는 마음의 지각작용을 '인심'과 '도심'으로 나누는 지나친 2분법(二分法)의 사고에 기인한다. 그러므로 이와 같은 표면적인 구별이 양명학파에 의하여 비판받는 것은 그만한 이유가 있어 보인다.

13.2.2 천명지성과 기질지성

중국철학에 있어서 '성'(性)은 가장 난해한 개념 가운데 하나이다. 주시도 그 난해성을 여러 차례 언급한 바 있다. 그 대표적인 이야기는 다음과 같다.

> 여러 선비들이 '성'을 논한 것이 같지 않다. 선악의 측면에서 시비가 밝혀지지 못함은 '성'자를 안정시키지 못한 때문이다.[64)]

> 성인은 다만 '성'을 이해한 사람이다. 백가의 설이 분분한 까닭은 다만 '성' 한 글자를 모르기 때문이다. 양시옹(揚雄)은 모호하고, 쉰쿠앙(荀況)은 신발을 신은 체 발바닥의 가려운 데를 긁는 것과 같다.[65)]

이와 같이 주시는 본성(性)에 대한 이해가 간단한 것이 아님을 말하고 있다. 주시 자신도 '리기론'을 포함하여 이 문제를 만년(晩

---

64) 『어류』 권5, 성리2, p. 84. "諸儒論性不同, 非是於善惡上不明, 乃'性'字安頓不着."
65) 『어류』 권5, 같은 곳, p. 84. "聖人只是識得性. 百家紛紛, 只是不識'性'字. 揚子鶻鶻突突, 荀子又所謂隔靴爬痒."

年)에 이르기까지 끊임없이 사색하였다. 후학이 '만년정론'(晩年定論)이라고 운운하는 것은 심성론의 난해성을 말해주는 반증이다. 『중용』 서두에 다음과 같이 말하였다.

> 하늘이 명한 것을 성(性)이라고 하고, 성을 따름을 도(道)라 이르고, 도를 따름을 교(敎)라고 이른다.[66]

주시(朱熹) 성리학의 '성'개념은 여기에서 출발한다. 그는 "사람과 사물이 때어날 때, 각각 그 부여한 바의 '리'를 얻음으로 인하여 건순(健順), 오상(五常)의 덕목이 되는 것이 이른바 '성'이다."[67]라고 말한다. 이와 같은 근거에 의하면, '성'이란 인간에게 부여된 보편적 · 자연적 · 필연적인 '리'(理)라고 해석된다.[68]

보편적 · 자연적 · 필연적 '리'로서의 '성'은 인간과 사물에 모두 존재한다. 이른바 인성(人性)과 물성(物性 ; 동식물의 본성)은 같은가? 다른가? 물성의 예를 든다면, 장짜이의 말에 다음과 같은 표현이 있다. "천하에 무릇 '성'이라고 말하는 것이 있다. 말하자면 쇠의 본성은 강한 것이고, 불의 본성은 뜨거움이다."[69]

주시에 의하면 인간의 본성[性]과 사물의 본성은 서로 다르다. "사람의 성은 밝고 어두움[明暗]으로 논하는 반면, 사물의 본성은 다만 치우치고 막혔을 뿐[偏塞]이다. 어두운 사람은 밝게 할 수 있

---

66) 『중용中庸』 서문. "天命之謂性, 率性之謂道, 修道之謂教."

67) 주시(朱熹), 『중용장구』 제1장. "人物之生, 因各得其所賦之理, 以爲健順五常之德所謂性也."

68) 오하마 아키라(大賓皓), 『범주로 보는 주자학』, 이형성 옮김 (예문서원, 1999), p. 163. 이 책의 원서명은 『朱子の哲學』(東京大出版會, 1983)이다.

69) 『장재집』 습유(拾遺), 성리습유. cf. 중화서국본, p. 374. "天下凡謂之性者, 如言金性剛, 火性熱."

지만, 치우치고 막힌 놈은 통하게 할 수 없다."[70] 이 말은 어리석은 사람은 영리하게 만들 수 있지만, 막힌 동물은 트이게 할 수 없다는 말이다.

인간의 본성(人性)에 국한하여 말할 때에, 본성이란 하늘이 명한 본성과 인간에게 품부된 기질의 본성으로 나누인다. 전자를 가리켜 '천명지성'(天命之性)이라고 말하고, 후자를 가리켜 '기질지성'(氣質之性)이라고 부른다. 왜 이와 같은 서로 다른 이름이 존재하게 되었는가?

문제는 주시가 츠엉이의 '성즉리'(性卽理)를 칭찬하였으나, 이 명제가 이면에 어딘가 불완전하다는 인식에 있었다. 이는 중국철학사상 멍커에 의하여 제기되었고, 양시옹 및 쉰쿠앙 등에 의하여 전개된 성론(性論)이 허점에 있음을 말한다. 주시는 다음과 같이 말한다.

> 멍커의 논의는 성선(性善)에 대하여 말함은 (정성을) 다하였다. 불선(不善)에 대해서는 함정이 있다. 이 학설은 처음에는 '선하지 않음이 없다'라고 하고, 나중에는 '선하지 않음이 있다'라고 말한다. 만일 이와 같다면, '본성을 논하면서 기(氣)를 논하지 않은 것'이니, 갖추어지지 못함이 있다.... 쉰쿠앙과 양시옹(揚雄)은 '기를 논하고도 본성을 논하지 않은 것'이니, 그러므로 밝지 못하다.[71]

주시는 본성에 대한 논의가 잘 갖추어지지 못하였고 또한 밝지 못하다라고 불만을 토로한다. 이는 멍커 이후 쉰쿠앙(荀況), 양시옹

70) 『어류』 권4, 성리1. cf. 중화서국본, p. 57. "人之性論明暗, 物之性只是偏塞. 暗者可使之明, 已偏塞者不可使之通也."

71) 『어류』 권4, 성리1. cf. 같은 책, p. 65. "若如此, 却似'論性不論氣', 有些不備. 若荀揚則是'論氣而不論性', 故不明."

(揚雄), 한위(韓愈) 등의 본성에 대한 이론이 필요하고도 충분한 조건을 갖추지 못하였음을 지적한 말이다.

멍커는 악(惡)이 후천적으로만 형성된다고 보았다. 그의 '성선설'은 '천명지성'(즉, 본연지성)의 측면에서만 말한 것이다. 이에 대하여 쉰쿠앙은 후천적인 경험의 세계를 강조하여 '성악설'을 주장하였는데, 이는 '기질지성'의 측면에서만 말한 것이다. 맹자의 '본성만 말하고 기를 말하지 않았다'(論性不論氣)라는 구절과, 쉰쿠앙의 '기를 논하고 본성을 말하지 않았다'(論氣不論性)라는 구절은 이를 뜻한다. 우리는 주시의 이론 체계에 근거하여 멍커의 성선설과 쉰쿠앙의 성악설이 일면적 주장임을 이해하게 된다.[72]

주시가 제시한 필요 충분 조건이 곧 '천명지성'과 '기질지성'의 이론이다. '천명지성'이란 하늘이 명한 순수한 본성을 말한다. 『중용』 수장(首章)에서 하늘이 명한 것을 가리켜 '성'이라고 한다. '성'을 따름을 가리켜 '도'라고 한다.(天命之謂性, 率性之謂道)라고 하였다. '리기론'의 측면에서 말하면, '천명지성'은 순전히 '리'만 가리킨다. '천명지성'은 그 순수 본연한 성격으로 말미암아 '본연지성'(本然之性)이라고도 부른다.

'기질지성'이란 ('리'를 품부한) '기'의 측면에서 말한 것이다. 주시는 "'기'가 쌓여서 바탕(質)이 되고, 본성이 갖추어 진다."[73]라고 하였는데, 이때의 본성은 '기질지성'이다. '천명지성'이 추상적(abstract)이고 보편적이라면, '기질지성'은 구체적(concrete)이고 개별적이다. 그리고 '천명지성'이 선천적으로 타고난 청명하고 정통(正通)한 세계라면,[74] '기질지성'은 후천적으로 경험에 의해서 얻은 혼탁하고 잡

72) 이상 『어류』 권4, 성리1, p. 65 참고.
73) 『어류』 권1, 리기 上. cf. 같은 책, p. 2 "氣積爲質,而性具焉."

박하며 편벽되고 막힌(偏塞) 세계를 말한다. 서양철학의 개념을 빌리면, 전자는 '아 프리오리'(a-priori)한 세계이며, 후자는 '아 포스테리오리'(a-posteriori)한 세계로 비유할 수 있다.

조심할 점이 있다. 주시의 '천명지성'과 '기질지성'은 주안점을 어디에 두는 가에 있다. '성'(性)에 두 가지가 존재한다는 뜻이 아니다. 주시는 다음과 같이 말한다.

> 천지지성을 논할 때는 오로지 '리'(理)의 입장에서 말한 것이고, 기질지성을 논할 때는 '리'(理)와 '기'(氣)를 섞어서 논한 것이다.[75]

주시는 또 다음과 같이 말한다.

> 기질지성은 곧 천지지성이다. 다만 이 천지지성이 어디를 좇아서 오는가가 문제이다. '성'은 물과 같다고 본다. 기질지성은 간장(醬)과 소금이 들어있는 물과 같아서 그 맛이 자미(滋味)하다.[76]

주시에 의하면 본성[性]이란 원래 물과 같은 데, '천명지성'(천지지성)이 맹물이라면, '기질지성'은 소금물이라는 뜻이다. 이와 같은 비유가 적절한 것인지에 대하여는 의문이 있다.

주시의 심성론은 난점이 많다. 그는 인・의・예・지의 4단은 본성[性]이고, 희・노・애・락의 발현은 감정[情]이라고 말한다. 그런데 '심'이 '성'과 '정'을 주재하는 까닭에(心統性情) '성'(性)도 '정'(情)도 피동적인 존재이지, 능동적인 주재자가 아니다. 말하자면 본

---

74) 이 세계는 순수 그 자체이므로 '선'(善)한 것으로 간주된다.
75) 『주희집』 권56, 서, 답정자상(答鄭子上), p. 2872. / 『어류』 권4, 성리1, p. 67.
76) 『어류』 권4, 성리1, p. 68.

성과 감정은 마음[心]이 아니면 발동할 수 없다. 그런데도 주시는 이렇게 말한 적이 있다.

4단(四端)은 '리'의 발현이요, 7정(七情)은 '기'의 발현이다.77)

이와 같은 견해가 만일 주시의 평소 이야기라면[恒言], 이는 주시 철학의 논리에 허점이 있음을 뜻한다. 만일 '사단시리지발'(四端是理之發)이 확정적인 견해라면, 이는 '리'를 운동의 주체로서 인정하는 발언이다. 그러므로 이 견해에 의하면 '기'에 얹혀 타서 존재하는 '리'의 성격이 정면으로 부정된다. 저자는 앞에서 "'기'가 없다면 '리'가 실려 있을 곳이 없다"(無是氣, 則是理亦無掛塔處)라고 인용하였다. 게다가 7정이 모두 '성'(性)의 발현이라는 데에 이르러서는 (『중용장구』) 심각한 모순을 유발하게 된다. 왜 착한 '성'(性)이 착하지 못한 부분이 있는 '정'(情)을 발현하게 되는가? 라고 묻는다면 대답할 수 없다.78)

주시의 심성론은 『중용』장구의 해석을 놓고 또다시 난해한 미궁(迷宮)으로 빠져 들어간다. 『중용』제1장에는 다음과 같은 표현이 있다.

---

77) 『어류』권53, 맹자3, p. 1297. "四端是理之發, 七情是氣之發."

78) 혹자는 '情'의 카테고리에 "선한 정(情)"과 "선할 수도 있고 악할 수도 있는 자연적인 정(情)"으로 나누어 보기도 한다. 이와 같은 분류는 송유(宋儒)가 '情'의 속성이 기본적으로 악(惡)으로 흐를 수 있기 때문에 이를 배제하고 억누르려고 했다는 일반적인 경향을 고려하지 않은 원칙론이다. 좌우간 '성'(性)은 순수하게 선한 것[純善]이기 때문에 착하지 못한 '정'(情)을 발현하게 하는 점에서 모순은 남아 있다. cf. 이숙인, "조선 유학에서 감성의 문제", 『국학연구』제14집 (한국국학진흥원, 2009), p. 398.

희노애락의 미발(未發)을 가리켜 '중'(中)이라고 한다. 발(發)하여 중도에 알맞음을 '화'(和)라고 한다. '중'이란 천하의 대본(大本)이요, '화'란 천하의 '달도'(達道)이다.[79]

주시는 『중용』의 이 구절을 놓고 '미발'(未發)·'이발'(已發)의 이론을 전개하였다. 요지는 "마음은 이발(已發)이고 본성은 미발이다"(心爲已發, 性爲未發)라는 데에 있다. 사람의 마음이 발동(발현)하지 않은 상태가 '미발'인데 이는 곧 '성'을 가리킨다. 그러나 마음이 발동하여 '이발'의 상태에서 희·노·애·락의 감정으로 흘러가면 이는 '정'(情)을 말한다.[80] 이를 다시 표현하면, "발동하지 않은 마음의 본체는 곧 '성'(性)이요(未發心體是性), 발동한 마음의 작용은 '정'(情)이다.(已發心用是情)"[81]

이른바 '중'(中)의 상태는 무엇을 말하는가? 『중용』에 의하면, 희·노·애·락의 미발(未發)이 '중'(中)이다. 그런데 마음의 작용에 의하여 발동된 희·노·애·락이 지나치거나 모자람이 없는 상태를 유지하면 이를 가리켜 '화'(和)라고 말한다. '화'란 조화(調和) 즉 하모니(harmony)를 말한다. 그런데 '심통성정'이라고 하였다. 과연 '중'을 유지할 수 있다는 말인가? 다시 말하여 '중'(中)의 상태가 가능한 것인가?

문제는 마음[心 ; mind]이다. 마음을 어떻게 파악해야 하는가? 차

79) 『중용』 제1장. "喜怒哀樂之未發, 謂之中. 發而皆中節, 謂之和. 中也者, 天下之大本. 和也者, 天下之達道也."

80) 『주시집』 권67, 잡저, 이발미발설(已發未發說) 참조.

81) 이와 같은 마음의 본체와 작용에 대한 '미발'·'이발'의 학설을 '중화설'(中和說)이라고 칭한다. 주시(朱熹)의 연보에 의하면, 이 학설은 37세에 시작하여 43세에 '중화구설서'(中和舊說序)를 지음으로써 일단락된다. 그 자세한 내용은 생략한다.

원을 달리하여 현대의 '인지과학' 혹은 의학의 입장을 참고할 필요가 있다. 현대 의학의 관점에 의하면 마음의 활동은 두뇌(brain)의 작용으로 파악된다. 그렇다면 마음은 하나의 파동(波動 ; wave)이다. 실험용 기구로 두뇌의 작용을 파악하면, 'α파' 혹은 'β파' 등의 파동을 읽을 수 있다. 만일 마음이 파동이라면, 파동은 아무리 작은 소강(小康) 상태에 들어가도 완전히 정지하지는 않는다. 정지란 곧 죽음을 의미한다. 그러므로 마음의 작용(파동)이 정지하지 않는 이상, '중'의 상태는 현실적으로 파악되지 않는다.

단순히 심리적 가상이 아니고, 물리적(物理的) 현실에서는 '중'(中), 즉 '미발'의 상태란 존재하지 않는다. '미발'이란 논리의 산물이다. 주시 이론의 허점이 여기에 있다고 생각한다. 마음이 파동이고 파동이란 일종의 '떨림' 현상이라면, 마음의 작용은 언제나 '이발'의 상태를 말한다. 현실세계 인간의 마음에 '미발지중'(未發之中)이란 존재하지 않는다. 그러나 마음이 가지는 작용에 모종의 윤리적(도덕적) 의미를 부여할 때는 주시의 '미발'·'이발'의 학설이 가치가 있다. 이 경우에는 '이발' 상태의 마음을 중절(中節)에 맞도록 하는 수양방법론을 전제로 한다.

어떤 시대에 영향을 주었던 철학이론일지라도, 시대의 변화에 따라서 수정해야할 경우가 있다. 주시의 '심성론'은 그 한 가지 예이다. 오늘날 마음[心 ; mind]이란 뇌(腦 ; brain)의 작용으로 이해된다. 알려진 바에 의하면, 인간의 뇌는 대략 1,000억 개의 신경세포(neuron)로 구성되어 있다. 그 중에서 마음(정신)의 작용을 담당하는 세포는 140억 개의 신피질(新皮質)이다. 뇌는 3층 구조로 되어있는데, 대뇌피질(大腦皮質 ; cerebral cortex), 대뇌변연계(大腦邊緣

系 ; limbic system), 뇌간(腦幹 ; brain stem)이 그것이다.

뇌에는 쾌감신경이 있다. 'A10 신경'이라고 부르는 이 신경은 대뇌변연계를 지나간다. 이곳에 대뇌 기저핵(基底核 ; basal ganglia) 중의 하나인 미상핵(尾狀核 ; caudate nucleus)이 있는데 쾌감을 일으키는 작용을 한다. 그러므로 '대뇌변연계'야말로 마음을 관장하는 주요 계통이다. 여기에서 쾌감과 불쾌감 즉, 희・노・애・락의 감정이 처리된다. 그러므로 뇌가 감정(情)을 통제한다고 말한다. 즉 '심통성정'이 아니라 '뇌통정'(腦統情)이 옳다.[82]

또 문제는 본성[性 ; nature]이다. 과연 본성은 존재하는가? 현대생물학의 발달은 전통적인 본성이론에 상당한 충격을 던졌다. 이제 어떤 구체적인 대상(對象 ; object)으로서의 본성은 존재한다고 말하기 어렵다. 하버드대학의 에드워드 윌슨(Edward O. Wilson) 교수는 인간에게 존재하는 것은 유전자의 활동이라고 말한다. 또한 로버트 라이트(Robert Wright) 교수는 진화 심리학의 입장에서 도덕(moral)의 발생을 유전자와 관련하여 본다. 이 점에 대하여 앞에서 언급한 바 있다. 본성이 착하다[性善] 혹은 악하다[性惡]라는 이론은 본성을 하나의 구체적인 대상으로 존재한다고 가정하고 전개한 이론이다. 그러나 만일 대상으로서의 본성이 존재하지 않는다고 본다면, 이와 같은 이론은 무의미하다. 시대의 변화와 이에 따른 인간 지식의 확장이 철학이론의 변화를 초래한다고 말할 수 있다.

82) 이 경우의 '통'은 주재한다는 의미이다. 만일 주시가 다시 태어난다면 그의 학설을 이렇게 수정할 것으로 믿는다. 이야말로 '만년(晩年) 정론'이 될 것이다.

13.3 주시의 수양론

형체도 없고 5감 능력으로 파악이 되지 않지만, 주시는 보편적·자연적·필연적 '리'로서의 '성'의 존재를 인정하였다. 그리고 우리는 인간의 '성'에는 '천명지성'(본연지성)과 '기질지성'이 있음을 살펴보았다. 마음이 발동할 때에, 사람의 '기질지성'은 중절(中節)의 상태를 지키지 못하고, 악(惡)의 방향으로 치닫는 위험성이 있다. 그렇기 때문에 마음을 잘 보존하고, 본성을 잘 기르는 문제가 등장한다. 이는 수양론의 영역이다.[83]

주시의 수양이론은 츠엉이(程頤)의 학설을 따랐다. 츠엉이는 두 가지 측면에서 수양론을 언급하였다. 그 첫째는 마음은 경건함을 유지해야 한다는 것(涵養須用敬)이며, 그 둘째는 학문에 나아감은 앎을 넓히는 데 있다(進學則在致知)라는 것이다.[84]

주시는 이를 본받아 수양론의 2대 강령으로 '경건함에 머무름'[居敬]과 '이치를 탐구함'[窮理]을 삼았다. 주시는 '경건함'[敬]을 매우 강조한다. 이 글자는 수양의 요체이며, 학문을 하는 본령이다. 그는 말한다.

> '경건함'[敬]의 공부는 성인의 문하에서 첫 번째로 중요한 뜻이다. 머리에서 꼬리까지 꿰뚫은 것이니, 한 순간도 끊어져서는 안 된다.[85]

---

83) 『맹자』 진심장 上에 "그 마음을 보존하여, 그 '성'을 기르는 일은 하늘을 섬기는 일이다."(存其心, 養其性, 所以事天也)라고 있다. 다만 이와 같은 수양이론은 종교의 영역에 속하기 때문에 서술의 한계를 정하는 일에 곤혹스러움을 느낀다. 서양철학의 전통에서는 '수양방법론'은 취급하지 않는다.

84) 『이정집』 유서(遺書) 권18, 유원승수편(劉元承手編). cf. 중화서국본, p. 188.

85) 『어류』 권12, 學6, p. 210. "'敬'字工夫, 乃聖門第一義, 徹頭徹尾, 不可頃刻間斷."

'경건함' 한 글자는 참으로 성인 문하의 강령이니 마음을 보존하고 기르는 중요한 방법이다. 한결같이 이를 주로하면, 안과 밖, 정밀함과 조잡함의 사이가 없게 된다.[86]

주시가 말하는 '경건함에 머무름'[居敬]은 '어떤 한 점에 정신을 집중하여 다른 곳으로 끌려가지 않는 상태'를 말한다. 보통 이를 '주일무적'(主一無適)이라는 술어로 표현한다. 경건함은 또한 『논어』 안연편에서 콩치우의 기록된 바와 같이, "자신을 이기고 예로 돌아감"[克己復禮]이다. 이와 같은 '주일무적' 혹은 '극기복례'의 자세를 유지하기 위하여 '정좌'(靜坐)의 방법이 알맞다. 이는 저우뚠이가 『태극도설』7항목에서 말한 '주정'(主靜)의 방법과도 짝이 된다.

주시는 이렇게 경건함을 강조하고 있으나, 보통의 인간으로서는 그 실천이 매우 어렵다. 그는 다음과 같이 말한다.

'앉아 있는 것은 시동(尸童)처럼 단정하게 하고, 서있는 것은 제사지내는 것처럼 공경스럽게 하라.' '머리는 곧게 하고, 눈매는 단정히 하고, 발은 무겁게 딛고, 손은 공손히 움직이고, 입은 닫혀있어야 하고, 기운은 엄숙하게 하라.' 이 모든 것들이 '경'(敬)의 조목이다.[87]

주시는 이러한 방법을 통하여 마음을 안정시키고[存其心] 수양을 쌓을 수 있다고 본다. 사람이 돌로 만든 조각상이 아닌 바에 이와 같은 자세를 계속 유지할 수 있는지 의문이 간다. 이와 같이 올곧

86) 『어류』 권12, 같은 곳, p. 210. "'敬'之一字, 眞聖門之綱領, 存養之要法. 一主乎此, 更無內外精粗之間."

87) 『어류』 권12, 같은 곳, p. 212.

은(?) 자세는 사람이 식물처럼 정물(靜物)이 아니고, 스스로 먹이를 찾아서 움직이는 동물인 이상 사실상 불가능하다. 주시가 주장한 정좌법(靜坐法)은 불가의 좌선(坐禪)의 방법과 외면상 별다른 차이가 없다. 그러므로 수양방법론에 있어서 그가 평소에 공격한 적(敵 ; 불교)의 방법을 닮았다는 아이러니를 동반한다.

주시 수양론의 2대 강령의 다른 하나는 '이치를 탐구함'[窮理]이다. '궁리'란 주시의 '격물치지'(格物致知) 이론을 말한다. '격물치지'란 사물의 이치를 탐구하여 사람의 지식을 넓힌다는 뜻이다. 그러므로 이는 수양론의 영역이라기보다는 인식론의 영역이고, 주시 학문의 『대학大學』에 대한 이론 정립에서 나타난다. '이치를 탐구함'이 일종의 박학다식에 속하는 것이 아니냐는 문인의 질문에 주시는 다음과 같이 대답한다.

> 당신이 말하는 사물의 이치를 탐구하여 지식을 넓힌다(격물치지)라는 것과 세상에서 말하는 박학다식과는 어떻게 다릅니까? 전자(즉 격물치지)는 자신의 몸을 반성하고 이치를 탐구하여 그 근본과 말단, 옳고 그름의 지극함을 끝까지 탐구하는 것이다. 이에 비하여 후자(즉 박학다식)는 외부 사물에 대한 지식만을 추구하여 그 지식이 많음을 과시하고, 그것의 겉과 속, 참과 거짓이 실제로 그러한지는 따져보지 않는다. 전자는 반드시 그 끝까지 탐구해냄으로, 그 지식이 넓어질수록 마음이 더욱 밝아진다. 후자는 그 사실을 따져 조사하지 않으므로, 아는 것이 많으면 많을수록 마음이 더욱 막히게 된다.[88]

주시의 이와 같은 답변은 '격물치지'는 도덕성을 내포한 지식이

88) 『대학혹문大學或問』

요, '박학다식'은 도덕성과는 무관한 지식이라는 말이다. 그러므로 격물치지는 수양론의 영역이 될 수 있다는 주장으로 들린다. '궁리'의 방법이란 독서를 말하고, 주시의 경우 독서는 유가의 경전에 대한 연구를 가리킨다. 경전의 연구를 통하여 도덕성을 확보할 수 있다는 말이다. 그러나 박학다식을 추구하면 마음이 막히게 된다는 말은 모순을 지닌다. 과연 박학다식을 추구한 사람들은 마음이 막히게 되는가?

주시에게 있어서 함양(涵養)과 궁리(窮理)는 수레의 두 바퀴와 같고, 새의 양 날개와 같다.[89] 주시는 다음과 같이 말한다.

> 배우는 사람이 해야 할 공부는 오로지 '경건함에 머무름'[居敬]과 '이치를 탐구함'[窮理]의 두 가지일 뿐이다. 이 두 가지는 서로 드러내주는 것이니, 이치를 탐구하면 할수록 경건함에 머무는 공부는 날마다 진보하게 되고 ; 경건함에 머무를 수 있다면, 이치를 탐구하는 공부는 날마다 치밀하게 된다. 비유하자면 사람의 두 다리와 같아서 왼발이 나가면 오른발은 멈추고 ; 오른발이 나가면 왼발이 멈추는 것과 같다.[90]

수양공부의 핵심은 마음의 수양이다. 주시 수양론의 하나인 '거경'은 곧 '정좌'(靜坐)의 방법을 통하여 수행된다. 이는 불가의 좌선과 외면상 별다른 차이가 없으므로 새로울 것이 없다. 그리고 '격물치지'는 독서를 통한 지식추구의 한 방법이다. 그런데 후자의 경우는 '천리'와 '인욕'을 분별하는 목적으로 수행된 듯하다. 주시는 뤼쭈치엔(呂祖謙)에게 보낸 편지에서 다음과 같이 말한다.

89) 『어류』 권9, 학3, p. 150.
90) 『어류』 권9, 학3, p. 150.

문자 공부는 비록 폐지할 수 없지만, 마음의 본원(本原)을 잘 길러야 한다. 그리고 '천리'와 '인욕'의 나뉘는 것을 살펴야 한다. 이는 일상생활에서 움직이거나 멈추어있는 한 순간에도 그만 둘 수 없는 일이다.[91]

주시의 이와 같은 수행방법이 '철학'의 방법이 될 수 있는지에 대해서 의문이 있다. 항상 '경건함에 머무름'[居敬]이 중요하다는 내용인 데, 이와 같은 경지는 종교에 넘겨주는 편이 바람직하다. 학문을 하는 자가 인격을 어느 정도 함양할 필요는 있겠으나, 모두 성인(聖人)이 될 필요는 없을 것이다. 그러므로 주시의 수양방법은 엄격성이 지나치다. 수양을 통하여 '천리'와 '인욕'의 갈림길을 살펴야 한다는데, 이는 엄격한 도덕주의를 지향한다.[92] 인간의 생리적 욕구를 봉쇄하여 성인(聖人)이 아니면 안 된다는 명분론은 그 지나친 성격으로 말미암아 루쉰(魯迅)의 『광인일기狂人日記』에서 '사람을 잡아먹는 가르침'으로 매도된 일이 있다. 왜 주시의 학문이 이토록 저주의 대상이 되었는지에 대하여 정직하게 생각할 필요가 있다.

모든 문제점에도 불구하고, 2정(二程)과 주시의 학문은 중국철학사상 고유의 가치를 지닌다. 정주(程朱)의 학문은 별처럼 많은 문하생들의 노력에 의하여 불멸의 문화적 업적으로 자리 잡았다. 정씨 문하의 시에리앙쭈어(謝良佐 ; 1050~1103), 양스(楊時 ; 1053~1135),

91) 『주희집朱熹集』 권47, 서(書), 답여자약(答呂子約), p. 2308.
92) 천리와 인욕을 나누어 보는 주시(朱熹) 엄숙주의의 예를 들면, "천리에 따라 움직이는 것은 망령됨[거짓]이 없음이요, 인욕에 따라 움직이면 망령됨[거짓]이 되니, 『주역周易』 무망(无妄) 괘의 의미는 매우 크다"(動以天爲无妄, 動以人欲則妄矣. 「无妄」之義大矣哉!)라는 표현에서 볼 수 있다. 이는 오로지 '천리'에만 가치를 부여하고, '인욕'을 평가절하 하는 지나친 엄숙주의의 표현일 수 있다. cf. 『주자근사록朱子近思錄』(上海古籍出版社, 2000), p. 39.

뤼따린(呂大臨 ; 1040~1092) 형제의 업적을 기억할 필요가 있다. 그리고 주시의 학문적 동료인 장스(張栻 ; 1133~1180)와 뤼쭈치엔(呂祖謙 ; 1137~1181), 그의 제자인 차이위앤띵(蔡元定 ; 1135~1198), 차이위앤띵의 아들 차이선(蔡沈 ; 1167~1230) 그리고 후앙깐(黃榦 ; 1152~1221), 츠언츠운(陳淳 ; 1159~1223) 등의 학문적 노력을 잊어서는 안 될 것이다.

2정(二程)과 주시의 학문은 중국 내부에서만 문화적 에너지를 발휘한 것이 아니다. 주시의 철학은 전통사회에 있어서 동아시아 전체의 화두(話頭)로 발전한다. 조선왕조의 성리학의 발전에 있어서 '4단 7정론'과 '인물성동이론'은 그 대표적인 예이다. 만일 우리가 진정으로 전통에 대하여 관심을 갖는다면, 주시의 학문에 대하여 경의(敬意)를 표하여야 한다. 보통의 인간으로서는 부담스러울 정도의 엄격한 마음가짐에 대하여 훈련을 요구받았으나, 그 때문에 동아시아에서 이상적인 인간의 모습으로 군자(君子)를 소망하게 되었다. 그러나 주시에 대한 존경심이 종교적 우상(偶像)으로 작용할 수 있음에 대하여 주의를 기울일 필요가 있다. 진리가 우리들을 자유롭게 할 수 있도록, '천리'와 '인욕'이 나뉘는 점을 살펴야 하겠다.

주시의 학문[朱子學]은 근대이후 평가 절하된 측면이 있다. 일부 학자들이 그의 학문을 봉건적, 보수적, 허례허식, 관념적 혹은 전근대적 등등의 용어로 비하(卑下)하였다. 현대인들에게 그의 사상체계는 서양 중세의 토미즘(Thomism)[93] 수준으로 여겨질 것이다. 주시의 학문이 현대의 시대정신에 알맞지 않다고 하여, 역사적인 존재

93) 토마스 아퀴나스(Thomas Aquinas)의 신학 혹은 철학을 말한다.

로서 그의 존재를 가볍게 보아서는 안 된다. 그의 학문 체계는 동아시아 문명의 공통요소로서 조선 및 일본에 매우 중차대한 영향을 미쳤으며, 그것은 한 시대의 대세(大勢)였다.

조선왕조 창립이후 주시의 사상적 영향은 지대하였다. 조선왕조는 주시의 학문(성리학)을 받아들여 발전시켰으며, 그 결과 동아시아 문명의 형성과 발전에 일정부분 기여하였다. 현상윤(1893~1950?)의 『조선유학사』에 의하면, 조선중기 이후 별처럼 많은 유학자들이 조선의 방방곡곡에서 4서 3경(혹은 5경)을 읊어대며, 이 학문을 연마하였다. 그리하여 조선왕조의 '4단 7정 논쟁', '호락(湖洛) 논쟁'(인물성동이논쟁)은 혹은 '예송논쟁'과 같은 학문의 유산(legacy)을 남겼다. 비록 현대를 살아가는 한국인이라 할지라도, 이 유산으로부터 완전히 자유로운 사람은 존재하지 않는다. 우리는 '역사적인 historical 나'로서 생존하고 있기 때문이다. 역사적인 존재로서 우리 한국인은 주자학과 떼려야 뗄 수 없는 운명적인 인연의 굴레 속에 묶여있다.[94)]

📖 참고문헌

- 금장태, 『산해관에서 중국역사와 사상을 보다』, 효형출판, 1999.
- 오종일, 『중국사상과 역사의 근원을 찾아서』, 한울, 2008.
- 이상익, 『朱子學의 길』, 심산, 2007.
- 조남호, 『주시 : 중국철학의 중심』, 태학사, 2005.

94) 윙-칠 찬(陳榮捷 ; Wing-Tsit Chan), 『주자강의』(푸른역사, 2001), 표정훈 옮김. 표정훈의 글 참조.

• 한국동양철학회, 『동양철학의 본체론과 인성론』, 연세대학교출판부, 1984.
• 장짜이(張載), 『장재집張載集』, 中華書局, 2008.
• 저우뚠이(周敦頤), 『주돈이집周敦頤集』, 츠언커밍(陳克明) 점교, 中華書局, 1990.
• 주시(朱熹), 『이락연원록伊洛淵源錄』, 商務印書館, 民國 25년 영인본.
• 주시(朱熹), 『주시집朱熹集』 전10권, 꾸어자이(郭齋) · 인뿨(尹波) 점교, 四川教育出版社, 1996년.
• 양리엔(楊廉) 편, 『이락연원록신증伊洛淵源錄新增』, 한국국립중앙도서관 영인본, 1996.
• 츠엉하오(程顥) · 츠엉이(程頤), 『이정집二程集』 上下, 왕샤오위(王孝魚) 점교, 中華書局, 1981.
• 츠언라이(陳來), 『송명리학宋明理學』, 遼寧教育出版社, 1995.
(陳來, 『송명성리학』, 안재호 옮김, 예문서원, 1997)
• 훵따원(馮達文) · 꾸어지용(郭齊勇), 『신편중국철학사新編中國哲學史』 下冊, 人民出版社, 2004.
• 훵여우란(馮友蘭), 『中國哲學史』 二冊, 商務印書館, 民國 24년=1935년.
• 리징떠(黎靖德) 편, 『주자어류朱子語類』 전8권, 中華書局, 1994.
(黎靖德 편, 『주자어류』(1-4), 허탁 · 이요성 역주, 청계, 1998)
• 치엔무(錢穆), 『주자신학안朱子新學案』 전5권, 三民書局, 民國 71년.
• 훵여우란(馮友蘭), 『중국철학사』 下, 박성규 옮김, 까치, 1999.
• 윙-칱 찬(Wing-Tsit Chan ; 陳榮捷), 『주자강의』, 표정훈 옮김, 푸른역사, 2001.
• 우노 데쓰토(宇野哲人), 『송대성리학사』(Ⅰ)(Ⅱ), 손영식 옮김, 울산대학출판부, 2005.
• 오하마 아키라(大濱皓), 『범주로 보는 주자학』, 이형성 옮김, 예문서원, 1999.

제 14 장

명(明)·청(淸) 시대의 철학 경향

"우주는 곧 나의 마음이요, 나의 마음은 곧 우주이다.
천만세대 앞에 나온 성인이라 할지라도 이 마음과 이치는 같다.
천만세대 이후에 성인이 나올 지라도 이 마음과 이치는 같다."
(宇宙便是吾心, 吾心卽是宇宙.
千萬世之前, 有聖人出焉, 同此心同此理也.
千萬世之後, 有聖人出焉, 同此心同此理也.)

-루지우위앤(陸九淵 ; 1139~1192), 『육구연집陸九淵集』 권22, 잡저(雜著)

14.1 명대(明代)의 경향 –왕서우르언(王守仁)의 철학

14.1.1 왕서우르언의 심즉리론(心卽理論)

주시와 같은 시대에 루지우위앤(陸九淵)이 나타나 주시의 학설에 대하여 문제점을 제기하였다. 루지우위앤(陸九淵 ; 1139~1192)은 지앙시성 진시(金溪 ; 현 지앙시성 후우저우시撫州市 진시현) 사람으로 자를 쯔징(子靜), 호를 시앙산(象山)이라 하였다. 주시보다 아홉 살 아래였지만, 주시보다 먼저 세상을 떠났다. 그의 형 루지우사오(陸九韶 ; 호 쑤어산梭山) 및 동생 루지우링(陸九齡 ; 호 후우자이復齋)과 더불어 '세 사람의 육씨'[三陸]라고 부른다.

루지우위앤은 지식인(독서인) 계층으로 일생을 보냈으나, 활쏘기와 말타기 등을 즐기는 다혈질의 인간이었다. 그에 의하면 우주내의 질서는 마음 밖에 존재하는 것이 아니고, 오로지 개인의 마음속에 존재한다는 것이다. 루지우위앤은 말한다.

> 사방 상하를 가리켜 '우'(宇)라 하고, 고금 왕래를 가리켜 '주'(宙)라고 말한다. 우주는 곧 나의 마음이요, 나의 마음은 곧 우주이다. 천만세대 앞에 나온 성인이라 할지라도 이 마음과 이치는 같다. 천만세대 이후에 성인이 나올지라도 이 마음과 이치는 같다.[1]

만물은 이 마음속에 있다. 이 마음에 가득 찬 것이 발현되면

---

1) 『육구연집陸九淵集』 권22, 잡저, 잡설 (중화서국, 2008), p. 273. 권36, 연보, p. 483에도 유사한 글귀가 있다.-이하 『육구연집』 페이지는 중화서국본을 가리킨다.- "四方上下曰宇, 往古來今曰宙. 宇宙便是吾心, 吾心卽是宇宙. 千萬世之前, 有聖人出焉, 同此心同此理也. 千萬世之後, 有聖人出焉, 同此心同此理也."

우주에 가득 찬 것은 '리'(理)가 아닌 것이 없다.[2)]

루지우위앤의 이와 같은 주장은 비록 정교한 이론 체계를 갖추지는 못하였으나, 2정(二程) 형제와 주시(朱熹)가 주장한 성즉리(性卽理) 이론에 대하여 회의하고 반감(反感)을 표시한 것이며, 그 점에 있어서 마음 밖에 객관적인 법칙[理]의 존재를 강조하는 주자학에 대한 정면 도전이었다. 그의 지론은 '사람의 마음이 곧 천리(天理)'라는 것이다.

> 사람은 나무와 돌이 아니다. 어찌 마음[心]이 없을 수 있겠는가? 마음은 5관(五官)가운데에 가장 존귀한 것이다.... 그러므로 "대인은 어린애[赤子]의 마음을 잃지 않는다."라고 하였으니, 4단이 곧 마음이며, 하늘이 나에게 부여한 것도 이 마음이다. 사람이라면 누구나 마음이 있으며, 마음은 '리'를 구비하고 있으니, 마음이 곧 '리'이다.[3)]

이와 같은 루지우위앤의 지론은 '사람의 마음이 곧 천리(天理)'라는 것이며, 학자들은 이를 '심즉리설'(心卽理說)이라고 부른다. 그러므로 주시와 루지우위앤의 이와 같은 견해 차이는 필연코 갈등을 유발하게 되어 있었다.[4)]

루지우위앤은 또한 주시의 '천리인욕설'과 '인심도심설'을 정면으

---

2) 『육구연집』 권34, 어록上, p. 423. "萬物森然於方寸之間, 滿心而發, 充塞宇宙, 無非此理."

3) 『육구연집』 권11, 서(書), 여이재(與李宰)2, p. 149. "人皆有是心, 心皆具是理, 心卽理也."

4) 앞에서 본 것처럼, 주시에 의하면, "마음은 '기'의 정밀하고 영험함이다."(心者氣之精爽) 이는 '심시기'(心是氣)를 말하는 것이다. 그러므로 '심즉리'의 주장은 주시의 견해와 정면으로 충돌할 여지가 있다.

로 부정한다. 그는 '천리인욕설'의 근거가 되는 『예기』락기편(樂記篇)의, "사람이 태어날 때, 조용한 것은 하늘의 본성이다. 사물에 접촉하여 움직이는 것은 본성의 욕구이다."[5]라는 글은 라오딴[老子]의 학설에 근거한 것으로 유가의 주장이 아니라고 주장한다. 그리고 '도심'(道心)은 곧 '천리'가 되고, '인심'(人心)은 '인욕'이 된다는 주시의 견해에 대하여 반대한다.[6]

루지우위앤과 주시는 생전에 서로 만난 일이 있다. 이들의 만남을 주선한 인물이 뤼쭈치엔(呂祖謙)이다. 순희 2년 을미년(1175) 봄 주시가 마침 푸지엔성 우이(武夷)[7]에 머물고 있었다. 멀지 않은 곳에 아호사(鵝湖寺)가 있었는데, 주시 및 루지우위앤 등 당대의 지식인들이 함께 모였다. 이를 '아호(鵝湖)의 모임'으로 부르고, 중국철학사에서 상당한 의미를 부여한다. 이 모임에 참석한 인물은 주시, 뤼쭈치엔, 루지우위앤과 그의 동생 루지우링(陸九齡) 형제, 주형따오(朱亨道)와 그의 형 주지따오(朱濟道), 임천의 태수 자오징밍(趙景明)과 그의 형 자오징자오(趙景昭), 리우칭즈(劉淸之) 등 최소 9명 이상이 한자리에 모였다.[8]

아호사의 학술 모임은 일종의 학술토론 즉 세미나에 비교할 수 있다. 이들은 4~5일 정도 함께 시간을 보내면서, 성리학의 문제들을 토론하였다. 토론의 방법은 발제 강연이 있고 이에 토론과 질문이 뒤따르는 것이 아니고, 시(詩)를 주고받는 일종 시회(詩會)의 성

5) 『예기』락기편(樂記篇). "人生而靜, 天之性也. 感於物而動, 性之欲也."
6) 『육구연집』권34, 어록上, p. 395.
7) 현재 푸지엔성(福建省) 우이산시(武夷山市)에 있는 싱촌(星村) 지역을 말한다. 무이구곡(武夷九曲)이 이곳에 있다.
8) 아호사는 현재 지앙시성(江西省) 상르아오시(上饒市)에 이름이 '아호(鵝湖)서원'으로 바뀐 체 존재하고 있다.

격을 지니고 있었다. '아호의 모임'에서 서로 확인한 것은 확연한 입장 차이였다. 루지우위앤의 문인 주형따오는 다음과 같이 당시의 분위기를 기록하고 있다.

> 아호의 모임은 논의가 사람을 가르치는 일[教人]에 미쳤다. 주시는 널리 책을 읽은[博覽] 후에 그 요점을 추려야 한다고 주장하였다. 2륙(二陸 ; 루지우위앤과 루지우링 형제)은 먼저 본심(本心)을 밝히고 그 후에 책을 읽어야 한다고 주장하였다. 주시는 루지우위앤 형제의 사람 가르치는 일이 지나치게 간략하다고[太簡] 비난하였고, 루지우위앤 형제는 주시의 사람 가르치는 일이 지나치게 지리(支離)하다고 지적하였다. 서로 견해가 합하여지지 않았다. 선생(루지우위앤)은 주시에게, '야오순(堯舜) 이전에 읽을 만한 책이 무엇이냐?'라고 질문하려고 하였으나, 후우자이(復齋 ; 루지우링) 선생이 이를 제지하였다.[9]

철학적 논변은 정치적 투쟁과는 구별되어야 마땅하다. 이는 이성적(理性的) 작업이며 정당성의 확보는 서로 다른 견해를 인정하는 과정에서 얻어진다. 만일 합리적 동의 없이 자신만의 견해를 강요할 때는 도그마(절대적)를 통한 신앙의 외길로 빠지며, 이 경우 철학은 혈색을 잃는다. 그 점에서 철학은 종교와 구별되어야 한다. 성리학의 모든 문제가 '아호'의 모임에서 토론된 것은 아니다. 모임이 있은 후에도 그들의 의견 교환은 편지문을 통하여 계속 되었다. 그러나 입장 차이는 전혀 좁혀지지 않았다. 중요한 일은 이들의 쟁론(爭論)에 인간의 성격차이가 놓여 있었다는 점이다. 주시의 이론을 적용하면, 이들의 '기질지성'이 너무 달랐다. 개인적인 성격의 차이가 학문에 있어서 영원히 만날 수 없는 평행선을 긋게 하였던 사

9) 『육구연집』권36, 연보, p. 491.

례를 여기에서 볼 수 있다.

루지우위앤과 학문적 성격을 같이 하는 왕서우르언(王守仁)의 시대는 주시(朱熹)로부터 약 300년의 시차가 존재한다. 그 사이 송(宋)이 멸망하고, 이민족 원(元)의 지배를 겪은 후 명대(明代)로 접어들었다. 이 기간에 학문적 성격의 변화가 거의 없었다. 명대 전반에 걸쳐 많은 학자들이 출현하였지만 여기서는 왕서우르언과 루어친순(羅欽順)만을 중심으로 당대의 철학사유를 고찰한다.

왕서우르언(王守仁 ; 1472~1529)은 저지앙성 위야오(餘姚 ; 현 저지앙성 닝뿨시寧波市 위야오)에서 출생하였다. 어린 시절에 부친이 산인(山陰 ; 현 저지앙성 사오싱시紹興市)으로 이사하였고, 훗날 그가 사오싱에서 멀지 않은 양명동(陽明洞)에 집을 짓고 살았으므로, 사람들이 '양밍(陽明) 선생'이라고 불렀다. 왕서우르언의 학문을 보통 '양명학'이라고 칭한다.

28세의 비교적 늦은 나이에 진사 시험에 합격한 뒤로 벼슬길에 올랐다. 그리고 병부(兵部)에 근무함으로서 군인의 길을 걸었다. 그는 농민 폭동을 진압한 경험이 있고, 1519년 주츠언하오(朱宸濠)의 반란[10]을 평정하여 세상에 이름을 날렸다. 그 공로로 남경(南京)의 병부상서를 역임하였고, 다시 꾸앙시(廣西) 지방 소수민족의 폭동을 진압하였다. 왕서우르언의 이와 같은 이력은 그의 생애 대부분을 군인으로서 보냈음을 말해준다. 그는 병사(兵事)에 종사하면서 틈틈이 글을 읽어서 학문에도 밝았다. 그는 문무(文武)를 겸한 인물이었다. 그러나 조정의 실력자이며 환관인 리우진(劉瑾)에 맞섰다가 곤장을 얻어맞고 죽기 일보 직전에 풀려나서 꾸이저우(貴州) 룽츠앙

10) 번왕(藩王)의 란(亂)이라고도 부른다.

(龍場)의 하찮은 직책으로 좌천되었다.

그는 시골구석인 룽츠앙에서 입을 다문 체 정좌(靜坐)에 빠졌고, 어느 날 밤 홀연히 깨우침을 얻었다고 전한다. 학자들은 이를 '룽츠앙에서의 깨우침'[龍場悟道]이라고 부른다. 대부분의 연구자들은 개념적으로 전달이 불가능한 '용장오도'의 경지를 뜨거운 마음으로 강조하고 있다. 그러나 철학을 하는 사람들은 '판단중지'(判斷中止)[11]의 훈련과정을 거칠 필요가 있다.

우리는 그의 깨우침이 무엇인지 알 길이 없다. 왕서우르언의 몸에 무엇인가 화학적(chemical) 변화가 일어난 것은 감지되지만, 이는 개인적인 경험일 뿐이고 언어로 전달이 불가능하다. 그러므로 철학사에 있어서 왕서우르언의 '깨우침'의 세계가 무엇인지 과장할 필요는 없다. 그것은 신비주의의 표현일 뿐 언어로 표현되는 '철학'의 영역으로 취급하기에는 무리이다.[12]

주시의 철학에 있어서 '성즉리'(性卽理)의 명제가 강조되었고, 마음[心]은 지각(知覺) 작용에 의하여 성정(性情)을 주재하는 존재라고 말하였다. 그러나 루지우위앤은 "마음이 곧 '리'이다"(心卽理)라는 사상을 정립하였는데, 왕서우르언은 루지우위앤의 학설을 따랐다.

육・왕(陸・王)이 말한 '심즉리'(心卽理)의 주장은 '성즉리'와 대등한 이론 체계를 갖추고 있는가? 주시의 '성즉리'와 왕서우르언의

---

11) 에포케(epoke) 즉 'suspension of judgement'를 말한다. 고대 그리스의 회의학파(懷疑學派)가 독단적인 판단을 중지하고 현상을 있는 그대로 받아들이라고 주장하였다.

12) '룽츠앙의 깨우침'을 통하여 왕서우르언이 '심즉리설'을 확립하게 되었다는 주장이 있다.(송재운, 『양명철학의 연구』, 1991, p. 96) 그러나 주시의 '성즉리설'은 이와 같은 깨우침[悟]의 경험이 없이 확립되었다. '깨우침'은 종교적 영역이며, 철학에서 강조할 내용이 아니다. 원래 '심즉리'를 주장한 인물은 루지우위앤이다. 그도 깨우침을 통하여 이 학설을 정립하였다는 기록은 없다.

'심즉리'를 대립적 차원에서 취급하는 학자들이 많다. 왕서우르언의 '심즉리설'의 근거를 찾아보자. 왕서우르언의 문하생 쉬아이(徐愛)가 묻고, 왕서우르언은 대답한다.

내[徐愛]가 "'지극한 선'(至善)을 오로지 마음속에서만 구한다면, 세상의 이치를 이해하지 못한 것이 아닌지 두렵습니다."라고 물었다. 선생[王守仁]이 가로되, "마음이 곧 '리'이다. 천하에 마음 밖에 무슨 일이 있으며, 마음 밖에 또 무슨 '리'가 따로 있느냐?"(心卽理也. 天下又有心外之事, 心外之理乎) 라고 대답하셨다. 내가 다시 물었다. "예컨대 어버이를 섬기는 효(孝), 임금을 섬기는 충(忠), 친구와 사귀는 신(信), 백성을 다스리는 인(仁)은 그 사이에 알지 않으면 안되는 도리가 많이 있지 않겠습니까?" 선생이 탄식하며 말하기를, "그러한 주장이 진실(진리)을 가린지 오래되었다. 어찌 한 마디로 깨우칠 수 있겠느냐! .... 마음이 곧 '리'이다. 마음에 사욕(私欲)의 가림이 없으면 그것이 바로 천리(天理)이니, 밖에서 무엇을 가져다 보탤 것이 없다. 이 온전하게 천리를 따르는 마음이 발현하여 어버이를 섬기면, 이것이 바로 '효'이다. 이 마음이 발현하여 임금을 섬기면, 이것이 '충'이다. 벗을 사귀고 백성을 다스리는 일에 드러나면 '신'이고 '인'이다. 오로지 이 마음에서 인욕을 제거하고 천리를 보존하는 일에 노력(用功)하면 된다." 라고 하셨다.[13)]

이와 같은 주장이 왕서우르언 '심즉리'설의 대체이다. 주시에 있어서는 효도, 충성, 신뢰, 어짐[仁]의 '리'(법칙)가 먼저 있다. 효도의 '리'에 따라서 부모를 섬기고, 충성의 법칙에 따라서 임금을 섬기고, 신뢰의 법칙에 따라서 친구를 사귀고 어짐[인]의 법칙에 따라서 백성을 다스린다. 즉 부모를 섬기는 행위, 임금을 섬기는 행위, 친구

13) 『양명선생집요陽明先生集要』上, 이학편(理學編) 권1, 전습록(傳習錄)一, 중화서국, pp.29-30. / 『전습록』上, 정인재 · 한정길 역주, 2007, p. 81.

에게 믿음을 보이는 행위 속에 '리'가 잠재되어 있다. 그러나 왕서우르언은 '리'가 아니라 효도하는 마음이 즉시 효도의 행위로 나타난다고 주장한다. 츠언라이 교수에 의하면, 왕서우르언은 도덕 법칙[理를 말함]이 도덕 행위의 대상 속에 존재하는 것이 아니라고 지적하며 주시를 비판하였다고 한다.[14]

왕서우르언의 '심즉리론'은 더욱 강화되어 '심외무리'(心外無理)의 사상으로 발전한다. 이는 "마음 밖에 다른 '리'가 없다"라는 주장이다. '심외무리'는 그 표현이 강렬할 뿐 '심즉리'와 하등 다를 바 없다. 왕서우르언도 물론 주시처럼 마음의 주재(主宰)와 지각(知覺) 기능을 인정한다. 다만 그는 마음이 성(性)과 정(情)을 통솔한다고 말하지 않는다.

주시의 '성즉리' 이론과 왕서우르언의 '심즉리' 이론을 놓고 학자들 중 전자의 학문을 '리학'(理學)이라고 부르고, 후자의 학설을 '심학'(心學)이라고 칭하는 사람이 많다. 이는 온당한 호칭이 아닌 듯하다. 두 사람의 학설을 놓고 이렇게 대립각(對立角)을 세우는 점은 설명의 방편(편의)상 그렇다. 이처럼 주시와 왕서우르언의 대결은 시대를 통하여 존재하였고, 심지어 과장되었다. 그러나 2인의 학설이 마치 물과 불처럼 용납될 수 없다고 보는 것은 잘못이다.

논자에 따라서 견해가 다를 수 있지만, 전체적으로 왕서우르언의 학설과 이론 전개는 주시의 정교함에 미치지 못한다.[15] 주시의 심성론을 놓고 볼 때에, 그의 학문은 '리학'이면서 동시에 '심학'의 측

---

14) 츠언라이(陳來), 『양명철학』, 전병욱 옮김 (예문서원, 2004), p. 48 이하. 본서의 원제는 『유무지경有無之境』(人民出版社, 1991)이다.

15) 루지우위앤과 왕서우르언은 주시의 이 '정교함'을 지리멸렬(支離滅裂)하다고 비판하였다.

면을 지닌다. '심학'이라고 호칭되는 왕(王)의 학문적 업적보다도 오히려 '리학'이라고 부르는 주시(朱熹)의 학문이 '心'에 대하여 더욱 정밀하게 탐구하였다. 그러므로 "주시는 '리학'이며, 왕서우르언은 '심학'이다."라고 2분법으로 나누어 설명하는 태도는 문제가 있다. 왕서우르언의 주장은 독단(도그마)의 성격이 강하다. '심즉리'를 주장하면서 별다른 깊이 없이 "마음 밖에 다른 '리'가 없다"(心外無理)라고 말하는 것이 그렇다.

왕서우르언이 주시의 학문에 염증을 느낀 이유는 다른데 있다. 그는 주시의 학문이 입신출세의 도구로 전락해버린 현실을 보았다.[16] 그는 주시의 학문이 교조화(教條化)한 데 대하여 반감을 표시한다. 왕서우르언에게 학문이란 도덕적 인격 즉, 성인(聖人)의 경지에 이르기 위한 수단이었다. 그 까닭에 왕은 강한 목소리로 '심외무리'(心外無理)를 주장하고 있다.

왕서우르언의 학문 방법은 주시의 거경(居敬)을 바탕으로 천착하는 방법에 비하여 비교적 직각적인 성격이 강하다. 이는 그가 불교[禪宗]적 방법을 버릴 수 없었던 데 기인한다. 사실 왕의 학문과 불교의 관계는 상당히 깊고 연원이 있다.[17] 명대(明代) 불교에 있어서 '돈오'의 방법은 거칠고 단도직입적인 성격이 짙다. 게다가 왕서우르언이 인간으로서 평생 군인의 길을 걸었음을 볼 때에, 학문도 간이(簡易)한 방법으로 밀어붙이는 성격이 있음을 지적할 필요가 있다. 학문이 '간이'(簡易)하다는 점과 '지리'(支離)하다는 점은 무엇을 말하는가? 이는 학문에 있어서 방법상의 문제일 것이다. 대나무 쪼개듯이 하는 '간이'한 방법이 바람직한가? 아니면 생선 굽듯이 혹

16) 송재운, 『양명철학의 연구』(思社硏, 1991), p. 93.
17) 아라키 겐고, 『불교와 양명학』, 배영동 옮김 (혜안, 1996)

은 봄날 얼음을 밟듯이 조심해야 한다는 것인가? 조심하는 방법은 과연 '지리'한가?

14.1.2 왕서우르언의 양지설(良知說)

『맹자』에 다음과 같은 구절이 있다.

> 사람이 배우지 않고도 할 수 있는 것은 양능(良能)이다. 헤아려보지 않고도 알 수 있는 것은 양지(良知)이다. 아주 어린아이라 할지라도 그 부모를 사랑하지 않는 사람이 없고, 자라나서는 그 형을 공경할 줄 모르는 이가 없다.[18]

이와 같은 이야기는 사람이 학습에 의하지 않고도 선천적으로(아프리오리 ; a-priori) 도덕의식과 도덕감정을 가지고 태어난다는 말이다. 이 구절을 놓고 왕서우르언은 특히 '양지'의 개념에 의미를 부여한다.

> 지(知)는 마음의 본체이니 마음은 자연히 아는 능력이 있다. 아버지를 보면 자연히 효도를 알게 되고, 형을 보면 자연히 공경할 것을 알게 되며, 어린애가 우물에 빠지는 것을 보면 자연히 측은함을 알게 된다. 이것이 곧 양지(良知)이니, 밖에서 구할 것이 없다.[19]

왕서우르언의 이야기는 마치 멍커(孟軻)의 재생(replay)처럼 들린

---

18) 『맹자』 진심(盡心) 上. "孟子曰 : 人之所不學而能者，其良能也 ; 所不慮而知者，其良知也。孩提之童，無不知愛其親者 ; 及其長也，無不知敬其兄也。"

19) 『양명선생집요』上, 이학편 권1, 전습록一, 중화서국, pp. 36-37. / 『전습록』上, 정인재 · 한정길 역주, 2007, p. 103쪽 8조목.

다. 그러나 멍커의 경우이던 혹은 왕의 경우이던 전술한 주장에는 약점이 있다.(후술) 왕서우르언은 선천적으로 타고나는 '양지'가 인간 행동의 준칙이 되어야 한다고 강조한다.

> 그대의 '양지'가 그대 자신의 준칙(準則)이다. 그대가 염두(念頭)에 두는 어떤 것에 대해, 양지는 그것이 옳다면 옳다는 것을 알고, 그르면 그르다는 것을 안다. 그러니 조금도 양지를 속일 수 없다.[20]

이와 같은 이야기는 마치 독일 철학자 임마누엘 칸트가 『실천이성비판』에서 주장하는, "너의 의지의 준칙(準則)이 언제나 동시에 보편적 입법 원리로서 타당하도록 행동하라."[21] 칸트에 있어서 정언명령(the categorical imperative)이 '아 프리오리'한 것처럼, 왕서우르언에 있어서 '양지'는 선천적인 도덕의식이다. 왕서우르언은 다음과 같이 말한다.

> 성인(聖人)으로부터 보통 사람에 이르기까지, 한 개인의 마음으로부터 세상 끝에 이르기까지, 또 아주 먼 옛날부터 만대(萬代) 이후에 이르기까지 같지 않은 것이 없다. 이 '양지'라는 것은 천하의 대본(大本)이다.[22]

왕서우르언에 의하면, '양지'란 공간과 시간을 초월하는 보편성을

---

20) 『양명선생집요』上, 이학편 권2, 어록, 중화서국, p. 103. "爾那一點良知, 是爾自家底準則. 爾意念着處, 他是便知是, 非便知非, 更瞞他一些不得."

21) 버트런드 럿셀, 『서양철학사』, p. 683. "Act only according to a maxim by which you can at the same time will that it shall become a general law."

22) 『사고전서四庫全書』, 집부(集部), 별집류(別集類), 『왕문성전서王文成全書』권8, 서주수건권(書朱守乾卷). "自聖人以至愚人, 自一人之心以達四海之遠, 自千古之前以至於萬代之後, 無有不同, 是良知也者, 是所謂 天下之大本也."

지닌 법칙이다. 사람은 오로지 이 보편적 법칙에 따라서 시비, 선악을 판단하기만 하면 된다. 왕서우르언은 '치양지'(致良知)라는 술어를 사용한다. '치양지'란 내 마음의 양지를 확충하여 실현하는 것이다. "양지 이외에 따로 앎은 없다. 그러므로 양지를 실현하는 것[致良知]이 학문의 핵심이다."[23] '치양지'는 곧 '치지'(致知)를 말한다."[24] 이 말은 왕서우르언의 『대학』이해와 관계가 있다. 왕서우르언은 말한다.

> 치(致)는 '이른다'[至]는 뜻이다.(致者, 至也) 예를 들면 '상(喪)을 당하여는 슬픔에 이른다'(喪致乎哀)라고 할 때의 '치'(致)와 같다. 『주역』에 말하기를 '이를 데를 알아서 이르므로'(知至至之)[25]라고 하였다. '知至'는 안다[知]는 뜻이요, '至之'는 이른다[致]는 뜻이다. 그러므로 '치지'(致知)라는 말은 훗날의 유자(儒者) 들이 말하는 '지식을 넓힌다.'라는 의미와는 같지 않다. 이는 내 마음의 '양지'를 지극하게 하는 것일 뿐이다.[26]

왕서우르언에게 중요한 것은 후천적 노력(경험)에 의하여 지식을 넓히는 일이 아니라, 선천적으로 이미 타고난 '본래면목'(本來面目) 즉, '양지'를 확충하는 일이다. '양지'는 누구나 가지고 있으므로 그 지극함에 이르기만 하면, 성인(聖人)의 경지에 이를 수 있다는 말이다. 그러나 인간의 노력으로 가능하다면, 차라리 후천적인 노력에 의해서 성인(saint)이 되는 일이 더욱 고귀할 수 있다.

---

23) 『전습록』2, 정인재 · 한정길 역주, 2007, p. 524 168조목. "良知之外, 別無知矣. 故致良知是學問大頭腦."

24) 『양명선생집요』下, 문장편 권3, 서제양백권(書諸陽伯卷), 중화서국, p. 904. "致知者, 致吾心之良知也."

25) 『주역』건괘(乾卦) 문언전 九三.

26) 『양명선생집요』上, 이학편 권2, 대학문(大學問), 중화서국, p. 150.

왕서우르언의 이와 같은 주장에는 약점이 있다. 먼저 지적할 수 있는 것은 '양지'의 선험성(先驗性)이 충분히 증명되지 않았다. 멍커(孟軻)가 말한 '양능'과 '양지'가 선천적이라는 증거가 없다. 모든 인간이 아버지를 보면 자연히 효(孝)를 알고, 형을 만나면 공경(恭敬)을 느끼고, 어린애가 우물에 빠질 때 측은한 마음이 생기는 것은 아니다. 어린아이가 부모를 사랑하는 것이나 혹은 형을 공경하는 일 등은 문화의 산물이다. 중국문화의 차원에서 가능한 이야기이다. 서양의 가족 관계에서는 이야기가 다르다. 자라나서 형을 공경하지 않은 동생이 있을 수 있다. 또한 동생을 아끼지 않는 형도 존재한다. 그러므로 전술한 이야기는 중국의 유교문화에서 요청되는(sollen) 개념이지, 인류적 보편성을 띠고 있는 주장이 아니다.

이상 멍커의 철학을 설명할 때, '착한 사마리아 사람'(The Good Samaritan)의 경우를 들었다. 다친 사람을 보고 모른 척 하는 사람들이 얼마든지 있다. 인간이라면 모두 측은한 마음을 공유하는 것이 아니다. 또한 '양지'가 스스로 독립적으로 도덕법칙이 될 수 있는가 하는 점도 문제이다. 말하자면 (주시의 주장처럼) 어떤 법칙[理]을 이면의 동기로 삼아서 행위로 나아가는 것이지, '양지' 스스로 주체가 되어서 행위에 착수한다는 점은 이해가 되지 않는다.

왕서우르언의 이론은 정밀하지 못하고 너무 간략하며 주장이 거칠다. 그것은 마치 선종(禪宗)에서 사용하는 '떠산의 방망이'[德山棒]이거나 혹은 '린지의 고함'[臨濟喝]과 비슷하다. 그러므로 일찍이 주시가 루지우위앤의 일파를 '미친 선'[狂禪]이라고 혹평한 바 있었다.

왕서우르언의 주장 가운데 '4구교'(四句敎)라고 호칭되는 이론이 있다. 이는 왕서우르언이 만년에 정립한 것으로, '선도 없고 악도 없는 것이 마음의 본체이다', '선도 있고 악도 있는 것은 의념(意念)의 발동이다', '선을 알고 악을 아는 것은 양지이다', '선을 행하고 악을 제거하는 것은 격물이다.'라는 네 가지가 그것이다.[27] 그런데 왕서우르언은 이 '4구교'를 가리켜 화두(話頭)라고 말하였다.[28] 이는 전적으로 선불교의 '화두'의 성격에 속하므로, 여기에서 더 이상 소개하지 않는다.

'4구교'의 해석을 놓고 왕서우르언의 후학을 가리켜, '양명 좌파'(左派) 혹은 '양명 우파'(右派)의 용어가 탄생하였다. '좌파'는 과격주의자(래디컬리스트 ; radicalist)로서 전통의 규범을 무시하고 파괴적인 경향을 가진 사람들이다. 왕지(王畿 ; 룽시龍溪 ; 1498~1583)가 대표자이다. 이에 대하여 과격한 주장을 피하고 주시 수양론의 '주경'(主敬)에 기울어지는 학자들은 우파에 속한다. 치엔떠훙(錢德洪 ; 쉬산緖山 ; 1496~1574)이 대표자이다. 이렇게 좌·우파의 갈래로 나뉘어진 근원은 현대 학자 양꾸어르옹(楊國榮)에 의하면, 양명 '심즉리설' 자체의 2중성에서 기인한다.[29] 한편 츠언라이(陳來)에 의하면, '4구교'의 해석 차이에서 분화가 초래되었다고 본다.[30] 그러나 양명학의 분화 현상을 더욱 강조한 사람들은 일본의 학자들이다. 현학적인 취미로 보이며, 별로 바람직한 방법이 아니라고 생각한다. 양명학파 분열의 내재적인 원인을 심즉리학의 길[좌파]과 정일지학(精一之學)의 길[우파]로 설명한 자료가 있다.[31]

---

27) '4구교'(四句敎)의 원문은 다음과 같다. ① 無善無惡心之體 ② 有善有惡意之動 ③ 知善知惡是良知 ④ 爲善去惡是格物

28) 『전습록』2, 정인재 · 한정길 역주, 2007, pp. 807-810 315조목.

29) 양꾸어르옹(楊國榮), 『양명학통론』, 송하경 역 (박영사, 1994), p. 74.

30) 츠언라이(陳來), 『송명성리학』, 안재호 옮김, 1997, p. 399.

주시와 왕서우르언 중에서 누가 질량(몸무게)이 큰지 알 수 없다. 자연계에서는 '운동량 보존의 법칙'에 의하여 질량이 작은 사람이 큰 사람에게 밀린다.[32] 그러나 인문의 세계에서는 사정이 다르다. 두 사람의 몸무게에 상관없이 주시의 '성즉리' 이론과 왕서우르언의 '심즉리' 이론은 각기 독자성을 지닌다. 양자는 물과 불처럼 서로 만나지 못하는 것이 아니다. 어느 것이 옳고 어느 것이 그르다고 말해서도 안 된다. 이 문제를 놓고 권력투쟁을 할 일이 아니다. 주시의 학설을 '리학', 왕서우르언의 학문을 '심학'이라고 호칭할 수는 있으나, 이를 '대립각'(카운터블로 ; counterblow)의 수단으로 활용하는 일은 온당하지 않다. 상호 기질적 차이를 인정할 일이다.

철학이론 가운데 '유물론'(唯物論 ; materialism)과 '유심론'(唯心論 ; idealism ; 관념론)이 존재한다. 주시와 왕서우르언은 함께 후자에 속한다. '유심론'은 다시 두 가지로 구분하여 설명된다. '객관유심론'(客觀唯心論)과 '주관유심론'(主觀唯心論)이 그것이다. '객관유심론'은 물질세계를 벗어나 모종의 '객관' 정신이 존재한다고 보는 이론이다. 한대(漢代)의 똥종수(董仲舒), 위(魏)의 왕삐(王弼), 송(宋)의 주시 등이 여기에 속한다. 서양철학에서는 플라톤(Plato)과 헤겔(Hegel)을 대표적인 예로 들 수 있다. 이에 대하여 '주관유심론'은 만사만물이 모두 '나'의 감각, 관념, 의지, 정감(情感) 등의 산물이라고 보는 이론이다. 내가 없으면 세계도 없다. 송(宋)의 루지우위앤, 명(明)의 왕서우르언 등이 여기에 속한다. 서양철학자 중에는 버클리(Berkeley), 피히테(Fichte)를 대표자로 꼽을 수 있다.

주시와 왕서우르언이 모두 '유심론'인 점에서 서양철학에서 말하

31) 이상익, 『주자학의 길』 보론(補論), 2007.
32) 일본의 스모 선수가 몸무게를 늘리는 것을 생각하라.

는 '관념론'의 영역에 속한다. 관념론의 철학을 '공리공론'(空理空論)이라고 비난하는 사람들이 있다. 이는 철학의 속성을 모르는 무지(無知)의 소치이다. 역사상 사상 전개와 그에 따른 사물의 진화는 관념에서 실제로 나아간 경우가 대부분이다. 독일 철학에 있어서 칸트, 피히테, 쉘링, 헤겔 등은 불굴의 관념론자들이다. 이들의 공헌이 없었다면 어떻게 대륙의 '합리론' 및 영국의 '경험론' 철학이 발달할 수 있었겠는가? 그리고 어떻게 근대의 역사가 가능할 수 있었을까? 독일인들은 칸트, 헤겔 등을 국민적 영웅으로 칭송하는데, 동아시아에서는 주시와 왕서우르언을 함께 평가절하한 측면이 있다.[33]

왕서우르언의 '양명학'이 조선 땅에 전해진 것은 1521년(중종 16) 여름 이전으로 추산한다.[34] 그러나 양명학은 퇴계 이황(李滉)이 왕의 저술 『전습록傳習錄』을 배척하는 글, 『전습록변傳習錄辨』을 발표하자 유학자들 사이에 정론이 되어서 뿌리를 내리지 못하였다. 이황에 이어서 박세채(朴世采 ; 호 南溪 ; 1631~1695)와, 한원진(韓元震 ; 호 南唐 ; 1682~1750)이 또한 왕서우르언의 철학을 비판하였다.[35]

진리는 반드시 통용되는 바가 있다. 조선양명학은 음지(陰地)에서 성장하고, 또한 음지로 전파되었다. 정제두(鄭齊斗 ; 호 하곡霞谷 ; 1649~1736)는 그 선구자이다. 조선양명학은 훗날 '강화학파'(江華

33) 한동안 현대 중국의 학계는 '유물론' 철학에 가치를 두었으므로, '유심론자'인 주시(朱熹)와 왕서우르런(王守仁)을 싸잡아서 비난하였다. 지나친 자존심도 문제이지만, 지나친 자기 학대(虐待)도 바람직스럽지 못하다. 이는 일종의 콤플렉스이다.

34) 오종일, "양명전습록전래고", 『철학연구』5, 1979.

35) 유명종, 『한국의 양명학』, (동화출판공사, 1983).

學派)라고 명칭하고 있는 바와 같이, 강화도 일원을 중심으로 이광신(李匡臣 ; 1700~1744) · 이광사(李匡師 ; 1705~1777) 형제(사촌)의 후손을 중심으로 퍼져나갔다. 그리하여 한말 이건창(李建昌 ; 1852~1898) · 이건방(李建芳 ; 1861~1939) 형제(사촌) 등으로 명맥을 이어갔다.[36] 조선왕조의 멸망할 때에, 아편을 먹고 세상을 등진 황현(黃玹 ; 호 매천梅泉 ; 1855~1910) 또한 양명학적 기질이 강하다. 만일 이들 양명학 계통의 학자들이 조선의 실제 정치를 담당하였다면, 조선의 운명이 사뭇 달라졌을 것으로 생각한다. 평화로운 시기에는 주시와 같은 지리한 학문을 참을 수 있다. 그러나 위기의 시대에는 왕서우르언과 같은 간이직절한 학문이 도움이 되지 않았을까?

일본의 경우 왕서우르언의 철학은 상당히 대접받았다. 이 때문에 일에 부딪쳐서 실제적인 응용력을 길러나가는[37] 양명학이 일본의 근대화를 추진시키는데 도움이 되었다는 주장이 있다.[38]

14.2 루어친순(羅欽順)의 철학사상

14.2.1 리기일물설(理氣一物說)

왕서우르언(王守仁)과 같은 시대에 활동한 인물로 루어친순(羅欽順 ; 1465~1547)이 있다. 지앙시성 타이허(泰和 ; 현 지앙시성 지안

36) 민영규, 『강화학 최후의 광경』, (우반, 1994).
37) 이를 양명학의 술어로 '사상마련'(事上磨鍊)이라고 부른다.
38) 일본 양명학에 대하여는 요시다 코헤이(吉田公平), 『일본양명학』, 정지욱 한글 번역본(청계, 2004)을 참고하기 바란다.

시吉安市) 사람이다. 자를 윈성(允升)이라 하고, 호를 정안(整庵)이라 하였다. 그는 대체로 츠엉이와 주시의 학설을 계승하였으며, 저술에 『곤지기困知記』와 『정암존고整庵存稿』가 있다.

루어친순의 리기론은 다소 독특한 점이 있다. 그는 반드시 '기' 위에 나아가서 리'를 인식해야 한다(就氣上認理)고 주장한다.

> '리'는 반드시 '기' 위에 나아가서 인식해야 한다. 그러나 '기'를 인식함으로 '리'가 된다는 것은 아니다. 이 부분이 용납할 수 없고 말하기가 가장 어렵다. 사람이 잘 관찰하고 침묵을 지키며 깨달아야 한다. "다만 '기'에 나아가 '리'를 인식한다."라고 하는 점과, "'기'를 인식함이 '리'가 된다."라고 두 가지 말은 분별해야 한다. 이점을 확실히 이해하지 않으면, 수많은 이야기가 쓸모없다.[39]
>
> '기'에 나아가 혹은 '기'를 따라서 '리'를 인식한다 라는 말은 '리'가 '기'의 조리(條理)라는 뜻으로 이해된다. 감지하는 것은 오로지 '기'이고, '리'는 아니라는 말이다.
>
> '리'는 과연 무슨 물건인가?(理果何物也哉) 무릇 천지, 고금을 막론하고 하나의 '기'(一氣)가 아닌 것이 없다. '기'는 본래 하나이다. 그런데 한번 움직이고 고요하고, 오고 가며, 열리고 닫히고, 오르고 내려오니 순환하여 그치지 않는다. 미묘함이 쌓였다가 들어나며, 들어남으로 인하여 다시 미묘하여 진다. 4계절의 온량(溫涼) 한서(寒暑), 만물의 생장(生長) 수장(收藏), 백성들의 일용 인륜[彝倫], 인사의 성패 득실이 모두 '기'가 아님이 없다. 천(千) 가지 조리와 만(萬) 가지 실타래가 어지럽게 엉키고 또 붙어있지만 마침내 난리가 되지 않는다. 그 까닭을 알 수 없으나 자연히 그렇게 되는 것은 즉, 이른바 '리'이다. 처음부터 별도로 한 물건[一物]이 있는 것이 아니다. '기'에 의존하여 서고[立], '기'에 붙어서 행(行)하여 진다.[40]

---

39) 『사고전서四庫全書』, 자부(子部), 유가류(儒家類), 『곤지기困知記』권下. "理須就氣上認取, 然認氣爲理便不是. 此處間不容髮, 最爲難言. 要在人善觀而默識之. 只就氣認理, 與認氣爲理, 兩言明有分別. 若於此看不透, 多說亦無用也."

이상과 같은 이야기는 '기' 밖에 '리'가 별도로 존재하는 것이 아니라는 뜻이다. 다시 말하면 '리'와 '기'가 두 물건(二物)으로 존재하는 것이 아니다. 루어친순에 의하면, '리'는 다만 '기'의 '리'일 뿐이다. 학자들은 이에 근거하여 루어친순의 리기론을 '리기일물설'로 설명한다.41)

14.2.2 심성설

심성(心性) 문제는 송학(신유학 ; 성리학)을 연구하는 사람이 비켜갈 수 없는 중요한 카테고리(범주)이다. 루어친순에 의하면, '마음'[心]은 신령한 존재이며 동시에 '본성'[性]을 담고 있는 그릇이다. 루어친순은 말한다.

> 마음은 사람의 신명이다. 본성은 사람의 생리이다. '리'의 소재를 마음이라 하고, 마음의 소유를 본성이라고 하니, 섞어서 하나가 되는 것은 불가하다.... 두 가지는 서로 떨어져 있지는 않으나, 섞이는 것은 용납되지 않는다. 지극하고[精] 또 지극하여야 그 참됨[眞]을 볼 수 있다. 혹자는 마음을

---

40) 『사고전서四庫全書』, 자부(子部), 유가류(儒家類), 『곤지기困知記』 권上. "理果何物也哉. 蓋通天地亘古今無非一氣而已. 氣本一也. 而一動一靜, 一往一來, 一闔一闢, 一升一降, 循環無已. 積微而著, 由著復微. 爲四時之溫涼寒暑, 爲萬物之生長收藏, 爲斯民之日用彝倫, 爲人事之成敗得失, 千條萬緖紛紜膠轕, 而卒不可亂. 有莫知其所以然, 而然是卽所謂理也. 初非別有一物. 依於氣而立, 附於氣以行也."

41) 주시(朱熹)는 일찍이 '리기'를 두 물건(二物)으로 구별하여 설명한 바 있다. 학자들은 주시의 이와 같은 '이물설'(二物說)을 좇아서 루어친순의 '일물설'을 비판한다. 그러나 앞에서 고찰한 바와 같이, '리기'의 관계를 놓고 볼 때에, 주시의 이야기는 모호한 점이 있다. 루어친순의 말이 크게 잘못된 점으로 볼 수는 없는 일이다.

인식함이 본성이 된다 라고 여기는데, 털끝만한 차이가 천리(千里)를 그릇되게 한다.[42]

루어친순의 마음은 루지우위앤이 말하는 '심즉리'(心卽理)의 마음이 아니다. 그에 의하면 마음은 일종 감각기관으로서 인지(認知), 추리(推理) 및 기억의 작용을 가진다. 그러나 루어친순의 본성은 『맹자』에서 까오쯔(告子)가 말하는, "생의 본능을 본성이라고 한다."(生之謂性)라는 뜻은 아닌 듯하다.[43]

루어친순에 의하면, "허령(虛靈)하면서 지각(知覺) 활동을 하는 마음[心]은 미묘한 것이고, 지극하고 순일(純一)함은 본성[性]의 참된 것이다. 지극히 정밀한 자는 본성이요, 지극히 변하는 자는 정(情)이요, 지극히 신명스러운 존재는 마음이다."[44] 그런데 루어친순은 이러한 본성은 도심(道心)으로 비유하고, 정(情)을 인심에 비유하고 있다.

도심(道心)은 본성이다. 인심(人心)은 정(情)이다. 마음은 하나이다. 이를 두 가지로 나누어 말하는 것은 움직임과 고요함, 본체와 응용의 구별

---

42) 『사고전서四庫全書』, 자부(子部), 유가류(儒家類), 『곤지기困知記』권上 1항. "心者人之神明. 性者人之生理. 理之所在謂之心, 心之所有謂之性, 不可混而爲一也.... 二者初不相離, 而實不容相混. 精之又精乃見其眞. 其或認心以爲性眞, 所謂差毫釐而謬千里者矣."

43) 사실 루어친순의 글, "性者, 人之生理"는 다소 모호한 점이 있다. 저자는 이 표현이 사람의 본능(instinct)을 가리키는 것이 아니고, '본성이란 생동하는 理'라고 이해한다. 츠엉하오(程顥)의 표현에 "생(生)을 가리켜 본성(性)이라고 한다. 본성은 '기'이며, '기'는 곧 본성이다."(生之謂性, 性卽氣, 氣卽性)라고 있는데, 루어친순이 츠엉하오에게서 영향을 받은 것으로 본다.

44) 『사고전서四庫全書』, 자부(子部), 유가류(儒家類), 『곤지기困知記』권上 2항. "至精者性也, 至變者情也, 至神者心也."

때문이다.[45]

루어친순의 이와 같은 양자의 구별은 모순에 직면한다. 즉, 본체로서의 '도심'은 본성이요 그렇기 때문에 천리(天理)가 되며, 응용으로서의 '인심'은 정(情)이요 그렇기 때문에 인욕(人欲)이 된다. 만일 '인욕'을 모두 부정해야 한다면, 인간의 정(情)을 거부해야 한다는 말이 된다. 이것은 모순이다.

이러한 까닭에 왕서우르언은 루츠엉(陸澄 ; 자 原靜)에게 보낸 글에서 루어친순을 비판하여 말한다.

> 움직임과 고요함이란 (마음이) 만나는 때[時]이다. 마음의 본체는 본래 움직임과 고요함의 구분이 없다. '리'는 움직이지 않는 존재이다.(理無動者也) 움직임은 욕망의 표현이다. '리'(理)를 따르면 비록 온갖 변화에 응대[酬酌萬變]하더라도 일찍이 움직인 적이 없다. '인욕'(人欲)을 쫓으면 비록 마음의 작용을 그치게 하고 생각을 전일하게 하더라도[槁心一念] 일찍이 고요한 적이 없다. "움직임 가운데 고요함이 있고, 고요함 가운데 움직임이 있다"는 것을 또 어찌 의심한단 말인가?[46]

왕서우르언의 이야기는 루어친순이 '도심'과 '인심'을 동정·체용에 붙이는 이분법(二分法)의 사고를 비판함이다. 루어친순의 말처럼 "도심은 본성이다. 인심은 정(情)이다."라고 한다면, 사고의 경직성을 벗어날 수 없다.[47]

---

45) 『사고전서四庫全書』, 자부(子部), 유가류(儒家類), 『곤지기困知記』권上 3항. "道心, 性也. 人心, 情也. 心一也, 而言兩之者, 動靜之分, 體用之別也."

46) 『전습록』中, 답육원정서 우(答陸原靜書 又), 정인재 · 한정길 역주, 2007, P. 473 157조목.

47) 사실 이와 같은 모순은 "인심은 인욕이요, 도심은 천리이다."(人心, 人欲. 道心,

루어친순의 철학은 독자적인 것이 아니고, 이정(二程)과 주시의 사상에서 영향을 받은 것이다. 그의 학설이 의미를 지니는 또 다른 측면은 『곤지기』가 조선에 전하여져서 조선왕조의 유학자들에게 상당한 영향을 미친 점이다. 조선의 기대승(奇大升), 노수신(盧守愼), 이이(李珥) 그리고 임성주(任聖周) 등이 루어친순에게서 많은 영향을 받은 점이 확실하다.

14.3 청대(淸代)의 철학 사조

14.3.1 후앙쫑시(黃宗羲)의 군주정치론

후앙쫑시(黃宗羲 ; 1610~1695)는 명말 청초의 인물로, 저지앙성 위야오(餘姚 ; 현 저지앙성 닝뿨시寧波市) 사람이다. 자를 타이츠옹(太沖)이라 하였고, 호는 난레이(南雷) 혹은 리저우(梨洲)이다. 부친 후앙쭌쑤(黃尊素)가 환관의 무리를 탄핵하였다가, 옥중에서 죽임을 당하였다. 부친이 억울하게 죽고 또한 국가의 운명이 바뀌는 난세에, 젊은 시절부터 반항의 기질이 강하였고 투쟁의 일생을 살았다.[48)]

후앙쫑시의 학문은 경세(經世)의 외향적 방향으로 전개되었다. 그러나 명(明)이 멸망하고 이민족인 청(淸)이 들어서자(1644년), 그는 모든 정치적 운동을 접고 오로지 강학과 저술에 몰두하였다. 대표

天理)라는 츠엉이의 말에서 유래한다. 루어친순은 리기론에 있어서는 츠엉하오의 리기혼연설(理氣渾然)에 영향을 받았으나, 심성설에 있어서는 츠엉이의 학설에 영향을 받았다.

48) 그를 가리켜 중국의 장 쟈크 루소(Jean Jacques Rousseau ; 1712~1778)라고 부르는 학자도 있다.

적인 저술로 『송원학안宋元學案』, 『명유학안明儒學案』, 『명이대방록明夷待訪錄』등이 있다.

후앙쫑시는 과거에 응시하기 위하여 4서, 『통감』, 『좌전』, 『국어』, 『전국책』, 『장자』등을 읽어야 하는 현실을 고루하다고 여겼다.[49] 그는 경세에 도움을 주는 '실학'(實學)을 강조하였다. 성리설에 대해서는 별로 볼 것이 없다. 그의 학문은 정치철학에 중심이 있다. 『명이대방록』을 통하여 그의 중심사상을 들여다본다.

후앙쫑시에 의하면 천하의 모든 인간은 이익을 도모하는 존재이다. 그러나 군주(君主)만은 개인적 이익을 도모해서는 안 된다. 그는 천하 인민의 이익을 도모해야 한다. 그는 야오(堯)·순(舜)·위(禹)와 같은 임금은 자기를 희생하고 만민(萬民)의 이익을 도모하였는데, 후세의 군주들은 천하의 이익을 자기 개인에게 돌리고, 천하의 해(害)를 인민에게 돌렸다고 비판한다. 그는 다음과 같이 말한다.

> 이는 다른 것이 아니다. 옛적에는 천하의 인민이 주인이고, 군주는 손님이었다. 무릇 군주가 경영하는 일은 천하를 위하여 한 것이다. 오늘날은 군주가 주인이고 천하 인민이 손님이다. 무릇 천하의 어느 곳에서도 인민이 안녕을 얻을 수 없는 것은, 군주만을 위하기 때문이다.[50]

그의 말대로 옛적에 천하 인민이 주인이었는지는 의심스럽다. 그

---

49) 그는 21세부터 33세까지 4회에 걸쳐서 향시(鄕試)에 응시하였으나, 모두 낙방하였다. 이러한 경험이 과거 공부를 비난하게 된 동기가 될 수 있다.

50) 후앙쫑시(黃宗羲), 『명이대방록明夷待訪錄』, 원군(原君). cf. 李 偉 역주, 『명이대방록역주明夷待訪錄譯注』(岳麓書社, 2008), p. 6. "此無他. 古者以天下爲主, 君爲客. 凡君之所畢世而經營者, 爲天下也. 今也以君爲主, 天下爲客. 凡天下之無地而得安寧者, 爲君也."

러나 그가 1인의 이익만을 채우는 군주정치에 대하여 비판적인 견해를 가진 점은 틀림없다. 그는 이처럼 넓은 천지 속에서 오직 천자(天子) 한 사람만을 두둔하는 정치를 공격한다.

> 옛날 천하 사람들이 자기의 군주를 아껴서 추대한 것은 마치 군주를 아버지에 비교하고 하늘처럼 생각하였는데, 이는 그렇게 지나친 일은 아니었다. 그런데 오늘날은 천하 사람들이 자기의 군주를 원망하고 미워하며, 그를 마치 도둑이나 원수같이 보아서 '독부'(獨夫)라고 이름 지었으니 진실로 당연한 일이다.... 어찌 천지의 위대함이 억조창생의 온갖 성씨 가운데 오로지 그 한사람, 한 성씨만을 사사롭게 하였겠는가?[51]

권력이 세습되는 전통사회에 있어서, 이와 같은 주장이 얼마나 파격적인 것인지 현대인은 이해하기 힘들다. 후앙쭝시의 주장이 여기에서 그치지 않는다. 신하는 인민의 이익을 위하여 종사하는 직책이며, 군주 한 사람을 위하여 행정에 임하는 존재가 아니다. 그럼에도 군주 1인에게 아첨하는 무뢰한이 많다고 비판한다.[52]

이처럼 후앙쭝시의 주장 가운데는 근대적 의미의 민권(民權) 내지 민주(民主) 사상이 내재되어 있다. 그러나 그의 주장은 오로지 서재에서 그쳤으며, 현실의 정치에서는 시스템을 보장받지 못하였다. 조직화를 통한 시스템 상의 보장을 받지 못하는 쓸만한 이론들이 얼마나 많이 사라졌던가? 선각자의 사상을 수용하지 못하는 사회는 조만간 그 피해를 당하게 되어 있었다. 국가 시스템을 개조(改

---

51) 『명이대방록明夷待訪錄』, 원군(原君). cf. 李 偉 역주, 『명이대방록역주明夷待訪錄譯注』(岳麓書社, 2008), p. 7. "古者天下之人愛戴其君, 比之如父, 擬之如天. 誠不爲過也. 今也 天下之人怨惡其君, 視之如寇讐, 名之爲獨夫, 固其所也.... 豈天地之大, 於兆人萬姓之中, 獨私其一人一姓乎?"

52) 배영동, 『명말청초사상明末淸初思想』(민음사, 1992).

造)하지 못한 청(淸) 정부는 말기에 외국의 침략에 대하여 방어 능력을 완전히 상실하였고, 급기야 제국주의 세력 앞에서 맥없이 나라를 내어주는 수모(受侮)를 견디며 땅을 쳐야만 하였다.

14.3.2 꾸옌우(顧炎武)의 비판철학

꾸옌우(顧炎武 ; 1613~1682)는 지앙쑤성(江蘇省) 쿤산(昆山) 사람이다. 자를 닝르언(寧人), 호를 팅린(亭林)이라 하였다. 당대의 지식인들과 마찬가지로 그도 무너지는 명(明)을 붙들고 이민족인 청(淸)의 흥기에 대하여 반항하였다. 세상이 뒤바뀌자 45세 이후 중원의 이곳저곳을 떠돌며 살았다. 67세 이후 산~시성 후아인(華陰)에 머물었고 그곳에서 죽었다. 그는 말년까지 명 왕실에 대한 사모의 정(情)을 버리지 않았다고 전한다. 그의 저술은 다방면에 걸쳐 있는데, 『정림문집亭林文集』과 『일지록日知錄』을 대표작이라고 볼 수 있다.

후앙쫑시가 온건한 양명학파에 속한다면, 꾸옌우는 주자학적 경향을 보였다. 그만큼 주자학은 시대의 화두였고, 이를 비켜갈 지식인은 드물었다. 그러나 꾸옌우는 제한된 범위에서 송명(宋明) 성리학을 완곡하게 비판하였고, 왕서우르언의 심학(心學 ; 양명학)은 혹독하게 공격하였다. 그는 명말(明末) 지식인들의 행태에 대하여 다음과 같이 비판한다.

> 빈객(賓客) 문인들을 모아놓은 자가 100여 명이 넘었다.... 한결같이 심(心)과 성(性)에 대하여만 논하였다. 여러 학문을 버리고 일관(一貫)된 방법만을 찾았고, 세상[四海]의 곤궁에 대해서는 말하지 않았다. 그리고 종일토록 위미(危微)-정일(精一)[53]의 학설 만을 떠들었다.[54]

꾸옌우는 이와 같이 전통적인 학문(주자학)이 공허하고, 성현의 가르침에서 벗어났다고 비판하였다. 그는 심학(양명학)에 대하여 다음과 같이 비판하고 있다.

> 근세에 심학(心學)에 대하여 말하기를 기뻐한다. 경전 본래의 의미[本旨]는 버리고 오로지 인심(人心), 도심(道心)만을 논한다. 심한 자는 도심(道心) 두 글자만을 주어 담아서 '즉심시도'(卽心是道)라고 말한다. 대개 선학(禪學)에 빠지고도 알지 못한다. 야오(堯)・순(舜)・위(禹) 임금이 세상에 전한 의미로부터 멀어졌다.[55]

> 옛적에는 도(道)를 배운다고 하였지, 심(心)을 배운다는 말은 듣지 못하였다. 배우기를 좋아한다고 하였지, 심(心)을 좋아한다고는 듣지 못하였다. '심학' 두 글자는 6경과 콩치우와 멍커도 말하지 않은 바이다.[56]

그는 이처럼 양명학을 비판하였다. 그리고 왕서우르언의 학문이 주시를 훼방하며, 그 폐단이 자칫하면 학문 자체를 무용한 것으로

---

53) "인심은 위태롭고 도심은 은미하니, 오직 정일(精一)하여서, 오로지 그 '中'을 잡으라."(人心惟危, 道心惟微, 惟精惟一, 允執厥中)라는 표현에서 유래한다. 『중용장구中庸章句』서문에 등장하는 이 16자 결구(結句)는 유가의 전통적인 심법(心法) 공부의 하나이다.

54) 『정림문집亭林文集』권3, 여우인논학서(與友人論學書). cf. 양시앙퀘이(楊向奎), 『청유학안淸儒學案新編』一 (齊魯書社, 1985), p. 503.

55) 『일지록日知錄』권18, 심학(心學). cf. 『사고전서四庫全書』자부(子部), 잡가류(雜家類) 잡고지속(雜考之屬). "近世喜言心學, 舍全章本旨而獨論人心道心, 甚者單摭道心二字, 而直謂卽心是道. 蓋陷於禪學而不自知, 其去堯舜禹授受天下之本旨遠矣."

56) 『일지록日知錄』권18, 심학(心學). cf. 『사고전서四庫全書』같은 곳. "古有學道, 不聞學心. 古有好學, 不聞好心. 心學二字, 六經孔孟所不道."

폐기할 수 있다고 말하였다. 그가 유학의 심성론에 대하여 불만이 있었던 점은, 심성론의 역사가 도교와 불교에서 근원한 바 있다고 보아서, 불교와 도교를 더욱 심하게 비판하였다.

꾸옌우에 의하면 왕서우르언[陽明]이 이해한 주시의 학문은 주시의 중년(中年) 시기의 학설이고 실제로 주시는 만년(晩年)에 정설이 확립되었으므로, 왕서우르언의 주시 이해에 문제가 있었다는 점을 지적하였다. 또한 왕서우르언의 학문은 돈오(頓悟)의 학문이라고 지적하였다. 그의 이러한 지적은 참조할 만하다.

그렇다면 꾸옌우가 지향하는 세계는 무엇인가? 그는 경학(經學)을 바탕으로 한 경세치용(經世致用)의 학문을 참다운 학문[實學]으로 여겼다.

> 누가 오늘날[明代]의 청담(淸談)이 전대(前代)보다 심하다는 것을 알고 있는가? 옛날의 청담은 노장(老莊)을 이야기 하였으나, 오늘의 청담은 공맹(孔孟)을 말한다. 그 정밀함[精]은 얻지 못하고, 조략함[粗]은 전하였고, 그 근본[本]을 궁구하지 않고, 지엽[末]만을 말하고 있다. 6예의 문장은 익히지 않고, 백왕(百王)의 규정은 살피지 않으며, 당대의 금한 일은 종합하지 않는다.... 명심견성(明心見性)으로써 헛된 말을 함으로써 수기치인(修己治人)의 실학(實學)을 대신한다. 팔과 다리가 게으르니 만사가 황폐하고, 손톱과 어금니가 없으니 사방[四國]에서 난리가 발생한다.[57]

꾸옌우는 이처럼 실학(實學)를 주장하고 있으나, 그는 개혁의 실

---

57) 『일지록日知錄』 권7, 부자지언성여천도(夫子之言性與天道). cf. 『사고전서四庫全書』 같은 곳. "孰知明代之淸談, 有甚於前代者? 昔之淸談談老莊, 明之淸談談孔孟. 未得其精而已遺其粗, 未究其本而先辭其末, 不習六藝之文, 不攷百王之典, 不綜當代之務.... 以明心見性之空言, 代脩己治人之實學. 股肱惰而萬事荒, 爪牙亡而四國亂."

천자라기 보다는 보수주의자로 보인다.[58] 그는 당대의 인물 리즈(李贄 ; 卓吾)가 성인(聖人)에 반역한 자라고 극심하게 비난하였다. 꾸옌우의 비판의 화살을 피해갈 수 있는 학문과 사람은 별로 없다. 그러나 그의 비판적 경향을 건설적인 것으로 볼 수는 없다. 명·청 교체기의 사상적 혼란에 처하여 주시의 학문을 비교적 독실하게 지키는 것으로 그의 의무를 다하였다.

꾸옌우가 말년까지 명 왕실에 대한 사모의 정(情)을 버리지 않은 이유는 어디에 있을까? 그를 단순히 주시의 성리학을 지키려는 시대에 뒤떨어진 고루한 학자로 볼 수는 없다. 그보다도 한족(漢族)의 명이 망하고, 이민족인 만주족(滿洲族)이 지배하는 천하를 용납할 수 없었을 것이다. '한족'만이 천하를 차지해야만 마땅한 것인가? 오랑캐인 이민족은 과연 천하를 경영할 능력이 없는가? 오랑캐 가운데 과연 인물이 없다는 말인가?[59] 지나치게 높은 자존심도 일종의 병일 수 있다.

14.3.3 왕후우즈(王夫之)의 역사철학

왕후우즈(王夫之 ; 1619~1692)는 명말 청초의 인물이다. 후난성 헝양(衡陽) 사람이다. 자를 얼농(而農), 호를 지앙자이(姜齋)라고 하였다. 중년이후 헝양 석선산(石船山) 아래서 살면서 스스로 '선산 노인'으로 불렀다. 나이 25세에 명(明)이 멸망하였다. 그는 며칠 동

---

58) 젊은 시절 꾸옌우(顧炎武)는 항청(抗淸) 운동에 참여한 바 있다. 그러나 명(明)이 망하자, 천하를 떠돌아다니다가 향년 70세로 죽었다. 그의 위치는 실학(實學)을 실천에 옮길만한 분위기가 되지 못하였다.

59) 명말(明末) 한족 학자들이 거부하고 오랑캐라고 멸시한 만주족(滿洲族)의 청(淸)이 나라를 잘 이끌었다고 보인다. 청대(淸代)의 정치 및 문화와 사상을 가볍게 볼 일이 아니다.

안 식음을 폐하였으나, 죽지는 않았다. 33세 이후 변방 지역을 전전하였고, 42세 이후 헝양의 석선산에 살다가 73세에 세상을 버렸다. 죽을 때까지 '꿩머리'[薙髮]를 하지 않았다고 하며, 묘지명에도 '명조의 신하'(明朝遺臣)라고 적도록 하였다. 그의 저술이 햇빛을 본 것은 죽은 후 200년이 지난 뒤 쩡꾸어환(曾國藩) 형제에 의해서 이루어진 『선산유서船山遺書』를 통해서이다. 대표작으로 『주역외전外傳』, 『주역내전內傳』, 『황서黃書』등이 있다.

왕후우즈는 송학에 있어서의 장짜이(張載)를 높이 받들었고, 왕서우르언의 학문(양명학)을 격렬하게 비판하였다. 그는 다음과 같이 말하고 있다.

> 성인의 말을 업신여기는 것은 소인의 대악(大惡)인데, 요강(姚江)의 학문[60]은 성인의 말을 마음 내키는 대로 취하여 한 글자 한 구절을 잘라내서 요점이라고 하였다. 선종(禪宗)을 가져다가 기탄없이 저지르는 일 가운데 가장 심하다.[61]

그는 또한 왕서우르언의 '심즉리'와 '심외무리'설은 불교의 유심론(唯心論)과 같다고 비판한다. 나아가서 왕서우르언의 '양지설'은 하나의 독선(獨善)에 지나지 않으며, 성선설의 입장에서 '4구교'의 하나인 '무선무악설'을 비난하였다.

왕후우즈는 장짜이의 '기철학'(氣哲學)을 물려받아서, 자신의 '기일원론'(氣一元論)을 확립하였다. 그의 사상은 '유물론'(唯物論)의 성격이 강하여, 현대 중국의 학자에 의하여 유물론 철학의 선구자

---

60) 왕서우르언(王守仁)의 학문을 말한다.
61) 왕후우즈(王夫之), 『선산전서船山全書』12책, 모해(侮解).

로 칭찬을 받기도 한다.[62)]

왕후우즈는 역사를 발전적인 것으로 인식하였다. 이를 학자들은 발전사관(發展史觀)으로 부르는데 왕후우즈의 철학에서 가장 참고할 만한 내용이다. 그는 만주족의 청[滿淸]에 의하여 한족의 명(明)이 무너지는 현실을 보고, 민족주의적 자각심을 불러 일으켰다. 그리고 역사는 야만으로부터 문명으로 진화한다고 믿었다. 종래 학자들은 (거의 예외없이) 고대 야오・순(堯・舜)시대가 이상사회이고, 시간이 흐름에 따라서 사회가 점점 타락한 것으로 보았다. 왕후우즈는 이를 정면으로 부인하고, 중국의 역사는 야오・순 3대 이후 부단히 발전하여 문명화가 진전되었다고 주장한다. 그는 역사를 '리세론'(理勢論)의 논리로 해석하였다.

> '리세'(理勢)를 말하는 것은 '리'의 세력(勢)을 말하는 것과 같다. '리기'(理氣)를 말하는 것은 '리'의 '기'를 말하는 것이다. '리'는 본래 잡을 수 있는 물건이 아니며, 볼 수도 없다. '기'의 조리와 모양에서 '리'를 확인할 수 있다. 그러므로 시초에 '리'가 있었지만 '기' 위에서 '리'를 느낀다. 이미 '리'를 얻으면, 자연히 세력(勢)이 형성된다. 오직 세력이 반드시 모이는 곳(필연처)에서 '리'를 볼 수 있다.[63)]

이는 역사의 발전 법칙에 '리'가 존재한다는 이야기이다. 그러나 현상에서 접촉하는 세계는 '기'의 세계이다. '리'는 다만 내재적인 존재일 뿐이다. 그는 다음과 같이 말한다.

---

62) 허우와이루(侯外廬), 『중국사상통사』 제5권.

63) 『선산전서』 6책, 독사서대전설(讀四書大全說) 권9, p. 992. "迨已得理, 卽自然成勢, 又只在勢之必然處見理."

> 도(道)가 있음과 없음의 차이는 '기' 아닌 것이 없으며 그 세력(勢)이 아님이 없다. '기'가 다스림의 '리'를 따라가면 도가 있는 세상이고, '기'가 난세의 '리'를 따라가면 도가 무너진 세상이다. 양자 모두 '리'에 합당하면 세력이 성립된다. 이 두 가지가 곧 하늘(天)이다.[64]

왕후우즈에 의하면 '리'와 '세'(세력)는 나눌 수 없는 관계에 있고, 이는 '기'를 통하여 실현된다. 여기에서 '천'은 법칙처럼 느껴진다. 왕후우즈는 '리'와 '세'가 기본적으로 통일을 지향한다고 보았다. 이것이 왕후우즈의 '리세합일'(理勢合一)의 역사관이다. 그러나 왕후우즈의 역사관은 다소의 모순을 내포하고 있다. "천하의 세력은 한 번 합해지고 흐트러지며, 한 번 다스려지고 한 번 난세가 된다."[65] 라는 이야기에서 이를 들여다 볼 수 있다.

이는 역사의 순환론을 의미한다. '리세론'(理勢論)이 지배하는 역사가 직선상으로만 발전하는 것이 아니고, 원형처럼 순환한다고도 생각한 것이다. 왕후우즈는 만청(滿淸)이 지배하는 현실을 놓고, '일치일란'의 변화에 대하여 기대를 걸었을 것이다. 그렇지 않고 오랑캐에 의하여 나라가 망해버린 상황에서 어떻게 한족의 자존심을 지켰을 것인가?

명말 청초의 인물, 후앙쫑시(黃宗羲), 꾸옌우(顧炎武) 그리고 왕후우즈(王夫之)는 결국 한족의 지식인이었다. 오늘의 눈으로 볼 때에, 그들에게는 보편적 사고가 결여되어 있었다. 사고의 보편성은 무엇을 말하는가? 16세기~17세기의 중세를 살아간 그들에게 오늘의 입장에서 동북(東北)의 이민족이 지배하는 보편적인 중화(中華)

64) 『선산전서』6책, 같은 곳, p. 991.
65) 『선산전서』10책, 독통감론(讀通鑑論) 권16, p. 611. "一合而一亂, 一治一亂."

의 세계를 강조할 수는 없는 일이다. 사람이 시대정신을 벗어나기는 극도로 어려운 일이다. 나폴레옹 보나빠르트(Napoleon Bonaparte ; 1769~1821)와 같은 혁명가라면 이야기는 다르겠지만 말이다.

[追記] 중국철학의 이단아, 리즈(李贄)의 동심설(童心說)

리즈(李贄 ; 1527~1602)는 후우지엔성 취앤저우(泉州) 사람이다. 자(字)가 주어우(卓吾) 또는 뚜우(篤吾)이며, 호는 홍후우(宏甫) 혹은 '원링 거사'(溫陵居士)이다. '주어우'(卓吾)로 더욱 알려져 있다. 그가 소수민족의 일원임을 아는 사람은 드물다. 혹자는 그 사실을 알더라도 신경을 쓰지 않았다. 리즈의 선조는 위구르족[回族] 출신이다. 그는 소수민족의 일원이었으나, 한족처럼 교육을 받았다. 리즈를 '무슬림'(이슬람교도)이라고 말할 수 없으나, 그의 처(妻) 황씨는 무슬림이었던 것 같다. 리즈는 젊은 시절 루어르우황(羅汝芳 ; 1515~1588)을 찾아가서 배웠다.

중국철학사에 있어서 리즈는 '반항아', '유교의 반역자' 혹은 '사상범'으로 알려져 있다. 그는 26세 과거에 합격하여 거인(擧人)의 신분을 얻었으나, 29세 첫 발령지부터 찬 밥 신세였다. 그는 고향에서 가까운 강남에 머물고 싶었다. 그러나 만 리나 떨어진 웨이후에이부(衛輝府) 꽁츠엉(共城 ; 현 허난성 신시앙시新鄕市 후에이현輝縣)의 벽촌으로 발령을 받았다. 계속하여 관청의 하급관리로 전전하였다. 그가 크게 출세하지 못한 데는 위구르족이라는 출신성분이 작용하였을 가능성이 있다.

33세에 승진하여 남경(南京)에 부임하였다. 38세에 국자감박사(國子監博士)가 되어 뻬이징에 부임하였으나, 부친의 죽음으로 가족이

있는 꽁츠엉으로 내려왔다. 42세에 진사(進士) 시험에 합격하였다. '늦깎이'였다.[66]

리즈는 콩치우와 멍커의 학문을 싫어하고, 양주(楊朱)와 뭐자이(墨翟)의 학문에 관심을 가졌다. 왕서우르언의 글을 읽고 그 학문에 뜻을 두었다. 51세에 윈난성 야오안(姚安)으로 발령을 받아 부임하고 소수민족에게 관용적인 행정을 펴다가, 한족의 상관들과 사이가 틀어졌다. 52세에 따리(大理)의 감통사에서 백족 출신의 학자 리위앤양(李元陽)[67]을 만났다. 리위앤양은 리즈를 높이 평가하였다.

리즈는 54세에 벼슬을 사직하고 계족산(鷄足山 ; 윈난성 따리大理 얼하이洱海 북쪽에 있음)으로 들어가서 얼마동안 나오지 않았다. 잠시 후뻬이성 후앙안(黃安)에 거주하였고, 59세 이후 마츠엉(麻城 ; 현 후뻬이성 황깡시黃岡市 마츠엉) 부근의 롱탄(龍潭)호에 머물렀다. 60대에 머리카락을 기른 체 사실상의(de facto) '승려'가 되었다. 그러다 어느 날 갑자기 삭발함으로써 스스로 유자(儒者)가 아님을 증명하였다.[68] 롱탄에 지불원(芝佛院)을 증축하고 70세까지

66) 청대 과거 제도는 수재(秀才), 거인(擧人), 진사(進士)의 3등급이 있다. '수재'는 현(縣) 단위의 규모이며, '거인'은 성(省) 단위이고, '진사'는 전국 단위이다. 과거의 합격생이 매우 적었으므로 '진사'에 합격한 사람은 그 학문적 수준이 대단하였다고 진단된다.

67) 리위앤양(李元陽 ; 1495~1580)은 윈난성 타이허(太和) 사람으로, 명대(明代) 백족(白族)이 낳은 사상가이다. 1526년 가정(嘉靖) 5년 진사에 급제하여 벼슬길에 올랐다. 호부(戶部)주사 및 감찰어사 등을 역임하였다. 정권의 부패에 실망하여 관직을 버리고 백족의 고향인 따리(大理)로 귀향, 40여 년을 학문 연구에만 힘을 쏟았다. 리위앤양은 소수민족의 입장에서 한족의 철학을 해석하고 수용한다. 그는 멍커(孟軻)가 주장한 덕치(德治)의 개념을 받아들인다. 리위앤양은 "대저 덕이란 불인지심이다"(夫德者, 不忍人之心也)라고 말하고, 이를 소수민족의 정치에 확대 해석한다. 그에 관한 자료에 『이중계전집李中溪全集』이 있는데, 1913년 발행된 『운남총서』에 실려 있다.

68) 이때 수염은 깎지 않고 남겨 두었다. 그 모습이 기괴(奇怪)한 느낌을 주었다고

머물렀다. 73세에 예수회 선교사 마테오 리치(Matteo Ricci)를 만난 일이 있다. 76세 때 '혹세무민'의 모함을 받고 감옥에 수감되자, 뻬이징의 옥중에서 자결하였다.

리즈는 성격이 매우 조급하고 직언(直言)을 잘하였다고 한다. 그는 마치 묵가학파의 협사(俠士)처럼 행동하였고, 칼을 차고 온 세상의 기존질서를 향하여 내려쳤다.[69] 그러나 그는 음률과 여색에 담백하였으며, 결벽증이 있어서 부인네의 접근을 혐오하여 아들이 죽었는데도 첩을 얻지 않았다. 그가 여성들을 비하(卑下) 한 것은 아니다. 67세 때의 편지문을 보면, 여성도 남성과 견식(見識)에 있어서 전혀 손색이 없음을 강조하고 있다.[70]

저술에 『장서藏書』와 『분서焚書』가 있다. '끝내 햇볕을 못보고 감추어야 할 책'이라는 뜻의 『장서』는 감추어지지 않았고, '불태워서 없애야 할 책'이라는 뜻의 『분서』는 불태워지지 않았다. 리즈의 저술 중 가장 볼 만한 내용은 '동심설'(童心說)이다. 그는 말한다.

> 동심이란 진실한 마음이다. 만일 동심으로 돌아갈 수 없다면, 이는 진실한 마음이 불가(不可)하다는 말이 된다. 대저 동심이란 거짓을 끊어버린 순진함인데, 사람이 태어나서 처음 갖게 되는 본심(本心)을 말한다. 동심을 잃어버리면 진심도 없게 된다. 진심을 잃어버리면 진실한 인간성도 없다. 사람으로서 진실하지 않으면, 최초의 본마음을 회복할 수 없다.[71]

전한다.

69) 만일 그가 지금 태어났다면, 이탈리아 시칠리아(시실리) 섬 마피아 집단의 '까포'처럼 되어 경찰에 쫓기는 신세가 되었을 것이다.

70) 『분서焚書』권2, 여인은 도를 공부해도 별 수 없다는 견해에 대한 답변(答以女人學道爲見短書). cf. 이지(李贄), 『분서焚書』 I , 김혜경 옮김 (한길사, 2004), p. 241.

71) 『분서焚書』잡술(雜述), 동심설. 김혜경 역, 『분서』 I , p. 348.

리즈의 '동심설'은 루어르우황(羅汝芳)의 적자양심설(赤子良心說)로부터 영향을 받은 것이다. 근원을 따지면 2인이 모두 왕서우르언의 학설에 영향을 받았다.[72] 왕서우르언의 단도직입적인 성격에서 보았듯이, 리즈 또한 성리학을 지루하게 생각한다. 리즈는 성리학뿐만이 아니라, 당대의 기존질서 자체에 대하여 반항하였다.

> 무릇 6경(六經), 『논어』, 『맹자』는 사관(史官)들이 추겨세워 숭상한 말이 아니면, 그 신하들이 극도로 찬미한 말이다. 그것도 아니라면, 우활한 무리들과 멍청한 제자들이 스승의 말을 기억할 때 머리는 있으되 꼬리가 없이 자신의 견해를 책에 기록한 것에 불과하다.... 그렇다면 6경, 『논어』, 『맹자』는 도학자들이 내세우는 구실이고, 거짓된 무리들이 모여든 소굴에 불과하니, 그것들이 결코 동심에서 나온 말이 아님은 명백하다.[73]

콩치우(孔丘)가 세상에 나온 이후, 이토록 가혹하게 그를 비난할 글은 없었다. 리즈는 기존의 모든 권위를 철저하게 부정한다. 그는 당시의 사회 질서를 혐오한 듯 하다. 심리적 측면에서 고찰한다면, 그는 소수민족의 일원으로서 늦게 과거에 급제하였고, 변방의 하급 관리로 전전하였다. 그가 해체주의(解體主義)적 성격이 강한 것은 이상한 일이 아니다. 리즈는 400년 전 개인적으로 '문화대혁명'을 시도한 인물이다. 리즈의 시(詩) 한 편을 감상하도록 한다.

> 부(富)라, 늘 만족함을 아는 것보다 부유한 것은 없고

---

72) 더욱 멀리 올라가면 이들이 모두 멍커(孟軻)로부터 영향을 받았다. 리즈의 '동심설'은 멍커의 말, "대인이란 어린애의 마음을 잃지 않는 자이다."(大人者, 不失其赤子之心也 ; 『맹자』이루 下)라는 말에서부터 근원한다.

73) 『분서』동심설. 김혜경 역, 『분서』Ⅰ, p. 351.

귀(貴)라, 세속을 벗어난 사람보다 존귀한 이는 없도다.
빈(貧)이라, 식견이 없는 것보다 더한 가난은 없고
천(賤)이라, 기개가 없는 사람보다 천박한 이는 없도다.[74)]

📖 참고문헌

- 김진근, 『왕부지의 주역철학』, 예문서원, 1996.
- 금장태, 『산해관에서 중국역사와 사상을 보다』, 효형출판, 1999.
- 민영규, 『강화학 최후의 광경』, 우반, 1994.
- 배영동, 『명말청초사상』, 민음사, 1992.
- 송재운, 『양명철학의 연구』, 사사연, 1991.
- 오종일, 『중국사상과 역사의 근원을 찾아서』, 한울, 2008.
- 유명종, 『한국의 양명학』, 동화출판공사, 1983.
- 이상익, 『朱子學의 길』, 심산, 2007.
- 천병준, 『왕후우즈의 내재적 기 철학』, 한국학술정보, 2006.
- 왕후우즈(王夫之), 『선산전서船山全書』, 전16책, 岳麓書社, 1998.
- 리웨이(李偉), 『명이대방록역주明夷待訪錄譯注』, 岳麓書社, 2008.
- 루지우위앤(陸九淵), 『육구연집陸九淵集』, 中華書局, 2008.
- 왕서우르언(王守仁), 『양명선생집요陽明先生集要』(上, 下) 中華書局, 2008.
- 왕서우르언(王守仁), 『왕양명전집王陽明全集』(上, 下) 上海古籍出版社, 2006.
- 양시앙퀘이(楊向奎), 『청유학안淸儒學案新編』一, 齊魯書社, 1985.
- 짱쉬에즈(張學智), 『명대철학사明代哲學史』, 北京大學出版社, 2000.
- 주시(朱熹), 『주시집朱熹集』전10권, 꾸어자이(郭齋)-인뿨(尹波) 점교, 四川敎育出版社, 1996년.
- 후앙쫑시(黃宗羲), 『황리주문집黃梨洲文集』, 中華書局, 2009.
- 횡여우란(馮友蘭), 『중국철학사中國哲學史』二冊, 商務印書館, 民國24년

74) 『분서』권6, 시가(詩歌), 부막부어상지족(富莫富於常知足). 김혜경 역, 『분서』Ⅱ, p. 295.

=1935년.
• 츠언라이(陳來), 『송명리학宋明理學』, 遼寧教育出版社, 1995.
(陳來, 『송명성리학』, 안재호 옮김, 예문서원, 1997)
• 양꾸어르옹(楊國榮), 『양명학통론』, 송하경 역, 박영사, 1994.
• 왕서우르언(王守仁), 『전습록』(1, 2), 정인재 · 한정길 역주, 청계, 2007.
• 츠언라이(陳來), 『양명철학』(원제 『有無之境』), 전병욱 옮김, 예문서원, 2004.
• 훵여우란(馮友蘭), 『중국철학사』下, 박성규 옮김, 까치, 1999.
• 리즈(李贄), 『분서焚書』Ⅰ, Ⅱ, 김혜경 옮김, 한길사, 2004.
• 리징떠(黎靖德) 편, 『주자어류朱子語類』전8권, 中華書局, 1994.
(黎靖德 편, 『주자어류』1-4, 허탁 · 이요성 역주, 청계, 1998)
• 시마다 겐지(島田虔次), 『주자학과 양명학』, 김석근-이근우 옮김, 까치, 1986.
• 아라키 겐고(荒木見悟), 『불교와 양명학』, 배영동 옮김, 혜안, 1996.

제 15 장

아편전쟁(1840년) 이후의 중국철학 사조

"마르크스 유물사관은 두 가지 요점이 있다. 그 하나는 인류문화의 경험적 설명이요, 또 하나는 사회조직의 진화론이다. 전자는 인류사회 생산관계 전체에 대하여 설명하고, 사회경제의 구조를 결정한다. 이것은 사회의 기초기구이다. 일체 사회상 정치적 · 법률적 · 윤리적 · 철학적 다시 말하면 정신상의 구조는 모두 (물질적인) 경제적 구조변화를 따라서 변화한다. 우리는 이와 같은 정신적 구조를 '표면구조'라고 호칭할 수 있다. 표면구조는 기초구조로 바뀌는데, 기초구조의 변동은 이윽고 자기내부에서 진화(進化)의 최고 동인(動因)으로 작용하는데, 이것이 곧 '생산력'이요 주동(主動)하는 힘이다."

-리따자오(李大釗 ; 1889~1927), 『나의 마르크스주의에 대한 견해 我的馬克思主義觀』

소수민족의 하나인 만주족이 건설한 청조(淸朝)는 강희(康熙 ; 재위 1662~1722), 옹정(雍正 ; 재위 1723~1735), 건륭(乾隆 ; 재위 1736~1795)의 3대에 상당한 업적을 쌓았다. 특히 아이신쥐에루어 즉, 강희(康熙) 황제는 뻬이징을 중심으로 볼 때 동(東)으로 2천여 리, 남(南)으로 2천 여리, 서(西)로 2천여 리를 직접 말을 타고 원정한 인물이다. 그는 1683년 타이완을 점령하였고, 1690년 서쪽의 변방 준가르(準喀爾)를 공격하고, 1718년과 1722년에 티베트에서 전쟁을 감행하였다.

그 결과 중국은 1800년대에 이르러 그동안 한족이 지배하지 못하였던 칭하이(青海) 서부 지역, 신지앙 위구르(新疆維吾爾) 지역, 시짱(西藏 ; 티베트) 지역이 모두 중국 땅으로 편입되었다. 이와 같은 변방 정벌은 중국으로 하여금 역사상 가장 광활한 영토를 확보하는 기반이 되게 하였다. 현재의 중국은 이 유산을 물려받고 있다.[1)]

1796년 백련교(白蓮教)의 반란을 시작으로, 1851년 태평천국, 동치(同治 ; 1862~1874) 년간의 회민(回民 ; 위구르족) 반란, 1898년 의화단의 봉기 등으로 인하여 청조는 내부적으로 붕괴하기 시작한다. 그리고 1840년 아편전쟁, 1883년 청불전쟁, 1894년 청일전쟁으로 외부적으로 도전에 직면한다. 이후 1949년 10월 마오쩌똥(毛澤東 ; 1893~1976)의 '중화인민공화국'이 탄생하기까지 중국은 일찍이 유례를 볼 수 없는 '격동의 100년'을 맞이한다. 100년 동안 중국 인

---

1) 옛적부터 '서역'(西域)으로 알려진 '신지앙'(新疆)은 동(東)투르키스탄을 가리킨다. 청의 '신지앙' 정복은 중앙아시아를 장악하고 청조를 위협하던 준가르를 1757년에 소멸시킴으로써 현실화되었다. '위구르'는 민족 명칭인데, 여기서는 한어 '웨이우얼'(維吾爾)을 따르지 않고 관례에 따라 '위구르'(Uighur)라고 칭한다. '시짱'(티베트) 정벌은 강희 황제가 1717년~1722년간 몽골 세력을 몰아내고, 淸의 군대를 투입하여 완성되었다.

민의 신고(辛苦)는 말로 다할 수 없을 정도이다. 2차 대전 당시 유럽의 유태 민족이 겪은 고난이 이들의 고통과 비유될 수 있겠다.

15.1 태평천국의 이상(理想)

15.1.1 홍시우취앤(洪秀全)과 태평천국 운동

동기가 어디에 있던 제1차 아편전쟁(Opium War ; 1839~1842)은 전통 중국사회의 뿌리를 흔들어놓았다. 이 전쟁은 국가와 국가의 전쟁이 아니고 문명 대(對) 문명의 전쟁이라고 진단할 수 있다. 산업혁명이후 과학기술로 무장한 영국 군대와 농업사회 중국 군대의 전투는 처음부터 승리가 정해져 있었다. 전자는 근대의 상징이고, 후자는 고대 혹은 중세의 대변자였다. 아편전쟁은 과학이 농업을, 근세가 고중세를 정복한 전쟁이다. 1842년 남경조약으로 마무리되었으나, 불평등조약(不平等條約)[2]은 문제를 남겨 놓았다. 제2차 아편전쟁(1856~1960)은 모호한 중국의 태도와 이를 공략하는 영국과의 갈등의 표현이다. 그 결과 1860년 영국과 프랑스 연합군이 뻬이징을 군사적으로 점령하기에 이르렀다.

또한 1846년~1848년 사이 홍수와 기근이 중국을 덮쳤다. 이와 같은 상황에서 태평천국(太平天國 ; 1851~1864) 운동이 일어난다.[3]

---

2) 당시 중국 관리들은 '조약'(Treaty)이 무엇인지 개념조차 없었으며, 국제적인 협약이 왜 지켜져야 하는지에 대하여 수긍하지 않았다.

3) '태평천국'에 대한 서술 내용은 극도의 칭찬과 비난이 엇갈린다. 한 편에서는 위대한 혁명운동(revolution)이요, 한 편에서는 극악무도한 반란(rebellion) 행위이다. 홍시우취앤 개인에 대한 평가 또한 '위대한 영웅'과 '반란수괴'의 두 갈래로 나뉜다. 한 인간에 대한 내용이 이토록 다르게 인식되고 있음에 대하여 절망한다. 루어얼왕(羅爾網)의 『태평천국사太平天國史』4책 (中華書局, 2000)은 전자의 대

운동의 주동 인물 홍시우취앤(洪秀全 ; 1814~1864)은 꾸앙똥성 후아현(花縣 ; 현 꾸앙저우시廣州市 북부) 사람으로, 원래 이름은 르언쿤(仁坤)이다. 젊은 시절 과거시험에 응시하였으나 여러 차례 낙방을 계속하자 만주족의 정부에 불만을 품었다. 병마에 시달린 상태에서 환각을 체험하였다. 이는 일종의 무병(巫病)일 가능성이 있다. 그는 주자학(朱子學)을 중심으로 한 과거 공부를 뒤로하고, 침례교파 선교사 제이콕스 로버츠(Jacox Roberts ; 중국명 羅孝全)를 찾아가 세례를 받았다. 예수(Jesus Christ)가 길을 인도하였다.

홍시우취앤은 훵윈산(馮雲山)과 함께 '배상제회'(拜上帝會)[4]라는 종교단체를 창립하고(1843), 주변의 소수민족[瑤族과 壯族]을 끌어모았다. 그러나 그리스도교의 진리가 인민들에게 먹혀들어간 것은 아니다. 샤머니즘적 요소가 강하였다. 그는 혁명의 실천을 위하여 저술 작업을 시도하였다. 3권의 대표적 저술을 통하여 혁명운동의 이론적 기반을 삼았다. '세상을 구제하는 노래', '세상을 깨어나게 하는 가르침' 그리고 '세상을 깨닫게 하는 가르침'은 그의 3부작이다.[5] 이들 저작물은 홍의 사촌 동생 홍르언깐(洪仁玕 ; 1822~1864)이 저술한 『자정신편資政新編』과 함께 태평천국의 사상기반이 되었다.

1851년 정월 11일, 홍시우취앤은 38세의 생일날 진티엔(金田村 ; 현 꾸앙시 장족자치구, 꾸이깡貴港市 북쪽)에서 군대를 일으키고 '태평천국'의 천왕(天王)임을 선언하였다. 그의 군대는 같은 해 우한

표적인 자료이며, 『청사고淸史稿』는 후자의 대표이다.

4) '상제회'(上帝會)라고 표기된 자료도 있다. 의미는 같다.

5) 이 3부작의 원서 이름은 각기 『원도구세가原道救世歌』, 『원도성세훈原道醒世訓』, 『원도각세훈原道覺世訓』이다.

(武漢)을 함락시키고, 1853년 난징(南京)을 정복하여 '천경'(天京)이라고 부르고 수도로 삼았다. 당시 태평군의 병력 규모는 50만 명을 넘어섰다.

난징에 자리 잡은 '태평천국'은 정부 형태를 갖추고 혁명 사업을 진행하였다. 그 과정에서 콩치우(孔子)를 타도하는 '반공'(反孔) 운동을 벌렸고, 고문체를 버리고 백화(白話)를 사용하는 '문체'(文體) 개혁에 착수하였다. 또한 토지제도를 개혁하려고 시도하였다.[6]

태평천국의 태평(太平)은 오래 지속되지 못하였다. 11년을 버티었으나, 내부의 혼란으로 지도부 자체가 파괴되었다. 그리고 후난성 출신의 문인 쩡꾸어환(曾國藩 ; 1811～1872)의 상군(湘軍)[7]에게 진압 당한다. 1864년 4월 19일 홍시우취앤은 자살로 생애를 마감하였고, 지상에 '천국'을 건설하려던 꿈은 좌절된다.[8]

'태평천국'의 소멸 원인은 복합적이다. 지도자들이 외부세계에 무지하였고, 권력의 맛에 취하여 내부에서 붕괴의 조짐이 있었다. 농민이 대부분인 군대는 조직적이고 정신적으로 무장한 쩡꾸어환의 지방 군대를 당해내지 못하였다. 다른 원인으로 그리스도교를 내세움으로서 처음에는 외국인들의 도움을 받았으나, 홍이 스스로 '예수

---

6) 현대 한국의 학자 리영희(1929～)는 마오쩌똥의 공산주의 혁명은 태평천국 운동의 이념을 전수 받았다고 주장한다. '반공'과 '문체' 개혁을 놓고 볼 때에, 그의 견해는 타당성이 높다. cf. 리영희, 『대화』(한길사, 2005), p. 443.

7) 상군(湘軍)은 쩡꾸어환(曾國藩)의 세력하에 있는 후난성(湖南省)의 지방 군대를 말한다. 이는 당시 청군(淸軍)의 진압 능력이 쇠퇴하였음을 보여주는 실례(實例)이다.

8) 그의 죽음을 갑작스러운 병사(病死)로 보는 견해도 있다. 이와 같은 병사설(病死說)은 종교적 성격이 강한 집단 지도자의 죽음을 미화(美化)하기 위한 방편일 수 있다. 고대에 차오차오(曹操)가 황건적을 격파하고 태평도(太平道)의 지도자 장쟈오(張角 ; ? ～184)를 죽였는데, 장쟈오가 병들어 죽었다는 일설도 같은 내용이다.

의 동생'이라고 주장하자 개신교 선교사들의 분노를 샀다. 이는 서양인들이 등을 돌린 원인이다. 일반인에게 그리스도교의 교리가 먹혀들어간 것도 아니고, 오히려 샤머니즘의 성격이 강하였다. 그러므로 '반청복한'(反淸復漢)의 구호를 내세웠으나, 지식인계층을 포섭하지 못하였다. 또한 외세의 침략에 따른 문제도 있다.

태평천국 운동은 실패로 돌아갔으나, 홍시우취앤이 남긴 영향은 작지 않은 듯하다. 사상의 측면에서 그가 불교와 콩치우(孔子)를 반대하고, 그리스도 '하느님'(상제上帝)을 들고 나온 점은 일찍이 볼 수 없었던 사건이다. '남경 정부' 11년간의 통치에서 홍시우취앤은 아편의 흡입, 매춘, 전족(纏足), 축첩(蓄妾), 도박 등을 금지시켰다. 또한 평등사상에 기초하여 남녀노소 구분 없이 토지를 균등 분배하고 사유를 금지하였다. 홍시우취앤에 대한 평가를 『청사고淸史稿』 열전(列傳)편에서 찾아본다.

> 논하여 말한다 : 홍시우취앤은 필부(匹夫)로서 혁명을 창도하였다. 년호를 고치고, 의복(복장)을 바꾸고, 호(號)를 세워 도읍을 정하였다. 나라를 세운지 10여년이 넘었고, 군사를 움직임에 10여 성(省)을 누볐다.... 비로소 평정되었으나 (국가의) 원기(元氣)가 크게 손상되었다. 중국의 멸망은 실로 여기에 조짐이 있었다. 성공하면 왕(王)이요, 패배하면 역적이다. 그러므로 한 때의 시비(是非)를 반드시 논할 수 없다.... 명분이 바르지 못하면 언어가 순조롭지 못하니, 세상이 많이 의심스럽게 여겼다. 그리고 성(城)을 공격하고 땅을 빼앗을 때, 살육(殺戮)이 너무 심하였다. 또한 종족의 차별이 너무 엄격하여서 사람들이 따르지 않았다. 이것들이 그 패배의 원인이 될 것인가?[9)]

---

9) 『청사고淸史稿』 권475, 열전(列傳), 중화서국본, p. 12,966. "論曰 : 秀全匹夫倡革命, 改元易服, 建號定都, 立國逾十餘年, 用兵至十餘省.... 始克平之, 而元氣遂已

쩡꾸어환(曾國藩)의 군대가 남경에 입성한 것은 1864년 7월의 일이다. 홍시우취앤은 남경이 함락되기 전에 음독자살하였다. 태평천국의 잔여 세력이 소탕되는 이 시기 중국인민의 사상자는 무려 2,000만 명에 달하였다고 한다.[10)]

15.1.2 태평천국 운동의 정치사상

정치학자 샤오꽁취앤(蕭公權 ; 1897~1981)의 분석에 의하면, 정치사상의 측면에서 홍시우취앤의 사상은 다음과 같이 세 가지로 요약된다.[11)]

① 청(淸)을 반대하고 한(漢)을 회복한다. [反淸復漢]
② 하늘을 받들고 널리 (인민을) 사랑한다. [奉天博愛]
③ 평등하게 대하고 현명한 사람을 숭상한다. [平等尙賢]

태평천국은 내부의 신앙은 어떻든 외부적으로는 한족의 민족혁명 대의를 선포한다. 1851년 '태평천국'을 선포할 때, '하늘을 받들어 오랑캐를 토벌함'[奉天討胡檄]이라는 문장에서 홍시우취앤은 다음과 같이 외치고 있다.

> 내가 생각건대 천하는 상제(上帝)의 것이지, 오랑캐[胡虜]의 것이 아니다. 의식은 상제의 것이지, 오랑캐의 것이 아니다. 자녀와 인민도 상제의 것이지

傷矣. 中國危亡, 實兆於此. 成則王, 敗則寇, 故不必以一時之是非論定焉.... 名不正則言不順, 世多疑之 ; 而攻城略地, 殺戮太過, 又嚴種族之見, 人心不屬. 此其所以敗歟?"

10) 레이 황, 『중국, 그 거대한 횡보』, 홍광훈 · 홍순도 옮김 (경당, 2002), p. 403.
11) 샤오꽁취앤(蕭公權), 『중국정치사상사』, 최명 · 손문호 역(서울대학교출판부, 1998), pp. 1084-1093.

오랑캐의 것이 아니다. 개탄스럽게도 만주가 독을 내품어 중국을 혼란시켰다.... 중국은 신주(神州)이고, 오랑캐는 요사스러운 족속이다. 중국을 신주라고 부르는 까닭은 무엇인가? 하느님 아버지[天父] 황상제(皇上帝)는 진인(眞人)이시다.[12]

이는 홍시우취앤의 청조(淸朝)에 대한 증오감을 표시하는 글이다. 그는 반청 운동을 통하여 동지를 규합하려 하였다. 그러나 자신의 한미한 출신, 문헌에 밝지 못한 지도부의 구성 등 여러 가지 요소가 얽혀서 한족 지식인의 호응을 받지 못하였다.

두 번째 정치 이상은 '봉천박애'이다. 이는 그리스도교의 이상과도 통하는 것이지만, '봉천'은 그리스도교 교리 문제가 따르기 때문에 실제로는 '박애'에 비중이 놓였다. 홍시우취앤은 다음과 같이 말한다.

세도가 괴리되고 인심이 각박하여 사랑하고 미워하는 것은 하나같이 자신만을 기준으로 한다. 그래서 국가들 사이에 서로 미워하는 일이 생긴다. 한 국가 안에서도 마찬가지이다. 성(省)·부(府)·현(縣)끼리 서로 미워한다.... 그것은 다름이 아니라 보는 것이 작기 때문에 생각하는 것도 작은 것이다.... 천하의 애증이 그와 같다. 어찌 보는 것이 그다지도 작고, 생각하는 것이 그다지도 좁다는 말인가?[13]

샤오꽁취앤은 위의 인용문에서 문단이 졸렬한 것은 『묵자墨子』「겸애」와 비슷하다고 주(注)를 달았다. 사실 태평군의 지도자중 문자를 아는 수령들은 『예기禮記』 예운편의 '대동'(大同) 사상이나, 『묵

12) 샤오꽁취앤(蕭公權), 같은 책, p. 1084.
13) 『원도성세훈原道醒世訓』, 샤오꽁취앤, 같은책, p. 1091.

자』의 겸애론과 비슷한 사상을 가지고 있었다. 그러므로 홍시우취앤의 '박애'사상의 근원이 뭐자이(墨翟)에 닿았다고 볼 수 있다.

홍시우취앤의 세 번째 정치사상은 '평등상현'이다. 그의 평등사상은 강한 호소력을 지닌 체 기층민중 속으로 파고들었다. 평등사상에 기초하여 남녀노소 구분 없이 토지를 균등 분배하고 사유를 금지하였다. 이 사상이 가장 구체적으로 표현된 것이 곧 '천조전무제도'(天朝田畝制度)이다.

'천조전무제도'에 의하면, 천하의 땅을 '상·중·하'의 셋으로 나누고, 이를 다시 각기 '상상'(上上)에서 '하하'(下下)로 나누면 9등분이 된다. 9등분의 토지를 남녀를 물론하고 인구에 따라 분배한다. 그러므로 가족 단위 중 식구가 많으면 몫이 늘어난다. 농산물의 경작은 천하의 사람들이 함께 하고, 25家가 수확한 일부를 국가에 바친다(세금). 국고의 자금은 민생을 위해서 쓰인다. 첫째는 홀아비와 과부, 고아 그리고 폐질자(廢疾者 ; disabled person)를 위한 것이다. 이는 경작과 노동을 할 수 없는 자를 국가에서 먹여 살리는 것이다. 둘째는 혼례를 위한 것으로 국고에서 충당한다. 홍시우취앤은 "모든 사람이 전토를 같이 경작하고, 옷을 같이 두르고, 돈을 같이 쓴다. 평등하지 않음이 없고 배부르고 따뜻하지 않은 사람이 없게 된다."라고 말을 하였다.

이와 같이 『예기禮記』예운편의 '대동'(大同) 사상을 직접 언급할 정도로 평등의 이념을 강조한 점은 높이 살 수 있다. 그러나 '천조전무제도'는 널리 시행되지는 않은 듯하다. 이상은 높으나 현실성이 취약하여 구체적 성과를 거두기 어렵다는 판단이 선다. 그러므로 '천조전무제도'는 탁상공론이라고 비난한 학자가 있다.[14)]

홍시우취앤의 실패는 전통사상과 문화의 갑작스러운 파괴가 주요한 원인의 하나로 작용하였다고 본다. 부조리한 전통일지라도 민중은 사회가 송두리체 해체되는 데 대하여 본능적인 불안감을 느낀다. 또한 '반공'(反孔)을 내세우고 '문체'(文體) 개혁을 단행한 일은 지식인들에게 반감을 불러일으켰다. 이는 쩡꾸어환 군대에게 태평군을 토벌하는 명분을 제공하였다. 문화의 양상이 다른 중국의 인민에게 '그리스도'(Jesus Christ)는 너무 낯선 존재였다. 홍시우취앤의 '상제'(上帝) 관념은 모호하고, 주장하는 진리는 실제적이지 못하였다. 인민은 콩치우(孔丘)가 지배하는 유교적인 윤리와, 불교·도교의 신앙체계가 하루아침에 무너지는 데 대하여 찬성하지 못하였다. 비슷한 사건이 조선에도 일어났다. '동학농민전쟁'(1894년)이 그것이다. 태평천국 운동과 조선의 동학농민 전쟁은 닮은 점이 아주 많다.

15.2 현대 중국철학의 사상 경향

송·명 왕조는 열역학(熱力學 ; thermodynamics)의 측면에서 본다면, 비교적 엔트로피(entropy)가 감소한 시대였다. 주시(朱熹) 성리학은 세상을 만났다. 그러나 청 왕조의 후기에 이르러, 중국 사회는 급격하게 엔트로피가 증가하였다. 유용(有用)한 에너지는 고갈되고 왕조는 열(熱) 에너지를 회복하지 못하였다.

태평천국운동이 실패로 돌아가자 청 왕조는 '열죽음'(thermal death) 즉, 멸망에의 길을 걸었다. 사상사의 측면에서 볼 때에 청

14) 레이 황, 『중국, 그 거대한 횡보』(경당, 2002), p. 401.

왕조 후기에는 성리학의 철학이 전혀 기능을 발휘하지 못하였다. 서학(천주교)이 일시적으로 엔트로피를 감소시킬 수 있는 힘으로 등장하였지만,[15] 지식인들의 전반적인 후원을 얻지 못하였다.

이후 '격동의 100년'동안 중국은 밖으로 제국주의 세력의 침략에 직면하고, 안으로 내부 분열의 모순에 부딪친다. 학자들은 보수와 진보의 갈림길에서 헤맸다. 전자는 콩치우와 주시를 찬양하였으나, 후자는 길이 또 갈렸다. 혹자는 과거의 유산에서 진보를 찾아내려고 하였고(이들을 '유신파'維新派라고 부른다), 혹자는 밖에서 완전히 새로운 것을 찾고자 하였다.(이들을 '혁명파'革命派라고 부른다)

길은 달랐으나 한 가지 점에서 지식인들의 행보는 일치하였다. 만주족인 청조(淸朝)를 몰아내야 하는 점이다. 한족의 일치단결은 성과를 거두어 1911년(辛亥) '신해혁명'의 이름으로 청(淸) 왕조는 지상에서 사라졌다. 왕조는 에너지의 저급화(degradation)가 초래된 것이다. 이에 따라서 중국 전통철학의 이념도 지배력을 상실하였다. 마르크스-레닌주의는 이러한 공백기에 빈자리를 삐집고 들어앉은 사상체계라고 볼 수 있다.

15.2.1 캉여우웨이(康有爲)의 대동(大同) 사상

캉여우웨이(康有爲 ; 1858~1927)는 꾸앙똥성 난하이(南海 ; 현 꾸앙똥성 꾸앙저우廣州) 사람이다. 자가 꾸앙사(廣廈)이고, 호는 츠앙쑤(長素)이다. 그는 전통학문(성리학)과 새로운 학문을 모두 섭렵한 인물이다. 청말의 지식인으로서 캉은 청년시절 서양을 본받아 나라를 개혁해야 한다는 과감한 주장을 하였다. 그 결과 1898년(戊

15) 이를 '네거티브 엔트로피'(negative entropy)라고 부를 수 있다.

戌) 황제 덕종(德宗 ; 光緖帝)은 그를 불러서 개혁정치를 감행하도록 조칙을 내렸다. 캉여우웨이 및 탄쓰통(譚嗣同) 등은 잠시 세상을 만났으나, 그들이 시행한 정치는 '100일' 정도였다. 보수당을 등에 업은 자희태후(慈禧太后 ; 서태후)에 의하여 광서제는 영대(瀛臺)에 갇히고 캉의 무리는 죽거나 쫓겨났다. 역사에서는 이를 '무술변법(變法)' 혹은 '무술유신(維新)'이라고 칭한다.

캉여우웨이의 추종자들은 체포되어 죽었으나, 그는 외국인의 도움을 받아서 해외로 망명하였다. 이후 16년 동안을 해외에 머물면서 일본, 캐나다, 싱가포르, 인도, 이탈리아, 영국, 독일, 프랑스, 미국 등 돌아본 나라는 13국에 이른다. 16년의 유랑생활을 마치고 56세의 나이에 돌아올 수 있게 된 것은 세상이 바뀌었기 때문이다. 그러나 캉은 만년에 '공자교'(孔子敎)를 주창하는 등 완전히 보수주의의 경향으로 돌아섰다. 그의 생애가 이처럼 진폭이 컸던 까닭에 처음에는 과격하다는 이유로 보수주의자들에게 공격을 받았고, 나중에는 너무 보수적이라고 급진주의자들에게서 미움을 받았다.[16)] 그의 저술에 『대동서大同書』가 있다. 그는 말한다.

> 넓구나! 공자의 도(道)여! 탕탕(蕩蕩)하기는 하늘과 같도다! 두루 통하고 사해(四海)가 열리니, 그 운행이 미치지 않는 곳이 없다.... 여기에 소왕(素王)[17)]의 대도(大道)가 닫히고 밝지 못하니, 막혀서 피어나지[發] 못하고, 2000년 (역사의) 중국이 이제 '소강'(小康)에 편안하려고만 하고, '대동'(大同)의 은택을 입지 못하니, 안타깝고 슬프다!.... (『예기』) 「예운편」을 읽고

16) 훵여우란(馮友蘭), 『간명한 중국철학사』, 정인재 옮김 (형설출판사, 2007), p. 456.

17) 소왕(素王)이란 군림하지는 않지만, 임금과 같다는 뜻으로 콩치우(孔丘)의 영향력을 가리킨다.

> 호연히 "콩치우[孔子]의 3세의 변화와 대도의 진실이 여기에 있다."라고 감탄하였다.... 이 책이야 말로 공자의 숨겨놓은 말씀[微言]의 참된 해설이자, 만국 최고의 보배와 같은 경전[寶典]이고, 천하 만백성의 죽었다가 다시 살아날 수 있는 신령한 방책이도다! [18)]

캉여우웨이는 유가의 고전인 『예기禮記』에 의거하여, 세계가 3단계의 변화를 거친다고 해석하였다. 첫 번째는 난세(亂世)요, 두 번째는 승평세(升平世)요, 마지막이 태평세(太平世)이다. 이것이 캉의 이른바 '3통'(三統) 혹은 '3세'(三世) 이론이다. 그는 다음과 같이 말한다.

> 콩치우의 법도는 시대(時)에 부응하는데 힘썼다. 미개하고 '난세'에 처하여, 교화가 펼쳐지지 못할 때, '태평'의 제도를 행하면 반드시 해악이 생길 수 있다. 또 '승평세'를 맞이하여 난세에나 있을 수 있는 제도를 묵묵히 따르는 것 역시 해악이 일어날 수 있다. 비유하건데, 현재 승평의 시대를 맞이하여 마땅히 자주(自主)・자립(自立)의 뜻과 공의(公議) 입헌(立憲)의 정치를 실현해야 한다. 만일 법제(法制)를 개혁하지 않으면 큰 난리가 발생할 것이다. 콩치우는 이를 두려워하여 예방하고자, 3중(三重)의 도를 제정하여 후세의 변통(變通)에 대비하고 그 폐해를 제거하고자 하였다. 이것이 콩치우 입법(立法)의 지극한 '인'(至仁)이다.[19)]

---

18) 캉여우웨이(康有爲), 『대동서』 예운주(禮運注) 序. "浩乎孔子之道, 蕩蕩則天, 六通四闢, 其運無乎不在.... 於是素王之大道, 闇而不明, 鬱而不發. 令二天年之中國, 安於小康, 不得蒙大同之澤, 耗矣哀哉!... 讀之禮運, 乃浩然而嘆曰 : '孔子三世之變, 大道之眞, 在是矣.... 是書也, 孔氏之微言眞傳, 萬國之無上寶典, 而天下羣生之起死神方哉!'" 원문은 『맹자미孟子微』(중화서국, 1987) 예운주(禮運注) 서문에서 취함. cf. 캉여우웨이(康有爲), 『맹자미孟子微』, pp. 235-236.

19) 캉여우웨이(康有爲), 『대동서』 중용주(中庸注). "孔子之法, 務在因時. 當草昧亂世, 敎化未至, 而行太平之制, 必生大害 ; 當升平世, 而仍守據亂, 亦生大害也. 譬之今當升平之時, 應發自主自立之義, 公議立憲之事, 若不改法則大亂生, 孔

캉이 주장한 '난세'[據亂世]는 무질서의 시대이다. 그는 콩치우(孔丘)의 시대를 난세로 규정한다. 그가 말하는 '승평세'란 난세를 벗어나 점점 평화에 접근하는[升平] 단계이다. 그는 유럽과 미국 사회를 이 단계로 보고 있다. '승평세'는 의회정치가 보장되는 입헌 국가이다. 캉은 자신이 살고 있는 시대를 '승평'으로 가는 시대로 본 듯하다. 그러나 '태평세'는 아직 오지 않았다. 이는 '대동'(大同)의 시대이다.

캉여우웨이가 꿈꾸었던 '대동' 세계, 즉 '태평세'는 공상적인 사회이다. 그는 "대동의 도(道)는 지극히 평등(平)하고, 지극히 공적(公)이며, 지극이 '인'(仁)하고, 지극한 정치가 실현되는 세계"(『대동서』8쪽)이다. 이 세상은 개개 인민이 독립되어 있고, 자유와 평등이 보장되는 세계이다. 이 세계는 국가, 종족, 남녀가 일률적으로 평등한 세계이다. 이 세계는 계급과 가족의 구분도 없다. 이 세계는 일체의 종교마져도 없는 세계이다.

캉의 '대동' 세계는 실현될 수 없는 '유토피아'의 세계이다. 그의 주장은 이처럼 이상적인데 (일체 종교의 구별도 없애려는 그가) 말년에 '공자'를 교주로 하는 종교단체 '공자교' 운동에 매진한 점은 모순이 아닐 수 없다. 사람이 나이가 들면 호르몬이 변하는 법이다.[20]

子思患而豫防之. 故制三重之道, 待後世之變通, 以去其弊, 此孔子立法之至仁也." cf. 캉여우웨이(康有爲), 『맹자미孟子微』중용주(中庸注), p. 223.

20) 캉여우웨이는 앞의 글 「중용주中庸注」에서 공자는 난세에 살았지만, 3,000년 후에 '성인'(聖人)이 일어나서 '대동'의 새 가르침을 선양하리라는 점을 미리 알았다고 주장한다. 그렇다면 캉 자신이 '성인'(聖人)이란 말인가? '성인'(成人)이라면 이해할 만하다.

15.2.2 탄쓰통(譚嗣同)의 인학(仁學)

탄쓰통(譚嗣同 ; 1865~1898)은 후난성 리우양(瀏陽 ; 현 후난성 리우양시瀏陽市)사람이다. 자가 후우성(復生)이고, 호는 주앙훼이(壯飛)이다. 무술년(1898)의 '변법' 운동에 참여하였다가, 33세의 나이로 처형당하였다. 저술에 『인학仁學』이 있다.

탄쓰통의 사상은 중국 전통사상은 물론, 불교의 『화엄경』그리스도교의 『바이블』(신약성서) 및 기타 자연과학 사상의 종합체이다. 그의 '인'(仁) 사상은 츠엉하오(程顥) '인' 사상의 발전이라고 보는 견해가 있다. 탄쓰통은 말한다.

> 현상계, 허공의 공간, 중생세계에 지극히 크고[至大] 지극히 미세하여[精微] 모든 곳에 달라붙고, 모든 곳을 관통하고, 모든 곳에 연결되어 충만한 물질이 있다. 눈은 그 색깔을 볼 수 없고, 귀는 그 소리를 들을 수 없고, 입과 코는 그것을 맛보거나 냄새를 맡을 수 없어서 이름조차 붙일 수 없다. (억지로) 이름지어 '에테르'[以太]라고 한다. 그 들어난 작용을 공치우는 '인'(仁), '원'(元) 혹은 '성'(性)이라고 불렀다. 뭐자이는 '겸애'라고 불렀고, 부처(붓다)는 '성해'(性海) 혹은 '자비'(慈悲)라고 불렀다. 야소(예수)는 이를 '영혼'(靈魂)이라했고 '남을 자기 몸처럼 사랑하라'라고 하거나, '원수를 사랑하라'라고 불렀다. 과학자들은 '인력'(引力 ; 愛力) 혹은 '흡력'(吸力)이라고 불렀다. 이 모든 것은 곧 '에테르'를 말한다.[21]

---

21) 탄쓰통(譚嗣同), 『인학仁學』1-1. "遍法界, 虛空界, 衆生界, 有至大至精微, 無所不膠粘, 不貫洽, 不筦絡而充滿之一物焉. 目不得而色, 耳不得而聲, 口鼻不得而臭味, 無以名之, 名之曰以太. 其顯于用也, 孔謂之仁, 謂之元, 謂之性. 墨謂之兼愛. 佛謂之性海, 謂之慈悲. 耶謂之靈魂, 謂之愛人如己, 視敵如友. 格致家謂之愛力, 吸力, 咸是物也." cf. 『담사동전집譚嗣同全集』下 (中華書局, 1981), p. 293. / 훵여우란(馮友蘭), 『중국철학사신편中國哲學史新編』(人民出版社, 1989), p. 131.

탄쓰통의 사유는 '싱크러티즘'(syncretism)[22]의 본보기이다. 그리고 그가 '인'자를 '에테르'(ether)의 일종으로 언급한 점은 놀랍다. 그의 전문용어 '이태'(以太)는 '에테르'의 의성어(擬聲語)이다. '인'은 '에테르'의 작용이다.[23] 탄쓰통은 말한다.

> 에테르의 작용은 지극히 신령한데 증험되는 바는, 사람의 몸에 뇌(腦)와 같다. 뇌의 종류는 대뇌, 소뇌, 뇌받침[腦蒂], 뇌교(腦橋), 척뇌(脊腦)이다. 에테르가 온 몸에 분포되어 몸의 피부에 미치는 것을 '뇌신경'[腦氣筋]이라고 한다. 이는 허공의 전기와 같다. 전기는 허공에 의지하고 있는 것이 아니고, 모든 사물 속에 충만하게 관통하여 있다. 두뇌는 그 한 가지 예이고, 형질을 가진 전기이다. 사람의 '뇌신경'이 5관과 100 마디의 뼈를 관통하는 것처럼, 전기가 천지만물과 남과 나를 한 몸으로 관통시킨다.[24]

탄쓰통의 이와 같은 논설은 마치 현대 과학자의 한 편 논문을 읽는 것과 비슷하다. 중국철학에 있어서 하나의 카테고리 '인'(仁)을 자연과학의 '뇌신경' 및 전기 등을 인용하여 일종의 '에테르'로 연결시키고 있다.[25]

---

22) 철학 및 종교 방면에서 있어서 여러 가지 학설 또는 종교가 통합하여 존재하는 것을 말한다. 세계(世界)의 여러 종교가 동시에 존재하는 한국사회도 '싱크러티즘'의 사회로 진단할 수 있다.

23) 탄쓰통 생존시에 서양의 자연과학 지식이 중국에 보급되었고, 그 중에 '에테르'[以太] 개념이 있었다. 탄쓰통이 이를 차용(借用)하여 중국 고전을 유물주의(唯物主義) 관점에서 해석하였다. cf. 횡여우란(馮友蘭), 『중국철학사신편中國哲學史新編』, p. 131.

24) 탄쓰통, 『인학』1-2. "曰腦氣筋. 於虛空則爲電.... 腦其一端, 電之有形質者也.... 人知腦氣通 五官百骸爲一身, 卽當知電氣通天地萬物人我爲一身也." cf. 『담사동전집譚嗣同全集』下, p. 295. / 횡여우란(馮友蘭), 『중국철학사신편中國哲學史新編』, p. 136.

25) '에테르'는 19세기 물리학의 개념이고, 20세기 물리학에서는 이 가설을 인정하지 않는다. 여기서는 탄쓰통이 '인'(仁)의 충만한 상태를 설명하기 위한 형이상

그러므로 '인'과 '불인'의 구별은 통하느냐[通] 막혔느냐[塞] 에 있다. 통하고 막힘의 근본은 오직 '인'이냐 '불인'이냐에 있다. 통한다고 함은 마치 전깃줄[電線]이 사방으로 통하여 아무리 멀어도 도달하고, 다른 지역도 마치 한 몸처럼 여기는 것과 같다. 그러므로 『주역』은 먼저 '원'(元)을 말하고 이어서 '형'(亨)을 말한다. '원'은 '인'(仁)이요, '형'은 통함의 뜻이다. 진실로 '인'은 통하지 않는 바가 없고, 오직 통해야만 '인'의 역량을 완성할 수 있다.[26]

이와 같이 탄쓰통의 철학은 오로지 '인'(仁)의 개념으로 집약되어 있다. 그는 이와 같은 '인'의 철학을 바탕으로 '대동'의 정치를 소망한다. 그는 캉여우웨이의 문도이다.[27] 그는 말한다.

지구의 정치에는 천하가 있을 뿐 국가는 없다. 장자(莊子)가 말하기를 "천하를 관대하게 대한다는 말은 들었어도, 천하를 다스린다는 말은 듣지 못하였다."[28]라고 하였다. '다스림'[治]은 국가에 해당하고 '관대함'[宥]은 국가가 없다는 말이다. 가로되, '재유'(在宥)는 자유(自由)의 다른 이름이다.' 라는 말은 의미가 깊다. 인민이 자유로울 수 있으려면 국가가 없는 백성이 되어야 한다....[29]

학적 개념으로 사용하였음을 상기할 필요가 있다.

26) 탄쓰통, 『인학』1-4.

27) 탄쓰통은 캉여우웨이(康有爲)의 '3세설'(三世說)을 인정한다. 그는 나아가 3세에는 '역3세'(逆三世)가 있고, '순3세'(順三世)가 있다고 주장한다. 전자는 태평세(太平世 ; 탄쓰통의 용어로는 '元通'임)에서 승평세(升平世 ; 탄쓰통의 용어로는 '天通'임)로, 승평세에서 거란세(據亂世 ; 탄쓰통의 용어로는 '君通'임)로 가는 질서를 말한다. 후자는 반대로 가는 질서를 가리킨다. cf. 훵여우란(馮友蘭), 『중국철학사신편中國哲學史新編』(人民出版社, 1989), pp. 145-146.

28) 『장자莊子』 재유(在宥)편에 "聞在宥天下, 不聞治天下也。"라고 있다. 이 글에 대해 꾸어시앙(郭象)은 "宥使自在則治。"라고 주(注)하였고, 츠엉쉬앤잉(成玄英)은 "宥, 寬也 ; 在, 自在也。"라고 소(疏)하였다. '宥'자에는 여러 가지 뜻이 있으나, 여기서는 '관대'(寬待)라고 번역한다.

탄쓰통의 '무국가'(無國家) 혹은 '무정부'(無政府) 사상은 캉여우웨이 '대동' 사상의 영향으로 생각된다. 생각건대 2인이 모두 '격동의 100년' 초기 인물에 속한다. 결과를 놓고 말하면 '무술변법'의 '100일 천하'의 시기에 탄쓰통은 잡혀서 처형되었고, 캉여우웨이는 외국으로 도망쳐서 목숨만은 구하였다. 두 사람이 청말(淸末) 난세를 겪으면서, 국가가 하나의 폭력단체요 압제의 모범이라는 현실을 경험하였다. 그러므로 내심 국가가 없기를 바라는 심정이었을 것이다. 그런데 국가가 사라지면 탄쓰통의 생각처럼 '인'이 제대로 통하고, 과연 자유가 보장될 수 있을까?

15.2.3 유물 변증법(Dialectical Materialism)의 시대

1911년 청조(淸朝)가 지상에서 사라졌으나, 혼란은 계속되었다. 과거의 철학은 혈색을 잃었고 새로운 사조(思潮)는 불투명하였다. 이제 중국은 질적(質的)으로 전혀 다른 사상혁명을 겪는다. '마르크스-레닌주의'이다. 전혀 중국답지 않은 또는 중국의 전통문화와는 관련이 없을 듯싶은 이 새로운 사조는 '유물 변증법'이다. 중국의 '유물 변증법'은 시대의 과정에서 나타났지만, 중국철학의 본질과는 거리가 먼 이단(異端) 사상이라고 보아야 하겠다.

철학사에서 '변증법'(辨證法 ; dialectic)의 연원은 멀리 그리스 철학자 헤라클레이토스(BC 540)에서부터 가깝게는 헤겔(G.W.F. Hegel ; 1770~1831)에게까지 소급된다. 중국철학의 측면에서는 『주

29) 탄쓰통, 『인학』. "地球之治也, 以有天下而無國也. 莊曰'聞在宥天下, 不聞治天下也.' 治者, 有國之義也. 在宥者, 無國之義也. 曰'在宥', 蓋'自由'之轉音, 旨哉言乎! 人人能自由, 是必爲無國之民." cf. 『중국역대사상가中國歷代思想家』9 (商務印書館, 1983), p. 5,579.

역』혹은 『도덕경』(예 : 反者道之動)에서도 변증사상의 모습을 찾을 수 있다. 중국현대에서 수용한 변증법은 '유물 변증법'이다. 이는 유물론(唯物論 ; materialism)의 바탕 위에 성립된 변증법이다.

'변증법적 유물론'(dialectical materialism) 혹은 '유물 변증법'은 역사적으로 독일의 철학자 카알 마르크스(Karl Marx ; 1818~1883)와 프리트리히 엥겔스(Friedrich Engels ; 1820~1895)에 의해서 정초(定礎)되었다. 이는 세계의 모든 존재는 정신보다는 물질의 기반 위에 성립되었으며, 사회 혹은 국가는 이와 같은 바탕위에서 발전(혹은 진화)을 거듭한다는 논리이다.[30]

1840년 아편전쟁이후, 중국 인민의 화두(話頭)는 "중국은 어디로 가고 있는가?"(中國向何處去?)하는 물음이었다. 100년 격동의 시기 기층 민중의 불안은 극도에 달하였고, 미래에 대하여 암담한 현실이었다. 한 지식인이 횃불을 들고 나왔다. 중국이 나아가야할 방향을 제시하고, 이에 대한 이론 모델을 제시한 인물은 뻬이징대학 교수 리따자오(李大釗 ; 1889~1927)였다.

일본 와세다대학 정치학과에 유학(留學)한 경력이 있는 리따자오는 중국이 채택할 이론모델로 '마르크스(馬克思)주의' 철학을 들고 나왔고, 이 모델을 바탕으로 뻬이징에 공산주의 소조(小組)를 건립하니, 이것이 중국공산당의 시초이다. 그의 철학 기반에 마르크스 유물 변증법[唯物史觀]이 놓여있다. 리따자오는 다음과 같이 말

---

30) 카알 마르크스는 헤겔 학도였다. 헤겔 좌파(左派) 중의 대표적인 인물 포이에르바하(Ludwig A. Feuerbach ; 1804~1872)는 헤겔 철학을 유물론적으로 해석하여 세계사를 '정신의 발전'이 아니고 '물질의 발전'으로 파악하였다. 마르크스는 포이에르바하와 밀접한 관계를 맺고 있다. 마르크스는 여기에 자연과학의 발달, 특히 다아윈(Charles R. Darwin ; 1809~1882)의 '진화론'에 크게 영향 받았다.

한다.

마르크스 유물사관은 두 가지 요점이 있다. 그 하나는 인류문화의 경험적 설명이요, 또 하나는 사회조직의 진화론이다. 전자는 인류사회 생산관계 전체에 대하여 설명하고, 사회경제의 구조를 결정한다. 이것은 사회의 기초 기구이다. 일체사회상 정치적-법률적-윤리적-철학적 다시 말하면 정신상의 구조는 모두(물질적인) 경제적 구조변화를 따라서 변화한다. 우리는 이와 같은 정신적 구조를 '표면구조'라고 호칭할 수 있다. 표면구조는 기초구조로 바뀌는데, 기초구조의 변동은 이윽고 자기내부에서 진화(進化)의 최고 동인(動因)으로 작용하는데, 이것이 곧 '생산력'이요 주동(主動)하는 힘이며, 인류 의식(意識)이다.... 후자(사회 조직의 진화론)는 생산력과 사회조직은 밀접한 관계가 있음을 설명한다. 생산력에 변동이 생기면, 사회 조직은 반드시 그것을 쫓아서 변동한다. 사회조직 즉 사회관계는 또한 의복-곡식과 같다. 이는 인류의 생산력에 의지하여 나타난 산물이다. 손절구[手臼]는 봉건제후의 산물이요, 증기 제분기(製粉機)는 산업자본가 사회의 산물이다. 생산력은 사회발전의 조직에 기인하는데, 처음에는 비록 생산력의 발전에 도움을 주지만, 나중에는 발전적 역량이 사회조직의 적응에 불가능하게 되고 ; 그 사회조직이 생산력을 도울 수 없을 뿐 아니라, 오히려 생산력을 속박하고 방해한다. 그리하여 생산력이 속박당하고 방해받으면, 사회조직은 이윽고 발전을 그친다. 발전의 역량이 더욱 커질수록 사회조직간의 충돌은 더욱 급박해지고, 결국 구(舊)사회조직이 붕괴할 수밖에 없다. 이것이 곧 '사회혁명'이다.... 이상은 마르크스의 독특한 유물사관(唯物史觀)이다.[31]

---

31) 리따자오(李大釗), 『나의 마르크스주의에 대한 견해我的馬克思主義觀』. 원문은 『신청년新靑年』「마르크스연구호馬克思硏究號」(1919년 제6권 제5-6호)에 발표된 것이다. 여기서는 훵여우란 교수의 자료에 의한다. cf. 훵여우란(馮友蘭), 『중국현대철학사中國現代哲學史』(中華書局, 1992), pp. 120-121. "馬克思的唯物史觀有二要點 : 其一是關於人類文化的經驗的說明 ; 其二卽社會組織進化論. 其一是說人類社會生産關係的總和, 構成社會經濟的構造. 這是社會的基礎構造.... 其二是說生産力與社會組織有密切的關係. 生産力一有社會組織必

리따자오의 마르크스주의의 수용에는 역사적 사건이 영향을 주었음을 지적할 필요가 있다. 즉 1917년의 '10월 혁명'(October Revolution)이 그것이다. 일명 '소비에트 혁명' 혹은 '볼셰비끼(Bolshevik) 혁명'으로 부르는 이 세계사적 사건은 현대중국의 행로에 커다란 영향을 주었다.[32)]

중국 공산당 창립이후 '마르크스-레닌주의'라는 이름이 탄생하게 된 데에는 이와 같은 배경이 자리 잡고 있다. 중국의 혁명가 마오쩌똥(毛澤東 ; 1893~1976)은 리따자오의 철학을 수용한 인물이다. 그는 외적으로 러시아의 '10월 혁명'에 고무되었고, 내적으로 마르크스 유물 변증법 이론으로 무장하였다. 마오쩌똥 자신도 『실천론』과 『모순론』등의 저술을 남겼으나, 대단한 철학서로 볼 수는 없다.

1949년 10월 01일 마오쩌똥에 의하여 '중화인민공화국'이 탄생하였다. 이제 중국은 1840년 아편전쟁이후 '격동의 100년'을 마감하게 되었다. 그렇다면 현대중국은 전통시대이후 중국의 철학을 계승 발전시키고 있는가? 떵샤오핑(鄧小平 ; 1904~1997)에 의하여 창도된 '개혁·개방'은 하나의 경제논리일 뿐, 이를 체계적인 철학이론의 범주(카테고리)로 편입할 수는 없다. 신중국은 건설되었지만 신중국의 철학은 모호하다. '중국식 사회주의'라는 표현이 사용되고 있는데, 이는 보편적인 철학으로 승화되는 개념이 아니고 폐쇄적인 주

須隨着他變動.... 這就是社會革命.... 以上是馬克思 獨特的唯物史觀."(『李大釗選集』人民出版社, pp. 185-186)

32) '볼셰비끼'는 러시아어로 다수파(多數派)의 뜻이다. 러시아 마르크스당(黨)의 다수파를 말한다. 다수파인 블라디미르 레닌(Vladmir I. Lenin ; 1870~1924)파를 가리키는 용어로 사용되었다. 이에 대하여 소수파를 '멘셰비끼'(Menshevik)라고 부른다. 1917년 10월 혁명은 레닌 주도하의 '볼셰비끼'에 의하여 이루어졌고, 이후 쏘련 공산당의 별명이 되었다.

장이라고 진단할 수 있다. 중국은 이제 세계를 향하여 내어놓을 보편적인 철학을 창조할 수는 없는가?

철학적 사유의 창조 내지 진보는 자연과학적인 그것과는 질(質)이 다르다. 자연과학의 질서에서 과거는 부정된다. 철학적 사유의 탐색은 과거의 사조(思潮)가 다시 검토되거나 혹은 부활한다. 2009년 9월 빼이징의 한 고급호텔에서 세계의 중국학(Sinology) 전공학자 200여 명이 한자리에 모여서 콩치우(孔丘) 탄생 2560주년을 기념하는 학술회의를 가졌다. 이는 중국의 학술정책 방향이 콩치우의 사상 경향을 새롭게 인정하고, '공자학'(孔子學)을 세계화하려는 의지로 해석된다.[33] 향후 중국은 세계를 향하여 중국문화를 강조하는 방향으로 진행할 것이다. 중국문화의 중요한 영역을 점유하고 있는 전통철학과 종교가 재조명(再照明)될 것으로 보인다.

참고문헌

• 금장태, 『산해관에서 중국역사와 사상을 보다』, 효형출판, 1999.
• 김한규, 『티베트와 중국의 역사적 관계』, 혜안, 2003.
• 김호동, 『근대 중앙아시아의 혁명과 좌절』, 사계절, 2000.
• 리영희-임헌영 대담, 『대화』, 한길사, 2005.
• 조경란, 『중국 근현대 사상의 탐색』, 삼인, 2003.

33) 중국에서의 학문은 관학(官學)의 전통을 유지하고 있다. 콩치우(孔丘) 탄생 2560주년 기념 학술회의는 국제유학연합회(國際儒學聯合會) 및 중국공자기금회(中國孔子基金會)가 주관하는 것으로 되어 있다. 그러나 학자들을 초청 인민대회당(人民大會堂)에서 국가 서열 4위의 주석(主席)이 참석한 가운데 개막식을 가진 일은 학술회의가 국가적 지원 하에 있음을 말한다. 저자(황준연)는 학술회의에 초대되어, "사회발전과 전통유교 윤리"라는 제목으로 발표를 하였다.

• 루어얼왕(羅爾綱), 『태평천국사太平天國史』 전4책, 中華書局, 2000.
• 자오얼쉰(趙爾巽), 『청사고淸史稿』 권475, 열전(列傳), 中華書局 42책, 1996.
• 펑따원(馮達文) · 꾸어지용(郭齊勇) 주편, 『신편중국철학사新編中國哲學史』 下冊, 人民出版社, 2004.
• 샤오꽁취앤(蕭公權), 『중국정치사상사』, 최명 · 손문호 역, 서울대학교출판부, 1998.
• 레이 황, 『중국, 그 거대한 행보』, 홍광훈 · 홍순도 옮김, 경당, 2002.
• 루쉰(魯迅) 外, 『격동의 100년 중국』, 일빛, 2005.
• 존 킹 페어뱅크, 『신중국사』(수정증보판), 김형종 · 신성곤 옮김, 까치, 2005.
• 모리스 마이스너, 『마오의 중국과 그 이후』 1-2, 김수영 옮김, 이산, 2007.
• Jonathan D. Spence, *The Taiping Vision of a Christian China 1836-1864*, Baylor University of Waco, Texas, 1996.
• History Departments of Futan University and Shanghai Teachers' University, *The Taiping Revolution*, University Press of the Pacific, 2001.
• Thomas H. Reilly, *The Taiping Heavenly Kingdom*, University of Washington Press, 2004.

【부록 1】

중국철학 및 종교와 관련된 3대 출토문헌 소개

일찍이 콩치우(孔丘 ; BC 551~BC 479)는 이렇게 말하였다. "하(夏) 나라의 예(禮)를 내가 말할 수 있으나, (그 후손의 나라인) 기(杞) 나라에서 충분히 증거를 대주지 못한다. 은(殷) 나라의 예를 내가 말할 수 있으나, (그 후손의 나라인) 송(宋) 나라에서 충분히 증거를 대주지 못한다. 역사적 문건(文件)과 현명한 사람이 부족한 까닭이다. 만약 그것들이 충분하다면, 내가 증명해 낼 수 있을 것이다."[1]

이 구절은 콩치우가 '문헌'의 부족을 한탄하고 있는 것이다. 오늘날 우리는 문헌이 넘치는 세상에 살고 있다. 문건[文]은 넘치고 현명한 사람들[獻]이 주위에 가득하다. 그러나 중국 고대의 일에 관한 한, 우리들도 콩치우와 같은 고민을 할 수 밖에 없다.

1899년 인쉬(殷墟) 갑골문의 발굴이후 계속 쏟아져 나온 문헌[2]으로 말미암아 중국사상사의 기술에 새로운 문제를 안게 되었다. 금세기 3대 출토자료를 소개함으로써 중국철학사의 기술에 보완이 필요하다는 점을 강조한다. 여기에서 소개하는 '3대 출토문헌'은 학계에서 널리 통용되는 개념은 아닌 듯하다. 몇 몇 중국학자들이 사용

1) 『논어』팔일(八佾). "子曰. 夏禮, 吾能言之, 杞不足徵也. 殷禮, 吾能言之, 宋不足徵也. 文獻不足故也. 足則吾能徵之矣."

2) 향후 언급하는 '문헌'은 고대의 의미가 담겨있는 '현명한 사람'[獻]을 제외하고, 전적(典籍)의 의미에 국한한다.

하고 있는 현실이다.

'3대 출토문헌'의 소개에 앞서서 보탤 것이 있다. 그 첫째로 1899년 허난성 인쉬(殷墟) 갑골문의 출현이다. '갑골문'이란 갑골(甲骨)에 새겨진 고대 문자를 말한다. 고문헌 속에는 갑골문에 대한 이야기가 전혀 없다. BC 500년대의 인물 콩치우는 갑골문을 접하지 못하였고, 12세기 송대(宋代)의 학자 츠엉이(程頤)·주시(朱熹) 등도 이를 만나지 못하였다. 이 문자는 오랜 세월동안 땅 속에 잠들어 있다가, 1899년 홀연 지상에 나타났다. 이후 100년의 세월동안 학자들의 연구로 인하여, 사람들은 고대에 대하여 이전보다 훨씬 더 잘 알게 되었다. 이 자료는 문자학(필로로지)의 카테고리에 속하지만, 중국 고대철학의 대표적인 서적의 하나인 『주역』연구에 새로운 기원을 마련하였다.

두 번째로 1900년대 깐수성 뚠후앙(敦煌) 석굴자료의 발견을 들 수 있다. 청(淸) 나라가 운명을 다하는 때, 왕위앤루(王圓籙)라고 부르는 도사에 의해서 우연히 발견된 것으로 전해지는데, 이곳에서 나타난 자료는 세계의 지식인을 놀라게 하였다. 고대 '실크로드'의 연장선에 있는 뚠후앙 지역은 여러 탐험가들이 욕심을 내고 유물을 찾고 있었던 것이다. 뚠후앙 석굴 자료는 오렐 스타인(Aurel Stein ; 1862~1943), 폴 뻴리오(Paul Pelliot ; 1878~1945) 등 서방의 탐험가와, 일본의 승려 오타니 고즈이(大谷光瑞 ; 1876~1948) 탐험대[3]에 의해서 영국과 프랑스, 일본 등으로 반출되었다.

시간이 흐르면서 '뚠후앙학'이 정립되었으나, 1994년에 이르러서

3) 이들 탐험대는 좋게 말해서 탐험가이고, 중국 측의 입장에서는 유물 도적들이다. 스타인은 '도둑'의 대가로 1912년 귀족의 작위를 받았고, 뻴리오는 프랑스 정부의 최고 훈장 '레지옹 도뇌르'를 수상(受賞)하였다. 세상이란 이렇게 모순투성이다.

야 '국제 뚠후앙 프로젝트'(IDP : http : //idp.bl.uk)가 결성되었다. 현재 연구는 신통치 못하다. 뚠후앙의 컬렉션은 세계 각국으로 흩어져서 종합적인 연구가 어렵고, 각국은 자료를 개방하는데 적극적이지 못하기 때문이다. 분명한 사실은 뚠후앙의 유물은 언어(필로로지), 불교학(필로소피) 혹은 역사(히스토리 ; 특히 미술사) 등의 분야에 있어서 보물창고와 같다는 점이다.

뚠후앙 자료 중 유교철학(필로소피) 분야는 경적(經籍)의 측면에서 볼 것이 있다. 『주역周易』, 『시경詩經』, 『예기禮記』, 『춘추좌씨전春秋左氏傳』, 『논어論語』, 『효경孝經』등의 자료가 각국에 남아있다. 『주역』은 왕필(王弼 ; 226~249)의 『주역주周易注』가 빼리오(P)와 스타인(S)의 수집품에 부분적으로 보인다. 가령 P.2616은 수괘(需卦)에서 리괘(履卦)까지, S. 6162는 함괘(咸卦)에서 항괘(恒卦)까지 남아있는 형식이다. 『논어』에 관한 한 빼리오의 소장본 가운데 하안(何晏 ; 190~249)의 『논어집해集解』가 거의 완전한 형태로 남아 있다. 이는 당(唐) 희종 건부(乾符 ; 874~879)년 간에 출판된 것이다.(P.2681+2618)[4]

현대 중국 고고학의 발견 중 철학분야에 있어서 이른바 '3대 출토문헌'의 간략한 내용은 다음과 같다.

① 마왕뛔이 한묘(漢墓) 백서(1973년)

1973년 12월 후난성 츠앙사(長沙) 교외의 마왕뛔이(馬王堆) 무덤에서 발견된 비단(帛)에 적힌 문자를 말한다. 학자들은 이 한(漢)

4) 뚠후앙 석굴 자료의 일부가 한국의 국립중앙박물관에 소장되어 있다. 일본의 오타니 탐험대 수집물품 가운데 약 1/3이 일제(日帝) 치하 조선총독부를 통해 서울에 왔으며, 그 대부분이 현재 남아 있다.

나라 묘의 조성 년대를 BC 168년으로 추정한다. 이들 자료는 1992년에 세상에 공표되어서 비로소 그 내용을 알게 되었다. 발견된 자료 중에는 백서 『주역周易』, 『64괘』, 『이삼자문二三子問』, 『계사繫辭』, 『요要』, 『무화繆和』, 『소력昭力』등이 있다. 그리고 도가계통으로 『노자老子』갑(甲)본, 을(乙)본이 있으며, 『오행五行』, 『황제사경黃帝四經』등이 있다.

마왕뛔이 자료는 『주역』과 도가 사상의 연구에 획기적인 내용을 담고 있다. 중국철학의 가장 신비하고 난해한 영역을 취급하고 있는 이들 자료는 고대중국의 진(秦) 나라 이전의 중국철학의 문제를 들여다볼 수 있는 중요한 자료이다.[5)]

② 꾸어띠엔 초묘(楚墓) 죽간(1993년)

1993년 8월 후뻬이성 징먼(荊門) 교외의 꾸어띠엔(郭店)에서 발견된 대나무 조각에 새긴 문자를 말한다. '죽간'(竹簡)이라고 부르는 이들 자료가 발견된 곳은 전국(戰國) 시대 초(楚)나라 땅이었다. 이들 자료는 1999년에 세상에 공표되면서 그 모습을 드러내었다. 묘의 조성 년대가 BC 300년대로 추정됨으로써, 지금까지 발견된 고대의 자료 중 가장 오래된 것으로 알려지게 되었다.

발견된 자료 중에는 『노자』, 『태일생수太一生水』, 『성자명출性自命出』, 『오행五行』, 『치의緇衣』, 『노목공문자사魯穆公問子思』, 『성지문지成之聞之』, 『어총語叢』등이 있다. 이들 자료는 하나 같이 도가와 유가의 문헌을 취급하고 있으며, 연구자들의 새로운 해석을

5) 마왕뛔이 출토의 자료는 '마왕뛔이 백서', 혹은 '마왕뛔이 한묘 백서' 등으로 호칭된다.

기다리고 있다.[6)]

③ 상하이박물관 초묘(楚墓) 죽간(1994년)

금세기 고고학의 발견중 철학분야 '3대 출토문헌'의 세 번째로 상하이박물관 자료를 소개한다. 이는 1994년 상하이(上海)박물관이 홍콩의 문물시장에서 구입한 전국(戰國) 시대 초(楚) 나라의 '죽간'이다. 대륙에서 홍콩으로 흘러들어간 이 자료는 출토의 장소를 알 수 없고, 묘의 조성 년대도 알 수 없다.-학자들은 대략 '꾸어띠엔 죽간'과 비슷한 시기에 묘장(墓葬) 되었을 것으로 추정한다.-

상하이박물관의 '죽간'은 2001년 마츠엉위앤(馬承源) 주편 『상하이박물관장전국초죽서上海博物館藏戰國楚竹書』(一)라는 이름으로 발표된 이후, 2008년 10월 현재 같은 제목으로 6책까지 출간되었다. 보도에 의하면 박물관이 입수한 죽간으로 대략 80여 종이 있는데, 이는 향후 계속 출간될 것으로 기대된다.

현재까지 발표된 내용에 의하면, 상하이박물관의 자료에는 『공자시론孔子詩論』, 『치의緇衣』, 『성정론性情論』(이는 '꾸어띠엔 초간'의 『성자명출性自命出』과 같은 내용이다), 『항선恒先』, 『민지부모民之父母』등이 있다. 학자들에 의해서 '교독기'(校讀記)가 계속 발표되고 있는 현실인데, 성격상 학설이 분분하고 해석이 각각이다.[7)]

1970년대 이후 새로 출토된 자료는 이상 중요한 것 이외에 또 있

6) 꾸어띠엔에서 출토된 자료는 '꾸어띠엔 죽간' 혹은 '꾸어띠엔간'(郭店簡) 또는 '꾸어띠엔 초간(楚簡)' 등으로 호칭된다.

7) 상하이박물관 입수 자료는 '상박간'(上博簡) 혹은 '상박 초간'(楚簡) 혹은 '상하이 초간' 등으로 호칭된다.

다. 1972년 산똥성 린이(臨沂) 은작산(銀雀山) 한(漢) 나라 무덤에서 4,000 매가 넘는 죽간이 쏟아져 나왔다. 그 가운데 『손자병법孫子兵法』과 『손빈병법孫臏兵法』이 동시에 출현하여 오랫동안 논란이 되었던 병서(兵書)를 새롭게 정리하게 만들었다. 1972년~1974년 사이 몽골자치구의 어지나치(額濟納旗)에서 '거연신간'(居延新簡)이라고 부르는 죽간 약 20,000 매가 출토되었다. 1973년 허뻬이성 띵저우(定州) 빠쟈오랑(八角廊)의 한(漢) 나라 무덤에서 『논어』(잔본殘本)와 『문자文子』등이 출현하였고, 1975년 후뻬이성 윈멍(雲夢) 수이후띠(睡虎地)에서는 진(秦) 나라의 법률 문서(죽간)가 쏟아져 나왔다. 그리고 1977년 안후에이성 후우양(阜陽)의 수앙꾸뒈이(雙古堆)에서 한(漢) 나라 죽간이 햇볕을 보았다.

1983년 후뻬이성 지앙링(江陵) 장지아산(張家山)에서는 한(漢) 나라의 법률 문서(죽간)가 쏟아져 나왔다. 1993년 꾸어띠엔 초묘 죽간, 1994년 상하이박물관 초묘 죽간의 발견이후 가장 최근의 것으로는 1996년 10월 후난성 츠앙사(長沙) 시내에서 발견된 삼국시대 오(吳) 나라의 죽간이 있다. '쩌우마러우 삼국오간'(走馬樓三國吳簡)이라고 호칭되는 이 죽간은 1999년 세상에 발표되었는데, 그 숫자가 무려 10만 매 정도이다. 현재 정리 작업이 진행 중이며, '쩌우마러우' 죽간은 한(漢) 나라 말기와 삼국시대 초기 경제사(經濟史) 연구에 중대한 가치가 있는 것으로 알려져 있다.

이와 같은 죽간 및 백서 자료가 1970년대 이후 집중적으로 쏟아져 나온 까닭은 중화인민공화국 창립이후, 1970년대부터 시작된 '개혁・개방' 정책과 관계가 있다고 본다. 이때부터 각종 중장비(重裝備)들이 전국 단위로 투입된 결과 과거와는 비교도 안 되는 면적의 땅을 파헤칠 수 있었고, 그 결과 전국 곳곳에서 유물이 쏟아져 나오고 있다.

새로 출토된 자료를 놓고 중국철학과 관련하여 생각하면, '뚠후앙' 석굴자료는 미술사 혹은 불교사('히스토리'의 영역이다)에 속하므로 취급할 수 없다. 게다가 뚠후앙 자료는 미궁(迷宮)에 빠진 듯이 뒤 얽혀서 전모를 알기 어렵다. '국제 뚠후앙 프로젝트'(IDP)의 활동을 기대해본다.

나머지 자료는 이 책에서 간간히 언급된다. 저자는 과거의 모든 자료를 폐기처분해야 된다든가 혹은 과거의 철학사관(史觀)을 바꾸자고 주장하지 않는다. 그러나 냉정하게 생각할 때, 철학 혹은 종교의 새로운 논제가 들어났음이 확실하다. 저자는 <중국철학사>에 관한 기왕의 서적은 수정을 하거나 혹은 보완을 할 필요가 있다고 주장한다. 새롭게 출토된 문헌의 해석이 불완전하더라도 우리는 이 자료들을 반영할 의무가 있다.

일찍이 청말(淸末)의 금석학자 왕꾸어웨이(王國維 ; 1877~1927)는 고대 사상의 탐구 사료(史料)를 두 가지로 나누어 보았는데, 그 첫 번째는 출판되어 전해지고 있는 지상(紙上)의 사료이며, 두 번째는 돌조각과 쇠붙이 혹은 동물의 뼈 등에 남아 있는 지하(地下) 사료이다. 연구자들이 이와 같은 '이중증거법'(二重證據法)을 중시해야 함은 당연한 일이다. 시간의 측면에서 볼 때에, 중국 고대철학의 연구는 종이에 남아 있는 지상(紙上) 사료보다도 오히려 그 이전의 갑골(甲骨), 금석(金石), 백서(帛書) 혹은 죽간(竹簡) 자료에 더욱 가치를 두어야 할 것으로 믿는다.

이상에서 언급한 '3대 출토문헌' 자료를 포함하여 기타 많은 참고

자료 혹은 연구 논문 등이 현대 문명의 혜택을 입어 인터넷 상에서 실시간 떠오르고 있다. '간백연구망'(www.bamboosilk.org) 혹은 대만 중앙연구원(www.sinica.edu.tw) 혹은 '간백망'(www.bsm.org.cn)을 참고하면 도움이 클 것이다.

【부록 2】

중국 최근세 '격동의 100년' 간략 소개

이 책 15장의 집필 중에 중국인 마르크스-레닌주의를 채택하게 된 배경을 생각하게 되었다. 중국 혹은 동아시아 사상과는 전혀 이질적(異質的)으로 여겨지는 이데올로기를 선택할 수밖에 없었던 이유 가운데, 중국인 최근 100년 동안에 겪은 신고(辛苦)가 원인(遠因)일 수 있다는 결론을 내렸다. 그러므로 여기에서 세계 역사상 유례를 찾기 힘든 '격동의 100년'(The Turbulent One Hundred Years) 동안 중국에서 일어난 주요 사건을 중국철학 및 종교와 관련하여 설명한다.[1] 이는 단순한 역사적 사건의 기술이 아니라, 중국철학과 종교를 이해하는 데 필요한 자료라고 생각한다.

① 아편전쟁(Opium War ; 1839~1842 그리고 1860)

아편전쟁은 전혀 다른 가치관을 지닌 두 문명의 충돌이다. 산업혁명이후 해외 시장을 찾고자 하는 영국과, 농업사회를 지키고 있던 중국과의 전쟁이다. 그러므로 국가간의 전쟁이기도 하지만, 근세와 중세와의 전쟁이라고 표현할 수 있다.

중국철학의 5행(五行) 사상으로 해석하면, '金'으로 대변되는 산업문명[영국]이 '木'으로 대변되는 농업문명[중국]을 침략한 전쟁이다.

---

1) 아편전쟁(Opium War ; 1839~1842)에서 중화인민공화국 마오쩌뚱 시기까지 중요한 사건들을 발췌한다.

5행의 논리에 따르면 '금이 목을 이긴다.'[金克木]라고 하였으니, 영국이 중국을 무찌르고 승리를 거둔 일이 이상하지 않다. 중국은 이 전쟁에서 패배하고 굴욕적인 불평등조약[南京條約 ; 1842]을 맺었다. 이로 인하여 홍콩(香港 ; Hongkong)이 영국 측에 할양이 되었다. 또 지우룽(九龍)반도가 추가로 할양되었고(1860), 1898년에는 99년간의 조차(租借) 조약이 체결되었다.[2)]

중국은 홍콩의 할양을 가져온 조약이 불평등하게 체결되었다는 입장을 견지해 왔으며, 1997년 7월 홍콩 반환이 마침내 실현되었다. 그 결과 홍콩은 중화인공화국의 특별행정구로 편입되었다. 홍콩의 역사는 두 문명 간의 충돌로 발생한 최초의 사례로 기록될 것이다.

② 태평천국운동(The Taiping Revolution ; 1851~1864)

이 책의 15장에서 설명한 것처럼, 홍시우취앤(洪秀全 ; 1814~1864)을 중심으로 일어난 농민전쟁이다. 초기의 운동은 매우 종교적 색채가 강하였음을 주목할 필요가 있다. 홍은 훵원산(馮雲山)과 함께 '배상제회'(拜上帝會)라는 종교단체를 창립하고(1843), 주변의 소수민족 끌어 모았다. 그 종교적 색채는 샤머니즘적 요소가 강하였다.

태평천국의 군대는 난징(南京)을 공략하고 정부를 세웠으나, 11년 만에 무너졌다. 소멸 원인은 복합적이다. 운동(혁명)의 지도자들이 국가를 운영할 인재를 찾지 못하였고, 동시에 외부세계에 무지하였

---

2) 영국은 애당초 99년 정도 통치하면 그 땅이 영원히 자기 것으로 될 수 있다는 계산을 하였을지 모른다. 그러나 중국인의 '시간관념'은 작은 나라 영국보다는 훨씬 유구(悠久)하다. '우공이산'(愚公移山)의 꿈을 지닌 중국인에게 99년 인고(忍苦)의 세월이란 짧은 시간일 수 있다.

다. 게다가 지나치게 많은 살상(殺傷)이 있었다. 그 결과 지도부가 인민의 신뢰를 잃었다.

농민이 대부분인 태평군은 조직적인 쩡꾸어환(曾國藩 ; 1811~1872)의 지방군대, 즉 상군(湘軍)을 당해내지 못하였다. 태평천국의 종교적(정치적) 이념으로 내세운 그리스도교 교리가 인민에게 먹혀 들어간 것이 아니고, 샤머니즘의 차원에 머물렀다. '반청복한'(反淸復漢)[3]의 구호를 내세웠으나, 지식인 계층을 포섭하는데 실패하였다.

③ 무술변법(戊戌變法 ; The Reform Movement of 1898)

중국에서 '변법'(變法)이란 고대 법가(法家) 철학의 중요한 실천 사항이었다. 꽝쑨양(商鞅)의 경우에서 보았듯이 변법을 잘 실천하면, 국가의 운명을 바꿀 수 있다. 1800년대 정꾸안잉(鄭觀應 ; 1842~1922)은 양무파(洋務派)의 한 사람으로 『성세위언盛世危言』을 저술하고, 전제정치를 타파하고, 의회정치를 역설하였다.[4]

캉여우웨이(康有爲), 탄쓰통(譚嗣同) 등은 이와 같은 주장에 영향을 받았고, 광서제(光緒帝)와 함께 변법 운동[혹은 維新]을 전개하였다. 그러나 자희태후(慈禧太后 ; 일명 西太后 ; 1835~1908)를 중심으로 한 보수파가 위앤스카이(袁世凱 ; 1859~1916)의 군대를 이용하여 광서제(光緒帝)를 체포하여 연금시키고 변법파를 제거하였다. 캉여우웨이 등 변법파가 세상의 권력을 행사한 기간은 불과 103일이었다. 그러므로 세상에서는 무술변법을 '100일 유신(維新)'

---

3) 이민족 청(淸) 나라를 몰아내고 한족(漢族)의 나라를 회복한다는 뜻.
4) 『성세위언盛世危言』은 마오쩌똥의 소년시대에 영향을 준책이다. 이 책은 또한 조선과 일본의 지식인에게도 많은 영향을 미쳤다.

혹은 '100일 천하'라고 부른다. 조선 땅에도 몇 년 전 비슷한 사건이 발생하였다. 김옥균, 박영효 등이 중심으로 일으킨 '갑신정변'(甲申政變 ; 1884)이 그것이다. 이들의 거사는 서울에 주둔하고 있던 위앤스카이(袁世凱)의 군대의 출동으로 막을 내렸다. 김옥균 등은 일본으로 망명하였고, 이들이 세상을 만난 시간은 불과 3일이었으므로, 세상에서는 이를 '3일 천하'라고 부른다.

④ 의화단(義和團)운동(Boxer's Rebellion ; 1897~1901)과 연합군의 뻬이징(北京) 점령(1900)

1897년 1월 산똥성 차오저우(曹州)에서 독일인 선교사 2명이 살해당하는 사건이 발생하였다. 이를 계기로 독일 군대가 쟈오저우만(膠州灣 ; 현재의 靑島)을 점령하고 지난(濟南)까지 철도 부설권을 획득하였다. 산똥의 인민을 '의화단'을 결성하고 외세에 저항하였다. 이들은 일종 신흥종교 집단으로 '의화권'(義和拳)을 익히고 있었으므로, 서양인들은 이 사건을 '권비(拳匪)들이 일으킨 반란'이라는 뜻으로 "Boxer's Rebellion"이라고 호칭한다.5)

의화단 운동으로 인하여 1900년 6월, 8개국(독일, 일본, 영국, 미국, 프랑스, 러시아, 오스트리아, 이탈리아) 연합군이 뻬이징(北京)을 점령하기에 이른다. 그리하여 1901년 중국은 다시 굴욕적인 조약에 서명을 해야 했다.[辛丑條約] 문명국가라고 부르는 8개국 연합군이

---

5) 프랑스 문명비평가 기 소르망(Guy Sorman) 원저, *L'année du Coq : Chinois et rebelles* (닭의 해 : 중국인과 반항자들)이 한국어로 『중국이라는 거짓말』(문학세계사, 2006)의 이름으로 출간되었다. 이 책 349 페이지 "1900년에 일어났던 복서(卜筮 ; 점쟁이)들의 반항이 그러하다."라는 한글 번역은 명백한 오역(誤譯)이다. 번역자는 'Boxer'를 '卜筮'로 둔갑시켰다. 거짓말을 하기보다는 '모른다'라고 말함이 정직하다.

빼이징 교외에서 저지른 일은 매우 야만스러운 일의 표본이다. 빼이징 북부의 황실 원림(園林) 위앤밍위앤(圓明園) 유지(遺址)를 보기를 권장한다. 여기에 처참하게 부서진 건축물과 대리석 조각이 그대로 남아 있음을 볼 것이다.

⑤ 신해(辛亥)혁명(1911)과 청조(淸朝)의 멸망(The End of Qing Dynasty)

의화단 사건으로 말미암아 청(淸) 정부의 무능력이 세상에 들어났다. 이로 인하여 1906년에서 1911년 사이 중국 내부에서 혁명운동이 시작되었다. 1911년 10월 10일 우츠앙(武昌) 봉기가 절대적인 계기가 되었고, 2개월도 채 안되는 사이 중국 전역으로 확산되었다. 그해 미국에 머물고 있던 쑨원(孫文 ; 1866~1925)이 우츠앙 봉기의 성공 소식을 듣고 귀국하였다. 그를 중심으로 난징(南京)을 수도로 하는 '중화민국' 정부가 탄생하였다. 이로써 1912년 2월 청(淸) 정부는 지구상에서 사라졌다.(12대 197년)

그러나 세상일은 가끔 묘한 과정을 겪는다. 민국 정부의 공화정의 꿈이 여물기도 전에, 당시의 권력자 위앤스카이(袁世凱)는 시대에 역(逆)하여 황제(皇帝)가 될 야심을 품고 공화정을 폐기하려고 시도하였다. 여기에 윈난성(雲南省) 도독(都督) 탕지야오(唐繼堯 ; 1883~1927) 등이 위앤스카이를 타도하기 위하여 호국군(護國軍)을 일으켰다. 위앤스카이는 결국 이들 세력에 밀려서 발악하다가 1916년 6월 세상을 버렸다.

⑥ 5·4 운동(五四運動 ; May Fourth Movement ; 1919.5.4)

위앤스카이 사후(死後) 중국은 십여 년간 군벌(軍閥)이 할거하였다. 이 기간 중국 사회는 지식인을 중심으로 '신문화 운동'이 전개되었다. 중심인물은 츠언뚜시우(陳獨秀 ; 11879~1942), 루쉰(魯迅 ; 1881~1936), 리따자오(李大釗 ; 1889~1927), 후스(胡適 ; 1891~1962) 등이다. 이들은 1915년 『신청년』을 창간하고, 정신 혁명을 일으켰다. 『신청년』은 유교의 윤리가 시효(時效)가 다되었다고 판단하고, 이를 해체(解體)하려고 노력하였다. 또한 언어의 측면에서 난해한 漢語(중국어)를 쉽게 활용하고자 백화(白話) 운동을 전개하였다. 후스, 루쉰 등이 앞장선 구어체(口語體)의 백화 운동은 일종의 문학혁명이었다.[6]

1914년 제1차 세계대전 이후 세계정세가 크게 변하고 있었다. 중국은 전후(戰後) 처리 문제로 1919년 프랑스 파리강화조약에 참석하였으나, (일본에 비하여) 중국의 요구는 모두 묵살되었다. 5월 1일 이 소식이 뻬이징에 알려지자, 5월 4일 뻬이징대학 및 고등전문학교 학생들 약 3,000여 명이 티엔안먼(天安門) 광장에 모여서 일본을 규탄하고, 파리강화회의 자체를 거부하였다. 이후 전국적으로 광범위하게 동맹휴학, 철시(撤市), 불매운동 등이 전개되었다. 5·4 운동은 비록 지식인이 앞장 섰지만, 인민의 각성을 촉구하는 계기가 되었다.

6) 루쉰의 작품 『아Q정전』, 『광인일기』, 『공을기孔乙己』등의 백화 소설은 대표적인 작품이다.

⑦ 공산당과 국민당 그리고 일본의 중국침략(Japanese Invasion ; 1921~1945)

1917년 러시아의 10월 혁명은 세계 최초로 노동자 농민의 정권 수립이 가능하다는 사실을 보여 주었다. 1919년 모스크바에서 국제 공산당 즉, 코민테른(Comintern)이 창설되었다. 코민테른은 1920년 봄 보이틴스키(G. Voitinsky)를 중국에 파견하였고, 그는 리따자오(李大釗)와 츠언뚜시우(陳獨秀)를 만났다. 보이틴스키의 건의에 의하여 1920년 상하이에서 중국공산당 창립 발기인 대회가 열렸고, 1921년 7월 중국공산당(Chinese Communist Party : CCP)이 정식으로 창립되었다.[7)]

한편 1925년 쑨원(孫文)의 갑작스러운 사망이후 그 추종자들은 쑨원의 후계자인 지앙지에스(蔣介石 ; 1887~1975)를 중심으로 난징(南京)에서 국민당을 결성하였다(1928). 국민당 정부는 '중화 국민의 국가'(중화민국)를 운영할 인재와 능력을 갖추고 있었다. 그러나 1930년대 이후 본격적으로 중국을 침략한 일본 군국주의의 군대에 의하여 국민당 정부의 잠재력이 거의 파괴당하였다.[8)]

마오쩌똥의 공산당 군대는 일본군과의 전투를 가능한 피하였다. 이에 반하여 중국의 동부를 장악한 지앙지에스의 국민당 군대는 일본군과 직접 교전을 치루었다. 1945년 8월 일본의 패망 당시, 국민당 군대는 공산당의 군대보다 그 인원이 두 배가 넘었다. 또한 국민당은 미국의 도움을 직접적으로 받았다. 그럼에도 불구하고 결과는 국민당의 패배로 나타났다. 지앙지에스는 타이완(臺灣)으로 도망

---

7) 이때 츠앙사(長沙)에 상하이로 온 시골 청년 마오쩌똥도 여기에 참석하였다.
8) 존 킹 페어뱅크 外, 『신중국사』(까치, 2005) p. 347.

쳤고, 그곳에서 생애를 마감하였다.

중국철학의 개념을 빌려 설명하면, 마오쩌뚱은 도가적(道家的)이고 법가적(法家的) 입장에서 날카로움(빛)을 숨기고 농촌을 배경으로 힘을 길렀다.[9] 그러나 지앙지에스는 유가적(儒家的) 입장을 견지하고 자신만만하게 적(敵)과 전투를 하면서, 힘의 상당 부분을 소모하였다. 그의 도덕적 지도력은 유교적 용어로 포장되어 있었지만, 그의 행정은 낡은 비효율성의 폐해를 그대로 드러냈다.[10] 중국의 기층 인민은 기본적으로 도가(도교)적이다. 기층 인민의 도교적(道教的) 종교정신을 몸으로 실천한 마오쩌뚱이 최후의 승자가 된 점은 이상한 일이 아니다.

⑧ 중화인민공화국(People's Republic of China)의 성립(1949)

1949년 10월 지구상에 또 하나의 공화국이 탄생하였다. 중국은 전통적으로 국호(國號)가 오로지 한 글자로 호칭되었다. 두 글자로 된 '춘추'(春秋)와 '전국'(戰國) 혹은 '오대'(五代) 그리고 세 글자로 된 '십육조'(十六朝) 등은 국호가 아니라, 여러 국가의 존립 시기를 말함으로 문제될 것이 없다.[11] 동서(東西), 전후(前後), 남북(南北)으로 나뉜 경우도 사실상 한 글자를 놓고 나눈 것이다. 가령 서주(西周)와 동주(東周), 전한(前漢)과 후한(後漢), 북송(北宋)과 남송(南宋)이 그것이다.

---

9) 『도덕경』 제4장에 "그 빛을 숨기고, 티끌 있는 세상 속에 같이 있다."(和光同塵)라고 있다.

10) 존 킹 페어뱅크, 『신중국사』, p. 354.

11) '서하'(西夏 ; 1031~1227)의 경우는 문제이다. 이는 '동하'(東夏)라는 국호가 없기 때문에 예외일 수 있다. 아니면, '서쪽에 존재하는 하(夏) 나라' 정도로 본다면 이를 예외가 아니라고 볼 수도 있겠다.

1949년 탄생한 공화국 정부는 무려 일곱 글자를 사용하였다. 일찍이 중국 역사에 이러한 일은 없었다. 이 정부는 중국의 중심부인 뻬이징(北京), 그리고 이 도시의 중심부인 티엔안먼(天安門)에서 공화국 선포식을 가졌다. '무질서의 지배자'[12] 마오쩌똥은 이제 새로운 질서를 지향하고 있었다. 바야흐로 '격동의 100년'이 마감되는 순간이었다. 1839년 아편전쟁 이후 정확하게 110년 만의 일이다. 격랑을 헤치고 중국 인민들은 살아남았고, 미래에 희망을 걸었다.-수치적으로 '격동의 100년'이 지났지만, 현실의 세계에서 '격동' turbulence은 아직 끝나지 않았다. 저자는 마오쩌똥 시대의 '대약진운동'과 '문화대혁명'의 두 가지를 여기에 보탠다.-

⑨ **대약진운동(大躍進運動** ; The Great Leap Forward ; 1958 ~1960)

장정(長征)[13]의 괴로움을 딛고, 지도력을 확립하여 인민공화국을 창립한 마오쩌똥은 취임 초 한국전쟁(1950)을 만난다. 그러나 저우언라이(周恩來 ; 1898~1976) 총리의 도움을 받아 위기를 잘 넘긴다.

이제 마오(毛)에게는 공화국 창립 당시 1950년대 이미 5억에 달하는 인민을 먹여 살려야 하는 절박한 경제 문제가 놓여 있었다. 혁명가 마오(毛)는 행정가로서는 커다란 능력을 발휘하지 못하였다. 대개의 혁명가가 그렇듯이 그는 지식인을 미워하였고, 그들의 말을

12) 이 표현은 조너선 D. 스펜스의 표현을 빌린 것임. cf. 조너선 D. 스펜스, 『무질서의 지배자 마오쩌똥』, 남경태 옮김, 2003.

13) 1934~1935 1년간 중국 공산당 홍군(紅軍)이 지앙시성(江西省) 루이진(瑞金)을 출발하여 산~시성(陝西省) 옌안(延安)까지 10,000 킬로미터에 달하는 행군을 감행한 사건을 말한다.

귀담아 듣지 않았다.[14)]

마오의 경제개념은 도덕적이고 유토피아적 관념에 머물렀다. 그러나 도덕적 열의(熱意)만으로 근대적 경제 발전을 이룩할 수는 없다. 당시 중국은 인구는 과다하고, 실업율(失業率)은 매우 높았으며, 공업화는 형편없는 수준에 머물고 있었다. 그리하여 그는 '대약진운동'을 벌리며 공업 및 농업 생산력 증대에 박차를 가하였다. '인민공사'(人民公社)가 이를 추진하는 대표적인 기관이었다.

1957년 말 시작한 '대약진운동'은 결과적으로 처참한 실패로 끝났다. 이 '운동'은 사상교육과 도덕적 설교만이 난무(亂舞)하였고, 처음부터 구체적인 계획이 없었다. 군대식 통제와 명령주의의 억압에 따른 정책의 비효율성(非效率性) 때문에 생산량에 대한 통계는 조작되고, 거짓투성이의 보고서만 상층부에 전달되었다. 1959년 인민공사는 유명무실한 조직이 되었다. 한국전쟁 당시 중국군 총사령관이었던 펑떠화이(彭德懷)가 대약진운동을 비판하고 나섰다가, 마오쩌똥에 의하여 국방부장 직책에서 해임되었다.(루산廬山회의 ; 1959)

1960년 마오쩌똥의 지도력에 금이 가는 사이, 중국 경제는 엄청남 재앙에 직면하였다. 식량 부족에 따른 기근(饑饉)이 덮쳤고, 1959~1961년 사이 굶어죽은 사람들이 1,500만 명에 달하였다.[15)] 결국 1958년에 시작된 '대약진운동'은 '대기근'으로 막을 내렸다. 정

---

14) 뻬이징대학 총장이며 인구학 전문 경제학자인 마인추(馬寅初)가 인구 억제를 주장하였다가, 총장 자리에서 쫓겨난 사실은 그 한 가지 예(例)이다. 현재 중화인민공화국의 여러 가지 문제 가운데 인구 문제만큼 심각한 것은 없을 것으로 생각한다. 마인추(馬寅初) 총장은 훗날 복권(復權)되었다. 이는 결국 그의 견해가 옳았음을 중국 당국이 인정한 셈이다.

15) 이 통계는 모리스 마이스너, 『마오의 중국과 그 이후』1 (이산, 2007), p. 300에 의한 자료이다. 패트리샤 버클리 에브리, 『케임브리지 중국사』(시공사, 2001), p. 336에 의하면, 3,000만 명이 죽었다.

치 담당 책임자로서 마오쩌똥은 사실상 '똥'이 되어가고 있었지만, 그와 같은 사실이 모두 은폐되었고, 그는 이제 더러운 권력의 화신으로 변모하고 있었다.

⑩ 문화대혁명(文化大革命 ; The Cultural Revolution ; 1966~1976)

중국 고대 제자백가의 한 학파인 명가(名家) 철학 이론에 의하면, '명'(名 ; 이름)과 '실'(實 ; 실제)은 일치되어야 한다. '지록위마'(指鹿爲馬)와 같은 사건은 '명'과 '실'이 무너진 대표적인 예가 될 것이다. 1960년대 중국에 일어난 사건은 명가의 철학을 떠오르게 한다. 지구적 차원에서 그 유례를 보기 힘든 잔학(殘虐)한 권력 투쟁의 결과를 놓고 '문화대혁명'이라고 이름하는 것은 보기 드문 사례에 속한다. 사실 이 사건은 '문화대파괴'라고 부르는 것이 온당하다고 생각된다.

'문화대혁명'의 원인 및 전개과정의 모든 것은 안개 속처럼 불투명하다. 자료들이 수수께끼처럼 고리 속에 얽혀 있고, 그 자세한 내용을 파악하기가 어렵다. 그럼에도 불구하고, 이 사건은 인간성(人間性)이 과연 무엇인지를 생각하게 만든다.

사건의 실마리는 1965년 11월 문학비평가 야오원위앤(姚文元)이 대중 희극 「하이루이의 파면」(海瑞罷官)이라는 글을 비판하면서 시작되었다. 이글은 1960년, 뻬이징시 부시장(副市長) 겸 역사가인 우한(吳晗)이 명조(明朝)의 인물에 대하여 쓴 풍자극이었다.[16] 이 글

16) 탐욕스러운 지주와 부패한 관료 등이 농민의 토지를 빼앗는 일에 항의한 청렴한 관료, 즉 하이루이(海瑞)가 전제군주에 의하여 파면된다는 내용을 담고 있다. 여기서 토지를 빼앗는 일은 '대약진운동'을, 전제군주는 '마오쩌똥'을, 청렴한 관

은 상하이(上海)에서 발행되는 『문회보文匯報』에 발표되었는데, 어떻게 이 글을 마오쩌똥이 입수하였다.

마오(毛)는 이를 “프롤레타리아 독재에 대한 부르주아적 반대투쟁”이라는 어마어마한 해석을 내리고, 누군가 자신의 권력에 대하여 도전하는 일로 받아들였다. 그리하여 마오는 우한(吳晗)은 물론 뻬이징 시장 펑전(彭眞)까지 날려버리고, 부인 지앙칭(江靑)과 츠언뻐따(陳伯達)를 시켜서 전국의 주요 보도기관을 장악하였다. 이쯤 끝이 났으면 이를 ‘혁명’이라고 부를 것도 없었다. 전통시대의 황제(皇帝)보다 더한 권력을 추구한 마오쩌똥은 공작정치를 통하여 자신의 권력에 도전하는 놈들을 뿌리 뽑을 계획을 세웠다.

1966년 5월 25일 뻬이징대학의 철학 강사 니에위앤쯔(聶元梓)는 학생들을 선동하여 뻬이징대학의 총장을 비난하는 글[大字報]을 학교 벽에 붙였다. 이 대자보는 즉시 뜯겨 나가고 관련자들은 징계를 받았다. 그러나 마오쩌똥은 이를 “1960년대 뻬이징의 코뮌 선언”이라고 호칭하며 환영하였다. 이제 조반(造反)[17] 학생조직이 전국적으로 퍼져서 이른바 ‘홍위병’(紅衛兵 ; Red Guards)이 탄생한다. 이들 홍위병들은 팔에 완장을 차고,[18] 지식인들을 위시하여 ‘반혁명분자’를 색출하여 공격하였다. 그들의 방법은 유치한 폭력에 의지한

료는 마오(毛)에 의하여 국방부장 직책에서 쫓겨난 ‘펑떠화이’를 암시하고 있는 것으로 해석되었다.

17) 조반(造反)이란 문자 그대로 ‘반란을 일으키다’라는 뜻인데, 이러한 부류를 가리켜 조반파(造反派)라고 호칭하였다.

18) 중국 인민은 완장차기를 좋아하는 듯하다. 2009년 9월, 뻬이징(北京)에서는 ‘北京市治安維持’ 자원봉사자를 모집하였는데, 시골할머니처럼 보이는 동네 할망구들이 자원봉사자라고 쓰인 완장을 차고 거리를 누비고(?) 있었다. 필시 이들에 의하여 베이징 시내의 치안이 유지되고 있으니(?), 이들이 뻬이징의 질서를 담당하고 있는 셈이다.

것이었다. 홍위병의 사령관(마오쩌똥)은 72세의 나이에 양쯔강[長江]을 65분 동안이나 헤엄치는 근력(筋力)을 과시하였다.

그리고 10년의 세월이 흘렀다. 그 기간 애꿎게도 박물관 및 고서적 및 예술 작품 등 헤아릴 수 없이 많은 문화재가 파괴 내지 화염(火焰) 속에 사라졌다. 불교 및 도교 사원들이 형체도 없이 사라진 것은 물론이고, 이 기간 베토벤 음악을 듣거나, 양복을 입거나, 혹은 홍콩식 헤어스타일을 한 사람들은 모두 '반혁명분자'였다.[19] 1972년 여름 국방장관이던 린빠오(林彪)가 마오쩌똥 암살을 기도하는 쿠데타 음모를 꾸몄다가 발각되었다. 그는 제트기를 타고 (구)쏘련으로 도망치다가 비행기가 몽골인민공화국 땅에 추락하는 바람에 탑승자 전원이 사망하였다는 충격적인 보도가 있었다.[20] 이는 실권(失權)의 위기를 느낀 마오(毛)가 40년 동지인 린빠오를 선수를 쳐서 제거했다는 것으로 해석되고 있다. 이 사건이후 '비림비공'(批林批孔)[21] 운동이 1년 넘게 관영언론을 지배하였다.

마오쩌똥은 10년 이상 파킨슨병 징후에 시달렸고, 그의 정신 상태는 한 국가의 지도자로서 역할을 수행하기에 적합하지 않았다. 이제 혁명의 열사들도 건강이 옛날같지 않았다. 1976년 1월 저우언라이(周恩來) 총리가 방광암으로 세상을 버렸다. 같은 해 7월 대지진이 동북지방의 탕산(唐山) 일대를 강타하였다. 지진은 도시 인구

---

19) 인류의 음료수가 된 커피(coffee)는 중국에 환영받지 못하였음은 물론이다. 만일 공중 앞에서 커피를 홀짝거리며 입맛을 다시는 사람이 있다면 그는 영낙없이 홍위병에게 머리를 짓밟혔거나 혹은 죽임을 당하였을 것이다.

20) 이 사건은 1년 이상 공식 언론에 보도되지 않았다. 중국 정부의 보도이지만 어디까지가 사실이며, 사실이 아닌지 현재도 확인할 방법이 없다.

21) 글자의 의미로는 "린빠오를 비판하라, 콩치우(孔丘)를 비판하라"라는 뜻이다. 정치적인 구호로 이용되었다.

100만중 약 20만 명의 생명을 앗아갔다. 그리고 같은 해(1976) 9월 9월 권력의 화신인 살아있는 신(神), 마오쩌똥이 마침내 숨을 거두었다. 마오의 죽음은 장막(帳幕) 속의 정치 실세(實勢)인 4인방(四人幇 ; The Gang of Four ; 장춘치아오張春橋, 야오원위앤姚文元, 왕홍원王洪文, 지앙칭江靑)의 몰락을 가져왔고, '문화대혁명'의 어두운 그림자는 역사 속으로 사라졌다.

문화대혁명 기간 중국은 국가가 부추긴 박해, 고문과 패싸움, 무자비한 폭력 등으로 얼룩졌다. 체면을 중시하는 많은 지식인들이 자살(自殺)하였고, 비공식적 통계에 의하면 10여 년간 사망자가 약 200만 명을 헤아린다. 이 동란의 원인은 결국 권력의 독(毒)에 빠진 마오쩌똥의 개인적 사유에 의한 것으로 진단된다. 제도적 차원에서 정치가의 은퇴가 마련되지 않고, 노년기의 정신 이상자(異常者 ; lunatic)가 국가를 위기에 빠트린 모범적인 사례이다. 동시에 '인민'(人民)들조차 집단 심리에 빠지면 상상할 수 없는 무서운 행동을 할 수 있다는 사실도 보여주었다. 동란이 종결되고, 이제 세상은 '개혁'과 '개방'을 외치며 실사구시(實事求是)의 철학을 실천할 떵샤오핑(鄧小平 ; 1904~1997)의 출현을 기다리고 있었다.

【부록 3】

인명 및 지명 한글표기 일람표

-'최영애 · 김용옥 표기법'(C.K. System) 적용-

가. 중요 인물 (가나다 순)

꽁딴후우(公亶父 ; gong dan3 fu3) ; 공단보

꽁수판(公輸盤 ; gong shu pan2) ; 공수반

꽁쑨양(公孫鞅 ; gong sun yang) ; 공손앙[商鞅]

꾸지에깡(顧頡剛 ; gu4 jie2 gang) ; 고힐강

꾸안종(管仲 ; guan3 zhong4) ; 관중

꾸어뭐르우어(郭沫若 ; guo mo4 ruo4) ; 곽말약

꾸어시앙(郭象 ; guo xiang4) ; 곽상

꾸옌우(顧炎武 ; gu4 yan2 wu3) ; 고염무

따오신(道信 ; dao4 xin4) ; 도신

니에위앤쯔(聶元梓 ; nie4 yuan2 zi3) ; 섭원재

똥종수(董仲舒 ; dong3 zhong4 shu) ; 동중서

똥쭈어삔(董作賓 ; dong3 zuo2 bin) ; 동작빈

라오딴(老聃 ; lao3 dan) ; 노담[老子]

루어전위(羅振玉 ; luo2 zhen4 yu) ; 라진옥

루어친순(羅欽順 ; luo2 qin shun4) ; 나흠순

루지우위앤(陸九淵 ; lu4 jiu3 yuan) ; 육구연

뤼따린(呂大臨 ; lü3 da4 lin2) ; 여대림

뤼뿌웨이(呂不韋 ; lü3 bu4 wei2) ; 여불위

뤼사오깡(呂紹綱 ; lü3 shao4 gang) ; 여소강

뤼쭈치엔(呂祖謙 ; lü3 zu3 qian) ; 여조겸

리따자오(李大釗 ; li3 da4 zhao) ; 이대교

리아오(李翱 ; li3 ao2) ; 이오(이고)

리앙치츠아오(梁啓超 ; liang2 qi3 chao) 양계초

리위앤양(李元陽 ; li3 yuan2 yang2) ; 이원양

리우링(劉伶 ; liu2 ling2) ; 유령

리즈(李贄 ; li3 zhi4) ; 이지

리즈짜오(李之藻 ; li3 zhi zao3) ; 이지조

리쩌허우(李澤厚 ; li3 ze2 hou4) ; 이택후

리퀘이(李悝 ; li3 kui) ; 이회

린빠오(林彪 ; lin2 biao) ; 임표

르우안지(阮籍 ; ruan3 ji2) ; 완적

르우안시엔(阮咸 ; ruan3 xian2) ; 완함

마떠신(馬德新 ; ma3 de2 xin) ; 마덕신

마오쩌똥(毛澤東 ; mao2 ze2 dong) ; 모택동

마인추(馬寅初 ; ma3 yin2 chu) ; 마인초

머우쫑싼(牟宗三 ; mou2 zong san) ; 모종삼

멍원통(蒙文通 ; meng2 wen2 tong) ; 몽문통

멍커(孟軻 ; meng4 ke) ; 맹가[孟子]

뭐자이(墨翟 ; mo4 zhai2) ; 묵적[墨子]

빠오빠(保巴 ; bao3 ba) ; 보파

사오용(邵雍 ; shao4 yong) ; 소옹

산타오(山濤 ; shan tao) ; 산도

상양(商鞅 ; shang yang) ; 상앙[公孫鞅]

샤오빠오전(蕭抱珍 ; xiao bao4 zhen) ; 소포진

선따오(愼到 ; shen4 dao4) ; 신도

선뿌하이(申不害 ; shen bu4 hai4) ; 신불해

선시우(神秀 ; shen2 xiu4) ; 신수

쉬꾸앙치(徐光啓 ; xu2 guang qi3) ; 서광계

쉬서우츠앙(許壽裳 ; xu2 shou4 chang2) ; 허수상

쉰쿠앙(荀況 ; xun2 kuang4) ; 순황[荀子]

쉰칭(荀卿 ; xun2 qing) ; 순경[荀子]

썽짠(僧瓚 ; seng zan4) ; 승찬

쓰마치엔(司馬遷 ; si ma3 qian) ; 사마천

시앙시우(向秀 ; xiang4 xiu4) ; 상수

아이신쥐에루어(愛新覺羅 ; ai4 xin jue2 luo2) ; 애신각라[강희제]

야오원위앤(姚文元 ; yao2 wen2 yuan2) ; 요문원

양뿨쥔(楊伯峻 ; yang2 bo2 jun4) ; 양백준

옌링훵(嚴靈峯 ; yan2 ling2 feng) ; 엄영봉

옌후에이(顔回 ; yan2 hui2) ; 안회

왕르옹(王戎 ; wang2 rong2) ; 왕융

왕삐(王弼 ; wang2 bi4) ; 왕필

왕서우르언(王守仁 ; wang2 shou3 ren2) ; 왕수인

왕안스(王安石 ; wang2 an shi2) ; 왕안석

왕이르옹(王懿榮 ; wang2 yi4 rong2) ; 왕의영

왕츠옹(王充 ; wang2 chong) ; 왕충

왕후우즈(王夫之 ; wang2 fu zhi) ; 왕부지

윙-칕 찬(陳榮捷 ; wing-tsit chan ; chen2 rong2 jie2) ; 진영첩

윈-팥 처우(周潤發 ; yun-fat chow ; zhou run4 fa) ; 주윤발

우한(吳晗 ; wu2 han2) ; 오함

자오까오(趙高 ; zhao4 gao) ; 조고

장따이니엔(張岱年 ; zhang dai4 nian2) ; 장대년

장짜이(張載 ; zhang zai4) ; 장재

주시(朱熹 ; zhu xi) ; 주희[朱子]

저우뚠이(周敦頤 ; zhou dun yi2) ; 주돈이

저우언라이(周恩來 ; zhou en lai2) ; 주은래

주앙저우(莊周 ; zhuang zhou) ; 장주[莊子]

지캉(嵇康 ; ji kang) ; 혜강

지앙시츠앙(莊錫昌 ; jiang3 xi chang) ; 장석창

지앙칭(江靑 ; jiang qing) ; 강청

진진황(金景芳 ; jin jing3 fang) ; 김경방

쩌우옌(騶衍 ; zou yan3) ; 추연

츠언꾸잉(陳鼓應 ; chen2 gu3 ying) ; 진고응

츠언라이(陳來 ; chen2 lai2) ; 진래

츠언멍지아(陳夢家 ; chen2 meng4 jia) ; 진몽가

츠언뿨따(陳伯達 ; chen2 bo2 da2) ; 진백달

츠엉이(程頤 ; cheng2 yi2) ; 정이[程子]

츠엉하오(程顥 ; cheng2 hao4) ; 정호[程子]

캉여우웨이(康有爲 ; kang you3 wei2) ; 강유위

커우치엔즈(寇謙之 ; kou4 qian zhi) ; 구겸지

콩치우(孔丘 ; kong3 qiu) ; 공구[孔子]

탄쓰통(譚嗣同 ; tan2 si4 tong2) ; 담사동

탕용통(湯用彤 ; tang yong4 tong2) ; 탕용동

펑떠화이(彭德懷 ; peng2 de2 huai2) ; 팽덕회

페이웨이(裴頠 ; pei2 wei3) ; 배외

푸티따뭐(菩提達摩 ; pu2 ti2 da2 mo2) ; 보리달마

한위(韓愈 ; han2 yu4) ; 한유

한후우쥐(韓復榘 ; han2 fu4 ju3) ; 한복구

한훼이(韓非 ; han2 fei) ; 한비[韓非子]

허르옹이(賀榮一 ; he4 rong2 yi) ; 하영일

홍시우취앤(洪秀全 ; hong2 xiu4 quan2) ; 홍수전

홍르언(弘忍 ; hong2 ren3) ; 홍인

후앙쫑시(黃宗羲 ; huang2 zong xi) ; 황종희

후에이넝(慧能 ; hui4 neng2) ; 혜능

후에이커(慧可 ; hui4 ke3) ; 혜가

훵여우란(馮友蘭 ; feng2 you3 lan2) ; 풍우란

나. 중요 지명(地名)

1) 4개 중앙직할시

뻬이징(北京 ; bei3 jing) ; 북경

티엔진(天津 ; tian jin) ; 천진

상하이(上海 ; shang4 hai3) ; 상해

츠옹칭(重慶 ; chong2 qing4) ; 중경

2) 23개 성(省)(가나다 순)

깐쑤(甘肅 ; gan su4) ; 감숙

꾸앙똥(廣東 ; guang3 dong) ; 광동

꾸이저우(貴州 ; gui4 zhou) ; 귀주

랴오닝(遼寧 ; liao2 ning2) ; 요녕

산똥(山東 ; shan dong) ; 산동

산-시(山西 ; shan xi) ; 산서

산~시(陝西 ; shan3 xi) ; 섬서

쓰츠우안(四川 ; si4 chuan) ; 사천

안후에이(安徽 ; an hui) ; 안휘

윈난(雲南 ; yun2 nan2) ; 운남

저지앙(浙江 ; zhe4 jiang) ; 절강

지린(吉林 ; ji2 lin2) ; 길림

지앙시(江西 ; jiang xi) ; 강서

지앙쑤(江蘇 ; jiang su) ; 강서

칭하이(靑海 ; qing hai3) ; 청해

타이완(臺灣 ; tai2 wan2) ; 대만

하이난(海南 ; hai3 nan2) ; 해남

허난(河南 ; he2 nan2) ; 하남

허뻬이(河北 ; he2 bei3) ; 하북

헤이롱지앙(黑龍江 ; hei long2 jiang) ; 흑룡강

후난(湖南 ; hu2 nan2) ; 호남

후뻬이(湖北 ; hu2 bei3) ; 호북

후우지엔(福建 ; fu2 jian4) ; 복건

3) 5개 자치구 (가나다 순)

꾸앙시 장족자치구(廣西壯族自治區 ; gunag3 xi) ; 광서 장족자치구

네이멍꾸 자치구(內蒙古自治區 ; nei4 meng2 gu3) ; 내몽골 자치구

닝샤 회족자치구(寧夏回族自治區 ; ning2 xia4) ; 녕하 회족자치구

시짱[티베트] 자치구(西藏自治區 ; xi zang4) ; 서장[티베트] 자치구

신지앙 위구르자치구(新疆維吾爾自治區 ; xin jiang) ; 신강 위구르자치구

4) 2개 특별행정구

아오먼(澳門 ; ao4 men2) ; 오문[마카오]

홍콩(시앙깡香港 ; xiang gang3 ; hong kong) ; 홍콩

찾아보기

1. 사항 색인

텃세 ………………………………… 196
토미즘(Thomism) ………………… 433
토생토장(土生土長) ……………… 265
토지신(土地神) …………………… 296
통각(通覺) ………………………… 314
통체일태극(統體一太極) ……… 411
파리강화조약 …………………… 514
파시스트 정치 …………………… 191
판단중지(epoke) ………………… 444
팔불의설(八不義說) …………… 322
팔선(八仙) ……………………… 299
팔식학설(八識學說) …………… 324
팔정도(八正道) ………………… 312
패도정치(霸道政治) …………… 191
펑(鵬) ……………………… 38, 129
평등상현(平等尙賢) ……… 484, 486
풍류(風流) ……………………… 249
풍토(風土) …………………… 45, 51
필로소피아(philosophia) ………… 29
하이루이의 파면[해서파관海瑞罷官]
……………………………………… 519
한국전쟁 ………………………… 517
합리론 …………………………… 454
항기(恒氣) ……………………… 143
해인삼매(海印三昧) …………… 326
해체주의(解體主義) ………… 10, 42
해탈(解脫; mukti) ……… 130, 312
행복 ………………………………… 38
혁명파 …………………………… 488
현량지사(賢良之士) …………… 160
현리(玄理) ……………………… 248
현묘(玄妙)한 덕(德) …………… 117
현묘(玄妙)한 암컷 …………… 117
현천상제(玄天上帝) …………… 295
현학(玄學; 위진현학魏晉玄學)
…………………………… 246～260
협사(俠士; 협俠; 유협游俠)
…………………… 155, 172, 472
형명지학(刑名之學) …………… 205
형상(形相; eidos) ……………… 386
형이상학(metaphysics) ………… 34
호연지기(浩然之氣) … 40, 192, 381
호혜적 이타주의(互惠的利他主義)
……………………………………… 185
홍위병(紅衛兵; Red Guards)
…………………………… 520, 521
홍주종(洪州宗) ………………… 346
화엄삼매(華嚴三昧) …………… 326
화엄종(華嚴宗) …… 304, 318, 326
환관[患御者] …………………… 225
환멸연기(還滅緣起) …………… 317
황건적(黃巾賊) ………………… 267
황로학(黃老學) ‥ 75, 221, 242, 266
황록초(黃籙醮) ………………… 274
황룡파(黃龍派) …………… 354, 355
회민(回民) 반란 ……………… 479
회의주의(skepticism) …………… 36
회창법난(會昌法難) …………… 335
효용성(utility) …………………… 53
후상(厚喪; 두텁게 장사지냄) ‥ 169
후토낭낭(后土娘娘) …………… 296

2. 人名 색인

가노 나오키(狩野直喜) ············ 79
고타마 붓다[석가모니] ··········· 305
구보 노리타다(窪德忠) ··········· 269
기대승 ································ 460
김수영 ································ 6
김충렬 ········ 61, 65, 109, 121, 206
까오츠(告子) ·········· 188, 195. 458
꺼쉬앤(葛玄) ··················· 285, 287
꺼홍(葛洪) ······ 280, 281, 285, 287
꽁수판(公輸盤) ······················ 164
꽁순양(公孫鞅; 상양商鞅)
······························ 205~220, 222
꽁시후아(公西華) ····················· 91
꾸어뭐르우어(郭沫若) ··············· 60
꾸어시앙(郭象) ······················ 129
꾸어지해(郭解) ······················ 155
꾸옌우(顧炎武) ······ 463~466, 469
나가르주나(Nagajuna; 龍樹) ·· 319
나폴레옹 보나빠르트(Napoleon
Bonaparte) ·························· 470
노수신 ································ 460
니에위앤쯔(聶元梓) ················ 520
따오쉬앤(道宣) ······················ 328
따오신(道信) ·················· 330, 339
따오우(道悟) ·················· 348, 349
따오이(道一) ·················· 346, 349
따오츠우어(道綽) ··················· 332
떵샤오핑(鄧小平) ············ 498, 522
똥종수(董仲舒) ······················ 217,
219, 231~238, 453
똥쭈어삔(董作賓) ···················· 62
띵쓰신(丁四新) ······················ 141
라오딴(老聃; 老子) ··········· 46, 48,
103~123, 280, 287, 295, 441
라오쯔(老子) ························ 103
란차이허(藍采和) ··················· 299
러우위리에(樓宇烈) ················ 250
로버트 노지크(Robert Nozick)
·· 35, 404
로버트 라이트(Robert Wright)
·· 197, 427
로저 트리그(Loger Trigg) ····· 196
루쉰(魯迅) ········ 77, 263, 432, 514
루시우징(陸修靜) ··················· 285
루어르우황(羅汝芳) ········ 470, 473
루어전위(羅振玉) ···················· 62
루어친순(羅欽順) ··· 443, 455~460
루지우사오(陸九韶) ················ 439
루지우위링(陸九齡) ········ 399, 441
루지우위앤(陸九淵) ········ 399, 439,
441, 453
루츠엉(陸澄) ························ 459
루트비히 비트겐슈타인
(L. Wittgenstein) ······ 11, 33, 41
뤼따린(呂大臨) ·············· 388, 433
뤼똥삔(呂洞賓; 呂祖) ······ 298, 299
뤼뿌웨이(呂不韋) ···················· 52
뤼사오깡(呂紹綱) ··················· 105
뤼쭈치엔(呂祖謙) ···· 399, 431, 433
르안여우(冉有) ······················ 91

르안지(阮籍) ……… 249, 253~255
르언화르옹(任法融) ……………… 109
르우안샤오쉬(阮孝緖) …………… 281
리따자오(李大釗) … 496, 514, 515
리루이(李銳) ……………………… 143
리링(李零) …………………… 124, 143
리슈에친(李學勤) ………………… 127
리아오(李翺) ……………… 361~364
리아오밍춘(廖名春) ……… 143, 154
리앙수(梁肅) ……………………… 364
리앙지아(良价) …………… 351, 352
리얼(李耳; 老子) ………………… 103
리우떠르언(劉德仁) ……………… 269
리우안(劉安) ……………………… 280
리우진(劉瑾) ……………………… 443
리위앤양(李元陽) ………………… 471
리즈(李贄; 탁오卓吾) ………… 395, 466, 470~474
리즈차이(李之才) ……………… 395
리쩌허우(李澤厚) ……………… 45, 46
리쯔(李斯) ………………………… 221
리츠앙링(李昌齡) ………… 276, 280
리퀘이(李悝) ……………… 205, 206
린빠오(林彪) ……………… 76, 521
린이정(林義正) …………………… 144
링여우(靈祐) ……………… 349, 350
마르셀 그라네(Marcel Granet) 94
마오쩌똥(毛澤東) ………… 117, 237, 498, 515~522
마인추(馬寅初) …………………… 518
마츠엉위엔(馬承源) ……………… 238
마테오 리치(Matteo Ricci) …… 472
머우쫑산(牟宗三) ………… 247, 256
멍커(孟軻; 孟子) ………… 83, 114, 118, 183~193, 209, 365
뭐자이(墨翟; 墨子) ……… 149~172
미조구찌 유우조(溝口雄三) …… 106
바루흐 데 스피노자(Baruch de Spinoza) ………… 135~138, 207
박세채 ……………………………… 454
버클리(Berkeley) ………………… 453
버트런드 럿셀(Bertrand Russel) ………………………………… 29, 83
버튼 왓슨(B. Watson) ………… 140
벤자민 슈월츠(Benjamin I. Schwartz) ………………… 208, 219
보이틴스키(G. Voitinsky) ……… 515
빤꾸(班固) ………………………… 232
빤빠오(班彪) ……………………… 239
뻔지(本寂) ………………………… 352
뿌콩(不空) ………………………… 334
사오용(邵雍) ………… 40, 388~395
산우아이(善無畏) ………………… 334
산쥐위앤(山巨源; 산타오山濤) 257
샤오꽁취앤(蕭公權) ……… 205, 484
샤오빠오전(蕭抱珍) ……………… 269
서경덕 ……………………… 376, 393
서정주 ……………………………… 31
선뿌하이(申不害) … 205~207, 222
선시우(神秀) ………… 340, 341, 383
선후이(神會) ……………… 342, 344
쉬선(許愼) ………………………… 284

쉬아이(徐愛) ························· 445
쉬앤지앙(玄奘) ········ 323, 325, 329
쉰쯔(荀子) ····························· 193
쉰쿠앙(荀況; 쉰칭荀卿) 193~201, 209, 421
슈안지엔(宣鑑) ··············· 348, 349
슈에훵(雪峰) ························ 353
슈퇴릭히(H. J. Störig) ·············· 5
스수어(世碩) ················· 178, 189
시에떠후에이(葉德輝) ····· 284, 290
시에리앙쭈어(謝良佐) ····· 388, 432
시윈(希運) ····························· 350
시치엔(希遷) ················· 347, 349
싱쓰(行思) ············· 331, 347, 353
썬따오(愼到) ··········· 205, 206, 222
썽자오(僧肇) ························· 323
썽짠(僧璨) ···················· 330, 339
쑨밍다오(孫明道) ···················· 282
쑨원(孫文) ····················· 513, 515
쑨이르앙(孫飴讓) ·········· 157~170
쓰마이(司馬懿) ······················· 256
쓰마자오(司馬昭) ··········· 256, 258
쓰마치엔(司馬遷) ··············· 72, 75, 155, 183, 193, 205, 217, 219
아놀드 토인비(Arnold Toynbee) ··· 39
아리스토텔레스(Aristoteles) ·· 137, 386
아미타훠(阿彌陀佛) ················ 332
아사노 유이치(淺野裕一) 153, 154
앙리 마스페로(Henry Maspero) ··· 275
야오까오(姚賈) ······················· 221
야오순(堯舜; 堯舜禹) ······· 71, 208, 461, 464. 468
야오원위앤(姚文元) ················ 519
양꾸어르옹(楊國榮) ················ 452
양뿨쥔(楊伯峻) ························ 82
양스(楊時) ·············· 388, 408, 432
양시옹(揚雄) ·························· 421
양주(楊朱) ······· 113, 114, 171, 249
에드워드 L. 쇼니시(Edward L. Shaughnessy) ······················· 66
에드워드 O. 윌슨(Edward O. Wilson) ················· 195, 427
여우쉬앤쯔(又玄子) ················ 278
예수 그리스도(Jesus Christ) ······································· 118, 487
옌스꾸(顔師古) ······················· 216
옌후에이(顔回) ········ 287, 386, 387
오렐 슈타인(Aurel Stein) ······· 502
오타니 고즈이(大谷光瑞) ········ 502
와쓰지 데쓰로(和辻哲郎) ··· 45, 49
왕꾸어웨이(王國維) ················ 507
왕삐(王弼) ······ 104, 249~253, 453
왕서우르언(王守仁) ·········· 40, 374, 439, 443~455, 464
왕시엔선(王先愼) ···················· 223
왕안스(王安石) ························· 40
왕위신(王宇信) ························· 62
왕위앤루(王圓簶) ···················· 502
왕종양(王重陽; 王喆) ············· 269

왕지(王畿) ······························ 452
왕츠옹(王充) ········· 188, 238~246
왕후우즈(王夫之) ·········· 466~470
우치(吳起) ······························ 206
우한(吳晗) ···················· 519, 520
원얀(文偃) ······························ 353
원이(文益) ···················· 353, 354
원측 ······································ 324
월폴라 라훌라(Walpola Rahula)
································ 308~316
웨이뻐양(魏伯陽) ··········· 280, 348
웨이옌(惟儼) ························· 351
웨이후아춘(魏華存) ··············· 287
위앤랴오환(袁了凡) ··············· 279
위앤스카이(袁世凱) ········ 511, 513
윈시(尹喜) ······························ 103
윙칱 찬(WingTsit Chan; 陳榮捷)
·· 434
의상 대사 ···················· 321, 328
의천 ······································ 321
이건방 ··································· 455
이건창 ··································· 455
이광사 ··································· 455
이광신 ··································· 455
이기상 ····································· 31
이쉬앤(義玄) ················· 350, 351
이이(李珥; 율곡) ····· 377, 407, 460
이춘(義存) ····························· 353
이춘(伊存) ····························· 303
이춘식 ························· 206, 219
이항녕 ····································· 49
이황(李滉; 퇴계) ····· 377, 407, 454
임마누엘 칸트(I. Kant) ··· 449, 454
임성주 ··································· 460
자오징밍(趙景明) ··················· 441
자오징자오(趙景昭) ··············· 441
장 쟈크 루소(Jean Jacques
Rousseau) ························· 460
장꾸어(張果) ························· 299
장따오링(張道陵) ··········· 267, 288
장링(張陵) ····························· 267
장쟈오(張角) ························· 267
장짜이(張載) ·· 372~378, 388, 467
장치엔(張騫) ························· 303
저우(紂) ··································· 59
저우뚠이(周敦頤) ··· 365~371, 410
저우언라이(周恩來) ········ 517, 521
정꾸안잉(鄭觀應) ··················· 511
정제두 ··································· 454
제이콥스 로버츠(Jacox Goberts)
·· 481
제인 구달(Jane Goodall) ········ 196
제자백가(諸子百家) ················· 71
조식 ······································ 377
종리취앤(種離權) ··········· 298, 299
주시(朱熹) ··········· 45, 93, 98, 197,
399~434, 443, 447, 453
주앙저우(莊周; 莊子) ······· 48, 114,
128~140, 280, 287
주앙쯔(莊子) ························· 128
주지다오(朱濟道) ··················· 441
주헝따오(朱亨道) ··········· 441, 442

쥴리아 칭(Julia Ching; 秦家懿) · 43
즈이(智顗) ······························ 318
지깡즈(季康子) ···················· 85, 87
지앙위앤팅(蔣元庭) ················ 282
지앙지에스(蔣介石) ········ 515, 516
지앙칭(江靑) ·························· 520
지에(桀) ·································· 59
지엔뿨짠(翦伯贊) ···················· 64
지캉(嵇康) ······························ 249
진깡즈(金剛智) ······················ 334
진시황(秦始皇) ······················ 231
진진황(金景芳) ······················ 105
짜이위(宰予) ·························· 240
쩡꾸어환(曾國藩) ···· 467, 482, 511
쩡시(曾晳) ································ 91
쫑미(宗密) ······················ 328, 346
쭈어쓰(左思) ·························· 193
쯔꽁(子貢) ························ 88, 177
쯔루(子路) ························ 91, 105
차오꾸어지우(曹國舅) ············ 299
차오차오(曹操) ········ 247, 256, 267
차오횡(曹峰) ·························· 142
챨스 다윈(Charles Darwin) ···· 244
츠언꾸잉(陳鼓應) ···· 103, 108, 118
츠언뚜시우(陳獨秀) ················ 514
츠언뚜시우(陳獨秀) ················ 515
츠언라이(陳來) ·········· 40, 65, 408
츠언멍지아(陳夢家) ·················· 63
츠언뿨따(陳伯達) ·················· 520
츠언쯔깡(陳子亢) ···················· 78
츠언쯔츠어(陳子車) ·········· 77, 78
츠언투안(陳摶) ······················ 371
츠엉이(程頤) ·········· 374, 377~388
츠엉하오(程顥) ······ 377~388, 492
츠엉환(程帆) ···················· 79, 140
츠옹신(崇信) ·················· 348, 349
치엔떠홍(錢德洪) ·················· 452
치엔무(錢穆) ·························· 399
카알 마르크스(Karl Marx) ····· 496
카알 야스퍼스(Karl Jaspers) ··· 71
캉여우웨이(康有爲) 488~491, 511
커우치엔즈(寇謙之) ·············· 280
콩지(孔伋; 子思) ············ 178, 183
콩치우(孔丘; 孔子; Confucius)
45, 71~98, 177, 287, 399, 473, 487, 501
쿠마라지바(鳩摩羅什) ····· 319, 323
타오홍징(陶弘景) ···· 284, 285, 289
탄쓰통(譚嗣同) ······ 489, 492~495
탕(湯) ······································ 59
탕용통(湯用彤) ······················ 247
탕지야오(唐繼堯) ·················· 513
토마스 홉스(Thomas Hobbes)
······························· 162, 195
판껑(盤庚) ································ 59
펑떠화이(彭德懷) ·················· 518
펑쭈(彭祖) ······························ 276
페이시우(裵休) ······················ 350
페이웨이(裵頠) ······················ 259
폴 뻴리오(Paul Pelliot) ·········· 502
푸티따뭐(菩提達磨) · 329, 330, 339
프로타고라스(Protagoras) ······ 370

프리트리히 니체(F.W. Nietzsche)
……… 10
프리트리히 엥겔스
(Friedrich Engels) ……… 496
프리트리히 헤겔(G.W.F. Hegel)
……… 5, 9, 207, 453, 454, 495
플라톤(Plato) ……… 43, 122, 191
피히테(Fichte) ……… 453
한시앙쯔(韓湘子) ……… 299
한원진 ……… 454
한위(韓愈) …… 299, 361~363, 382
한훼이(韓非; 한훼이쯔韓非子)
……… 207, 220~227
허상꽁(河上公) ……… 104
허시엔꾸(何仙姑) ……… 299
허옌(何晏) ……… 249, 250
헤라클레이토스(Heraclitus)
……… 112, 495
현상윤 ……… 434
혜관 ……… 323
혜일 ……… 334
홍르안(弘忍) ……… 330, 339
홍르언깐(洪仁玕) ……… 481
홍르언쿤(洪仁坤) ……… 481
홍시우취앤(洪秀全) 481~487, 510
화순(法順) ……… 328
화이르앙(懷讓) 331, 346, 349, 354
화이하이(懷海) ……… 347~350
화짱(法藏) ……… 326
황똥메이(方東美) ……… 109
황현 ……… 455
황후이(方會) ……… 354, 355
후스(胡適) ……… 345, 514
후앙띠(黃帝) ……… 71
후앙쫑시(黃宗羲) … 460~462, 469
후앙쭌수(黃尊素) ……… 460
후에이넝(慧能) 330, 339~349, 382
후에이커(慧可) ……… 330, 339
후이난(慧南) ……… 355
후이지(慧寂) ……… 349
훵여우란(馮友蘭) ……… 8, 39,
43, 111, 156, 165, 207, 241, 249,
363
훵윈산(馮雲山) ……… 481

3. 書名 색인

『갈관자鶡冠子』 …… 127
『격양집擊壤集』 …… 389
『고금도서집성』 …… 298
『곤지기困知記』 …… 456, 460
『공과격功過格』 …… 278
『곽점초간교독기郭店楚簡交讀記』 …… 124
『국어國語』 …… 461
『귀신지명鬼神之明』 …… 150～154
『근사록近思錄』 …… 400
『금강경金剛經』 …… 339
『나는 횡여우란의 철학강의를 들었다』 …… 79, 140
『노자금주금역老子今注今譯』 …… 108, 118
『노자老子』 …… 51, 103～123, 177, 247, 252, 268, 280
『노자지략老子指略』 …… 251
『논리철학논고』(『트락타투스』) …… 11, 33, 41
『논어論語』 …… 45, 54, 76～98, 177, 503
『논어석의論語釋疑』 …… 251
『논어집주論語集註』 …… 93
『논형교석論衡校釋』 …… 189, 239～245
『논형論衡』 …… 188, 239～245
『능엄경楞嚴經』 …… 324
『대동서大同書』 …… 489
『대장경大藏經』 …… 304
『대품반야경大品般若經』 …… 321
『대학大學』 …… 430
『도교사道教史』 …… 269
『도덕경道德經』 …… 51, 103～123, 140, 250, 266, 283, 369
『도덕적 동물』 …… 197
『도장道藏』 …… 270, 280, 281, 295
『도장집요道藏輯要』 …… 282
『만수도장萬壽道藏』 …… 282
『맹자孟子』 …… 77, 149, 171, 182, 183～192, 240, 458
『명유학안明儒學案』 …… 461
『명이대방록明夷待訪錄』 …… 461
『모산지茅山誌』 …… 289
『모순론矛盾論』 …… 498
『묘법연화경妙法蓮華經』 …… 318
『묵자墨子』(『묵자한고墨子閒詁』) …… 149～172, 485
『바이블』 …… 104, 119, 186, 187, 235, 492
『백서노자帛書老子』 …… 104
『백장청규百丈淸規』 …… 347
『법경法經』 …… 206
『법구경法句經』 …… 305, 306
『법철학개론』 …… 50
『복성서復性書』 …… 362
『분서焚書』 …… 472
『불골표佛骨表』 …… 382
『불사의 추구』 …… 275
『붓다의 가르침』 …… 308～316

『사기史記』 ·············· 72~75, 149, 193, 205, 216, 217, 272
『사분률四分律』 ······················ 329
『사서집주四書集註』 ················ 400
『삼교원류수신대전三教源流搜神大全』 ···················· 284, 290, 291
『삼국지三國志』 ······················ 303
『상군서商君書』(『상자商子』) ································· 208~215
『상하이박물관장전국초죽서上海博物館藏戰國楚竹書』 ················· 238
『서승경西昇經』 ······················ 295
『선산유서船山遺書』 ················ 467
『선산전서船山全書』 ······ 467~469
『설문해자 說文解字』 ············· 284
『성세위언盛世危言』 ················ 511
『성자명출性自命出』 ····· 177~183, 504, 505
『세설신어世說新語』 ················ 259
『손빈병법孫臏兵法』 ················ 506
『손자병법孫子兵法』 ················ 506
『송사宋史』 ················ 38, 365, 386
『송원학안宋元學案』 ················ 461
『수서隋書』 ····················· 281, 286
『순자荀子』(『순자집해荀子集解』) ···························· 127, 194~201
『시경詩經』 ················· 64, 96, 503
『신선전神仙傳』 ······················ 272
『실사구시로 읽는 주역周易』 ·· 172
『실천론實踐論』 ······················ 498
『실천이성비판』 ······················ 449
『아비달마경阿毘達摩經』 ········ 324
『아Q정전阿Q正傳』 ··········· 77, 514
『여씨춘추呂氏春秋』 ·········· 52, 53, 126, 127
『역학계몽易學啓蒙』 ················ 400
『열자列子』 ····························· 249
『예기禮記』 ·········· 11, 77, 98, 127, 485, 486, 490, 503
『왕필집교석王弼集校釋』 ········ 251
『운급칠첨雲笈七籤』 ········ 270, 282
『원도原道』 ····························· 361
『육구연집陸九淵集』 ········ 439, 440
『육조단경六祖壇經』(『단경』) ······································· 331, 355
『육조대사법보단경六祖大師法寶壇經』 ···································· 342
『윤리학』(Ethica) ····· 137, 138, 207
『이락연원록伊洛淵源錄』 ········ 365
『이상국가』(The Republic) ····· 122
『이정전서二程全書』 ················ 379
『이정집二程集』 ······················ 379
『인학仁學』 ····························· 492
『일지록日知錄』 ······················ 463
『자정신편資政新編』 ················ 481
『잡아함경雜阿含經』 ················ 315
『장서藏書』 ····························· 472
『장자莊子』 ······ 38, 126, 128~140, 247, 257, 266, 268, 280
『재성여현리才性與玄理』 ······· 248, 255, 256
『전국책戰國策』 ······················ 461

『전습록변傳習錄辨』 ················ 454
『전습록傳習錄』 ······················ 454
『정림문집亭林文集』 ················ 463
『정몽正蒙』 ···················· 372~376
『정신현상학』 ························ 207
『정암존고整庵存稿』 ················ 456
『정통도장正統道藏』 ················ 282
『조선유학사』 ························ 434
『좌전左傳』 ···························· 461
『주역내전周易內傳』 ················ 467
『주역본의周易本義』 ················ 400
『주역외전周易外傳』 ················ 467
『주역전해周易全解』 ················ 105
『주역정씨전周易程氏傳』 ········ 378
『주역周易』 ············ 104, 110, 241, 247, 250, 268, 368, 369, 379, 391, 503
『주자가례朱子家禮』 ················ 400
『주자문집朱子文集』 ················ 400
『주자어류朱子語類』 ················ 400
『죽간노자竹簡老子』 ················ 104
『중국고대사상의 세계』 ·· 208, 219
『중국고대사회연구』 ················· 60
『중국사상문화사전』 ················ 106
『중국정치사상사』 ··················· 205
『중국철학소사中國哲學小史』 ·· 49, 156
『중용中庸』 ······ 180, 181, 363, 424
『증일아함경增一阿含經』 ········ 308
『지관통례止觀統例』 ················ 364
『진령위업도眞靈位業圖』 ·· 284, 285, 290
『참동계參同契』 ······················ 280
『참동계參同契』 ······················ 348
『철학노트』 ································ 31
『청사고淸史稿』 ······················ 483
『춘추번로春秋繁露』 ················ 232
『춘추春秋』 ················ 81, 153, 503
『태극도설太極圖說』 ················ 366
『태극도설해太極圖說解』 ········ 400
『태극선천도太極先天圖』 ········ 371
『태미선군공과격太微仙君功過格』 ·· 278
『태상감응편太上感應篇』 ······· 276, 277, 280, 292, 295
『태일생수太一生水』 ····· 124~128, 140, 177, 504
『태평경太平經』 ······ 280, 281, 283
『태평천국사太平天國史』 ········ 480
『통감通鑑』 ···························· 461
『통서通書』 ····················· 371, 410
『티베트와 중국의 역사적 전개』 ·· 50
『포박자抱朴子』 ············ 270, 280, 281, 285, 289
『한비자韓非子』 ············ 220~227
『한서漢書』 ····················· 216, 232
『항선恒先』 ············ 140~144, 505
『화엄경華嚴經』 ······ 324, 326, 384, 492
『화하미학華夏美學』 ················· 46
『황극경세서皇極經世書』 ········ 389

저자 약력

❁ 황준연(黃俊淵 ; Joon-yon Hwang)

1948년 전남 목포 출생
연세대학교 문과대학 철학과 졸업
성균관대학교 대학원에서 중국철학 및 조선성리학 전공(철학박사)
이탈리아 동방학대학(Napoli) 아시아학과 계약교수
중국 산동사회과학원(濟南) 유학연구소 객원교수
중국 산~시사범대학(西安) 중국사상문화연구소 방문학자
미국 캘리포니아대학(Berkeley) 중국학연구소 방문학자
현 전북대학교 윤리교육과 교수

『율곡철학의 이해』(1995), 『이율곡, 그 삶의 모습』(2000), 『한국사상과 종교 15강』(2007), 『실사구시로 읽는 周易』(2009), 『신편 중국철학사』(2009), 『중국불교와 도교 수행자를 찾아서』(역서, 2009)외에 다수의 저술과 논문이 있음

중국철학과 종교의 탐구

1판 1쇄 인쇄 2010년 8월 10일
1판 1쇄 발행 2010년 8월 20일

지은이 | 황 준 연
펴낸이 | 하 운 근
펴낸곳 | 學古房

주　　소 | 서울시 은평구 대조동 213-5 우편번호 122-838
전　　화 | (02)353-9907 편집부(02)356-9903
팩　　스 | (02)386-8308
전자우편 | hakgobang@chol.com
등록번호 | 제311-1994-000001호

ISBN 978-89-6071-172-3 93150

값 : 27,000원

※파본은 교환해 드립니다.